जैन धर्म का इतेहास

जैन धर्म का इतिहास

प्रथम खण्ड

महावीर के पूर्व जैन धर्म और उसका काल

कैलाश चन्द जैन

डी॰के॰ प्रिंटवर्ल्ड (प्रा॰) लि॰

नई दिल्ली

Cataloging in Publication Data — DK

[Courtesy: D.K. Agencies (P) Ltd. <docinfo@dkagencies.com>]

Jain, K.C. (Kailash Chand), 1930-

Jaina dharma kā itihās / Kailāśa Canda Jaina.

-- 1. saṁskaraṇa.

3 v. 23 cm.

In Hindi.

Title on t.p. verso in roman: Jain dharma ka itihaas.

History of Jainism.

Includes bibliographical references.

ISBN 8124603162 (set)

ISBN 8124603170 (vol. 1)

Contents: v. 1. Mahāvīra ke pūrva Jaina dharma aura usakā kāla — v. 2. Jaina dharma kā aitihāsika sarvekshaṇa aura prasāra — v. 3. Madhyakālina Jaina dharma.

1. Jainism — History. I. Title. II. Title: Jain dharma ka itihaas.

DDC 294.409 21

ISBN 81-246-0317-0

प्रथम संस्करण, 2005

प्रकाशक एवं मुद्रक

डी॰के॰ प्रिंटवर्ल्ड (प्रा॰) लि॰

पंजीकृत कार्यालय : *'श्री कुंज',* एफ-52, बाली नगर,

नई दिल्ली - 110 015

दूरभाष : (011) 2545 3975, 2546 6019; फैक्स: (011) 2546 5926

ई-मेल : dkprintworld@vsnl.net

वेब : www.dkprintworld.com

जैन धर्म का इतिहास प्रथम खण्ड

विषय-अनुक्रमणिका

सामान्य प्राक्कथन् xv

प्रथम खण्ड का विशिष्ट्य प्राक्कथन xxiii

संकेत सूची xxiv

मानचित्र प्रथम xxx

मानचित्र द्वितीय xxxi

मानचित्र तृतीय xxxii

प्रथम खण्ड

महावीर के पूर्व जैन धर्म और उसका काल

1. महावीर स्वामी से पूर्व जैन धर्म 1

जैन धर्म की प्राचीनता 1

चौबीस तीर्थंकर 5

आदि तीर्थंकर ऋषभदेव 6

अरिष्टनेमि 10

प्राङ्-वैदिक धर्म 11

पार्श्वनाथ की ऐतिहासिकता 13

पुरातात्त्विक संस्कृतियाँ 20

2. साधन स्रोत 21

(अ) महावीर युग

साहित्य 21

आगम-साहित्य 22

आगमों से सम्बद्ध साहित्य 26

पुराण तथा चरितग्रंथ 27

अन्य ग्रंथ 28

सहायक साहित्य 28

पुरातत्त्व 31

(ब) उत्तर महावीर युग

पुरातत्त्व 33

जैन अभिलेख 33

जैन स्मारक 38

साहित्य 39

संगम-साहित्य 39

महाकाव्य, पुराण और अन्य पूर्व ग्रन्थ 39

पउमचरियम् – शुद्ध साहित्यिक ग्रन्थ – ऐतिहासिक ग्रंथ – तीर्थ-मालाएँ – प्रशस्ति – पट्टावली – वंशावली

विदेशियों के वृत्तान्त 45

3. भगवान महावीर का जीवन वृत्तांत **47**

कुल 47

जन्म तथा माता-पिता 48

जन्म-स्थान 49

शैशवावस्था 53

गृहस्थ का जीवन 54

तपस्या 55

केवलज्ञान 70

प्रथम देशना 72

ग्यारह गणधर 72

चतुर्विध निर्ग्रन्थ-संघ 74

तीर्थंकर महावीर के वर्षा-वासों से सम्बद्ध स्थान 76

गृहस्थों पर प्रभाव 77

राज्याश्रय 78

महावीर एवं गौतमबुद्ध 87

निर्ग्रन्थ संघ में भेद 89

महा परिनिर्वाण 89

ई.पू. 437 का सिद्धान्त 91

ई.पू. 467 का सिद्धान्त 91

ई.पू. 477 का सिद्धान्त 93

ई.पू. 484 का सिद्धांत 93

ई.पू. 486 का सिद्धांत 94

ई.पू. 488 का सिद्धान्त 94

ई.पू. 490 का सिद्धान्त 95

ई.पू. 498 का सिद्धान्त 96

ई.पू. 546 का सिद्धान्त 97

उपर्युक्त सिद्धान्तों की समालोचना 97

ई.पू. 527 का सिद्धान्त 100

महावीर का अलौकिक व्यक्तित्व 108

4. भगवान महावीर के उपदेश **111**

निर्वाण 112

सम्यक् दर्शन, सम्यक् ज्ञान एवं सम्यक् चरित्र

छः लेश्याएँ 127

नय सिद्धांत 130

सम्यक्त्व-पराक्रम 131

चार अंगों की दुर्लभता 140

प्रमाद 141

अकाम और सकाम मृत्यु 141

विनय धर्म 142

सांसारिक काम-भोगों से निःस्पृहता 145

प्रमाद के कारण 146

पाप और दुष्ट-कर्म 148

नरक 150

संसार का विषादपूर्ण दृष्टिकोण 151

वास्तविक ब्राह्मण 152

विनय 153

परिषह 154

विनीत भिक्षु 156

ब्रह्मचर्य के दश समाधि-स्थान 157

पाप श्रमण 158

भिक्षु के कर्त्तव्य 159
समितियाँ और गुप्तियाँ 159
दिन और रात्रि के विभिन्न पहरों में भिक्षु का समाचारी आचरण 161
चारित्र विधि 163
अनगार (गृह-विहीन) भिक्षु 164
आहार भिक्षा 164
वाणी के लक्षण 166
ईर्या 167
वस्त्र-याचना 168
पात्र-याचना 169
मल-मूत्र विसर्जन 169
अन्य विविध अनुदेश 169

5. भगवान महावीर का युग 175

भगवान् महावीर के समकालीन धर्मनायक और समकालीन पंथ

इन मतों की उत्पत्ति 176
श्रमण और ब्राह्मण मत 177
पूरण कश्यप 177
आत्मा का निष्क्रिय होने का सिद्धांत 178
अहेतुवाद का सिद्धांत 178
ज्ञान-दर्शन का सिद्धांत 179
मानव के छः वर्गों में विभाजित होने का सिद्धांत 179
पकुध कच्चायन (ककुद कात्यायन) 180
सात पदार्थों का सिद्धांत 180
आत्म-षष्ठवाद का सिद्धांत 181
क्रिया और आत्मा के बारे में विचार 181
सततवाद और अक्रियावाद के सिद्धांत 181
कात्यायन और एम्पेडोकल्स (Empedocles) की तुलना 182
अजित केशकम्बल 182
नकारात्मक और निश्चयात्मक पक्ष 182
तम्‌जीव-तम्‌ सरीरवाद का सिद्धांत 183
अजित के आत्म-सिद्धांत से नैतिक परिणाम 184
संजय बेलट्ठिपुत्र 184
जैन विवरण 185

बौद्धों का विवरण 185

भारतीय दर्शन के इतिहास में संजय का स्थान 186

मक्खलि गोशाल 186

गोशाल और महावीर के संबंध 186

उसका प्रचार का कार्य 187

आजीवक वाङ्मय और गोशाल की मृत्यु 187

रूपान्तरण (पौट्ट-परिहार-वाद) का सिद्धांत 188

परिभ्रमण (संसार-शुद्धि) के द्वारा शुद्धिकरण का सिद्धांत 188

भाग्य, जात और प्रकृति (नियति-संगति-भाव परिणाता) 188

कम्म (कर्म) पर विचार 189

मानवता का षडांगी वर्गीकरण 190

विकास की आठ अवस्थाओं का सिद्धांत (अट्ठ पुरिस-भूमियो) 190

तपस्या 191

नैतिक आचार 191

आजीवक सिद्धांत बनाम निर्ग्रन्थ 192

बुद्ध 192

प्रारंभिक जीवन 192

प्रचारक का जीवन 193

उपदेश व शिक्षाएँ 194

ब्राह्मण-सम्प्रदायों के संन्यासी 195

तावस 195

परिव्राजक व गेरुय समन 198

लोकायत 202

अन्य शाखाएँ और वाद 203

दार्शनिक विचारधारा की समकालीन शाखाएँ (बौद्ध स्रोतों से) 205

वैदिक देवकुल और धार्मिक क्रियाएँ 206

लोकप्रिय देवता 207

इन्द्र 207

ब्रह्मा 208

अग्नि 208

सूर्य 208

देवी-पूजा 208

लोकपाल 209

यक्ष-पूजा 209

नाग-पूजा 211

वृक्ष-पूजा 211

विविध देवता 212

राजनीतिक इतिहास तथा संस्थाएं

अंग 215
काशी 216
कोसल 217
वज्जि 218
मल्ल 219
चेदि (चेति) 220
वत्स 221
मगध 222
कुरु 225
पांचाल 225
मत्स्य 226
शूरसेन 226
अवन्ति 227
सिन्धु-सोवीर 228
अस्सक (अश्वक) 228
गंधार (गांधार) 228
काम्बोज 230
विभिन्न गणराज्य 231

राजनीतिक संस्थाएँ

नृप तंत्रात्मक शासन 233
राजा और राजपद 233
राज परिवार के अन्य सदस्य 237
मंत्रिपरिषद् 238
केन्द्रीय शासन के पीठासन अधिकारीगण 239
प्रान्तीय और ग्राम्य प्रशासन 240
न्यायिक प्रशासन 241
सैनिक संगठन 242
कर प्रणाली 245
गणतांत्रिक शासन पद्धति और उनके संविधान 247
राज्य-नीति के निर्देशक तत्त्व 248
नागरिकता 249
प्रशासिका 249
कार्यकारिणी 255

संयुक्त-संघ 256
न्याय-यवस्था 257

सामाजिक दशा

चार वर्ण 258
क्षत्रिय 259
ब्राह्मण 260
वैश्य 262
शूद्र 263
हीन जातियाँ – मिश्रित जातियाँ
दास प्रथा 266
आश्रम व्यवस्था 268
पारिवारिक जीवन 270
विवाह 271
विवाह के प्रकार 272
जाति और गोत्र 273
अन्तर्जातीय विवाह 275
विवाह के लिए आयु 275
पुनर्विवाह और तलाक 276
बहुविवाह और एक-पत्नीत्व 278
वेश्याएँ 278
खानपान 280
मद्य-पान 282
वस्त्र और आभूषण 283
साज (फर्नीचर) और बर्तन 286
समारोह और खेल 287

आर्थिक दशा

ग्राम अर्थव्यवस्था 292
कृषि 294
प्रणालियाँ 294
फसलें 295
जंगल-पथ 298
कला, शिल्प, धंधे और उद्योग 299
वस्त्र 299
बढ़ईगीरी 300

भवन-निर्माण 301
खनन 301
लोहार-खाना 302
बहुमूल्य धातुओं के उद्योग 303
मोती, रत्न तथा अन्य बहुमूल्य पाषाण 304
दंत-वाणिज्य 304
माल्य-गूंथन और गंधी 305
मृद्भाण्ड 305
रंगना 306
गोंद, औषधियाँ और रसायन 307
शिकारी, मछुआरे व पारदी 307
चर्म-उद्योग 308
मदिरा-निर्माण 309
व्यापार और वाणिज्य 309
व्यापारिक और औद्योगिक केन्द्र 310
आंतरिक व्यापार की वस्तुएँ 311
व्यापारिक मार्ग और परिवहन 312
राजगृह-पुष्कलावती मार्ग या उत्तरापथ 313
राजगृह-प्रतिष्ठान मार्ग 313
राजगृह-सिंधु क्षेत्र मार्ग 313
परिवहन के साधन 314
सार्थ 314
नदी परिवहन 314
सामुद्रिक व्यापार 315
व्यापार और उद्योगों का संगठन 318
संगठन और विधान 319
सिक्के 321
आहत सिक्कों पर चिह्न 324
मूल्य विषयक संदर्भ 325
शुल्क और वेतन 326
ऋण और ब्याज 327
वजन और नाप 327

कला और स्थापत्य

स्थापत्य 328
नगरीय स्थापत्य 328

भवन स्थापत्य 332
धार्मिक स्थापत्य 335
सामग्री 338
चित्रकला 339
मूर्तिकला 343
मृण्मूर्तियाँ 344
मृत्तिका-शिल्प 346
धातु-वस्तुएँ 347
हड्डी और पाषाण की वस्तुएँ 343
सिक्कों पर चिह्न 348
अन्य वस्तुएँ 348

शिक्षा, साहित्य और विज्ञान

शिक्षा 349
शिक्षा के उद्देश्य और आदर्श 349
शिक्षण विषयक कतिपय सिद्धांत एवं धाराएँ 350
अध्यापक और छात्र 351
स्वतंत्र अध्यापक और अन्य संस्थाएँ 353
शिक्षण-केन्द्र 354
आश्रम विद्या के केन्द्र के रूप में 356
अध्ययन के विषय 356
अवकाश 357
पाठ्यक्रम का निर्धारण तथा अध्ययन की अवधि 357
नारी शिक्षा 358
लेखन-कला 359
भाषा 361
साहित्य 362
जैन-आगम 362
बौद्ध सिद्धांत-ग्रंथ 364
आजीविक सिद्धांत 366
वेदांग साहित्य 367
सूत्र-ग्रंथों के वर्ग 367
दार्शनिक साहित्य 368
तकनीकी और वैज्ञानिक साहित्य 369
व्याकरण 369
छन्द-शास्त्र 369

नीति-शास्त्र 370
गणित, ज्योतिष और फलित ज्योतिष 371
आयुर्विज्ञान 372
अभियांत्रिक विज्ञान 373
ग्रंथ-सूची **375**

द्वितीय खण्ड
जैन धर्म का ऐतिहासिक सर्वेक्षण और प्रसार

6. जैन धर्म का प्रसार एवं ऐतिहासिक महत्त्व **385**
7. जैन साधु राजनीतिज्ञ और श्रावक **535**
8. जैन धर्म की भारतीय संस्कृति को देन **585**
9. धार्मिक-विभाजन **615**
10. सामाजिक-विभाजन **679**
11. जैन धर्म का पतन और अस्तित्व **705**
ग्रंथ-सूची **719**

तृतीय खण्ड
मध्यकालीन जैन धर्म

12. मध्यकालीन जैन धर्म **731**
13. प्राचीन जैन तीर्थ और ऐतिहासिक स्थल, मानचित्र चतुर्थ **801**
14. भट्टारक सम्प्रदाय **869**
15. मध्ययुग में जैनों का आर्थिक जीवन **899**
16. मध्यकाल में जैनों का सामाजिक जीवन **927**
17. मध्यकालीन भारत में जैन धर्म **963**
18. उत्तर मध्यकालीन मालवा में जैन धर्म **1019**
ग्रंथ-सूची **1073**

इसके अतिरिक्त जैन धर्म की बिखरी हुई सामग्री आधुनिक इतिहास की पुस्तकों और जैन धर्म के स्थानीय ग्रंथों में पाई जाती है। *"कैम्ब्रिज हिस्ट्री ऑफ इण्डिया"* में चार पेन्टियर का "हिस्ट्री ऑफ जैनिज्म" का अध्याय है जिसका सम्पादन रेप्सन ने किया है। इसका संबंध जैन धर्म के प्राचीन इतिहास से है। आर॰सी॰ मजूमदार द्वारा संपादित *"इन दि हिस्ट्री एण्ड कल्चर ऑफ द इन्डियन प्यूपिल"* में ए॰एम॰ घाटगे ने जैन धर्म के योगदान का श्रेय "द एज ऑफ इम्पीरियल यूनिटी" और "द क्लासिकल ऐज" को दिया है। ए॰डी॰ पुसालकर ने *"एम्पीरियल कन्नौज* और एच॰एल॰ जैन ने *"स्ट्रगल फार एम्पायर"* में इसके योगदान को वर्णित किया है। लेखक का ग्रंथ *"एन्शियन्ट सीरिज एण्ड टाउन्स ऑफ राजस्थान"* भी प्राचीन जैन तीर्थों और ऐतिहासिक स्थलों से संबंध रखता है। *"मध्य प्रदेश थ्रू द एजेज़"* के ग्रंथ में लेखक ने प्राचीन समय से 1305 ई॰ तक जैन धर्म के विकास और उत्थान पर विचार किया है।

जैन धर्म के स्थानीय ग्रंथ इंगित करते हैं कि जैन धर्म विभिन्न क्षेत्रों में कैसे विकसित और उन्नत हुआ। विन्सेन्ट स्मिथ का *"द जैन स्तूप एण्ड अदर एन्टिक्वीटीज़ ऑफ मथुरा"* जैन साध्वियों के बारे में रोचक और विस्तृत जानकारी देता है कि जैन साध्वियों का अस्तित्व था और जैन संघ में नारियों का प्रभावशाली स्थान था। सी॰जे॰ शाह ने *"जैनिज्म इन नार्थ इण्डिया" (800 बी॰सी॰ – 526 ए॰डी॰)* में जैन धर्म के पूर्व इतिहास पर विचार किया है। वह प्रगट करता है कि जैन धर्म के पूर्व इतिहास में क्या ऐतिहासिक है और क्या पौराणिक है। वह जैन धर्म की दो सीमाएं निश्चित करता है – एक भौगोलिक और दूसरी क्रमवार। ज्योतिप्रसाद जैन का *"उत्तर प्रदेश और जैन धर्म"* मध्यकाल में जैन धर्म की बहुमूल्य सूचना देता है।

सी॰बी॰ सेठ, *"जैनिज्म इन गुजरात"* का लेखक है जो विभिन्न क्षेत्रों में जैनियों की प्रवृत्तियों का संक्षिप्त वर्णन है और मध्यकाल में (1100-1600 ई॰) मध्य गुजरात के सांस्कृतिक जीवन में उनके योगदान के बारे में भी विवरण देती हैं। *"जैनिज्म इन राजस्थान"* में लेखक ने प्राचीन समय से अठारहवीं सदी तक जैन धर्म का राजस्थान में सर्वेक्षण किया है और बतलाया है कि वीर राजपूत राजाओं के उदार आश्रय में एक बड़ी सांस्कृतिक और गतिशील शक्ति रहा है। पी॰सी॰ राय चौधरी का *"जैनिज्म इन बिहार"* और बी॰के॰ तिवारी के *"जैनिज्म इन बिहार"* से ज्ञात होता है कि बिहार में जैन धर्म का किस प्रकार से जन्म हुआ, फला-फूला और प्रसार हुआ। एल॰एन॰ साहू का हिन्दी में *"उड़ीसा में जैन धर्म"* और ए॰सी॰ मित्तल का *"अर्ली हिस्ट्री ऑफ उड़ीसा"* का संबंध उड़ीसा में जैन धर्म के इतिहास से रहा है।

दक्षिण भारत में जैन धर्म का इतिहास उत्तर भारत के जैन धर्म से पूर्ण भिन्न है। विद्वानों ने दक्षिण भारत में "जैन धर्म के इतिहास" पर ग्रंथ लिखे हैं। एम॰एस॰आर॰ आय्यंगर और बी॰ शेषाद्रिराव के द्वारा *"स्टडीज़ इन साउथ इण्डियन जैनिज्म"* लिखी गई। बी॰ए॰ सेलिटोर ने *"मेडिवल जैनिज्म विद स्पेशल रेफरेन्स टू विजय नगर एम्पायर"* लिखा। यह मध्यकालीन हिन्दु राजाओं के नेतृत्व में जैन धर्म का अध्ययन है। दक्षिण भारत में जैन धर्म का इतिहास मूलरूप में कर्नाटक क्षेत्र का जैन धर्म का इतिहास है। *"जैनिज्म एण्ड कर्नाटक कल्चर,"* मूल नाम *"जैनिज्म इन साउथ इण्डिया,"* एस॰आर॰ शर्मा के द्वारा लिखा गया था। पी॰बी॰ देसाई की *"जैनिज्म इन साउथ इण्डिया एण्ड सम जैन इपिग्राफ्स"* का संबंध दक्षिण भारत, आंध्र प्रदेश, तमिलनाडु और कर्नाटक में जैन धर्म के योगदान से है।

गुलाबचन्द चौधरी और वी॰पी॰ जोहरापुरकर ने *जैन शिलालेख संग्रह* के क्रमशः तीसरे और चौथे भाग में दिगम्बर संघों, जैन राजकीय वंशों, मंत्री, सेनापति, जैन जाति और वर्ग आदि की दक्षिण भारत की सूचना देते हुए प्रामाणिक भूमिका लिखी है।

बलभद्र द्वारा पांच भागों में लिखी गई *"भारत के दिगम्बर जैन तीर्थ"* का संबंध उत्तर प्रदेश, बिहार, बंगाल, उड़ीसा, मध्य प्रदेश, राजस्थान, गुजरात, महाराष्ट्र और कर्नाटक के तीर्थों से है।

नाथूराम प्रेमी द्वारा लिखित *"जैन साहित्य और इतिहास"* से ज्ञात होता है कि इस पुस्तक में विचार किये हुए विषयों को दो बड़े भागों में बांटा जा सकता है। पहला जैन साहित्य से संबंधित समस्याएं और दूसरा जैन धर्म से संबंधित सामाजिक ऐतिहासिक विषय। जुगल किशोर मुख्त्यार का ग्रंथ *"जैन साहित्य और इतिहास पर विशद प्रकाश"* जैन इतिहास और साहित्य पर प्रकाश डालता है।

"ओसवाल जाति का इतिहास" और *"प्राग्वाट जाति का इतिहास"* का संबंध क्रमशः ओसवालों और पोरवालों के इतिहास से है। विलास ए॰ संघवे की पुस्तक, *"जैन कम्युनिटी – ए सोशल सर्वे"* पहली बार जैनियों के सामाजिक इतिहास और उनकी उपलब्धियों का विवेचनात्मक वर्णन प्रस्तुत करती है। इसमें जैन धर्म के पतन और उसके अस्तित्व को बनाए रखने पर विचार किया गया है।

वी॰पी॰ जोहरापुरकर का *"भट्टारक सम्प्रदाय"* "जैन धर्म के मध्यकालीन इतिहास" की जानकारी के लिये उपयोगी ग्रंथ है। जैन समाज में भट्टारकों का महत्त्वपूर्ण स्थान रहा है। यह ग्रंथ जैनियों के केन्द्रों, कला और साहित्य को योगदान, तीर्थों की व्यवस्था, विभिन्न संघ, मूर्तियों की प्रतिष्ठा और राजाओं के उनसे संबंध का उल्लेख करता है।

ज्योतिप्रसाद जैन का *"द हिस्ट्री ऑफ जैन सोर्सेस ऑफ द स्टडी ऑफ एन्शियन्ट इण्डिया"* का संबंध करीब 100 से 900 ई॰ तक के इतिहास से है। इसका संबंध जैन मनीषियों से भी है। परमानन्द शास्त्री का *"जैन धर्म का प्राचीन इतिहास"* भगवान महावीर और उनकी संघ परम्परा के बारे में विस्तार से जानकारी देता है। चार भागों में संकलित *"जैन धर्म का मौलिक इतिहास"* जैन धर्म के इतिहास से संबंधित है।

असीम कुमार चटर्जी की पुस्तक, *"ए काम्प्रेहेन्सिव हिस्ट्री ऑफ जैनिज्म"* पहला व्यवस्थित जैन धर्म का ऐतिहासिक अध्ययन है। यह दो भागों में विभाजित है। पहले भाग में लेखक ने बहुत प्राचीन समय से 1000 ई॰ तक के जैन धर्म के इतिहास का वर्णन किया है। दूसरे भाग का संबंध 1000 ई. से 1500 ई॰ तक है। इस ग्रंथ में जैन मनीषियों और जैन तीर्थों के अध्याय भी हैं।

विभिन्न साधन स्रोतों से प्राप्त सामग्री का गहराई से परीक्षण कर इस ग्रंथ के लिखने में प्रयोग किया गया है। मैंने यह ध्यान रखा है कि जैन धर्म के विभिन्न सम्प्रदायों के विचारों और अनुश्रुतियों पर विचार करने में पक्षपात नहीं आवे। हर कदम पर विभिन्न मतों के प्रलोभन का सामना किया गया जिससे कि एकता और उच्चता बनी रहे।

पहली बार धार्मिक अनुश्रुतियों का पुरातात्त्विक प्रमाण के साथ सामंजस्य स्थापित करने का प्रयोग किया गया जिससे कि सच्चाई की जानकारी मिल सके।

यह ग्रंथ तीन खण्डों में विभाजित है, प्रथम खण्ड में पांच अध्याय हैं, दूसरे में भी पांच हैं और तृतीय में छः हैं। अध्याय प्रथम में जैन ग्रंथों में दिए हुए पौराणिक विवरणों का पुरातात्त्विक प्रमाण के प्रकाश में विवेचनात्मक परीक्षण किया गया है। बौद्ध और जैन ग्रंथों से ऐसा ज्ञात होता है कि पार्श्वनाथ एक ऐतिहासिक पुरुष थे, और जैन धर्म का इतिहास उस समय से शुरू किया जा सकता है। अध्याय द्वितीय में महावीर युग और उत्तर महावीर युग के साधन स्रोतों पर विचार किया गया है। उत्तर महावीर युग की सामग्री बहुत अधिक है।

अध्याय तृतीय बाल्यावस्था से निर्वाण तक महावीर के जीवन का विवरण है। कुछ विवाद ग्रस्त प्रश्न जैसे उनका जन्म स्थल, और निर्वाण के वर्ष पर विचार किया गया है। अध्याय चतुर्थ में मूल ग्रंथों के आधार पर उनके उपदेशों पर विचार किया गया है। अध्याय पंचम में महावीर का युग है जिसमें विभिन्न क्षेत्रों में जैसे धर्म, राजनीति, समाज, अर्थ-व्यवस्था, कला और साहित्य में उपलब्धियों का वर्णन किया गया है।

अध्याय षष्ठ जैन धर्म के ऐतिहासिक महत्त्व का है। इस अध्याय में यह बतलाया गया है कि अठारहवीं सदी तक विभिन्न राजवंशों के नेतृत्व में जैन धर्म का कैसे विकास और उत्थान हुआ।

सप्तम अध्याय का संबंध जैन साधुओं, राजनीतिज्ञों और श्रावकों से है जिन्होंने जैन धर्म की उन्नति में योगदान दिया।

अष्टम अध्याय में भारतीय संस्कृति को जैन धर्म का योगदान पर विचार किया गया है। नवम् अध्याय का संबंध जैन धर्म के धार्मिक विभाजनों से है जो अनेक संघों, गणों और गच्छों की उत्पत्ति पर प्रकाश डालता है। मध्यकाल में भट्टारकों का समाज में महत्त्वपूर्ण स्थान था। इस काल में चैत्यवासी प्रचलित थे। मूर्ति-पूजा और मूर्ति-पूजा विरोधी सम्प्रदाय अस्तित्व में आ गये थे। दशम अध्याय का संबंध सामाजिक विभाजनों से है जो आठवीं सदी के बाद जातियों और गोत्रों के रूप में अस्तित्व में आ गए थे। अध्याय ग्यारह का संबंध प्राचीन जैन तीर्थ और ऐतिहासिक स्थल से है।

चूंकि जैन धर्म की मध्यकाल की अतुल सामग्री मिलती है, मैंने ए॰एच॰ निज़ामी, सुरेन्द्र गोपाल, एस॰एस॰ निगम और प्रकाश जैन को इसका अध्ययन विभिन्न दृष्टियों से करने की प्रार्थना की। मैं उनका आभारी हूँ क्योंकि इस शोध प्रयोजन के लिए इन लोगों ने अपने अलग-अलग अध्याय लिखकर सहयोग दिया।

ए॰एच॰ निज़ामी ने देहली सल्तनत युग (1200-1526 ई॰) तक जैन धर्म का अध्ययन अध्याय बारह में किया। इसमें तुर्की आक्रमणों के समय की जैन संस्कृति, जैन-सूफी संबंधों और प्रभाव का विवेचन किया गया है। अहिंसा, जैन धर्म और सूफी मत दोनों की सामान्य विशेषता हो गई है और वे सर्वव्यापी भ्रातृत्व भावना में विश्वास करते थे। तेरहवीं से पन्द्रहवीं सदी का युग जैन-सूफी आन्दोलन का स्वर्ण युग माना जा सकता है। नागौर का सूफी संत हमेउद्दीन रिहानी जैन धर्म से अधिक प्रभावित हुआ। जैनियों में स्थानकवासी सम्प्रदाय अस्तित्व में आया। अलाउद्दीन खिलज़ी, मोहम्मद तुगलक और फिरोज़ तुगलक जैन संतों के संपर्क में आए जो जैन धर्म की सुरक्षा और उन्नति चाहते थे। जैन अधिकारियों और महाजनों के प्रयत्नों से उत्तर भारत के राज्यों में जैन धर्म की उन्नति हुई। चौदहवीं और पन्द्रहवीं शताब्दी में मूलसंघ और काष्ठासंघ शक्तिशाली हो गए और उनके भट्टारकों ने विभिन्न स्थानों पर गद्दियां स्थापित कर लीं। इनमें दिल्ली, ग्वालियर और चन्देरी महत्त्वपूर्ण केन्द्र हो गए थे। इन भट्टारकों ने जैन धर्म की उन्नति के लिए विभिन्न क्षेत्रों में योगदान दिया किन्तु भट्टारक व्यवस्था तेरह पंथी सम्प्रदाय के उत्थान से शनैः-शनैः पतन की ओर चली गई।

सुरेन्द्र गोपाल ने अध्याय तेरह में मुगल काल (1526-1800 ई॰) के जैन समाज के सामाजिक और आर्थिक जीवन के बारे में लिखा है। इसमें पहले विभिन्न स्रोतों से जैन समाज का श्वेताम्बर और दिगम्बर सम्प्रदायों के रूप में विवेचन किया गया है। इस काल में सुरक्षा तथा मुसलमानों और जैनियों में पारस्परिक अच्छे संबंध होने के कारण जैन

धर्म का जनांकिकीय प्रसार हुआ है। जैन धर्म में जाति-भेद और उनके गोत्र हो गए। जैनियों में नारी की प्रतिष्ठा उच्च थी। सामाजिक समारोह, त्यौहार और कर्मकाण्ड होते थे। लोग अच्छे वस्त्र और आभूषण पहनते थे और नृत्य-संगीत का आनन्द लेते थे। व्यवस्थित शिक्षा प्रणाली थी। ग्रंथों की प्रतिलिपियां करवाने पर ज़ोर दिया जाता था। वे ज्योतिष शुभ-मुहूर्त्त और चमत्कारों में विश्वास करते थे और पक्षी, कीड़े-मकोड़ों और पशुओं के जीवन की रक्षा करते थे। वे शराब, जुआ, वेश्यागमन से दूर रहते थे। अकाल के समय वे दान पर ज़ोर देते थे।

मुगल काल के समय के आर्थिक जीवन के बारे में भी कुछ निश्चित तथ्य मिलते हैं। उद्योग में व्यापार का अधिक महत्त्व था। अपने व्यापार के लिए वे पश्चिम में मुल्तान से लेकर पूर्व में पटना, राजमहल आदि तक समस्त उत्तर भारत में फैल गए थे। वे बड़े गाँवों में, छोटे नगरों और महत्त्वपूर्ण व्यापारिक मण्डियों में फैले हुए थे। उस समय उधार द्वारा व्यापार में लगाने के लिए आसानी से पूंजी मिल सकती थी।

साधारण काम-धन्धे के लिए ऋण उपलब्ध था। कुछ जैनियों ने व्यापार, लेन-देन तथा सर्राफी के सम्मिलित प्रयत्नों से बहुत-सा धन कमा लिया। कुछ जैन वर्णिक ऐसे थे जो अपने समय में शिखर पर थे। वीरजी बोहरा का भाग्य विदेशी और आंतरिक व्यापार के कारण चमका। शांतिदास की समृद्धि आंतरिक वाणिज्य और जवाहरात के व्यापार के कारण थी। जगत सेठ की समृद्धि आंतरिक व्यापार और लेन-देन के परिणामस्वरूप हुई। इनके अतिरिक्त बहुत से अन्य जैन भी थे जिनको विभिन्न प्रकार से सफलता प्राप्त हुई।

एस॰एस॰ निगम ने अध्याय चौदह में अपने प्रबंध मध्यकालीन जैन धर्म को प्रकाश में लाते है कि किस प्रकार जैन धर्म दो मुख्य सम्प्रदायों दिगम्बर और श्वेताम्बर से विभिन्न पंथों, संघों, गणों और गच्छों में विभाजित हो गया। उत्तर और दक्षिण भारत में भट्टारकों का क्या योगदान रहा। इसके अलावा यह भी बतलाया गया है कि जैन धर्म का जन्म पूर्व में हुआ और बाद में लुप्त हो गया। इसके पश्चात् पश्चिम और दक्षिण में बाद के युग में इसका उत्थान हुआ। अभी हाल में प्रकाशित नए साहित्यिक ग्रंथों का भी इसमें उपयोग किया गया है।

प्रकाश जैन ने अध्याय पंद्रह में मालवा के सुलतानों और मुगलों के समय जैन धर्म का विवेचन किया है। इस समय मंदिरों का निर्माण, मूर्तियों की प्राण-प्रतिष्ठा और जैन ग्रंथ लिखे गए। दिगम्बरों और श्वेताम्बरों में संघों, गणों और गच्छों का अस्तित्व था। दिगम्बरों में मूलसंघ और काष्ठासंघ शक्तिशाली थे । श्वेताम्बरों में खरतर और तपागच्छ लोकप्रिय थे। स्थानकवासियों के कार्यकलापों के बारे में भी पता चलता है। इनके

अतिरिक्त दिगम्बर और श्वेताम्बर जैन जातियां भी थीं। अध्याय सोलह का संबंध जैन धर्म के पतन और अस्तित्व से है जिसके लेखक डा॰ के॰सी॰ जैन है।

जैन एकेडमिक फाउन्डेशन ऑफ नार्थ अमेरिका (जाफना) की देख-रेख में *इनसाइक्लोपीडिया ऑफ जैनिज्म* तैयार हो रहा है। मुझे उसके साथ जुड़ने में प्रसन्नता हो रही है। मैं शोध प्रयोजन के निर्देशक प्रेमचन्द बी॰ गाडा के प्रति कृतज्ञ हूँ जिन्होंने इस इनसाइक्लोपीडिया का प्रथम ग्रंथ मेरी देखभाल में रखा। मुझे इस ग्रंथ के तैयार करने और प्रकाशन में कुछ व्यक्तियों का किसी-न-किसी प्रकार से सहयोग प्राप्त हुआ। इस शोध प्रयोजन के मुख्य सम्पादक कमल चन्द सोगानी का बहुत ही आभारी हूँ जिन्होंने इस ग्रंथ को लिखने में महत्त्वपूर्ण सुझाव दिए हैं। समय-समय पर उन्होंने मुझे प्रेरणा भी दी और इसको पूर्ण करने के लिए सुविधाएं भी प्रदान कीं। इस ग्रंथ के कुछ अध्यायों के अनुवाद के लिए एस॰एम॰ पहाड़िया और एम॰एल॰ दलाल का भी आभारी हूँ। मैं इस ग्रंथ के लिखने में सहयोग देने हेतु प्रकाशचन्द जैन का भी ऋणी हूँ।

मैं नक्शे बनाने के लिऐ ओढेकर को भी धन्यवाद देता हूँ। छाया-चित्रों को तैयार करने में सहयोग देने के लिए पुरातत्त्व विभाग तथा उज्जैन के श्री उमेश जोशी एवं जी॰आर आसनानी, जयपुर का भी आभारी हूँ। अन्त में मैं अपनी पत्नी चन्द्रकला जैन के प्रति भी आभार व्यक्त करना चाहता हूँ जिसने मेरे स्वास्थ्य और आराम का भरसक ध्यान रखा।

कैलाशचन्द जैन

एम॰बी॰ III, डयूप्लेक्स बिल्डिंग
महाश्वेता नगर
देवास रोड,
उज्जैन (म॰प्र॰)

प्रथम खण्ड का वैशिष्ट्य

प्रथम खण्ड में महावीर के युग के पहले और उनके समय की स्थिति का वर्णन किया गया है। जिसमें राजनीतिज्ञ, धार्मिक सामाजिक और आर्थिक सभी पहलू सम्मिलित हैं। इसमें महावीर स्वामी के जीवन और शिक्षाओं का वर्णन विस्तार से किया गया है। इसके साथ-साथ महावीर के समकालीन और दूसरे जो महापुरुष हुए हैं, उनकी विचारधाराओं के बारे में भी चर्चा की गई है। इसके अलावा जो राजनैतिक महापुरुष उस समय हुए है, उनका भी उल्लेख किया गया है, जिसका अंकुरण यहीं से शुरु होता है।

संकेत-सूची

अ॰कां॰ / अका॰	अनेकांत
अ॰ प्रा॰ जै॰ ले॰ सं॰	अर्बुदाचल प्राचीन जैन लेख संदोह
अंगु॰ /अंग॰	अंगुत्तरनिकाय
अनु॰	अनुयोगद्वार
अंत॰	अंतगड़स्काओ
आ॰ गृ॰ सू॰	आश्वलायन गृह्य सूत्र
आ॰ स॰ इं॰ ए॰ रि॰	आर्क्योलॉजिकल सर्वे ऑफ इंडिया एन्युअल रिपोर्ट्स
आ॰ स॰ इं॰ रि॰	आर्क्योलॉजिकल सर्वे ऑफ इंडिया रिपोर्ट्स, (ए॰ कनिंघम)
आचा॰	आचारांग
आप॰ध॰सू॰	आपस्तंब धर्म सूत्र
आव॰	आवश्यक
आव॰चू॰	आवश्यक चूर्णि
आव॰नियु॰	आवश्यक निर्युक्ति
इं॰ आ॰ रि॰	इंडियन आर्क्योलोजी – ए रिव्यू
इं॰हि॰क्वा॰	इण्डियन हिस्टोरिकल क्वार्टली
इंडि॰ ऐंटी॰	इंडियन ऐंटीक्वेरी
उ॰ रा॰ इ॰	उदयपुर राज्य का इतिहास, लेखकः गौ ही च ओझा
उत्तरा॰	उत्तराध्ययन
उवा॰	उवासगदसाओ
ऋ॰	ऋग्वेद
ए॰इं॰हि॰ट्रे॰	एन्शियंट इंडियन हिस्टॉरिकल ट्रेडिशन, (एफ॰ई॰ पार्जिटर)
ए॰भं॰ओ॰रि॰इ॰	एनल्स ऑफ भंडारकर ओरियंटल रिसर्च इंस्टीट्यूट पूना

ए॰ रि॰ आ॰ डि॰ ग्वा॰	*एन्युअल रिपोर्ट ऑफ दी आर्कियोलोजिकल डिपार्टमेंट,* ग्वालियर स्टेट, ग्वालियर
ए॰ रि॰ ए॰	*एनसाइक्लोपीडिया ऑफ रेलिज्यन एण्ड एथिक्स*
ए॰ रि॰ रा॰ म्यू॰ अ॰	*एन्युअल रिपोर्ट ऑफ दी राजपूताना म्यूज़ियम,* अजमेर
ए॰सी॰टा॰रा॰	*एन्शियंट सिटीज़ एण्ड टाउन्स ऑफ राजस्थान*
एच॰टी॰बी॰	ह्वेनसांग, सिचुकी बुद्धिस्ट रेकार्ड्स ऑफ दी वेस्टर्न
वर्ल्ड, सेमुएल बीज	
एपि॰ इण्डि॰	*एपिग्राफिका इण्डिका*
एपि॰ कर्णा॰	*एपिग्राफिका कर्णाटिका*
ऐ॰ ब्रा॰	*ऐतरेय ब्राह्मण*
ओध॰	*ओधनिज्जुत्ति*
ओवा॰	*ओववाइय*
औप॰	*औपासक सूत्र*
क॰ श्र॰ भ॰ म॰	कल्याण विजय, *श्रमण भगवान महावीर*
कल्प	*कल्पसूत्र*
के॰ म॰ थ्रू॰ ए॰	के॰सी॰ जैन, *मध्य प्रदेश थ्रू दी एजेज़*
का॰ इं॰ इं॰	*कॉर्पस इन्सक्रिप्शन्स इंडिकेरम*
का॰ हि॰ ध॰ शा॰	पी॰वी॰, काणे॰ *हिस्ट्री ऑफ धर्मशास्त्र, धर्म शास्त्र का इतिहास, (हिन्दी)*
काले॰	*कार्मेयिकल लेक्चर्स भण्डारकर*
के॰ एस॰	*दि बुक ऑफ किन्डर्ड सेइंगस्*
कै॰ हि॰ इं॰	*दी कैम्ब्रिज हिस्ट्री ऑफ इंडिया*
को॰ हि॰ जै॰	*कॉम्प्रिहेन्सिव हिस्ट्री ऑफ जैनिज्म*
कोमे॰	कमेंटरी
कोषि॰ उप॰	*कौषतकीय उपनिषद्*
गा॰ ओ॰ सि॰	गायकवाड्स ओरियंटल सीरीज़, बड़ौदा
गो॰ ब्रा॰	*गोपथ ब्राह्मण*
गौ॰ ध॰ सू॰	*गौतम धर्म सूत्र*
ग्रे॰ से॰	*दी बुक ऑफ ग्रेजुअल सेपिंग्स्*
चुव॰ / चु॰ व॰	*चुल्लवग्ग (विनयपिटक)*

चू॰	चूर्णि
छा॰ उप॰	छान्दोग्य उपनिषद्
ज॰ इं॰ हि॰	जर्नल ऑफ इंडियन हिस्ट्री
ज॰ ए॰ एस॰ ब॰	जर्नल ऑफ एशियाटिक सोसायटी ऑफ बंगाल, कलकत्ता
ज॰ ओ॰ इं॰ ब॰	जर्नल ऑफ द ओरियंटल इस्टिट्यूट ऑफ बड़ोदा
ज॰ डि॰ ले॰	जर्नल ऑफ डिपार्टमेंट ऑफ लेटर्स, कलकत्ता यूनीवर्सिटी, कलकत्ता
ज॰ न्यू॰ सो॰ इं॰	जर्नल ऑफ न्यूमिस्मेटिक सोसायटी ऑफ इंडिया
ज॰ बि॰ ओ॰ रि॰ सो॰	जर्नल ऑफ बिहार एण्ड ओरिसा रिसर्च सोसायटी, पटना
ज॰ बो॰ ब्रां॰ रो॰ ए॰ सो॰	जर्नल ऑफ दी बॉम्बे ब्रांच ऑफ दी रॉयल एशियाटिक सोसायटी, बॉम्बे
ज॰ यू॰ हि॰ सो॰	जर्नल ऑफ द यू॰ पी॰ हिस्टोरिकल सोसाइटी
ज॰ला॰ऐं॰इ॰डे॰जै॰के॰	जे॰सी॰ जैन, जैन लाइफ इन एन्शियंट इंडिया एज़ डेपिक्टेड इन दी जैन केनन्स
जयध॰	जयधवला
जा॰	जातक
जी॰ ई॰ बी॰	ज्योग्राफी ऑफ अर्ली बुद्विज्म
जी॰ एस॰	दि बुक ऑफ ग्रेजुअल सेइंगस्
जीवा॰	जीवाभिगम
जै॰ग्रं॰प्र॰सं॰	जैन ग्रंथ प्रशस्ति संग्रह
जै॰ शि॰ सं॰	जैन शिलालेख संग्रह
जै॰ स॰ प्र॰	जैन सत्य प्रकाश, अहमदाबाद
जै॰ स॰ शि॰	जैन साहित्य शिक्षा
जै॰ सा॰ इ॰	जैन साहित्य और इतिहास
जै॰ सा॰ सं॰	जैन साहित्य संशोधक, अहमदाबाद
जै॰ सो॰ हि॰ इं॰	दी जैन सोर्सेस ऑफ हिस्ट्री ऑफ इंडिया, ज्यो॰ प्र॰ द्वारा
जो॰ अ॰ बु॰ बी॰	ज्योग्राफी ऑफ अर्ली बुद्विज्म, बी॰सी॰ला॰
ज्यो॰ उ॰ प्र॰ जै॰	ज्योति प्रसाद जैन, उत्तर प्रदेश और जैन धर्म
टी॰	टीका
डाइ॰ / डा॰ बु॰	डायलॉग्स ऑफ बुद्ध

डि॰ पी॰ प्री॰ ने॰	*डिक्शनरी ऑफ पालि प्रॉपर नेम्स*
तंदुल॰	*तंदुलवेयालिय*
तै॰ सं॰	*तैत्तिरीय संहिता*
थेर॰	*थेरगाथा*
दस॰	*दसवेयालिए*
दीघ॰	*दीघनिकाय*
ध॰ प॰	*धम्मपद*
न॰डे॰जो॰डि॰ऐ॰मि॰इ॰	एन॰एल॰डे, *ज्योग्रफिकल डिक्शनरी ऑफ एन्शियंट एण्ड मेडिवल इंडिया*
ना॰ आ॰ त्रि॰ अ॰	नागराज, *आगम और त्रिपिटक – एक अनुशीलन*
ना॰ जै॰ इं॰	*नाहर जैन इन्सक्रिप्शन्स*
ना॰ प्र॰ प॰	*नागरी प्रचारिणी पत्रिका*
नाया॰	*नायाधम्मकहा*
नाया॰ टी॰	*नायाधम्मकहा टीका*
निर॰	*निर्युक्ति*
निर्या॰	*निर्यावलियाओ*
निशी॰	*निशीथ*
न्यू॰ स॰	*न्युमिस्मेटिक सप्लीमेंटरी*
प॰ जै॰ प्रा॰ इ॰	परमानन्द शास्त्री, *जैन धर्म का प्राचीन इतिहास*
पण्ण॰	*पण्णकथा*
परि॰	हेमचन्द्र का *परिशिष्ट पर्वन*
पा॰	पाणिनि की *अष्टाध्यायी*
पा॰ गृ॰ सू॰	*पारस्कर गृह्य सूत्र*
पिंड	*पिंड निज्जुत्ति*
पी॰ एस॰ ओ॰ बी॰ इंडिया	पाण्डे जी॰सी॰, *स्टडीज़ इन दी ओरिजन ऑफ बुद्धिस्ट*
पी॰ रि॰	*पीटरसन्स रिपोर्ट*, बॉम्बे, 1883-84
पेत॰	*पेतवत्थु*
पो॰हि॰एं॰इं॰	*पॉलिटिकल हिस्ट्री ऑफ एन्शियंट इण्डिया*
प्र॰सं॰	*प्रशस्ति संग्रह*, कस्तूरचन्द कासलीवाल

प्रा० ले० सं०	*प्राचीन लेख* संग्रह, भावनगर, 1939
प्रो० रि० आ० स० वे० स०	*प्रोग्रेस रिपोर्ट आर्क्योलॉजिकल सर्वे वेस्टर्न सर्कल*
फ० स० ओ० न० बु०	फिक, आर, *दी सोशल ऑर्गनाइजेशन इन नॉर्थ ऑफ-ईस्ट इंडिया इन बुद्धिस्ट टाइम*
ब० हि० प्री० इ० फि०	बी० एच० बरुआ, *ए हिस्ट्री ऑफ प्रीबुद्धिस्टिक इंडियन फिलॉसफी*
बी० जो० अ० बु०	बी०जी०ला०, *ज्योग्रफी ऑफ अर्ली बुद्धिज्म*
बु० किं० से०	*दी बुक ऑफ किंर्डड सेयिंग्स*
बृह०	*बृहत्कल्प*
बृह० उप०	*बृहदारण्यकोपनिषद्*
बो० ध० सू०	*बोधायन धर्म सूत्र*
भग०	*भगवती सूत्र*
भा०	*भाष्य*
भा० दि० जै० ती० ब०	*भारत के दिगम्बर जैन तीर्थ* (बलभद्र)
भागवत	*भागवत पुराण*
म० नि० सं०	महावीर निर्वाण संवत
मै० सं०	*मैत्रायणी संहिता*
मज्झि० / मज्झि० नि०	*मज्झिम निकाय*
मत्स्य०	*मत्स्य पुराण*
मव / म०व०	*महावग्ग (विनयपिटक)*
महा०	*महाभारत*
महानि०	*महानिशीथ*
मा० थ्रू० ए०	*मालवा थ्रू दी एजेज़,* के०सी० जैन
मिलिन्द०	*मिलिन्द पन्हो*
मोह० इंड०	*मोहनजोदड़ो एण्ड इंडस वैली सिविलाइजेशन*
राय०	*रायपसेणिय (रायपसेनैयसूय)*
रि० बु० इं०	रिजडैविड्स, *बुद्धिस्ट इंडिया*
ला० म० ला० टी०	बी० सी० ला, *महावीर – हिज़ लाइफ़ एण्ड टीचिंग्स*
ले०	लेखक
व० ध० सू०	*वसिष्ठ धर्म सूत्र*

वि॰ ती॰ मं॰	विजयेन्द्र सूरि, *तीर्थंकर महावीर*
विनय॰, / वि॰ पि॰	*विनयपिटक*
वृ॰	वृत्ति
व्य॰	*व्यवहार*
श॰ ब्रा॰	*शतपथ ब्राह्मण*
सं॰ / संयुत॰	*संयुत्तनिकाय*
संय	*संयुक्त निकाय*
सम॰ / समवा॰	*समवायांग*
सा॰ इ॰ इं॰	*साउथ इंडियन इन्सक्रिपशन्स*
सामञ॰	*सामञ फल सूत्र*
सि॰ जै॰ सि॰	*सिंघी जैन सीरीज़*
सी॰ क॰ ए॰ जी॰	कनिंघम, *एन्शियंट ज्योग्रफी ऑफ इंडिया*
सी॰ ए॰ जी॰	*कनिंघमस् ऐशियंट ज्योग्राफी ऑफ इण्डिया*
सू॰	*सूत्र*
से॰ बु॰ बु॰	*सेक्रेड बुक्स ऑफ दी बुद्धिस्ट्स,* लंदन
से॰ बु॰ ई॰	*सेक्रेड बुक ऑफ दी ईस्ट,* ऑक्सफोर्ड
सु॰ नि॰	*सुत्त निपात*
सूत्र॰	*सूत्र कृतांग (सूत्रगड़ांग)*
स्टे॰ हा॰ जे॰	स्टेवेन्सन, *दी हार्ट ऑफ जैनिज्म*
स्थाना या ठा॰	*स्थानांग या ठाणांग*
हि॰ ओ॰	*हिस्ट्री ऑफ ओसवाल्स*
ही॰ भा॰ सं॰ जै॰ यो॰	हीरालाल जैन, *भारतीय संस्कृति में जैन धर्म का योगदान*
त्रि॰ पु॰ च॰	हेमचन्द्र, *त्रिषष्टि शलाका पुरुष चरित*

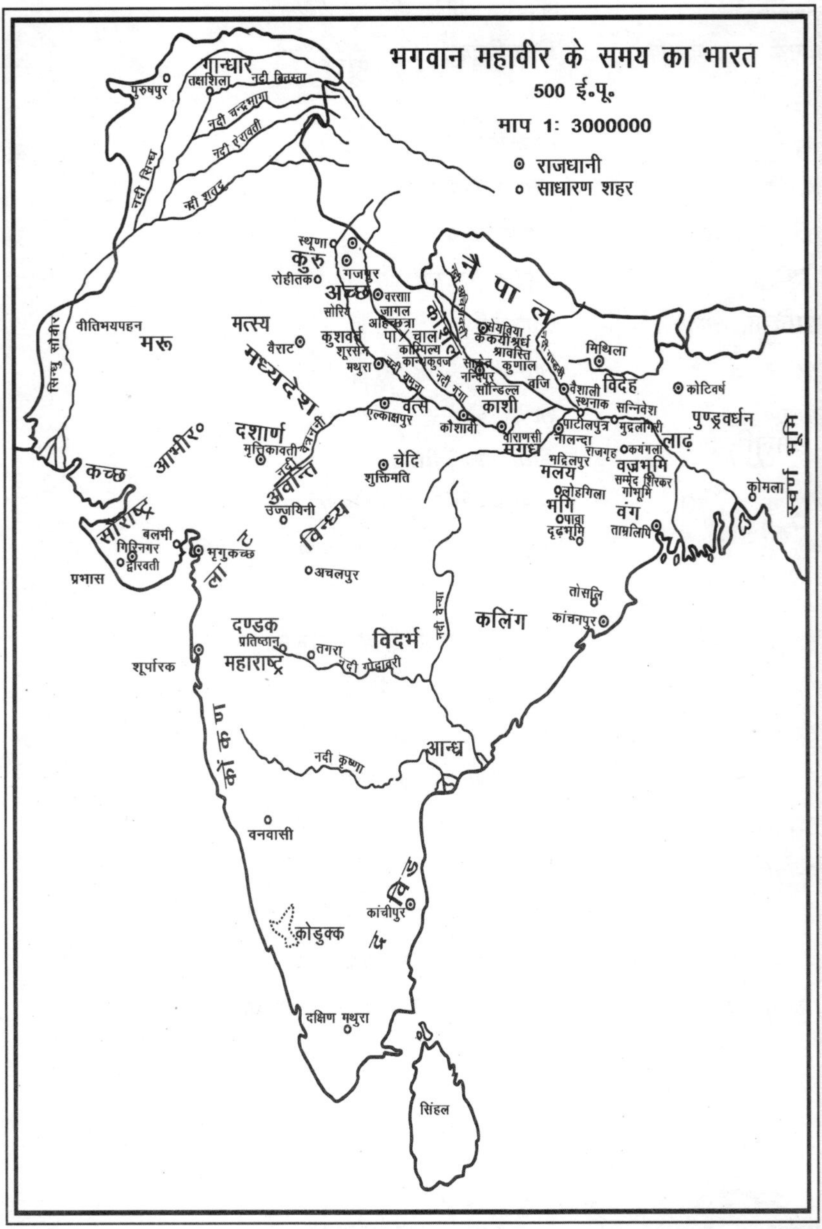

मानचित्र 1 — भगवान महावीर के समय का भारत

मानचित्र 2 – भगवान महावीर द्वारा अवलोकित स्थान

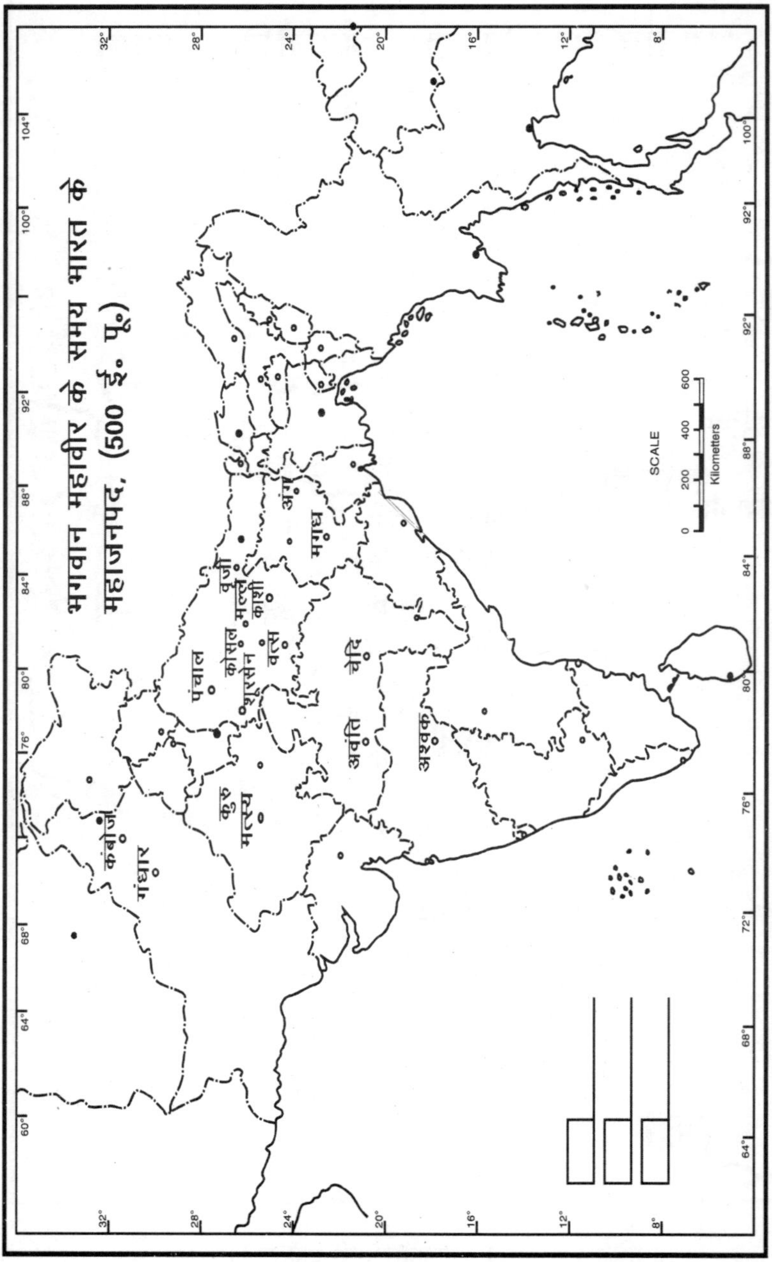

मानचित्र 3 – भगवान महावीर के समय भारत के महाजनपद

1

महावीर स्वामी से पूर्व जैन धर्म

भगवान् महावीर के पूर्व जैन धर्म के अस्तित्व और ऐतिहासिक विकासक्रम पर विद्वानों में गहरे मतभेद हैं। उपलब्ध साधन-स्रोतों के मूल्यांकन और तात्पर्य-वैभिन्य के कारण प्राङ्-महावीरयुगीन जैन धर्म के सम्बन्ध में विद्वज्जनों के निष्कर्ष भिन्न-भिन्न हैं। जैन परम्परा दृढ़तापूर्वक महावीर के पूर्व तेईस तीर्थंकरों का विभिन्न अंतरालों में जन्म और धर्मदेशना द्वारा प्रथम तीर्थंकर ऋषभदेव के सिद्धांतों का प्रचार-प्रसार अक्षुण्ण मानती है। कुछ विद्वान्[1] वैदिक युग के पूर्व से ही भारत में श्रमण-संस्कृति का अस्तित्व स्वीकार करते हैं। एच॰ याकोबी[2] ने विभिन्न प्रमाणों के आधार पर पार्श्वनाथ की ऐतिहासिकता सिद्ध की है, जिनका महापरिनिर्वाण महावीर के 250 वर्ष पूर्व हुआ था।

जैन धर्म की प्राचीनता

जैन-परम्परा जगत् को अनादिकाल से अनवरत मानती है। इसमें जगत् का अपकर्ष-उत्कर्षमय कालचक्र अनवरत क्रम से गतिशील माना गया है। इन काल-चक्रों में तीर्थंकरों द्वारा धर्म का प्रचार अविरल रहा है, और रहेगा। *जम्बूद्वीप प्रज्ञप्ति, तिलोय पण्णति, आवश्यक चूर्णि* आदि परवर्ती ग्रंथों में इस सतत् काल-चक्र को अवसर्पिणी और उत्सर्पिणी काल की संज्ञा दी गई है। ह्रासोन्मुख काल को अवसर्पिणी और विकासोन्मुख काल को उत्सर्पिणी नाम से सम्बोधित किया गया है। अवसर्पिणी के क्रमिक अपकर्ष और उत्सर्पिणी के क्रमिक उत्कर्ष काल को परस्पर प्रतिकूल क्रम से छः-छः भागों (आरों) में विभाजित किया गया है। सुषम-सुषम, सुषम, सुषम-दुषम, दुषम-सुषम और दुषम-दुषम अवसर्पिणी काल तथा दुषम-दुषम, दुषम, दुषम-सुषम, सुषम और सुषम-सुषम उत्सर्पिणी काल के भाग हैं। इस पूरे काल-चक्र को बीस कोटाकोटी सागरोपम का मानकर प्रत्येक काल के

---

1. एच॰ जिम्मर, *फिलासाफीज़ ऑफ इण्डिया,* पृ॰ 217-27; जे॰जी॰आर॰ फोरलोंग, *शार्ट स्टडीज़ इन दि साइन्स ऑफ कम्पेरेटिव रिलीजन्स,* पृ॰ 243-44; *पा॰स्ट॰ओ॰बु॰,* पृ॰ 260; तुलसी, *प्रि-वैदिक एक्जीस्टेंस ऑफ श्रमण ट्रेडिशन.*
2. *से॰बु॰ई॰,* 45, पृ॰ 20-23 भूमिका भाग.

दस कोटाकोटी सागरोपम का माना गया है। अवसर्पिणी काल के प्रथम आरे में युगलिकगण सुखी, दीर्घजीवी, ऊंचे और शक्तिशाली थे। इस आरे की सम्पन्नता एवं सुख का क्रमिक ह्रास द्वितीय आरे में हुआ। तृतीय आरे में चौदह कुलकर हुए तथा प्रथम तीर्थंकर ऋषभदेव का जन्म इस सुषम-दुषम के 84 लाख पूर्व 3 वर्ष 8½ मास अवशिष्ट रहने पर अन्तिम कुलकर नाभि की पत्नी मरुदेवी की कुक्षि से इक्ष्वाकु भूमि अयोध्या में हुआ था। शेष तेईस तीर्थंकरों ने अपनी धर्मदेशना और चतुर्विद् संघ की स्थापना चतुर्थ आरे दुषम-सुषम में की। जैन परम्परा में चौबीस तीर्थंकरों के नाम – (1) ऋषभ, (2) अजित, (3) सम्भव, (4) अभिनन्दन, (5) सुमति, (6) पद्मप्रभ, (7) सुपार्श्व, (8) चन्द्रप्रभ, (9) सुविधि अथवा पुष्प, (10) शीतल, (11) श्रेयांस, (12) वासपूज्य, (13) विमल, (14) अनन्त, (15) धर्म, (16) शांति, (17) कुन्थु, (18) अर, (19) मल्लि, (20) मुनि सुव्रत, (21) नमि, (22) नेमि, (23) पार्श्व, (24) वर्धमान अथवा महावीर मान्य हैं।

जैन परम्परा के अनुसार सभी तीर्थंकर क्षत्रिय वंश में उत्पन्न हुए थे। मुनि सुव्रत और नमि का जन्म हरिवंश में तथा शेष बाईस का जन्म इक्ष्वाकु कुल में हुआ था। उन्नीसवें तीर्थंकर मल्लिनाथ को श्वेताम्बर परम्परा स्त्री और दिगम्बर पुरुष मानती है। इस मतवैभिन्य का कारण स्त्री के कैवल्यज्ञान-प्राप्ति के सम्बन्ध में सैद्धान्तिक मतभेद होना है। प्रथम तीर्थंकर ऋषभदेव का आयुप्रमाण 84 लाख पूर्व (70 लाख 56 हजार करोड़ वर्षों का एक पूर्व माना गया है), जिसमें कुमार जीवन 20 लाख पूर्व, राज्य शासन 63 लाख पूर्व एवं श्रमणावस्था एक लाख पूर्व माने गए हैं। उनका शरीर प्रमाण 500 धनुष और निर्वाण स्थल अष्टापद या कैलाश माना जाता है। चौबीस तीर्थंकरों के अन्तर काल को *प्रवचन सारोद्धार* और *तिलोयपण्णत्ति* में अरबों वर्षों का माना है। महावीर और पार्श्वनाथ का अंतर-काल 277 वर्ष, पार्श्वनाथ एवं नेमि का अंतर-काल 84,650 वर्ष, नमि और नेमि का अंतर-काल 5 लाख 8 वर्ष, नमि और मुनि सुव्रत का अंतर काल 11 लाख वर्ष माना गया है, जो बढ़ते-बढ़ते एक करोड़ से असंख्यात वर्ष तक उल्लेखित है। तीर्थंकरों का शरीर-प्रमाण और वय भी अंतर-काल के अनुपात में बढ़ी हुई बताई गई है।

जैन परम्परा में बारह चक्रवर्ती सम्राट – भरत, सगर, भधवा, सनतकुमार, शान्ति, कुन्थु, अर, सुभौम, पद्म, हरिषेण, जयसेन और ब्रह्मदत्त; नौ बलदेव – विजय, अचल, भद्र, सुप्रभ, सुदर्शन, आनन्द, नन्दन, पद्म और राम; नौ वासुदेव – त्रिपृष्ठ, द्विपृष्ठ, स्वयम्भू, पुरुषोत्तम, पुरुषसिंह, पुरुष, पुण्डरीक, दत्त, नारायण और कृष्ण; तथा नौ प्रतिवासुदेव – अश्वग्रीव, तारक, मेरक, मधु-कैटभ, निशुम्भ, बलि, प्रह्लाद, रावण और जरासन्ध। इस प्रकार चौबीस तीर्थंकरों सहित 63 शलाका पुरुष वर्णित हैं। जैन इतिहास में इन 63 शलाका पुरुषों के चरित वर्णन की परम्परा भी लोकप्रिय रही है।

जैन-परम्परा में संसार की प्रारंभिक स्थिति में सुख एवं वैभव के साथ-साथ लोगों की आयु दीर्घ और शक्ति अपरिमित मानी गई है, जिसका शनैः-शनैः ह्रास होता रहा। ब्राह्मण परम्परा में भी सतयुग, त्रेतायुग, कलियुग आदि की मान्यता द्वारा इसी प्रकार की अनुश्रुति को स्थान दिया गया है। ग्रीस और रोम की परम्पराएं भी प्रारंभिक युग में इसी प्रकार की सृष्टि का अस्तित्व मानती हैं। भगवान ऋषभदेव की आयु करोड़ों वर्षों की वर्णित है परन्तु तेईसवें तीर्थंकर पार्श्वनाथ की सौ वर्ष और महावीर की 72 वर्ष ही आयु प्रमाण स्वीकार किया गया है। इससे पार्श्वनाथ और महावीर के सम्बन्ध में ऐतिहासिक खोजों की जैन परम्परा से प्रतिकूलता नहीं है। उनके मध्य 250 वर्षों का अंतर-काल बताया गया है।

संसार के अधिकांश धर्मों में अतिशयोक्तिपूर्ण परम्पराओं को मूलाधार माना गया है। इसके मूल में आराध्य को अलौकिक व्यक्तित्व का आगार मानने की स्वाभाविक दुर्बलता निहित है। जैनेतर भारतीय धर्मों में भी विभिन्न अनुश्रुतियों का प्राधान्य है, यद्यपि वैज्ञानिक काल-पद्धति ने शोधकार्य की दृष्टि दी है। ऐतिहासिक परिप्रेक्ष्य में प्रत्येक धर्म की प्राचीनता और तदनुरूप मूल्यांकन के प्रयास अवश्य हुए हैं। जैन धर्म के संस्थापक के रूप में भगवान महावीर को ही प्रतिष्ठित करने के प्रयास हुए हैं,[3] यद्यपि याकोबी[4] ने पार्श्वनाथ को ऐतिहासिक पुरुष सिद्ध कर शोध कार्य को नवीन दिशा अवश्य प्रदान की थी फिर भी पुरातात्त्विक प्रमाणों के प्रकाश में जैन धर्म की प्राचीनता निश्चितकरने की आवश्यकता अपरिहार्य है।

जैन ग्रंथों में जैन धर्म के इतने प्राचीन होने की अनुश्रुतियों के अस्तित्व पर विश्वास नहीं किया जा सकता क्योंकि वे पुरातत्त्वीय सामग्री से मेल नहीं खातीं। पुरातत्त्ववेत्ता भिन्न जानकारी देते हैं। उनके अनुसार भारत में मनुष्य की उत्पत्ति पूर्व पाषाण काल में हुई जिसका समय 5,00,000 और 50,000 वर्षों के बीच है। मनुष्य उस समय जंगली और शिकारी था और भोथरे उपकरणों की सहायता से वह प्रायः फल, फूल और जड़ पर निर्भर रहता था। मध्य पाषाण युग का समय करीब 50,000-20,000 वर्ष पूर्व का है। मनुष्य वातावरण और परिस्थिति की आवश्यकता के अनुसार पाषाण उपकरणों में लगातार सुधार करता रहा। ये उपकरण छुरी प्रकार के हैं और पूर्व पाषाण युग के उपकरणों से छोटे हैं। अपर पाषाण युग का संबंध फलक एवं लक्षणी उपकरणों से है। इनका समय करीब 20,000-10,000 वर्ष ई॰ पूर्व का है। मध्य पाषाण युग पूर्व के युगों से तकनीक और अन्य क्षेत्रों में भिन्न है। प्राचीन हिम दशा प्रायः लुप्त हो गई और सूखा युग शुरू हो गया। आबोहवा के परिवर्तन के कारण वनस्पति और जन्तु बदल गए जैसे कि पाषाण

3. *से॰बु॰ई॰;* 45, प्रस्तावना, पृष्ठ 18-19.
4. वही, 45, 2, पृष्ठ 33.

उपकरण/तकनीक की दृष्टि से लघु उपकरण (माइक्रोलिथ) पहले के उपकरणों से बहुत अधिक सुधरे हुए बनने लगे थे। इन परिवर्तनों और सुधारों के उपरांत भी मनुष्य जंगली ही रहा। लघु पाषाण काल (मेसालिथिक युग) लगभग 8,000-2,000 ई॰ पूर्व रखा जा सकता है। नव-पाषाण युग लगभग 4,000-1,000 ई॰ पूर्व तक रहा। इसमें चमकीले और घिसे हुए पाषाण-उपकरणों का निर्माण हुआ और उनका प्रयोग होने लगा। इस समय खाद्य-सामग्री को एकत्रित करने के स्थान पर उसे पैदा करना प्रारंभ हुआ। मुनष्य ने पशु-पालन और मृद्भाण्ड बनाना भी शुरू कर दिया।

सभ्यता के उत्थान में कुछ निश्चित अवस्थाएँ भी देखी जाती हैं।[5] कार्बन-14 की तिथियों से पाकिस्तान में क्वेटा के पास कीली गुलमोहम्मद स्थल पर प्राक्-मृद्भाण्ड अवस्था का पता चलता है (काल प्रथम 3712-3600 ईस्वी पूर्व)। ये तिथियाँ ऐतिहासिक दृष्टि से महत्त्वपूर्ण हैं क्योंकि ये न केवल मृद्भाण्ड के प्रयोग तथा पशु-पालन की सूचना देती हैं, वरन् कृषि के होने का भी इनसे पता चलता है। मृद्भाण्ड के प्रयोग पहले हस्त-निर्मित और बाद में चक्र-निर्मित शुरू हुए। अफगानिस्तान और बलूचिस्तान में कीली गुलमोहम्मद की तृतीय परत से ऐसी जानकारी मिलती है कि वहाँ ताँबे का प्रयोग भी शुरू हो गया था। पशु-पालन और कृषि उद्योगों ने स्थायी जीवन बिताने में योगदान दिया था। 3,000 ईस्वी पूर्व के लगभग ग्रामों का निर्माण होने लगा।

प्राक्-हड़प्पन युग (लगभग 2700-2400 ई॰पू॰) ने कुछ नये तथ्यों को जन्म दिया; जिसके कारण नगरीकरण के द्वार तक सभ्यता पहुंच गई। दुर्ग की दीवार, मकान, धातु और अन्य वस्तुओं के अवशेषों की खोज हुई। हड़प्पन युग (लगभग 2350-1750 ई॰ पूर्व) में अनेक नगरीय केन्द्रों की खोज हुई जिनसे सड़कों और गलियों के नियोजन का पता चलता है। पहले-पहल लिपि का आविष्कार हुआ। ताम्राश्म युग (लगभग 1750-1000 ई॰पूर्व) में विभिन्न क्षेत्रों के लोग खाद्य, अर्थव्यवस्था और तकनीक तो सामान्य रखते थे, किन्तु वातावरण की स्थिति के कारण मृद्भाण्ड की परम्पराओं में भिन्न थे।

उपरोक्त पुरातात्त्विक प्रमाण जैन धर्म की इतनी प्राचीनता सिद्ध नहीं करते जितना कि जैन ग्रंथों में उल्लेख मिलता है। मोहरें और मृण्मूर्तियों के प्रमाण से ऐसा प्रतीत होता है कि लगभग 3,000 ई॰ पूर्व से लोगों ने शनैः-शनैः धर्म का अनुसरण शुरू कर दिया था। वे बैल, सर्प, मातृदेवी, सींग देवता आदि की पूजा करते थे। इस कारण इतने प्राचीन समय में जैन धर्म के अस्तित्व होने का कोई प्रमाण सिद्ध नहीं होता है।

चौबीस तीर्थंकर

"दृष्टिवाद" के मूल प्रथमानुयोग में चौबीस तीर्थंकरों का सर्वप्रथम उल्लेख था। अब ये स्रोत

5. *दि बर्थ ऑफ इंडियन सिविलाइजेशन,* पृ॰ 103.

लुप्त हैं। जैन-परम्परा में अब सबसे प्राचीन उपलब्ध उल्लेख *समवायका*,[6] *कल्पसूत्र*, *आवश्यक निर्युक्ति* और *आवश्यक चूर्णि* में है। आचार्य शिलांक द्वारा 868 ई॰ में लिखित *चउप्पन्न महापुरिस चरियं* और हेमचन्द्राचार्य के *त्रिशष्टिशलाकापुरुषचरित* में तथा दिगम्बर पुराण ग्रंथ जिनसेन के *आदि पुराण* और *हरिवंश पुराण* एवं गुणभद्र के *उत्तर पुराण* में चौबीस तीर्थंकरों का जीवन-चरित्र विस्तार से वर्णित किया गया है।

तृतीय शताब्दी ईसा पूर्व में रचित *कल्पसूत्र* ग्रंथ में केवल चार तीर्थंकरों का ही चरित वर्णित होने से देश-विदेश के विद्वान् बौद्ध धर्म में मान्य 24 बुद्धों की तरह जैन धर्म के 24 तीर्थंकरों को भी काल्पनिक बताने का प्रयत्न करते रहे हैं, यद्यपि *कल्पसूत्र* में अन्यों का भी उल्लेख है। जैन ग्रंथ *भगवती सूत्र* से ज्ञात होता है कि आजीविक मत के संस्थापक मंखलीपुत्र गोशाल भी अपने को चौबीसवां तीर्थंकर घोषित कर चुका था यद्यपि अन्य स्रोतों से नन्दवच्छ और किससंकिच्छ नामक दो और आजीविक आचार्यों का ज्ञान होता है। बौद्ध धर्म में भी 24 बुद्धों की परम्परा मान्य है, जिनमें से महावीर के समकालीन शाक्य गौतम बुद्ध को अन्तिम बुद्ध कहा गया है। चन्द्रगुप्त मौर्य के पौत्र अशोक ने तृतीय शताब्दी ई॰पू॰ के मध्य में कनकमुनि बुद्ध का प्राचीन स्तूप धर्म-भावना से द्विगुणित करवाया था तथा द्वितीय शताब्दी ई॰पू॰ में निर्मित भरहुत स्तूप की वेष्ठनी शुंगयुगीन लिपि में सप्तमानुषी बुद्धों के प्रतीक सात वृक्ष कोर कर परिचय अभिलेख उत्कीर्ण किए गए थे – *पाटलिवृक्षः भगवतो विपसिनो बोधिः, पुण्डरीक वृक्षः भवगवतो सिकीनो बोधिः, शालवृक्षः भगवतो बेसभुवो बोधिः, सिरीष वृक्षः भगवतो ककुसंघषबोधि, उदुम्बरवृक्षः भगवतो कोनगस बोधिः, वटवृक्षः भगवतो कासपस बोधिः, अश्वत्थ वृक्षः भगवतो सकबोधि* अर्थात् शाक्य गौतम बुद्ध। द्वितीय शताब्दी तक बौद्ध धर्म में 24 बुद्धों की मान्यता दृढ़ हो चुकी थी। इसी प्रकार विष्णु के 24 अवतारों की कल्पना भी आठवीं शताब्दी में पूर्ण हो चुकी थी, परन्तु समकालीन कलाकारों ने विष्णु के दशावतारों के मूर्तिखण्ड ही निर्मित किए थे। जैन-परम्परा में मान्य चौबीस तीर्थंकर बौद्ध एवं ब्राह्मण मान्यता से प्राचीन हैं। महावीर के समकालीन बौद्ध साहित्य में भी जैन धर्म को प्राचीन धर्म माना गया है। पार्श्वनाथ के अनुयायी श्रमणों और महावीर के शिष्यों के पारस्परिक वार्तालापों के उल्लेख बौद्ध साहित्य की तरह जैन साहित्य में भी सुरक्षित हैं। चौबीस तीर्थंकरों की जैन-परम्परा ने जैनेतर धर्मों को प्रभावित किया था जिसके परिणामस्वरूप चौबीस की संख्या को उन्होंने भी अपनाया। जैन धर्म के आदि संस्थापक के रूप में ऋषभदेव की प्रतिष्ठा की परम्परा प्राचीन है, जिसे ऐतिहासिक प्रमाणों के अभाव में भी अस्वीकार नहीं किया जा सकता, यद्यपि वर्तमान वैज्ञानिक मान्यताओं के प्रकाश में प्रथम तीर्थंकर का समय और परवर्ती जैन साहित्य के तिथिक्रम के आलोचनात्मक मूल्यांकन की दिशा में शोध-कार्य अभी भी अपेक्षित है।

---

6. *सम॰* 147, *नन्दीसूत्र*, सूत्र 56.

आदि तीर्थंकर ऋषभदेव

इसमें कोई संदेह नहीं है कि बहुत प्राचीन समय से लोगों को ऋषभ नाम के राजा या ऋषि की जानकारी थी। बहुत संभव है कि वह एक ऐतिहासिक पुरुष था और महावीर स्वामी की मृत्यु के 100 या 200 वर्ष बाद जैनियों ने इस प्राचीन ऋषि को अपना तीर्थंकर बनाने का विचार किया।[7]

जैन-परम्परा के अनुसार प्रथम तीर्थंकर जिन तथा जैन धर्म के संस्थापक ऋषभदेव का जन्म आयोध्या के इक्ष्वाकु कुल में हुआ था। इनके पिता नाभि और माता मरुदेवी थी। ऋषभदेव के ज्येष्ठ पुत्र भरत प्रथम चक्रवर्ती सम्राट हुए, जिनके नाम पर इस देश का नाम भारतवर्ष पड़ा। ऋषभदेव ने अशिक्षित एवं कलाविहीन मानव-समुदाय को भोजन बनाना, कृषि, लेखन, मिट्टी के पात्र बनाना, चित्र एवं मूर्ति आदि विभिन्न आवश्यक और उपयोगी कलाएँ सिखाई थीं। इनके समय विवाह-पद्धति, दाह-संस्कार, स्तूप-निर्माण, उत्सवों आदि का आरम्भ हुआ। पौराणिक साहित्य में मनु वैवस्वत से संबद्ध किए जाने वाले समस्त पुनीत एवं मानव के विकास से संबंधित कार्यों के आरम्भ का श्रेय जैन अनुश्रुति के अनुसार भगवान् ऋषभदेव को ही है। आर्येतर श्रमण संस्कृति से संबंधित विभिन्न वैदिक-उल्लेखों को ऋषभदेव के धर्म से सम्बद्ध किया जाता है, यद्यपि इन उल्लेखों का मूल्यांकन आवश्यक है।

ऋग्वेद में उल्लेखित वातरशना मुनि[8] को श्रमण संस्कृति से तथा वृषभ के उल्लेखों को ऋषभदेव से संबंधित किया जाता है। बैबीलोन के राजा हम्मुरावी (ई॰पू॰ 2123-2081) के अभिलेखों, सिन्धु घाटी एवं सुमेर की सभ्यताओं, ताम्राश्मयुगीन भारतीय संस्कृतियों आदि से कृषि-कर्म में महत्ता के कारण वृषभ का विशिष्ट महत्त्व ज्ञात है। *ऋग्वेद* के समकालीन सिन्धु घाटी सभ्यता से प्राप्त बहुसंख्यक बैल की मृण्मूर्तियों और मुद्रांकित श्रेष्ठ वृषभाकृतियों से भी इस युग में वृषभ-पूजा की लोकप्रियता ज्ञात होती है। अतएंव ऋग्वैदिक वृषभ से सम्बद्ध उल्लेखों को प्रथम तीर्थंकर ऋषभदेव से भिन्न बताना उचित प्रतीत होता है। *तैत्तिरीय आरण्यक*[9] में वातरशना का उल्लेख श्रमणों से संबंधित प्रतीत होता है, यद्यपि यह आरण्यक भगवान् पार्श्वनाथ की धर्मदेशना के समय से प्राचीन नहीं है।

इसी प्रकार *ऋग्वेद* में उल्लेखित अर्हन् की श्रेष्ठता को अर्हत्[10] से संबंधित किया

---

7. *को॰हि॰जैन॰* पृ॰ 3.
8. *ऋग्वेद,* 10 / 135 / 2 (*मुनयो वातरशना पिशंगा वसने भलाः*).
9. *तैत्तिरीय आरण्यक,* 2 / 7 / 1.
10. *ऋ॰,* 10 / 85 / 4; 2 / 33 / 10; 10 / 2 / 2.

जाना भी युक्ति-युक्त नहीं है। अर्हत् का आदर्श जैन परम्परा और हीनयान बौद्ध मत में मान्य अवश्य रहा है, परन्तु जैनधर्म में अर्हत् का आदर्श बौद्ध मत के समान स्वीकार नहीं किया गया है। *ऋग्वेद* में उल्लेखित केशी[11] के विवरण को ऋषभदेव के केशी नाम से अभिन्न मानना भी समीचीन नहीं है। *शतपथ ब्राह्मण, तैत्तिरीय आरण्यक* आदि के विवरणों के अतिरिक्त *अथर्ववेद* के व्रात्य-खण्ड के वर्णन को भी ऋषभदेव के श्रमण धर्म से संबंधित करने का प्रयास किया जाता है, जिसे स्वीकार करना सम्भव नहीं है। आठवीं शताब्दी के *भागवत पुराण*[12] में भी इन्हें वातरशना श्रमणों के धर्म का संस्थापक माना है तथा इन्हें सम्पूर्ण वेद, देवता, ब्राह्मण और गौओं का परम गुरु और उनके मंगलमय चरित को श्रद्धापूर्वक एकाग्रचित्त से सुनने और सुनाने वालों को भगवान् वासुदेव का अनन्य भक्त घोषित किया है।[13]

भागवत पुराण जैन धर्म के परम उत्कर्ष और विस्तार के अतिरिक्त जैन संस्कृति के स्वर्णिम काल के बाद का है, एतदर्थ जैन-परम्परा को यथावत् स्थान देकर ऋषभदेव के चरित्र का विवरण देते हुए पुराणकार ने उन्हें विष्णु का अवतार घोषित कर दिया था। इसमें यत्र-तत्र जैन-परम्परा से इतर मान्यताएं एवं कथानक भी सम्मिलित हैं। *विष्णु पुराण* में ऋषभ को ब्रह्मा से उत्पन्न स्वयंभुव के पुत्र प्रियव्रत के प्रपौत्र और आग्नीध्र के पौत्र तथा नाभि के पुत्र के रूप में वर्णित किया गया है।[14]

जैन अनुश्रुति के अनुसार ही जैनेतर-परम्पराओं में भी ऋषभदेव के जीवन-चरित्र से सम्बन्धित विवरण उपलब्ध हैं। महायान बौद्ध-ग्रन्थ *आर्यमंजुश्रीमूलकल्प*[15] में नाभिपुत्र ऋषभ और ऋषभपुत्र भरत का राजा के रूप में उल्लेख है, परन्तु ब्राह्मण पौराणिक परम्परा में भगवान् ऋषभदेव का विस्तृत चरित वर्णित है। ये जैनेतर उल्लेख जैन परम्परा से परवर्ती हैं तथा इन पर जैन-परम्परा का स्पष्ट प्रभाव है। जीवन्त धर्म के रूप में जैनधर्म के प्रसार एवं लोकप्रियता के कारण सहिष्णुतावश ब्राह्मण अनुश्रुतियों में ऋषभदेव के व्यक्तित्व की श्रेष्ठता के दर्शन यत्र-तत्र होते हैं। इन जैनेतर परम्पराओं के आलोचनात्मक अध्ययन से तत्कालीन समाज में जैन-धर्मावलंबियों की प्रतिष्ठा और बहुलता विदित होती है।

---

11. *ऋ०*, 10/136/1, 10/106/2.
12. *भागवत*, 5/5/28, 5/6/71.
13. वही, 5/6/16-19.
14. वही, 5/5/19-26.
15. *प्रजापतेः सुतोनाभि तस्यापि आगमुच्यति नाभिनो वे सिद्धकर्म दृढ़व्रतः।*

विष्णु पुराण[16] में ऋषभ को ब्रह्मा से उत्पन्न प्रथम मनु स्वयंभुव के पुत्र प्रियव्रत के प्रपौत्र और आग्नीध्र के पौत्र तथा नाभि के पुत्र के रूप में उल्लेखित किया है, यद्यपि ऋषभ की माता मरुदेवी और पुत्र भरत का नाम जैन परम्परा के अनुसार ही दिया है, परन्तु ऋषभ को विविध यज्ञों का कर्ता तथा भरत को राज्य सौंपकर तपस्या हेतु पुलहाश्रम की ओर जाने का विवरण दिया गया है। *मार्कण्डेय, कूर्म, अग्नि, वायु* आदि पुराणों में भी ऋषभदेव और उनके ज्येष्ठ पुत्र भरत का उल्लेख है तथा *विष्णु पुराण* के अनुसार इस देश का भारतवर्ष नामकरण भी इसी भरत के नाम से प्रसिद्ध होना स्वीकार किया गया है। *भागवत पुराण* में ऋषभदेव का विस्तृत चरित्र वर्णित है, यद्यपि इन्हें विष्णु के अवतार के रूप में उल्लेखित किया गया है। *शिव पुराण*[17] में तो ऋषभदेव को भगवान् शिव का अवतार स्वीकार कर वर्णित किया गया है, जोकि *भागवत पुराण* के विवरण से प्रतिकूल है। इन पौराणिक विवरणों से जैनेतर समुदाय में ऋषभदेव की प्रतिष्ठा देवाधिदेव के रूप में संस्थापित हो जाने का पता चलता है।

इन पौराणिक आख्यानों में *विष्णु पुराण* का विवरण प्राचीन है, जिसको परम्परागत रूप में परवर्ती पुराणों ने भी अपना लिया। *भागवत पुराण* में गौतम बुद्ध के समान ऋषभदेव को भी विष्णु के अवतारों में से एक अवतार मानना ब्राह्मणेतर धर्मों को पचा लेने की प्रक्रिया का परिणाम था, परन्तु जैन धर्म की प्रतिष्ठा जनधर्म के रूप में हो जाने तथा राज्याश्रय प्राप्त होते रहने के कारण आचार-प्रधान धर्म होने से बौद्ध धर्म की तरह जैन धर्म का भारत में ह्रास नहीं हो सका। यह कहना कठिन है कि ऋषभदेव को विष्णु के अवतार रूप में प्रतिष्ठित कर लेने के पुराणकार के प्रयास का जैन धर्मानुयायियों पर प्रभाव नहीं पड़ा हो। उत्तर भारत की कुछ जातियों (यथा अग्रवाल) में जैन, वैष्णव, शैव, शाक्त आदि विभिन्न मतों को मानने वाले वर्गों के मूल कारणों में *भागवत* एवं *शिव* पुराणों में पुष्ट की गई मान्यताएं भी एक कारण रही हैं। इस दृष्टि से अग्रवाल जाति के धार्मिक विश्वासों के सम्बन्ध में शोध-कार्य अपेक्षित है।

ब्राह्मण परम्परा में *भागवत पुराण* में ऋषभदेव का जो विस्तृत चरित वर्णित है, उसमें यत्र-तत्र जैन परम्परा से इतर मान्यताएं और विवरण हैं। इसमें ऋषभदेव के माता-पिता का नाम मरुदेवी और महाराज नाभि दिया है।[18] परन्तु पत्नी का नाम इन्द्र द्वारा दी गई कन्या जयन्ती कहा गया है,[19] जबकि जैन परम्परानुसार इन्द्र ने सुनन्दा एवं सुमंगला से भगवान

---

16. *विष्णु पुराण,* 2.1.7.16, पृ० 27-32.
17. *शिव पुराण,* 4 / 48 / 48.
18. *भागवत,* 5 / 3 / 20.
19. *आवश्यकनिर्युक्ति* गाथा, पृ० 190-91.

ऋषभदेव का विवाह रचाया था, जिसे पृथ्वी पर विवाह-संस्कार का आरम्भ माना गया है।[20] जैन परम्परा के अनुसार ऋषभदेव के चिह्न पुराणकार ने वर्णित किये हैं, परन्तु विष्णु का अवतार मानने के कारण वज्र, अंकुश, चक्र आदि विष्णु के चिह्न भी माने गए हैं।[21] पुराणकार ने ऋषभदेव को आनन्दानुभव-स्वरूप और साक्षात् ईश्वर-रूप तथा सत्यधर्म की शिक्षा देने वाला बताया है। जो लोग धर्म का आचरण करके तत्त्व-चिंतन से अनभिज्ञ थे, उन्हें ऋषभदेव ने सत्यधर्म का उपदेश देकर सन्मार्ग पर अग्रसर किया।[22] ऋषभ को *भागवत पुराण* में चराचर भूतों में व्याप्त और अगम्य परमात्मा भी कहा गया है।[23] जैन परम्परा में ऋषभदेव की वर्णित अपरिग्रह वृत्ति को व्यक्त करते हुए कहा गया है कि इन्होंने केवल शरीर-मात्र का ही परिग्रह रखा और सब कुछ त्यागकर विरक्त हो गए।[24] ऋषभदेव के तप की चरम परकाष्ठा का वर्णन करते हुए पुराणकार ने वर्णित किया है कि तपस्या के कारण उनका शरीर कृश हो गया और शिराएं तक दृष्टिगोचर होने लगीं।[25] *भागवत पुराण* में स्पष्ट रूप से ऋषभ को सम्पूर्ण वेदों, देवताओं, ब्राह्मणों और गौओं का परम पुरुष तथा उनके मंगलमय चरित्र को श्रद्धापूर्वक एकाग्रचित्त से सुनने और सुनाने वालों को भगवान् वासुदेव का अनन्य भक्त घोषित किया गया है;[26] जोकि भगवान् ऋषभदेव को विष्णु के अवतार मानने का परिणाम था।

उपरोक्त पौराणिक विवरण जैन-धर्म की पुष्ट मान्य परम्पराओं से प्रभावित है। सम्भवतः ऋषभदेव का जैन कथानक, पौराणिक मनु के समान ही प्रतिष्ठित होने तथा उनका वंश अयोध्या का इक्ष्वाकु कुल मानने की जैन मान्यताओं ने भी पुराणकारों को, जिन धर्म के संस्थापक के प्रति आकर्षित किया हो। बुद्ध की तरह ऋषभदेव को भी पुराणकार ने विष्णु का अवतार घोषित किया था, परन्तु जैन धर्म की सबल आचार-परम्परा एवं चतुर्विध संघ-शासन के कारण बौद्ध धर्म के समान जैन धर्म का अहित न हो सका। विष्णु के दशावतार के कई मूर्तिखण्ड मिले हैं, जिनमें बुद्ध को स्थान दिया जाता रहा, परन्तु ऋषभदेव को विष्णु की मूर्तियों और दशावतार-प्रभावलियों पर स्थान नहीं दिए जाने का कारण भी इन पौराणिक मान्यताओं का जनप्रिय नहीं होना ही प्रतीत होता है। जैन परम्परा में प्रथम जिन, प्रथम तीर्थंकर और जैन धर्म के संस्थापक के रूप में ऋषभदेव की प्रतिष्ठा के परिचायक ये विभिन्न

---

20. *आवश्यकनिर्युक्ति* गाथा, 5/4/14.
21. वही, 5/5/28.
22. वही, 5/6/16-19.
23. वही, 5/4/8.
24. *भागवत,* 5/4/2.
25. वही, 5/5/19-26.
26. वही, 5/6/71.

जैनेतर उल्लेख हैं, यद्यपि उपरोक्त सभी उल्लेख जैन-ग्रंथों से प्रभावित और उनसे परवर्ती हैं।

ऋग्वेद एवं परवर्ती वैदिक उल्लेखों को ऋषभदेव से सम्बद्ध मानने में विद्वज्जनों में मतैक्य नहीं है। वैदिक साहित्य अथवा महावीर के समकालीन बौद्ध साहित्य में ऋषभदेव का जैन धर्म के संस्थापक के रूप में उल्लेख नहीं होने से मत-वैभिन्य को बल मिला। इनका सर्वप्रथम चरित-वर्णन जैन *कल्पसूत्र* में उपलब्ध है तथा इसे प्राचीन जैन-परम्परा से संबंधित उल्लेख मानने का परामर्श दिया जाता रहा है। ऋषभदेव से सम्बद्ध किए जाने वाले नगरों, बस्तियों आदि के आधार पर वैज्ञानिक दृष्टिकोण से इनका समय निर्धारित होना शेष है। परन्तु ऐसा कोई पुष्ट प्रमाण भी उपलब्ध नहीं है, जिसके आधार पर जैन अनुश्रुतियों में वर्णित ऋषभदेव को प्रथम जिन, प्रथम तीर्थंकर और जैन धर्म का संस्थापक मानने में हिचकिचाहट हो। वर्तमान जैन-शासन के संस्थापक भगवान् महावीर को जैन परम्परा मानती है, अतएव जैन स्रोतों से इतर सन्दर्भों के आधार पर ऋषभदेव की ऐतिहासिकता सिद्ध करना सम्भव नहीं है। यथार्थ में जैन परम्परा स्वयं उन्हें प्राग्-ऐतिहासिक मानती है।

अरिष्टनेमि

भगवान् ऋषभदेव के पश्चात् बाईसवें तीर्थंकर अरिष्टनेमि अथवा नेमि का जीवन-चरित्र *कल्पसूत्र* में वर्णित है। नेमि के पिता समुद्र विजय को यदुवंशी महाराज अधक-वृष्णि का ज्येष्ठ पुत्र कहा गया है, जो यमुना के तट पर बसे शौरिपुर के शासक थे। नेमि की माता का नाम शिवादेवी था, जिन्होंने पुत्र के जन्म के पूर्व स्वप्न में एक नेमि और रिष्ठयुक्त चक्र आकाश में उड़ता हुआ देखा था, फलतः नवजात पुत्र का नामकरण अरिष्टनेमि किया गया।

जैन अनुश्रुति के अुनसार समुद्रविजय के अनुज वसुदेव के ही ज्येष्ठ पुत्र वासुदेव कृष्ण थे। कंस के संहार के पश्चात् मगधराज जरासंध के आक्रमण के भय से श्रीकृष्ण अपने बंधु-बांधवों सहित द्वारिका में राज्य स्थापित कर रहने लगे थे। समुद्रविजय के चचेरे भाई उग्रसेन की कन्या राजमती से श्रीकृष्ण ने अरिष्टनेमि का विवाह सम्बन्ध निश्चित किया था। सम्भवतः जरासंध के भय से उग्रसेन भी अन्य यादवों के साथ द्वारिका में ही रहने लगे थे। जब अरिष्टनेमि की बारात सजकर उग्रसेन के महल में सज्जित विवाहस्थल की ओर शोभा-यात्रा में जा रही थी, तभी विवाह-भोज के लिए एकत्रित असंख्य पशु-पक्षियों के वध की कल्पना-मात्र से भगवान नेमि करुणार्द्र हो गए और शोभा-यात्रा छोड़कर संयम लेने को तत्पर हो गए। उन्होंने संसार त्यागकर द्वारिका के निकट रैवतक (उर्ज्जयन्त) पर्वत पर स्थित सहसंभव वन में प्रव्रज्या ग्रहण की। 54 दिन की कठोर तपस्या द्वारा केवल ज्ञान प्राप्त

कर भगवान अरिष्टनेमि ने एक हजार वर्ष की आयु में उज्जयंत पर्वत पर ही निर्वाण प्राप्त किया था।

छान्दोग्य उपनिषद् में देवकी के पुत्र कृष्ण को ऋषि घोर अंगिरस का अनुयायी वर्णित किया गया है, जिन्होंने कृष्ण को तप, दान, आर्जव, अहिंसा और सत्य-वचन की महिमा समझाई थी।[27] श्रीकृष्ण ने *गीता* में भी इन्हीं नैतिक तत्त्वों को धर्म का मूलाधार निरूपित किया है। जैन परम्परा में वासुदेव कृष्ण और बाईसवें तीर्थंकर अरिष्टनेमि को चचेरे भाई एवं समकालीन वर्णित किया गया है। अरिष्टनेमि ने श्रीकृष्ण को उपदेश देकर अपना अनुयायी बनाया था, फलतः विद्वान् उपरोक्त घोर अंगिरस की अभिन्नता अरिष्टनेमि से मानने का परामर्श देते हैं। *छान्दोग्य उपनिषद्* की तिथि भगवान महावीर के समकालीन अथवा कुछ पहले की मानी जाती है, परन्तु जैन परम्परा में अरिष्टनेमि का उल्लेख घोर अंगिरस नाम से अज्ञात है। श्रीकृष्ण की तिथि भी अनिश्चित है तथा सामान्यतः उनका समय ईसा पूर्व दसवीं शताब्दी से पन्द्रहवीं शताब्दी के मध्य माना जाता है,[28] अतएव जैन परम्परा का इस दृष्टि से मूल्यांकन किया जाना चाहिए। भगवान अरिष्टनेमि के प्रभाव से पश्चिमी भारत में जैन धर्म अत्यधिक लोकप्रिय हुआ तथा यादव कुल के बहुसंख्यक क्षत्रियों ने संसार त्याग कर मुक्ति हेतु कठोर तप किए। जैन परम्परा और पौराणिक ब्राह्मण परम्परा में कृष्ण से संबंधित विवरणों में समानता है, फिर भी महाभारत युद्ध के नायक श्रीकृष्ण के साथ अरिष्टनेमि की तिथि मान्य करने में जैन-परम्परा से प्रतिकूल परिणाम ज्ञात होंगे। जैन आगम-साहित्य में राजमती के कथानक को महत्त्वपूर्ण स्थान प्राप्त है। प्राचीनता की दृष्टि से अरिष्टनेमि से संबंधित ये विवरण उल्लेखनीय हैं। इनकी परम्परा जैनेतर विवरणों से स्वतंत्र ज्ञात होती है।

प्राङ्-वैदिक धर्म

विद्वानों का एक वर्ग जैन-धर्म को वेदों से प्राचीन एवं आर्येतर धर्म स्वीकार करने का आग्रह करता है। जी॰सी॰ पाण्डे[29] का विश्वास है कि वैदिक काल में प्रचलित यज्ञ-विरोधी भावना का मूलाधार हिंसा-विरोधी वर्ग का प्रभाव था। जैन धर्म का प्रेरणा-स्रोत वेदों से इतर एवं प्राचीन यज्ञ-विरोधी मान्यताएं ही रही होंगी। मोहनजोदड़ो एवं हड़प्पा की नगर सभ्यता के उत्खनन से प्राप्त कुछ सामग्री श्रमण अथवा जैन परम्परा के अनुरूप[30] मानने के भी प्रयास हुए हैं। यहां से प्राप्त कायोत्सर्ग नग्न मानव मूर्तियों की कुषाणकाल में निर्मित जैन तीर्थंकर मूर्तियों

27. *छान्दोग्य,* 3/17/6.
28. *पो॰हि॰ए॰इं॰,* पृष्ठ 31-36.
29. *पा॰स्ट॰ओ॰बु॰,* पृष्ठ 317-18.
30. *मोह॰ इंड॰,* चित्र संख्या 12, आकृति क्र॰ 13-15, 19, 22.

से समानता प्रकट होती है। इन उत्खननों में कुछ मूर्तियां पद्मासन मुद्रा में भी मिली हैं। कुछ मूर्तियां नाग-मस्तकों वाली भी मोहनजोदड़ो से मिली हैं। ये नाग-मस्तक वाली मूर्तियां वैदिक सभ्यता से प्राचीन नागपूजक कबीले से सम्बद्ध मानी गई हैं। पार्श्वनाथ के अतिरिक्त सप्तम तीर्थंकर सुपार्श्वनाथ के मस्तक पर भी नागफण परवर्ती मूर्तियों में बनाया जाता रहा है। सिंधु घाटी की नगर सभ्यता में प्राप्त इन मूर्तियों को जैन तीर्थंकरों की मूर्तियां मानने का आग्रह ही सम्पूर्ण सभ्यता के परिवेश में हास्यास्पद है। यहां की धार्मिक मान्यताओं और उनसे सम्बद्ध साधन-सामग्री का श्रमण संस्कृति से संबंध स्थापित करना भी मृगतृष्णा मात्र है।

जैन परम्परा से स्पष्ट ज्ञात होता है कि सभी तीर्थंकर आर्यकुलों और आर्य राज्यों से ही संबंधित थे, अतएव किसी आर्येतर संस्कृति से जैन धर्म का सम्बन्ध जोड़ना उचित नहीं है। वेदों के आलोचनात्मक अध्ययन से स्पष्ट है कि उदार और अनुदार विचारधाराएँ अनवरत बनी रहीं, जिसके परिणामस्वरूप ही समय-समय पर हिंसक एवं भौतिक सुख से संबंधित यज्ञों का विरोध और ज्ञानपक्ष की उच्चता का प्रतिपादन होता रहा। वेदों में उल्लेखित वातरशना, मुनि, यति, श्रमण, केशी, व्रात्य, अर्हन्, शिश्नदेव आदि सार्थक शब्दों को वेद-विरोधी श्रमण मान्यताओं से संबंधित करने के सबल आधार नहीं हैं। वेदों में वर्णित मुनि का अलौकिक व्यक्तित्व और व्रात्य का विवरण तथा *तैत्तिरीयारण्यक*[31] में उल्लेखित वातरशना ऋषि एवं श्रमण आदि आर्येतर मान्यताओं से सम्बन्धित अवश्य हैं, परन्तु इन समस्त उल्लेखों को जैन धर्म से यथावत् संबंधित करना युक्ति-युक्त नहीं है। वेद-विरोधी मान्यताओं से संबंधित आर्यों को भी इनमें शूद्र एवं व्रात्य माना गया है। 'आर्य' शब्द तो वेदों में संस्कृति-सूचक है, अतएव आर्य संस्कृति से इतर आर्य समुदाय को भी हेय माना जाना आश्चर्यजनक नहीं है।

पंचविंश ब्राह्मण[32] में व्रात्यों का विशेषताओं सहित विवरण है। इसमें उन्हें वेदों का अध्ययन नहीं करने वाले और वैदिक साहित्य में प्रतिपादित यम-नियमों का विरोधी बताया गया है। व्रात्यों को शुद्ध उच्चारण नहीं करने और वेदेतर भाषा बोलने वाले भी कहा गया है। सम्भवतः यह भाषा प्राकृत रही हो। उपनिषदों[33] में श्रमण का विवरण और वैदिक साहित्य[34] में इन्द्र-विरोधी चमत्कारी यतियों का वर्णन है, जिनके शरीर को शृंगालों

---

31. *तैत्तिरीय आरण्यक,* 2/7/1, 9/21/3, 1/24.
32. *पंच०ब्रा०,* 17/4/1-9.
33. *बृह०उप०,* 3/22.
34. *तै०सं०,* 6/2/75; *काठक संहिता* 8/5; *ऐ०ब्रा०,* 35/2; *कोषि० उप०,* 3/1; *अथर्व०,* 2/53; *ताण्डय महाब्राह्मण,* 8/1/4.

को फेंक देने का उल्लेख है। अर्हत् के ऋग्वेदिक उल्लेख को[35] अर्हत् के आदर्श से सम्बन्धित करना संभव नहीं है।

वस्तुस्थिति तो यह है कि प्राक्-वैदिक युग में जैन धर्म के अस्तित्व से सम्बद्ध विवरण संदेहास्पद हैं, परन्तु वैदिक साहित्य में वेद एवं इन्द्र-विरोधी जन-समुदाय से संबंधित श्रमण, यति, व्रात्य, वातरशना, मुनि, आदि उल्लेखों से वेदों में प्रतिबिम्बित आर्यों की धार्मिक मान्यताओं की प्रतिद्वंद्वी विचारधारा का सबल अस्तित्व एवं जन-प्रतिष्ठा का ज्ञान होता है। मौलिक विचारधारा एवं मान्यताओं तथा यज्ञ-विरोधी मुखरता के कारण इस आर्येतर वैचारिक परम्परा को जैन धर्म के निकट मानना असंभव नहीं है। ज्ञान एवं कर्म की प्रधानता, आत्मा के अस्तित्व, वर्ण-विरोध, आदि मान्यताएँ जैन सिद्धांतों के निकट हैं, यद्यपि भगवान् पार्श्वनाथ के समकालीन एवं परवर्ती वैदिक साहित्य में इन मान्यताओं के उल्लेखों को स्वाभाविक माना जाना चाहिए।

एच॰ याकोबी[36] ने जैन दार्शनिक मान्यताओं के आधार पर जैन धर्म की प्राचीनता व्यक्त करने का प्रयास किया है। जैन-दर्शन में जीवन की मान्यता का विस्तार अनुपम है। एकेन्द्रीय से पंचेन्द्रिय रूप में जीवों का विभाजन तथा पृथ्वी के अतिरिक्त जल, अग्नि, वायु तक में जीव का अस्तित्व स्वीकार करने से प्रकट होता है कि जैन धर्म का प्रादुर्भाव उस समय हो चुका था जब उच्च धार्मिक विश्वासों ने भारतीयों को प्रभावित नहीं किया था। जैन तत्त्व-मीमांसा के विकास को भी याकोबी जैन धर्म की प्राचीनता का प्रतिपादक मानते हैं।

पार्श्वनाथ की ऐतिहासिकता

जैन तीर्थंकर पार्श्वनाथ संभवतः जैन धर्म के वास्तविक संस्थापक थे।[37] एच॰ याकोबी[38] प्रभृति विद्वानों ने जैन परम्परा का बौद्ध-स्रोतों से तुलनात्मक अध्ययन करके पार्श्वनाथ की ऐतिहासिकता प्रामाणित की है तथा इन्हें ही जैन धर्म के आदि संस्थापक के रूप में प्रतिष्ठित करने का प्रयास किया है। यद्यपि जैन धर्म के प्रसिद्ध विद्वान सत्यभक्त ने भी पहले पार्श्वनाथ को जैन धर्म का संस्थापक होना बतलाया किन्तु बाद में उन्होंने भगवान महावीर को जैन धर्म का संस्थापक होना सिद्ध किया। महावीर के समय में जैनेतर स्रोतों से पार्श्वनाथ के चातुर्याम धर्म के अनुयायियों का भी ज्ञान होता है। बौद्ध त्रिपिटक साहित्य में निर्ग्रन्थों के धर्म को चातुर्याम धर्म के नाम से भी संबोधित किया गया है जोकि जैन

35. *ऋ॰*, 4 / 33 / 10.
36. *से॰बु॰ई॰*, 45, पृ॰ 33 प्रस्तावना.
37. *को॰हि॰जै॰*, पृ॰ 11.
38. *से॰बु॰ई॰*, 45, पृष्ठ 20 से 23-प्रस्तावना.

निशीथसूत्र का साधु और साध्वियों की जीवन-प्रक्रिया और तत्कालीन समाज में प्रचलित रीति-रिवाजों के आकलन की दृष्टि से अत्यन्त महत्त्व है।

(ग) चूर्णि (चुन्नि) – आगमों के भाष्य-साहित्य का तृतीय सोपान चूर्णि है। सभी अंगों की पृथक्-पृथक् चूर्णियां हैं। प्रकाशित चूर्णियों में *आवस्सय* और *निशीथ* में जैन इतिहास और संस्कृति की बहुमूल्य जानकारी संग्रहीत हैं। *आवस्सय चूर्णि* में भगवान् महावीर के जीवन-चरित से संबंधित महत्त्वपूर्ण घटनाओं और उनके समकालीन महत्त्वपूर्ण शासकों और राजकुमारों के संबंध में जानकारी उपलब्ध है।

(घ) टीका – संस्कृत में टीका लिखने वाले प्रसिद्ध जैनाचार्य हरिभद्रसूरि (705-775 ई॰) द्वारा रचित टीकाओं में से *आवस्सय, दसवैयालिय, नन्दि* और *अनुयोग* की अपरिमित प्रशंसा विद्वानों ने की है। आचार्य शीलांक (872 ई॰), वादिवेताल, शांतिसूरि, अभयदेव, आदि टीकाकारों ने जैन आगम-साहित्य पर टीकाएं लिखकर उसे बोधगम्य बनाने में स्तुत्य योगदान दिया है। टीका साहित्य में *आवस्सय, उत्तरज्झायण, बृहतकल्प भाष्य, व्यवहार भाष्य, ठानांग, भगवती, जम्बूद्वीप प्रज्ञप्ति* एवं *कल्पसूत्र* का महावीरयुगीन परम्परा को सुरक्षित रखकर आगम-साहित्य के उल्लेखों की सम्पन्न व्याख्या की दृष्टि से ऐतिहासिक महत्त्व है।

ये विभिन्न टीकाएं भगवान् महावीर के जीवन-चरित पर विशद् प्रकाश डालती हैं। इनमें वर्णित घटनाओं, शासकों, नगरों प्रसिद्ध श्रावक-श्राविकाओं के उल्लेख महावीरयुगीन राजनीतिक एवं सांस्कृतिक इतिहास-निर्माण में अत्यन्त सहायक हैं। इन ग्रंथों से महावीर के व्यक्तित्व के मानवीय स्वरूप को अलौकिक रूप दिए जाने की विकास प्रक्रिया भी ज्ञात होती है। टीका-साहित्य का निर्माण महावीर के शताब्दियों पश्चात् होने से इनमें उपलब्ध जानकारी का उपयोग सावधानीपूर्वक किया जा सकता है, क्योंकि परवर्ती विवरणों के साथ-साथ अतिरंजित वर्णनों में उल्लेखित तथ्यों को अन्य स्वतंत्र साक्ष्यों के समर्थन के अभाव में विश्वस्त नहीं माना जा सकता।

पुराण तथा चरित-ग्रंथ

ब्राह्मणीय पुराणों की तरह जैनों ने भी पुराण ग्रंथ लिखे। कुछ जैन पुराणों और चरित-ग्रंथों में भगवान् महावीर के जीवनवृत्त के साथ समकालीन अन्य शासकों से सम्बद्ध विवरण उपलब्ध हैं, यद्यपि ऐतिहासिक दृष्टिकोण से यह सामग्री अधिक विश्वसनीय नहीं है। इनमें महावीर के जीवन-चरित के वर्णन की दृष्टि से जिनसेन द्वारा रचित *हरिवंश पुराण* (783 ई॰) और गुणभद्र द्वारा रचित *उत्तर पुराण* (नौवीं शताब्दी) महत्त्वपूर्ण हैं। हेमचन्द्राचार्य द्वारा रचित *त्रिशष्टिशलाका पुरुष चरित्र* (बारहवीं शताब्दी) में भी महावीर के जीवन और समकालीन राजाओं के सम्बन्ध में उपयोगी जानकारी उपलब्ध है। नेमिचन्द्र द्वारा रचित

महावीर चरिय, गुणचन्द्र द्वारा रचित *महावीर चरिय*, असग द्वारा रचित *वर्धमान चरित्र* (986 ई॰) तथा सकलकीर्ति (1464 ई॰) द्वारा रचित *वर्धमान चरित्र* भगवान के जीवन से संबंधित परवर्ती उपयोगी चरित ग्रंथ हैं।

अन्य ग्रंथ

भगवान् महावीर के जीवन की महत्त्वपूर्ण घटनाओं और समकालीन राजनीतिक एवं सांस्कृतिक इतिहास के निर्माण की दृष्टि से यतिवृषभ (478 ई॰) द्वारा रचित *तिलोयपण्णति*, पूज्यपाद (पांचवीं शताब्दी) द्वारा रचित *दशभक्ति*, वीरसेन द्वारा रचित *जयधवला टीका* (816 ई॰), नेमिचन्द्र का *त्रिलोकसार* (973 ई॰), हेमचन्द्राचार्य द्वारा रचित *परिशिष्टपर्वन* (बारहवीं शताब्दी) तथा मेरुतुंग की *विचार श्रेणी* (1306 ई॰) भी उपयोगी ग्रंथ हैं।

सहायक साहित्य

जैन-साहित्य से ज्ञात जानकारी को ऐतिहासिक तथ्य के रूप में स्वीकार करने में पूरक साक्ष्यों की दृष्टि से समकालीन बौद्ध और ब्राह्मण साहित्य अत्यन्त ही महत्त्वपूर्ण और उपयोगी है। सामान्यतः जैन आगम-ग्रंथों को अन्तिम स्वरूप भगवान् महावीर के निर्वाण के शताब्दियों पश्चात् दिया गया था, फलतः संकलन की दृष्टि से समसामयिक बौद्ध-साहित्य का ऐतिहासिक दृष्टि से अधिक महत्त्व है, परन्तु जैन-साक्ष्यों का समर्थन बौद्ध अथवा ब्राह्मण साहित्य में उपलब्ध ऐतिहासिक जानकारी से हो जाने की स्थिति में जैन परम्परा को विश्वस्त मानने हेतु सुदृढ़ आधार मिल जाता है। इन सहायक साक्ष्यों को दो भागों – बौद्ध एवं ब्राह्मण के अन्तर्गत विभाजित किया जाता है।

बौद्ध-साहित्य – जैन आगम-साहित्य के समान ही बौद्ध त्रिपिटक साहित्य का संकलन एक निश्चितशताब्दी में नहीं हुआ, यद्यपि सिंहली अनुश्रुति और अशोक के भाब्रू अभिलेख से इनके संकलन का समय निर्धारित करने में सहायता मिलती है। संकलन की प्राचीनता की दृष्टि से इस बौद्ध-साहित्य का विशिष्ट महत्त्व है। मूल रूप से बौद्ध-त्रिपिटकों में राजनीतिक और सांस्कृतिक इतिहास को शृंखलाबद्ध करने में इनका योगदान अपरिमित है। ऐतिहासिक दृष्टिकोण से त्रिपिटकों में दो *विनयपिटक* और *सुत्तपिटक* महत्त्वपूर्ण हैं।

विनयपिटक के दो ग्रंथ – महावग्ग और *चुल्लवग्ग* राजनीतिक संगठन और संस्थाओं, सामाजिक, आर्थिक, धार्मिक, आदि सम्प्रदायों पर विशेष जानकारी देते हैं। *महावग्ग* में संघ के संस्थापन से सम्बद्ध नियमों का निरूपण है, परन्तु विषय-निरूपण में जन-साधारण के दैनिक जीवन से संबंधित विशद् जानकारी भी अप्रत्यक्ष रूप से इसमें उपलब्ध है। सभा की कार्यवाही, भाषण, वाचन, आदि की प्रविधि समकालीन राजनैतिक संघ अथवा गणराज्यों के समान ही बौद्ध संघ की भी मानी जाती है। बौद्ध भिक्षुओं हेतु

निर्धारित दैनिक जीवन में प्रयुक्त करने और नहीं कर सकने वाली वस्तुओं के अन्तर्गत *चुल्लवग्ग* से तत्कालीन साधारण घर में प्रयुक्त की जाने वाली वस्तुओं, उपस्कर, आवास से संबंधित आवश्यकताएं, आदि की जानकारी होती है।

बौद्ध-साहित्य में *सुत्तपिटक* का छठी शताब्दी ई॰पू॰ की राजनीतिक एवं सांस्कृतिक इतिहास के चित्रण की दृष्टि से सर्वाधिक महत्त्व है। *सुत्तपिटक* पांच भागों में विभक्त है – *दीघनिकाय, मज्झिमनिकाय, संयुत्तनिकाय, अंगुत्तरनिकाय* और *खुद्दकनिकाय* जो स्वतंत्र ग्रंथ ही हैं। *दीघ, मज्झिम* और *अंगुतर* निकायों में निर्ग्रन्थों, निग्गंथ नातपुत्त (महावीर) और उनके उपदेशों, आदि के कई विवरण हैं। ये विभिन्न समकालीन विवरण भगवान् महावीर के जीवन-काल में जैन धर्म की स्थिति, उनके शिष्यों और अनुयायियों, जैन धर्म की परम्परा में सुरक्षित महावीर के उपदेशों के मूल स्वरूप, आदि जैन इतिहास के विभिन्न पक्षों पर बहुमूल्य जानकारी देते हैं। यद्यपि इनमें उपलब्ध जानकारियों में कुछ धार्मिक प्रतिद्वन्द्विता के कारण कलुषित भी हैं, परन्तु इन विवरणों से ज्ञात होता है कि गौतम बुद्ध के समक्ष भगवान् महावीर का व्यक्तित्व और उनका निर्ग्रन्थ धर्म शक्तिशाली और लोकप्रिय था।

दीघनिकाय के *ब्रह्मजालसुत्त* में बौद्ध धर्म के समकालीन अन्य शक्तिशाली धर्मों, उनके प्रवर्तकों, आचार्यों और सिद्धान्तों का उपलब्ध विवरण भारत के धार्मिक एवं दार्शनिक इतिहास की दृष्टि से विपुल जानकारी है। *सामंञ फलसुत्त* में बुद्ध के समकालीन विभिन्न सम्प्रदायों के संस्थापक आचार्यों और उनके उपदेशों का विवरण है। *महापरिणिब्बाण सुत्त* उत्तर भारत के विभिन्न क्षत्रिय राज्यों और वज्जि संघ की राजनीतिक स्थिति पर प्रकाश डालता है। इसमें मगध के अमात्य वर्षाकार के सन्दर्भ में वैशाली के लिच्छवि गणतंत्र के ऐक्य और शक्ति के आधारभूत सप्त अपरिहार्य धम्म का उल्लेख भी है। *दीघनिकाय* के *महासुदस्सन सुत्त* में राजा महासुदस्सन के राजमहल के विवरण से तत्कालीन वास्तुशिल्प एवं अलंकरण-कला पर विस्तृत प्रकाश पड़ता है।

मज्झिम निकाय से बौद्ध भिक्षुओं की जीवनचर्या, ब्राह्मणीय यज्ञ-यागों, तपस्या के विभिन्न प्रचलित रूपों, गौतम बुद्ध के निर्ग्रन्थानुयायियों के प्रति विचार और बौद्धेतर धर्मावलम्बियों से सम्बन्ध, तत्कालीन भारतवर्ष की सामाजिक, आर्थिक और धार्मिक मान्यताओं, आदि पर विशेष प्रकाश पड़ता है। *अंगुत्तर निकाय* में महावीर और बुद्ध के समकालीन उत्तर भारत की राजनीतिक इकाइयों के रूप में षोड़स महाजनपदों का उल्लेख है।

थेरगाथा और *थेरीगाथा* में कई बौद्ध भिक्षु-भिक्षुणियों के विवरण और रचनाएं संग्रहीत हैं। इनसे तत्कालीन समाज में नारी की दशा, सामाजिक मान्यताएं, वर्णभेद, खानपान, आदि की अप्रत्यक्ष जानकारी मिलती है।

सुत्तपिटक के *खुद्दकनिकाय* के अन्तर्गत संकलित जातक कथाएँ तत्कालीन इतिहास को श्रृंखलाबद्ध करने में अत्यन्त उपयोगी हैं। बुद्ध के पूर्वजन्मों की कथाओं के माध्यम से रचित इन जातक कथाओं में प्रचुर ऐतिहासिक सामग्री उपलब्ध है। दैनिक जीवन की कथाओं के रूप में संकलित जातकों में से कुछ छठी शताब्दी ई॰पू॰ के भारत की राजनीतिक, सामाजिक और आर्थिक इतिहास के मूल्यांकन में महत्त्वपूर्ण योगदान देते हैं। लिच्छवि गणतंत्र के संविधान, राजनीतिक शक्ति, वैशाली के वैभव और विभिन्न लिच्छवि अधिकारियों और राजाओं की जानकारी के साधन जातक ही हैं। इनसे सामाजिक संगठन एवं संस्थाओं, नारी की सामाजिक स्थिति, उत्सव एवं मनोरंजन के साधन, शिक्षा के केन्द्र के रूप में तक्षशिला, तक्षशिला के आचार्य-शिष्य परम्परा और पढ़ाए जाने वाले विषय, विभिन्न उद्योग-धन्धे, श्रेणी और निगम, विनिमय में प्रचलित मुद्राएं, नगर-नियोजन, गृह-निर्माण, विशाल महलों का वास्तुशिल्प, अंतरदेशीय और समुद्रपारीय व्यापार, आदि विभिन्न पक्षों की जानकारी मिलती है। मूल-रूप से ये जातक कथाएं तत्कालीन राजनीतिक, सामाजिक एवं आर्थिक स्थिति के दर्पण हैं।

ब्राह्मण-साहित्य – कुछ उपनिषद् एवं सूत्र साहित्य का समय ईसा पूर्व छठी शताब्दी का माना जाता है। उपनिषदों में ज्ञान और मुक्ति होने पर अत्यधिक ज़ोर देने से तत्कालीन समाज की लोकप्रिय विचारधाराओं का ज्ञान होता है। *छान्दोग्य, बृहदारण्यक, कठ, ऐतरेय, मुण्डक, माण्डूक्य, ईश,* आदि उपनिषदों का धार्मिक एवं दार्शनिक इतिहास के विकास-क्रम की दृष्टि से महत्त्व है।

धर्मसूत्र और *गृह्यसूत्र* साहित्य को सहायक साक्ष्य के रूप में प्रयुक्त किया गया है। सामाजिक स्थिति एवं मान्यताओं से संबंधित इस सूत्र-साहित्य से राजनीतिक, आर्थिक, आदि पक्षों पर भी प्रकाश पड़ता है। *बोधायन धर्मसूत्र* में सौराष्ट्र, अवन्ति, मगध, अंग, पुण्ड्र और वंग की स्थिति वर्णित है। धर्मसूत्रों में चार वर्ण विभिन्न जातियों की दुरूहता और उनके कर्म-कर्त्तव्य एवं विशेषाधिकारों का विवरण है। इनमें चार आश्रम और वैयक्तिक रूप से प्रत्येक व्यक्ति के कर्त्तव्यों का भी विवेचन किया गया है। धर्मसूत्रों में शिक्षक एवं छात्रों के पारस्परिक संबंधों और अध्यापन के विषयों का भी प्रावधान है। आचार्य-कुल में रखी जाने वाली छुट्टियों, समय और परिस्थितियों के अनुकूल शिक्षा और पाठ्यक्रम के अतिरिक्त इनमें विभिन्न कुलों और वंशों का भी उल्लेख है। गृह्यसूत्रों का विषय मूल रूप से घरेलू जीवन में किए जाने वाले स्वाध्याय, संस्कार, त्रिॠण पंचयज्ञ, वर्ग-चतुष्टय, आदि से सम्बद्ध विभिन्न धार्मिक क्रिया-कलापों का विधान है।

पाणिनि की *अष्टाध्यायी* व्याकरण ग्रंथ होते हुए भी इसमें पांचवीं, छठी शताब्दी ई॰पू॰ की राजनीतिक एवं सांस्कृतिक इतिहास से सम्बन्धित कई सूचनाएँ हैं, जिनका तत्कालीन

इतिहास के निर्माण में बहुमूल्य महत्त्व है। पाणिनि ने जनतंत्रात्मक राज्य संघ अथवा गण और राजतंत्रात्मक जनपदों के उल्लेख के साथ संयुक्त राज्यों का भी उल्लेख किया है। स्त्री-आचार्य के उल्लेख से पाणिनि के समय में स्त्री-शिक्षिकाओं का भी बोध होता है। लेखन-कला, नगर-नियोजन, वास्तुशिल्प, प्रसिद्ध नगर, वासुदेवक सम्प्रदाय, विनिमय में प्रयुक्त विभिन्न तौल की मुद्राएं, नाप के साधन, रीति-रिवाज, मनोरंजन के साधन, मूर्तिकला, आदि विभिन्न विषयों पर *अष्टाध्यायी* से प्रकाश पड़ता है।

महावीरयुगीन राजनीतिक इतिहास की कुछ परम्पराएं पुराणों में भी सुरक्षित हैं, यद्यपि इनका स्वरूप परवर्ती है। महावीर के समकालीन राजवंशों में से कुछ का विवरण कुछ पुराणों के वंशानुचरित भाग में उपलब्ध है। मगध, अवन्ति, काशी, कौशाम्बी, आदि के राजवंशों के शासकों का नाम एवं राज्यकाल, राजनीतिक महत्त्वाकांक्षाएं, राज्य-विस्तार और विजय के पौराणिक विवरणों की पुष्टि जैन और बौद्ध साक्ष्यों से भी होती है।

पुरातत्त्व

नेपाल की तराई में अवस्थित पिपरहवा के स्तूप की अभिलेखयुक्त मंजूषा के अतिरिक्त इस युग का कोई लिखित दस्तावेज उपलब्ध नहीं है, परन्तु पुरातात्त्विक उत्खननों से ज्ञात स्मारकों और प्राप्त विभिन्न वस्तुओं का महावीर के समय के सांस्कृतिक इतिहास हेतु महत्त्व है। महावीर के समय के प्रसिद्ध नगरों – राजगृह, कौशाम्बी, वैशाली, उज्जयिनी, तक्षशिला, वाराणसी, मथुरा, श्रावस्ती, हस्तिनापुर, आदि का प्राचीन अस्तित्व पुरातत्त्व विज्ञान से भी सिद्ध है। व्यवस्थित नगर-नियोजन, चहारदीवारी, परिखाएं, विशाल एवं लघु भवन, सड़कें, आदि उत्खनन से प्रकाश में आए हैं, जोकि तत्कालीन नागर-जीवन का दिग्दर्शन करते हैं। परम्परा में सुरक्षित नगर-नियोजन एवं विशाल महलों के अस्तित्व के संबंध में पुरातत्त्व से भी साधारण जानकारी मिलती है। जैन परम्परा का पुरातात्त्विक साक्ष्यों से तुलनात्मक अध्ययन नहीं होने के कारण भी पुरातत्त्व का इतिहास-निर्माण में सबल साक्ष्य के रूप में उपयोग उपादेय है।

इस युग में नगर-नियोजन के संबंध में उज्जयिनी, कौशाम्बी और राजगृह के अवशिष्ट अवशेषों से धुंधला नक्शा बनाया जा सकता है। इस समय के भवनों के अवशेष बहुत कम मिले हैं, क्योंकि उस समय के भवनों में मिट्टी, लकड़ी, अधपकी ईंटें आदि नष्ट होने वाली वस्तुएं प्रयुक्त की जाती थीं। इस युग के वास्तु उदाहरणों में बिहार के चम्पारण जिले में स्थित लौरिया, नन्दनगढ़ में स्थित वैदिक समाधियों के नाम से प्रख्यात छोटे-बड़े स्तूप और नेपाल की तराई में बस्ती जिलान्तर्गत पिपरहवा में गौतम बुद्ध के स्वजनों द्वारा निर्मित स्तूप तथा अजातशत्रु द्वारा निर्मित राजगृह की दुर्ग-प्राचीरें अत्यन्त महत्त्वपूर्ण हैं। लकड़ी, मिट्टी, मिट्टी की ईंटों से निर्मित घरों तथा बांस की टट्टियों के

अवशेष भी मिले हैं। मथुरा और चन्द्रकेतुगढ़ में बांस और बेंत की टटि्टयाँ उत्खनन में मिली हैं। मिट्टी और मिट्टी की ईंटों से बने वास्तु-उदाहरण नागदा, अत्रंजीखेड़ा, हस्तिनापुर, मथुरा और राजकोट के उत्खननों में मिले हैं। पकी हुई ईंटों का प्रयोग सम्भवतः सार्वजनिक उपयोग के निर्माणों में किया जाता था और इनके अवशेष रोपड़, हस्तिनापुर और उज्जैन में मिले हैं। राजगृह में "जरासंध की बैठक" के नाम से प्रख्यात पाषाण-निर्मित वास्तु-उदाहरण का भारतीय स्थापत्य में पत्थर के उपयोग की दृष्टि से महत्त्वपूर्ण है। पंचमढ़ी, मिर्जापुर, माणिकपुर, मोड़ी, आदि की प्राकृतिक गुफाओं के भित्ति-चित्रों में से कुछ इस युग के भी हैं।

इस युग की कोई मूर्ति नहीं मिली है। यह एक महत्त्वपूर्ण तथ्य है; यद्यपि मृण्मूर्तियां हस्तिनापुर, मथुरा, अहिच्छत्र, राजघाट, श्रावस्ती, सोनपुर, आदि के उत्खनन में मिली हैं। ये मृण्मूर्तियां मिट्टी की बनाकर काले या लाल रंग से रंगी जाती थीं। उपलब्ध मृण्मूर्तियाँ मानव और पशु की हैं। पूर्वेतर संस्कृतियों की तुलना में मानव की मृण्मूर्तियों की संख्या में बढ़ोतरी ज्ञात होती है।

इन पुरातात्त्विक उत्खननों से इस युग में प्रयुक्त किए जाने वाले मिट्टी के पात्रों की विविधता एवं श्रेष्ठता भी प्रकट होती है। जैन परम्परा में कई धनी कुम्हारों और उनकी बहुसंख्यक दुकानों के उल्लेखों से भी मिट्टी के बर्तनों की निर्माण-कला का महत्त्व प्रकट होता है। इस युग में साधारण मिट्टी के पात्रों के अतिरिक्त "उत्तरी काला चमकीला बर्तन" नाम से विख्यात श्रेष्ठ प्रकार के मिट्टी के पात्रों का निर्माण भी आरम्भ हो चुका था। साधारण काले एवं लाल पात्र, लाल-काले पात्र, स्लेटी पात्र, आदि बर्तनों का आधिक्य होना जन-साधारण में इनकी सुलभता और लोकप्रियता को प्रकट करते हैं। विभिन्न प्रकार के छोटे और बड़े बर्तन तथा विभिन्न रंगों और परिमाण के बर्तनों से इस काल के साधारण जन की कलाप्रियता का भी ज्ञान होता है।

इस काल में विभिन्न धातुओं के आभूषण, गुड़ियाएं, शृंगार की वस्तुओं, आदि से मानव जीवन के उच्च स्तर और दैनिक उपयोग में आने वाली वस्तुओं की जानकारी होती है। उज्जैन, नागदा, एरण, अत्रंजीखेड़ा से प्राप्त लोहे की वस्तुओं से मानव के आर्थिक विकास में लोहे का उपयोग ज्ञात होता है, जोकि सभ्यता के क्रांतिकारी विकास का परवर्ती युग में महत्त्वपूर्ण साधन बना। दैनिक उपयोग की उत्खननों से प्राप्त विभिन्न प्रकार की वस्तुओं से इस युग की सम्पन्नता विदित होती है।

तक्षशिला, पाइल, गोलखपुर, पत्राह, आदि से प्राप्त सिक्कों को इस युग का माना जा सकता है, क्योंकि जैन, बौद्ध और ब्राह्मण साहित्य से दिनिमय में प्रयुक्त होने वाले विभिन्न मूल्य के छोटे-बड़े सिक्कों के नाम ज्ञात हैं। ये सिक्के आहत सिक्के कहलाते हैं।

इनके दोनों भागों पर विभिन्न प्रकार के चिह्न आहत किए जाने से इनको यह संज्ञा दी गई है। ये सिक्के कार्षापण कहलाते थे और उपरोक्त स्थलों से प्राप्त ये सिक्के भारत में प्राप्त आहत सिक्कों में प्राचीन हैं। आहत सिक्के चांदी और ताम्बे के बनते थे। चांदी के सिक्के बहुत कम मिलते हैं; परन्तु इन स्थानों से प्राप्त अधिकांश चांदी के आहत सिक्कों का वजन लगभग 16 माशा है। सामान्यतः आहत सिक्कों के पुरोभाग पर पांच चिह्न रहते हैं, इनमें सूर्य, षड़भुज, दो मछली-युक्त तालाब सहित पहाड़ी, पांच हरिण-युक्त चिह्न, आदि विशेष प्रिय थे।

उपरोक्त विभिन्न साधन-स्रोतों के आधार पर भगवान् महावीर के समय की राजनीतिक एवं सांस्कृतिक झांकी प्रस्तुत करने का प्रयास किया गया है। इस प्राचीन युग के इतिहास का सांगोपांग विवरण प्रस्तुत करने में उपलब्ध सामग्री स्वल्प है। साहित्यिक स्रोतों में विभिन्न परम्पराएं सुरक्षित अवश्य हैं, परन्तु शताब्दियों पश्चात् उनका संकलन होने से उनका मूल स्वरूप ज्ञात करना सम्भव नहीं है। आलोचनात्मक दृष्टि से उपलब्ध विभिन्न साधन-स्रोतों के तुलनात्मक विवेचन के द्वारा यह विशाल शब्द-चित्र पूर्ण करने का प्रयास अवश्य किया गया है, परन्तु विवादास्पद मुद्दों पर उपलब्ध साक्ष्यों की न्यूनता और एकांगीपन से उत्पन्न विभिन्न कठिनाइयां यत्र-तत्र दृष्टिगोचर होंगी ही।

(ब) उत्तर महावीर युग

महावीर युग का इतिहास ज्ञात करने के लिये प्रचुर जैन साधन-स्रोत उपलब्ध हैं। अध्ययन के लिये इसे तीन भागों में विभाजित किया जा सकता है –

(1) पुरातत्त्व, (2) साहित्य, तथा (3) विदेशियों के वृत्तान्त।

(1) पुरातत्त्व

पुरातत्त्व को दो भागों में बांटा जा सकता है –

(i) जैन अभिलेख, तथा (ii) जैन स्मारक।

(i) *जैन अभिलेख*

जैन अभिलेख भारत के विभिन्न हिस्सों में बहुत बड़ी संख्या में पाए जाते हैं जो जैन धर्म के इतिहास की सूचना के लिए महत्त्वपूर्ण साधन हैं। ये चट्टान, स्तंभ, ताम्रपत्र, मूर्तियों, आदि पर अंकित हैं। जो विभिन्न भाषाओं जैसे प्राकृत, संस्कृत, तेलुगु, तमिल, मराठी और हिन्दी, आदि भाषाओं में लिखे हुए हैं। इन अभिलेखों में ब्राह्मी, नागरी, कन्नड़, तमिल, आदि लिपियों का प्रयोग किया गया था।

इन अभिलेखों को दो समूहों में वर्गीकृत किया जा सकता है –

(क) राजाओं की ओर से अंकित कराए गए अभिलेख, तथा

(ख) व्यक्तिगत लोगों द्वारा अंकित कराए गए अभिलेख।

दूसरी श्रेणी के अभिलेख अधिक संख्या में पाए जाते हैं। इन अभिलेखों में गुफाओं और मन्दिरों के निर्माण, उनकी मरम्मत, मूर्तियों की प्रतिष्ठा, ग्राम, भूमि और स्वर्ण (दीनार), आदि का उल्लेख है। इन धार्मिक स्थानों को करों के द्वारा भी आमदनी होती थी। ये अभिलेख मुनि, साध्वी, श्रावक और श्राविकाओं की संल्लेखना का भी उल्लेख करते हैं। कुछ अभिलेख यात्रियों द्वारा तीर्थ-स्थलों की यात्रा की भी जानकारी देते हैं।

ये अभिलेख जैन धर्म के ऐतिहासिक महत्त्व पर भी प्रकाश डालते हैं क्योंकि इनमें राजाओं के नाम मिलते हैं अन्यथा वे भुलाए जा सकते थे। कुछ अभिलेख तिथियों, राजाओं के कार्यकाल के निश्चित और अनिश्चित संवत् की जानकारी भी देते हैं। इन अभिलेखों से यह भी पता चलता है कि अधिकतर ब्राह्मण-धर्मी राजाओं ने जैन धर्म को आश्रय दिया और कुछ ने तो उसे स्वीकार भी कर लिया था।

ये अभिलेख जैन संघों, गणों और गच्छों के इतिहास के निर्माण के लिए महत्त्वपूर्ण हैं। इनसे हमें जैन आचार्यों की वंशावली का भी पता चलता है। दिगम्बरों में मूल-संघ और काष्ठा-संघ तथा श्वेताम्बरों में तपागच्छ और खरतरगच्छ उल्लेखनीय हैं। पन्द्रहवीं और सोलहवीं शताब्दी के जैन अभिलेख श्वेताम्बर गच्छों का उल्लेख करते हैं। कभी-कभी ये अभिलेख पट्टावलियों में उल्लेखित आचार्यों के नामों और उनके समय को भी संशोधित करते हैं।

ये अभिलेख जैन जातियों और गोत्रों के इतिहास के लिए उपयोगी हैं। पन्द्रहवीं और सोलहवीं शताब्दी के अनेक अभिलेखों में इन जैन जातियों और गोत्रों का उल्लेख मिलता है। अधिकतर जैन जातियों की उत्पत्ति राजस्थान में हुई लेकिन बाद में भारत के विभिन्न क्षेत्रों में उनका स्थानांतरण हो गया। इसकी जानकारी भी इन्हीं अभिलेखों से मिलती है। इससे ज्ञात होता है कि लोग साहसी थे। श्वेताम्बरों में ओसवाल, श्रीमाल और प्राग्वाट जातियाँ प्रसिद्ध थीं जबकि दिगम्बरों में खण्डेलवाल और बघेरवाल। ये जातियाँ विशेष संघों, गणों और गच्छों से सम्बन्धित हैं। कुछ जैन जातियों के विशेष नाम अभिलेखों में मिलते हैं जिनसे पता चलता है कि उनकी उत्पत्ति जनपदीय लोगों से हुई थी।

मूर्तियों और मन्दिरों में उल्लेखित नाम भी जैन कला के विकास का पता लगाने के लिए महत्त्वपूर्ण हैं। ये अभिलेख विभिन्न कालों और क्षेत्रों के हैं जो विभिन्न भाषाओं और लिपियों में लिखे हैं। कुछ साहित्यिक दृष्टि से भी लाभदायक हैं। इस प्रकार ये अभिलेख जैन साहित्य और इतिहास के निर्माण में भी उपयोगी हैं।

कुछ अभिलेख जैन धर्म के इतिहास के लिए विशेष महत्त्वपूर्ण हैं। तमिल देश में जैन

धर्म के अस्तित्व का पता यहाँ प्राप्त तीसरी शताब्दी ईस्वी पूर्व के पाषाण अभिलेखों से मिलता है।[5] दूसरी या पहली शताब्दी ईस्वी पूर्व के उदयगिरि गुहा अभिलेख[6] को खारवेल-चरित्र माना जा सकता है क्योंकि यह उसके जीवन की घटनाओं के बारे में जानकारी देता है। इस अभिलेख का आरंभ मंगलाचरण "नमो अरहताणं" और "नमो सिद्धाणं" से होता है। खारवेल, जैसे महान् राजा की जानकारी इस अभिलेख को छोड़कर अन्य किसी स्रोत से नहीं मिलती है। इस कारण यह अभिलेख बड़ा महत्त्वपूर्ण है। दूसरी शताब्दी ईस्वी पूर्व के पभोसा अभिलेख अहिच्छत्र के अषाढ़सेन द्वारा कश्यपीय अरहंतों के लिए दान का उल्लेख करता है। शुंग काल में जैन साधुओं को राजकीय आश्रय मिला हुआ था।[7] पूना जिले के पाले[8] के पास गुफा में ब्राह्मी के एक छोटे अभिलेख से महाराष्ट्र में पहली शताब्दी ई॰पू॰ में जैन धर्म के अस्तित्व का पता चलता है। अभिलेख में "नमो अरहंताणं" का मिलना महत्त्वपूर्ण है। मथुरा के कुषाण काल के जैन अभिलेखों में उल्लिखित गण, कुल और शाखा के नाम *कल्पसूत्र* की स्थविरावली के नामों की पुष्टि करते हैं तथा साथ ही इस क्षेत्र की समृद्धि के बारे में भी सूचित करते हैं।

कृष्णाघाटी में वड्ढवान (वर्धमान) से प्राप्त मृद्भाण्ड के टुकड़े पर अंकित "सम्प्रति विहार" नाम मौर्य राजा सम्प्रति की ऐतिहासिकता को सिद्ध करता है।[9] श्रवण बेलगोला से प्राप्त कुछ अभिलेख[10] जैसे 600 ई॰, 900 ई॰ 1128 ई॰, 1169 ई॰ और 1413 ई॰ इस अनुश्रुति का उल्लेख करते हैं कि चन्द्रगुप्त मौर्य भद्रबाहु का जैन-शिष्य होकर श्रवण बेलगोला की तरफ स्थानांतरित हो गया था।

जूनागढ़[11] के जयदामन के पौत्र का दूसरी शताब्दी का अभिलेख उन लोगों का उल्लेख करता है जिन्हें केवल्यज्ञान प्राप्त हुआ और जिससे वे वृद्धावस्था और मृत्यु से मुक्त हुए। इस अभिलेख में जैन साधुओं का केवलज्ञान प्राप्त करने का सबसे प्राचीन संदर्भ मिलता है। गिरनार अभिलेख[12] वास्तव में दिगम्बर साधु धरसेन के समाधिमरण का उल्लेख करता है। जैन साधु धरसेन दिगम्बर आगम का मूल लेखक था जो परम्पराओं के अनुसार गिरनार की गुफा में रहता था।

5. यू॰वी॰, शाह एण्ड एम॰ए॰, ढाकी (संपादक), *आस्पेक्ट्स ऑफ जैन आर्ट एण्ड आर्किटेक्चर,* पृ॰ 215.
6. *एपि॰इंडि॰,* XX, पृ॰ 71-78.
7. *एपि॰इंडि॰,* II, पृ॰ 240-44.
8. वही, XXXVIII, पृ॰ 167-68.
9. *अर्हत् वचन,* V, पृ॰, 35, 49-58.
10. *जै॰शि॰सं॰,* 17-18, 40, 54 और 108.
11. *एपि॰इंडि॰* XVI, पृ॰ 241; *ल्यूडरस् लिस्ट,* सं॰ 166.
12. *जै॰सो॰हि॰इं॰,* पृ॰ 112-13.

तीन जैन तीर्थंकरों की पाषाण की मूर्तियों पर अंकित चौथी और पांचवीं शताब्दी के अभिलेखों[13] से पता चलता है कि इनका निर्माण और प्रतिष्ठा महाराजा रामगुप्त ने गोक्यान्ति के पुत्र चेलुक्षमण के उपदेशों से और आचार्य सर्पसेनक्षमण के शिष्य द्वारा, जो जैनाचार्य क्षमाचार्य का प्रशिष्य था, करवाया था। ऐसा प्रतीत होता है कि विदिशा क्षेत्र का स्थानीय राजा जैन धर्म का अनुयायी था। मध्यप्रदेश में प्राप्त यह सबसे प्राचीन अभिलेख है। बंगलादेश के पहाड़पुर का गुप्त संवत् 159 (478) का ताम्रपत्र लेख[14] रोचक है क्योंकि यह अरहन्तों की पूजा के लिए वट गोहाली विहार को दान देने का उल्लेख करता है जिसकी अध्यक्षता पंचस्तूपनिकाय के निर्ग्रन्थ साधु गुहनन्दिन द्वारा की गई थी। यह ताम्रपत्र उल्लेख करता है कि ब्राह्मण और उसकी पत्नी ने भूमि और पूजा की व्यवस्था के लिए तीन दीनार राशि जमा करवाई थी।

सोनागिरि के जैन मन्दिरों के समूह से प्राप्त सातवीं शताब्दी[15] का अभिलेख इस जैन तीर्थ की प्राचीनता सिद्ध करता है तथा जैन श्रावक सिंहदेव के पुत्र वड़ाक का उल्लेख करता है।

राजस्थान के सिरोही जिले के वसन्तगढ़ से तांबे की दो जुड़वां ऋषभदेव की मूर्तियों पर अंकित 687 ई॰[16] के अभिलेख में उल्लेख मिलता है कि द्रोणोकर यशोदेव ने शिवनाग नाम के वास्तुशिल्पी से जिन मूर्तियाँ बनवाईं, जो राजस्थान में जैन धर्म के प्रचलित होने का सबसे प्राचीन पुरातत्त्वीय प्रमाण है।

अइहोल के 634 ई॰ के अभिलेख से जान पड़ता है कि रविकीर्ति ने अपने आश्रयदाता पुलकेशिन द्वितीय की सहायता से जैन मन्दिर की स्थापना की। रविकीर्ति जैन धर्म के प्रति निश्चल और समर्पित ही नहीं था बल्कि अपने समय का बड़ा विद्वान् भी था।[17]

सातवीं सदी का सेलोद्भव का अनुदान अभिलेख[18] जैन मुनि प्रभाचंद्र और उनके आचार्य अर्हदाचार्य नासिचन्द्र का उल्लेख करता है। इससे उड़ीसा में सातवीं सदी में जैन धर्म का प्रचलित होना सिद्ध होता है। उदयगिरि और खंडगिरि गुफाओं के दसवीं सदी के जैन अभिलेख केशरी वंश के उदयकेशरी के राज्य के हैं।[19] इन अभिलेखों से सिद्ध

13. *ज॰ओ॰इं॰ब॰,* 18, पृ॰ 247.
14. *एपि॰इंडि॰,* 20, पृ॰ 59-61.
15. *जै॰शि॰सं॰,* 4, सं॰ 5.
16. *अ॰प्रा॰जै॰ले॰सं॰,* 365.
17. *एपि॰इंडि॰,* 6, पृ॰ 7.
18. वही, 29, पृ॰ 38.
19. वही, 13, पृ॰ 165.

होता है कि उड़ीसा में जैन धर्म दसवीं सदी तक विद्यमान रहा। इसके पश्चात् यह धीरे-धीरे पूरा लुप्त हो गया।

गयाकर्ण का बहुरीनन्द पाषाण अभिलेख[20] उल्लेख करता है कि साधु सर्वधर के पुत्र महाभोज ने शान्तिनाथ के मन्दिर को बनवाया। शान्तिनाथ की मूर्ति की प्रतिष्ठा चन्द्रकर आचार्य की आम्नाय के देशीय गण की शाखा के आचार्य सुभद्र द्वारा की गई। दूबकुण्ड के पाषाण अभिलेख[21] से यह पता चलता है कि लाड़ वागड़-गण के जैन साधु विजयकीर्ति के उपदेश से प्रभावित होकर कुछ जैन श्रावकों ने मन्दिर बनवाया तथा कच्छपघाट राजा ने भूमि तथा कुछ अन्य दान 1088 ईस्वी में इस मन्दिर को दिया। दूबकुण्ड में एक जैन मठ भी था जहाँ जैन साधु रहा करते थे।

विक्रम संवत् 1226[22] के बिजोलियाँ के अभिलेख से यह जाना जाता है कि पृथ्वीराज द्वितीय ने पार्श्वनाथ के मन्दिर को मोराझरी ग्राम तथा सोमेश्वर ने रेवाना नामक गांव दान में दिया। इसके अलावा यह अभिलेख पड़ोसी स्थानों के कुछ व्यक्तियों द्वारा इस मन्दिर को दिए गए विभिन्न प्रकार के दानों का भी उल्लेख करता है। इस अभिलेख में यह भी उल्लेख मिलता है कि लोलाक के पूर्वजों ने बघेरा, रोड़ा, रायसिंग, नरैणा, मांडलगढ़ और अजमेर में मन्दिर बनवाए। इस अभिलेख का रचयिता माथुर संघ का महामुनि गुणभद्र था जो विद्वान् भी था।

नाड़ोल अभिलेख[23] अंकित करता है कि पशुओं की सुरक्षा को उच्चतम दान समझकर महाराजा आल्हणदेव ने महाजनों, ताम्बुलिकों और अन्य लोगों के आध्यात्मिक पुण्य की वृद्धि के लिए महीने के दोनों पक्षों की 8वीं, 11वीं और 14वीं तिथि के दिनों में अपने राज्य में वध न करने के आदेश दिए।

जयपुर जिले के जम्भोली ग्राम में शिव का हनुमान मन्दिर[24] मूल में चन्द्रप्रभु का मन्दिर था। इस मन्दिर की पाषाण की धरन पर अंकित अभिलेख में अकलंकसेन के भाई पंडित निष्कलंकसेन द्वारा रचित पांच पद चन्द्रप्रभु की स्तुति में लिखे गए इसमें कुछ साधुओं के नाम दिए गए हैं जैसे अमृतसेन, सम्यमसेन सूरि, ब्रह्मसेन और योगसेन। अन्तिम साधु के बारे में कहा गया है कि उनके चरणों को तुरुष्क भी पूजते थे।

---

20. *का॰इं॰इं॰,* 4, भाग 1, सं॰ 59.
21. *एपि॰इंडि॰,* 2, पृ॰ 232-40.
22. वही, 26, पृ॰ 108.
23. *एपि॰इंडिका,* 11, पृ॰ 43.
24. *इं॰आ॰रि॰,* 1970-71 पृ॰ 52.

विजयनगर राज्य के राजा बुक्कराय के राजकीय अभिलेख 1368 ई॰[25] से पता चलता है कि वह विशेष धार्मिक मत से प्रभावित नहीं था किन्तु अपनी सुनीति के द्वारा उसने धर्म की उत्पीड़न से रक्षा की।

वि॰सं॰ 1548[26] का अभिलेख भारतवर्ष में चारों ओर अनेक जैन मूर्तियों पर अंकित है कि वे जीवराज पापड़ीवाल द्वारा भट्टारक जिनचन्द्र से मुंडासा के राजा शिवसिंह द्वारा प्रतिष्ठित की गई थी। यह संदेहास्पद प्रतीत होता है कि इतनी बड़ी संख्या में एक श्रावक द्वारा छोटे राज्य के राजा द्वारा प्रतिष्ठित कराई जा सके। ऐसा मालूम होता है कि विक्रम संवत् 1548 का अभिलेख छापे के रूप में लम्बे समय तक बिना किसी महत्त्व के मूर्तियों पर अंकित किया गया।

शत्रुंजय की पहाड़ी पर आदिनाथ मन्दिर के 1593 ईस्वी के अभिलेख से ज्ञात होता है कि हेमविजय ने 1592 ईस्वी में अकबर को पशुओं की बलि छः माह के लिए बन्द करने तथा जजिया कर समाप्त करने के लिए प्रेरित किया।[27]

चांदखेड़ी के 1689 ईस्वी के अभिलेख में उल्लेख मिलता है कि औरंगजेब के राज्य में सामन्त किशोरसिंह चौहान कोटा पर राज्य कर रहा था। कृष्णदास नाम का बघेरवाल जाति का समृद्ध महाजन और मुख्यमंत्री ने महावीर के मन्दिर को बनवाया और अपनी पत्नियों और पुत्रों के साथ मूर्तियों की प्रतिष्ठा की।[28]

देवली जिला प्रतापगढ़ में स्थित जैन मन्दिर की दीवार पर अंकित 1775 ईस्वी का अभिलेख उल्लेख करता है कि नगर के तेली महाजन जाति के सा॰ सारैया और जीवराज की प्रार्थना पर महारावल पृथ्वीसिंह के राज्य में तेल की घाणी को साल में 44 दिन के लिए बन्द रखा था।[29]

(ii) *जैन स्मारक*

यद्यपि जैन कला और स्थापत्य की अधिकतर वस्तुएँ लम्बे समय और विदेशियों की मूर्ति-भंजी प्रवृत्ति के कारण नष्ट हो गईं किन्तु जो शेष हैं वे हमें जैन कला और स्थापत्य के बारे में जानकारी देते हैं। यह जैन धर्म के इतिहास को जानने के महत्त्वपूर्ण साधन हैं। अलग-अलग क्षेत्रों में विभिन्न काल की महत्त्वपूर्ण जैन कला की वस्तुएँ मिलती हैं जैसे जैन-स्मारक, स्तूप, मठ, गुफाएँ, मन्दिर, मान-स्तंभ और मूर्तियाँ। इससे यह स्पष्ट है कि

25. *जै॰शि॰सं॰,* 136 (344).
26. *जैनिज्म इन राजस्थान,* पृ॰ 78 (फु॰नो॰सं॰ 9).
27. *एपि॰इंडि॰,* 2, पृ॰ 51, सं॰ 13.
28. *जैनिज्म इन राजस्थान,* पृ॰ 36.
29. *ए॰रि॰रा॰म्यू॰अ॰,* 1934-35, सं॰ 17.

भारतीय संस्कृति के इतिहास के उत्थान में जैन कला और स्थापत्य का महत्त्वपूर्ण योगदान रहा। नवीं से बारहवीं शताब्दी का काल जैन कला और स्थापत्य के इतिहास में स्वर्ण-युग माना जाता है क्योंकि इस काल की भारतीय संस्कृति को महत्त्वपूर्ण देन है।

(2) साहित्य

(i) *संगम-साहित्य*

जैन धर्म के उद्धरण प्रसिद्ध तमिल ग्रंथ *"तोल्काप्पियम् कुरल, मणिमेखलई, शिलप्पदिहारम"* में पाए जाते हैं जो संगम काल (500 ईस्वी पूर्व से 500 ईस्वी) के हैं। कुछ विद्वानों के अनुसार *तोल्काप्पियम्* का लेखक स्वयं जैन था। *कुरल* का लेखक वल्लुवर अर्हत् का अनुयायी था। *मणिमेखलई* और *नालदियर* के लेखक जैन थे। *कुरल* में जैन धर्म के आश्चर्यजनक संदर्भ मिलते हैं।

(ii) *महाकाव्य, पुराण और अन्य पूर्व ग्रन्थ*

(क) पउमचरियम्

महावीर निर्वाण के 530 ईस्वी पश्चात् विमल सूरि के *पउमचरियम्* से यह ज्ञात होता है कि मथुरा में जैन धर्म सात साधुओं द्वारा शुरू किया गया था। साकेत में मुनि सुव्रत स्वामी का जैन मन्दिर था। जैन मुनि साकेत और मथुरा दोनों में प्रचार करते थे।

रविसेन (676 ई॰) के *महापुराण,* जिनसेन (783 ई॰) के *हरिवंश पुराण* और गुणभद्र (898 ई॰) के *उत्तर पुराण* में जैन तीर्थंकरों के पौराणिक विवरण मिलते हैं जो जैन इतिहास के लिए लाभप्रद हैं। प्रमाणों से यह सिद्ध होता है कि *पद्म पुराण* का लेखक भद्रीपुर, पाटलिपुत्र और चम्पा में रहता था।

यतिवृषभ (लगभग 150-180 ई॰) का *तिलोयपण्णत्ति* भी जैन धर्म के सिद्धांतों, तीर्थंकरों और नायकों की पौराणिक परम्पराओं की तथा प्राचीन भारत के भूगोल और राजनैतिक इतिहास के बारे में भी जानकारी देता है।

शिवार्य, जो *आराधना, मूलाराधना* या *भगवतीराधना* का लेखक है, के ग्रन्थ आचार के महत्त्वपूर्ण ग्रंथ माने जाते हैं। यह जैन कथा-कोष साहित्य का उत्कृष्ट साधन-स्रोत माना जाता है जिसने बाद के ग्रन्थ जैसे हरिषेण (931 ई॰) का *कथा-कोष,* प्रभाचन्द्र (980 ई॰), श्रीचन्द (1066 ई॰), ब्रह्म नेमिदत्त, रामचन्द्र, आदि के कथा-कोषों को प्रभावित किया। ये ग्रंथ कभी-कभी जैन इतिहास पर भी प्रकाश डालते हैं। हरिषेण के *वृहत् कथा-कोष* से जानकारी मिलती है कि श्रावस्ती दिगम्बर जैन धर्म का प्रसिद्ध केन्द्र हो गया था तथा महान् श्रुतकेवलीन भद्रबाहु और उनके शिष्य मौर्य सम्राट् चन्द्रगुप्त के उत्तर में अकाल

पड़ने के कारण उनके स्थानान्तरण का भी उल्लेख करता है। रत्ननन्दि का 1450 ई० में रचित *भद्रबाहुचरित* और चिदानन्द द्वारा लगभग (1680 ई०) में लिखित कन्नड़ ग्रंथ *मुनिवंशाभ्युदय* में और देवचन्द्र के *राजबलि कथा* की अकाल की घटना का उल्लेख करते हैं। 1308 ई० में रचित *कालकाचार्य कथानक* से यह ज्ञात होता है कि कालकाचार्य अवन्ति में पहली शताब्दी ई० पूर्व रहते थे और जैन धर्म का प्रचार भी करते थे।

(ख) शुद्ध साहित्यिक ग्रन्थ

हरिभद्र सूरि अपने ग्रंथ *समराइच्छ कहा* में जैन धर्म के बारे में कुछ प्रकाश डालता है। उधोतन सूरि द्वारा 778 ई० में रचित *कुवलयमाला* जालौर और उसके पड़ोसी क्षेत्रों में जैन धर्म के बारे में तथा तौरमाण हरिगुप्त का शिष्य था, की जानकारी देता है। सोमदेव के *यशस्तिलकचम्पू* से ज्ञात होता है कि बंगाल में नवीं शताब्दी में जैन धर्म प्रचलित था। दसवीं सदी में कोटा जिले के बारा नामक स्थान पर पद्मनन्दि द्वारा रचित *जम्बूद्वीपपण्णत्ति* अप्रत्यक्ष रूप से जैन धर्म पर प्रकाश डालता है।

सोममूर्ति द्वारा 1275 ई० में जिनेश्वर सूरि द्वारा लिखित *संयमश्री विवाह वर्णन रास*[30] का खेड़ से विशेष संबंध है। जयानन्द द्वारा 1307 ईस्वी में लिखित *प्रवास गीतिकात्रय*[31] गिरिपुर में जैन मन्दिरों और परिवारों की जानकारी देता है।

कल्याणचन्द्र द्वारा विक्रम संवत् 1525 में लिखित *कीर्तिरत्न सूरि विवाहला* और *कीर्तिरत्न सूरि चौपाई* ग्रन्थ मेहवा (नगर) के मन्दिरों और लोगों की धार्मिक प्रवृत्तियों की पंद्रहवीं सदी की महत्त्वपूर्ण जानकारी देता है।[32] सोमचन्द्र गणि द्वारा वि०सं० 1541 में रचित *गुरु गुण रत्नाकर काव्य*[33] और रत्न-मंदिर गणि का *उपदेश तरंगिणी* विशेषकर गिरिपुर और मूंगथला में जैन धर्म की प्रवृत्तियों से सम्बन्धित हैं। ठक्कुरसी, चाकसू में सोलहवीं सदी में रहता था। उसके *पार्श्वनाथ श्रमण सत्तविसी*[34] से पता चलता है कि इब्राहीम लोदी ने रणथम्बौर पर आक्रमण किया और उस समय यह नगर राणा सांगा द्वारा शासित था। पाण्डेय राजमल्ल का *लाटी संगीता* (1575 ई०), पाण्डेय जिनदास का *जम्बू स्वामी चरित* (1585 ई०), कवि परिमल का *श्रीपालचरित* (1594 ई०), विद्याहर्ष सूरि का *अंजना सुन्दरी रास* (1604 ई०), आदि जानकारी देते हैं कि अकबर जैन धर्म का बड़ा सम्मान करता था। *जम्बू स्वामीचरित* से यह पता चलता है कि साह तोड़र ने मथुरा के तीर्थ पर 514 स्तूप बनवाकर उसका पुनरुद्धार किया। भट्टारक ज्ञानकीर्ति द्वारा विक्रम

30. *जै०स०प्र०,* 18, पृ० 187.
31. वही, 3, पृ० 259.
32. *जै०स०प्र०,* 20, पृ० 73.
33. श्री महारावल रजत जयन्ति अभिनन्दन ग्रंथ, पृ० 398.
34. *अजमेर के शास्त्र भण्डार में गुटका* सं० 404.

संवत् 1659 में रचित *यशोधरचरित* से पता चलता है कि आमेर के प्रधानमंत्री शाह नानू ने बीस तीर्थंकरों के क्रमशः बीस जैन मन्दिर सम्मेद शिखर पर बनवाए थे।[35] बनारसीदास का *अर्द्ध कथानक* (1641 ई॰) जैन इतिहास की दृष्टि से महत्त्वपूर्ण है। उसने अनेक लोगों के साथ तीर्थ-यात्राएँ की थीं।[36]

(ग) ऐतिहासिक ग्रंथ

कुछ ऐतिहासिक ग्रन्थ ऐसे हैं जिनकी कड़ी जांच कर हम कुछ निर्णय पर पहुंच सकते हैं; जैसे हेमचन्द्र के *दृव्याश्रय* और *त्रिषष्टिशलाका पुरुषचरित* चालुक्यों के समय जैन धर्म के इतिहास के लिए उपयोगी हैं। प्रभाचन्द्र सूरि द्वारा विक्रम संवत् 1361 में रचित *प्रभाकरचरित*, राजशेखर द्वारा वि॰सं॰ 1405 में रचित *पुरातन प्रबन्ध संग्रह*, मेरुतुंग द्वारा 1306 ई॰ में रचित *प्रबन्ध चिन्तामणि* में जैन राजाओं और मुनियों से सम्बन्धित अनेक रोचक आख्यान हैं। जिनहर्ष द्वारा पन्द्रहवीं सदी में रचित *वस्तुपालचरित* और लावण्य समय द्वारा वि॰सं॰ 1568 में रचित *विमलचरित* इस काल के इतिहास के लिए उपयोगी हैं। कन्नड़ भाषा में रचित *चामुण्डराय पुराण* उसके जीवन के बारे में जानकारी देता है। जयसोम द्वारा सत्रहवीं शताब्दी में रचित *कर्मचन्द्र वंशोल कीर्तन काव्यम्* कर्मचन्द्र के जीवन और बीकानेर राज्य में जैन धर्म की दशा के बारे में विपुल जानकारी देता है।

देवसेन द्वारा वि॰सं॰ 909 में रचित *दर्शन सार* दिगम्बर संघ में संघों की उत्पत्ति के बारे में प्रकाश डालता है। वि॰सं॰ 1393 में रचित *उपकेश चरित* जैन इतिहास के लिए उपयोगी है। *उपकेशगच्छ प्रबन्ध* से यह पता चलता है कि मुहम्मद गोरी ने जाते हुए 1195 ई॰ में ओसिया को नष्ट कर दिया था। ज़िनपाल उपाध्याय द्वारा वि॰सं॰ 1305 में रचित *युग प्रधानाचार्य गुरुवावलि* जैन साधुओं के जीवन-संबंधी इतिहास के लिए विश्वस्त साधन-स्रोत है। *नाभिनन्दनोद्धार प्रबंध* के अनुसार सम्राट् गयासुद्दीन समरशाह से बहुत प्रसन्न था और उसका बहुत सम्मान करता था।

(ध) तीर्थ-मालाएँ

इस ग्रन्थ के लिए तीर्थ-मालाएँ भी महत्त्वपूर्ण साधन-सामग्री जुटाती हैं। प्राचीन समय में तीर्थ-स्थल राज्यों और जागीरों की राजधानियों की तुलना में समान रूप से महत्त्वपूर्ण थे। इन तीर्थ-मालाओं में साधुओं और विद्वानों द्वारा लिखे विवरण हैं जिनकी इन्होंने यात्राएँ की थीं। इनको हम उनकी संदर्शिका पुस्तकें कह सकते हैं। इनमें उनके नाम, उत्पत्ति का इतिहास, तीर्थों से सम्बन्धित अतिशय, उनके महत्त्व, मंदिरों और मूर्तियों का विवरण पाते हैं; परन्तु कुछ विवरण आख्यान पर आधारित होने के कारण विश्वसनीय नहीं हैं।

35. *ज्यो॰उ॰प्र॰जै॰*, पृ॰ 22-24.

36. वही, पृ॰ 22-23.

कुंदकुंद का *प्राकृत निर्वाण काण्ड* और पूज्यपाद का *संस्कृत निर्वाण भक्ति* प्राचीन जैन तीर्थों के बारे में जानकारी देते हैं। चूंकि आशाधर इन दोनों ग्रंथों का उल्लेख करते हैं, इसलिए तेरहवीं शताब्दी के पहले के हैं। धनपाल अपनी कविता *सत्यपुरीय महावीर उत्साह* में उन तीर्थों का उल्लेख करता है जिनका दसवीं शताब्दी में अस्तित्व था।[37]

सिद्धर्षि *सकल तीर्थ स्तवन*[38] बारहवीं सदी का बहुत महत्त्वपूर्ण ग्रंथ है। इसमें तीर्थों की सूची है। जिनप्रभ सूरि का *विविध तीर्थकल्प*[39] साहित्य और ऐतिहासिक दृष्टि से बहुत महत्त्वपूर्ण है। यह तीर्थों के संक्षिप्त इतिहास की जानकारी भी देता है। तेरहवीं सदी का लेखक मदनकीर्ति अपने ग्रंथ *शासन चतुर्विंशतिका* में जैन तीर्थों का वर्णन करता है और बतलाता है कि किस प्रकार इल्तुतमिश के आक्रमण ने मालवा के मंगलपुर के अभिनन्दन तीर्थ-स्थान को नष्ट किया था।

चौदहवीं शताब्दी के लेखक विनयप्रभ सूरि भी तीर्थों का उल्लेख करते हुए मुख्य मन्दिरों का वर्णन करता है। सौभाग्यविजय और शीलविजय ने (1689 ई॰) में तीर्थ-मालाएँ लिखीं, जो महत्त्वपूर्ण हैं। सोमधर्म द्वारा वि॰सं॰ 1503 में रचित *उपदेश सप्तति* में कुछ तीर्थों का वर्णन किया गया है। भट्टारक गुणकीर्ति *तीर्थ-वन्दन संग्रह* में तीर्थों का उल्लेख करता है और भट्टारक श्रुतसागर *बौद्ध प्राभृत* में उनका उल्लेख करता है। जिनसागर *सर्व तीर्थ-वन्दना* में उन बावन संघपतियों का उल्लेख करता है जिन्होंने अनेक मूर्तियों का प्रतिष्ठा समारोह किया था। शान्तिकुशल द्वारा 1670 ई॰ में रचित *श्री गौड़ी पार्श्वनाथ तीर्थमाला* मेड़ता को जैनियों के तीर्थ-स्थल के रूप में उल्लेख करता है।

जिरवाला, नागदा, फलोदी, नाकोड़ा, पार्श्वनाथ नगर, राटा महावीर, हथुंडी, मड़ाहड, रावण पार्श्वनाथ, अलवर, चन्द्रावती, माण्डू, आदि पर तीर्थ-मालाएँ और स्तवन लिखे गए हैं।

प्रभाचन्द के शिष्य भट्टारक पद्मनन्दि ने पन्द्रहवीं शताब्दी में *जीरावली पार्श्वनाथ स्तोत्र* लिखा।

मध्य काल की चैत्य परिपाटियों में उस समय के एक स्थान के विभिन्न मन्दिरों की यात्रा, उनके नाम, विभिन्न कक्षों में मूर्तियों की स्थिति, दिशा और उनकी संख्या भी लिखी गई। मण्डपाचल चैत्य परिपाटी बाईस जैन मंदिरों का उल्लेख करती है जिसमें 562 मूर्तियाँ थीं। चैत्य परिपाटियों में नागर्षि की जालौर चैत्य परिपाटी, जिनकुशल सूरि की

---

37. *जै॰सा॰सं॰,* 3.

38. *गा॰ओ॰सि॰,* IXXVI, पृ॰ 156.

39. जै॰स॰प्र॰, 17, पृ॰ 15.

जैसलमेर चैत्य परिपाटी, जयहेमसी की चित्रकूट परिपाटी, नागौर चैत्य परिपाटी और मेड़तवाल चैत्य परिपाटी उल्लेखनीय हैं।

(ङ) प्रशस्ति

जैन धर्म के इतिहास के लिए ग्रंथों के अन्त में लिखित प्रशस्तियाँ अभिलेखों के समान महत्त्वपूर्ण हैं किन्तु ये प्राचीन काल की नहीं हैं। करीब बारहवीं सदी से ग्रथों की प्रशस्ति लिखना एक सामान्य प्रक्रिया हो गई थी। वे ग्रंथ निरपवाद रूप से उस समय के स्थान और राजा का उल्लेख करते हैं। ये दाता की वंशावली, उसकी जाति और गोत्र का उल्लेख करते हैं। कभी-कभी ये प्रशस्तियाँ उन तथ्यों के बारे में भी अवगत कराती हैं जिनकी जानकारी अन्य साधन-स्रोत से नहीं है।

विजयसिंह सूरि (वि॰सं॰ 1191) की *उपदेश मालावृत्ति* और चन्द्रसूरि की *मुनिसुव्रतचरित* (वि॰सं॰ 1193) की प्रशस्तियों से यह पता चलता है कि पृथ्वीराज प्रथम ने रणथम्बौर के जैन मन्दिरों के ऊपर सुनहरी छत्री बनवाई।[40] आशाधर की *धर्मामृतटीका* की प्रशस्ति से यह पता चलता है कि वह मुहम्मद गोरी के आक्रमण से मांडलगढ़ को छोड़कर धारा नगरी आ गया।[41] वि॰सं॰ 1275 (1218 ई॰) में रचित जिनदत्त चरित की प्रशस्ति से पता चलता है कि मुसलमानों के आक्रमण के समय कवि लक्ष्मण त्रिभुवनगिरि (तहनगढ़) को छोड़कर बिलरामपुर आ गया था।[42] दामोदर कवि द्वारा वि॰सं॰ 1287 में परमार राजा देवपाल के राज्य में सलक्षणपुर स्थान में स्थित *नेमिजिनचरित* से पता चलता है कि वह गुर्जर देश (राजस्थान) को छोड़कर मालव देश में बस गया था।[43] गयासुद्दीन के राज्य में माण्डू में जैन समृद्ध थे। इसकी जानकारी *कल्पसूत्र* की 1198 ई॰ में प्रतिलिखित प्रशस्ति में मिलती है।[44] समयसुन्दर की अष्ट लक्ष्य प्रशस्ति से ज्ञात होता है कि जिनभद्र सूरि ने जैसलमेर, जालौर, नागौर, आदि स्थानों पर जैन भण्डारों की स्थापना की थी।[45]

द्रोणपाल द्वारा 1397 ई॰ में रचित *बाहुबलि चरित प्रशस्ति* से जानकारी मिलती है कि प्रभाचन्द्र ने अपने विरोधियों को वाद-विवाद में हराकर मुहम्मद बीन तुगलक को प्रसन्न किया।[46] कवि गोविन्द द्वारा रचित *पुरुषार्थानुशासन* से यह ज्ञात होता है कि उसके

40. *गा॰ओ॰सि॰,* 76, पृ॰ 312, 316.
41. *जै॰सा॰इ॰,* पृ॰ 344.
42. *अका॰,* 8, पृ॰ 400.
43. *प॰जै॰प्रा॰इ॰,* 3, 2, पृ॰ 194.
44. उपेन्द्रनाथ डे, *मेडिवल मालवा,* पृ॰ 422-28.
45. *जै॰स॰प्र॰,* 16, पृ॰ 16.
46. वही, 2, पृ॰ 19.

पूर्वज अमरसिंह सम्राट् मुहम्मद का अधिकारी था और उसने नाम और ख्याति प्राप्त की थी।[47] 1551 ई॰ में रचित *होली रेणुका चरित* की प्रशस्ति से यह ज्ञात होता है कि हरिपति और रेखा पद्मावती के प्रति समर्पित थे और आयुर्वेद विज्ञान में अपने विशिष्ट ज्ञान के कारण फिरोजशाह और शेरशाह के दरबार में सम्मानित थे।[48]

अनेक ग्रंथों की प्रतियाँ लिखी गईं जिनकी प्रशस्तियाँ जैन धर्म के इतिहास के निर्माण में सहायक सिद्ध हुईं। वि॰सं॰ 1547 में रचित *आत्म-बोधन* की प्रशस्ति से यह जानकारी मिलती है कि बयाना का प्राचीन नाम श्रीपथा पंद्रहवीं शताब्दी तक चलता रहा।[49] *बृहत् सिद्ध चक्र पूजा* प्रशस्ति से यह पता चलता है कि कवि ने मुगल सम्राट् बाबर के राज्य में वि॰सं॰ 1584 में रोहतासपुर में इसे लिखा।[50] कवि महिन्दु ने अग्रवाल साधारण की प्रेरणा से योगिनीपुर में वि॰सं॰ 1587 में मुगल सम्राट् बाबर के राज्य में *शान्तिनाथ चरित* लिखा।[51]

(च) पट्टावली

खरतरगच्छ पट्टावली, तपागच्छ पट्टावली, उपकेश गच्छ पट्टावली, मूल संघ, आदि महत्त्वपूर्ण पट्टावलियाँ हैं। इनमें विभिन्न साधुओं के जीवन-संबंधी घटनाओं का वर्णन है जो उस समय रहते थे। *खरतरगच्छ पट्टावली* में जैन आचार्यों की उन नगरों की यात्रा का वर्णन है जहाँ राजाओं और लोगों द्वारा उनका आदरपूर्वक स्वागत किया गया। उनके सम्मान में अनेक प्रकार के समारोह आयोजित किए गए। उन्होंने मन्दिरों और मूर्तियों के प्रतिष्ठा समारोह और कभी-कभी लोगों को दीक्षा भी दी। उनकी प्रेरणा से श्रावकों ने तीर्थों की यात्राएँ आयोजित कीं। ये पट्टावलियाँ कभी-कभी अज्ञात राजाओं का भी उल्लेख करती हैं और बाद के इतिवृत्तों में कुछ राजाओं की जो गलत तिथियाँ दी हैं, उनको भी ठीक करती हैं। *उपकेश-गच्छ पट्टावली* और *कोरंटगच्छ पट्टावली* का ओसिया और कोरटा से क्रमशः विशेष सम्बन्ध रहा है। दिगम्बर जैन पट्टावली के अनुसार विक्रमादित्य जैन धर्म के प्रति समर्पित था और बाद में उसे स्वर्ग प्राप्त हुआ।[52] *मूल संघ पट्टावली*[53] हमें चित्तौड़, अजमेर, बघेरा, चाकसू, नागौर, आमेर, आदि के आचार्यों की प्रवृत्तियों के बारे

47. *जै॰स॰प्र॰*, 2, पृ॰ 19.
48. वही, 1, सं॰ 45.
49. इस ग्रंथ की प्रति बयाना के शास्त्र भंडार में देखें।
50. *जै॰ग्रं॰प्र॰सं॰*, 1, पृ॰ 64.
51. वही, 2, सं॰ 87; *प॰जै॰प्रा॰इ॰*, पृ॰ 525-26.
52. *इंडि॰ऐंटी॰*, 20 पृ॰ 347.
53. *पी॰रि॰*, 1883-84, *इंडि॰ ऐंटी॰*, 20 और 21.

में जानकारी प्रदान करती है। क्षेमेन्द्रकीर्ति की *भट्टारक पट्टावली* उनके जीवन के वि॰सं॰ 1697 से 1797 के बीच में एक स्थान से दूसरे स्थान के भ्रमण की जानकारी देती है।[54]

(छ) वंशावली

जातियों की कुछ वंशावलियाँ जैन धर्म के इतिहास के लिए सहायक हैं। वे क्रमशः जातियों और गोत्रों की उत्पत्ति के बारे में जानकारी देती हैं। सोलहवीं से अठारहवीं शताब्दी तक की ओसवाल वंशावलियाँ बीकानेर के अगरचन्द नाहटा के संग्रह में हैं। वंशावलियों का समृद्ध संग्रह ज्ञानसुन्दर के अधिकार में था। अपनी-अपनी जातियों की ये वंशावलियाँ भाटों द्वारा तैयार की जाती थीं जिनमें मंदिरों और मूर्तियों के निर्माण का और तीर्थों में संघों के आयोजन का वर्णन मिलता है। कुछ जैन जातियों में पैदा हुए प्रसिद्ध लोगों के जीवन की झांकी के बारे में जानकारी मिलती है। कभी-कभी ये उस काल के राजनैतिक इतिहास की महत्त्वपूर्ण सूचनाएँ भी देती हैं। तेजा गधेया की सहायता से मालदेव द्वारा शेरशाह सूरी से जोधपुर को पुनः जीता गया, इसका ज्ञान भी वंशावली से प्राप्त होता है।[55]

(3) विदेशियों के वृत्तान्त

यूनानी और अरब यात्रियों के वृत्तान्त क्रमशः उस काल की जैन धर्म की दशा के बारे में रोचक जानकारी देते हैं। यूनानी लेखक स्ट्रेबो और प्लिनी, जिनके लेखन का आधार चन्द्रगुप्त के दरबार में नियुक्त मेगस्थनीज था, जिम्नोसाफिस्टस् (दिगम्बर जैन साधुओं) के बारे में महत्त्वपूर्ण जानकारी देते हैं जिनसे सिकन्दर पश्चिमी भारत में मिला था।[56]

चीनी यात्री युवान तसांग भारत में सातवीं शताब्दी के द्वितीय पद में आया था। वह जैन धर्म का विवरण देता है जो कापिशी, सिंहपुर, राजगृह, पुंड्रवर्धन और समतढ़ में प्रचलित था।[57] मुस्लिम यात्री अबुजदुल और असरलबिलाद के लेखों में भी जैन धर्म की रचना मिलती है। उन्होंने आठवीं और नौवीं शताब्दी में पश्चिमी भारत की यात्रा की थी।[58]

---

54. उदयपुर के संभवनाथ मंदिर के ग्रंथ से॰ 430.
55. *अ॰कां॰,* 2, सं॰ 6, पृ॰ 249.
56. मैक्रिंडल, *एन्शियंट इंडिया,* पृ॰ 68, फु॰नो॰ 1, पृ॰ 72-73, 169, 18 *एंशिएण्ट इंडिया एज़ डिसक्राइब्ड बाई मेगस्थनीज़ एण्ड एरियन,* पृ॰ 136.
57. थॉमस वाटर्स, *आन युवानच्वांग्स ट्रेवल्स इन इंडिया।*
58. *हिस्ट्री ऑफ इंडिया एज़ टोल्ड बाई इट्स ओन् हिस्टोरियंस,* जिल्द1, पृ॰ 6 और 97.

3

भगवान महावीर का जीवन वृत्तान्त

जैन परम्परा में अन्तिम तीर्थंकर भगवान महावीर को "महामाहन", "महागोप", "महासार्थवाह" "महाधर्मकथी" और "महानिर्यामक" नामों से सम्बोधित कर,[1] उनके अलौकिक व्यक्तित्व की छटा व्यक्त की गई है। महावीर के आकर्षक एवं उनके प्रभावशाली व्यक्तित्व के कारण ही विभिन्न वर्ण और वर्ग के बहुसंख्यक स्त्री-पुरुष सहज रूप से उनकी ओर आकृष्ट हुए थे। केवल ज्ञानी और सर्वज्ञ मान्य कर सभी शिष्य और अनुयायीगण महावीर के प्रति असीम श्रद्धा रखते थे तथा सर्वगुणसम्पन्न महामानव और प्रकाश एवं प्रेरणा के चिरस्थायी स्रोत के रूप में अलौकिक व्यक्तित्व को आदर्श समझते थे। भगवान् के कठोर तप और क्षमा के आदर्शों के कारण उनका अनुयायी-वर्ग भी कठिनाइयों तथा प्रतिकूल परिस्थितियों में दृढ़तापूर्वक धर्म-मार्ग को अपनाना गौरव समझने लगा। महावीर के उपदेश व शिक्षाएं साधारण शब्द-पुञ्ज मात्र ही न थे, बल्कि एक ऐसे व्यक्ति की वाणी थी, जिसने सत्य के प्रकाश को स्वयं देखा था तथा अन्यों को भी सत्य-पथ पर आरूढ़ करने हेतु नेतृत्व प्रदान कर एक आदर्श मार्ग का प्रदर्शन किया था। भगवान महावीर एक ऐसे महान् धर्म-संस्थापक थे, जो लोकनायक, सुधारक, पथ-प्रदर्शक, विश्वबन्धुत्व और प्राणी-मात्र के प्रति हितचिन्तक भी थे।

कुल

महावीर का व्यक्तिगत नाम वर्धमान था, परन्तु समकालीन बौद्ध स्रोतों में उन्हें निगंठ नातपुत्त अर्थात् नात अथवा नाय कुल के निगंठ, नाम से सम्बोधित किया गया है। यह नाम दो भिन्न शब्दों "निगंठ" और "नातपुत्त" से बना है, इनमें प्रथम धार्मिक मान्यता और द्वितीय उनके लौकिक वंश का परिचायक है। शाब्दिक और आलंकारिक अर्थ में वे निगंठ (निर्ग्रन्थ) थे क्योंकि बाह्य दृष्टि से वे निर्वस्त्र और आभ्यंतरिक रूप में सर्व प्रकार के बंधनों और कड़ियों से मुक्त थे। महावीर का जन्म ज्ञातृ (नात) अथवा नाय नामक

---

1. *उवा०*, 7.

कुण्डलग्राम के क्षत्रियों के कुल में होने से उन्हें[2] नातपुत्त के नाम से पुकारा जाता था। गौतम बुद्ध को भी शाक्य कुल में उत्पन्न होने से शाक्यपुत्र के नाम से सम्बोधित किया जाता था, परन्तु महावीर की "नातपुत्त" संज्ञा विख्यात थी।

जन्म तथा माता-पिता

जैन परम्परा के अनुसार महावीर स्वामी का जन्म ई॰ पू॰ 599 में काश्यपगोत्रीय ज्ञातृक क्षत्रिय वंश में हुआ था। इनके पिता का नाम सिद्धार्थ था, जिन्हें श्रेयांस और यशांश के नामों से भी जाना जाता है। महावीर की माता त्रिशला वैशाली के शक्तिशाली राजा चेटक की बहिन और वाशिष्ठ गोत्रीय थी, जिन्हें विदेहदत्ता और प्रियकारिणी भी कहा गया है।[3] महावीर के माता-पिता पार्श्वनाथ के मतानुयायी, धार्मिक स्वभाव एवं सरल प्रकृति के थे।[4]

महावीर के जन्म-कुल से संबंधित श्वेताम्बर परम्परा में सुरक्षित एक घटना का विशिष्ट महत्त्व है। इसमें बताया गया है कि पहले महावीर ब्राह्मणकुलड निवासी ब्राह्मण ऋषभदत्त की पत्नी देवनन्दा के गर्भ में रहे थे; किन्तु बाद में वे त्रिशला के गर्भ में हरिणेगमेषी देवता के द्वारा स्थानान्तरित किए गए क्योंकि तीर्थंकर क्षत्रिय-कुल में ही जन्म लेते हैं।[5] *भगवती सूत्र* में[6] इस तथ्य को महावीर के मुख से ही उद्‌घाटित किया जाना वर्णित है। देवनन्दा को भी चौदह मंगलकारी स्वप्न गर्भाधान के पूर्व देखने का श्रेय दिया गया है। महावीर के ब्राह्मण माता-पिता देवनन्दा और ऋषभदेव ने महावीर के दर्शनों के पश्चात् जैन धर्म अपनाकर धर्म-प्रचार भी किया था। वर्णित घटना के अनुसार महावीर को देखकर मातृस्नेह के कारण देवनन्दा के स्तनों से दूध प्रवाहित होने लगा था, जिसे देखकर गौतम इन्द्रभूति ने भगवान से इसका कारण बताने की जिज्ञासा की। महावीर ने बताया कि देवनन्दा उनकी माता है। महावीर के प्रमुख शिष्यगण एवं गणधर ब्राह्मण वर्ग के ज्ञाता हैं, जिसके मूल में भगवान् का ब्राह्मण-कुल में सम्बद्ध होने का परिणाम भी मानने का आग्रह किया जाता है। दिगम्बर जैन इस परम्परा को स्वीकार नहीं करते हैं। गर्भ-परिवर्तन अथवा हस्तान्तरण की इस घटना का समर्थन मथुरा के एक मूर्तिखण्ड से होना व्यक्त कर इस मान्य परम्परा का अस्तित्व ईसा पूर्व द्वितीय शताब्दी तक निर्धारित किया जाता है, यद्यपि इस पाषाण खण्ड में अंकित घटना को इस प्रसिद्ध श्वेताम्बर परम्परा से सम्बद्ध करना संदेहास्पद है।

---

2. *से॰बु॰ई॰,* 22, पृष्ठ 80, 248.
3. *आचा॰,* 2 / 15 / 15; *कल्प,* 109, 110.
4. *से॰बु॰ई॰,* 22, पृ॰ 2 / 15 / 4–5.
5. *आव॰ भाष्य,* 58, 59 / 256; *कल्प॰* 91, 27; *स्थानां॰,* 2 / 777; *समवा॰,* समवाय 83.
6. *भग॰,* 9 / 33.

एच० याकोबी की कल्पना है कि राजा सिद्धार्थ की दो पत्नियां थीं – ब्राह्मणी देवनन्दा और क्षत्रियाणी त्रिशला। ऋषभदत्त के नाम को देवनन्दा के पति के रूप में मान्य करने की जैन अनुश्रुति परिवर्ती है। वे मानते हैं कि त्रिशला से विवाह हो जाने के परिणामस्वरूप सिद्धार्थ का सम्बन्ध तत्कालीन बड़े राजपरिवारों से हो गया तथा उनके प्रभाव और प्रतिष्ठा में अभिवृद्धि हो जाने के कारण सम्भवतः महावीर को अधिक राजकीय प्रतिष्ठा देने हेतु उन्हें त्रिशला के सौतेले पुत्र की अपेक्षा पुत्र के रूप में ही विख्यात कर दिया गया।[7] याकोबी की इस कल्पना को सबल आधारों के अभावों में स्वीकार करना कठिन है, यद्यपि इस आख्यान से ब्राह्मणों की अपेक्षा क्षत्रियों की सामाजिक प्रतिष्ठा में शासन-सत्ता के कारण मान्य अभिवृद्धि की पुष्टि अवश्य होती है। यह कौतूहलपूर्ण है कि *भगवती सूत्र* में वर्णित गौतम-जिज्ञासा में इस गर्भ परिवर्तन की घटना का उल्लेख नहीं है। इस परामर्श को स्वीकार करना भी सम्भव नहीं है कि महावीर को इस ब्राह्मण दम्पति ने सिद्धार्थ और त्रिशला को दत्तक दे दिया हो।

माता त्रिशला ने महावीर के गर्भधारण की रात मंगलकारी चौदह शुभ स्वप्न देखे थे जिसका विवरण *कल्पसूत्र* में उपलब्ध है। तीर्थंकर के गर्भ में अवतरण के पूर्व स्वप्न में गज, वृषभ, सिंह, लक्ष्मी, पुष्पमाला, चन्द्र, सूर्य, ध्वजा, कुम्भ, पदम्, सरोवर, समुद्र, विमान, रत्नराशि और निर्धूम अग्नि देखने की जैन परम्परा प्राचीन है। दिगम्बर जैन परम्परा में श्वेताम्बर-मान्य चौदह मांगलिक प्रतीकों के अतिरिक्त "सिंहासन" और "धरणेन्द्र का महल" और जोड़कर सोलह स्वप्न माने गए हैं; साथ ही इसके अनुसार ध्वजा के स्थान पर त्रिशला ने दो मछलियां तथा एक के बजाए दो कुम्भ देखे थे। दिगम्बर परम्परा में सूर्य के स्वप्न के पूर्व चन्द्र का स्वप्न देखने की भी मान्यता है। राजा सिद्धार्थ के द्वारा आमंत्रित निमित्त शास्त्र-वेत्ताओं ने भविष्यवाणी की थी कि जन्म लेने वाला बालक महान् चक्रवर्ती राजा होगा अथवा इस जगत् का उद्धारक कोई महान् तीर्थंकर। ये जैन-अनुश्रुतियां परवर्ती हैं तथा महापुरुषों के निर्वाण के पश्चात् उनके जन्म-मृत्यु आदि से सम्बन्धित अतिरंजित और अलौकिक आख्यानों का कालान्तर में श्रद्धालुओं एवं अनुयायियों के द्वारा विख्यात हो जाना स्वाभाविक प्रक्रिया रही है। जैन धर्म में मान्य इन मांगलिक प्रतीकों का आयागपट्ट पर अंकन ईसा पूर्व द्वितीय शताब्दी में होने लगा था। इससे अनुश्रुतियों की लोकप्रियता विदित होती है। महावीर का जन्म चैत्र शुक्ल त्रयोदशी को मध्यरात्रि के समय उत्तर-फाल्गुनी नक्षत्र में त्रिशला कुक्षी से होने की परम्परा सर्वमान्य है।

जन्म-स्थान

महावीर के जन्म-स्थान के रूप में कुण्डपुर अथवा कुण्डग्राम की प्रतिष्ठा समग्र जैन

---

7. *से०बु०ई०,* पृष्ठ 31, पाद टिप्पणी – 2.

परम्पराओं में मान्य है। श्वेताम्बर[8] और दिगम्बर[9] मतावलम्बियों के धार्मिक ग्रन्थों में इस बस्ती का उल्लेख है। *आचारांग सूत्र,*[10] *सूत्रकृतांग,*[11] *कल्पसूत्र,*[12] *उत्तराध्ययनसूत्र*[13] और *भगवतीसूत्र*[14] से स्पष्ट ज्ञात होता है कि इस समय विदेह जनपद में वैशाली-कुण्डपुर आदि जैन धर्म के गढ़ थे तथा भगवान महावीर के प्रति इन क्षेत्रों में अत्यन्त आदरभाव था। *आचारांग* और *कल्पसूत्र* में इन्हें विदेहवासी कहा गया है। *सूत्रकृतांग* में महावीर को वैसालिय और "*वैशालिक*" भी कहा गया है, जिसका स्पष्ट अर्थ होता है – "वैशाली का नागरिक"। वैशाली लिच्छवियों के अतिरिक्त विदेह देश की भी राजधानी थी। महावीर का जन्म-स्थल कुण्डपुर ज्ञातृक-क्षत्रियों का केन्द्र और वैशाली के निकट था।

सातवीं शताब्दी के पश्चात् वैशाली का उत्तरोत्तर पतन आरम्भ हो गया और कालान्तर में जैन-मतावलम्बी भी अपने अन्तिम तीर्थंकर के मूल जन्मस्थान को विस्मृत कर गए। कुछ दिगम्बर जैन ग्रन्थों[15] में राजा चेटक की राजधानी वैशाली को सिन्धु देश अथवा सिन्धु विषय में स्थित माना गया है, जो इस विस्मरण का परिचायक है। वैशाली का सिन्धु-सोवीर जनपद से सम्बन्ध नहीं होने पर भी उसका विषय तीर भुक्ति के स्थान पर सिन्धु वर्णित किए जाने के दो कारण के॰पी॰ जैन ने[16] बताए हैं – (1) इन ग्रन्थों के लेखकों ने वृज्जि देश को सिन्धु देश समझ लिया हो[17] तथा (2) अवन्ति की राजधानी उज्जयिनी का दूसरा नाम विशाला[18] था और उज्जयिनी के निकट सिन्धु नदी होने के कारण मध्ययुग (आठवीं से पन्द्रहवीं शताब्दियों) में इस क्षेत्र को सिन्धु देश भी यदा-

---

8. *आवश्यक* निर्युक्ति, *टीका, कल्पसूत्र, आवश्यक सूत्र, आवश्यक सूत्र* (हरिभद्रीय टीका) नमिचन्द्र का *महावीर चरियम्,* गुणचन्द कृत *महावीर चरियम्,* विमलसूरि का *पउम चरियम,* जटासिंहनन्दि-कृत *वारांगचरितम* और *आवश्यक चूर्णि*।
9. *पूज्यपाद की देशभक्ति,* पृष्ठ 116; जिनसेन का *हरिवंश पुराण,* 1-2; गुणभद्र का *उत्तर पुराण,* 74; दामनन्दि का *पुराण संग्रह,* असंग का *वर्धमानचरित,* 17-61; सकलकीर्ति का *वर्धमानचरित,* 7.
10. *आचा॰,* 2, 15, 15, 17.
11. *सूत्र॰,* 1, 2, 3, 22.
12. *कल्प॰,* 110, 112, 128.
13. *उत्तरा॰,* 6, 17.
14. *भग॰ टीका,* 2, 1, 12, 2.
15. *उत्तर पुराण,* 75; *श्रेणिकचरित्र,* 9, *आराधना कथा-कोष,* 4.
16. *जैन सिद्धान्त भास्कर,* (3 सितम्बर 1936), पृष्ठ 50, पाद-टिप्पणी.
17. सिन्धु देश का शाब्दिक अर्थ है – "नदियों का देश" और "तीरभुक्ति" का भी यही अर्थ है – नदी तीर पर स्थित देश। गुप्तयुग में विदेह क्षेत्र तीरभुक्ति कहलाता था।
18. *मेघदूत,* 1/30

कदा कहा जाता था, फलतः इन लेखकों ने भ्रमवश लुप्त वैशाली को सिन्धु देश में वर्णित कर दिया होगा क्योंकि अधिकांश दिगम्बर लेखकों का सम्बन्ध अवन्ति प्रदेश से रहा है।

महावीर की जन्मस्थली कुण्डपुर अथवा कुण्डलपुर को खोजने के प्रयत्नों के अन्तर्गत दिगम्बर मतावलम्बियों ने नालन्दा के निकट एक स्थल को कुण्डलपुर घोषित करके मन्दिर एवं धर्मशालाएं बनवाई हैं तथा दूसरी ओर श्वेताम्बर मतावलम्बियों ने भी मुंगेर जिले के लछुआड़ स्थान के निकट क्षत्रिय कुण्ड को भगवान् का जन्म-स्थल मानकर मन्दिर, धर्मशालाएं आदि निर्मित करवा दिए। श्रद्धालु जैन धर्मानुयायी इन्हें पवित्र स्थल स्वीकार कर धर्म-यात्राएं कर रहे हैं, जोकि महावीर की जन्मभूमि को विस्मृत कर दिए जाने का परिणाम है। ऐतिहासिक साक्ष्यों के प्रकाश में इन दोनों स्थलों को महावीर की जन्मभूमि कुण्डपुर अथवा कुण्डलपुर माना जाना सम्भव नहीं है।

लछुआड़ के निकट स्थित क्षत्रियकुण्ड को महावीर का जन्म-स्थल स्वीकार नहीं किया जा सकता है, क्योंकि यह क्षेत्र विदेह जनपद का नहीं, अपितु प्राचीन अंग जनपद का भाग रहा है। यह आधुनिक क्षत्रियकुण्ड पहाड़ी पर स्थित है, जबकि जैन-ग्रंथों में वर्णित कुण्डपुर के प्राचीन क्षत्रिय कुण्ड के सम्बन्ध में पहाड़ों का कोई भी उल्लेख उपलब्ध नहीं है। इस आधुनिक स्थल के निकट प्राचीन बस्तियों – वैशाली, वाणिज्यग्राम, कोल्लाग-सन्निवेश, कर्मारग्राम आदि के अस्तित्व से सम्बद्ध अवशेष नहीं मिले हैं।

बौद्ध ग्रंथ *महावग्ग* से विदित होता है कि गौतमबुद्ध के कोटिग्गाम के प्रवास के समय पड़ोस की राजधानी वैशाली से वहां की नगरवधू आम्रपालि और लिच्छवि नर-नारी दर्शनार्थ आए थे। गौतम बुद्ध ने कोटिग्गाम से नातिक लोगों के स्थान की ओर प्रस्थान किया और सभा-भवन में विश्राम किया था। इस ज्ञातृक-स्थल से गौतम बुद्ध ने वैशाली की ओर प्रस्थान किया, जहां उन्होंने लिच्छवियों के निर्ग्रंथ-मतावलम्बी सेनापति सिंह को बौद्ध-धर्मावलम्बी बनाया था। एच॰ याकोबी ने *महावग्ग* में वर्णित इस कोटिग्गाम का एकीकरण महावीर के जन्मस्थल कुण्डग्राम से किया है जिसकी पुष्टि नातिकों (ज्ञातृकों) और लिच्छवियों के सेनापति सिंह के उल्लेख से भी होती है। जैन ग्रंथ *सूत्रकृतांग* में महावीर को वैसालिय (वैशालिक) विशेषण से सम्बोधित किए जाने से भी ऐसा प्रतीत होता है कि विदेह देश की राजधानी वैशाली का कुण्डग्राम एक मोहल्ला था। कुण्डग्राम का वैशाली के एक उपनगर के रूप में अस्तित्व माने जाने के कारण ही सम्भवतः महावीर को वैशाली का नागरिक समझा जाता होगा। याकोबी के मत से कुण्डग्राम एक साधारण ग्राम था। वहां के शासक की हैसियत एक सामंत के रूप में थी;[19] परन्तु कोटिग्गाम की अभिन्नता कुण्डग्राम से माने जाने के आधार संदिग्ध हैं क्योंकि दोनों स्थलों का स्वतंत्र अस्तित्व भी ज्ञात है।

19. *से॰बु॰ई॰* 22, पृ 10-13

ए॰ एफ॰ होर्नले[20] ने यह सिद्ध करने का प्रयत्न किया है कि लिच्छवियों की राजधानी वैशाली महावीर का जन्मस्थान था तथा वाणिज्यग्राम वैशाली का ही दूसरा नाम था। उनके अनुसार वैशाली नगर का विस्तार व्यापक क्षेत्र में था तथा वाणिज्यग्राम और कुण्डग्राम भी इस नगर क्षेत्र में सम्मिलित थे क्योंकि बनिया और बासुकुण्ड नाम के ग्राम अब भी यहां स्थित हैं।

पुरातात्त्विक उत्खननों से भी यह सिद्ध हो चुका है कि प्राचीन नगर वैशाली आधुनिक तिरहुत मण्डल में मुजफ्फरपुर जिले के अन्तर्गत बसाढ़ नामक ग्राम के आसपास बसा हुआ था।[21] बसाढ़ ग्राम प्राचीन वैशाली का ही अवशिष्ट नाम प्रतीत होता है। सातवीं शताब्दी में भारत आए चीनी यात्री युआनच्वांग के विवरण से भी मान्यता की पुष्टि होती है। यहां के उत्खनन से प्राप्त मुद्राओं पर अंकित वैशाली नाम से इन्हें अभिन्न मानना युक्तियुक्त है।

प्राचीन वैशाली तथा कुण्डग्राम अथवा कुण्डपुर की पहचान क्रमशः बसाढ़ एवं बसुकुण्ड से करना टी॰ ब्लोक,[22] एस॰ स्टेवेनसन,[23] एन॰एल॰[24] और बी॰सी॰ ला[25] ने स्वीकार की है, यद्यपि इनमें से कुछ विद्वान् कुण्डपुर, वाणिज्यग्राम, कोल्लाग सन्निवेश और कर्मारग्राम को वैशाली के उपनगर मानते हैं। यथार्थ में ये ग्राम स्वतंत्र बस्तियां थीं। इनकी पहचान क्रमशः आधुनिक ग्रामों – बसुकुण्ड, बनिया, कौलुआ और कूमन छपरागाछी से की जा सकती है, जो कि बसाढ़ के निकटवर्ती ग्राम हैं। कुण्डपुर के दो मोहल्ले निवासियों के वर्ण के आधार पर – ब्राह्मणकुण्ड और क्षत्रियकुण्ड थे। इनके मध्य में बहुशाल-चैत्य स्थित था। महावीर का जन्म क्षत्रियकुण्ड के प्रधान सिद्धार्थ के यहां हुआ था तथा ब्राह्मण दम्पति देवनन्दा और ऋषभदत्त का निवास-स्थल जैन परम्परा में निकटवर्ती ब्राह्मणकुण्ड बताया गया है। उपलब्ध विवरणों से ज्ञात होता है कि वैशाली और कुण्डपुर गण्डकी नदी के पूर्वी किनारे पर स्थित थे, जबकि कर्मारग्राम, कोल्लाग सन्निवेश, वाणिज्य ग्राम और द्विपलाश-चैत्य पश्चिमी तट पर बसे थे।*

20. *उवासगदसाओ* का अंग्रेजी अनुवाद (बिबलियोशेका इण्डिका सीरिज, कलकत्ता, 1888).
21. *एनसाइक्लोपीडिया आफ रिलीजन एण्ड एथिक्स,* जिल्द-12 (न्यूयार्क, 1921, पृष्ठ 567-68)
22. *आ॰स॰इ॰ए॰रि॰,* 1903-04, पृ॰ 82.
23. *स्टे॰हा॰जे॰,* पृ॰ 21-22.
24. *न॰डे॰जो॰डि॰ए॰मि॰इ॰,* पृ॰ 107.
25. *ला॰म॰ला॰टी॰,* पृ॰ 19.

* ए॰ एफ़॰ हार्नले और एच॰ याकोबी ने सन्निवेश का तात्पर्य क्रमशः मोहल्ला और उपनगर लिया है, परन्तु सन्निवेश का प्रयोग ग्राम के अर्थ में भी उपलब्ध है।

शैशवावस्था

जैन ग्रन्थों में वर्धमान महावीर के शैशवकाल से सम्बन्धित उपाख्यान, कथाएं और चमत्कारिक घटनाओं का विवरण सुरक्षित है। इन अतिरंजित कथानकों से विदित होता है कि महावीर के जन्म की खुशियां मनुष्यों और देवताओं ने समान रूप से मनाई थीं। माता-पिता को अपने नवजात पुत्र से कई भावी आकांक्षाएं थीं तथा जन्म-दिवस पर कुण्डपुर के कारागृह से बन्दियों को मुक्त कर दिया गया। दस दिनों तक समस्त नगर निवासियों द्वारा अनवरत आमोद-प्रमोद के साथ जन्म-महोत्सव मनाया गया। तत्पश्चात् देवताओं को अनेक प्रकार की भेंट अर्पित की गई।[26] सिद्धार्थ-त्रिशला युगल ने नवजात पुत्र का नाम वर्धमान[27] रखा क्योंकि बालक के जन्मते ही परिवार के धन, धान्य, कोष, भण्डार, बाल, वाहन, यश और गुण-प्रतिष्ठा में अभिवृद्धि होने लगी थी।

एक अनुश्रुति[28] के अनुसार संजय और विजय नामक दो चारण मुनियों को तत्त्वार्थ विषयक तत्सम सन्देह उत्पन्न हो गया था, परन्तु जन्म के कुछ दिन पश्चात् ही बालक वर्धमान के दर्शनमात्र से ही उनका सन्देह समूल दूर हो गया। इन्होंने बड़ी ही भक्तिपूर्वक शिशु वर्धमान का नाम सन्मति रखा था। तीर्थंकर जन्म से ही तीन ज्ञानधारी होते हैं।

श्वेताम्बर और दिगम्बर जैन शास्त्रों में वर्धमान के अतुलबल से सम्बन्धित विवरण उपलब्ध हैं। इनमें वर्णित किया गया है कि वे शक्ति और शारीरिक सामर्थ्य में सहज रूप से अपने सभी साथियों को बाल्यकाल में मात दे देते थे। एक दिन अपने पिता के उद्यान में साथियों सहित वर्धमान बाल-क्रीड़ाएं कर रहे थे, तभी क्रोध से झाग उगलता हुआ एक पागल हाथी शिशु वर्धमान की ओर आक्रमणार्थ बढ़ने लगा। हाथी के भय से सभी बालक भाग खड़े हुए, परन्तु वर्धमान निर्भयतापूर्वक समत्व भाव से हाथी की ओर बढ़े तथा अपने शक्तिशाली हाथों से उसकी सूंड पकड़कर तत्काल पीठ पर चढ़ बैठे। इस घटना के निहित भाव से महावीर के असीम साहस और बल की जानकारी होती है, जो कि जैन परम्परानुसार तीर्थंकर में जन्म से ही निहित रहता है।

एक अन्य आख्यान से ज्ञात होता है कि एक बार वर्धमान अपने समवयस्क साथियों के साथ राजभवन के उद्यान में आम्बली पीपली के पेड़ पर "संकुली" नामक खेल में रत थे। तभी एक देव भयंकर सर्प का रूप धारण कर उक्त वृक्ष के तने पर लिपट गया। सर्प की भयंकर फुंकार से भयभीत होकर सभी बालक इधर-उधर भागने लगे, परन्तु पेड़

26. *कल्प०*, 97-105.

27. वही, 91, 103, 106, 107; *आचा०*, 2, 15, 15.

28. *महापुराण*, 74.

पर चढ़े वर्धमान तनिक भी विचलित नहीं हुए। उन्होंने सर्प को पकड़कर रज्जु के समान दूर फेंक दिया। इस शक्ति परीक्षक देव ने वर्धमान को दुबारा भयभीत करने की दृष्टि से ऊंचे आकाश में ले जाने हेतु तिंदुसक खेल के दौरान बालक का रूप धारण कर उन्हें कंधे पर बिठा लिया, जिसे देखकर अन्य बालकगण चिन्तित हो गए; परन्तु वर्धमान ने निर्भय भाव से देव की पीठ पर ऐसा मुष्टि-प्रहार किया कि वह आघात को सहन नहीं कर सका। देव का गेंद के समान फूला हुआ शरीर दबकर वामनाकार हो गया तथा उसका मिथ्याभिमान चूर-चूर हो गया।[29] इस घटना से महाबली वर्धमान को वीरता, धीरता और सहिष्णुता के कारण महावीर कहा जाने लगा।

भय उत्पन्न होने वाली स्थिति में अचल रहने वाले, अपने संकल्प से तनिक मात्र भी विचलित नहीं होने वाले, निष्कम्प, परीषहों और उपसर्गों को शांत-भाव से सहन करने में समर्थ, भिक्षा-नियमों का दृढ़ता से पालन करने वाले, शोक और हर्ष में समभावी, सद्‌गुणों के आगार तथा अतुलबली होने के कारण इनका नाम महावीर[30] रखा गया। सहज शारीरिक एवं बौद्धिक परिश्रम और शक्ति से उन्होंने तप आदि नाविध आध्यात्मिक साधना के मार्ग पर आरूढ़ होकर कठोर परिश्रम किया, एतदर्थ वे श्रमण कहलाए।[31]

महावीर का व्यक्तित्व सुन्दर और प्रभावशाली था। वे सर्वगुण-सम्पन्न, दक्ष और अत्यन्त कुशाग्र बुद्धियुक्त थे।[32] *कल्पसूत्र* से ज्ञात होता है कि वे जन्म से ही अलौकिक प्रतिभा-सम्पन्न तीन ज्ञान के आगार थे।[33] यह स्वीकार करने के कई आधार हैं कि इस युग में एक कुलीन क्षत्रिय को ज्ञान की विभिन्न शाखाएं – साहित्य, संगीत, दर्शन, कला, सैनिक एवं प्रशासन आदि की सामान्य शिक्षा तथा प्रशिक्षण दिया जाता था।

गृहस्थ का जीवन

महावीर के विवाह के प्रश्न पर श्वेताम्बर और दिगम्बर परम्परा में मौलिक मतभेद हैं। दिगम्बर जैन-ग्रन्थ महावीर को कुमार ही मानते हैं,[34] जबकि श्वेताम्बर आगम-शस्त्रों में उनके विवाह के उल्लेख उपलब्ध हैं।[35] विरक्त स्वभावी होने के कारण महावीर यौवनावस्था में ही चिन्तन-मग्न और विरक्त रहते थे, इस कारण उन्होंने प्रव्रज्योन्मुख होने

29. *त्रि॰पु॰च॰,* 10-12; *आव॰ चू॰,* 1, पृष्ठ 246.
30. *कल्प॰,* 120, *आचा,* 2, 15, 15.
31. वही, 110.
32. वही, 112.
33. *पद्म पुराण,* 20, 67; *हरिवंश पुराण,* 60, 214.
34. *आचा॰,* 2, 15, 15; कल्प॰, 109.
35. *कल्प॰,* 110.

की लालसा व्यक्त की। त्रिशला और सिद्धार्थ अपने जीवनकाल में महावीर को प्रवर्जित नहीं होने देना चाहते थे, फलतः माता-पिता के अनुरोध को स्वीकार कर उन्होंने कौंडिण्य गोत्रीय समरवीर की रूपवती राजकुमारी यशोदा से विवाह कर लिया। श्वेताम्बर परम्परा के अनुसार यशोदा से महावीर को अणोज्जा नाम की पुत्री उत्पन्न हुई थी, जिसका विवाह जमाली से हुआ। जमाली ने महावीर के पास प्रव्रज्या ग्रहण की थी, परन्तु कालान्तर में उसने धर्मसंघ में भेद डालकर अलग संघ प्रतिष्ठित किया। महावीर की दौहित्री के दो नाम – शेषवती और यशस्वती ज्ञात हैं। इसे कौशिक गोत्रीय उल्लेखित किया गया है।

महावीर के चाचा का नाम सुपार्श्व, ज्येष्ठ भ्राता का नन्दिवर्धन और बहिन का सुदर्शना था। तीस वर्ष की आयु में महावीर की संसार त्यागकर प्रव्रज्या ग्रहण करने की सुप्त लालसा माता-पिता की मृत्यु होते ही पुनः जागृत हो गई। पिता के उत्तराधिकारी ज्येष्ठ भ्राता नन्दिवर्धन तथा अन्य कौटुम्बिक लोगों की अनुमति लेने के पश्चात् उन्होंने पूर्व-संकल्पित प्रतिज्ञा पूर्ण करने हेतु दो वर्ष से कुछ अधिक काल तक विभिन्न धार्मिक कृत्यों को विरक्त भाव से पूर्ण किया। दिगम्बर परम्परा के ग्रन्थों में महावीर के ज्येष्ठ भ्राता और भगिनी का उल्लेख नहीं है तथा उनके अनुसार माता-पिता के जीवनकाल में ही महावीर ने कुमारावस्था में प्रव्रज्या ग्रहण कर ली थी, यद्यपि इनमें त्रिशला-सिद्धार्थ के द्वारा महावीर के वैराग्य के विचार को पसन्द नहीं करते हुए राजसुख में पले कुमार को संन्यासी जीवन के कष्टों से विलग रहने का अनुरोध तथा महावीर की दृढ़ता के समक्ष परास्त होकर प्रव्रज्या लेने की स्वीकृति देने के विवरण उपलब्ध हैं।

तपस्या

आचारांग सूत्र में धार्मिक गाथा के रूप में साधना के उन बारह वर्षों का वर्णन है जिनमें महावीर ने केवल ज्ञान की प्राप्ति हेतु कठोर तपस्या की थी। सार रूप में *कल्पसूत्र* के विवरण से भी *आचारांग* में वर्णित गाथा की पुष्टि होती है। इन दोनों ग्रन्थों से ज्ञात होता है कि केवली पद को प्राप्त करने हेतु की गई इस कठोर साधना में महावीर को अतिशय कठिन मानवीय प्रयास करने पड़े थे। यह एक अत्यन्त महत्त्वपूर्ण तथ्य है कि *आचारांग सूत्र* और *कल्पसूत्र* में वर्णित इस तपस्याकाल के विवरण में गोशाल का उल्लेख नहीं है, जबकि *भगवती सूत्र* और *उवासगदसाओ* में आजीविक मत के संस्थापक मंखली गोशाल का महावीर के इस कठोर साधना के समय में छः वर्ष साथ रहने का विवरण उपलब्ध है।

महावीर ने तीस वर्ष की आयु में संसार को त्याग दिया था। ऐसा प्रतीत होता है कि उन पर पार्श्वनाथ द्वारा उद्घोषित चातुर्याम धर्म के सिद्धान्तों का प्रभाव उनके माता-पिता के पार्श्वमतानुयायी होने का संस्कार जन्म से ही था। जैन परम्परा के अनुसार प्रत्येक तीर्थंकर

अपने चतुर्विद संघ-शासन की स्वयं स्थापना कर विनय विनिश्चित करता है; फिर भी पार्श्वमतानुयायी श्रमणों की जीवन-पद्धति और सिद्धान्तों से स्पष्ट है कि उनमें तथा महावीर के उपदेशों में समानता थी। दिगम्बर मान्यता के अनुसार महावीर ने प्रव्रज्या लेने के पश्चात् वस्त्र त्याग दिए थे, परन्तु श्वेताम्बर मान्यता में प्रव्रज्या के तेरह मास पश्चात् वस्त्र त्यागने का वर्णन है।[36] *आचारांग सूत्र* में महावीर के कठोर साधना के बारह वर्षों का विस्तृत विवरण है।

संसार को त्यागकर प्रव्रज्या ग्रहण करने के पश्चात् एक वर्ष और एक मास तक महावीर ने वस्त्रों को रखा किन्तु तत्पश्चात् उनका परिहार करके वे अचेलक अर्थात् निर्वस्त्र रहने लगे। दीक्षा के समय प्रयुक्त दिव्य सुगन्धित वस्त्रों और विलेपन की उत्कृष्ट सुवास सुगन्ध से आकृष्ट होकर चार मास तक भ्रमर इत्यादि महावीर के शरीर पर मंडराते रहे। वे अपने तीक्ष्ण दंश से पीड़ा पहुंचाते, मांस नोचते और रक्त पीते रहे। इन कीटों के द्वारा दिए जा रहे परीषह के प्रति उन्होंने उफ् तक नहीं की और न उनका निवारण ही किया।[37] जब महावीर अपने ध्यान में मग्न रहते थे, तब बहुत से लोग कौतुक से उनके आसपास एकत्रित हो जाते और कभी-कभी पत्थरों एवं दण्डों से प्रहार भी करने लगते; किन्तु यह महातपस्वी कभी विचलित नहीं होता था। वे नारियों और गृहस्थजनों से दूर रहते थे। साथ ही उनके द्वारा किसी विषय के सम्बन्ध में पूछे गए प्रश्नों के प्रति वे सरल भाव से मौन रहते थे। महावीर समत्वभाव से तपस्यारत थे। न वे वन्दना करने वाले मनुष्यों से प्रेम से बोलते थे और न उपेक्षा एवं अपमान करने वालों के प्रति क्रोध ही रखते थे।[38]

महावीर ने दीक्षा के दो वर्ष से कुछ अधिक समय पूर्व से ही रात्रि-भोजन एवं शीतल जल का त्याग कर दिया था। क्रोध-कषाय पर नियंत्रण कर वे सदैव दत्तचित्त रहे तथा सम्यकत्व के द्वारा चित्त को शांत बनाए रखा। उन्होंने सावधानीपूर्वक जीवों तक को हानि नहीं पहुँचाई और यथाकृत पवित्र आहार का उपभोग किया। अधः कर्मादि दोष-दूषित आहारादि का सेवन नहीं किया। वे केवल निर्दोष, आसुक, आहारादि का सेवन करते थे। महावीर ने दूसरों के वस्त्र अपने उपयोग में नहीं लिए और न ही दूसरों के पात्रों में भोजन ही किया। वे मानापमान का विचार न रखते हुए संयम और आराधना के निमित्त अदीन मन से आहार के शुद्ध स्थानों पर जाकर भिक्षा लेते थे। उन्होंने कभी भी विचार नहीं किया कि आहार लेने के लिए जाने में मेरा अपमान है। वे अपने नयनों में गिरे हुए रज के कणों

---

36. *आचा०,* 1, 8, 1, 3.
37. वही, 1, 8, 1, 2.
38. वही, 1, 8, 1 तथा 4 से 7.

को निकालने के निमित्त आंखों को कभी न मसलते थे और न ही दंशमकादिक के काटने से शरीर को खुजलाते थे।[39]

अपने साधना-काल में आवेशन, शून्य गृहों, सभागृहों, प्याऊ, दुकानों, धर्मशालाओं, झोपड़ियों आदि में उपलब्धि के अनुसार निवास करते थे। कभी-कभी वे ग्राम तथा नगर के बाहर बनी हुई धर्मशाला अथवा बगीचे में भी ठहर जाते थे। श्मशान, शून्य घर, बस्ती अथवा वृक्ष के नीचे भी महावीर ठहरते थे। तात्पर्य यह कि उनके निवास अथवा ठहरने हेतु कोई निश्चित स्थान नहीं था। इन दुरूह परिस्थितियों में भगवान महावीर ने तेरह वर्ष तक कठोर तपश्चर्या की। वे कभी निद्रा के अधीन नहीं हुए। यदि कभी निद्रा आने भी लगती, तो वे सजग होकर आत्मा को तप और संयम में तल्लीन कर लेते थे। शीतकाल में निद्रा की उपेक्षा हेतु वे खुले स्थान में आवास के बाहर मुहूर्तमात्र धर्म-ध्यान में तल्लीन होकर निद्रा पर विजय प्राप्त कर लेते थे।

इस काल में महावीर को अनेक घोर उपसर्गों का सामना करना पड़ता था। कभी सर्पादि विषैले जन्तुओं और काक-गिद्ध आदि तीक्ष्ण चंचुवाले पक्षियों के प्रहार उन्हें सहन करने पड़ते थे, तो कभी दुष्टजनों और ग्राम-रक्षकों के शक्ति नामक शस्त्र के आघातों के वे शिकार बनते थे। महावीर परीषहों और उपसर्गों को धीरज-पूर्वक सहनकर, मितभाषी रहते हुए एक स्थान से दूसरे स्थान की ओर विहार करते थे।[40] पर्यटकों द्वारा सताए जाने पर भी वे उनके प्रति द्वेषभाव रखे बिना ध्यान-मग्न रहते थे। शीत, गर्मी, मांस, जीव-जन्तु आदि के परीषह को सहन करते हुए वे सदैव जागरूक रहते थे।[41]

भगवान् महावीर अपने साधनाकाल में अनेक प्रकार के परीषह और उपसर्गों को सहते हुए दुष्प्रवेश्य राढ़ देश में भी पहुंचे तथा वज्रभूमि एवं शुभ्रभूमि में विहार किया। यहां जीर्ण एवं शून्य घर, धूसरित एवं टूटे-फूटे काठ के आसन-फलक आदि मिले जिन्हें इन्होंने समभाव से उपयोग में लिया। यहां के निवासी अनार्यजन ने भगवान् को कई प्रकार से कष्ट दिए, प्रहार किए और कटवाने के लिऐ कुत्ते पीछे किए, परन्तु इस महामानव ने अपने हाथों से न कभी प्रतिरोध किया और न कुत्तों को भगाने हेतु दण्डादि का प्रयोग ही किया। वे बड़े धैर्य और शांतचित्त से लोगों के अपशब्दों और पीड़ाजनक कृत्यों को सहन करते थे। कभी-कभी महावीर ग्राम में पहुंच ही नहीं पाते थे और लोग चिल्ला-चिल्लाकर उन पर आक्रमण करके बाहर से ही अन्यत्र भाग जाने को कहते हुए दण्ड, मुष्टि, भाला, मिट्टी के ढेले और खपरियों आदि से प्रहार करने लगते थे। ये अनार्य लोग ध्यान-मग्न महावीर

---

39. *आचा॰,* 1, 8, 1, 10, 11, 12, 17, 18, 19.
40. वही, 1, 8, 2-11.
41. वही, 1, 8, 3, 1.

के मांस-पिण्ड काटते, शरीर नोचते, अधिक-से-अधिक धूल फेंकते और कभी-कभी आसनों को खींचकर उन्हें जोर से पटक देते थे। भगवान् इन समस्त परीषहों और उपसर्गों को धर्म-ध्यान में लीन होकर सहते रहते थे।[42]

शरीर के प्रति महावीर का निर्मोह भाव था, यद्यपि जन्म से ही वह रोगादिक से रहित था। अनार्यों द्वारा छोड़े गए कुत्तों के काटने के पश्चात् भी वे किसी औषधादि से उपचार नहीं करते थे। शरीर को स्वस्थ रखने हेतु प्रचलित इमेमा अथवा विरेचक औषधि आदि द्वारा मलकोष्ठ की शोधन-क्रिया, वमनकारक औषधि के उपचार से शरीर के भीतर के कफादिक विकार का संशोधन कर बाहर निकालना, शत पाक वाले अथवा सहस्रपाक वाले तेल से शरीर-मर्दन या चन्दन, कुंकुम और केसर आदि से शरीर का उबटन और प्रासुक अथवा अप्रासुक जल से द्रव्य-स्नान करना आदि क्रियाओं को महावीर ने लेशमात्र भी नहीं अपनाया। वे अपने मुख का प्रक्षालन-दंतधावन बिल्कुल नहीं करते थे। महावीर देह के ममत्व से अत्यन्त उच्च उठकर सदेह होते हुए भी विदेहवत रहते थे। कठोर शीत की कड़कड़ाती ठंड में भी वे खुले स्थान में नग्न खड़े रहते और शीत से सुरक्षा की वांछा तक नहीं रखते थे। तपतपाती ग्रीष्म ऋतु में वे धधकते हुए सूर्य के सम्मुख उत्कुटुक (उकड़ूं) आसन में बैठकर आतापना लेते थे।

भगवान् महावीर अपने शरीर के निर्वाह हेतु ठंडे, बासी एवं रूखे आहार का सेवन करते थे। इनमें कोद्रव, मंथुब्रेरचूर्ण और कुलथी के रूक्ष आहार का उन्होंने आठ मास तक सेवन किया। अर्धमास से छः मास तक भगवान् जल का त्याग कर लेते और विभिन्न अवधि के उपवास करते हुए समाधिस्थ रहते थे। महावीर ने न कभी स्वयं पापकर्म किया और न कभी किसी से करवाया अथवा न ही पापकर्म करते हुए का अनुमोदन ही किया। वे किसी एक आसन में विराजित होकर ध्यान में तल्लीन हो जाते तथा ध्यानावस्था में उनका शरीर निष्कंप रहता था। ध्यानावस्था में महावीर ऊर्ध्वलोक, मध्यलोक और अधोलोक तथा इनके स्वरूप और आभ्यंतरिक जीव, अजीव, आदि पदार्थों के द्रव्य, गुण एवं पर्याय की अपेक्षा से नित्य और अनित्य स्वरूप का मनन करते थे। क्रोधादि कषाय, परिणति से रहित विषयों में आसक्ति, और शब्द, रूप एवं गंध आदि पौद्गलिक गुणों की ममता से विरक्त होकर उन्होंने ध्यान का अवलम्बन किया। यद्यपि महावीर चार ज्ञान के धारक छद्मावस्था में भी थे, फिर भी तप और संयम में अपनी सम्पूर्ण शक्ति स्फूरित करते हुए उन्होंने केवल-ज्ञान की प्राप्ति तक एक बार भी प्रमाद नहीं किया।[43]

इस प्रकार युद्ध में रत सुभट योद्धा के समान महावीर धैर्य, साहस आदि गुणों से संवृत

---

42. *आचा.*, 1, 8, 3, 2-12.
43. वही, 1, 8, 4, 1 से 8 और 14-15.

होने से दुःसह परीषहों को सहते हुए अपने धर्म-ध्यान से तनिक भी विचलित नहीं हुए तथा मुक्ति-पथ पर बढ़ते गए। आत्मा की शुद्धि हेतु भगवान् ने सत्य को समझते तथा इन्द्रियों का निग्रह करते हुए अंततः सर्वोच्च मुक्ति-लक्ष्य को प्राप्त किया।[44]

कल्पसूत्र में महावीर के साधना-काल के जीवन का विस्तृत विवरण उपलब्ध है। हेमन्त ऋतु के प्रथम मास, मृगशिर कृष्णा दशमी तिथि के सुव्रत दिवस, विजय मुहूर्त्त और चतुर्थ प्रहर में उत्तरा-फाल्गुनी नक्षत्र के शुभ समय में जब छाया पूर्व दिशा की ओर ढल रही थी, भगवान् महावीर ने ढाई दिन के निर्जल उपवास की तपस्या के पश्चात् पंचमुष्टि लौचकर दीक्षा ग्रहण की। शरीर पर केवल एक दिव्यवस्त्र रखा जिसका आधा भाग एक वृद्ध ब्राह्मण को दान कर दिया तथा शेष आधा भाग कालान्तर में तेरह मास बाद गिर गया। इस प्रकार उन्होंने अकेले ही आगारवास को त्यागकर अनगार धर्म को स्वीकार किया।[45] तेरह मास पश्चात् वस्त्र त्यागकर वे अचेल (वस्त्र-रहित) और पाणि-पात्र हुए। प्रवर्जित होने के पश्चात् बारह वर्ष से अधिक समय तक महावीर शरीर की ओर से बिल्कुल उदासीन रहे तथा किंचित मात्र भी शरीर की ओर ध्यान नहीं दिया। महान् तपस्यापूरित इस साधना-काल में देव, मनुष्य और तिर्यक सम्बन्धी प्रदत्त अनुकूल और प्रतिकूल उपसर्गों को उन्होंने निर्भय एवं सम्यक् भाव से क्रोध-रहित होकर बिना किसी की अपेक्षा रखे मन को स्थिर कर सहन किया।[46]

तत्पश्चात् महावीर साधक के रूप में ईर्या समिति, भाषा समिति, एषणा समिति, आदान भांडमात्र निक्षेपण समिति, उच्चारपास वणरवैल सिंघाणज्जल परिस्थापनिका समिति, मन समिति, वचन समिति, कार्य समिति, मनगुप्ति, वचनगुप्ति कायुगुप्ति, गुप्तेन्द्रिय, गुप्त ब्रह्मचारी, क्रोध, मन, माया और लोभ से रहित हुए तथा शांत, उपशांत और सभी प्रकार के संताप से मुक्त हो गए। वे आस्रवरहित, ममता-रहित, परिग्रह-रहित, अकिंचन निर्ग्रन्थ हुए तथा कांस्य पात्र की तरह निर्लिप्त हो गए। जैसे शंख पर किसी प्रकार के रंग का असर नहीं होता, वैसे ही महावीर पर राग-द्वेष के रंग का असर नहीं होता था। वे जीव की तरह अप्रतिहत गतिवाले, गगन की तरह आलम्बन-रहित, वायु की तरह अप्रतिबद्ध-विहारी, शरद ऋतु के पानी के समान निर्मल, कमलपत्र की तरह निर्लेप और कूर्म की तरह गुप्तेन्द्रिय थे। महावीर को महावराह के एक श्रृंग के समान एकाकी, पक्षी की तरह अनिकेत, भारण्ड पक्षी के समान अप्रमत्त, हाथी की तरह शूर, बैल के समान पराक्रमी, सिंह की तरह अजेय, मन्दार पर्वत के समान अडिग एवं सुस्थिर, सागर की तरह

---

44. *आचा०,* 1, 8, 4, 16.
45. *कल्प०,* 116.
46. *कल्प०,* 117.

गम्भीर, चन्द्र की तरह सौम्य, सूर्य के समान तेजस्वी, स्वर्ण की तरह कांतिमान, पृथ्वी की तरह क्षमाशील तथा अग्नि के समान जाज्वल्यमान तेजस्वी वर्णित किया गया है।[47]

महावीर वर्ष में वर्षावास के चार मास के अतिरिक्त शेष आठ मास यत्र-तत्र विचरण करते थे, परन्तु ग्राम में एक रात्रि और नगर में पांच रात्रि से अधिक नहीं ठहरते थे। बबूल और चन्दन के स्पर्श में भी समान संकल्पी, तृण एवं मणि और लोष्ट एवं सुवर्ण के प्रति समान वृत्ति वाले, दुःख और सुख के प्रति समभाव रखने वाले, इहलोक और परलोक के प्रतिबन्ध से रहित, जीवन और मरण की आकांक्षा से मुक्त, संसार को पार करने, कर्म और संग के नाशक, सम्यक् प्रकार से उद्यमवंत इस महामानव ने विहार किए थे।[48]

अनुपम उत्तम ज्ञान, दर्शन, संयम, वीर्य, सरलता, कोमलता, अपरिग्रह, क्षमा, सत्य आदि सद्गुणों का सम्यक् आचरण करने से मुक्ति का लाभ अत्यन्त सन्निकट हो जाता है। महावीर ने इन सभी गुणों से आत्मा को भावित करते हुए बारह वर्ष व्यतीत किए थे। गृहस्थ जीवन का परित्याग करने के पश्चात् महावीर ने लगभग बयालीस वर्ष संयम-साधना में व्यतीत किए और आत्म-मुक्ति का एक आदर्श एवं मुमुक्षुओं हेतु व्यावहारिक मार्ग प्रशस्त किया। इस दीर्घ संयमावधि के भगवान् द्वारा व्यतीत चातुर्मासों की सूची *कल्पसूत्र* में दी गई है।[49] इस सूची के अनुसार महावीर ने अस्थिग्राम में एक, चम्पानगरी में तीन, वैशाली वाणिज्यग्राम में बारह, राजगृह-नालन्दा में चौदह, मिथिला में छः, भद्रिका में दो, आलभिका में एक, पनितभूमि में एक, श्राबस्ती में एक तथा पावा में एक चातुर्मास किया था।

बी० सी० लां[50] का कथन है कि *कल्पसूत्र* में उल्लेखित चातुर्मासों की सूची में तिथि-क्रमानुसार वर्णन है, क्योंकि प्रथम वर्षाकाल अस्थिग्राम और अन्तिम वर्षाकाल पापा (पावा) में महावीर ने व्यतीत किया था; अतएव केवल ज्ञान-प्राप्ति के पूर्व व्यतीत साधना-काल के बारह वर्षों में से उन्होंने अस्थिग्राम में एक, चम्पा और पृष्टिचम्पा में तीन तथा वैशाली और वाणिज्यग्राम में आठ चातुर्मास किए थे।[51] बी० सी० ला के इस कथन को स्वीकार करना कठिन है क्योंकि *कल्पसूत्र* में उल्लेखित वर्षाकालों की सूची तिथि-क्रमानुसार नहीं है, अपितु संख्या और समूह की परिचायक है।

कल्पसूत्र की टीका के अनुसार अस्थिग्राम की ही पूर्व-संज्ञा वर्धमान भी थी। वर्तमान

---

47. *कल्प०,* 117-18.
48. वही, 119.
49. वही, 122.
50. *ला०म०ला०टी०*, पृष्ठ 32.
51. वही, पृष्ठ 29.

बर्दवान (वर्धमान) का ही प्राचीन नाम अस्थिग्राम मानना कठिन है। सम्भवतः वैशाली से पावा जाने वाले मार्ग में स्थित हत्थिग्राम (हस्तिग्राम) ही अस्थिग्राम था, जिसे आजकल कसिया के नाम से पुकारा जाता है।[52] चम्पा, अंग महाजनपद की राजधानी थी। इसे महावीर के जीवनकाल में श्रेणिक-बिम्बसार ने विजित कर स्थायी रूप से मगध राज्य में विलीन कर लिया था। चम्पा की पहचान भागलपुर के समीप स्थित चम्पानगर अथवा चम्पापुर से की जाती है। पृष्टिपुर की स्थिति चम्पा के निकट ही कहीं थी, जिसके कारण ही उसे पृष्टि चम्पा भी कहा जाता था। इस युग की प्रसिद्ध राजधानी और एतद् कारण महत्त्वपूर्ण नगर वैशाली की पहचान आधुनिक बसाढ़ से की जाती है,[53] जो बिहार के मुजफ्फरपुर जिले में स्थित है, तथा यहां से प्रभूत पुरातात्त्विक अवशेष भी मिले हैं। महावीर के जीवन-काल में वैशाली वृज्जि-लिच्छवियों के संघ-राज्य का शासन-केन्द्र था। वाणियगम की पहचान बसाढ़ के समीप बसे आधुनिक बनिया ग्राम से गई है। मगध महाजनपद की राजधानी राजगृह आधुनिक राजगिर तथा नालन्दा का अभिज्ञान राजगिर के उत्तर-पश्चिम में दस कि॰मी॰ दूरी पर फैले पुरातात्त्विक अवशेषों से की जाती है, जो आधुनिक बारां गांव के निकट है।[54] मिथिला विदेह जैसे समृद्ध राज्य की राजधानी रह चुकी थी। इसका तादात्म्य नेपाल की सीमा पर अवस्थित जनकपुर नामक एक छोटे नगर से किया जाता है।[55] भद्रिका अथवा भद्दिय अंग राज्य का महत्त्वपूर्ण व्यापारिक नगर था, जहां की यात्रा गौतम बुद्ध ने की थी। आधुनिक मुंगेर से इस नगर का एकीकरण किया जाता है।[56]

आलभिका अथवा पालि आल्वि की पहचान ए॰ कनिंघम एवं ए॰एफ॰आर॰ होर्नले ने उत्तर-प्रदेश के उन्नाव जिलान्तर्गत नेवाल या नवल ग्राम से की है तथा एन॰एल॰ डे ने इटावा से उत्तर-पूर्व में 40 कि॰मी॰ दूर स्थित आवा से[57]। यह श्रावस्ती और राजगृह के मध्य स्थित था[58]। पणितभूमि को राढ़ देश में जैन परम्परा मानती है। महावीर के समय कौशल महाजनपद की राजधानी श्रावस्ती थी, जिसकी पहचान राप्ती नदी के तट पर स्थित ग्राम सहेत-महेत से की जाती है।[59] क्योंकि इस समृद्ध नगर के अवशेष यहां मिले

52. *ला॰म॰ला॰टी॰*, पृष्ठ 33.
53. *ला॰जा॰अ॰बु॰*, पृष्ठ 6.
54. *सी॰ए॰जी॰*, पृष्ठ 537.
55. वही, पृष्ठ 718.
56. *ध॰प॰*, टीका, 1, पृष्ठ 384; रा॰ सांस्कृत्यायन : *विनय॰*, पृ॰ 248.
57. *ला॰जा॰अ॰बु॰*, पृष्ठ 24.
58. *पो॰हि॰ए॰इ॰*, पृष्ठ 160.
59. *सी॰ए॰जी॰*, पृष्ठ 537.

हैं। पापा और पावा मल्लों की एक शाखा की राजधानी और प्रमुख नगरी थी, जो वैशाली से कुशीनारा और कपिलवस्तु जाने वाले मार्ग पर एक पड़ाव-स्थल था।[60] ए॰ कनिंघम[61] ने कुशीपावा की पहचान कसिया से उत्तर-पूर्व में 18 कि॰मी॰ पर स्थित ग्राम पडरोना से की है।

महावीर के साधना-काल की महत्त्वपूर्ण घटना आजीविक सम्प्रदाय के प्रधान मंखलीपुत्त गोशाल से भेंट होना है। *भगवती सूत्र* से ज्ञात होता है कि साधना-काल के द्वितीय वर्ष में महावीर वर्षावास हेतु नालन्दा की तंतुवाय शाला के एक भाग में ठहरे थे। इधर-उधर चित्रपट लोगों को दिखाकर आजीविका चलाने वाला गोशाल भी नालंदा में संयोगवश उसी तंतुवाय शाला में ठहरा हुआ था। राजगृह निवासी श्रावक विजय गाथापति ने महावीर का अनुपम सम्मान कर उनका आतिथ्य किया था। महावीर के अनुपम संयम, ध्यान की प्रभावात्मक प्रविधि और सत्य भविष्यवाणी करने की क्षमता से गोशाल अत्यन्त प्रभावित हुआ तथा उसने भगवान् का शिष्य बनने की उत्कंठा व्यक्त की जिसे उन्होंने अस्वीकार कर दिया। समृद्ध गृहपति श्रावक आनन्द और सुनन्द ने भी महावीर का आतिथ्य किया था। वर्षा काल के बाद उन्होंने नालन्दा के निकटवर्ती कोल्लाग सन्निवेश की ओर प्रस्थान कर दिया। यहां बहुल नामक ब्राह्मण ने भगवान् का आतिथ्य व सत्कार किया। इस कोल्लाग का समीकरण आधुनिक ग्राम कोल्हुआ से किया जाता है।[62] गोशाल महावीर का पता लगाने के लिए राजगृह और उसके निकटवर्ती नगरों की ओर सोत्साह रवाना हुआ, परन्तु असफल रहा। गोशाल लौटकर पुनः तंतुवाय शाला में आया और वहां उसने अपने वस्त्र, कुंडिका, पात्र, जूते, चित्रपटक आदि वस्तुएं ब्राह्मणों को प्रदान कर दीं तथा सिर मुंडवाकर महावीर की खोज में निकल पड़ा। मार्ग में वह कोल्लाग सन्निवेश पहुंचा; वहां उसने बहुल ब्राह्मण की दान-महिमा सुनी। गोशाल ने अन्ततः पणियभूमि में महावीर को खोजने में सफलता प्राप्त की तथा निष्कपट एवं सत्य भावना से उनका शिष्य बनने की प्रार्थना की, जिसे भगवान् ने स्वीकार कर लिया। महावीर और गोशाल करीब छः वर्ष तक साथ रहे। यत्र-तत्र विहार करते हुए दोनों कूर्मग्राम होते हुए सिद्धार्थ ग्राम पहुंचे। सिद्धार्थ ग्राम और वीरभूम जिले के सिद्धनग्राम संभवतया एक ही है।[63] कूर्मग्राम में उन्होंने वैश्यायन नामक तापस को देखा, जो प्राणायाम-प्रव्रज्या से सूर्यमण्डल के सम्मुख दृष्टि रखकर दोनों हाथों को ऊपर उठाए आतापना ले रहा था। भीषण धूप से संतप्त होकर उसकी बड़ी-बड़ी जटाओं से जुएं नीचे गिर रही थीं और वह उन्हें उठा-

60. *जी॰ई॰बी॰,* पृ॰ 15.
61. *सी॰ए॰जी॰,* पृ॰ 498.
62. *ए॰वा॰बी॰जे॰वाई॰,* पृ॰ 23.
63. *हिस्ट्री आफ बंगाल,* जिल्द 1, पृष्ठ 22.

उठाकर पुनः जटाओं में रख रहा था। फलतः गोशाल ने तापस के पास जाकर प्रश्न किया कि – अरे! तू कोई तपस्वी है या जुओं का शय्यान्तर? इस पर तापस क्रोधित हो गया, और सात-आठ कदम पीछे हटकर उसने तपोबल से प्राप्त तेजोलेश्या गोशाल को भस्म करने हेतु छोड़ी, परन्तु महावीर ने अपने प्रभाव से उसे भस्म होने से बचा लिया। भगवान् ने गोशाल को समझाया कि कठोर साधना के द्वारा किस प्रकार ऐसी शक्ति प्राप्त की जा सकती है।

सिद्धार्थग्राम से कूर्मग्राम के मार्ग में महावीर के वचनों को झुठलाने हेतु गोशाल ने तिल के पौधे को उखाड़कर खेत के किनारे फेंक दिया क्योंकि भगवान् ने उसे बताया था कि इस पत्र-पुष्प युक्त तिल के पौधे के सात तिल-पुष्प के जीव भरकर इसी पौधे की एक फली में सात तिल होंगे। संयोगवश थोड़ी देर बाद्र वर्षा हो जाने से तिल का उखड़ा हुआ पौधा पुनः जड़ जमाकर खड़ा हो गया और उसमें कथित सात तिल-पुष्प उसी पौधे की फली में सात तिल उत्पन्न हुए थे। इस घटना से गोशाल ने यह परिणाम निकाला कि सब पौधे नष्ट होकर पुनः उत्पन्न होने में सक्षम हैं; फलतः उसकी मान्यता हो गई कि सभी जीव मरकर अपनी ही योनि में उत्पन्न होते हैं और वह नियतिवाद का समर्थक हो गया। चूंकि गोशाल का नियतिवाद का सिद्धान्त महावीर के कर्मसिद्धान्त का विरोधी था, इसलिए उसने अपने आचार्य की संगति छोड़कर अपने आजीविक मत की स्थापना की।[64]

बी॰एम॰ बरुआ[65] का कथन है कि गोशाल के सम्बन्ध में जैन परम्परा पक्षपातपूर्ण है तथा इसे विश्वसनीय नहीं माना जा सकता। सम्भवतः साधना के आरम्भिक समय में महावीर ही गोशाल के शिष्य हो गए हों क्योंकि गोशाल को तीर्थंकर रूप में मान्यता महावीर की अपेक्षा दो वर्ष पहले मिली थी तथा उसकी मृत्यु भी महावीर के निधन के सोलह वर्ष पूर्व हुई थी। *भगवती सूत्र* में उल्लेख है कि महावीर की संगति में गोशाल ने छः वर्ष पणियभूमि में व्यतीत किए तथा *कल्पसूत्र* के अनुसार वे पणियभूमि में तो एक वर्ष ही रहे थे और मिथिला में छः वर्ष। इन दोनों ग्रंथों की इस असंगति के आधार पर बरुआ ने अनुमान लगाया कि अपनी साधना के दूसरे वर्ष में महावीर पार्श्वनाथ के संघ को त्यागकर गोशाल के प्राचीन आजीविक संघ में सम्मिलित हो गए थे, परन्तु वैचारिक भिन्नता के कारण उसे भी छः वर्ष बाद त्यागकर महावीर ने अपना एक नवीन संघ पार्श्वनाथ के संघ के नमूने पर स्थापित किया। बी॰एम॰ बरुआ का कथन काल्पनिक है क्योंकि उनके मत के आधार ठोस नहीं हैं। इसके विपरीत जैन परम्परा तथा समसामयिक

---

64. *उवा॰* (हार्नले द्वारा अनूदित), परिः – 1.
65. *ब॰हि॰प्रि॰इं॰फि॰* पृ॰, 374.

उपलब्ध विवरणों से स्पष्ट है कि महावीर किसी अन्य धार्मिक संघ में सम्मिलित नहीं हुए थे बल्कि उन्होंने स्वयं ही अपने निर्ग्रन्थ संघ की स्थापना की थी।

भगवती सूत्र में महावीर के द्वारा साधना-काल में घूमे गए स्थलों के उल्लेखों से *कल्पसूत्र* का विवरण मेल नहीं खाता। *भगवती सूत्र* में नालन्दा, राजगृह, पणियभूमि, सिद्धार्थग्राम और कूर्मग्राम का ही उल्लेख मिलता है, जबकि *उवासगदसाओ* में वणियग्राम, चम्पा, वाराणसी, आलवि, कंपिल्लपुर, पोलासपुर, राजगृह और श्रावस्ती का नामोल्लेख है। यद्यपि इन दोनों ग्रंथों में केवल ज्ञान की प्राप्ति के पूर्व महावीर को कुछ समृद्ध श्रावकों के द्वारा दिए गए अनुपम सम्मान का विवरण अवश्य है। वाराणसी का आधुनिक नाम बनारस है तथा कंपिल्लपुर की पहचान फरूखाबाद जिले के कंपिलग्राम से की जाती है।[66] पोलासपुर की स्थिति अज्ञात है, यद्यपि महावीर के समय यह नगर कोसल के राजा जियसत्तु के राज्य में स्थित था।

आवश्यक निर्युक्ति,[67] *आवश्यक चूर्णि*,[68] *आवश्यक भाष्य*,[69] *आवश्यक टीका*, *कल्पसूत्र टीका*[70] और नेमिचन्द्र, गुणचन्द्र एवं हेमचन्द्र द्वारा लिखित 'महावीर चरितों' में तिथिक्रमानुसार महावीर के प्रवास-स्थलों तथा मार्गों का विस्तृत वर्णन मिलता है। यद्यपि इनमें सुरक्षित परम्पराएं प्राचीन हैं, फिर भी इन परवर्ती ग्रंथों के विवरण पूर्ण विश्वसनीय नहीं हैं। इन ग्रंथों के विवरण महावीर के व्यक्तित्व को अलौकिक व्यक्त करने के उद्देश्य के कारण अतिरंजित हो गए हैं। इन विभिन्न उल्लेखों से इस महत्त्वपूर्ण निष्कर्ष पर पहुंचना सरल होगा कि जैन धर्म का प्रसार दूरस्थ प्रदेशों में हो जाने से इन ग्रंथ-लेखकों ने जन-साधारण को प्रभावित करने हेतु भगवान् महावीर के प्रवास-क्षेत्र का विस्तार उन दूरस्थ प्रदेशों तक वर्णित कर दिया, जहां तक महावीर के जीवन-काल में जैन-धर्म का प्रसार-प्रचार ही सम्भव नहीं था।

महावीर ने तीस वर्ष की आयु में संसार त्याग कर प्रव्रज्या ग्रहण की तथा उस हेमन्त ऋतु के मृगशिर कृष्णा दशमी के शुभ दिन केवल एक देवदूष्य धारण कर सायंकाल ही कुण्डग्राम के नायसण्डवन से रवाना हो गए। भगवान् के इस कष्टमय साधना-काल का उपलब्ध जानकारी के आधार पर निम्नलिखित विवरण ज्ञातव्य है –

66. *क॰ए॰जा॰*, पृष्ठ 18.
67. *आव॰ नियु॰*, पृष्ठ 458-527.
68. *आव॰ चू॰*, पृष्ठ 268, 333.
69. *आव॰ भा॰*, 3.
70. *कल्प॰ टीका*, 5, 121.

प्रथम वर्ष

प्रव्रज्या की सायं महावीर ने नायसण्डवन से कुमारगाम की ओर प्रस्थान किया। इस ग्राम को जाने हेतु जल एवं थल दोनों मार्ग थे, परन्तु भगवान् भूमिमार्ग से वहां पहुंचे। वर्तमान में यह ग्राम कमन-छपरा के नाम से प्रसिद्ध है।[71] महावीर ने यहां ध्यान किया और एक गोप ने चोर समझकर इनको पीड़ा पहुंचाई। दूसरे दिन वे कोल्लाग सन्निवेश की ओर रवाना हुए तथा वहां पहुंचकर थोड़ा आहार प्राप्त किया। यहां से प्रस्थान कर वे मोराग सन्निवेश पहुंचे ओर यहां के एक आश्रम में रात्रि-विश्राम कर अन्यत्र चले गए। करीब आठ मास बाद महावीर अस्थिग्राम आए और सूलपाणि यक्ष के यक्षायतन में ठहर गए, जहां यक्ष शूलपाणि ने उन्हें अनेक प्रकार की यातनाएं दीं, किन्तु वे समत्व भाव से सहन करते रहे। महावीर ने अपने साधना-काल का प्रथम वर्षाकाल अस्थिग्राम में ही व्यतीत किया।

द्वितीय वर्ष

अस्थिग्राम से महावीर ने पुनः मोराग सन्निवेश की ओर विहार किया, जहां अच्छंदक नामक सन्यासी निवास करता था। यहां से उन्होंने वाचाल की ओर प्रस्थान किया, यह क्षेत्र उत्तर वाचाल और दक्षिण वाचाल में विभाजित था तथा इनके बीच सुवर्णकूला एवं रूप्यकूला नाम की दो नदियां बहती थीं। जब महावीर दक्षिण वाचाल से उत्तर वाचाल की ओर जा रहे थे, तब उनका बचा हुआ आधा देव-दूष्य सुवर्णफूला नदी के किनारे कांटों में उलझकर गिर पड़ा। महावीर ने देव-दूष्य को वहीं त्याग दिया और स्वयं अचेल दिगम्बर हो गए और शेष जीवन भर अचेलक दिगम्बर ही रहे। इस घटना को जैन परम्परा में दीक्षा से तेरह मास बाद होना माना गया है। उत्तर वाचाल पहुंचने के दो मार्गों में प्रथम कनकखल आश्रम से होकर जाता था और द्वितीय मार्ग बाहर से। महावीर ने प्रथम मार्ग को अपनाया, जो अत्यन्त खतरनाक था क्योंकि इस ओर दृष्टिविष नामक भयंकर विषैला सर्प विचरण करता था। सर्प को भगवान् ने सम्यकत्व का उपदेश दिया। कनकखल से महावीर सेयविया की ओर पधारे, जहां पयसी नामक राजा ने उनका भावभीना सत्कार किया। टी॰डब्ल्यू॰ रीज डेवीड्स ने इस स्थल की पहचान सतिअबिया से तथा वोस्ट ने सहेत-मेहत से 20 कि॰मी॰ और बलरामपुर से 10 कि॰मी॰ दूर स्थित ग्राम बसेदित से की है।[72] तत्पश्चात् महावीर ने गंगा नदी को पार करके सेयविया के सुरभिपुर में पड़ाव किया और फिर थूणाक सन्निवेश पहुंचकर ध्यान-मुद्रा में खड़े हो गए। यह स्थल पटना के उत्तर-पश्चिम की ओर अवस्थित मल्ल देश में गंडकी नदी के दाहिने किनारे पर स्थित था।[73] विभिन्न स्थलों पर विहार-

---

71. *ही॰भा॰मं॰जै॰यो॰*, पृष्ठ 24.
72. *न॰डे॰जो॰डि॰ए॰मि॰इ॰*, पृष्ठ 184.
73. *ज॰यू॰पी॰हि॰सो॰*, जिल्द 15, भाग 2.

क्रम में घूमते हुए महावीर ने द्वितीय वर्षाकाल राजगृह के निकट नालन्दा में व्यतीत किया। यहां वे एक तंतुवाय शाला में ठहरे थे, जहां मंखलीपुत्र गोशाल से उनकी भेंट हुई थी। दोनों ने नालन्दा से कोल्लाग सन्निवेश की ओर प्रस्थान किया।

तृतीय वर्ष

कोल्लाग सन्निवेश से विहार कर महावीर और गोशाल स्वर्णखल पहुंचे और वहां से बंभणगाम। यह ग्राम राजगृह से चम्पा जाने वाले मार्ग पर स्थित था। विहार करते हुए तृतीय वर्षाकाल व्यतीत करने हेतु वे चम्पा पहुंचे थे।

चतुर्थ वर्ष

चम्पा से वर्षाकाल के बाद विहार करके महावीर एवं गोशाल कोलाय सन्निवेश पधारे और यहां से प्रस्थान कर दोनों पत्तकालय पहुंचे। इन दोनों स्थानों पर गोशाल अपनी विकृत भावना और चंचलता के कारण जन-समुदाय के क्रोध एवं अपमान का शिकार बना। पत्तकालय से दोनों कुमाराय सन्निवेश आए, जहां महावीर चंपरमणिज्ज नामक उद्यान में ध्यानावस्थित हो गए। तदुपरान्त दोनों चोराग सन्निवेश पहुंचे, जहां इन्हें गुप्तचर समझकर बन्दी बना दिया गया था। चोराग सन्निवेश की पहचान बंगाल के लोहरदुग्ग जिलान्तर्गत चौरेय ग्राम से की जाती है। यहां से विहार करते हुए दोनों पिट्ठिचम्पा आए जहां महावीर ने चतुर्थ वर्षाकाल बिताया था।

पंचम वर्ष

पिट्ठिचम्पा में वर्षाकाल व्यतीत कर महावीर एवं गोशाल कयंगला पहुंचे। इसका समीकरण बिहार के संथाल परगना के कंकजोल से किया जाता है।[74] इस स्थल पर कुछ संन्यासी सपरिवार आवास करते थे। गोशाल ने इन लोगों के साथ अपमानजनक व्यवहार किया तो उसे ताड़ना सहन करनी पड़ी। यहां से दोनों सावत्थी (श्रावस्ती) पहुंचे और फिर विहार करते हुए हलेद्दुग आए। इस ग्राम के निकट ही हल्दी का विशाल वृक्ष था, जिसके नीचे महावीर ध्यानस्थ हो गए। ध्यानावस्था में भगवान् के पैर आग की लपटों से झुलस गए थे, परन्तु वे अडिग रहे। तत्पश्चात् वे नंगल की ओर चले और यहां के वासुदेव मन्दिर में महावीर ध्यानावस्थित हो गए। अपने चंचल स्वभाव के कारण गोशाल को यहां भी पीटा गया। तदन्तर वे अवट्टग्राम पहुंचे और बलदेव मन्दिर में विश्राम किया, परन्तु अपने अनुचित व्यवहार के कारण गोशाल को यहां भी पीटा गया। यहां से चौराय सन्निवेश होते हुए दोनों कलंबुक सन्निवेश पहुंचे, जहां कालहस्ति ने इन्हें पकड़कर खूब पीटा, किन्तु

---

74. रा॰ सांकृत्यायन, *विनय॰*, पृष्ठ 248.

अपने बड़े भ्राता मेघ के द्वारा महावीर को पहचान लिए जाने पर उसने दोनों को छोड़ दिया।

इसके बाद इन्होंने लाढ़ या राढ़ देश की ओर प्रस्थान किया। इस प्रदेश में महावीर ने कठोरतम "उपसर्गों" को समभाव से सहन किया, जो उनके धैर्य की अनुपम एवं अद्वितीय परिणति थी। इस प्रदेश के अन्तर्गत वर्तमान हुगली, हावड़ा, बांकुरा, बर्दवान और मिदनापुर जिले का पूर्वी हिस्सा सम्मिलित माना जाता है।[75] इस क्षेत्र से विहार कर दोनों पूर्णकलश की ओर रवाना हुए, जहां कुछ तस्करों ने तीक्ष्ण शस्त्रों से महावीर पर आक्रमण का प्रयास किया था। तत्पश्चात् ये विहार करते हुए भद्दिय नगर पहुंचे जहां महावीर ने पांचवां वर्षा-काल व्यतीत किया था।

षष्ठ वर्ष

भद्दिय नगर से महावीर और गोशाल ने कयलीसमागम, जंबुसण्ड और तम्बाय सन्निवेश की ओर प्रस्थान किया। जंबुसण्ड की स्थिति वैशाली से कुशीनारा जाने वाले पथ पर अंबगाम और भोग नगर के मध्य थी।[76] यहां से प्रवास कर वे कूविय सन्निवेश पहुंचे, जहां पर गुप्तचर समझे जाने के कारण बन्दी बना लिए गए थे, परन्तु विजया और प्रगल्भा नाम की दो भगिनियों के अनुरोध पर मुक्त किए गए। कूविय अथवा कूपिय की स्थिति बस्ती जिलान्तर्गत, खलीलाबाद तहसील की खलीलाबाद मेहदावल सड़क से 10 कि०मी० दूर मानी गई है।[77] यहां से गोशाल ने महावीर की संगति त्याग दी थी, ऐसे उल्लेख उपलब्ध हैं।

गोशाल के अलग हो जाने के बाद महावीर वैशाली की ओर अग्रसर हुए। यहां एक लुहार की कर्मशाला में वे ध्यानावस्थित हो गए; नग्न खड़े रहने को अमंगलकारी समझकर लुहार ने महावीर पर प्रहार करना चाहा था, किन्तु देवी प्रभाव से सहसा उसके हाथ स्तम्भित हो गए और प्रहार बेकार हो गया। वैशाली से विहार कर महावीर गामाय सन्निवेश पहुंचे, जहां उनके तपोमय जीवन से प्रभावित होकर विभेलक नामक यक्ष भी गुण-कीर्तन करने लगा। इस स्थल से वे शालिशीष्यगाम की ओर गए जहां उन्होंने कटपूतना नाम की व्यन्तरी द्वारा दी गई असह्य यातनाएं समभावपूर्वक सहन की। छः मास तक परिभ्रमण करने के पश्चात् नानाविध कष्टों को भोगता हुआ गोशाल पुनः अपने आचार्य महावीर के पास आ पहुंचा। अन्ततः महावीर छठा वर्षा-काल व्यतीत करने हेतु भद्दिय नगर पहुंचे।

---

75. *सी०ए०जी०*, पृ० 732.
76. *वि०ती०म०*, जिल्द 1, पृष्ठ 203, पाद-टिप्पणी – 1.
77. वही, पृष्ठ 204, पाद-टिप्पणी – 1.

सप्तम वर्ष

महावीर और गोशाल ने भद्दियनगर से प्रस्थान कर मगध प्रवास किया। सातवां वर्षा-काल व्यतीत करने हेतु वे आलभिया पहुंचे थे। वर्षा-काल के पश्चात् पुनः विचारणार्थ रवाना हो गए।

अष्टम वर्ष

आलभिया से प्रस्थान कर महावीर और गोशाल कुण्डाग सन्निवेश पहुंचे। यहां के वासुदेव मन्दिर में भगवान् तो ध्यानावस्थित हो गए, परन्तु कुटिल स्वभाव के कारण लोगों द्वारा गोशाल को पुनः पीटा गया। कुण्डाग सन्निवेश से प्रस्थान कर दोनों ने मद्दनगाम के बलदेव मन्दिर में विश्राम किया। यहां से चलकर वे बहुसालगाम आए, जहां सालेज्जा नामक व्यन्तरी ने महावीर को अनेक उपसर्गों के द्वारा पीड़ित किया, परन्तु वे विचलित नहीं हुए। बहुसाल से विहार कर वे लोहाग्गला पहुंचे। यहां के राज्याधिकारियों ने गुप्तचर होने के सन्देह में दोनों को बन्दी बना लिया था, परन्तु अट्ठियगाम निवासी उत्पल ने महावीर को पहचान लिया और उसने दोनों को मुक्त करवा दिया। लोहाग्गला का तादात्म्य बंगाल के लोहर्दगा नामक स्थल से किया जाता है।[78] लोहाग्गला से महावीर ने पुरिमताल की ओर प्रस्थान किया और नगर के बाहर स्थित "सगडमुह" उद्यान में वे ध्यानावस्थित हो गए। पुरिमताल की पहचान बंगाल के पुरुलिया से की जाती है। पुरिमताल से उन्नाग और गोभूमि होते हुए महावीर गोशाल को साथ लेकर राजगृह पधारे, जहां उन्होंने आठवां वर्षा-काल व्यतीत किया।

नवम् वर्ष

राजगृह से कर्मों की निर्जरा हेतु महावीर गोशाल को साथ लेकर पुनः लाढ़ देश पहुंचे, जहां के निवासी अनार्य और विघ्नसंतोषी थे। विहार के दौरान वज्रभूमि और शुभ्रभूमि में उन्होंने नानाविध यातनाओं को सहन किया। कई बार यहां के निवासियों ने उनको घेरकर कुत्तों को काटने हेतु छुछकार के द्वारा उत्प्रेरित किया, जिसे समभाव से भगवान् ने सहन किया। योग्य स्थान नहीं उपलब्ध हो सकने से नवां वर्षाकाल महावीर ने वृक्षों के नीचे, खण्डहरों में तथा घूमते-घामते ही व्यतीत किया था।

दशम् वर्ष

महावीर और गोशाल सिद्धत्थपुर होते हुए कूम्मगाम पहुंचे, किन्तु शीघ्र ही सिद्धत्थपुर लौट आए। सिद्धत्थपुर का तादात्म्य वीरभूम जिले के सिद्धनग्राम से किया जाता है।[79]

---

78. *इम्पीरियल गजेटीयर्स,* जिल्द 8, पृष्ठ 475.
79. *हिस्ट्री आफ बंगाल,* जिल्द 1, पृष्ठ 22.

यहां पर गोशाल ने अपने आचार्य महावीर से पुनः सम्बन्ध-विच्छेद कर लिए और सावत्थि की ओर रवाना हो गया जबकि महावीर ने वैशाली की ओर प्रस्थान किया जहाँ पर अनभिज्ञ बालकों द्वारा दी जा रही यातनाओं से राजा शंख ने उनकी रक्षा की थी। वैशाली से महावीर ने नौका के द्वारा गंडकी नदी को पार किया और वाणियगाम पहुंचे। वहां से प्रस्थान कर महावीर श्रावस्ती (सावत्थि) आए और यहां विविध प्रकार की तपस्या व योगसाधना से आत्मा को भावित करते हुए उन्होंने दसवां वर्षाकाल व्यतीत किया था।

एकादश वर्ष

सावत्थि से महावीर ने सानुलट्ठियगाम की ओर विहार किया था। इस स्थल का समीकरण बिहार के सिंहभूम जिले के दलभूम से किया गया है।[80] यहां से वे पेढालगाम गए और नगर के बाहर पेढाल नामक उद्यान में स्थित पोलास-चैत्य में ध्यानावस्थित खड़े रहे। म्लेच्छों के इस प्रदेश में महावीर ने नानाविध यातनाएं सहन की थीं। इस स्थान से प्रस्थान कर उन्होंने वालुयगाम, सुभोम, सुच्छेता, मलय और हत्थिशीष का प्रवास किया था। ये समस्त स्थान उड़ीसा के उत्तर-पश्चिम में स्थित थे। इस अनार्य भूमि में महावीर को कठोर उपसर्गों को सहन करना पड़ा था। तदुपरान्त वे तोसलि पहुंचे, जहां चोर समझकर उनको पीटा गया था। जिसकी पहचान अशोक के शिलालेख-स्थल धौली से की जाती है। यहां से महावीर मोसलि ग्राम आए जहां चोर समझकर बन्दी बना लिए गए थे, किन्तु राजा ने उन्हें मुक्त कर दिया। वे पुनः तोसलि पहुंचे और अनेक कठिनाइयों में पड़ गए। वास्तव में उन्हें फांसी दी जाने वाली थी, किन्तु भाग्यवशात् बच गए थे। तोसलि से मुक्त होकर वे सिद्धत्थपुर होते हुए वयग्गाम पहुंचे। इस प्रदेश में महावीर ने छः मास विचरण किया था और नाना प्रकार के उपसर्गों को समभाव से सहन किया। वयग्गाम से वे आलभिया, सेयविया, सावत्थि, कौशाम्बी, वाराणसी, रायगिह, मिथिला, आदि का प्रवास करते हुए वैशाली पहुंचे जहां उन्होंने ग्यारहवां वर्षा-काल व्यतीत किया था।

द्वादश वर्ष

वैशाली से महावीर "सुन्सुमार" गए थे, जिसकी पहचान मिर्जापुर जिलान्तर्गत चुनार के समीप एक पहाड़ी-स्थल से की जाती है।[81] इसके बाद वे भोगपुर पहुंचे। यह नगर पावा और वैशाली के मध्य में स्थित था।[82] इसके बाद यहां से विहार कर भगवान् नंदिग्राम और मेदिया ग्राम होते हुए कौशाम्बी पहुंचे थे और चार मास पश्चात् उन्होंने यहां आहार ग्रहण

80. *जै.ला.ए.डे.जे.के.;* पृ० 278.
81. रा० सांकृत्यायनः *मज्झिम,* पृ० 31, पाद-टिप्पणी.
82. *सुत्तनिपात,* 5 / 1 / 38.

किया। कौशाम्बी से सुमंगलगाम और पालयगाम ठहरते हुए वे चम्पा पहुंचे। अपने साधना-काल का बारहवां वर्षा-काल उन्होंने चम्पा में ही व्यतीत किया था।

त्रयोदश वर्ष

चम्पा से वर्षा-काल समाप्त हो जाने पर विहार करते हुए महावीर "जंभिय ग्राम पधारे थे। इस स्थल का एकीकरण मुनि कल्याणविजय ने हजारीबाग जिलान्तर्गत दामोदर नदी के निकटवर्ती जंभीगांव से किया है।[83] किन्तु इस ग्राम की स्थिति बिहारशरीफ के निकट स्थापित आधुनिक पावा तीर्थ के आसपास मानी जा सकती है।[84] इस ग्राम से वे मेदिया ग्राम पहुंचे। तत्पश्चात् महावीर ने छम्माणि ग्राम का प्रवास किया था, जहां एक ग्वाले ने उनके कानों में कांस नाम की घास की शलाकाएं घुसा दी थीं। इस असह्य वेदना को समत्व भाव से सहन करते हुए वे मण्झिम पावा आए जहां ये शलाकाएं कानों से खींचकर बाहर निकाली गई थीं।

श्वेताम्बर परम्परा के अनुसार तीर्थंकर महावीर जन्म से ही तीन ज्ञान – मति, श्रुत और अवधि के धारक थे। प्रव्रज्या के पश्चात् उन्हें मनःपर्यन्त ज्ञान प्राप्त हुआ था, जिसके द्वारा वे अन्य मुमुक्षुओं के विचारों को जान सकते थे, परन्तु दिगम्बर परम्परा के अनुसार अनवरत छः मास तक ध्यान करने के पश्चात् भी महावीर इस ज्ञान से वंचित रहे थे। छः मास की तपस्या के पश्चात् वे कुलपुर पहुंचे और यहां के राजा कुलाधिप ने आकर उनका श्रद्धापूर्वक स्वागत किया था। कुलाधिप ने अपने हाथों से इनके चरणों को साफ किया और तीन बार परिक्रमा करके चावल और दूध भिक्षा में दिए। इनसे भगवान् ने दीर्घ तपस्या का प्रथम पारण किया। तदुपरान्त वे जंगल में लौट गए और बारह प्रकार की तपश्चर्या करते हुए विचरण करते रहे, किन्तु उन्हें मनःपर्यायज्ञान प्राप्त नहीं हुआ था। अन्ततः वे उज्जयिनी पधारे और श्मशान भूमि में रुद्र और उसकी पत्नी द्वारा पहुंचाई गई बाधाओं पर विजय प्राप्त करते हुए तपस्यारत रहे। दिगम्बर परंपरा की इस अनुश्रुति के अनुसार प्रलोभन पर विजय प्राप्त कर जंगल में ध्यानस्थ तपस्या करने के पश्चात् उज्जयिनी के श्मशान में महावीर को मनःपर्यायज्ञान प्राप्त हुआ था।[85] उज्जयिनी में महावीर के प्रवास की यह अनुश्रुति काल्पनिक है, अतएव इसे विश्वसनीय नहीं माना जा सकता।

केवलज्ञान

आत्म-साधना और विभिन्न परीषहों और उपसर्गों को सहते हुए बारह वर्ष तक किए गए

83. *के.श्र.भ.म.,* पृ. 357, 370.
84. *जे.ला.ए.डी.के.,* पृष्ठ 289.
85. *स्टे.हा.जै.,* पृ. 33.

ध्यान-तप से तेरहवें वर्ष में महावीर को केवलज्ञान प्राप्त हुआ था और वे सुख-दुःख के बन्धनों से मुक्त होकर केवली हो गए। जैन परम्परा में इस सर्वोच्चावस्था प्राप्ति के महत्त्वपूर्ण क्षण का विशद् विवरण उपलब्ध है। साधना-काल के तेरहवें वर्ष के मध्य में ग्रीष्म ऋतु के दूसरे मास एवं चतुर्थ पक्ष की वैशाख शुक्ला दशमी के शुभ दिन जब छाया पूर्व की ओर बढ़ रही थी, तब दिन के इस पिछले प्रहर में जृंभिकाग्राम के बाहर ऋजुबालुका नदी के किनारे खण्डहर जैसे एक जर्जर चैत्य से न अत्यधिक सन्निकट और न अत्यधिक दूर ही स्थित श्यामक गृहपति के खेत में शाल वृक्ष के नीचे गोदोहिका आसन में महावीर ध्यानावस्थित होकर आतापना द्वारा षष्ठम् तप कर रहे थे। जिस समय उत्तर-फाल्गुना नक्षत्र का योग आया, वे ध्यानान्तरिका में मग्न थे। इस शुभ समय महावीर को अन्तर्हित उत्तमोत्तम, व्याघात रहित, आवरण रहित, समग्र और परिपूर्ण केवलज्ञान और केवलदर्शन उत्पन्न हुआ।

इसके उपरांत महावीर अर्हत्, जिन्, केवली, सर्वज्ञ, सर्वदर्शी, आदि संज्ञाओं के धारक हुए। वे देव, मानव और असुर सहित लोक में सम्पूर्ण पर्याय से परिचित थे और उन्हें देखते थे। सम्पूर्ण लोक में सभी जीवों के आगमन, गमन, स्थिति, च्यवन, उपघात, उनका मानसिक संकल्प, भोजन प्रभृति सभी श्रेष्ठ और कनिष्ठ प्रवृत्तियां, आदि चाहे प्रकट हों अथवा अप्रकट, वे भली-भांति जानते थे। महावीर अर्हत् हो चुके थे, एतदर्थ इनसे अब कोई भी रहस्य छिपा हुआ नहीं था। केवली हो जाने के पश्चात् महावीर उस काल में मानसिक, वाचिक और कायिक प्रवृत्तियों में रहते हुए, समस्त लोक तथा समस्त जीवों के सम्पूर्ण भावों को जानते और देखते हुए विचरण करने लगे थे।[86]

इस समय महावीर बयालीस वर्ष के थे और उन्होंने केवली हो जाने पर जीवन की नवीन दशा में पदार्पण किया। वे अब धर्माचार्य तथा निर्ग्रन्थ समुदाय के मान्य मुखिया हो गए, यद्यपि पार्श्वनाथ के अनुयायी अपना स्वतंत्र संगठन इस समय बनाए हुए थे। तीर्थंकर महावीर ने केवलज्ञान की प्राप्ति के पश्चात् अपने सिद्धान्तों का प्रचार करने हेतु एक स्थान से दूसरे स्थान को प्रवास करते हुए बहुसंख्यक लोगों को अपना अनुयायी बनाया तथा उनमें अपने प्रति विश्वास उत्पन्न किया। उन्होंने जन-साधारण और उच्च-वर्ग को अपने धार्मिक उपदेशों को जीवन में पालन करने हेतु प्रेरित किया था। बौद्ध ग्रन्थ *मज्झिम निकाय* में भी निग्गन्थ नातपुत्त की इस धर्मदेशना की जानकारी सुरक्षित है –

> मैं केवली, सर्वदर्शी और सर्वज्ञ हूं। चाहे मैं चल रहा हूं अथवा खड़ा हुआ रहूं, चाहे मैं शयन करता हूं अथवा जागृत होऊं, मुझमें सम्यक्ज्ञान और सम्यक्दर्शन

---

86. *आचा.,* 2, 15, 25, 26; *कल्प. सूत्र,* 120, 121; *जयधवल,* जिल्द 1, पृ. 80; पूज्यापादकृत *निर्वाण भक्ति,* 10-12.

सर्वदा और स्थायी रूप से विद्यमान रहते हैं। हे निर्ग्रन्थों ! पूर्वभव में तुमने पाप. कर्म किए हैं, जिनको कठोर तप के द्वारा तुम्हें क्षय करना चाहिए। अब तुम्हें मन, वचन और कर्म से संयम का पालन करना चाहिए, जिससे भविष्य में किसी प्रकार के बन्धन नहीं हों। इस प्रकार तपश्चर्या के द्वारा पूर्व.कर्मों के क्षय तथा नए कर्मों के संवर से तुम्हें पुनर्जन्म से मुक्ति प्राप्त होगी। इस प्रकार मुक्ति से कर्म का बंधन नहीं होगा, कष्ट दूर होंगे, मानसिक प्रवृत्तियों का अन्त होगा तथा सर्व प्रकार के दुःखों का निवारण होगा।[87]

प्रथम देशना

श्वेताम्बर परम्परा के अनुसार केवलज्ञान प्राप्त होने के पश्चात् महावीर की प्रथम धर्मदेशना हेतु ऋतुबालुका नदी के तट पर समवशरण की रचना की गई थी। इसका जैन अनुश्रुतियों में अतिरंजित वर्णन है। ऐसा माना जाता है कि प्रथम धर्मदेशना से प्रभावित होकर किसी भी व्यक्ति ने सर्वविरति महाव्रत धारण नहीं किए थे, परन्तु केवल इस आधार पर प्रथम धर्मदेशना के महत्त्वपूर्ण मांगलिक अवसर को असफल नहीं माना जा सकता है। इस स्थल से बारह योजन चलकर महावीर मज्झिम पावा पहुंचे और यहां महाषेण के उद्यान में द्वितीय समवशरण की रचना की गई, जहां पर धर्म और दर्शन-संबंधी विषयों पर गम्भीर तर्कों द्वारा उन्होंने ग्यारह विद्वान् ब्राह्मणों को जैन-मतावलम्बी बनाने में सफलता अर्जित की थी। ये विद्वान् आर्य सौमिल द्वारा आयोजित एक विराट् यज्ञ में उपस्थित होने हेतु यहां पहुंचे थे। जैन परम्परा में इन विद्वान् ग्यारह शिष्यों को सर्वप्रथम निर्ग्रन्थ प्रव्रज्या देने की घटना को अत्यन्त महत्त्वपूर्ण माना गया है क्योंकि ये ही ग्यारह विद्वान् गणधर बनाए गए थे।

दिगम्बर मान्यता के अनुसार जृंभिकाग्राम में केवलज्ञान प्राप्त हो जाने के पश्चात् भी महावीर ने प्रव्रज्या के समय से लिए गए मौन व्रत को भंग नहीं किया था तथा साठ दिन तक अनवरत भ्रमण करते हुए मगध की राजधानी राजगृह पहुंचे। राजगृह के बाहर उनके आवास-स्थल विपुलाचल पर प्रथम धर्मदेशना हेतु विशाल समवशरण की रचना की गई थी। यहां महावीर ने सर्वप्रथम गौतम इन्द्रभूति सहित ग्यारह विद्वान् ब्राह्मणों को निर्ग्रन्थ-धर्म में दीक्षित किया था जो कालान्तर में गणधर के नाम से विख्यात हुए। मगधराज श्रेणिक बिम्बसार भी सपरिवार सेना सहित भगवान् महावीर की प्रथम धर्मदेशना श्रवण करने हेतु समवशरण में पहुंचा था और अनेक प्रश्न पूछकर उसने अपनी जिज्ञासा शान्त की थी।

---

87. *मज्झि०,* जिल्द प्रथम, 92-93.

ग्यारह गणधर

महावीर ने सर्वप्रथम अपने उपदेशों से प्रभावित ग्यारह विद्वान् ब्राह्मणों को जैन धर्म में दीक्षित किया था। यह उनका प्रथम शिष्य समूह था। ये ही ग्यारह गणधरों के रूप में जैन परम्परा में प्रतिष्ठित हुए। इन ब्राह्मणों ने दीक्षित होने के पूर्व महावीर से कई प्रश्न किए थे, किन्तु उदार और विवेकपूर्ण प्रत्युत्तरों सहित भगवान् के उपदेशों की सत्यता से परिचित होकर वे पूर्ण संतुष्ट हो गए थे। इनमें गौतम इन्द्रभूति सबमें ज्येष्ठ थे। शेष थे – अग्निभूति, वायुभूति, आर्यव्यक्त, सुधर्मा, मंडित (मंडिकेट), मौर्यपुत्र, अकम्पित, अचलभ्राता, मैतार्य और प्रभास। प्रथम तीन गणधर गोब्बरग्राम के निवासी, सहोदर और गौतम गोत्रीय थे। चौथे भारद्वाज गोत्रीय और कोल्लाग सन्निवेश के निवासी थे। पांचवें अग्निवेशायन गोत्रीय और कोल्लाग सन्निवेश निवासी, छठे वशिष्ठ गोत्रीय और मौरिय सन्निवेश के निवासी, सातवें काश्यपगोत्रीय और मौरिय सन्निवेश के निवासी, आठवें गौतम गोत्रीय और मिथिला के निवासी, नवें हारीत गोत्रीय और कौशल के निवासी, दसवें कौडिण्य गोत्रीय और तुगिक सन्निवेश के निवासी तथा ग्यारहवें कौडिण्य गोत्रीय और राजगृह के निवासी वर्णित किए गए हैं। ये गणधर-गण प्रसिद्ध ब्राह्मण आचार्य थे। इन्द्रभूति और सुधर्मा को छोड़कर शेष सभी का निर्वाण महावीर के जीवन-काल में ही हो गया था। ये बारह अंग, चौदह पूर्व तथा समस्त गणिपिड़ग में पारंगत थे।[88]

दिगम्बर परम्परा के अनुसार गणधरों के नामों में कुछ भिन्नता है और गौतम इन्द्रभूति के धर्म-परिवर्तन की घटना का भी इसमें अलग विवरण है। गुणभद्र[89] ने ग्यारह गणधरों के नाम – इन्द्रभूति, वायुभूति, अग्निभूति, सुधर्मा, मौर्य, मौन्द्र पुत्र, मैत्रेय, अकम्पन, अन्धवेल या अंवचेल और प्रभास दिए हैं। दिगम्बर अनुश्रुति के अनुसार इन्द्रभूति इस समय का बहुत ही विद्वान् पण्डित था और उसे अपने ज्ञान का अत्यन्त अहंकार था। एक दिवस आगत वृद्ध पुरुष ने उसे कोई श्लोक समझाने का अनुरोध किया। वृद्ध के अनुसार महावीर ने उसके सम्मुख इस श्लोक को दोहराया था, परन्तु पुनः ध्यानावस्थित हो जाने से वह उनसे इसका अर्थ नहीं समझ पाया था। वृद्ध ने इच्छा व्यक्त की कि इस श्लोक का अर्थ ज्ञात किए बिना जीवित रहना वह निस्सार समझता है। उल्लेखित इस श्लोक में काल, द्रव्य, पंचास्तिकाय, तत्त्व और लेश्या का वर्णन था, जिसे समझाना गौतम इन्द्रभूति के लिए सम्भव नहीं था। फलतः योग्य विद्वान् होने से अज्ञात ज्ञान को प्राप्त करने हेतु वह महावीर के निकट पहुंचा। महावीर के समक्ष उपस्थित होते ही इन्द्रभूति का बाह्य-विद्वता का अहंकार चूर-चूर हो गया तथा उसने भगवान् से उपदेश देने की प्रार्थना की। महावीर की

88. *आव.नियु.,* 658-660.
89. *उत्तर पुराण,* 24, 373-74.

धर्मदेशना से प्रभावित होकर वे अपने पांच सौ शिष्यों और दो भाइयों सहित प्रव्रजित हो गया।[90] दिगम्बर-जैन-पट्टावलियों में इन्द्रभूति के पश्चात् सुधर्मा का नाम उल्लेखित है, जो लोहार्य के नाम से भी विख्यात था।

इन ग्यारह गणधरों का ब्राह्मणवर्णीय होना उल्लेखनीय है। गौतम बुद्ध के भी कुछ प्रधान शिष्य ब्राह्मण थे। इससे प्रतीत होता है कि ब्राह्मणों के विचारों में भी एक उत्क्रांति चल रही थी। सम्भवतः इसी कारण क्षत्रिय आचार्यों से प्रभावित होकर इन्होंने परम्परागत उन मान्यताओं को त्याग दिया, जो कर्मकाण्ड को धर्म का मुख्य स्रोत मानती थीं। उपनिषदों में भी कर्मकाण्डीय हिंसा के प्रति अविश्वास और ज्ञान पर जोर देने की विचारधाराएं सुरक्षित हैं। विभिन्न विवरणों से स्पष्ट है कि इस युग के जागरूक समाज में अधिकांश ब्राह्मण थे और जैन धर्म के प्रचार-प्रसार में इस वर्ग के विरागी श्रमणों ने अत्यधिक योगदान दिया था।

चतुर्विध निर्ग्रन्थ-संघ

महावीर में अद्भुत संगठन शक्ति थी। उनके अलौकिक व्यक्तित्व और संगठन-चातुर्य ने अनेक लोगों को अनुयायी बनने हेतु आकर्षित किया। संसार से विरक्त स्त्री-पुरुषों ने तो प्रव्रज्या ग्रहण कर ली, परन्तु स्त्री-पुरुषों का एक बहुत बड़ा वर्ग गृहस्थ रहते हुए भी महावीर के उपदेशों के अनुरूप जीवनधारा प्रवाहित करने को तत्पर हो गया। अपने शिष्य और अनुयायी वर्ग को संगठित करने हेतु महावीर ने चतुर्विध संघ की स्थापना की, जो पार्श्वनाथ मतानुयायियों में भी प्रचलित थी। इस चतुर्विध संघ के अंग थे – साधु, साध्वियां, श्रावक एवं श्राविकाएं।

महावीर के अनुयायियों में 14,000 प्रमुख साधु थे, जिनके प्रमुख गौतम इन्द्रभूति बनाए गए। साधुओं को इस धार्मिक ऊहापोह के युग में विभिन्न विचारधाराओं के मध्य प्रलोभन और भय से विलग और कठोर आचारी रखने हेतु महावीर ने कठोर नियमों और संगठन का विधान किया था। उन्होंने चौदह हजार श्रमणों को नौ भागों में विभाजित कर दिया, जो गण कहलाए। प्रत्येक गण को अपने एक प्रमुख शिष्य और गणधर के अधीन रखा। प्रमुख गणधरों के अधीन पांच सौ श्रमण ही रखे गए थे। ये गणधर निर्ग्रन्थों के भिन्न-भिन्न समूहों का नेतृत्व करते तथा उपदेश भी देते थे। श्रमणों के अतिरिक्त अनेक नारियों ने भी महावीर के उपदेशों से प्रभावित होकर प्रव्रज्या ग्रहण कर ली थी। इनकी संख्या 36,000 उल्लेखित है। इनकी प्रमुख अंग महाजनपद की राजकुमारी और महावीर की प्रथम शिष्या चन्दना थी।

---

90. *स्टे०हा०जै०*, पृ० 33.

महावीर के गृहस्थ अनुयायियों में 1,50,000 पुरुष थे, जिनकी संज्ञा चतुर्विध संघ के अन्तर्गत "श्रावक" थी। ये श्रावक गृहस्थाश्रम में रहते हुए पंच महाव्रतों का लघु स्तर पर ही पालन करते थे। यद्यपि धार्मिक कर्त्तव्य श्रमण और श्रावक के समान थे, परन्तु निर्धारित अन्तर प्रकार में नहीं होते हुए पालन करने की मात्रा में विहित था। श्रावकों के आचारों का निर्धारण महावीर ने इस प्रकार किया था कि वे संसार का त्याग किए बिना ही निर्ग्रन्थ-संघ के कार्य-कलापों में भली-भांति भाग ले सकते थे। एस॰ स्टीवेंसन का यह कथन उचित है कि "महावीर ने श्रमणों और श्रावकों के संघ को स्थापित करके अपनी अदम्य संगठन प्रतिभा का परिचय दिया था"। इनके कारण ही जैन धर्म भारत में जीवन्त बना रहा, जबकि बौद्ध धर्म के लिए यह सम्भव नहीं हो सका। श्रावकों में जैन धर्म की प्रतिष्ठा मजबूत होने से यह उन विपत्तियों का सक्षमतापूर्वक सामना कर सका, जिन्होंने बौद्ध धर्म का भारतवर्ष से पराभव ही कर दिया था।[91] श्रावकों का प्रधान शंख शतक था।

महावीर के चतुर्विध संघ का चौथा समुदाय स्त्रियों का था, जिन्हें श्राविकाएं कहा जाता है। ये लगभग 2,58,000 थीं। सुलसा और रेवती उनकी मुखिया थीं। गृहस्थाश्रम के कर्त्तव्यों ने स्त्रियों को श्रमणी बनने से रोका किन्तु नाना प्रकार से वे श्रमण-श्रमणियों की सेवा करती थीं। श्रावकों के समान इन्हें भी धार्मिक कर्त्तव्य एवं पंच-महाव्रतों का निर्धारित मात्रा के अनुसार पालन करना अनिवार्य था। नारियां स्वाभाविक रूप से धर्मभीरू और धार्मिक-वृत्ति की होती हैं। इसी कारण महावीर के चतुर्विध संघ में श्रमणियों और श्राविकाओं की संख्या पुरुष वर्ग से अधिक थी। चतुर्विध निर्ग्रन्थ-संघ की सदस्य संख्या के विवरण अतिरंजित हैं, फिर भी यह विश्वास करने के सबल आधार हैं कि महावीर के व्यक्तित्व एवं उपदेशों से प्रभावित होकर बहुसंख्यक स्त्री-पुरुषों ने जैन धर्म को अपना लिया था। महावीर के पारिवारिक सम्बन्धों और व्यक्तिगत प्रभाव से कई शासकों और उच्चवर्गीय व्यक्तियों ने भी जैन धर्म स्वीकार कर लिया था, यद्यपि जैन परम्परा में सुरक्षित इन अनुश्रुतियों का अतिरंजित होना शंकास्पद नहीं है।

दिगम्बर परम्परा के अनुसार महावीर अकेले प्रवास नहीं करते थे, अपितु उनके साथ संघ में श्रमण-श्रमणियां भी चलती थीं। उनके प्रचार की भाषा को अनक्षरी माना गया है, जिसे सामान्य लोग समझ नहीं सकते थे। इसी कारण गौतम दुभाषिए का कार्य सम्पादित कर महावीर के उपदेशों का अर्धमागधी में अनुवाद करते थे।[92] उपरोक्त मान्यताएं तथ्यों के विपरीत हैं, क्योंकि महावीर ने धर्म का प्रचार लोक-भाषा में ही किया था, जो जनसाधारण के लिए सहज थी। दिगम्बर जैन परम्परा में श्वेताम्बर जैन धर्मानुयायियों

---

91. *स्टे॰हा॰जै॰,* पृ॰ 67.
92. *स्टे॰हा॰जै॰,* पृ॰ 41.

द्वारा सुरक्षित और मान्य साहित्य को अस्वीकार किया गया है, जिसके कारण ही सम्भवतः अनक्षरी भाषा की कल्पना को पुष्ट किया गया, यद्यपि ये विभिन्न उल्लेख आगम साहित्य से परवर्ती हैं।

तीर्थंकर महावीर के वर्षा-वासों से सम्बद्ध स्थान

कल्पसूत्र में उन स्थानों के उल्लेख हैं, जहां महावीर ने संसार त्यागने के पश्चात् वर्षा ऋतु के चार मास (चातुर्मास) एक या एक से अधिक बार व्यतीत किए थे। इसके अनुसार प्रथम वर्षा-काल अस्थिग्राम में, तीन-चम्पा में और पृष्टि चम्पा में, बारह वैशाली और वाणिजग्राम में, चौदह राजगृह और नालन्दा में, छः मिथिला में, दो भद्रिका में, एक आलभिका और एक पणितभूमि में, एक श्रावस्ती में तथा अन्तिम राजा हस्तिपाल की राजधानी पापा (पावा) में। ऐसे कुल बयालीस वर्षाकाल महावीर ने व्यतीत किए थे।[93] यह सूची तिथिक्रमानुसार नहीं है और न ही पूर्ण है, यद्यपि इसमें महावीर के प्रवास-मार्ग का मोटे रूप से वर्णन है। *कल्पसूत्र* की सूची से यह ज्ञात करना भी सम्भव नहीं है कि भगवान् महावीर ने केवलज्ञान प्राप्त करने के पूर्व साधना-काल के बारह वर्षा-काल कौन-कौन से स्थानों पर व्यतीत किए थे तथा तत्पश्चात् धर्मदेशना के अन्तर्गत उन्होंने कहां-कहां चातुर्मास किए थे। इसमें सन्देह नहीं है कि *कल्पसूत्र* में वर्णित महावीर की मार्ग-भ्रमण सूची प्राचीन और कुछ विश्वसनीय है। इस विवरण से महावीर के प्रवासों और धर्मप्रचार के क्षेत्र की सीमा ज्ञात होती है। उल्लेखित विभिन्न स्थलों के तादात्म्य से इस क्षेत्र के अन्तर्गत स्थूल रूप से आधुनिक बिहार, बंगाल तथा उत्तर प्रदेश और उड़ीसा के कुछ भाग सम्मिलित थे।

परवर्ती एक जैन अनुश्रुति के अनुसार महावीर ने सिन्धु-सौवीर के राजा उद्दायन को जैन-धर्मावलम्बी बनाने हेतु उसकी राजधानी वीतिमय की यात्रा की थी, जो विश्वसनीय प्रतीत नहीं होती। इस अनुश्रुति का सबसे प्राचीन उल्लेख *भगवतीसूत्र*[94] में उपलब्ध है तथा परवर्ती कुछ चूर्णियों में भी यह कथानक वर्णित है। पश्चिम भारत में जैन धर्म का प्रसार होने के पश्चात् इस क्षेत्र से महावीर का जीवन्त सम्बन्ध स्थापित करने हेतु सम्भवतः यह कथानक रचा गया, ताकि जन-साधारण में जैन धर्म के प्रति श्रद्धा और आकर्षण में अभिवृद्धि हो; यद्यपि बाईसवें तीर्थंकर अरिष्टनेमि के शैशव, कर्म और धर्म-प्रचार का प्रदेश जैन परम्परा में पश्चिमी भारत ही ज्ञातव्य है।

परवर्ती जैन ग्रन्थों में महावीर के वर्षा-कालों, प्रवास-मार्गों और प्रवास-स्थलों का विशद् विवरण है, किन्तु इन्हें पूर्णतया विश्वसनीय नहीं माना जा सकता। विभिन्न स्रोतों

93. *कल्प०* सूत्र, 122.
94. *भगवती,* पृष्ठ 556.

से ज्ञात केवली होने के पश्चात् महावीर द्वारा व्यतीत तीस वर्षा-काल के तिथिक्रमानुसार निर्धारण करने के प्रयास हुए हैं। स्थूल रूप से महावीर के चातुर्मास क्रमशः (1) राजगृह, (2) वैशाली, (3) वाणिज्यग्राम, (4) राजगृह, (5) वाणिज्यग्राम, (6) राजगृह, (7) राजगृह, (8) वैशाली, (9) वैशाली, (10) राजगृह, (11) वाणिज्यग्राम, (12) राजगृह, (13) राजगृह, (14) चम्पा, (15) मिथिला, (16) वाणिज्यग्राम, (17) राजगृह, (18) वाणिज्यग्राम, (19) वैशाली, (20) वैशाली, (21) राजगृह, (22) नालन्दा, (23) वैशाली, (24) वैशाली, (25) राजगृह, (26) नालन्दा, (27) मिथिला, (28) मिथिला, (29) राजगृह तथा (30) पापापुरी (पावा) में हुए हैं।[95]

गृहस्थों पर प्रभाव

महावीर ने सर्वप्रथम आचार के व्यावहारिक नियम निर्धारित कर गृहस्थों को अपने मत की ओर आकर्षित किया था और इसी कारण उनके अनुयायियों में गृहस्थ नर-नारियों की संख्या अधिक विदित होती है। महावीर ने अपने प्रमुख शिष्य गौतम इन्द्रभूति को सचेत किया था।[96] श्रमण और श्रावक के मध्य सम्मान की मात्रा का अंतर निरूपित करने पर महावीर का विश्वास था कि अति सामान्य दृष्टि होना समष्टिगत देन है। किसी एक संघ, जाति अथवा लिंग को इस सम्बन्ध में विशिष्ट नहीं माना जा सकता। इस विषय में महावीर को मानव और मानव अथवा पुरुष और स्त्री में किसी प्रकार का भेद स्वीकार नहीं था। यही कारण था कि महावीर ने श्रमण और श्रमणियों तथा श्रावक और श्राविकाओं के मध्य यम-नियमों के विधान में अन्तर नहीं किया था, अपितु निर्धारित विनय के पालन की दृष्टि से उन्होंने दो वर्ग किए थे -- गृहस्थ-श्रावक-श्राविका तथा संसार-त्यागी-श्रमण-श्रमणी। महावीर तो विहार के समय श्रमणों और श्रमणियों को साथ लेकर प्रवास करते थे, यद्यपि श्रमण और श्रमणी के जीवन-यापन एवं पारस्परिक दूरी से सम्बन्धित नियम निर्धारित थे।

महावीर ने अपने अनुयायियों को केवल तप और संयम के पालन का ही उपदेश नहीं दिया बल्कि सावधानीपूर्वक इनके आध्यात्मिक विकास को भी उन्होंने दृष्टिगत रखा था। महावीर ने इन्हें पूर्वों का अध्ययन करने को प्रेरित किया और साथ में तर्क एवं विवेक जागृत करने का भी ध्यान रखा। बौद्ध-ग्रंथों से ज्ञात होता है कि निर्ग्रन्थ श्रमणों और श्रावकों में कुछ योग्य और सफल विवादी भी थे।[97] श्रमणों और श्रावकों के द्वारा सैद्धान्तिक वाद-विवाद करने के विवरण बौद्ध त्रिपिटक साहित्य में उल्लेखित हैं, यद्यपि कतिपय

95. *न॰आ॰त्रि॰अ॰,* पृष्ठ 396-400.

96. *उवा॰,* 1.

97. *मज्झि,* 1, 227

विवरणों में निर्ग्रन्थ श्रावकों द्वारा गौतम बुद्ध के समक्ष विवाद में हतप्रभ हो जाने के पश्चात् नतमस्तक होकर बौद्ध मतावलम्बी बन जाने के उल्लेख उपलब्ध हैं।

महावीर के संघ के अनुयायी गृहस्थों में कुछ समृद्ध और प्रभावशाली थे। निर्ग्रन्थ मतानुयायीगण अपने धर्म और आचार्य के प्रति अगाध श्रद्धा रखते थे। समकालीन शासकों और राजकुमारों की महावीर के प्रति श्रद्धा तथा परामर्श-प्राप्ति की जिज्ञासाओं के विवरण जैन-ग्रन्थों में उपलब्ध हैं। महावीर के गृहस्थ अनुयायियों में वाणिज्यग्राम निवासी आनन्द और उसकी पत्नी शिवनन्दा, चम्पा के कामदेव और उसकी पत्नी भद्रा तथा चूलनिप्रिय और उसकी पत्नी श्यामा, वाराणसी निवासी सूरदेव और उसकी पत्नी धन्या, कांपिल्यपुर के चुल्लशतक और उसकी पत्नी पुष्पा तथा कुंदकोलित दम्पति; पोलासपुर निवासी सरदलपुत्र और उसकी पत्नी अग्निमित्रा, राजगृह के महाशतक, नंदिनिप्रिय और उसकी पत्नी अश्विनी तथा सलतिप्रिय और उसकी पत्नी फाल्गुनी, आदि प्रसिद्ध थे। *भगवती सूत्र* में महावीर के श्रावकों में दो समृद्ध गृहस्थ – राजगृह निवासी विजय और सुदर्शन का उल्लेख है।

नालन्दा के निकटवर्ती बलक ग्राम के समृद्ध निर्ग्रन्थ श्रावक उपालि का ज्ञान बौद्ध *उपालि सूत्र* से होता है, जो महावीर का अनन्य भक्त और श्रमण-श्रमणियों के संघ का उदार सहायक था। उपालि की अध्यक्षता में बलकग्राम के अनेक निवासियों ने महावीर के निर्ग्रन्थ धर्म को स्वीकार किया था। बौद्ध मतावलम्बी विशाखा का श्वसुर श्रावस्ती निवासी मृगार या मृगधर श्रेष्ठी को भी निगुण्ठ नातपुत्त का श्रावक और निग्गंथ श्रमणों का आश्रयदान वर्णित किया गया है। कपिलवस्तु का शाक्य वप्प निगण्ठ नातपुत्त का श्रावक *अंगुत्तरनिकाय* में वर्णित किया गया है, जिसने बुद्ध के प्रभाव से बौद्ध धर्म अपना लिया था। *मज्झिम निकाय* के "महासच्चक सुत्तन्त" में वैशाली के सच्चा निगण्ठपुत्र का उल्लेख है, जो प्रलापी, अभिमानी और बहुत लोगों में सम्मानित था। राजगृह के एक श्रीमंत की पुत्री भद्रा कुण्डलकेशा के निगंण्ठ श्रमणी बनने तथा सारिपुत्त से प्रभावित होकर गौतमबुद्ध से बौद्ध संघ में प्रव्रजित होकर अर्हत् बनाने का विवरण *धम्मपद अट्ठकथा* और *थेरीगाथा* में उपलब्ध है। इन विभिन्न निगण्ठ मतानुयायियों से सम्बन्धित बौद्ध ग्रन्थों के उल्लेख जैन-धर्म से बौद्ध धर्म को श्रेष्ठ प्रदर्शित करने के दृष्टिकोण को व्यक्त करते हैं, अतएव इन एकपक्षीय विवरणों का सावधानीपूर्वक मूल्यांकन आवश्यक है।

राज्याश्रय

समृद्ध श्रेष्ठियों और व्यापारियों के अलावा राजा-रानियों, राजकुमारों और मंत्रियों के भी उल्लेख उपलब्ध हैं, जो महावीर के अनुयायी थे। महावीर की लिच्छवि राजकुमारी माता त्रिशला तो वैशाली के राजा चेटक की बहिन थी तथा समकालीन शक्तिशाली शासकों

– श्रेणिक बिम्बसार, उद्दायन, शतानीक, प्रद्योत, आदि को चेटक की पुत्रियां विवाही थीं, फलतः इन राजाओं से महावीर के पारिवारिक एवं व्यक्तिगत सम्बन्ध स्वाभाविक थे। जैन अनुश्रुतियों के अनुसार श्रेणिक,[98] कूणिक,[99] चेटक,[100] प्रद्योत,[101] शतानीक, दधिवाहन,[102] उद्दायन[103] वीअंगप, वीरजस, संजय, शंख, कासिवद्धण,[104] आदि राजागण महावीर के अनुयायी श्रावक थे। रानियों में उद्दायन की पत्नी पद्मावती, कौशाम्बी की मृगावती एवं जयन्ती,[105] श्रेणिक और प्रद्योत की रानियां,[106] आदि महावीर के संघ की श्राविकाएं वर्णित हैं। चम्पा की राजकुमारी चन्दना[107] ने निर्वासित हो जाने के पश्चात् प्रव्रज्या ग्रहण कर निर्ग्रन्थ संघ की और प्रथम श्रमणी बनने का गौरव प्राप्त किया था। वह श्रमणियों की मुखिया नियुक्त की गई थी। महावीर के अनुयायी राजकुमारों में अतिमुक्त,[108] पदम्,[109] मेघ, अभय और श्रेणिक के राजकुमार,[110] आदि के उल्लेख उपलब्ध हैं।

जैन और बौद्ध दोनों धर्मों की अनुश्रतियों में समकालीन राजाओं को अपने-अपने धर्म का अनुयायी प्रकट करने हेतु प्रतिबद्धता लक्षित होती है। ऐसा प्रतीत होता है कि इस काल और परवर्ती युग के शासकों ने विभिन्न धर्मों के प्रति सम्मान प्रदर्शन और सहिष्णुता की सामान्य नीति अपनाई थी और इसी का परिणाम इन पारस्परिक विरोधी अनुश्रुतियों में प्रतिबिम्बित है। राजगृह निवासी श्रेणिक-बिम्बसार के पिता को पार्श्वनाथ के मत का अनुयायी बताया गया है,[111] अतएव जैन-धर्म की ओर बिम्बसार का झुकाव स्वाभाविक ही था। *उत्तराध्ययनसूत्र*[112] में राजाओं में सिंह के समान श्रेणिक बिम्बसार को

98. *नाया,* पृ॰ 146; *स्थाणा,* पृ॰ 4586; *उत्तरा॰,* 20.
99. *ओप॰,* 44-46.
100. *आव॰चू॰,* 2, पृ॰ 164.
101. *भगवती॰,* पृ॰ 442.
102. *आव॰चू॰,* 2, पृ॰ 207.
103. *भगवती,* पृ॰ 556 व आगे.
104. *स्थाणा॰* पृ॰ 430.
105. *आव॰,* पृ॰ 299.
106. *भगवती,* पृ॰ 12/2.
107. *आव॰चू॰,* पृ॰ 91, अंत 7, पृ॰ 43.
108. *अंत॰,* 3.
109. *नाया॰,* पृ॰ 32.
110. वही, पृ॰ 33; *आव॰चू॰,* पृ॰ 115.
111. *त्रि॰पु॰च॰,* 17, 68.
112. *उत्तरा॰,* 2018.

अपनी रानियों, सेवकों और सम्बन्धियों के साथ भक्तिपूर्वक चैत्य में ठहरे मुनि अनगार के सिंह के पास आने तथा निर्मल चित्त से धर्म में अनुरक्त होने का विवरण है। आर॰के॰ मुकर्जी और अन्य इतिहासकारों[113] ने इस श्रमण का समीकरण "अणवारसीह" अभिव्यक्ति के कारण महावीर से किया है, यद्यपि कुछ विद्वान इस श्रमण को निर्ग्रन्थ सम्प्रदाय का अनाथी[114] नामक भिन्न अणगार साधु मानते हैं। बिम्बसार की महावीर के प्रति श्रद्धा का कारण उसकी पत्नी चेलना की प्रेरणा मानी जाती है, जो कि वैशाली के प्रधान चेटक की पुत्री थी। महावीर ने चौदह वर्षावास मगध की राजधानी (एक तिहाई) राजगृह में व्यतीत किए थे, इससे भी मगधराज बिम्बसार और अजातशत्रु की उनके प्रति अनन्य भक्ति प्रकट होती है। जैन ग्रन्थों में सुरक्षित अनुश्रुतियों से स्पष्ट है कि राजा श्रेणिक, कणिक और राज-परिवार के अन्य सदस्यों से महावीर को अत्यधिक सम्मान प्राप्त था।[115] निर्ग्रन्थ संघ में सम्मिलित होने वाले प्रत्येक विरागी के सम्बन्धियों को आर्थिक सहायता प्रदान करने की प्रतिज्ञा बिम्बसार ने एक अवसर पर घोषित की थी।[116]

श्रेणिक बिम्बसार के पुत्र कूणिक अजातशत्रु को भी जैन अनुश्रुति में महावीर का अनुयायी घोषित किया गया है। बौद्ध ग्रन्थों में वर्णित अनुश्रुति में तो अजातशत्रु को पितृहंता बताया गया है, जबकि जैन अनुश्रुति में उसे श्रेणिक के द्वारा की गई आत्महत्या का कारणमात्र निरूपित कर,[117] पितृहत्या के दुष्कर्म से मुक्ति प्रदान की गई है। औपपातिक सूत्र में महावीर के प्रति कूणिक की भक्ति के सम्बन्ध में विशेष जानकारी उपलब्ध है। कूणिक ने "प्रवृत्ति वादुक पुरुष" नामक विशेष अधिकारी की महावीर के भ्रमण और नित्यचर्या की सूचना प्राप्त करने हेतु नियुक्ति की थी। चम्पा में आयोजित महावीर की धर्मदेशना और समवशरण में कूणिक के उपस्थित होने का भी उल्लेख है, यद्यपि इस आयोजन के समय श्रेणिक बिम्बसार जीवित था और कूणिक चम्पा में मगध साम्राज्य का प्रान्तीय शासक था। कूणिक अपनी रानियों और अधिकारियों के साथ प्रायः महावीर के दर्शनार्थ जाता था। वैशाली और चम्पा में महावीर के प्रवास के समय वह प्रायः दर्शनार्थ जाता और उनके सम्बन्ध में उच्च विचार व्यक्त करता था। कूणिक ने महावीर और उनके शिष्यों के सम्मुख स्पष्टतया एक सच्चे आचार्य के रूप में महावीर के प्रति श्रद्धा व्यक्त करते हुए उन्हें त्याग और संयम के आधार पर धर्म के सत्य मार्ग को सुलभ करने का

---

113. *दि एज ऑफ इम्पीरियल यूनिटी,* पृष्ठ 21.
114. *न॰आ॰त्रि॰अ॰,* पृष्ठ 313.
115. दशाश्रतस्कन्ध, अनुत्तरोपपातिक दशांग और ज्ञातधर्म कथा.
116. *बिहार दि एजेज,* पृष्ठ 187.
117. *औप॰,* 12, 27, 30; हेमचन्द्रकृत *परिशिष्ट पर्वन,* 6; *आव॰,* पृष्ठ 684-687.

गौरव प्रदान किया था। कूणिक के जीवन-काल में उसका पुत्र उदायि चम्पा में प्रान्तीय शासक था। इसे अष्टमी और चतुदर्शी को उपवास रखने वाला जैन श्रावक बताया गया है।[118] एक अनुश्रुति में उदायि को पाटलीपुत्र के मध्य में चैत्यगृह बनवाने का श्रेय भी दिया गया है।

बौद्ध ग्रंथों में श्रेणिक को बिम्बसार और कूणिक को अजातशत्रु के नाम से उल्लेखित (गौतम बुद्ध का अनुयायी) किया गया है। *विनयपिटक*[119] में बिम्बसार को बौद्ध मतावलम्बी होने के पश्चात् बुद्ध को शिष्यों सहित राजमहल में भोजन करवाने तथा राजगृह का वेणुवन बौद्ध संघ को दान करने का श्रेय दिया गया है। एक अनुश्रुति के अनुसार गौतम बुद्ध को गंगा पार करने के लिए नाविक को शुल्क प्रदान करने हेतु मुद्राएं नहीं होने से उत्पन्न कठिनाई की जानकारी मिलने पर बिम्बसार ने समस्त भिक्षु-भिक्षुणियों हेतु नौका द्वारा निःशुल्क गंगा पार करने की सुविधा घोषित कर दी थी। अजातशत्रु ने पितृहत्या का पश्चाताप आम्रवन में ठहरे गौतम बुद्ध के समक्ष किया था। बुद्ध के निर्वाण के पश्चात् उनकी अस्थियों का अंश प्राप्त करके उसने एक स्तूप भी बनवाया था। इसी प्रकार महात्मा बुद्ध की मृत्यु के पश्चात् राजगृह की सप्तपर्णि गुफा में आयोजित प्रथम बौद्ध संगीति हेतु अजातशत्रु ने हर सम्भव सुविधाएं प्रदान की थीं। भरहुत में बौद्ध स्तूप के अवशेषों में प्राप्त एक वेष्ठनी-पाषाणखण्ड पर शीर्षक अभिलेख सहित अजातशत्रु द्वारा गौतमबुद्ध की वन्दना करने हेतु शोभा यात्रा में आने की घटना अंकित है; इससे द्वितीय शताब्दी ईसा पूर्व में इस शासक के प्रसिद्ध बौद्ध मतावलम्बी और गौतम बुद्ध का श्रद्धालु गृहस्थ होने की अनुश्रुति की लोकप्रियता ज्ञात होती है। बौद्ध एवं जैन अनुश्रुतियों के आलोचनात्मक अध्ययन से स्पष्ट है कि श्रेणिक बिम्बसार और कूणिक अजातशत्रु सहिष्णुतावश दोनों धर्माचार्यों के प्रति भक्ति-भाव रखते थे, परन्तु इनका अधिक झुकाव महावीर की ओर था, ऐसा प्रतीत होता है।

महावीर के युग में सिन्धु-सौवीर का शासक उद्दायन शक्तिशाली नरेश विदित होता है। उद्दायन की रानी पद्मावती वैशाली के प्रधान चेटक की पुत्री थी। एतदर्थ महावीर के प्रति इस दम्पति का झुकाव स्वाभाविक था। परवर्ती जैन अनुश्रुति के अनुसार एक बार राजा उद्दायन ने भगवान् महावीर के दर्शनार्थ जाने की इच्छा की। इस समय भगवान् चम्पा में थे। जब महावीर को उद्दायन की इच्छा का ज्ञान हुआ, तो वे स्वयं सिन्धु-सौवीर की राजधानी वीतभय उसे दीक्षित करने हेतु पहुंच गए। उद्दायन ने अपनी बहन के पुत्र केशीकुमार का राज्याभिषेक किया और महावीर से प्रव्रज्या ग्रहण कर निर्ग्रन्थ संघ में

---

118. *आव॰,* पृष्ठ 690.

119. *विनय॰,* 1, 39.

सम्मिलित हो गए[120] तथा तपादि के द्वारा केवली बने।[121] बौद्ध ग्रंथ सिन्धु-सौवीर की राजधानी रोरूक और वहां के शासक उद्रायण अथवा रुद्रायण को बौद्ध धर्मावलम्बी उल्लेखित करते हैं। बौद्ध अनुश्रुति के अनुसार मगधराज बिम्बसार ने उद्दायन को बौद्ध धर्म से परिचित करवाने हेतु बुद्ध की मूर्ति रोरूक भेजी थी। तत्पश्चात् अपने पुत्र शिखण्डी का राज्याभिषेक कर अपनी रानी चन्द्रप्रभा के प्रभाव से उद्दायन बौद्ध संघ में सम्मिलित हो गए।

जैन अनुश्रुतियों के अनुसार अवन्तिराज प्रद्योत न केवल महावीर का अनुगामी बना, अपितु उसने जैन धर्म के प्रचार हेतु प्रयास भी किए थे। प्रद्योत की रानी शिवा महावीर के मामा चेटक की पुत्री थी। प्रद्योत ने जीवन्त स्वामी की मूर्तियां उज्जयिनी, दशपुर और विदिशा में प्रतिष्ठित करवाई थीं। बौद्ध ग्रन्थों के अनुसार प्रद्योत को महाकाच्चायन ने अपने प्रभाव से बौद्धमतानुयायी बनाया था।

वैशाली का राजा चेटक महावीर का अनुयायी वर्णित है। इसके प्रभाव के परिणामस्वरूप ही वैशाली इस समय जैन धर्म का प्रधान केन्द्र बन गया तथा महावीर ने कई बार इसे विश्राम-स्थल बनाया था। चेटक ने अपनी पुत्रियां वत्सराज शतानीक, सिन्धु सौवीर के शासन उद्दायन, मगधराज, बिम्बसार, अंगराज, दधिवाहन, अवन्तिराज, प्रद्योत, आदि को विवाही थीं। यह अत्यन्त आश्चर्यजनक है कि शक्तिशाली गणतंत्र के प्रधान चेटक का उल्लेख बौद्ध ग्रन्थों में नहीं है। राजकुमारियों के प्रभाव ने उत्तर भारत में जैन धर्म के प्रचार-प्रसार में अत्यधिक योगदान दिया था।

बौद्ध ग्रन्थों में चेटक का उल्लेख नहीं होने का कारण उसका जैनमतावलम्बी होना माना जाता है, यद्यपि इनमें लिच्छवि सेनापति सिंह[122] को महावीर का अनुयायी वर्णित किया गया है। गौतम बुद्ध ने वज्जि संघ की गणतंत्र शासन-व्यवस्था की अत्यन्त प्रशंसा की थी। जैन-परम्परा में वर्णित चेटक का नवीकरण *विनयपिटक* में उल्लेखित सेनापति सिंह से करने का परामर्श भी समीचीन प्रतीत नहीं होता।

जैन-ग्रन्थों में चम्पा के राजा दधिवाहन से सम्बद्ध अनुश्रुति एक प्रिय कथा है। महावीर के केवलज्ञान प्राप्त होने के पश्चात् प्रव्रज्या ग्रहण करने वाली प्रथम नारी चन्दना अथवा चन्दनबाला[123] को दधिवाहन की रानी धारिणी से उत्पन्न पुत्री उल्लेखित किया गया है, यद्यपि किसी जैनेतर स्रोत से राजा दधिवाहन का ज्ञान नहीं हुआ है। इस शासक को

120. *भगवती,* 13, 6.

121. *उत्तरा॰,* 18, 48.

122. *विनय॰,* 6, 4, 8.

123. *आव॰नियु॰,* 520, *आव॰ टीका,* पृष्ठ 294; *आव॰ चूर्णि,* पृष्ठ 194.

वैशाली के प्रधान चेटक की पुत्री पद्मावती विवाही गई थी। चन्दना की जैन धर्म के प्रति संस्कारजन्य श्रद्धा को देखते हुए दधिवाहन को पार्श्वनाथ के मत का अनुयायी मानना अनुचित नहीं है। महावीर के द्वारा तीन वर्षा-वास चम्पा में व्यतीत करने से उत्तर भारत के प्रमुख व्यापारिक नगरों में उल्लेखनीय अंग देश की राजधानी चम्पा जैन धर्म का महत्त्वपूर्ण केन्द्र प्रतीत होता है।

वत्सराज शतानीक को चेटक की तृतीय पुत्री मृगावती ब्याही थी।[124] जैन-परम्परा में इन राजा और रानी को महावीर के भक्त और निर्ग्रन्थ संघ का अनुयायी वर्णित किया गया है। जैन अनुश्रुति के अनुसार शतानीक का अमात्य और उसकी पत्नी भी महावीर के भक्त थे। शतानीक का पुत्र और उत्तराधिकारी उदयन को भी महावीर का अनुयायी बताया गया है।[125] महावीर की मध्यस्थता के कारण ही अवन्तिराज प्रद्योत ने वत्स महाजनपद को हड़पने का प्रयत्न त्यागकर मृगावती को जैन संघ में सम्मिलित होने की स्वीकृति दी थी। बौद्ध ग्रंथों से ज्ञात होता है कि आरम्भ में उदयन का बौद्ध धर्म के प्रति झुकाव नहीं था, परन्तु कालान्तर में वह बौद्धधर्मावलम्बी बन गया। उदयन के राजकुमार बोधि ने सुन्सुभारगिरि में नवनिर्मित अपने राजमहल में गौतम बुद्ध को श्रद्धापूर्वक आमंत्रित किया था। सम्भवतः अपने माता-पिता के प्रभाव के कारण उदयन महावीर के प्रति श्रद्धा रखता था, परन्तु बौद्ध धर्म के प्रति भी उसकी नीति सहिष्णुतापूर्ण थी। उदयन की बुआ जयन्ती ने महावीर के चरणों में प्रव्रज्या ग्रहण की थी।

सावत्थि, वाराणसी, कंपिलपुर, मिथिला, पोलासपुर और आल्वि को जैन ग्रन्थों में राजा "जियसत्तु" के राज्यान्तर्गत वर्णित किया है। इन महत्त्वपूर्ण नगरों में महावीर ने प्रवास किया था।[126] जियसत्तु (शत्रुओं का विजेता) सम्भवतः विरुद था तथा इसकी पहचान बौद्ध ग्रंथों में उल्लेखित कोसल महाजनपद के शासक पसेनदि अथवा प्रसेनजित् से करने पर ही जैन परम्परा की प्रामाणिकता स्वीकार की जा सकती है। *रायपसेणियसुत्त*[127] में वर्णित केशी-पएसि-संवाद से विदित होता है कि केशी के उपदेशों से प्रभावित होकर पएसि श्रमणोपासक हो गया था। केशी महावीर के समकालीन पार्श्वनाथमतीय श्रमणों में महत्त्वपूर्ण श्रमण था, जिसका उल्लेख *उत्तराध्ययन सूत्र* में उपलब्ध है। इस पएसि अथवा

---

124. *भगवती,* 12, 2.
125. *संयुत्तनिकाय,* 34, 3, 3, 4.
126. *उवा॰,* पृ॰ 84, 85, 90, 95, 105, 160 और 163; 9, 10.
127. बी॰सी॰ला॰ लिखित *सम जैन कैनोनिकल सूत्राज,* पृष्ठ 74, 162-204 – इस जैन सूत्र का प्रतिरूप पालि दीघनिकाय के पायसि सुत्तान्त में वर्णित कुमार कस्सप (चित्रकुशी) और सेतव्या के सरदार पायसि के बीच के वार्तालाप से की जा सकती है। सेतव्या कोसल के राजा पसेनदि के राज्य में स्थित था.

प्रदेशी का एकीकरण कौशलराज पसेनदि (प्रसेनजित्) से किया जाता है। बौद्ध ग्रंथों से ज्ञात होता है कि प्रसेनजित् गौतम बुद्ध के प्रति अत्यन्त श्रद्धा रखता था। वह बौद्ध संघ का सहायक भी था। भरहुत के बौद्ध स्तूप के एक वेष्टणी-पाषाण-खण्ड पर शोभायात्रा में गौतम बुद्ध के दर्शनार्थ प्रसेनजित् के जाने का कथानक शीर्षक लेख सहित अंकित है; परन्तु प्रसेनजित् के द्वारा बौद्ध धर्म स्वीकार कर लिए जाने के सम्बन्ध में कोई स्पष्ट एवं प्रभूत प्रमाण उपलब्ध नहीं है। इस समय श्रावस्ती निर्ग्रन्थों का महत्त्वपूर्ण केन्द्र था। केशीकुमार और गौतम की चर्चा तथा महावीर और गोशाल का विवाद यहीं हुआ था। श्रावस्ती के निकट कयंगला का विद्वान् स्कन्दक भी महावीर के पास दीक्षित हुआ था। दशार्ण जनपद के शासक दशार्णभद्र के महावीर के निर्ग्रन्थ संघ में दीक्षित होने के उल्लेख उपलब्ध हैं।[128] दशार्ण के अंतर्गत मध्यप्रदेश के विदिशा के आसपास का प्रदेश माना जाता है।[129] विदिशा में अवन्तिराज प्रद्योत द्वारा जीवन्त स्वामी की मूर्ति प्रतिष्ठित करने के परवर्ती उल्लेख हैं। विदिशा के निकट कुंजरावत और रथावर्त पर्वतों पर वज्रस्वामी और अन्य जैन श्रमणों द्वारा केवलज्ञान प्राप्त करने की अनुश्रुति[130] जैन ग्रन्थों में लोकप्रिय है। अतएव विदिशा में जैन धर्म के प्रचार की तिथि महावीर के समकालीन मान्य करना अनुचित नहीं है; हालांकि दशार्णभद्र की ऐतिहासिकता मान्य करना संभव नहीं है।

कलिंग के राजा करकंडु को निर्ग्रन्थ धर्म स्वीकार करने और अपने पुत्र को सिंहासनारूढ़ कर जैन श्रमण बन जाने की अनुश्रुति[131] की लोकप्रियता से सम्बन्धित प्राचीन उल्लेख उपलब्ध हैं; परन्तु करकंडु के शासन काल और अस्तित्व के सम्बन्ध में अन्य स्रोत से जानकारी नहीं मिलती। *हरिवंश पुराण* में भी महावीर के द्वारा कलिंग में जैन धर्म का प्रचार होना वर्णित है। *आवश्यक सूत्र* की हरिभद्रीय वृत्ति से भी महावीर स्वामी की कलिंग-यात्रा का ज्ञान होता है। इसमें कलिंगराज को महावीर के पिता का मित्र अथवा सम्बन्धी बताया गया है।[132] प्रथम शताब्दी ई॰पू॰ के जैन शासक कलिंगाधिपति खारवेल के हाथीगुम्फा अभिलेख से ज्ञात होता है कि नन्दराज द्वारा कलिंग से मगध ले जाई गई जिन मूर्ति को वह तीन सौ वर्ष बाद वापस लाया था। सम्भवतः अपने साधनाकाल में राढ़ प्रदेश से सम्बद्ध कलिंग के सीमावर्ती क्षेत्रों में महावीर ने प्रवास किया था।

महावीर स्वामी की दक्षिण भारत में यात्रा करने से सम्बन्धित अनुश्रुतियां भी उपलब्ध हैं, जो कि विश्वसनीय नहीं हैं। भास्कर द्वारा रचित "*जीवन्धर चरित*" से विदित

128. *उत्तरा॰* 12, 44.
129. *जी॰ई॰बी॰,* पृ॰ 26.
130. *के॰मा॰ए॰,* पृ॰ 191.
131. *उत्तरा॰,* 44, 47.
132. मित्तल, ए॰सी॰: *अर्ली हिस्ट्री आफ उड़ीसा,* पृ॰ 136.

होता है कि यहां के शासक जीवन्धर ने महावीर का स्वागत-सत्कार किया था। वह निर्ग्रन्थ संघ में दीक्षित भी हुआ।[133] जीवन्धर नाम काल्पनिक प्रतीत होता है तथा उसे महावीर के समकालीन दक्षिण भारत का एक जैन धर्मानुयायी शासक मानना कठिन है।

महावीर स्वामी ने आर्द्रक नामक राजकुमार को जैनधर्मानुयायी बनाया था, जो कालान्तर में प्रव्रज्या ग्रहण कर केवली बना।[134] आर्द्रक महावीर के उपदेशों के प्रति अत्यन्त श्रद्धा रखता था तथा विभिन्न जैनेतर आचार्यों से उसने वाद-विवाद करके अपने धर्म के गौरव में अभिवृद्धि की थी। इस आर्द्रक की पहचान ईरान के अखामनी सम्राट कुरूष (ई॰पू॰ 558 से 530 तक) से करने का प्रयास किया जाता है। इस राजकुमार एवं सम्राट् ने मगध के राजा श्रेणिक और राजकुमार अभय के साथ उपहारों का विनिमय किया था। इस जैन अनुश्रुति के अनुसार अभयकुमार ने ही आर्द्रक को महावीर के उपदेशों के प्रति उन्मुख किया था। ईरानी सम्राट् के साथ जैन अनुश्रुति के आर्द्रक का समीकरण करना हास्यास्पद है, यद्यपि इसे पश्चिमोत्तर भारत से सम्बन्धित करना अनुचित नहीं होगा। महावीर के जीवन-काल में ईरानी सम्राट् कुरूष ने भारत से सम्बद्ध सीमान्त प्रदेश को विजित कर अपने साम्राज्य का प्रांत बना लिया था, एतदर्थ आर्द्रक का किसी ईरानी सामंत का पुत्र होना संभव है।

जैन अनुश्रुतियों में महावीर स्वामी की राजस्थान क्षेत्र में धर्मदेशना हेतु की गई यात्रा का विवरण है। एक अभिलेख (1276 ई॰) के प्रथम पद्य में भगवान् महावीर के स्वयं श्रीमाल का वर्णन है।[135] इसकी पुष्टि तेरहवीं शताब्दी के ग्रंथ "श्रीमाल माहात्म्य" से होती है। इस ग्रंथ में उल्लेखित कथानक अनुसार श्रीमाल के ब्राह्मणों से रुष्ट होकर गौतम कश्मीर गए थे और वहां के कुछ लोग महावीर स्वामी द्वारा जैनमतानुयायी बनाये गए। श्रीमाल लौटने पर गौतम गणधर ने वैश्यों को जैनधर्मावलम्बी बनाया तथा *कल्पसूत्र, भगवतीसूत्र, महावीर जन्मसूत्र* और अन्य ग्रन्थों की रचना की।[136] आबू रोड से 12 किलोमीटर पश्चिम में स्थित मुंगस्थल महातीर्थ के जीवन्त स्वामी मन्दिर में अवस्थित 1369 ई॰ के एक अभिलेख से ज्ञात होता है कि भगवान् महावीर स्वयं अर्बुद भूमि में पधारे थे तथा भगवान् के जीवन-काल के सैंतीसवें वर्ष में गणधरकेशी ने यहां मूर्ति की प्रतिष्ठा की थी।[137] ये विवरण अत्यन्त परवर्ती होने से विश्वसनीय नहीं हैं, किन्तु इनसे स्पष्ट है कि तेरहवीं

133. *कर्नाटक थ्रू दि एजेज.*
134. *सू॰,* 2, 6, 2; जैन, ज्योतिप्रसाद, *भारतीय इतिहास एक दृष्टि,* पृ॰ 67-68.
135. *पी॰आर॰ए॰एस॰डब्ल्यू॰सी॰,* 1907, पृ॰ 35.
136. *श्रीमाल पुराण,* पृ॰ 633-663.
137. *अ॰प्रा॰जै॰ले॰सं॰,* क्र॰ 48.

शताब्दी में इस प्रदेश में जैन धर्म को प्राचीन माना जाता था।[138] वैसे मौर्य सम्राट् अशोक के पौत्र सम्प्रति को पश्चिमी भारत में जैन धर्म के प्रचार-प्रसार का श्रेय दिया जाता है।

विभिन्न शासकों और कुलीनों के अतिरिक्त अनेक समकालीन जातियों ने भी महावीर के जीवनकाल में उनकी धर्मदेशना को आदर दिया था। जैन आगम साहित्य में उल्लेखित विभिन्न सन्दर्भों से वैशाली के लिच्छवी महावीर के अनुयायी ज्ञात होते हैं।[139] इस समय वैशाली जैनमतावलम्बियों के प्रधान केन्द्रों में से एक महत्त्वपूर्ण केन्द्र माना जाता था। महावीर ने अपने श्रमणावस्था के बयालीस वर्षाकालों में से बारह वैशाली में ही व्यतीत किए थे। लिच्छवियों के समान वज्जियों को भिन्न उल्लेखित करना सम्भव नहीं है क्योंकि वैशाली समग्र वज्जि संघ की राजधानी थी, जिसके अन्तर्गत कई गणतंत्र जातियां सम्मिलित थीं। वैशाली के वज्जि संघ में भागीदार कुण्डग्राम के ज्ञातृक भी महावीर के कुल के होने से उनके प्रति अगाध श्रद्धा रखते थे। वज्जि संघ की विदेह आदि अन्य सहभागी जातियां स्वाभाविक रूप से नातपुत्त महावीर के उपदेशों से प्रभावित थीं; क्योंकि महावीर के पिता सिद्धार्थ इस क्षत्रिय-संघ से सम्बन्धित थे। मल्लों में भी महावीर के धर्म के प्रति अत्यन्त श्रद्धा थी। जैन ग्रन्थों[140] को उग्र और भोगों को सबसे प्राचीन जैनधर्मावलम्बी जातियों के रूप में प्रतिष्ठा प्रदान की गई है। क्षत्रियकुण्ड निवासी क्षत्रिय जमालि को ऐश्वर्यशाली और महावीर की बहिन सुदर्शना का पुत्र तथा महावीर की पुत्री प्रियदर्शना का पति वर्णित किया गया है। जमालि ने प्रियदर्शना सहित प्रव्रज्या ग्रहण की थी।[141]

महावीर के प्रमुख दस उपासकों – वाणिजग्राम के आनन्द, चम्पा के कामदेव, वाराणसी के चुलिणीप्पियां और सुरादेव, आलम्भिका के चुल्लशतक, काम्पिल्यपुर के कुण्डकौलिक, पोलासपुर के शकडाल-पुत्र, राजगृह के महाशतक तथा श्रावस्ती के नन्दिनी-पिता और साहिली-पिता को अत्यन्त ऐश्वर्यशाली और सहस्रों गायों का स्वामी *उपासकदशांग* में वर्णित किया गया है। *भगवती सूत्र* में महावीर की उल्लेखनीय उपासिकाएं – शंख, पोखली, सुदर्शना, सुलसा और रेवती के नामोल्लेख हैं। इन उपासक-उपासिकाओं के विवरणों से कुलीन वर्ग में महावीर के प्रति श्रद्धा और निर्ग्रन्थ मत के प्रति दृढ़ता का ज्ञान होता है।

उपर्युक्त विभिन्न उल्लेखों में से कुछ शासकों का ही एकीकरण निश्चित रूप से किया जा सका है, यद्यपि परवर्ती जैन अनुश्रुतियों में महावीर से कई शासकों को सम्बन्धित

---

138. जैन, के॰सी॰, *जैनिज्म इन राजस्थान,* पृ॰ 8.
139. *से॰बु॰ई॰,* 45, पृष्ठ 339.
140. *औपपासक सूत्र,* सू॰ 14.
141. *भगवती* 9, 33; विशेषावश्यक भाष्य पृष्ठ 935; *त्रि॰पु॰च॰,* 10, 8.

बताया गया है, जिनका कोई ऐतिहासिक आधार उपलब्ध नहीं है। जैन परम्परा में महावीर के समकालीन उत्तर भारत के अधिकांश शासकों को जैनमतानुयायी वर्णित किया है। परवर्ती स्रोतों में उल्लेखित विभिन्न शासकों में कुछ काल्पनिक प्रतीत होते हैं तथा कुछ का समय महावीर से परवर्ती है, यद्यपि इन अतिरंजित विवरणों से आभास होता है कि महावीर स्वामी के निर्वाण के पश्चात् भारत के विभिन्न प्रदेशों में जैन धर्म को राज्याश्रय प्राप्त हुआ था। महावीर के युग में उनका प्रभाव आधुनिक बिहार तथा बंगाल एवं उत्तर-प्रदेश के सम्बद्ध क्षेत्रों में जन-साधारण तक विस्तृत था, यद्यपि इन क्षेत्रों के अतिरिक्त कुछ प्रदेशों के राजाओं ने भी जैन धर्म को आश्रय दिया था।

महावीर एवं गौतमबुद्ध

बौद्ध साहित्य के विभिन्न उल्लेखों से स्पष्ट है कि गौतम बुद्ध महावीर के समकालीन थे, यद्यपि जैन परम्परा में बुद्ध के उल्लेख उपलब्ध नहीं होना भी महत्त्वपूर्ण है। बौद्ध साक्ष्यों से ज्ञात होता है कि महावीर एवं बुद्ध व्यक्तिगत रूप से नहीं मिले थे, यद्यपि ऐसे अवसर अवश्य उल्लेखित हैं जब मध्यवर्तियों के द्वारा एक दूसरे के विचारों तथा स्थिति की मीमांसा के दोनों महापुरुष इच्छुक थे। इन मध्यवर्तियों में निर्ग्रन्थ श्रमणों में दीर्घ तपस्वी[142] और श्रावकों में सच्चक,[143] राजकुमार अभय,[144] श्रेष्ठ उपालि,[145] लिच्छवि सेनापतिसिंह,[146] शाक्य वप्प,[147] आदि के नाम उल्लेखनीय हैं। बौद्ध ग्रन्थों से ज्ञात होता है कि दोनों धर्मनायक नालन्दा, वैशाली और राजगृह में एक ही समय में ठहरे थे, परन्तु इनकी परस्पर भेंट नहीं हुई। गृहपति उपालि और असिबन्धकपुत्र ग्रामणी[148] के चर्चा-प्रसंग से दोनों धर्मनायक नालन्दा में सिंह सेनापति के चर्चा-प्रसंग में दोनों वैशाली में तथा राजकुमार अभय के चर्चा-प्रसंग में दोनों राजगृह में एक ही समय में थे।[149] महासकुलुदायी सुत्तन्त[150] में तो समकालीन सातों धर्मनायकों का एक ही वर्षा-वास राजगृह में सम्पन्न होना वर्णित है। त्रिपिटकों में आये सभी समुल्लेख बुद्ध की श्रेष्ठता और महावीर की न्यूनता व्यक्त कर साम्प्रदायिक संकीर्णता का परिचय देते हैं। *मज्झिम निकाय* के देवदह सुत्तन्त और चूलदुक्ख खन्धक सुत्तन्त में निर्गंथों के कर्मवाद एवं तप महत्ता की खिल्ली उड़ाई

142. *उपालि सुत्तन्त,* 2/1/6 (मज्झिम).
143. *मज्झि॰,* महासम्यक् सुत्तन्त 1/4/6.
144. *मज्झि॰,* अभय राजकुमार सुत्तन्त, 2/1/8.
145. *मज्झि॰,* उपालि सुत्तन्त, 2/1/6.
146. *म॰व॰,* भेषज्य खन्धक, 6/4/8.
147. *मव॰,* वप्पसुत्त, 4/20/5.
148. *संयुत॰,* संख सुत्त, 40/8 और कुल सुत्त, 40/1/9.
149. *न॰आ॰त्रि॰अ॰,* पृ॰ 40। एवं 473.
150. *मज्झि॰,* 2/3/7.

गई है। *संयुक्त निकाय* के निगंठ सुत्त में गृहपति चित्र और कुतूहलशाला सुत्त में परिव्राजक वत्स के द्वारा निगंठ नातपुत्त के प्रति हेय भाव व्यक्त किया गया है। इसी प्रकार लिच्छवि अभय, लोकायतिक ब्राह्मण सान्त-अनन्त, परिव्राजक सकुल उदायि, सुभद्र और समिय के चर्चा-प्रसंगों में भी गौतमबुद्ध के मत को श्रेष्ठतम प्रदर्शित करने हेतु साम्प्रदायिक दृष्टिकोण अपनाया गया है। फिर भी इन समस्त बौद्ध उल्लेखों से स्पष्ट है कि महावीर बुद्ध से ज्येष्ठ धर्माचार्य थे और आयु में भी वरिष्ठ थे। ऐसा प्रतीत होता है कि बुद्ध को अपने धर्म के प्रचार-प्रसार में महावीर की धर्मदेशना से प्रभावित निगंठ समुदाय से प्रतिद्वंद्विता करनी पड़ी थी। ये विभिन्न बौद्ध-उल्लेख बुद्ध के कनिष्ठ धर्माचार्य होने के कारण निगंठ नातपुत्त महावीर के लोकप्रिय निर्ग्रन्थ मत की आलोचना कर अपने मत की साम्प्रदायिक श्रेष्ठता व्यक्त करने के परिचायक मात्र हैं। बौद्ध विवरणों से महावीर के निर्वाण की महत्त्वपूर्ण घटना गौतम बुद्ध के जीवन-काल में घटित होने का ज्ञान होता है।

महावीर और बुद्ध की मध्य समकालीनता दोनों परम्पराओं में उल्लेखित ऐतिहासिक तथ्यों से भी सिद्ध है। जब दोनों धर्मनायकों ने अपने मत का प्रचार आरम्भ कर आचार्य एवं सुधारक के रूप में जीवन आरम्भ किया, तब मगध में श्रेणिक बिम्बसार और तत्पश्चात् कूणिक अजातशत्रु शक्तिशाली सम्राट थे। इस समय अंग महाजनपद का स्वतंत्र अस्तित्व समाप्त हो गया था और वह मगध साम्राज्यान्तर्गत एक प्रान्त के रूप में रह गया था। वैशाली में वज्जिलिच्छवी तथा पावा और कुसीनरा के मल्ल शक्तिशाली गणराज्य थे। प्रसेनजित् कोसल का शक्तिशाली शासक था और काशी को उसने मगधराज को दहेज में दे दिया था। वत्स में उदयन और अवन्ति में प्रद्योत के शासन का ज्ञान भी दोनों स्रोतों में उपलब्ध है, अतएव महावीर और बुद्ध की समकालीनता मान्य करना विवादजन्य नहीं है।

अभय राजकुमार सुत्त में गौतम बुद्ध के विरोधी और बौद्ध संघ में भेद उत्पन्न करने वाले देवदत्त के प्रति महावीर की शुभ-कामना उल्लेखित करना अत्यन्त महत्त्वपूर्ण[151] है। बी॰एम॰ बरूआ[152] का विचार है कि देवदत्त का झुकाव निर्ग्रन्थ मत की ओर दृष्टिगत होता है। इस संभावना से भी इंकार नहीं किया जा सकता कि देवदत्त ने महावीर के उपदेशों से प्रभावित होकर ही बौद्ध संघ में पांच विशेष नियम आरम्भ करने के उद्देश्य से वितण्डा किया होगा।

---

151. *मज्झि॰,* 1 पृ॰ 392-93.
152. *ला॰म॰ला॰टी॰,* पृष्ठ 17.

निर्ग्रन्थ संघ में भेद

भगवान् महावीर के साधना-काल में मंखली गोशाल उनसे विलग होकर विरोधी बन गया था तथा मृत्यु-पर्यन्त उसने अपने मत की मौलिकता बनाये रखी, जिसके फलस्वरूप ही शताब्दियों बाद तक आजीविक सम्प्रदाय का अस्तित्व जीवन्त धर्म के रूप में ज्ञातव्य है। महावीर के धर्मदेशना के पश्चात् भी निर्ग्रन्थ संघ में भेद उत्पन्न होने के उल्लेख जैन-परम्परा में उपलब्ध हैं। महावीर के केवली होने के चौदहवें वर्ष में उनके भानजे और जामाता जमान्ति के विरोधी हो जाने का ज्ञान *भगवती सूत्र*[153] से होता है। इससे विदित होता है कि जमालि के विरोध के कारण सैद्धान्तिक महत्त्व के नहीं थे। जमालि की पत्नी और महावीर की पुत्री प्रियदर्शना भी महावीर के समवशरण में एक सहस्र स्त्रियों सहित दीक्षित हुई थीं। परवर्ती उल्लेखों के अनुसार प्रियदर्शना भी अपने साध्वी परिवार के साथ महावीर की विरोधी हो गई थी, परन्तु जमालि के जीवन-काल में ही श्रावस्ती के एक कुंभकार ढंक के प्रतिबोध से सत्य मार्ग पर आरूढ़ होकर पुनः महावीर के संघ में प्रविष्ट हो गई थी।[154] इसी प्रकार दो वर्ष पश्चात् निर्ग्रन्थ संघ के एक तिसगुत्त नामक श्रमण ने महावीर के सिद्धान्तों के प्रति तथ्यपरक विरोध व्यक्त किया था। इन भेदों का सम्बन्ध साधारण बातों से था और इनसे महावीर के संघ को किसी प्रकार की क्षति नहीं पहुंची थी। भगवान् ने तत्परतापूर्वक अपनी धर्मदेशना द्वारा इन भेदों को रोक दिया था, यद्यपि जमालि मृत्युपर्यन्त महावीर का विरोधी बना रहा यह ज्ञात है। श्वेताम्बर परम्परा में सुरक्षित इन आरम्भिक संघ-भेदों के उल्लेखों के प्रति दिगम्बर-परम्परा अनभिज्ञ है।

महा परिनिर्वाण

भगवान् महावीर ने 72 वर्ष की आयु में पापा (पावापुरी) में निर्वाण प्राप्त किया था। *कल्पसूत्र* से ज्ञात होता है कि महावीर को रात्रि में मोक्ष प्राप्त हुआ। उस अमावस्या की रात्रि को नौ मल्ली, नौ लिच्छवि, अट्ठारह काशी-कोसल के गण राजा पौषधि व्रत में थे।[155] इस शुभ दिवस पर मनुष्यों ने दीप संजोये। इस रात ज्ञानरूपी दिव्य प्रकाश चला गया और द्रव्योद्योत के द्वारा दीपमाला पर्व का प्रचलन हुआ क्योंकि चतुर्विध अघाती कर्म-दल का क्षयकर के भगवान् महावीर सिद्ध, बुद्ध, मुक्त अवस्था को प्राप्त हुए थे।[156] महावीर की निर्वाण तिथि जैन परम्परा में ईसा पूर्व 527 वर्ष मानी जाती रही है, यद्यपि इस सम्बन्ध में विद्वानों में मतैव्य नहीं है।

---

153. *भगवती,* 9, 33.
154. विशेषावश्यक भाष्य, गाथा 2324 से 2332.
155. *कल्प॰,* 132.
156. वही, 147.

जैन परम्परा के अनुसार महावीर की निर्वाण तिथि 527 वर्ष ईसा पूर्व मानने में अधिक कठिनाई नहीं होती, परन्तु हेमचन्द्र[157] (1078 से 1172 ई॰) ने महावीर के निर्वाण और चन्द्रगुप्त मौर्य के राजा होने के मध्य अन्तर 155 वर्ष निरूपित करके इस तिथि को और विवादास्पद बना दिया है, यद्यपि एक अन्य ग्रन्थ में हेमचन्द्र ने ही स्वयं अपने समकालीन शासक कुमारपाल का समय महावीर के निर्वाण के 1669 वर्ष व्यतीत होने के बाद निश्चित किया है।[158] कुमारपाल का समय 1143 ई॰ है, अतएव इस उल्लेख से निर्वाण तिथि ई॰पू॰ 527 ही ठहरती है। परन्तु इस प्रश्न को गौतम बुद्ध के निर्वाण से सम्बन्धित करने का प्रयास करके विद्वानों द्वारा अधिक उलझा दिया गया है, क्योंकि बुद्ध के महापरिनिर्वाण की तिथि विभिन्न बौद्ध अनुश्रुतियों के कारण अत्यधिक विवादास्पद बन गई है।

महावीर की निर्वाण तिथि निश्चित करने के पूर्व इस तथ्य को समक्ष रखना आवश्यक है कि उनके जीवन-काल में मगध में श्रेणिक बिम्बसार और कूणिक में अजातशत्रु, वत्स में उदयन, अवन्ति में प्रद्योत और तक्षशिला में पुष्करसारिन शासन कर रहे थे। मंखली गोशाल की मृत्यु उनके जीवन-काल में तथा गौतम बुद्ध के पहले ही महावीर का निर्वाण पापा (पावा) में हो चुका था। बौद्ध ग्रंथों में उल्लेखित विभिन्न संवादों से स्पष्ट है कि महावीर को गौतम बुद्ध से आयु में ज्येष्ठ माना जाता था। जैन परम्परा में गोशाल की मृत्यु महावीर के निर्वाण के साढ़े सोलह वर्ष पहले श्रावस्ती में होने तथा कूणिक अजातशत्रु के शासनकाल के सोलहवें वर्ष में भगवान् का निर्वाण होने के उल्लेख उपलब्ध हैं। इस सम्बन्ध में बौद्ध परम्परा का यह उल्लेख महत्त्वपूर्ण माना गया है कि गौतम बुद्ध का निर्वाण अजातशत्रु के शासनकाल के आठवें वर्ष में हुआ था और इसी के आधार पर बुद्ध को वरिष्ठ धर्माचार्य घोषित करने के प्रयास भी हुए हैं। महावीर का निर्वाण और अवन्तिराज प्रद्योत के उत्तराधिकारी पालक का राज्यारोहण एक ही दिन हुआ था। यदि बौद्ध प्रमाणों को गौण मानकर जैन और ब्राह्मण स्रोतों से उपलब्ध जानकारी के आधार पर महावीर के समकालीन शासकों और धर्माचार्यों की तिथि निर्धारित करने का प्रयास किया जाये तो महावीर की निर्वाण की तिथि निर्णित करने में अधिक सुविधा होगी, यद्यपि बौद्ध विवरणों में उल्लेखित कथानकों के अनुसार भी महावीर का निर्वाण गौतम बुद्ध के जीवन-काल में ही हुआ था। *दीघनिकाय* के संगति-पर्याय-सुत्त के अनुसार सारिपुत्त भी इस महान् घटना के समय जीवित थे। *मज्झिम निकाय* के सामगाम सुत्तन्त से ज्ञात होता है कि महावीर के निर्वाण के समय बौद्ध भिक्षु चुन्द समणद्देस का वर्षा-वास भी पावा में ही था। महावीर की निर्वाण तिथि के

157. *परि॰,* 8, 339; श्रमण, वर्ष 13, अंक 6, पृष्ठ 10.

158. *त्रि॰पु॰च॰* 10, 12, 45, 46.

सम्बन्ध में प्रतिपादित विभिन्न मतों की समीक्षा आवश्यक है ताकि इनका आधारभूत निष्कर्ष ज्ञात हो सके।

ई॰पू॰ 437 का सिद्धान्त

एस॰वी॰ वैंकटेश्वर[159] ने महावीर की निर्वाण-तिथि ई॰पू॰ 437 मानी है। उनका विचार है कि गौतम बुद्ध का निर्वाण महावीर के पहले ई॰पू॰ 485 एवं 453 के मध्य हुआ था। उन्होंने जैन परम्परा में वर्णित विक्रम संवत् को 33 ई॰ में प्रचलित आनन्द विक्रम संवत् मानकर महावीर का निर्वाण ई॰पू॰ 437 में मानने का परामर्श दिया है।

ई॰पू॰ 467 का सिद्धान्त

महावीर की निर्वाण-तिथि ई॰पू॰ 467 मानने का संशोधित परामर्श सर्वप्रथम एच॰ याकोबी[160] ने दिया था तथा इसकी पुष्टि जे॰ शारपेंटियर[161] ने भी की। के॰ए॰ नीलकंठ शास्त्री[162] और पं॰ सुखलाल[163] ने भी बहुत कम समान प्रमाण उद्धृत करके यही तिथि मानने का विचार व्यक्त किया है। इस तिथि के समर्थन में निम्नलिखित तर्क प्रस्तुत किए गए हैं –

1. यह तिथि जैन लेखक हेमचन्द्र द्वारा उल्लेखित समयान्तर पर आधारित है। हेमचन्द्र ने महावीर के निर्वाण और चन्द्रगुप्त मौर्य के सिंहासनारूढ़ होने के मध्य 155 वर्ष का अंतर निरूपित किया है। जैन-अनुश्रुति के अनुसार चन्द्रगुप्त की उज्जयिनी में शासन करने की तिथि लगभग ई॰पू॰ 312 में निश्चित की गई है। यह ई॰पू॰ 312 की तिथि चन्द्रगुप्त मौर्य का मगध से उज्जयिनी तक राज्य-विस्तार को प्रकट करती है। इस प्रकार से महावीर की निर्वाण तिथि 312 + 155 = 467 ई॰पू॰ निर्धारित होती है।

2. जे॰ शारपेन्टियर ने गौतम बुद्ध की निर्वाण-तिथि ई॰पू॰ 477 वर्ष मानकर महावीर की उसके बाद ई॰पू॰ 467 वर्ष में निर्धारित की है क्योंकि दोनों धर्माचार्य अजातशत्रु के समकालीन थे। एच॰ याकोबी सिंहल की बौद्ध परम्परा के अनुसार बुद्ध-निर्वाण और चन्द्र-गुप्त मौर्य के राज्यारोहण में 162 वर्ष के अन्तर को मान्य कर गौतम बुद्ध की निर्वाण तिथि ई॰पू॰ 484 मानते हैं।

---

159. *ज॰ए॰सो॰बं॰*, 1917 पृ॰ 112-30.

160. *से॰बु॰ई॰*, जिल्द 22 की प्रस्तावना पृ॰ 37 और जिल्द 45 के पृष्ठ 40 पर एच॰ याकोबी ने महावीर की निर्वाण-तिथि ई॰ पू॰ 467 मानी है, परन्तु बाद में उन्होंने संशोधित तिथि ई॰पू॰ 467 प्रतिपादित की (ए॰एन॰टी॰, 9, पृष्ठ 156).

161. *ए॰एन॰टी॰*, 43, पृ॰ 118; *सी॰ए॰एच॰* जिल्द-1, पृष्ठ 156.

162. *हिस्ट्री ऑफ इण्डिया*, पृ॰ 39-40.

163. *दर्शन और चिन्तन*, द्वितीय खण्ड, पृ॰ 47-48.

3. हेमचन्द्र के द्वारा निरूपित समयान्तर और अन्य जैन-अनुश्रुतियों में वर्णित अन्तर में 60 वर्ष की भूल है। इस अन्तर का कारण ई॰पू॰ 57 में विक्रमादित्य नामक उज्जयिनी के शासक की कल्पना करना है। यदि इस काल्पनिक शासक के राजवंश को प्रदत्त 60 वर्ष कम कर दिए जाएं तो महावीर की निर्वाण तिथि 527-60 = 467 ई॰पू॰ ही निश्चित होती है।

4. जैन-अनुश्रुतियों के अनुसार जैनाचार्य सम्भूति विजय की मृत्यु चन्द्रगुप्त के सिंहासनारूढ़ होने के दिन अथवा महावीर के निर्वाण के 156 वर्ष बाद हुई थी। सम्भूति विजय के उत्तराधिकारी भद्रबाहु की मृत्यु उसके 15 वर्ष पश्चात् हुई थी तथा हेमचन्द्र से परवर्ती जैन अनुश्रुतियां महावीर और भद्रबाहु के निर्वाण के बीच 170 वर्ष का अन्तर मानती हैं। भद्रबाहु और चन्द्रगुप्त मौर्य के घनिष्ठ सम्बन्धों के बारे में कई परवर्ती अनुश्रुतियां और श्रवण बेलगोला के अभिलेख प्रकाश डालते हैं, अतएव भद्रबाहु की मृत्यु-तिथि 467-170 = 297 ई॰पू॰ ठहरती है, जो चन्द्रगुप्त मौर्य के शासनकाल से सम्बन्धित है।

5. *कल्पसूत्र* का वर्तमान स्वरूप गुजरात के शासक ध्रुवसेन के समय संकलित हुआ था तथा यह तिथि महावीर के निर्वाण के 980 अथवा 993 वर्ष बाद की मानी गई है। ध्रुवसेन ने 526 से 540 ई॰ तक शासन किया था, अतएव इस मध्यवर्ती अन्तर से महावीर का निर्वाण 467 ई॰पू॰ के लगभग ही निश्चित होता है।

मंखली गोशाल की मृत्यु की तिथि पर विचार करते हुए ए॰एल॰ बाशम[164] ने महावीर का निर्वाण ई॰पू॰ 468-467 में निश्चित किया है। यह तिथि हेमचन्द्र के परिशिष्ट पर्वन के आधार पर एच॰ याकोबी द्वारा सुझाई गई थी। महावंश में उल्लेखित तुल्यकालत्व के आधार पर गौतम बुद्ध की निर्वाण-तिथि ई॰पू॰ 483 तथा उसके आठ वर्ष पहले अजातशत्रु का राज्यारोहण ई॰पू॰ 491 में निर्धारित करते हुए बाशम वैशाली के वज्जि संघ पर उसका द्वितीय आक्रमण ई॰पू॰ 481-480 में मानते हैं। गोशाल की मृत्यु की तिथि निर्धारित करने में दो तुल्यकालत्व का वे उल्लेख करते हैं – जैन अनुश्रुति के अनुसार महावीर के साढ़े सोलह वर्ष पहले गोशाल ने निर्वाण प्राप्त किया था, तथा (2) मगधराज अजातशत्रु और वैशाली के वज्जि संघ के मध्य हो रहे युद्ध के समय ही गोशाल की मृत्यु हुई थी। इसमें द्वितीय अनुश्रुतिं को विश्वसनीय माना गया है। इस भयंकर युद्ध के दो मोर्चे – महाशिलाकंटक और रथमूसल नाम से प्रसिद्ध हैं। बशम का विश्वास है कि प्रथम मोर्चे के पश्चात् शीघ्र ही गोशाल की मृत्यु हो गई थी। अजातशत्रु के गद्दी पर बैठने की तिथि और बुद्ध के निर्वाण के एक वर्ष पूर्व के बीच कभी यह प्रथम युद्ध हुआ था। उनका

164. ए॰एल॰ बाशम, *हिस्ट्री एण्ड डॉक्ट्रिन्स ऑफ दि आजीविकाज,* पृ॰ 66-78.

विचार है कि अजातशत्रु का प्रथम युद्ध महाशिलाकंटक की तिथि ई॰पू॰ 485 में और तदनुसार गोशाल की मृत्यु ई॰पू॰ 484 में ठहरती है, क्योंकि महाशिलाकंटक युद्ध की भयंकरता के समाचार श्रावस्ती तक पहुंचने और जन-प्रचारित होने में एक वर्ष व्यतीत होना स्वाभाविक था। बौद्ध-ग्रंथों में उल्लेखित पावा में महावीर के निर्वाण होने के बुद्ध तक पहुंचाये गए समाचारों को ए॰एल॰ बाशम मंखली गोशाल के श्रावस्ती के निर्वाण प्राप्त करने का परिचायक मानते हैं, क्योंकि *भगवती सूत्र* के विवरण के अनुसार गोशाल की मृत्यु के पश्चात् ही उसके आजीविक संघ में भेद उत्पन्न हो गया था। *महापरिनिब्बान सुत्त* के अनुसार गौतम बुद्ध के जीवन के अन्तिम वर्ष में अजातशत्रु ने वज्जियों के विरुद्ध युद्ध की तैयारियां आरम्भ कर दी थीं, जबकि जैन-अनुश्रुतियों के अनुसार महाशिलाकंटक और रथमूसल युद्ध महावीर के जीवन-काल में ही हुआ था तथा महाशिलाकंटक युद्ध की आठ चरणों में गोशाल ने गणना की थी।

ई॰पू॰ 477 का सिद्धान्त

जेम्स हेस्टिंग[165] ने महावीर की निर्वाण-तिथि ई॰पू॰ 477 अथवा 476 में निश्चित करने का प्रयास किया है। वे इस परिणाम पर चन्द्रगुप्त मौर्य के सिंहासनारूढ़ होने की ऐतिहासिक तिथि 322 ई॰पू॰ में हेमचन्द्र द्वारा उल्लेखित मध्यांतर 155 वर्ष जोड़कर पहुंचे हैं। एच॰ याकोबी ने भी एक बार महावीर की निर्वाण-तिथि ई॰पू॰ 477 में मानी थी,[166] यद्यपि वे अपनी मान्यताएं बदलते रहे हैं।

ई॰पू॰ 484 का सिद्धांत

मंखली गोशाल की मृत्यु-तिथि पर विचार करने के प्रयत्न में ए॰एफ॰आर॰ हार्नले[167] ने महावीर की निर्वाण-तिथि ई॰पू॰ 484 निश्चित की है। हार्नले गौतम बुद्ध की निर्वाण तिथि को महावीर के बाद मानने के पक्षपाती हैं तथा एच॰ याकोबी के परामर्श को अस्वीकार करते हुए गोशाल की मृत्यु-तिथि *भगवती सूत्र* में वर्णित परम्परा के अनुसार महावीर के 16 वर्ष पूर्व अर्थात् ई॰पू॰ 500 में निर्धारित करते हैं। उनका विचार है कि अजातशत्रु ने अपने पिता बिम्बसार को बुद्ध के निर्वाण के आठ वर्ष पहले मार डाला था, यद्यपि इसके पूर्व ही उसने सत्ता हथिया ली थी। हार्नले का मत है कि वज्जि संघ से अजातशत्रु का युद्ध राजगद्दी हथिया लेने के पश्चात् ही आरम्भ हो चुका था, यद्यपि यह तिथि वे बिम्बसार की मृत्यु से अधिक पहले की नहीं मानते। हार्नले ने अजातशत्रु की सत्ता-प्राप्ति, वज्जियों से

---

165. हेस्टिंग्ज, *एन्साइक्लोपीडिया ऑफ रिलीजन एण्ड एथिक्स,* जिल्द 7, पृ॰ 267.
166. *श्रमण,* वर्ष 13, अंक 7-8, पृ॰ 34.
167. हेस्टिंग्ज, *एन्साइक्लोपीडिया ऑफ रिलीजन एण्ड एथिक्स,* जिल्द 1, पृष्ठ 260-61.

युद्ध और गोशाल की मृत्यु का तिथिक्रमानुसार विवेचन किया है और उसी प्रयत्न में महावीर की निर्वाण-तिथि ई॰पू॰ 484 निश्चित की है।

ई॰पू॰ 486 का सिद्धांत

महावीर के निर्वाण की संभावित तिथियां ई॰पू॰ 468 और 538 के स्थान पर एच॰सी॰ राय चौधरी[168] ई॰पू॰ 486 को मान्य करने का सुझाव देते हैं। गौतम बुद्ध की निर्वाण तिथि को लंका की अनुश्रुति के अनुसार ई॰पू॰ 544 और केंटोनीज (चीनी) अनुश्रुति के अनुसार ई॰पू॰ 486 उल्लेखित करते हुए राय चौधरी ने अजातशत्रु के राज्यारोहण वर्ष के आधार पर दोनों धर्माचार्यों की निर्वाण-तिथि निर्धारित करने का प्रयास किया है। वे बौद्ध-ग्रन्थों में उल्लेखित गौतम बुद्ध के जीवन-काल में ही महावीर का निर्वाण हो जाने की घटना को सत्य मानते हैं। बुद्ध का निर्वाण लंका की बौद्ध-परम्परा के अनुसार (अजातशत्रु के राज्यारोहण से आठ वर्ष पश्चात् होने और महावीर का निर्वाण जैन-परम्परा के अनुसार सोलह वर्ष पश्चात् होने के तथ्यपूर्ण उल्लेखों का विवेचन करते हुए) राय चौधरी परामर्श देते हैं कि जैन-परम्परा में अजातशत्रु के चम्पा में प्रान्तीय शासक के रूप में शासन करने की तिथि से गणना मानी गई और बौद्ध-परम्परा में राजगृह में राज्यारोहण होने की तिथि से। तर्कपूर्ण विवेचन के पश्चात् राय चौधरी ने अजातशत्रु के शासन-काल की मीमांसा करते हुए महावीर की निर्वाण-तिथि ई॰पू॰ 486 निर्धारित की है। सी॰डी॰ चटर्जी[169] ने भी बौद्ध-ग्रन्थों में उल्लेखित महावीर की निर्वाण घटना को बुद्ध के जीवन-काल की वर्णित घटना स्वीकार करते हुए बुद्ध की निर्वाण तिथि ई॰पू॰ 483 और महावीर की ई॰पू॰ 486 निर्धारित की है।

ई॰पू॰ 488 का सिद्धान्त

बौद्ध-अनुश्रुतियों के आधार पर हरिश्चन्द्र सेठ[170] ने महावीर की निर्वाण तिथि ई॰पू॰ 488 और गौतम बुद्ध की ई॰पू॰ 487 मानी है। मेरुतुंग की "विचार श्रेणी" में उल्लेखित काल के अनुसार महावीर का निर्वाण विक्रम संवत् के 470 वर्ष पहले हुआ था; परन्तु इस जैन अनुश्रुति के अनुसार महावीर के निर्वाण और विक्रम संवत् के बीच 40 वर्ष तक नहवाण ने भी राज्य किया था। इस नहवाण की पहचान पश्चिमी भारत के शकक्षत्रप नहपान से की गई है जिसका शासन-काल विक्रम संवत् के बाद रहा था। अतएव "विचार-श्रेणी" में उल्लेखित मध्यान्तर 470 वर्ष में से 40 वर्ष कम कर देने से महावीर की निर्वाण-तिथि (58+430=488) ई॰पू॰ 488 ठहरती है। इससे महावीर के निर्वाण और गौतम बुद्ध के निर्वाण

168. *एन एडवांस हिस्ट्री ऑफ इण्डिया,* पृ॰ 73.
169. बी॰सी॰ ला, वाल्यूम जिल्द 1, पृष्ठ 606-607, पाद-टिप्पणी 30.
170. *भारत-कौमुदी,* भाग 2, पृ॰ 817-38.

ई॰पू॰ 487 में एक वर्ष का अन्तर भी रह जाता है तथा ये दोनों तिथियां इन दो महान् धर्मनायकों के सम्बन्ध में लोकप्रिय बौद्ध और जैन अनुश्रुतियों के बीच साम्य भी प्रकट करती हैं। मेरुतुंग की *विचार-श्रेणी* और अन्य जैन ग्रन्थ *तित्थोगाली पइन्नय* एवं *तित्थोद्गार प्रकीर्ण* में वर्णित परम्परा के अनुसार महावीर के निर्वाण और चन्द्रगुप्त मौर्य के राज्यारोहण का समयान्तर 215 वर्ष है, जो कि चन्द्रगुप्त मौर्य के अवन्ति-विजय की तिथि से सम्बन्धित उल्लेख प्रतीत होता है। महावीर के निर्वाण और विक्रम संवत् के प्रवर्तन के मध्य का उल्लेखित अन्तर 470 वर्ष और मेरुतुंग द्वारा वर्णित चन्द्रगुप्त मौर्य का समयान्तर 215 वर्ष के तुलनात्मक अध्ययन से एक भिन्न निष्कर्ष ज्ञात होता है।

ई॰पू॰ 490 का सिद्धान्त

योगेन्द्र मिश्र[171] ने गौतम बुद्ध की निर्वाण तिथि ई॰पू॰ 487 निर्धारित कर महावीर और गौतम बुद्ध की जीवन घटनाओं और उनके विगत वर्षा-कालों को दृष्टिगत रखते हुए महावीर की निर्वाण तिथि ई॰पू॰ 490 निश्चित की है। व्यतीत वर्षा-कालों की तिथि निर्धारण में उन्होंने विभिन्न आधुनिक लेखकों द्वारा लिखित महावीर और गौतम बुद्ध के जीवन-वृत्तान्तों को ही आधार माना है, यद्यपि राहुल सांकृत्यायन की *बुद्धचर्या* और रत्नप्रभविजय की *श्रमण भगवान् महावीर* में उल्लेखित वर्षा-वासों का तिथि-क्रम पूर्ण विश्वसनीय नहीं है।

बुद्धचर्या के अनुसार गौतम बुद्ध ने अपना सत्रहवां वर्षाकाल राजगृह में व्यतीत किया था, जबकि महासकुलुदायि सुत्तन्त[172] से ज्ञात होता है कि उल्लेखनीय अवसर पर बुद्ध, निगंठ, नातपुत्त, आदि सातों धर्मनायक राजगृह में ही थे। बुद्ध की जन्म-तिथि ई॰पू॰ 567 और महावीर की ई॰पू॰ 561 मानने पर घटना ई॰पू॰ 516 की प्रकट होती है, जबकि दोनों धर्मनायकों ने वर्षा-काल राजगृह में व्यतीत किया था। यह महावीर का सोलहवां वर्षा-वास था। इसके पूर्व ई॰पू॰ 513 के वर्षा-काल में भी महावीर और गौतम बुद्ध राजगृह में ही ठहरे थे। *सामञ्फलसुत्त*[173] से विदित होता है कि राजगृह में मगधराज अजातशत्रु को उसके मंत्रियों ने क्रमशः पूरण काश्यप, मंखली गोशाल, अजितकेशकम्बल, प्रकध कात्यायन, निगण्ठ नातपुत्त व संजय वैलठ्ठिपुत्त से धर्म-चर्चा करने का परामर्श दिया था, परन्तु जीवक कौमार-भृत्य के सुझाव पर उसके आम्रवन में ठहरे गौतम बुद्ध के पास अजातशत्रु धर्म-चर्चा के लिए गया और शास्ता के समक्ष बाकी छः धर्माचर्यों के उपदेशों के प्रति असंतोष व्यक्त करते हुए उनके उपदेश को सर्वोत्कृष्ट बताया और बुद्ध का शरणागत

171. योगेन्द्र मिश्र, *एन अर्ली हिस्ट्री ऑफ वैशाली*, पृ॰ 202-12.
172. *मज्झि॰*, द्वितीय, 3/7.
173. *दीघ॰*, 1, 2.

उपासक बन गया। बुद्ध ने ई॰पू॰ 491 का बयालीसवां वर्षा-काल श्रावस्ती में बिताया था, परन्तु चातुर्मास के अन्तिम मास में वे राजगृह आ गए थे। योगेन्द्र मिश्रा के अनुसार महावीर भी ई॰पू॰ 491 में राजगृह ठहरे थे और यह उनका इकतालीसवां वर्षा-वास था। इस वर्षा-वास में ही सम्भवतः अजातशत्रु राजगृह में महावीर से धर्म-चर्चा करने के पश्चात् बुद्ध के पास गया था, परन्तु *सामञफलसुत्त* का यह संदर्भ *महासकुलुदायि सुत्तन्त* से मेल खाता है, जबकि सातों धर्मनायकों ने वर्षाकाल राजगृह में ही व्यतीत किया था। अपने अन्तिम और बयालीसवें वर्षा-काल को मध्यमा पावा में महावीर ने व्यतीत किया था, जिसकी तिथि योगेन्द्र मिश्र ई॰पू॰ 490 निर्धारित करते हैं।

वैशाली के सेनापति सिंह के निर्ग्रंथ श्रावक से बौद्ध धर्मानुयायी होने की[174] घटना को योगेन्द्र मिश्र ई॰पू॰ 519 की मानते हैं, जबकि महावीर और गौतम बुद्ध वैशाली में ठहरे थे। इसी प्रकार उपालि सुत्तन्त[175] में वर्णित गृहपति उपालि के बौद्ध उपासक हो जाने की घटना के समय गौतम बुद्ध और महावीर नालन्दा में ठहरे थे और यह तिथि वे ई॰पू॰ 491 मानते हैं। योगेन्द्र मिश्र ने महावीर और गौतम बुद्ध के राजगृह, वैशाली और नालन्दा में एक समय में व्यतीत किए गए वर्षा-कालों की तिथि निर्धारित करते हुए ई॰पू॰ 490 में महावीर की निर्वाण-तिथि निश्चित की है तथा इस घटना को वे गौतम बुद्ध के जीवन-काल में ही घटित होना स्वीकार करते हैं।

ई॰पू॰ 498 का सिद्धान्त

बी॰सी॰ ला[176] ने महावीर की निर्वाण-तिथि ई॰पू॰ 498 में मानी है। उनका विचार है कि महावीर की निर्वाण-तिथि ई॰पू॰ 527 और गौतम बुद्ध की ई॰पू॰ 544 मानने की परम्पराएं दोनों धर्माचार्यों के जीवन से सम्बन्धित ज्ञान ऐतिहासिक तथ्यों के प्रकाश में उचित नहीं है। लाड़ा का विचार है कि महावीर ने गौतम बुद्ध के पहले निर्वाण प्राप्त किया था और इसी प्रकार वे बुद्ध के पहले ही हुए थे। गौतम बुद्ध की निर्वाण-तिथि ई॰पू॰ 544 मानने के प्रति असहमति व्यक्त करते हुए वे प्रामाणिक तिथि ई॰पू॰ 486 अथवा 484 निश्चित करते हैं। लाड़ा ने श्रेणिक बिम्बसार का राज्यारोहण वर्ष ई॰पू॰ 544-43 और महावीर के जिन् (केवली) बनने की तिथि ई॰पू॰ 527 निर्धारित की है। तद्नुसार महावीर का जन्म ई॰पू॰ 570 में तथा निर्वाण ई॰पू॰ 498 में होना निश्चित होता है।

---

174. *म॰व॰, भेषज्य* खन्धक, 6, 4, 8.
175. *मज्झि॰,* 2, 1, 6.
176. *ला॰म॰ला॰टी॰,* पृ॰ 53.

ई॰पू॰ 546 का सिद्धान्त

के॰पी॰ जायसवाल[177] बौद्ध त्रिपिटकों में वर्णित निगंठ नातपुत्त के निर्वाण-प्रसंग की समीक्षा करते हुए *सामगाम सुत्त* में वर्णित महावीर के पावा में निर्वाण प्राप्त करने के दो वर्ष पश्चात् गौतम बुद्ध की मृत्यु होना स्वीकार करते हैं। लंका की बौद्ध परम्परा के अनुसार बुद्ध-निर्वाण ई॰पू॰ 544 में और तद्नुकूल महावीर का निर्वाण ई॰पू॰ 546 में वे मानते हैं। जैनगणना के अनुसार महावीर के निर्वाण और विक्रम के जन्म के मध्य निरूपित अन्तर 470 वर्ष को विक्रम संवत् प्रवर्तन की तिथि ई॰पू॰ 57 से 18 वर्ष पहले निर्धारित करके जायसवाल निर्वाण वर्ष 470+18+57 = 545-46 ई॰पू॰ निश्चित करते हैं। अपने कथन की पुष्टि में कुछ पट्टावलियों में उल्लेखित चन्द्रगुप्त मौर्य के राज्यारोहण और महावीर के निर्वाण में निरूपित अन्तर 219 वर्ष को भी वे विश्वस्त मानते हैं। उन्होंने जैन-स्रोतों से ज्ञात तिथिक्रम के साथ पौराणिक अनुश्रुतियों में उल्लेखित तिथिक्रम का सामंजस्य करने का स्तुत्य प्रयास किया है। अपने ऐतिहासिक विवेचन के द्वारा के॰पी॰ जायसवाल ने दोनों महान् धर्माचार्यों की निर्वाण तिथियां निर्धारित की हैं।[178]

उपर्युक्त सिद्धान्तों की समालोचना

उपर्युक्त सिद्धान्तों को प्रतिपादित करने में इतिहासकारों ने सबल तर्क प्रस्तुत किए हैं, परन्तु पूर्वाग्रहपूर्ण विवेचनों से उनको पूर्णतया स्वीकार करना कठिन है। एच॰ याकोबी, जे॰ शारपेंटियर, हेस्टिंग, ए॰एल॰ बाशम प्रभृति विद्वानों ने बारहवीं शताब्दी के जैन विद्वान् हेमचन्द्र के त्रुटिपूर्ण उल्लेख, "एवं च श्री महावीरमुक्तं वर्ष शते गते। पंच पंचाशदधिके चन्द्रगुप्ता भवेन्नृपः"[179] को पूर्ण विश्वस्त स्वीकार कर महावीर के निर्वाण और चन्द्रगुप्त मौर्य के राज्यारोहण में 155 वर्ष का अन्तर मान लिया; जबकि हेमचन्द्र का यह उल्लेख अन्य जैन परम्पराओं से भिन्न और एकमेव उदाहरण है। हेमचन्द्र ने स्वयं यह उल्लेख अन्य जैन "त्रिषष्टिशलाका पुरुष चरित्रम्" में अपने समकालीन शासक कुमारपाल का समय महावीर निर्वाण से 1669 वर्ष बाद होना उल्लेखित किया है, जोकि अन्य जैन परम्परा में उल्लेखित चन्द्रगुप्त मौर्य के राज्यारोहण और महावीर के निर्वाण के बीच व्यतीत 210 अथवा 215 वर्ष के निकट है। हेमचन्द्र का प्रथम उल्लेख ही कई भ्रान्तियों का जनक है, यद्यपि इसी ग्रन्थ में उसने नन्द वंश का आरम्भ महावीर के निर्वाण के 60 वर्ष पश्चात्[180] उल्लेखित किया है, जोकि असंगत है। यतिवृषभ रचित "*तिलोयपण्णत्ति*"

---

177. *ज॰बि॰ओ॰रि॰सौ॰,* 1, पृ॰ 103.
178. *ज॰बि॰ओ॰रि॰सौ॰,* पृ॰ 99-104.
179. *परि॰* सर्ग 8, श्लोक 339.
180. *परि॰,* 6, 243.

(पांचवीं शताब्दी), जिनसेन रचित "*हरिवंश*" (783 ई॰) व नेमिचन्द्र रचित "*त्रिलोकसार*" (973 ई॰) में चन्द्रगुप्त मौर्य और महावीर के निर्वाण के मध्य अन्तर 215 वर्ष बताया गया है तथा ये विद्वान्गण हेमचन्द्र से पहले के हैं। मेरुतुंग रचित "विचार श्रेणी" और अन्य परवर्ती ग्रन्थों में भी यह अन्तर 215 वर्ष का ही बताया गया है। हेमचन्द्र के समकालीन कुमारपाल की तिथि 1143 ई॰ मानी गई है जोकि उसके अनुसार ही महावीर के निर्वाण से 1669 वर्ष बाद हुआ था,[181] अर्थात् यह निर्वाण वह ई॰पू॰ 527 में ही मान्य करता है।

इन जैन-अनुश्रुतियों में राजा पालक का उल्लेख है, जिसका राज्यारोहण और महावीर का निर्वाण एक ही दिन हुआ था। यह पालक पुराणों में भी चन्द्रप्रद्योत का पुत्र और उत्तराधिकारी वर्णित है। इसके समकालीन मगध के शासक अजातशत्रु और उदायि थे। जैन परम्पराओं में वर्णित राजवंशावलियों का सम्बन्ध मगध से स्थापित करना असंगत है क्योंकि ये वंशावलियां पश्चिमी भारत और विशेष रूप से उज्जयिनी में शासनरत राजवंशों से सम्बन्धित प्रतीत होती हैं। इस तथ्य को स्वीकार करना असंगत नहीं होगा कि इन उल्लेखित शासकों में से कुछ का सम्बन्ध मगध से था।

उपर्युक्त विभिन्न मतों से सारभूत दोष यह है कि इनके प्रणेताओं ने महावीर की निर्वाण-तिथि को गौतम बुद्ध की निर्वाण-तिथि के आधार पर निश्चित करने का प्रयत्न किया है, जबकि बुद्ध के निर्वाण की तिथि विवादास्पद है; एतदर्थ विद्वान्गण विभिन्न निष्कर्ष पर पहुंचे हैं। एच॰ याकोबी और जे॰ शारपेंटियर ने बुद्ध की निर्वाण-तिथि ई॰पू॰ 477 निश्चित करके निगंठ नातपुत्त से सम्बन्धित बौद्ध-उल्लेखों को अस्वीकार करते हुए महावीर की निर्वाण-तिथि ई॰पू॰ 467 निर्धारित की है। इसी प्रकार ए॰एल॰ बाशम और ए॰एफ॰आर॰ हार्नले ने बुद्ध की निर्वाण तिथि ई॰पू॰ 483 निश्चित करके गोशाल और महावीर की निर्वाण-तिथि निर्धारित करने का प्रयास किया है। एच॰सी॰ रायचौधरी, बी॰सी॰ लाहा, हरिश्चन्द्र सेठ और योगेन्द्र मिश्र ने बुद्ध की निर्वाण-तिथि ई॰पू॰ 487-86 मान्य करने के पश्चात् ही महावीर की निर्वाण-तिथि निश्चित की है। के॰पी॰ जायसवाल ने भी बुद्ध की निर्वाण-तिथि ई॰पू॰ 544 स्वीकार करने के पश्चात् ही महावीर का निर्वाण ई॰पू॰ 545 में होना निश्चित किया है। महावीर की निर्वाण-तिथि जैन लेखकों के विवरणों के अनुसार ई॰पू॰ 527 निर्धारित होती है तथा इसका अपवाद हेमचन्द्र के परिशिष्ट-पर्व का एकमेव त्रुटिपूर्ण उल्लेख है। यदि निर्विवाद जैन परम्परा को स्वीकार करके गौतम बुद्ध की निर्वाण-तिथि निर्धारित करने के प्रयास किए जायें, तो संभवतः तथ्यपरक निष्कर्ष पर पहुंचा जा सकता है।

महावीर के निर्वाण से पहले गौतम बुद्ध का निर्वाण हो जाने की याकोबी, शारपेन्टियर,

---

181. *त्रि॰पु॰च॰,* 10, 12, 45, 46.

जायसवाल, बाशम प्रभृति विद्वानों की कल्पना तथ्यों के विपरीत है। विभिन्न आरम्भिक बौद्ध-विवरणों[182] से स्पष्ट है कि महावीर गौतम बुद्ध से पूर्ववर्ती और ज्येष्ठ थे तथा महावीर का निर्वाण गौतम बुद्ध के जीवन-काल में हो चुका था।[183] महावीर को केवलज्ञान गौतम बुद्ध को सम्बोधि प्राप्त होने के पूर्व ही प्राप्त हो चुका था। निगंठ नातपुत्त के निर्वाण-प्रसंग से सम्बन्धित बौद्ध-संवादों से स्पष्ट है कि महावीर का निर्वाण पावा में हुआ था तत्पश्चात् उनके निगंठ अनुयायियों में हुई कलह की जानकारी बुद्ध को दी गई थी। इन विद्वानों के अनुसार महावीर के निर्वाण से विक्रम संवत् और शक संवत् के प्रवर्तन काल (ई॰पू॰ 57 और 78 ई॰) तक जैन-अनुश्रुतियों में वर्णित शासकों की सूची और तिथि-क्रम नियमित नहीं है तथा कुछ संदर्भों में तो इन अनुश्रुतियों का ऐतिहासिक आधार ही अनुपलब्ध है। यद्यपि इन तिथियों में साधारण असंगतियां अवश्य हैं, परन्तु इन जैन-अनुश्रुतियों में सुरक्षित ऐतिहासिक तथ्यों की उपेक्षा भी नहीं की जा सकती है। जैन परम्पराओं में सुरक्षित विवरणों का उपयोग अनुवांशिक इतिहास तैयार करने के बजाय महावीर की निर्वाण-तिथि निर्धारित करना ही अधिक उपयुक्त है।

जैन-अनुश्रुतियों में विक्रम के पहले नहवाण नामक शासक का राज्य-काल 40 वर्ष उल्लेखित है, जिसका समीकरण शक महाक्षत्रक नहपान से करके हरिश्चन्द्र सेठ ने विक्रम से परवर्ती शासक होने के कारण महावीर निर्वाण और विक्रम के बीच प्रदत्त समयान्तर 470 वर्ष में से इसका राज्यकाल 40 वर्ष कम करके शेष समयान्तर 430 वर्षों को विक्रम संवत् प्रवर्तन-तिथि से मान्य करके, निर्वाण-वर्ष ई॰पू॰ 488 में निर्धारित किया है। उज्जयिनी में शकों का राज्य विक्रम के पूर्व "कालकाचार्य कथानक" से ज्ञात होता है और नहवाण को इस आरम्भिक शक शासन से सम्बन्धित करने में कठिनाई नहीं है क्योंकि सिक्कों से भी पश्चिमी भारत के आरम्भिक शक शासकों का ज्ञान होता है।[184] उज्जैन और उसके निकटवर्ती क्षेत्रों से पांच शक शासकों – हमुगस, वलाक, महु, दास और सौम के ताम्र सिक्के मिले हैं, जिनकी तिथि लिपि के आधार पर ईसा पूर्व प्रथम शताब्दी मानी जाती है। कृष्णदत्त बाजपेयी ने सिक्कों से ज्ञात इन शासकों को पश्चिमी भारत के क्षहरात और कार्दमक शक क्षत्रप भूमक और चष्टन के पूर्वज माना है। ये आरम्भिक शक सिक्के परवर्ती शक-क्षत्रपों के सिक्कों से लिपि के आधार पर भी समानता रखते हैं, यद्यपि इनके पृष्ठ भाग पर मेंढक, पहाड़ी पर चन्द्रमा, वेदिका में वृक्ष और उज्जयिनी चिह्न अंकित हैं। अतएव महावीर के निर्वाण और विक्रम के मध्य मान्य परम्परागत समयान्तर को 470 वर्षों से कम-ज्यादा करना समीचीन नहीं है।

182. *सं॰*, दहर सुत्त 3/1/1; *दीर्घ॰ सामंञफल सुत्त*, 1/2; *डा॰बु॰*, पृ॰ 66.
183. *मज्झि॰*, सामगाम सुत्तन्त, 3/1/4; *दीघ॰*, पासादिक सुत्त, 3/6; *दीघ॰*, संगीति-परियाय सुत्त, 3/18.
184. *कै॰मा॰ए॰*, पृ॰ 156.

जे.के. मुख्तार[185] विक्रम संवत् का आरम्भ राजा विक्रम के जन्म अथवा विजय से नहीं, अपितु उसकी मृत्यु से मानते हैं। इस मान्यता के आधार पर वे.जे. शार्पेन्टियर और के.पी. जायसवाल के मतों का खण्डन करते हुए महावीर के निर्वाण और विक्रम के बीच जैन परम्परा में उल्लेखित अन्तर 2470 वर्षों में कुछ वर्ष घटाने अथवा बढ़ाने को अनुचित समझते हैं।

महावीर और गौतम बुद्ध के जीवन-सम्बन्धी घटनाओं और एक नगर में ही वर्षा-वास करने के बौद्ध-विवरणों के आधार पर योगेन्द्र मिश्र ने क्रमिक और तुलनात्मक अध्ययन प्रस्तुत करके महावीर के निर्वाण की तिथि ई.पू. 490 निश्चित की है। अपने इस तुलनात्मक अध्ययन में राहुल सांकृत्यायन की *बुद्धचर्या* और रत्नप्रभ विजय के *श्रमण भगवान महावीर* के वर्षा-वासों से संबंधित विवरणों को उन्होंने विवेचन का आधार बनाया है, जबकि प्राचीन जैन-ग्रन्थों और आरम्भिक बौद्ध-उल्लेखों में महावीर और गौतम बुद्ध के वर्षा-वासों का तिथि-क्रमानुसार वर्णन उपलब्ध नहीं है। इन ग्रन्थों में राहुल सांकृत्यायन और रत्नप्रभविजय ने वर्षा-वासों के विवरणों से संबंधित परवर्ती ग्रंथों का आश्रय लिया है, अतएव योगेन्द्र मिश्र की मान्यता की आधारभूमि ही शंकास्पद है।

एस.वी. वैंकटेश्वर के द्वारा प्रतिपादित महावीर की निर्वाण-तिथि ई.पू. 437 होने का सिद्धान्त मान्य साक्ष्यों द्वारा पुष्टि के अभाव में कल्पनाजन्य प्रतीत होता है। जी.एच. ओझा ने अपने शोधलेख[186] में स्पष्ट रूप से सिद्ध किया है कि आनन्द विक्रम संवत् नामक किसी संवत् का प्रचलन होना अज्ञात है और न इसका प्रचार ही ज्ञात होता है। वे इस तथ्य् को भी अस्वीकार करते हैं कि चन्द्र के *पृथ्वीराज रासो* में आनन्द विक्रम नामक किसी संवत् का उल्लेख भी है।

उपर्युक्त सिद्धान्तों में आधारभूत तथ्यों को तोड़-मरोड़कर वांछित परिणाम निकालने के प्रयास निहित है। जैन-परम्परा में प्रचलित मान्यताओं के समग्र एवं समालोचनापूर्ण मूल्यांकन से महावीर की निर्वाण-तिथि निश्चित करना कठिन नहीं है।

ई.पू. 527 का सिद्धान्त

विद्वानों के एक बहुत बड़े वर्ग ने महावीर की निर्वाण-तिथि ई.पू. 527 निश्चित की है।[187] इस मत के समर्थन में निम्नांकित तर्क दिए जाते हैं –

185. *जैन साहित्य और इतिहास पर विशद प्रकाश,* पृष्ठ 26, वर्ष 1.

186. *ना.प्र.प.,* पृ. 377-454.

187. जी. एन. ओझा, *भारतीय प्राचीन लिपिमाला;* वासुदेवशरण अग्रवाल, *तीर्थंकर भगवान् महावीर,* 2, भूमिका, पृष्ठ 19; हीरालाल जैन, *तत्त्व समुच्चय,* पृष्ठ 6, कल्याणविजय, *वीर निर्वाण संवत् और जैन कालगणना, वि.ती.म.; न.आ.त्रि.अ.,* पृ. 87; विश्वनाथ रेऊ, *भारत के प्राचीन राजवंश,* खण्ड 2, पृ. 436.

1. महावीर की निर्वाण-तिथि ई॰पू॰ 527 ही होने से सम्बन्धित पांचवीं शताब्दी से अक्षुण्ण जैन परम्पराएं उपलब्ध हैं। सर्वप्रथम पांचवीं शताब्दी में यतिवृषभ ने अपने ग्रन्थ *तिलोयपण्णति* में समय का उल्लेख किया है। इसके अनुसार महावीर की निर्वाण-तिथि के 605 वर्ष 5 मास बाद शक संवत् आरम्भ हुआ था अर्थात् निर्वाण-तिथि 605-78 = ई॰पू॰ 527 हुई। इसकी पुष्टि *हरिवंश पुराण* में जिनषेण (783 ई॰) ने, *त्रिलोकसार* में नेमिचन्द्र (963 ई॰) ने, तथा *उत्तरपुराण* में गुणभद्र (889 ई॰) ने भी की है। चौथी शताब्दी के ग्रन्थ *तित्थोगाली पइन्नय* तथा मेरुतुंग (1306 ई॰) की *विचार श्रेणी* और उससे परवर्ती लेखकों ने भी महावीर के निर्वाण के पश्चात् की तिथियां उल्लेखित की हैं। जैन-लेखकों ने महावीर की निर्वाण-तिथि प्रदर्शित करने हेतु महावीर-निर्वाण विक्रम या शक में से किसी एक संवत् का उल्लेख किया है। हेमचन्द्र (1143 ई॰) ने अपने *त्रिषष्टिशलाका पुरुष चरित्र* में महावीर के निर्वाण का वर्ष 1669 का चौलुक्य कुमारपाल की तिथि हेतु उल्लेख किया है। यह एक महत्त्वपूर्ण तथ्य है कि जैन-परम्परा में महावीर की निर्वाण तिथि के सम्बन्ध में वैभिन्य नहीं है, जबकि बुद्ध-निर्वाण के बारे में बौद्ध परम्पराएं विभिन्न तिथियां बतलाती हैं। हेमचन्द्र के *परिशिष्ट पर्व* का त्रुटिपूर्ण उल्लेख इसका एकमेव अपवाद है। जैन परम्पराओं के अनुसार भी विक्रम संवत् की प्रवर्तन तिथि ई॰पू॰ 57 और शक संवत् की प्रवर्तन तिथि 78 ई॰ तथा दोनों संवत्सरों के मध्य अन्तर 135 वर्ष का होना निर्विवाद है। जैन धर्म अपनी जीवन्त शक्ति के कारण भारत में अक्षुण्ण रहा। चाहे इस धर्म के भेद-उपभेद अथवा सम्प्रदाय क्षेत्र विशेष में प्रभावशाली रहे हों, जैन मतानुयायियों ने अपने सहधर्मियों से जीवन्त सम्पर्क बनाये रखा, फलतः सामाजिक और धार्मिक परम्पराओं को सुरक्षित रखने में जैन लोग सफल रहे। मेरुतुंग की *विचार श्रेणी, तित्योगाली पइन्नय* और *तित्थोद्धार प्रकीर्ण* में चन्द्रगुप्त मौर्य और महावीर-निर्वाण के बीच 215 वर्ष का अन्तर (312 + 215) माना गया है तथा महावीर निर्वाण के 470 वर्ष बाद उज्जयिनी में विक्रमादित्य राजा के होने का उल्लेख है।[188]

2. मेरुतुंग की *विचार श्रेणी* की कुछ गाथाओं में महावीर निर्वाण-संवत् तथा विक्रम और शक संवतों के मध्य शासनरत राजवंशों के शासन वर्ष वर्णित हैं। इनका निष्कर्ष निम्नलिखित तिथिक्रम से स्पष्ट होगा।[189]

188. *विचार श्रेणी,* पृ॰ 3-4; *श्री सौभाग्य पंचम्यादि पर्व कथा संग्रह,* पृ॰ 98-97; *विविध तीर्थकल्प,* पृ॰ 38-39.

189. धर्मसागर कृत *तपागच्छ पट्टावली* में पालक को 60 वर्ष, नन्दों को 155 वर्ष, मौर्यों को 108 वर्ष, पुष्यमित्र को 30 वर्ष, बलमित्र-भानुमित्र को 60 वर्ष, तत्पश्चात् नहवाण 40 और फिर गर्दभिल्ल को 13 वर्ष और उसके 4 वर्ष बाद विक्रमादित्य, ऐसे विक्रम और महावीर-निर्वाण के बीच 470 वर्षों का उल्लेख है.

महावीर का निर्वाण	ई॰पू॰ 527
पालक का राज्याभिषेक	ई॰पू॰ 527
नन्दों द्वारा स्थापित प्रभुसत्ता	ई॰पू॰ 467
मौर्यों द्वारा स्थापित प्रभुसत्ता	ई॰पू॰ 312
पुष्यमित्र शुंग का राज्यारोहण	ई॰पू॰ 204
बलमित्र का राज्यारोहण	ई॰पू॰ 174
नमोवाहन का राज्यारोहण	ई॰पू॰ 114
गर्दभिल्ल का राज्याभिषेक	ई॰पू॰ 74
शकों द्वारा गर्दभिल्ल का पराभव	ई॰पू॰ 61
विक्रमादित्य का राज्याभिषेक	ई॰पू॰ 57
विक्रमादित्य के चार उत्तराधिकारी	ई॰पू॰ 3–78 ई॰ तक
शक संवत् का प्रवर्तन	ई॰ 78

उपरोक्त तिथिक्रम योजना उज्जयिनी पर शासन करने वाले राजवंशों से सम्बन्धित है तथा इसमें ऐसे कोई उल्लेख नहीं हैं, जिन्हें अर्थहीन और अविश्वसनीय माना जा सके। ऐतिहासिक तथ्यों पर विहंगम दृष्टि डालें, तो प्रतीत होता है कि जैन परम्पराएं प्राचीन और तथ्यपरक हैं। यद्यपि इस तिथिक्रम योजना की पुष्टि जैनेतर स्रोतों से पूर्णरूपेण नहीं होती, फिर भी इस सुरक्षित परम्परा की उपेक्षा करना सम्भव नहीं है। इन जैन-अनुश्रुतियों का उद्देश्य महावीर के निर्वाण-वर्ष की स्मृति को सुरक्षित रखना मात्र था। इसी कारण इन अनुश्रुतियों में निर्वाण-संवत् अथवा शासक और घटना विशेष से महावीर के निर्वाण के बीच व्यतीत वर्षों का लेखा-जोखा उपलब्ध है। निष्कर्षतः जैन-परम्परा का आधारभूत तथ्य महावीर-निर्वाण की तिथि उल्लेखित करना है। अतएव इस तिथि को विवादास्पद प्रदर्शित करना व्यर्थ है।

3. जैन आगम-ग्रन्थों के संकलन से सम्बन्धित विभिन्न ग्रन्थों में वर्णित सुरक्षित परम्पराएं[190] महावीर के पश्चात् हुए 28 आचार्यों के उत्तराधिकार-क्रम को भी उद्धृत करती हैं। इनमें आचार्य परम्परा को पांच वर्गों में विभाजित करते हुए, प्रत्येक समुदाय द्वारा व्यतीत किया गया समय भी उल्लेखित किया गया है। जैन-अनुश्रुतियों में महावीर और शक संवत् के आविर्भाव के मध्य अन्तर 605 वर्ष बताया

---

190. *तिलोयपण्णत्ति* (पांचवीं शताब्दी); *जम्बूद्वीप प्रज्ञप्ति* (700 वर्ष), *धवला* (780 ई॰), *हरिवंश पुराण* (783 ई॰); *जयधवल* (837 ई॰); *कल्पसूत्र थेरावली, परिशिष्ट पर्वन, प्रभावक चरित,* तथा नन्दि, सेन और काष्ठा संघ की पट्टावलियां.

है। विभिन्न साधन-स्रोत महावीर-निर्वाण के 683 वर्ष तक आचार्यों का उत्तराधिकार-क्रम बतलाते हैं, जबकि आगम ग्रन्थों को संकलित करना अनिवार्य हो गया और तदनुसार आगमों को ग्रन्थ रूप में संकलित किया गया। इन मध्यान्तर वर्षों में आगम के प्रत्यक्ष ज्ञान का परिमाण क्रमशः कम होता रहा था। अन्ततः शक संवत् 77 में स्मृति में सुरक्षित शेष बचे आगमों को ग्रंथाकार स्वरूप प्रदान किया गया।

इन विभिन्न ग्रन्थों में सुरक्षित अनुश्रुतियों में वर्णित आचार्यों के नामों में कुछ अन्तर है तथा आचार्यों के पांचवें अथवा छठे समूह के द्वारा सुरक्षित आगम-ज्ञान के परिमाण के सम्बन्ध में भी मतवैभिन्य है। जैन-अनुश्रुतियां भद्रबाहु को चन्द्रगुप्त मौर्य के समकालीन (ई॰पू॰ 324—300) बतलाती हैं, परन्तु भट्टारकों से सम्बन्धित पट्टक्रम के अनुसार तो भद्रबाहु का समय ई॰पू॰ 365 में ठहरता है। के॰सी॰ शास्त्री[191] ने भट्टारकों के वंशानुक्रम में निहित 60 वर्षों के त्रुटिपूर्ण अन्तर को सुधारने का प्रयास किया है। नन्दिसंघ की पट्टावलियों में से प्राकृत पट्टावली प्राचीन है तथा इसमें चतुर्थ वर्ग के पांच आचार्यों का समय 123 वर्ष उल्लेखित है, जबकि जैन-स्रोतों में यह 220 अथवा 222 वर्ष वर्णित है। इसी प्रकार यह पट्टावली पंचम वर्ग के आचार्य समूह का काल 99 वर्ष बतलाती है, जबकि अन्य स्रोतों में 118 वर्ष उल्लेखित है।

4. महावीर निर्वाण के एक हजार वर्ष पश्चात् हुए कल्किराज नामक अत्याचारी शासक के जन्म का जैन अनुश्रुतियों में वर्णन है।[192] जिनषेण ने महावीर के निर्वाण के 605 वर्ष 5 मास बाद शक राजा तथा गुप्तराजा के 231 वर्ष बाद कल्किराज का जन्म होना वर्णित किया है। गुणभद्र के अनुसार महावीर निर्वाण के 1000 वर्ष बाद कल्किराज का जन्म हुआ था। नेमिचन्द्र के अनुसार महावीर निर्वाण के 605 वर्ष 5 मास बाद शककाल तथा उसके 394 वर्ष 7 मास बाद कल्किराज पैदा हुआ। इन सभी उल्लेखों से कल्किराज और महावीर के निर्वाण के मध्य में 1000 वर्ष का समयान्तर ज्ञात होता है। उज्जयिनी के विशेष सन्दर्भ में इस एक हजार वर्ष में शासनरत राजवंशों की सूचियां भी उपलब्ध हैं। इनमें अन्तिम शासक के रूप में कल्कि का वर्णन है। इस कल्कि का एकीकरण मन्दसौर के औलिकर वंशीय शासक यशोधर्मन विष्णुवर्द्धन अथवा हूण सम्राट मिहिरकुल से करने के सुझाव भी दिए गए हैं।[193] इनको स्वीकार करना जैनेतर स्रोतों के समर्थन के अभाव में सम्भव नहीं है।

191. *जैन साहित्य का इतिहास,* पृ॰ 356-369.
192. *हरिवंश,* 60, 490-95; *त्रिलोकसार,* पृ॰ 132; *उत्तर पुराण* (*इण्डि॰ आ॰ रि॰,* 15, पृ॰ 243).
193. नाथूराम प्रेमी, *जैन साहित्य और इतिहास,* पृ॰ 20.

5. जैन संघ में उत्पन्न दिगम्बर-श्वेताम्बर भेद की घटना में भी इस तिथि की पुष्टि होती है। श्वेताम्बर जैन परम्परा के अनुसार महावीर के निर्वाण के 609 वर्ष बाद (609–527=82 ई॰) तथा दिगम्बर जैन परम्परा के अनुसार विक्रम के 136 वर्ष पश्चात् (136–58=78 ई॰) में यह भेद हुआ था। दोनों परम्पराओं के अनुसार[194] इस भेद का समय 82–78 ई॰ के मध्य आता है, यदि निर्वाण-तिथि को ई॰पू॰ 527 में माना जाए।

6. श्वेताम्बर जैन मतानुयायियों द्वारा मान्य आगम-ग्रन्थों की संकलन-तिथि के आधार पर भी महावीर की निर्वाण-तिथि ई॰पू॰ 527 में निश्चित होती है। अनुश्रुतियों के अनुसार ये संकलन महावीर के निर्वाण के 993 वर्ष अथवा 980 वर्ष पश्चात् (466 अथवा 453 ई॰) किए गए थे। यह तिथि तथ्यपूर्ण है क्योंकि भद्रबाहु तृतीय ने संकलित आगम-सूत्रों पर निर्युक्तियां लिखी थीं। इसे प्रसिद्ध गणितज्ञ वराहमिहिर (505 ई॰) का ज्येष्ठ भ्राता माना गया है। अतएव आगम-ग्रन्थों के संकलन का समय पांचवीं शताब्दी के उत्तरार्द्ध में स्वीकार करना समीचीन है।

7. विभिन्न जैन ग्रन्थों[195] में महावीर के निर्वाण और शक संवत् के मध्य अंतर 605 वर्ष और 5 मास का वर्णित है जिससे स्पष्टतः निर्वाण-वर्ष 605-78= ई॰पू॰ 537 में ही आता है।

8. परवर्ती ग्रन्थों के अनुसार महावीर-निर्वाण के समय भस्म ग्रह लगा था तथा *कल्पसूत्र* में उसका काल 2000 वर्ष माना गया है।[196] मज्जयाचार्य[197] ने भस्म ग्रह के उतरने की तिथि विक्रम संवत् 1530 बताई है, जिसके अनुसार भी निर्वाण-तिथि 2000-1530=470 वर्ष अर्थात् ई॰पू॰ 527 ही निश्चित होती है।

महावीर मगधराज श्रेणिक बिम्बसार और अवन्तिराज प्रद्योत का समकालीन गंधार का शासक पुष्करसारिन् था। पुष्करसारिन् की राजधानी तक्षशिला थी। उज्जयिनी के शक्तिशाली शासक चण्डप्रद्योत से इसकी शत्रुता थी, यद्यपि उनकी पारस्परिक शत्रुता के कारण अज्ञात है। पुष्करसारिन् ने प्रद्योत के विरुद्ध मैत्री स्थापित करने हेतु बिम्बसार के

---

194. *आवश्यक मूल भाष्य* (609 ई॰); *दर्शनसार* (933 ई॰).

195. *तित्थोगाली पइन्नय* श्लोक 620-23; *तिलोयपण्णति* भाग 1, पृ॰ 341, *हरिवंश पुराण* 60, 546; *त्रिलोक* सार, 850; नेमिचन्द्र रचित *महावीर-चरियं,* श्लोक 2169 पृ॰ 64-1; *विचारश्रेणी,* जैन साहित्य संशोधक, खण्ड 2, अंक 3-4, पृ॰ 4.

196. *कल्प॰,* 128-30.

197. *भ्रमविध्वंसनम्* भूमिका, पृ॰ 14-15.

पास राजदूत और पत्र भेजे थे, किन्तु बिम्बसार तटस्थ रहा। प्रद्योत को पुष्करसारिन् से लड़े गए युद्ध में भयंकर असफलता मिली। गंधार के शत्रु और पड़ोसी पाण्डवों ने पुष्करसारिन् पर आक्रमण कर दिया था, फलतः उसके इस युद्ध में संलग्न हो जाने के कारण ही प्रद्योत विपत्ति से बच सका। पांडवों का राज्य पंजाब में था। यह घटना बिम्बसार के जीवन-काल की मानी जाती है।

इस विवरण से पुष्करसारिन् शक्तिशाली और स्वतंत्र शासक ज्ञात होता है। ईरान के अखामनी सम्राट कुरूष को गंधार विजित करने का भी श्रेय ग्रीक इतिहासकारों ने दिया है। इसकी पुष्टि उसके पौत्र दारायुस प्रथम के अभिलेखों में उल्लेखित अखामनी साम्राज्य के विस्तार से सम्बन्धित विवरणों के तुलनात्मक अध्ययन से होती है। सामान्यतः कुरूष का शासन काल ई॰पू॰ 558 से 530 तक और उसकी पूर्वी विजय में ड्रंगियाना, सत्तगिदिया और गंधारितिस (गंधार) सम्मिलित थे। कुरूष के पौत्र दारायुस प्रथम के पर्सेपोलिस अभिलेख (ई॰पू॰ 518–515) के अनुसार उसके साम्राज्यान्तर्गत गंधार तथा नक्ष-ए-रुस्तम अभिलेख (ई॰पू॰ 515) के अनुसार तो उत्तर पंजाब तक का क्षेत्र उसके हिन्द-अधिकृत क्षेत्र (प्रान्त) के अंतर्गत शासित था। दारायुस प्रथम पैतृक साम्राज्य में गंधार था तथा सिन्धु तक के प्रदेश को उसने स्वयं विजित करके हिन्दू नामक एक नवीन शासन सत्रपी की स्थापना की थी। कुरूष द्वारा गंधार विजित करने की तिथि लगभग ई॰पू॰ 550–540 में मानी जा सकती है, अतएव पुष्करसारिन् की मृत्यु इस घटना के पहले हो चुकी होगी। पुष्करसारिन् के समकालीन उल्लेख्रित शासकगण बिम्बसार और प्रद्योत का शासन काल भी यही था। अतएव इन शासकों की मृत्यु के पश्चात् महावीर की निर्वाण-तिथि ई॰पू॰ 527 में मानना असंगत नहीं है।

महावीर की निर्वाण-तिथि ई॰पू॰ 527 में निश्चित करना ज्ञात ऐतिहासिक तथ्यों के अनुरूप है। अवन्तिराज चण्ड प्रद्योत की मृत्यु महावीर के निर्वाण के कुछ दिनों पहले हो चुकी थी क्योंकि जैन परम्परा के अनुसार उसके उत्तराधिकारी और पुत्र कापालक का राज्याभिषेक महावीर की निर्वाण-रात्रि को ही हुआ था। प्रद्योत, मगध के शासक बिम्बसार और उसके पुत्र अजातशत्रु दोनों का ही समकालीन था। जैन-अनुश्रुति के अनुसार महावीर का निर्वाण अजातशत्रु के शासन काल के सोलह वर्ष पश्चात् हुआ था। बौद्ध-अनुश्रुति के अनुसार प्रद्योत के आक्रमण के भय से अजातशत्रु ने राजगृह का दुर्गीकरण करवाया था। बिम्बसार ने पुराणों के अनुसार 28 अथवा 38 वर्ष तथा बौद्ध-अनुश्रुति महावंश के अनुसार 52 वर्ष राज्य किया था। मंखलि गोशाल की मृत्यु महावीर से 16 वर्ष पहले हुई थी तथा *बौद्ध महासकुलदायि सुत्त* और *सामञफल सुत्त* से स्पष्ट है कि राजगृह में वर्षा-वास कर रहे सातों धर्मनायकों में आजीविक मव के आचार्य मंखलि गोशाल भी थे। यह घटना बुद्ध

के सम्बोधि प्राप्त करने के चतुर्थ वर्षा-वास[198] की होगी, क्योंकि बिम्बसार भी गौतम बुद्ध के सम-सामयिक रहा था। अजातशत्रु ने इन्हीं दिनों अपने पिता की हत्या के लिए बुद्ध के समक्ष संताप और प्रायश्चित व्यक्त किया था।[199] जैन परम्परा के अनुसार महावीर के कैवल्य प्राप्त करने के लगभग तेरह वर्ष पश्चात् श्रेणिक बिम्बसार[200] की मृत्यु हुई थी। अतएव यह घटना ई॰पू॰ 544 की रही होगी। इस आधार पर गोशाल की मृत्यु तिथि ई॰पू॰ 543 में निर्धारित करना भी असंगत नहीं है। यदि अजातशत्रु के द्वारा राजगृह हस्तगत करने की तिथि ई॰पू॰ 544 मानी जाए, तो गौतम बुद्ध की निर्वाण-तिथि ई॰पू॰ 502 होगी जो कि बर्मा के बौद्ध अनुश्रुति[201] से मेल खाती है। इस सन्दर्भ में बुद्ध का निर्वाण अजातशत्रु के राज्यारोहण के आठवें वर्ष होने की सिंहल-परम्परा को अस्वीकार कर महावीर के निर्वाण की तिथि उसके राज्यारोहण के 16 वर्ष पश्चात् है। इस प्रकार जैन परम्परा को विश्वसनीय मानना अनुचित नहीं है।

जैन-अनुश्रुति में वर्णित शासकों का विवरण उज्जयिनी राजधानी की दृष्टि से ठीक है तथा सिंहली अनुश्रुति का विवरण मगध की राजगद्दी पर बैठने वाले शासकों के संदर्भ में उपादेय है। शिशुनाग ने अवन्ति को विजित कर मगध साम्राज्य का अंग बना लिया था और उसकी तिथि महावंश की काल-गणना के अनुसार ई॰पू॰ 564 ठहरती है तथा शिशुनाग ने प्रद्योत वंश का नाश करके उज्जयिनी विजित किया था और जैन-अनुश्रुति के अनुसार पालक के वंश ने 60 वर्ष राज्य किया। अतएव पालक का राज्यारोहण ई॰पू॰ 527 मानने पर यह तिथि ई॰पू॰ 467 आती है। वायु पुराण में प्रद्योत का राज्यकाल 23 वर्ष बताया गया है,[202] अतएव इसका राज्यारोहण 527+23 = 550 ई॰पू॰ में हुआ तथा यह तिथि बिम्बसार, पुष्करसारिन् और ईरानी सम्राट कुरूष के समकालीन है। तिब्बती परम्परा में चण्ड प्रद्योत का राज्यारोहण और गौतम बुद्ध को सम्बोधि प्राप्त होने की घटना का एक ही दिन होना उल्लेखित है।[203] इस दृष्टि से गौतम बुद्ध की निर्वाण तिथि महावीर और

198. *अंगुतर निकाय अट्ठकथा* के अनुसार बोधि-प्राप्ति के पश्चात् गौतम बुद्ध ने द्वितीय, तृतीय, चतुर्थ और सत्रहवां एवं बीसवां चातुर्मास राजगृह में किया था.

199. *दीघ, सामंञफल सुत्त.*

200. *न॰आ॰त्रि॰अ॰,* पृ॰ 116.

201. बर्मा में प्रचलित ईत्झाना नामक संवत् से सम्बद्ध बर्मा परम्परा के आधार पर एम॰ गोविन्द ने गौतम बुद्ध का निर्वाण-तिथि ई॰पू॰ 501 निर्धारित की है (*न॰आ॰त्रि॰अ॰,* पृ॰ 127, पाद टिप्पणी 8).

202. *वायु पुराण* 99, 311, 12, यद्यपि प्रद्योत और उसके उत्तराधिकारी पालक का उल्लेख *वायु पुराण* के अतिरिक्त *मतस्य,* 271, 3, *भगवत,* 12, 1, 3, *कथासरित्सागर* 3, 5, 58 *स्वप्नवासवदत्ता* आदि में है.

203. राकहिला कृत *लाइफ ऑफ बुद्ध,* पृ॰ 17, 32.

प्रद्योत के 23 वर्ष पश्चात् निश्चित होती है। कोसल के राजा प्रसेनजित् ने भी अपने को गौतम बुद्ध का समवयस्क और अस्सी वर्षीय बताया था।[204] प्रसेनजित् की मृत्यु के पश्चात् भी बुद्ध जीवित थे अतएव महावंश में उल्लेखित अजातशत्रु के राज्याभिषेक के आठवें वर्ष बुद्ध के निर्वाण की घटना को स्वीकार करना सम्भव नहीं है।

सिंहली बौद्ध-अनुश्रुति में बौद्ध संगीति अजातशत्रु के जीवन-काल में गौतम बुद्ध के निर्वाण के पश्चात् हुई थी तथा द्वितीय संगीति उसके 100 वर्ष पश्चात् मगधराज कालाशोक के राज्य-काल में हुई। कालाशोक का शासन-काल महावंश की कालगणना के आधार पर ई॰पू॰ 446 से 418 के बीच ठहरता है। चूंकि अजातशत्रु ने 32 वर्ष शासन किया था, अतएव उसकी तिथि ई॰पू॰ 544 से 512 तक माननी होगी। इस दृष्टि से भी बुद्ध का निर्वाण अजातशत्रु के राज्याभिषेक के आठवें वर्ष होने की सिंहल परम्परा को स्वीकार नहीं किया जा सकता है।

आगमों और त्रिपटकों के तुलनात्मक अध्ययन से विदित होता है कि महावीर, गौतम बुद्ध की अपेक्षा प्रौढ़ थे तथा उन्हें बुद्ध को बोधित्व प्राप्त होने के पूर्व कैवल्य-प्राप्ति हो चुकी थी। चूंकि महावीर का निर्वाण 72 वर्ष की आयु में और गौतम बुद्ध का 80 वर्ष की आयु में हुआ था तथा बुद्ध को बोधि-लाभ 35 वर्ष की आयु में और महावीर को कैवल्य लाभ 42 वर्ष की आयु में हुआ था, अतएव बुद्ध की निर्वाण-तिथि महावीर के पश्चात् ही मानना अनिवार्य है। बुद्ध की यह निर्वाण-तिथि महावीर के निर्वाण के पश्चात् 17 से 25 वर्ष के बीच ही मानी जा सकती है।

पुष्करसारिन्, चण्डप्रद्योत, बिम्बसार, ईरानी कुरूष, मंखलिपुत्र गोशाल, अजातशत्रु, पालक, आदि के तिथिक्रम और इतिहास की दृष्टि से भी महावीर की निर्वाण-वर्ष से सम्बन्धित अक्षुण्ण जैन-परम्पराएं उचित प्रतीत होती है। महावीर की निर्वाण-तिथि को गौतम बुद्ध की निर्वाण-तिथि से सम्बन्धित विभिन्न बौद्ध अनुश्रुतियों का काल-गणना के आधार पर विवाद का प्रश्न नहीं बनाते हुए, यदि स्वतंत्र दृष्टिकोण से निष्कर्ष पर पहुंचने का प्रयत्न किया जाए, तो जैन-परम्परा की सत्यता को स्वीकार करना ही होगा। जैन-परम्परा एक मत से महावीर की निर्वाण तिथि और विक्रम संवत् में 470 वर्ष का तथा शकराज और निर्वाण-वर्ष में 605 वर्ष का समयान्तर स्वीकार करती है और सभी परम्पराओं का निष्कर्ष ई॰पू॰ 527 में निर्वाण-तिथि मानने के पक्ष में है, तो उसे स्वीकार नहीं करना पूर्वाग्रहपूर्ण होगा। वास्तव में जैन मतानुयायियों द्वारा महावीर के निर्वाण-वर्ष से सम्बन्धित सुरक्षित अक्षुण्ण परम्पराएं महत्त्वपूर्ण और प्राचीन हैं तथा इनके आधार पर महावीर की निर्वाण-तिथि ई॰पू॰ 527 ही मान्य करना उपयुक्त है।

---

204. *मज्झि,* 2, 2, 9.

महावीर का अलौकिक व्यक्तित्व

भगवान् महावीर मानव-समाज के प्रमुख धर्माचार्यों में विशिष्ट थे। प्रगतिशील मानवता के आदर्श हेतु उन्होंने स्वयं आवश्यकता की अनुभूति के द्वारा संतप्त मानव-समुदाय का मार्गदर्शन किया। अपने उद्देश्य की पूर्ति हेतु महावीर ने मानव-समुदाय के कल्याणार्थ आचार-संहिता के व्यावहारिक यम-नियम निर्धारित किए। उन्होंने पहले स्वयं आचार-संहिता का सक्षमतापूर्वक पालन किया और तत्पश्चात् धर्मदेशना द्वारा जन-जन में उसका प्रचार किया। लक्ष्य की प्राप्ति हेतु महावीर प्राणिमात्र की भलाई और कल्याण में विश्वास करते थे। उन्होंने एक अलौकिक आदर्श प्रस्तुत कर धन, काम-वासना, शक्ति और वैभव के स्थान पर सहनशीलता, संयम, क्षमा, विनम्रता, दया, तप और उत्सर्ग के द्वारा परम सुख प्राप्त होने का पथ आलोकित किया। उद्देश्य की प्राप्ति हेतु महावीर ने मन, वचन और काया से अहिंसा के पालन पर जोर दिया। उनके अलौकिक व्यक्तित्व से प्रभावित होकर बहुसंख्यक लोगों ने मांस-मदिरा का त्याग करके शाकाहारी भोजन को दृढ़तापूर्वक अपनाया तथा कई लोकोपकारी और मानवीय कार्यों को प्रोत्साहित किया। जैन मतावलम्बियों में लोकोपकारी कार्यों और तत्सम्बन्धी संस्थाओं को प्रोत्साहित करने की परम्परा महावीर के अलौकिक व्यक्तित्व के प्रभाव का द्योतक है।

भगवान् महावीर जाति, वर्ग और लिंग के आधार पर व्यवहार करने के पक्षपाती नहीं थे। उन्होंने मुक्ति के द्वार मानव-मात्र के लिए खोल दिए ताकि धर्मदेशना के अनुरूप आचार पथ पर अग्रसर होकर प्रत्येक मुमुक्षु अपने जीवन का कल्याण कर सके। उनके कर्म के सिद्धान्त ने सब कार्यों के प्रति मानव को स्वयं को उत्तरदायी निरूपित कर, सदैव जागरूक रहने को बाध्य कर दिया। महावीर द्वारा प्रतिपादित मुक्ति कोई उपहार नहीं था बल्कि मुमुक्षु के प्रयत्नों और साधना से उपलब्ध चरम लक्ष्य था। कर्म के सिद्धान्त द्वारा उन्होंने प्राणिमात्र की चेतना जागृत करने का प्रयास किया ताकि उनके अनुयायी-गण सत्य पथ पर अग्रसर हो सकें।

भगवान् महावीर धार्मिक मामलों में अत्यन्त उदार थे। उनके समकालीन विभिन्न मत-मतान्तरों के प्रति सहिष्णुतापूर्ण दृष्टिकोण की प्रतिष्ठा हेतु स्याद्वाद के माध्यम से उन्होंने अपने अनुयायियों को प्रत्येक धर्माचार्य और उनके उपदेशों को समझने तथा सत्य मार्ग अपनाने को प्रेरित किया। धार्मिक मामलों में उदार दृष्टिकोण के द्वारा तत्कालीन और परवर्ती विभिन्न सम्प्रदायों में धार्मिक सौहार्दता का वातावरण स्थापित करने का महावीर ने अनुपम प्रयास किया था, जिसके कारण उनके अनुयायियों ने अन्य धर्माचार्यों के प्रशंसनीय विचारों के प्रति सहिष्णु-भाव प्रदर्शित किया।

भगवान् महावीर महामात्य[205] थे। वे केवलज्ञान और केवलदर्शन के धारक, महित, पूजित, तथा सत्फल प्रदायी कर्त्तव्यरूपी सम्पत्ति से युक्त थे। वे महागोप[206] भी थे क्योंकि संसाररूपी अटवी में नष्ट, भ्रष्ट और विकलांग किए जाने वाले बहुत से प्राणियों का उन्होंने अपने धर्म-दण्ड से संरक्षण एवं गोपण किया तथा स्वयं अपने हाथों से संतप्त प्राणियों को निर्वाण-रूपी नौका में सुरक्षित किया। महावीर महाधर्मकथी[207] अर्थात् धर्म के महान् उपदेशक भी थे क्योंकि उन्होंने विस्तृत एवं बहुअर्थी व्याकरण (प्रश्नोत्तरों) से प्रतिबोध देकर इस विशाल संसार में बहुत से नष्ट, विनष्ट, कुमार्गी, सुमार्ग से स्खलित, मिथ्यात्व के प्रबल उदय से पराधीन, आठ प्रकार के कर्मरूपी अन्धकार-समूह से आच्छन्न प्रणियों को चार गतियुक्त संसाररूपी दुर्गम-पथ से पार लगाया। महावीर महानियामक[208] भी थे क्योंकि संसार-सागर में नष्ट-विनष्ट होने वाले, डूबने वाले, बार-बार गोते खाने वाले और बहने वाले बहुत से जीवों को वे धर्मरूपी नौका से निर्वाणरूपी किनारे की ओर ले गए।

भगवान् महावीर श्रमणों में अद्वितीय बुद्धिमान, अनन्तज्ञानी और अनन्तदर्शी थे। इस केवलज्ञानी महाश्रमण ने ऊपर, नीचे और तिरछे रहनेवाले त्रस और स्थावर प्राणियों के नित्य तथा अनित्य दोनों प्रकार जानकर दीपक के समान पदार्थ को प्रकाशित करने वाले धर्म का कथन किया।[209] वे इह लोक और परलोक के ज्ञाता थे।[210] सागर के अगाध जल के समान उनका ज्ञान कभी समाप्त नहीं होने वाला था। वे क्रियावादी, अक्रियावादी, विनयवादी और अज्ञानवादी समस्त मतवादियों के मतों के ज्ञाता थे।[211] वे बाह्य और आभ्यन्तर वस्तुओं में गृद्धि-रहित तथा शीघ्रमतिमुक्त थे।[212]

भगवान् महावीर ने अपने कर्मों का क्षय करने हेतु नाना प्रकार के परिषहों और उपसर्गों को सहा था। वे पृथ्वी के समान सहिष्णु, धीर और उदार थे। क्रोध, मान, माया, लोभ, आदि आत्मा के बन्धकारी कषायों को जीत कर वे न खुद पाप करते थे और न दूसरों से कराते थे। स्त्रियों से संसर्ग-वर्जित रखकर ब्रह्मचर्य का पालन उन्होंने स्वयं किया और अपने अनुयायियों को इसे सर्वोच्च तपस्या प्रतिपादित करके, ब्रह्मचर्य का पालन करवाया। वे सर्वोत्तम धर्म प्रख्यापित कर, सर्वोच्च ध्यान में लीन रहते थे। उनका ध्यान

---

205. *उवा,* पृ० 141.
206. वही.
207. वही, पृ० 144.
208. वही, पृ० 145.
209. वही, सूत्र 1, 6, 4.
210. वही, 1, 6, 28.
211. वही, 1, 6, 27.
212. वही, 1, 6, 25.

दोष-वर्जित, शुक्ल तथा शंख और चन्द्रमा के समान शुद्ध था। उन्होंने चराचर प्राणियों को सुरक्षा प्रदान की। शक्ति में वे सर्वोच्च शक्तिशाली थे। वे बिना किसी आवास के संसाररूपी बाढ़ को पार करते हुए भ्रमण करते थे। चूंकि वे सर्वबन्धनों से मुक्त हो चुके थे, एतदर्थ उन्होंने प्रत्येक वस्तु का हर सम्भव परित्याग किया।[213]

भगवान् महावीर महान् धर्म-सुधारक भी थे। परम्परागत निर्ग्रन्थ मत में व्याप्त बुराइयों का उन्होंने परिहार कर उज्ज्वल धर्म का प्रतिपादन किया। पार्श्वनाथ के अनुयायियों को मान्य चातुर्याम धर्म का संस्कार कर उन्होंने ब्रह्मचर्य को स्वतंत्र महाव्रत घोषित किया, जिससे प्रभावित होकर पार्श्वनाथ के अनुयायी श्रमण-गण भी उनके शिष्य हो गए। अपरिग्रह पर अत्यधिक जोर देकर महावीर ने अचलकत्व के जिनकल्प आदर्श को अनुकरणीय बताया। निर्ग्रन्थ धर्म की दार्शनिक मान्यताओं को उन्होंने पुष्ट एवं तर्कपूर्ण स्वरूप प्रदान किया था। उनका धार्मिक उत्साह अद्वितीय था।

महावीर में बहुत बड़ी नेतृत्व-क्षमता थी और इसी का महत्त्वपूर्ण उदाहरण श्रमण-श्रमणी के अतिरिक्त श्रावक-श्राविकाओं को चतुर्विद संघ में स्थान प्रदान करना था। संसार-त्यागी और संसारिक उपासकों की धार्मिक क्रियाओं का उन्होंने परिमाण निश्चित किया तथा आचार-संहिता को सभी के लिए समान रखा। महावीर के द्वारा उद्घोषित आचार के यम-नियमों का समष्टिगत होना उनके चतुर्विद संघ की सबलता और सौहार्द का कारण बना। एतदर्थ जैन धर्म में जीवन्त-शक्ति की अक्षुण्णता बनी रही।

---

213. *उवा,* 1, 6.

4

महावीर के उपदेश

महावीर पूर्व से प्रचलित रहे जैन धर्म के संस्थापक न होकर उसके सुधारक थे। उनके सिद्धांत आंशिक रूप से अपने पूर्ववर्ती तीर्थंकर पार्श्वनाथ से ग्रहण किए गए थे और आंशिक रूप से वे उनके स्वतंत्र चिंतन पर आधारित थे। वे एक धार्मिक दार्शनिक प्रतीत होते हैं जिन्होंने पार्श्वनाथ प्रतिपादित अव्यवस्थित धार्मिक मान्यताओं को दार्शनिक क्रमबद्धता प्रदान की। अपने इस पूर्ववर्ती के अव्यवस्थित धार्मिक विश्वासों को भिक्षुओं एवं श्रावकों के लिए सुनिश्चित आचार-संहिता में परिवर्तित करने का उन्होंने दायित्व निर्वहन किया। साथ ही उन्होंने समय की मांग को ध्यान में रखते हुए प्रचलित धर्म में अनेक परिवर्तन पुरस्सरित किए। उस समय अनेक ऐसे आस्तिक एवं नास्तिक सम्प्रदाय विद्यमान थे जिनके प्रसिद्ध आचार्यों का समाज पर बड़ा प्रभाव था। महावीर ने उस समय प्रचलित क्रियावादी, अक्रियावादी, विनयवादी, अज्ञानवादी, आदि दार्शनिक पद्धतियों के सिद्धांतों का अधिकाधिक अनुशीलन किया था। कभी-कभी अपने धर्म को पुष्ट करने के लिए उन्होंने अन्य सम्प्रदायों के सिद्धांतों को ग्रहण कर उनसे सामंजस्य स्थापित करने का प्रयास भी किया। समकालीन धार्मिक-जगत् में पारस्परिक मतभेदों का जो दीर्घ सिलसिला चल रहा था, उसको दृष्टि में रखते हुए उन्होंने अपने मौलिक सिद्धांत प्रतिपादित किए। उनमें से कुछ सिद्धांत तो उस समय प्रचलित अनेक भ्रष्ट क्रियाओं के विरुद्ध उनकी सहज प्रतिक्रिया के रूप में थे।

महावीर के उपदेशों से सम्बन्धित कोई प्रत्यक्ष प्रमाण उपलब्ध नहीं है। मूलतः, वे चतुर्दश पूर्वों एवं एकादश अंगों से ग्रहीत माने जा सकते हैं। दिगम्बर-मान्यता के अनुसार ये मूल-ग्रंथ अब पूर्णतः विलुप्त हो चुके हैं, जबकि श्वेताम्बर इस मान्यता से सहमत नहीं हैं। उनके अनुसार तीसरी सदी ईस्वी पूर्व में बारह-वर्षीय दुर्भिक्ष के उपरांत आयोजित पाटलिपुत्र की सभा में ग्यारह अंगों के संकलन का एक प्रयास किया गया था, तथा पूर्वों को दृष्टिवाद का नाम देकर उन्हें बारहवां अंग माने जाने पर विचार-विमर्श किया गया था। इस प्रकार महावीर के निर्वाण के उपरान्त एक सहस्राब्दी तक ऐसे आगम-साहित्य

का चरणबद्ध विकास होता चला गया। अनेक परिवर्तनों के उपरान्त इस आगम-साहित्य का अन्तिम रूप से संकलन सन् 454 ई० (या 467 ई०) में वलभी की आर्य देवर्द्धि की अध्यक्षता में आयोजित संगीति में हुआ।

ऐसा प्रतीत होता है कि महावीर के समय एवं जैन आगमों के अंतिम रूप से संकलन के मध्य जैन धर्म के सिद्धांतों में कुछ परिवर्तन हो गया था। *आचारांग* एवं *सूत्रकृतांग* के अप्रक्षिप्त विवरण में मूल सामग्री सुरक्षित दिखाई देती है। कुछ सीमा तक यह तथ्य *भगवती सूत्र* और *उत्तराध्यन सूत्र* के कुछ भागों पर भी लागू होता है। पालि भाषा में रचित *बौद्ध निकाय,* जो प्रारंभिक बौद्ध साहित्य है, में महावीर की मान्यताओं एवं सिद्धांतों का उल्लेख है। यद्यपि जैन धर्म विरोधी होने के कारण उनसे एक सही एवं निष्पक्ष विवेचन की अपेक्षा तो नहीं की जा सकती, किन्तु फिर भी वे जैन-ग्रन्थों के प्रमाणों को थोड़ा-बहुत पुष्ट करते हैं। इन दोनों प्रमाणों के प्रकाश में ही महावीर के सिद्धांतों का अनुमान लगाया जाना चाहिए।

महावीर के सिद्धांत सरल, व्यावहारिक एवं नैतिक थे किन्तु वे क्रमशः विस्तृत विवेचन पर जोर डालने वाली जटिल पद्धति के रूप में विकसित होते चले गए। अनुदारता पर आधारित होने के कारण यह विकास न्यूनाधिक रूप में ऋजुरेखीय ही रहा। इस कारण जैन धर्म में मूलभूत सिद्धांतों पर कोई मत-वैभिन्य नहीं है। महावीर और उनके शिष्यों ने न केवल सत्य के स्वरूप व आदर्श के सैद्धान्तिक पक्ष का प्रतिपादन किया, अपितु उन दोनों की उपलब्धि का व्यावहारिक एवं संयमशील मार्ग भी प्रशस्त किया। मुख्य रूप से भिक्षुओं एवं परिव्राजकों के जीवन व निदेशन द्वारा आचरण के इस आदर्श की परिपूर्ति संभव है।

निर्वाण

महावीर प्रतिपादित जैन धर्म का अन्तिम उद्देश्य निर्वाण है जो शान्ति एवं परमानन्द का प्रदाता है।[1] निर्वाण के पर्यायवाची मोक्ष, मुक्ति, कैवल्य, आदि शब्द रहे हैं। महावीर के एक गणधर गौतम ने पार्श्वनाथ के एक शिष्य केशी को निर्वाण पर प्रबोध देते हुए कहा थाः "निर्वाण एक सुरक्षित, आनन्ददायी, प्रशान्त एवं शाश्वत स्थिति है, जो यद्यपि प्राप्त करने में कठिन तो है, किन्तु है वह जरा-मरण, रोग-शोक व क्लेश से मुक्ति-प्रदायिनी। यह पूर्णत्व की वह अवस्था है जिसकी प्राप्ति से भव-सागर से पार हुआ जाता है।"[2]

इस सर्वोच्च लक्ष्य की प्राप्ति बन्धन में बांधने वाले कृत-कार्यों को क्षीण करने (निर्जरा), नवीन कर्मों का मार्ग अवरुद्ध करने (आश्रव) तथा आत्मसंयम द्वारा मन-वचन-कर्म को नियंत्रित करने (संवर) द्वारा होती है।

---

1. *सूत्र०*, 1, 11, 11.
2. *उत्तरा०*, 23, 81-84.

पालि सूत्र[3] में भी महावीर की शिक्षाओं का प्रमुख लक्ष्य वह सुख या परमानन्द बताया गया है जो बन्धन में बंधे सम्राटों को भी दुष्प्राप्य है। जो साधक सारी सांसारिक सीमाओं को लांघने का दुःख (कष्ट) झेल लेता है, वह उसे प्राप्त होता है। यदि भौतिक सुखों से परमानन्द मिल सकता तो मगध का शासक श्रेणिक बिम्बसार उसे निश्चित ही पा लेता। पालि-सुत्त में दुःख या कठिन मार्ग को दुक्करकारिक (दुष्करकारी) अर्थात् कठोर तपश्चर्या कहा गया है। इस मार्ग का अनुसरण करने पर पूर्व भव के बन्धनकारी कर्मों का प्रभाव शनैः शनैः क्षीण हो जाता है और तीन प्रकार के संयमों का पालन करने पर नए कर्म बन्धनकारी नहीं बनते हैं।

सम्यक् दर्शन, सम्यक् ज्ञान एवं सम्यक् चरित्र

महावीर की शिक्षाओं के तीन प्रमुख बिन्दु सम्यक् दर्शन, सम्यक् ज्ञान एवं सम्यक् चरित्र हैं जो कर्म-बन्धन को विनष्ट कर पूर्णत्व प्रदान करते हैं। सम्यक् दर्शन के बिना सम्यक् ज्ञान तथा सम्यक् ज्ञान के बिना सम्यक् चरित्र प्राप्त नहीं होता। सम्यक् चरित्र के बिना कर्मों से मुक्ति प्राप्त नहीं होती और कर्म-मुक्ति के बिना निर्वाण-सिद्धपद की प्राप्ति संभव नहीं होती।[4]

(1) *निःशंकित* – जिन प्रवचन में किसी प्रकार की शंका न करना, (2) *निःकांक्षित* – असत्य मतों व सांसारिक सुखों की इच्छा न करना, (3) *निर्विचिकित्स्य* – धर्म के फल में संदेह-रहित होना, (4) *अमूद दृष्टि* – बहुत से मत-मतांतरों के विवादास्पद विचारों को देखकर दिङ्मूद न बनना वरन् अपनी धार्मिक श्रद्धा को दृढ़ बनाए रखना, (5) *उपबृंहा* – गुणी पुरुषों को देखकर उनकी प्रशंसा करना और अपने को वैसा गुणी बनाने का प्रयत्न करना, (6) *स्थिरीकरण* – धर्म से विचलित हुए जीवों को पुनः धर्म पर दृढ़ करना, (7) *वात्सल्य* – स्वधर्म का हित करना और सहधर्मियों के प्रति प्रेम-भाव रखना, उनकी भक्त-पानादि द्वारा सेवा-भक्ति करना, (8) *प्रभावना* – सत्य धर्म की प्रभावना, उन्नति और प्रचार करना। ये आठ गुण सम्यक्त्व के अंग कहे जाते हैं। इनके प्रथम चार गुण तो अंतरंग और आगे चार बहिरंग कहे जाते हैं।[5]

दर्शन दस प्रकार से उत्पन्न होता है –

1. निसर्ग रुचि, 2. उपदेश रुचि, 3. आज्ञा रुचि, 4. सूत्र रुचि, 5. बीज रुचि, 6. अभिगम रुचि, 7. विस्तार रुचि, 8. क्रिया रुचि, 9. संक्षेप रुचि, तथा 10. धर्म रुचि।[6]

---

3. *मज्झि॰*, 1, पृ॰ 93-94.
4. *उत्तरा॰*, 28, 30.
5. *उत्तरा॰*, 31.
6. वही, 16.

जो सहज एवं स्वयंस्फूर्त हो, स्वमति से पदार्थों (जीव, अजीव, पुण्य और पाप) के स्वरूप को जानकर उनमें पूर्ण विश्वास करता है व विचारपूर्वक धर्मत्व की खोज में निरन्तर लगा रहता है, वह निसर्ग रुचि कहलाता है। उक्त तत्त्वों का उपदेश, चाहे वह सर्वज्ञ द्वारा प्राप्त हो अथवा असर्वज्ञ से, धर्म में रुचि उत्पन्न हुई हो तो उसे उपदेश रुचि कहते हैं। जिस पुरुष के राग-द्वेष, मोह और अज्ञान दूर हो गए हैं तथा जो आज्ञा से रुचि करता है, उसको आज्ञा रुचि कहते हैं। जो जीव अंग-प्रविष्ट अथवा अंग-बाह्य सूत्रों को पढ़कर उनके द्वारा सम्यक्त्व को प्राप्त करता है, उसे सूत्र रुचि कहते हैं। जैसे जल में डाला हुआ तेल का बिन्दु फैल जाता है, उसी प्रकार एक पद से अनेक पदों में जो सम्यक्त्व फैलता है, उसे बीज रुचि सम्यक्त्व जानना चाहिए। जिसने एकादश अंग, प्रकीर्ण दृष्टिवाद और उपांगादि सूत्रों में अर्थ द्वारा श्रुत ज्ञान को देखा है, उसे अभिगम रुचि कहते हैं। द्रव्यों के सब भावों को जिसने सर्व प्रमाणों और सर्वनयों से जान लिया है, उसको विस्तार रुचि कहते हैं। दर्शन, ज्ञान, चरित्र, तप, विनय, सत्य, समिति और गुप्तियों में क्रिया भाव रुचि है अर्थात् उक्त क्रियाओं को सम्यक् अनुष्ठान करते हुए जिसने सम्यक्त्व को प्राप्त किया है, वह क्रिया रुचि सम्यक्त्व वाला है। जो जीव असत् मत या वाद में फँसा हुआ नहीं और वीतराग के प्रवचन में विशारद भी नहीं है, किन्तु उनकी श्रद्धा शुद्ध है, उसे संक्षेप रुचि कहते हैं। जो जीव जिनेन्द्र प्ररूपित अस्तिकाय धर्म, श्रुत धर्म और चरित्र धर्म का यथा तथ्य रूप से श्रद्धान करता है, वह धर्म रुचि सम्यक्त्व वाला है।[7]

दर्शनावरणीय कर्मों से सम्यक् दर्शन में बाधा पहुँचती है। इसमें नौ भेद हैं, अर्थात् पाँच निद्रा और चार दर्शनावरण। पंच निद्रा इस प्रकार है –

निद्रा, निद्रा-निद्रा, प्रचला, प्रचला-प्रचला और स्त्यानगृद्धि या स्त्यानर्द्धि।

1. *निद्रा* – जो जीव नींद से थोड़ी-सी आवाज में जाग पड़ता है, उसकी नींद को निद्रा कहते हैं;
2. *निद्रा-निद्रा* – जो जीव बड़े जोर से चिल्लाने अथवा हाथ से हिलाने पर बड़ी कठिनाई से जागता है, उस जीव की नींद को निद्रा-निद्रा कहते हैं;
3. *प्रचला* – जिसको खड़े-खड़े या बैठे-बैठे नींद आती है, उसकी नींद को प्रचला कहते हैं;
4. *प्रचला-प्रचला* – चलते-फिरते जो नींद आती है, उसको प्रचला-प्रचला कहते है;
5. *स्त्यानगृद्धि* – जो दिन में अथवा रात में विचारे हुए काम को निद्रा की हालत में ही कर डालता है, उसकी नींद का नाम स्त्यानगृद्धि या स्त्यानर्द्धि है।

---

7. *उत्तरा*., 28, 17-29.

इसी प्रकार चार दर्शनावरण ये हैं –

1. *चक्षु-दर्शन* – आँख के द्वारा पदार्थों का जो सामान्य धर्म का ग्रहण होता है, उसे चक्षु दर्शन कहते हैं;
2. *अचक्षु-दर्शन* – आँख को छोड़कर त्वचा, कान, जिह्वा, नासिका और मन से जो पदार्थों के सामान्य धर्म का बोध होता है, उसका नाम अचक्षु-दर्शन है;
3. *अवधि-दर्शन* – इन्द्रिय और मन की सहायता के बिना ही इस आत्मा को रूपी पदार्थों के सामान्य धर्म का जो बोध होता है, उसको अवधि-दर्शन कहते हैं;
4. *केवल-दर्शन* – संसार के सम्पूर्ण पदार्थों का जो सामान्य रूप से प्रतिभास होता है, उसे केवल-दर्शन कहते हैं।[8]

उत्तराध्ययन सूत्र में ज्ञान के पाँच भेद श्रुतज्ञान, अभिनिबोधिक-ज्ञान, अवधि-ज्ञान, मनः पर्याय और केवल-ज्ञान बतलाये हैं। श्रुतज्ञान आगमों के अध्ययन से प्राप्त होता है। सन्मुख उपस्थित हुए पदार्थों के स्वरूप को जानने वाला ज्ञान अभिनिबोधिक या मतिज्ञान कहलाता है। नीचे-नीचे विशेष गति करने वाला तथा रूपी द्रव्यों को जानने वाला ज्ञान अवधि-ज्ञान है। मनो द्रव्य वर्गणा के पर्यायों को जानने वाला मनः पर्याय-ज्ञान है और केवल पदार्थों के स्वरूप को जानने वाला तथा मन की सहायता के बिना लोकालोक के समस्त द्रव्य और पर्यायों का अवभास करने वाला केवल-ज्ञान है।[9]

अवधि-ज्ञान का अर्थ द्रव्यों से जानने वाले ज्ञान से भी लिया जाता है। *कल्पसूत्र*[10] में उल्लेख मिलता है कि वह अपने अवधि-ज्ञान से सम्पूर्ण जम्बू द्वीप की ओर देखता है। यहां अवधि का अर्थ वह ज्ञान है जो वस्तुओं से सीमित है तथा क्षेत्र के अवलोकन का सर्वेक्षण करने में पर्याप्त है।

आचारांग सूत्र[11] में मनः पर्याय-ज्ञान की परिभाषा सब जीवों के विचारों के ज्ञान के रूप में दी जाती है और इसी ग्रंथ में केवल-ज्ञान की परिभाषा दी जाती है। वह सर्वज्ञ है जो सब वस्तुओं को समझता है, देवताओं, मनुष्यों और असुरों के संसार को जान लेता है, वे कहाँ से आते हैं, कहाँ जाते हैं, कहाँ जन्मते हैं, आदि को जानता है।[12]

जैनियों का पहला ज्ञान बौद्धों के सुतमय पञ्ञा के अनुरूप है, दूसरा चिंतामय

---

8. *उत्तरा॰*, 33, 5-9.
9. *उत्तरा॰*, 28, 4.
10. *कल्प॰*, 1, 15.
11. *आचा॰*, 2, 15, 23.
12. वही, 2, 15, 25.

पञ्ञा के तीसरे प्रकार के विलोकन के, चौथा चेतो परियाञाण और पांचवां प्रकार का सब्बञ्जुउता से। बौद्धों का एक ग्रंथ महावीर द्वारा प्रतिपादित सीमित ज्ञान (अंतवंत ज्ञान) का निर्देश करता है। वह ज्ञान जो सीमित लोक के अनुरूप है, वह अपने रूप में भी सीमित है। पालि अंतवन्त ज्ञान वास्तव में जैनियों का अवधि-ज्ञान है।[13]

महावीर ने द्रव्य, गुरा और उनके समस्त पर्यायों के ज्ञान के बारे में बताया है। गुणों के आश्रय को द्रव्य कहते हैं, तथा एक द्रव्य के आश्रित जो हों, वे गुण हैं; और द्रव्य तथा गुण इन दोनों के आश्रित होकर जो रहे, उन्हें पर्याय कहते हैं। धर्म, अधर्म, आकाश, काल, पुद्गल और जीव इस प्रकार के षट् द्रव्य हैं। धर्म, अधर्म और आकाश ये तीनों एक द्रव्य हैं, तथा काल, पुद्गल और जीव तीनों अनन्त द्रव्य हैं, अर्थात् ये तीनों द्रव्य संख्या में अनन्त हैं।

गति अर्थात् चलने में सहायता देना धर्म का लक्षण है। स्थिति अर्थात् ठहरने में सहायक होना अधर्म का लक्षण है। सर्व द्रव्यों का भाजन आकाश-द्रव्य है। सबको अवकाश देना उसका लक्षण हैं। वर्तना काल का लक्षण है। उपयोग जीव का लक्षण है और वह (जीव) ज्ञान, दर्शन, सुख और दुःख से जाना जाता है। ज्ञान, चारित्र, तप, वीर्य और उपयोग ये सब जीव के लक्षण हैं। शब्द (अन्धकार), उद्योत (प्रकाश), प्रभा (कान्ति), छाया, आतप, वर्ण, राजगन्ध और स्पर्श, ये सब पुद्गल के लक्षण हैं। एकत्व-इकट्ठा होना, पृथकत्व-जुदा होना, संख्या, संस्थान-आकार, संयोग और विभाग; ये सब पर्यायों के लक्षण हैं।[14]

ज्ञान के समान चारित्र के भेद भी हैं। जिसका राग-द्वेष सम है और उसी में जिसका गमन है, उसे सामायिक चारित्र कहा गया है। पूर्व-गृहीत सामायिक-चारित्र के काल को छेदकर सीमाल्लंघन करके पाँच महाव्रत से पक्का चारित्र धारण किया जाता है, उसे छेदोपस्थापनीय कहते हैं। विशिष्ट तप के द्वारा की जाने वाली आत्मा की विशुद्धि को परिहार-विशुद्धि कहते हैं। जहाँ पर सूक्ष्म केवल लोभ-संज्ञक कषाय विद्यमान हो, वह सूक्ष्म सम्पराय-चारित्र है। कषाय से रहित यथाख्यात चारित्र है, तात्पर्य यह है कि आत्मा को जो कर्म मल से सर्वथा रहित कर देने की शक्ति रखता हो, उसे चारित्र कहते हैं।[15]

सम्यक्त्व से ही चारित्र की प्राप्ति होती है। दर्शन-सम्यक्त्व से रहित को ज्ञान नहीं होता, ज्ञान के बिना चारित्र के गुण प्रकट नहीं होते, चारित्र के गुणों के बिना कर्मों से

---

13. *अंगु०*, 4, पृ० 428.
14. *उत्तरा०*, 28, 5-12.
15. वही, 32-33.

मुक्ति नहीं मिलती और कर्मों से[16] मुक्त हुए बिना निर्वाण-सिद्ध पद की प्राप्ति नहीं होती। सम्यक् चारित्र की प्राप्ति मन, वचन और काय के संयम से होती है।[17] पाप कर्म प्रत्यक्ष और अप्रत्यक्ष रूप में, अनेक प्रकार से किया जाता है जैसे किसी प्राणी को मारने के लिए स्वयं उस पर आक्रमण करना तथा नौकर आदि को भेजकर प्राणी का घात कराना, वाणी द्वारा किसी के मन को आघात पहुंचाना एवं प्राणी का घात करने के लिए मन से अनुज्ञा देना, आदि।[18] पाप कर्मों से बचने के लिए व्यक्ति को समितियों और गुप्तियों से सचेत रहना चाहिए।

किसी जीव को नहीं मारना, बिना किसी लोभ तथा चारित्र के नियमों के अनुसार रहना, अधिक से अधिक भलाई का ध्यान रखना, चलने-फिरने, बैठने, सोने, खाने और पीने में सदा नियंत्रण रखना, क्रोध, मान, माया और लोभ का त्याग करना, समितियों से युक्त पांच स्वरों से गुप्त रहने और मुक्ति हेतु साधु-गृहस्थों में निवास करता हुआ भी उनके कर्म से लिप्त न हो। महावीर द्वारा प्रतिपादित ये चारित्र के मुख्य सिद्धांत हैं।[19]

तप – अंतिम मुक्ति का मार्ग तप पर निर्भर है जो बुरे कर्मों का क्षय करता है। तप के दो भेद होते हैं – बाह्य और आभ्यंतर।[20] बाह्य तप छः प्रकार का है – अनशन, अनोदर, भिक्षाचर्या, रस परित्याग, कायक्लेश और संलीनता। अनशन दो प्रकार का है – इत्त्वरिक और मरण-काल पर्यन्त। इत्त्वरिक काल का अनशन नियत काल तक रहता है और उसमें भोजन करने की आकांक्षा बनी रहती है। इसलिए वह सावकांक्ष कहलाता है। मृत्यु-पर्यन्त जो अनशन-निराहार उपवास है – वह निरवकांक्ष है, क्योंकि उसमें जीवन-पर्यन्त आहार की आकांक्षा नहीं होती। इत्त्वरिक तप छः प्रकार का है –

1. *श्रेणि-तप* – एक उपवास से लेकर छः मास पर्यन्त जो तप किया जाता है, वह श्रेणि-तप है।
2. *प्रतर-तप* – श्रेणि से गुजाकार किया हुआ श्रेणि-तप प्रतर कहा जाता है।
3. *धन-तप* – इस षोड़श पदात्मक प्रतर को श्रेणि से गुणाकार करने पर धन-तप होता है।
4. *वर्ग-तप* – धन तप को धन में गुणा करने से वर्ग-तप होता है।

---

16. *उत्तरा०*, 28-29.
17. *सूत्र०*, 1, 1, 2, 27.
18. *सूत्र०*, 1, 1, 2, 26.
19. *सूत्र०*, 1, 1, 4, 10-13.
20. *उत्तरा०*, 30, 7-36.

5. *वर्ग-वर्ग-तप* – वर्ग को वर्ग से गुणाकार करने पर वर्ग-वर्ग तप होता है।
6. *प्रकीर्ण-तप* – यह श्रेणि-बद्ध नहीं होता किन्तु अपनी शक्ति के अनुसार किया जाता है।

मरण-काल पर्यन्त के अनशन-तप के भी कायचेष्टा को लेकर सविचार और अविचार – ये दो भेद हैं। सविचार अनशन शरीर की चेष्टा के साथ किया जाता है और अविचार शरीर की चेष्टा के बिना अनशन है। यावत्कालिक अनशन तप के प्रकारान्तर से भी भेद बतलाये गए हैं। जिस लेखना में परिक्रम-सेवा आदि है, वह सपरिक्रम और जिसमें सेवा आदि का सर्वथा परित्याग हो, वह अपरिक्रम है। भूकम्य या गिरिपत्तनादि से जो अनशन किया जाता है, उसे सकारण कहते हैं, और आयु के परिमित समय पर किया गया अनशन अकारण कहलाता है। निहारी और अनिहारी – ये दो भेद भी इसी के हैं। किसी पर्वत आदि की गुफा में किया हुआ अनशन निहारी कहलाता है और ग्राम-नगरादि में किया हुआ अनिहारी है।

अनोदर तप के संक्षेप में द्रव्य, क्षेत्र-काल, भाव और पर्याय की दृष्टि से पांच भेद हैं। जिसका जितना आहार है, उसमें कम-से-कम एक कवल न्यून करना (कम खाना) द्रव्य-अनोदरी तप कहलाता है। क्षेत्र-अनोदरी तप का अर्थ है नियत किए हुए क्षेत्रों यथा ग्राम, नगर, राजधानी और निगम में, आकर, पल्ली, खेटक और कर्बट में, द्रोणमुख, पत्रन और संबाध में, आश्रम, पद, विहार, सन्निवेश, समाज, घोष, स्थल, सेना, स्कन्धावार, सार्थ, संवर्त और कोट में तथा घरों के समूह, रथ्या और गृहों में भिक्षाटन करना। क्षेत्र संबंधी अनोदरी तप का प्रकारान्तर से वर्णन किया गया है कि जो मुहल्ला चतुष्कोण पेटिका, अर्द्ध पेटिका या टेढ़े-मेढ़े आकार के घरों के रूप में हो, वहां प्रथम एक घर में आहार लेकर, फिर उसके समीपवर्ती छः घरों को छोड़कर सातवें घर से आहार लेना, शंखावर्त के समान घूम-घूमकर आहार लेना तथा दूर-गमन करके फिर लौटते हुए भिक्षाचरी करना। दिन के चार पहरों में से यावन्मात्र अभिगृह-काल हो, उसमें आहार के लिए जाना काल-संबंधी *अवमौदर्य अनोदरी* तप है। कुछ न्यून तसरी पौरुषी में या चतुर्थ और पंचम भाग न्यून पौरुषी में भिक्षा लाने की प्रतिज्ञा करना भी *काल संबंधी अनोदरी* तप है। स्त्री अथवा पुरुष; अलंकार से युक्त व अलंकार रहित तथा किसी वयवाला और किसी अमुक वस्त्र से युक्त हो; अथवा किसी विशेष वर्ण या भाव से युक्त हो, इस प्रकार आचरण करता हुआ अर्थात् उक्त प्रकार के दाताओं से भिक्षा ग्रहण करने की प्रतिज्ञा करने वाला साधु *भाव-अनोदरी* तप वाला होता है। जो भिक्षु द्रव्य, क्षेत्र, काल और भाव से उक्त चारों अभिग्रहों से युक्त होकर विचरता है, उसको पर्यवचर अनोदरी तप वाला कहते हैं और इस प्रकार के तप का नाम *अनोदरी-पर्यव* तप है।

आठ प्रकार की गोचरी तथा सात प्रकार की एषणाएँ और जो अन्य अभिग्रह हैं, ये अब भिक्षाचरी में कहे गए हैं अर्थात् इन्हें *भिक्षाचरी-तप* कहते हैं। दूध, दही, घृत और पकवानादि पदार्थों तथा रसयुक्त व अन्नपानादि पदार्थों का जो परित्याग है, उसको *रसवर्जन-तप* कहते हैं। जीव को सुख देने वाले, उग्र-उत्कट वीरासनादि तथा स्थान-काय स्थिति के भेद को धारण करना काय-क्लेश है। एक़ान्त और जहां पर कोई न आता जाता हो, ऐसे स्त्री, पशु और नपुंसक रहित स्थान में शयन और आसन करना, उसे विविक्त शयनासन अर्थात् *प्रतिसंलीनता-तप* कहते हैं।

प्रायश्चित्त, विनय, वैयावृत्य, स्वाध्याय, ध्यान और कायोत्सर्ग – ये छः भेद अंतरंग तप के हैं। आत्म-शुद्धि के हेतु दोषों के लग जाने पर दस प्रकार से प्रायश्चित्त करना *प्रायश्चित्त-तप* कहलाता है। गुरु आदि को अभ्युत्थान देना, हाथ जोड़ना, आसन देना, गुरु की भक्ति करना और अंतःकरण से उनकी सेवा करना, यह *विनय-तप* कहा गया है। *वैयावृत्य* के योग्य आचार्यादि दश स्थानों की यथाशक्ति सेवा-भक्ति करना *वैयावृत्य-तप* कहलाता है। शास्त्र की वाचना (पढ़ना), प्रश्नोत्तर करना, पढ़े हुए की अनुवृत्ति करना, अर्थ पर गंभीरता से विचार करना और धर्मोपदेश देना – ये पांच प्रकार के *स्वाध्याय-तप* हैं। समाधि-युक्त मुनि द्वारा आर्त और रौद्र ध्यान को छोड़कर धर्म और शुक्ल ध्यान का चिन्तन करना *ध्यान-तप* कहा जाता है। सोते, बैठते अथवा खड़े होते समय जो भिक्षु काया के अन्य सब व्यापारों को त्याग देता है, शरीर को हिलाता-डुलाता नहीं, उसे *कायोत्सर्ग-तप* कहा गया है।

पंच व्रत – पूर्ण सुख की प्राप्ति के लिए पार्श्व ने केवल चार व्रत बताए किन्तु महावीर ने उसमें ब्रह्मचर्य को मिलाकर पांच तत्त्व निरूपित किए। ये पांच व्रत हैं – अहिंसा, सत्य, अस्तेय, ब्रह्मचर्य और अपरिग्रह। अहिंसा का अर्थ है किसी जीव की हिंसा नहीं करना। लोकाश्रित जो त्रस और स्थावर जीव है, उनको मन, वचन, काया तथा अन्य किसी प्रकार से भी दंड न देवें।[21] उसे भ्रमण में सचेत होना चाहिए। वह अपने मन और वचन को खोजता है। वह अपने भिक्षा के बर्तनों को व्यवस्थित रखता है। वह भली-भांति जाँच कर खाता-पीता है।

अहिंसा का व्यावहारिक प्रभाव देखने को मिलता है। महावीर के काल में ही भारत के धार्मिक राजाओं ने धार्मिक क्षेत्र में जीवों की रक्षा का कर्त्तव्य बना दिया था। इस अहिंसा के सिद्धांत का प्रभाव मनुष्य की खाने की आदत पर भी पड़ा। जो महावीर के व्यक्तित्व और सिद्धांतों के प्रभाव में आए, उन्होंने मांस और मछलियों के खाने को छोड़कर शाकाहारी भोजन को अपनाया।

---

21. *उत्तरा॰*, 8, 10.

दूसरा महाव्रत है – *सत्य* अर्थात् झूठ का त्याग। जैनी को सोच-समझकर बोलना चाहिए। वह क्रोध, लोभ, भय और प्रमाद को सोच-समझकर त्याग देता है।

तीसरा महाव्रत है – *अस्तेय*। जैनी सोच-समझकर सीमित स्थान को मांगता है। वह अपने प्रवर की अनुमति से खाने और पीने का उपभोग करता है। जैन, जिसने कुछ स्थान को अपने अधिकार में लिया है, उसे सीमित भाग पर अधिकार करना चाहिए और निश्चित समय के लिए। उसे लगातार अपने अनुदान का नवीकरण करना चाहिए। सोच-समझकर वह अपने अनुयायियों से भी सीमित क्षेत्र मांग सकता है।

चौथा महाव्रत है – *ब्रह्मचर्य*। जैन को स्त्रियों से सम्बन्धित विषयों पर लगातार परामर्श नहीं करना चाहिए। उसे स्त्रियों के रूप के बारे में विचार नहीं करना चाहिए। स्त्रियों के साथ उसने जो सुख और मन-बहलाव पहले किए थे, उसको याद नहीं करना चाहिए। उसको न अधिक खाना और न अधिक पीना चाहिए। उसे शराब नहीं पीनी चाहिए और न अधिक गरिष्ठ भोजन करना चाहिए। उसे स्त्रियों के पलंग व बिस्तर पर नहीं बैठना चाहिए।

अंतिम महाव्रत – *अपरिग्रह* का है। यदि कोई व्यक्ति अपने कानों से भली व बुरी आवाज़ सुनता है, यदि वह त्वचा से भली व बुरी वस्तुओं का स्पर्श करता है, यदि वह अपनी आंखों से भले व बुरे रूपों को देखता है, यदि वह अपनी नाक से भली व बुरी गंध सूंघता है, यदि वह अपनी जिह्वा से भली व बुरी वस्तुएँ चखता है, यदि वह अपनी इन्द्रियों से भले व बुरे का अनुभव करता है, तो उसे उसमें लिप्त नहीं होना चाहिए।[22]

जैन-ग्रन्थों में ब्रह्मचर्य के व्रत को जोड़ने का स्पष्टीकरण भी मिलता है। *उत्तराध्ययन सूत्र*[23] का कहना है कि प्रथम तीर्थंकर के साधु ऋजुजड़ थे अर्थात् सरल होने पर भी उनमें जड़ता थी। वे पदार्थ को बड़ी कठिनता से समझते थे। महावीर के समय के साधु वक्रजड़ थे जो कि शिक्षित किए जाने पर भी अनेक प्रकार के कुतर्कों द्वारा परमार्थ की अवहेलना करने में उद्यत रहते तथा वक्रता के कारण छल-पूर्वक व्यवहार करते हुए अपनी मूर्खता को चतुरता के रूप में प्रदर्शित करते थे। इसके अतिरिक्त मध्य के बाईस तीर्थंकरों के मुनि ऋजुप्राज्ञ अर्थात् सरल और बुद्धिमान् थे। उनको समझने व शिक्षित करने में किसी प्रकार की भी कठिनाई नहीं होती थी। इस कारण से धर्म के दो भेद किए गए हैं। बाद के साधुओं की मानसिक स्थिति का विचार करके पांच महाव्रतों का विधान किया गया और मध्यवर्ती तीर्थंकरों के मुनियों की बुद्धियों का विचार करके चातुर्याम अर्थात् चार महाव्रतों का उपदेश किया गया है। प्रथम तीर्थंकर के समय के मुनियों के लिए

22. *आचा॰*, 2, 15, 1-5.

23. *उत्तरा॰*, 23, 26-27.

आचार का समझना बहुत कठिन था। इसके मध्य के तीर्थंकरों के समय के मुनियों का उनको बोध देना और उनके द्वारा उसका पालन किया जाना – ये दोनों ही सुलभ थे।

यह मानना गलत है कि पार्श्व ने ब्रह्मचर्य को प्रतिपादित नहीं किया। उसने अप्रतिग्रह के व्रत में ही ब्रह्मचर्य के व्रत को सम्मिलित कर दिया। पार्श्व के अनुयायी जो सीधे और चतुर थे, अप्रत्यक्ष रूप में इसे अप्रतिग्रह के व्रत में ही समझते थे। महावीर के अनुयायी, जो शिक्षित और छली थे, कठिनाई से उसका पालन करते थे। इस कारण कामुक कार्यों को स्पष्ट रोकने के लिए उन्होंने ब्रह्मचर्य के पंचम व्रत को जोड़ा।

एच॰ याकोबी का भी कहना है कि चूंकि पार्श्व के चार व्रतों में ब्रह्मचर्य का व्रत स्पष्ट रूप में उल्लेखित नहीं है किन्तु पार्श्व के अनुयायियों द्वारा इसमें सम्मिलित समझा जाता था। इससे अनुमान होता है कि केवल सच्चे और चतुर व्यक्ति ही इन चार व्रतों के ठीक अर्थ में पालन करने में विचलित नहीं हो सकते थे। इस कारण कामुक कार्यों से दूर रहने के लिए स्पष्ट रूप से रोका नहीं गया था। ग्रंथ के तर्क से यह प्रकट होता है कि पार्श्व और महावीर के मध्य जैन संघ में नैतिक पतन आ गया था और यह तभी संभव हो सकता है कि जब यह माना जाय कि दोनों तीर्थंकरों के मध्य में पर्याप्त समय का अन्तर था, और यह सामान्य अनुश्रुति से मेल खाता है कि महावीर पार्श्व के 250 वर्ष पश्चात् हुए थे।[24]

चार व्रतों के आधार पर ही पार्श्वनाथ का सम्प्रदाय चातुर्याम नाम से जाना जाता था[25] और महावीर का पंचयाम। इन व्रतों का उन भिक्षुओं द्वारा कठोरता से पालन किया जाता था जो संघ में प्रवेश करने पर लेते थे। इन व्रतों को पंच-महाव्रत के नाम से पुकारा जाता था। जहाँ तक परिस्थितियाँ अनुमति देती थीं, श्रावक भी उनका पालन करते थे। श्रावकों के पंचव्रत, अणु व्रत के नाम से पुकारे जाते थे।

पार्श्व के चातुर्याम धर्म का उल्लेख बौद्ध-साहित्य में आता है। बाद में शीघ्र ही चातुर्याम में एक अलग से ब्रह्म-व्रत के व्रत को जोड़कर इसे पंचयाम बना दिया गया जिसका महावीर ने प्रचार किया। वे इस प्रकार हैं – अहिंसा, ब्रह्मचर्य, सत्य, तपोगुण (अस्तेय) और अपरिग्रह।[26] यह रोचक तथ्य है कि बौद्ध-ग्रंथों में जैन-ग्रंथों के शब्दों को वैसा-का-वैसा कथित कर दिया गया है।

चूंकि इन्द्रियों के नियंत्रण तथा शारीरिक सुखों और बाह्य आवश्यकताओं से निर्लिप्ति के लिए ब्रह्मचर्य और दिगम्बरत्व आवश्यक है, इस कारण महावीर ने भिक्षुओं में अचेलकता

24. *से॰बु॰ई॰*, 45, पृ॰ 122, फु॰नो॰ 3.
25. *सूत्र*, 2, 7, 39; *उत्तरा॰*, 23, 12.
26. *मज्झि॰*, 2, 35-36, सं॰, 1.66.

की पद्धति शुरू की, जबकि उनके पूर्ववर्ती पार्श्व ने अपने अनुयायियों के लिए नीचे व ऊपर के वस्त्र पहनने की अनुमति दी थी।

नव तत्त्व (पद) का सिद्धांत – ऐसा कहा जाता है कि गोशाल के नियतिवाद का सिद्धांत, जो कि जैव-अन्वेषण पर आधारित था, के विरोध में महावीर ने शनैः-शनैः नव तत्त्व के सिद्धांत और कर्म के सिद्धांत को रूप दिया। नव तत्त्वों के सिद्धांत से वे यह बताना चाहते थे कि कर्म के प्रभाव के कारण आत्मा के बन्धन का उदय कैसे होता है, इनके प्रभाव से कैसे छुटकारा पाया जाता है और किस प्रकार आत्मा की मुक्ति प्राप्त होती है। जीव, अजीव, आश्रव, बन्ध, पुण्य, पाप, संवर, निर्जरा और मोक्ष – ये नौ पदार्थ या तत्त्व हैं। वह, जो निष्ठापूर्वक इन नव तत्त्वों की शिक्षा में विश्वास करता है, सम्यक्त्व रखता है।[27]

अन्यथा रूप में ये पद दो समूहों में विभक्त करके भी प्रस्तुत किए गए हैं।[28]

1. पंचास्तिकाय, जो लोक के अस्तित्व के बोध तथा लक्षण को बतलाने हेतु हैं, धर्म, अधर्म, आकाश, जीव और पुद्गल हैं;
2. द्रव्य, गुण और पर्याय – ये तीन पद पाँचों अस्तिकायों को समझाते और प्रकट करते हैं।

पहले दो पद जीव और अजीव से लोक के अस्तित्व का बोध होता है, उसे जाना और समझा जाता है। जीव से चेतन का बोध और अजीव से अचेतन का। संसारी जीव छः प्रकार के हैं, जिनमें तीन स्थावर और अंतिम तीन त्रस। पृथ्वी रूपी जीव, जल रूपी जीव और वनस्पति रूपी जीव स्थावर हैं और अग्नि-काय, वायु-काय और प्रधान त्रस – ये तीन प्रकार के त्रस जीव हैं। जीव या तो चेतन या स्थूल होते हैं और या तो संसार में विचरते रहते हैं या उनकी आत्माएँ पूर्णत्व को प्राप्त हो जाती हैं। जीवों के क्रम से कोई इन्द्रियों के विकास का पता लगा सकता है। सबसे छोटे प्रकार के जीवों के केवल स्पर्श इन्द्रिय ही होती हैं।[29]

वास्तव में इन छः प्रकार के जीवों के सम्बन्ध में ही कर्म की प्रक्रिया कार्य करती है और मनुष्य के चरित्र की जाँच होती है। महावीर ने बतलाया, "यह जानना और समझना चाहिए कि सबको सुख की इच्छा रहती है। जो जीव इन शरीर वाले प्राणियों का नाश करके पाप संचय करते हैं, वे बारम्बार इन्हीं प्राणियों में जन्म धारण करते हैं। एकेन्द्रिय आदि पूर्वोक्त प्राणियों को दण्ड देने वाला जीव बारम्बार उन्हीं एकेन्द्रिय आदि योनियों

27. *उत्तरा.*, 28, 14-15.
28. वही, 5, 7.
29. *उत्तरा.*, 36; *सूत्र.*, 1, 7:1.

में जन्मता और मरता है। यह त्रस और स्थावरों में उत्पन्न होकर नाश को प्राप्त होता है। वह बारम्बार जन्म लेकर जो क्रूर कर्म करता है, उसी से मृत्यु को प्राप्त होता है।"[30]

अजीव द्रव्य के दो भेद हैं – 1. रूपी और 2. अरूपी। जिसमें वर्ण, रस, गन्ध और स्पर्श हो, वह *रूपी* कहलाता है, तथा इन गुणों का जिसमें अभाव हो उसे *अरूपी* कहते हैं। रूपी को मूर्तिक और अरूपी को अमूर्तिक भी कहते हैं। अरूपी द्रव्य का दिग्दर्शन चार अस्तिकायों – धर्म, अधर्म, आकाश तथा काल से किया जाता है। धर्मास्तिकाय और अधर्मास्तिकाय का क्षेत्र लोक प्रमाण है तथा आकाशस्तिकाय का सम्पूर्ण लोक और अलोक दोनों हैं। *काल* का क्षेत्र अदाई-द्वीप प्रमाण है। *धर्म, अधर्म* और *आकाश* – इनमें से प्रत्येक द्रव्य है किन्तु समय, पदार्थ आत्माएँ अनंत संख्या के रूप में द्रव्य हैं। इस प्रकार *अजीव* का तत्त्व लोक के जीवन और अस्तित्व के अध्ययन को पूरा करने में मदद देता है।[31]

तीसरा तत्त्व *बन्ध* है। बन्ध कर्म के प्रभाव के परिणामस्वरूप जन्म और मरण, बुढ़ापा और निर्जरा, सुख और दुःख तथा जीवन के अन्य उलट-फेर के नियमों द्वारा आत्मा के अधीन है।

जीव, जो कि एक अस्तिकायों में है, प्रज्ञा को प्रकट करता है। ज्ञान, दर्शन, चारित्र, तप, वीर्य और उपयोग – ये सब जीव के लक्षण हैं।[32]

बुद्धघोष, *दीघ निकाय* (1.2,381) की ब्रह्मजाल सूत्र की टीका में उल्लेख करता है कि आत्मा का रंग नहीं होता है और मृत्यु के पश्चात् भी इसका अस्तित्व रहता है और रोगों से मुक्त है। यह विवरण जैनियों के जीव के लक्षण से मेल खाता है।[33]

पुण्य और पाप, जो भले और बुरे कर्मों से सम्बन्धित हैं, जीव को जन्म-मरण के चक्र में बांधते हैं। *आश्रव* वह है, जो जीव को पाप से प्रभावित करता है। *संवर* संयम का सिद्धांत है जिसके द्वारा पापों का बहाव रुक जाता है। *निर्जरा* या कर्मक्षय द्वारा तप के पालन से आत्मा पर एकत्रित कर्मों का प्रभाव नष्ट हो जाता है। *मोक्ष,* जो निर्जरा से स्वाभाविक रूप से उत्पन्न होता है, कर्म के बन्धन से जीव को अन्तिम रूप से मुक्त कर देता है। सिद्धि मुक्ति की ही दूसरी अवस्था है।

कर्म का सिद्धांत – महावीर का कर्म का सिद्धांत डाइनेमिस्टिक दर्शन या स्वतंत्र

---

30. *सूत्र॰,* 1, 7, 2-3.
31. *उत्तरा॰,* 36.
32. वही, 28, 11.
33. *से॰बु॰ई॰,* 45, पृ॰ 19.

इच्छा का विचार माना जाता है।[34] इसके अनुसार व्यक्ति के सुख और दुःख और प्रसन्नता और क्लेश उसकी स्वतंत्र इच्छा, परिश्रम और पुरुषार्थ पर निर्भर है। कर्म आत्मा की क्रिया है। यह तो कार्मिक रूपी धातु को निर्मित करने वाली सामग्री का आध्यात्मिक बन्धन है जो आत्मा को अपनी उत्पत्ति के स्थान या पूर्ण ज्ञान और स्थायी शान्ति के स्वाभाविक स्थान पर स्थित रखता है।

मानव-जाति को महावीर का महान् संदेश है कि जन्म कुछ नहीं है, जाति कुछ नहीं है, कर्म सब कुछ है, और कर्मों के क्षय पर ही समस्त भावी सुख निर्भर है। कर्म का सिद्धांत जैन धर्म की सबसे प्राचीन और मौलिक विचारधारा का प्रतिनिधित्व करता है।

एच॰ याकोबी के अनुसार यह कर्म का सिद्धांत, यदि विस्तार से नहीं तो निश्चित रूप में विशेष रूप-रेखा, में जैन आगम के मुख्य अंशों में पाया जाता है और उपलब्ध उद्धरणों तथा तकनीकी पदों द्वारा भी पूर्वगृहीत होना सिद्ध है। कर्म के सिद्धांत से सम्बन्धित जो कुछ उद्धरण जैन धर्म के मूल आगम ग्रंथों में मिलते हैं, वे इस प्रकार हैं। –

संसार में सुख-दुःख आदि जो कुछ होता है, वह सब अपना किया हुआ है, अन्य तत्त्वों जैसे भाग्य, ईश्वर, काल, आदि से नहीं।[35]

व्यक्तिगत रूप से ही मनुष्य का जन्म होता है, व्यक्तिगत रूप से ही वह मरता है, व्यक्तिगत रूप से ही वह गिरता है तथा व्यक्तिगत रूप से ही उसका उत्थान होता है। उसके भावावेग, चेतना, बुद्धि, प्रत्यक्ष ज्ञान और प्रभाव पूर्णरूप से व्यक्तिगत होते हैं। जहां वास्तव में मनुष्य के सम्बन्धों के बन्ध न तो किसी को सहायता करते हैं और न उसे बचा सकते हैं।[36]

सभी प्राणी अपना वर्तमान अस्तित्व या रूप अपने कर्मों से धारण करते हैं और जन्म, वृद्धावस्था, आदि से भय-ग्रस्त रहते हैं।[37]

पापी अपने नए कार्यों से विगत कर्मों को क्षय नहीं कर सकते जबकि धर्मात्मा अपने कर्मों का नाश कार्यों से अपने आप को उनसे वंचित रखकर करने में सफल होते हैं। विवेकी व आत्म-प्रेरित जन इनके प्रभाव से मुक्त रहते हैं, सुखदायक वस्तुएँ सुखदायक वस्तुओं से उत्पन्न नहीं होती हैं।[38]

---

34. *ब॰हि॰प्री॰इं॰फि॰*, पृ॰ 385.
35. *सूत्र॰*, 1, 11-12.
36. वही, 1-2, 41.
37. वही, 1-2, 18.
38. वही, 1, 1, 2.25.

वह, जो जीव को मारने का विचार करता है, किन्तु अपने शरीर से नहीं करता है, और वह जो अनजाने में मार लेता है, दोनों साधारण सम्बन्ध के परिणामस्वरूप प्रभावित होते हैं किन्तु पाप इनके मामले में पूरा नहीं लगता है।[39]

जो अपनी आत्मा को जानता है, वह लोक के स्वरूप, जीवों के आगमन व प्रस्थान, शाश्वत अर्थात् मोक्ष और अशाश्वत अर्थात् संसार तथा जन्म-मरण और प्राणियों की नाना गतियों को जानता है।[40]

नरकादि गतियों में जीवों की नाना प्रकार की पीड़ाओं को जो जानता है तथा जो आश्रव, संवर, दुःख और निर्जरा को जानता है, वही ठीक-ठीक क्रियावाद को बता सकता है।[41] एक सर्वज्ञ या पूर्ण भिक्षु आत्मा, संसार, पुरस्कार एवं कर्म में विश्वास करता है। वह मैंने इसको किया, मैं इसको दूसरे से करवाऊंगा और मैं दूसरे को करने की अनुमति दूंगा, इसमें भी विश्वास करता है।[42]

उपर्युक्त उद्धरण इस बात को सिद्ध करने को पर्याप्त हैं कि महावीर द्वारा प्रतिपादित क्रियावाद मूल रूप में, आत्मा और कर्म का सिद्धांत है। इस सिद्धांत के अनुसार जितने जीवित प्राणी हैं, उतनी आत्माएँ हैं। कर्म साभिप्राय और अनभिप्रेत उन कार्यों को कहते हैं जो आत्मा के स्वभाव पर प्रकाश डालते हैं। इस प्रकार से आत्मा इस अर्थ में निष्क्रिय नहीं है कि मनुष्य जो कुछ करता है, उससे वह अप्रभावित रहे। वह कर्म के प्रभाव से सुग्राहित है।

कुछ प्राचीन बौद्ध ग्रंथों में भी जैन धर्म द्वारा प्रतिपादित क्रियावाद के प्रमाण मिलते हैं। *अंगुत्तर निकाय* (3, 74) में वैशाली का एक विद्वान् लिच्छवि राजकुमार अभय निर्ग्रन्थ सिद्धांतों का निम्नलिखित विवरण देता है – निगंठ नातपुत्र तप के द्वारा पूर्व कर्मों के क्षय की शिक्षा देता है और अकार्य द्वारा नए कर्मों को रोकने की। जब कर्म का क्षय होता है तो क्लेश दूर हो जाता है। जब क्लेश दूर होता है, तो प्रत्यक्षण रुक जाता है और जब प्रत्यक्षण समाप्त हो जाता है, तो प्रत्येक क्लेश का अन्त हो जायगा। इस प्रकार मनुष्य अत्यंत प्रभावकारी पाप का अन्त कर पाएगा।

निगंठ सिद्धांतों की सूचना *महावग्ग* से भी होती है।[43] वहाँ पर सीह की कथा कही

---

39. *सूत्र*., 1, 1, 2.25.
40. *सूत्र*., 1, 12, 20.
41. वही, 1, 12, 21.
42. *आचा*., 1, 1, 1, 4.
43. *म.व*., 6, 31.

गई है जो बुद्ध से जाकर मिलना चाहता है किन्तु नातपुत्र ने उसको मना करने का प्रयत्न किया क्योंकि निगंठ क्रियावाद को मानते हैं जबकि बौद्ध अक्रियावाद को।

ये पद महावीर द्वारा प्रतिपादित कर्म के सिद्धांत पर प्रकाश डालते हैं। कर्म का सिद्धांत विशेष महत्त्व रखता है, यदि हम महावीर के समकालीन धार्मिक चिन्तकों की दृष्टि को ध्यान में रखकर उन पर विचार करें। वैदिक दार्शनिकों ने सोचा था कि सृष्टि की रचना की गई है और वह देवताओं द्वारा शासित है। पूरण कस्सप ने प्रतिपादित किया कि जब मनुष्य कार्य करता है या अन्य से कार्य करवाता है, तो उसकी आत्मा कार्य नहीं करती है और न करवाती है।[44] कात्यायन का कहना है कि चाहे मनुष्य खरीदता है या खरीदवाता है, वध करता है या वध करवाता है, तो वह ऐसा करने पर कोई पाप नहीं करता है।[45] केश कंबलिन की मान्यता है कि जीवन का अन्त इस लोक में ही हो जाता है और इसके आगे कोई परभव नहीं है। परभव एवं उस पर मानवीय विश्वासों पर आधारित सामाजिक संस्थाओं की उपयोगिता को अमान्य करते हुए वह यह नहीं बताता कि कार्य भला है या बुरा, धार्मिक है या अधार्मिक, ठीक से सम्पन्न किया गया है अथवा नहीं, पूर्णत्व की प्राप्ति की क्षमता मनुष्य में है या नहीं तथा स्वर्ग-नर्कादि भी है या नहीं। इसी प्रकार गोशाल (मंखलीपुत्र घोषाल) सुख-दुःख या हर्ष-विवाद का कारण व्यक्ति स्वयं है या भाग्यादि कोई अन्य परिस्थितियां, इन प्रश्नों पर विचार नहीं करता।

महावीर के अनुसार कर्म विभिन्न क्रियाओं का परिणाम है। उसकी उत्पत्ति के चार स्रोत हैं –

1. सांसारिक वस्तुओं यथा भोजन, वस्त्र, घर-बार, स्त्री, आदि के प्रति आसक्ति,
2. मन-वचन-काय को सांसारिक पदार्थों में लिप्त करना,
3. क्रोध, अभिमान, छद्म, लोभादि से ग्रस्त होना, तथा
4. मिथ्या या अन्यथा विश्वास।

कर्म शक्ति का संचय करता है तथा बिना किसी बाह्य हस्तक्षेप के स्वतः क्रियाशील रहता है।

स्वभाव, काल, सत्व और विषय के अनुसार कर्म का विभाजन किया जाता है। इसका आत्मा से घनिष्ठ सम्बन्ध है। कर्म आठ प्रकार के होते हैं – 1. *ज्ञानावरणीय* –जो कर्म ज्ञान का आच्छादन करने वाला हो, उसको ज्ञानावरणीय कहते हैं; 2. *दर्शनावरणीय* – जिस कर्म के द्वारा इस जीवात्मा का सामान्य बोध आवृत्त हो जाय, उसे दर्शनावरणीय कहते

---

44. *सूत्र*, 1, 1, 1, 13.
45. वही, 1, 1, 1, 15; II, 1, 22-24.

हैं; 3. *वेदनीय* – जिस कर्म के द्वारा सुख-दुःख का अनुभव किया जाय, वह वेदनीय है; 4. *मोहनीय* – इस कर्म के प्रभाव से जीवात्मा को भी अपने हेयोवादेय का ज्ञान नहीं रहता; 5. *आयु* – जिस कर्म के प्रभाव से यह जीवात्मा अपनी भावस्थिति (आयु) को पूर्ण करे, उसको आयु-कर्म कहते हैं; 6. *नाम* – शरीर आदि की रचना हेतु जो कर्म है, उसको नाम-कर्म कहते हैं; 7. *गोत्र* – जिसके द्वारा यह जीवात्मा ऊंच-नीच कुल में उत्पन्न हो, उसका नाम गोत्र-कर्म है; 8. *अन्तराय* – जो कर्म दानादि में अन्तराय विघ्न उपस्थित करे, उसकी अन्तराय संज्ञा है।[46]

जब कर्म पहली अवस्था (मिथ्यात्व गुण स्थानक) में होता है, आत्मा पूर्ण रूप से कर्म के प्रभाव में रहती है और सत्य के बारे में कुछ नहीं जानती है। पुनर्जन्म के चक्र में भ्रमण करते-करते वह अपना अपरिमार्जितपन खोकर उस अवस्था को प्राप्त करती है, जिससे उसे सत्य और असत्य के अन्तर का पता चलता है। आत्मा अनिर्णय की स्थिति में रहती है, एक क्षण में सत्य को जानने में तथा दूसरे क्षण संदेह करने में। अपने पहले के अच्छे कर्मों के फल से या अपने गुरु की शिक्षाओं से मनुष्य को सच्चा दर्शन प्राप्त हो जाता है। इसके पश्चात् वह आचार के अत्यधिक महत्त्व को मानने लगता है और स्वयं बारह व्रतों को धारण करने में बिल्कुल सक्षम पाता है। ज्यों ही वह आयोगिकेवली गुण स्थानक अवस्था में पहुँचता है, उसके सब कर्मों का क्षय हो जाता है तथा वह सिद्ध के रूप में मोक्ष-प्राप्ति की ओर बढ़ जाता है।

आत्मा को सांसारिक बन्धन में बांधने वाले खातिरा कर्म चार प्रकार के होते हैं –

1. ज्ञानावरोधक, 2. विश्वासावरोधक, 3. आत्म-कल्याणावरोधक, 4. भ्रमोत्पादक। वस्तुतः जैन तत्त्व-मीमांसा में कर्म का बड़ा योगदान रहा है। एक व्यावहारिक धर्म होने के कारण जैन धर्म ने कर्म से उत्पन्न होने वाली विकृतियों से विमुक्त रहने का सदुपदेश दिया है।

छः लेश्याएँ

लेश्याएँ वे विभिन्न दशाएँ हैं जो जीव में विभिन्न कर्मों के प्रभाव से उत्पन्न होती हैं। इस कारण वे जीव की अपेक्षा उन कर्मों पर निर्भर करती हैं जो आत्मा से संपृक्त होते हैं और जीवात्मा पर कर्मों को प्रकट करते हैं।[47] *सूत्रकृतांग* के अनुसार "लेश्या" का तात्पर्य वर्ण (रंग) से है।[48]

बुद्धघोष ने "आजीवकों" की चर्चा करते हुए जिस "चलाभिजातीयो" का उल्लेख किया

46. *उत्तरा.*, 33. 2-3.
47. *से.बु.ई.*, 45, पृ. 196, फु.नो. 2.
48. वही, पृ. 289, फु.नो. 1; सूत्र., I, 6, 13.

है, उसमें मनुष्यों का वर्गीकरण उसी प्रकार छः रंगों के आधार पर होना अंतर्हित है।[49] एच॰ याकोबी[50] के अनुसार महावीर ने छः लेश्याओं का विचार आजीवकों से लिया और उसे अपने सिद्धांतों के अनुरूप परिवर्तित कर लिया। यह दृष्टि-बिन्दु सही नहीं है क्योंकि महावीर के पूर्व भी जैन धर्म में लेश्याओं पर विचार होता रहा। छः वर्णों के आधार पर प्राणियों को वर्गीकृत करने के विचार को पार्श्वनाथ के छः जीव-निकायों के सिद्धांतों में देखा जा सकता है।[51]

महाभारत में "*जीव-षट्वर्णाः*" का उल्लेख यह असंदिग्ध रूप से प्रमाणित करता है कि लेश्या वर्ण-सूचक शब्द है। बाहरी अशुद्धियों के दबाव के कारण मस्तिष्क के दूषित होने के विचार की जो तुलना नीले, लाल, पीले तथा अन्य रंगे हुए कपड़े से की जाती है, उसका कुछ प्रभाव जैनियों की लेश्या के सिद्धांत पर दिखता है।[52]

जैन धर्म में शुद्ध लेश्या को प्राप्त करने का प्रयत्न किया जाता है। षट् लेश्याओं का इधर-उधर वर्णन *सूत्रकृतांग*[53] में हुआ है और इसे विस्तार से *उत्तराध्ययन*[54] में समझाया जाता है। इन छः लेश्याओं के नाम अनुक्रम से इस प्रकार हैं – (1) कृष्ण लेश्या, (2) नील लेश्या, (3) कपोत लेश्या, (4) तेजो लेश्या, (5) पद्म लेश्या और (6) शुक्र लेश्या। जल युक्त मेघ, महिष का शृंग, काक, अरीण, शकट की कीट, काजल और त्रतारिका, इनके समान वर्ण में *कृष्ण लेश्या* होती है। नील लेश्या का वर्ण नील अशोक वृक्ष, चाष पक्षी के परों और स्निग्ध वैदूर्यमणि के समान होता है। जिस रंग का अलसी का पुष्प, कोयल के पर और कबूतर की ग्रीवा होती है, वैसा *कपोत लेश्या* का वर्ण होता है। हिंगुल धातु, तरुण सूर्य, शुकनासिका और दीप-शिखा के रंग के समान *तेजो लेश्या* का रंग होता है। हरिताल और हल्दी के टुकड़े, सण और अंजन के पुष्प के समान पीला *पद्म लेश्या* का रंग होता है। शंख अंक (मणि विशेष), मुचकुन्द के पुष्प, दुग्ध-धार तथा रजत के हार के समान उज्ज्वल श्वेत रंग *शुक्र लेश्या* का होता है। जितना कटु रस कड़वे तूंबे, निम्ब और कटुरोहिणी का होता है, उससे भी अनन्त गुणा अधिक कटु रस कृष्ण लेश्या का होता है। नील लेश्या के रस को मद्य, मिर्च, सोंठ तथा गजपीपल के रस से भी अनन्त गुणा

---

49. *ब॰हि॰प्री॰इं॰फि॰*, पृ॰ 309, 318.
50. *से॰बु॰ई॰*, 45, पृ॰ 30.
51. *आचा॰*, 2. 15-16.
52. बी॰एम॰बरुआः "चित्तविशुद्धि प्रकरण एण्ड इट्स पालि बेसिस," *इंडियन कल्चर* में प्रकाशित।
53. *सूत्र॰*, 1, 4, 21, जैन भिक्षु को एक पुरुष जैसे वर्णन किया जाता है जिसकी आत्मा शुद्ध दशा (लेश्या) में है।
54. *उत्तरा॰*, 34.

तीक्ष्ण समझना चाहिए। कपोत लेश्या के रस को कच्चे आम के रस, तुवर या कपित्थ फल के रस की अपेक्षा अनन्त गुणा अधिक खट्टा समझना चाहिए। पके हुए आम्र फल अथवा पके हुए कपित्थ फल का जैसा खट्टा-मीठा रस होता है, उससे भी अनन्त गुणा अधिक खट्टा-मीठा रस तेजो लेश्या का समझना चाहिए। प्रधान मदिरा, नाना प्रकार के आसव तथा मधु और मैरेयक नाम की मदिरा का जिस प्रकार का रस होता है, उससे भी अनन्त गुणा अधिक रस पद्म लेश्या का है। जैसा मधुर रस खजूर, दाख, दुग्ध, खांड और शर्करा का होता है, उससे अनन्त गुणा अधिक मधुरतापूर्ण रस शुक्र लेश्या का जानना चाहिए।

जैसे मृतक गो, श्वान या सर्प की गन्ध होती है, उससे भी अनन्त गुणा अधिक अप्रशस्त लेश्याओं की गंध होती है। केवड़ा आदि सुगंधित पुष्पों अथवा सुगंध युक्त घिसे हुए चन्दनादि पदार्थों की जैसी प्रशस्त गंध होती है, उससे भी अनन्त गुणा प्रशस्त अन्तिम तीन लेश्याओं की होती है। जैसा स्पर्श करवत, गो जिह्वा और साल-पत्रों का होता है, उससे अनन्त गुणा अधिक स्पर्श अप्रशस्त लेश्याओं का होता है। रुई, नवनीत और सिरस के पुष्पों का जितना कोमल स्पर्श होता है, उससे अनन्त गुणा अधिक कोमल-स्पर्श इन तीन प्रशस्त लेश्याओं का है।

इन छओं लेश्याओं के अनुक्रम से तीन, नौ, सत्ताईस, इक्यासी और दो सौ तैंतालीस प्रकार के परिणाम होते हैं। पाँचों आस्रवों में प्रवृत्त, तीनों गुप्तिओं से अगुप्त, षट्काय की हिंसा में आसक्त, उत्कट भावों से हिंसा करने वाला, क्षुद्र बुद्धि, बिना विचारे काम करने वाला, निर्दयी, नृशंस, पाप कृत्यों में शंका रहित तथा अजितेन्द्रिय (इंद्रियों के वशीभूत) कृष्ण लेश्या वाला होता है। नील लेश्या के परिणाम वाला पुरुष ईर्ष्यालु, कदाग्रही, असहिष्णु, अतपस्वी, अज्ञानी, मायावी, निर्लज्ज, विषयी, लम्पट, द्वेषी, राजलोलुप, शठ, धूर्त्त, प्रमादी, स्वार्थी, आलसी, क्षुद्र और साहसी होता है। जो पुरुष वक्र बोलता है, वक्र आचरण करता है, छल करने वाला है, निजी दोषों को ढांपता है, सरलता से रहित है, मिथ्या दृष्टि तथा अनार्य है, मर्मों को भेदन करने वाला, दुष्ट बोलने वाला, चोरी और असूया करने वाला है, वह कपोत लेश्या से युक्त होता है। नम्रता का बर्ताव करने वाला, चपलता से रहित, अमायी, छल-कपट से रहित, कौतूहलों से पृथक् रहने वाला, परम विनयवान्, इन्द्रियों का दमन करने वाला, स्वाध्याय में रत और उपधान आदि तप को करने वाला, धर्म में दृढ़ता रखने वाला, पापभीरू और सबका हित चाहने वाला पुरुष तेजो लेश्या के परिणामों से युक्त होता है। जिसके क्रोध, मान, माया और लोभ बहुत अल्प हैं तथा जो प्रशान्त चित्त, मन का निग्रह करने वाला, योग और उपधान वाला, अत्यल्पभाषी, उपशान्त और जितेन्द्रिय है, वह पुरुष पद्म लेश्या वाला होता है। आर्त्त और रौद्र इन दो ध्यानों को त्याग कर जो पुरुष धर्म और शुक्ल इन दो ध्यानों का आसेवन

व चिन्तन करता है तथा प्रशान्त चित्त, दमितेन्द्रिय, पाँच समितियों से समित, तीन गुप्तियों से गुप्त, एवं अल्प-रागवान् अथवा वीतरागी, उपशम-निमग्न और जितेन्द्रिय है, वह शुक्र लेश्या से युक्त होता है। कृष्ण, नील और कपोत, ये तीनों अधर्म लेश्याएँ हैं। इन लेश्याओं से यह जीव दुर्गति में उत्पन्न होता है। तेज, पद्म और शुक्र, ये तीनों लेश्याएँ धर्म लेश्या कही जाती हैं। इन तीनों के द्वारा जीव सुगति में उत्पन्न होता है। सर्व लेश्याओं की प्रथम समय और अन्तिम समय में परिणति होने से किसी भी जीव की परलोक में उत्पत्ति नहीं होती।

नय सिद्धांत

महावीर के दर्शन के विकास में संजय का महत्त्वपूर्ण योगदान रहा है। एच॰ याकोबी की मान्यता है कि संजय के अज्ञानवाद के विरोध में ही महावीर ने नय के सिद्धांत को प्रतिपादित किया।[55] आगम ग्रंथ बिना चार और सात की संख्या निश्चित करते हुए नय का उल्लेख करते हैं। यह सत्य है कि भगवती और पन्नवणा सात प्रकार के नय का उल्लेख करते हैं लेकिन ये ग्रंथ बहुत कुछ बाद की सामग्री रखते हैं। आगमोत्तर ग्रंथों में नय का सिद्धांत स्याद्वाद (सप्तभंगी नय) कहलाता था जिसके अनुसार निश्चित परिणाम के सात उपाय हैं। नय वास्तव में वस्तुओं को प्रकट करने के विभिन्न उपाय हैं। ये कट्टरता और हीनमताग्रहिता जैसी उन वृत्तियों से बचने के उपाय हैं जिन्हें महावीर नापसन्द करते थे। उनसे लोगों में आकर्षण बढ़ा क्योंकि उन्होंने विभिन्न धर्मों के प्रति उदार दृष्टिकोण प्रदान किया।

जिन प्रश्नों पर संजय ने अपना निर्णय निलंबित रखा, वास्तव में उनको ज्ञान की समस्याओं से अलग रखा जाए। क्या विश्व नित्य है या अनित्य है? क्या यह दोनों नित्या-नित्य है, या अनित्या-नित्य है? क्या विश्व परिमित या अपरिमित है? क्या मृत्यु के पश्चात् मनुष्य का व्यक्तिगत अस्तित्व होता है या नहीं होता है? क्या पूर्ण सत्य ऋषि के द्वारा प्रत्यक्ष देखा या दार्शनिक द्वारा समझा जाता है? क्या अंशतः जगत् का अस्तित्व है या नहीं? इन्हीं और इनके समान प्रश्नों का संजय ने कोई स्वीकारात्मक उत्तर नहीं दिया। वह चार प्रकार की नकारात्मक धारणाओं तक सीमित रहा –

1. किसी अपेक्षा से अ, ब है।
2. किसी अपेक्षा से अ, ब नहीं है।[56]
3. किसी अपेक्षा से अ, ब भी है और नहीं भी है।

---

55. *से॰बु॰ई॰*, 45, पृ॰ XXVII.
56. *डा॰बु॰*, 2, पृ॰ 39-40., 75.

4. किसी अपेक्षा से अ, न तो ब है और ब नहीं है।

इन प्रश्नों से सम्बन्धित ही महावीर ने घोषणा की। इन विकल्पों से तुम सत्य पर न पहुँच कर निश्चित ही दिग्भ्रान्त रहोगे।[57] विश्व नित्य है, जहाँ तक वह द्रव्य का एक अधिस्तर है। वह नित्य नहीं है, जहाँ तक इसकी निरन्तर परिवर्तन अवस्था का सम्बन्ध है। ऐसे प्रश्नों के सम्बन्ध में महावीर की अपने शिष्यों को राय रही कि न तो उनका पक्ष लो जो बतलाते हैं कि विश्व नित्य है और न उनका जो यह प्रतिपादित करते हैं कि वह नित्य नहीं है। इन तर्क-वाक्यों में यह निहितार्थ भी निकलता है कि विश्व का अस्तित्व है और नहीं भी है। विश्व अपरिवर्तनशील है; विश्व लगातार परिवर्तन अवस्था में है; विश्व का आरंभ है; विश्व का आरंभ नहीं है; विश्व का अंत है; विश्व का अंत नहीं है, आदि। वे, जिन्हें भली-भाँति जानकारी नहीं है, उनके विचारों से भिन्नता रखते हैं और अपने ही विचारों में रूढ़ हैं। वास्तव में निश्चित रूप से ये प्रश्न ही थे, जिन पर बुद्ध ने सोचना ठीक नहीं समझा क्योंकि उनकी मान्यता थी कि सोचेंगे तो वे निश्चित रूप से पागल हो जायेंगे। वे इनका अंतिम उत्तर प्राप्त नहीं कर सकेंगे और न ही वे निर्धारित निश्चितता पर पहुंचेंगे।[58]

यदि किसी को ऐसे प्रश्नों का उत्तर देना है, तो उनका उत्तर ऐसा देना चाहिए कि जो कट्टरपंथी और संदेही दोनों के विरोध में हो। एक दृष्टिकोण को ध्यान में रखकर एक अर्थ में यह हो सकता है कि अ, ब है। दूसरे दृष्टिकोण से दूसरे अर्थ में अ, ब नहीं है। तीसरे दृष्टिकोण को ध्यान में रखकर यह हो सकता है कि अ, दोनों ब होता है और ब नहीं भी होता। चौथे दृष्टिकोण से अ, न तो ब होता है और ब भी नहीं होता।

सम्यक्त्व-पराक्रम

भगवान् महावीर ने सम्यक्त्व-पराक्रम नामक अध्ययन प्रतिपादन किया है, जिसका सम्यक् प्रकार से श्रद्धान करके, अंगीकर करके, रुचि करके, स्पर्श करके, पालन करके, पार करके, कीर्तन करके, शुद्ध करके, आराधना करके और आज्ञा के निरन्तर सेवन करके बहुत से जीव सिद्ध होते हैं, कर्मों से मुक्त होते हैं, कर्म रूप दावानल से रहित होकर शान्त हो जाते हैं और सब प्रकार के शारीरिक व मानसिक दुःखों का अन्त कर देते हैं।[59]

1. **संवेग** – संवेग से यह जीव अनुत्तर धर्म-श्रद्धता को उत्पन्न करता है। अनुत्तर धर्म-श्रद्धता से संवेग शीघ्र आ जाता है। फिर अनन्तानुबंधी, क्रोध, मान, माया और लोभ को क्षय कर देता है तथा नवीन कर्मों को नहीं बांधता। इसी कारण से

57. *आचा.*, 1, 7.3.
58. *अंगु.*, 2, पृ. 80.
59. *उत्तरा.*, 29.

मिथ्यात्व की विशुद्धि करके वह दर्शन का आराधक हो जाता है तथा दर्शन की विशुद्धि से विशुद्ध होने पर कोई एक जीव इसी जन्म में मोक्ष को प्राप्त कर लेता है।

2. **निर्वेद** – निर्वेद से यह जीव, देव, मनुष्य और तिर्यक-सम्बन्धी काम-भोगों में शीघ्र ही निर्वेदता को प्राप्त करता है और फिर सर्व विषयों से विरक्त हो जाता है। सर्व विषयों से विरक्त होता हुआ सर्व प्रकार के आराम का परित्याग कर देता है। आराम का त्याग करता हुआ संसार-मार्ग का विच्छेद कर देता है और फिर सिद्धि-मार्ग का ग्रहण करने वाला हो जाता है।

3. **धर्म-श्रद्धा** – धर्म-श्रद्धा से सात वेदनीय कर्म-जन्य सुख में अनुराग करता हुआ यह जीव, वैराग्य को प्राप्त कर लेता है। फिर गृहस्थ धर्म को छोड़कर अनगार धर्म को ग्रहण करता हुआ शारीरिक और मानसिक दुःखों का छेदन, भेदन तथा अनिष्ट-संयोग जन्य मानसिक दुःख का व्यवच्छेद कर देता है। तदनन्तर वह समस्त बाधा-रहित सुख का सम्पादन करता है।

4. **गुरु और साधार्मिकों की सेवा शुश्रुषा** – गुरु और साधार्मिकों की सेवा करने से विनय की प्राप्ति होती है। विनय की प्राप्ति से आशातना का त्याग करता हुआ यह जीव, नरक, तिर्यक, मनुष्य और देवगति सम्बन्धी दुर्गति को रोक देता है तथा श्लाघा, गुणों का प्रकाश, भक्ति और बहुमान को प्राप्त करता हुआ मनुष्य और देव-सम्बन्धी सुगति को बांधता है, सिद्धि रूप सुगति को विशुद्ध करता है तथा विनयमूलक सर्व प्रकार के प्रशस्त कार्यों को साध लेता है और साथ ही बहुत से अन्य जीवों को भी विनय धर्म में प्रवृत्त करता है।

5. **आलोचना** – आलोचना से यह जीव, मोक्ष-मार्ग के विघातक और अनंत संसार को देने वाले माया, निदान और मिथ्या दर्शन रूप शल्यों को दूर कर देता है और ऋजुभाव (सरलता) को उत्पन्न करता है। ऋजुभाव को प्राप्त करके माया से रहित हुआ यह जीव, स्त्री-वेद व नपुंसक-वेद को नहीं बांधता, अर्थात पूर्व में बंधे को निर्जरा कर देता है।

6. **निन्दा** – आत्म-निन्दा से पश्चात्ताप की उत्पत्ति होती है। पश्चात्ताप से वैराग्य युक्त होता हुआ यह जीव करण-गुण श्रेणी को प्राप्त होता है, फिर करण गुण-श्रेणी को प्राप्त हुआ अनगार दर्शन मोहनीय कर्म का नाश कर देता है।

7. **गर्हा** – आत्म-गर्हा से यह जीव अपुरस्कार आत्मनम्रता को प्राप्त करता है। आत्मनम्रता को प्राप्त हुआ जीव अप्रशस्त योगों से निवृत्त होता है और प्रशस्त योगों

को प्राप्त करता है तथा प्रशस्त योगों से युक्त हुआ अनगार-साधु अनन्त-घाती पर्यायों को क्षय करता है।

8. **सामायिक** – समभाव में स्थिर होने का नाम सामायिक है। सामायिक के अनुष्ठान से सावद्य योग-पापमय मन, वचन और काया के व्यापार से इस जीव की निवृत्ति हो जाती है।

9. **चतुर्विंशतिस्तव** – इस अवसर्पिणी में जो चौबीस तीर्थंकर हुए हैं, उनकी श्रद्धापूर्वक स्तुति करने से इस जीव का सम्यक्त्व निर्मल हो जाता है।

10. **वन्दना** – वन्दना से यह जीव नीच गोत्र-कर्म को क्षय करता है और उच्च गोत्र को बांधता है। इसके अतिरिक्त वह सौभाग्य और सफल आज्ञा के फल को प्राप्त करता है। जन-समुदाय पर उसका पूर्ण प्रभाव होता है।

11. **प्रतिक्रमण** – प्रतिक्रमण से जीव ग्रहण किए हुए व्रतों के दोषों से बचाता है। फिर शुद्ध-चरित्रयुक्त होकर पाप के मार्गों का निरोध करता हुआ आठ प्रवचन माताओं में सावधान होता है और विशुद्ध चारित्र को प्राप्त करके उससे अलग न होता हुआ समाधिपूर्वक संयम मार्ग में विचरता है।

12. **कायोत्सर्ग** – कायोत्सर्ग ध्यानावस्था में शरीर की समस्य चेष्टाओं का परित्याग करने से चिरकाल के लगे हुए और वर्तमान काल में लगे हुए अतिचारों-दोषों की विशुद्धि होती है।

13. **प्रत्याख्यान** – प्रत्याख्यान (त्याग-नियम या प्रतिज्ञा) जीव कर्माणुओं के आने के मार्ग को रोक लेता है। इससे वह इच्छाओं का निरोध करता है। फिर इच्छा-निरोध को प्राप्त हुआ वह सर्व-द्रव्यों में तृष्णा-रहित होकर परम शान्ति में विचरता है।

14. **स्तवस्तुतिमंगल** – स्तवस्तुतिमंगल-पाठ का फल ज्ञान, दर्शन और चारित्र रूप बोधि-लाभ की प्राप्ति है और बोधि लाभ को प्राप्त करने वाला जीव अन्तः क्रिया-मोक्ष-प्राप्ति करता है।

15. **काल प्रतिलेखना** – काल प्रतिलेखना से जीव ज्ञानावरणीय कर्म का क्षय करता है।

16. **प्रायश्चित्तकरण** – प्रायश्चित्त से यह जीव पाप-कर्म की विशुद्धि कर लेता है, फिर वह निर्विचार-व्रत के अतिचारों (दोषों) से रहित हो जाता है तथा सम्यक् प्रकार से प्रायश्चित्त को प्रहण करता हुआ ज्ञान-मार्ग और उसके फल की विशुद्धि करता है।

17. **क्षमापना** – क्षमापना से चित्त की प्रसन्नता की प्राप्ति होती है। चित्त प्रसन्नता की प्राप्ति से सर्व-प्राणभूत जीव और सत्व आदि में मैत्री-भाव की उत्पत्ति होती है और मैत्रीभाव को प्राप्त करके यह जीव भाव-विशुद्धि के द्वारा सर्वथा निर्भय हो जाता है।

18. **स्वाध्याय** – स्वाध्याय से जीव ज्ञानावरणीय कर्म का क्षय करता है।

19. **वाचना** – वाचना से कर्मों की निर्जरा होती है। इससे श्रुत के पठन-पाठन की प्रथा बनी रहती है और उसकी आशातना नहीं होती। श्रुत में प्रतिपादन किए हुए धर्म का आश्रय लेकर कर्मों का निर्जरा करता हुआ जीव मोक्ष-पद को प्राप्त कर लेता है।

20. **प्रति-पृच्छना** – प्रति-पृच्छना शास्त्र-चर्चा से जीव सूत्र और उसका अर्थ, इन दोनों की विशुद्धि करता है तथा कांक्षामोहनीय कर्म का विशेष रूप से नाश करता है।

21. **परिवर्तना** – सूत्र-पाठ को पुनः-पुनः आवर्तन करना परिवर्तना है। परिवर्तना से यह जीव व्यंजन और व्यंजन-लब्धि को प्राप्त कर लेता है तथा पदानुसरणी लब्धि की भी उसको प्राप्ति होती है।

22. **अनुप्रेक्षा** – अनुप्रेक्षा से (तत्त्व-चिंतन से) जीव आयुकर्म को त्याग कर अन्य गाढ़े बन्धनों से बांधी हुई सातों कर्म की प्रकृतियों को शिथिल बंधनों वाली कर देता है और यदि वे लम्बे काल की स्थिति वाली हों तो उन्हें अल्पकाल की स्थिति वाली बना देता है। यदि वे तीव्र अनुभाग-रसवाली हों तो उनको मन्द रसवाली बना डालता है; यदि बहुप्रदेशी हों तो अल्प-प्रदेशी कर देता है। उसके आयु-कर्म का बंध कदाचित् हो और न भी हो परन्तु अशातावेदनीय कर्म को वह बार-बार नहीं बांधता और वह अनादि, अनंत तथा दीर्घ मार्ग वाले चतुर्गति रूप संसार-वन को शीघ्र ही पार कर जाता है।

23. **धर्म-कथा** – धर्म-कथा कहने से कर्मों की निर्जरा होती है तथा प्रवचन की प्रभावना होती है। प्रवचन की प्रभावना से यह जीव भविष्यत्काल में केवल शुभ कर्मों का ही बन्ध करता है।

24. **श्रुत की आराधना** – श्रुत की आराधना से अज्ञान का नाश होता है और जीव को क्लेश नहीं होता है।

25. **एकाग्र मन की सभिवेशना** – मन की एकाग्रता से चित्त का निरोध होता है।

26. **संयम** – संयम से यह जीव आश्रव से रहित हो जाता है।

27. **तप** – तप से पूर्वसंचित कर्मों का क्षय करके जीव आत्म-शुद्धि की प्राप्ति करता है।

28. **व्यवदान** – व्यवदान से जीव अक्रिय (क्रिया-रहित) हो जाता है। क्रिया-रहित होने से यह जीव सिद्ध, बुद्ध, मुक्त होकर परम शान्ति को प्राप्त करता हुआ सर्व प्रकार के दुःखों का अन्त कर देता है।

29. **सुखशाय** – सुखशाय से जीव निःस्पृहता को प्राप्त करता है। निःस्पृही जीव, अनुकम्पायुक्त, अभिमान तथा बाह्य शृंगारादि शोभा का त्यागी और भय-शोकादि से रहित होकर चारित्रमोहनीय कर्म का क्षय करने वाला होता है।

30. **अप्रतिबद्धता** – अप्रतिबद्धता से जीव निस्संगत्व को प्राप्त करता है। निस्संगता से रागादि रहित होकर जीव को चित्त की एकाग्रता प्राप्त होती है। उससे यह जीव अहोरात्र किसी भी वस्तु में अनुराग न रखता हुआ अप्रतिबद्ध-भाव से विचरता है।

31. **विविक्त शप्यासन का सेवन** – स्त्री, पशु और नपुंसक आदि से रहित जो स्थान है, उसे विविक्त स्थान कहते हैं। विविक्त शयनासन से चारित्र-गुप्ति की प्राप्ति होती है। चारित्र-गुप्ति को प्राप्त हुआ जीव विविक्ताहार सेवी, दृढ़ चारित्रवान्, एकान्त-प्रिय और मोक्ष को प्राप्त करने योग्य होता हुआ आठ प्रकार की कर्म ग्रंथि को तोड़कर अंततः मोक्ष प्राप्त कर लेता है।

32. **विनिवर्तना** – विषय-वासना के त्याग से जीव पापकर्मों को नहीं बांधता और पूर्व में बंधे हुए कर्मों की निर्जरा कर देता है। तदनन्तर चतुर्गति रूप इस संसार-कान्तार को पार कर जाता है।

33. **संभोग-प्रत्याख्यान** – संभोग के प्रत्याख्यान से इस जीव का परावलम्बीपन दूर होकर उसको स्वावलम्बन की प्राप्ति होती है। स्वावलम्बी होने पर उसको मन, वचन और काया की प्रवृत्ति का मुख्य प्रयोजन संयम की आराधना और मोक्ष की प्राप्ति ही होना है। फिर वह यथा-लाभ में सन्तुष्ट रहता है। किसी के लाभ की वह न तो इच्छा करता है, न कल्पना, न प्रार्थना और न ही अभिलाषा करता है।

34. **उपधि-प्रत्याख्यान** – जिसके द्वारा संयम का निर्वाह किया जाए, उसको उपधि कहते हैं। जब मन का धैर्य बढ़ जाए और परिवहों के सहन की शक्ति उत्पन्न हो जाए तब उपधि के परित्याग से यह जीव शारीरिक और मानसिक व्यथा से छूट जाता है अर्थात् उसको उपधि के न होने से किसी प्रकार का शारीरिक अथवा मानसिक क्लेश नहीं होता है तथा उपधि के कारण स्वाध्याय में पड़ने वाला विघ्न भी दूर हो जाता है।

35. **आहार-प्रत्याख्यान** – आहार के प्रत्याख्यान से यह जीव जीवन की लालसा से छूट जाता है। जब वह जीवन की आशा से मुक्त हो गया, तब उसको आहार के बिना भी किसी प्रकार का क्लेश नहीं होता।

36. **कषाय-प्रत्याख्यान** – क्रोध, मान, माया और लोभ इन चारों की कषाय संज्ञा है। इन कषायों के परित्याग से इस जीवात्मा को वीतरागता की प्राप्ति होती है। वीतराग भाव को प्राप्त हुआ जीव सुख और दुःख दोनों में समान-भाव वाला हो जाता है।

37. **योग-प्रत्याख्यान** – योग का प्रत्याख्यान करने से जीव अयोगी अर्थात् मन, वचन, काया की प्रवृत्ति से रहित हो जाता है, और अयोगी हुआ जीव नवीन कर्मों का बन्ध नहीं करता तथा पूर्व में संचित किए हुए कर्मों की निर्जरा कर देता है।

38. **शरीर-प्रत्याख्यान** – शरीर के त्यागने से जीव सिद्धों के अतिशय रूप-गुण की प्राप्ति कर लेता है तथा सिद्धों के अतिशय गुणभाव को प्राप्त होकर वह लोक के अग्रभाग में (मोक्ष में) पहुँचकर परम सुख को प्राप्त हो जाता है।

39. **सहाय-प्रत्याख्यान** – सहायक के प्रत्याख्यान से यह जीव एकत्व भाव को प्राप्त कर लेता है और परस्पर के विवाद से रहित हो जाता है। उसके क्रोध, मान, माया और लोभ रूप कषाय भी कम हो जाते हैं। विपरीत इसके संयम की बहुलता और संवर की प्रधानता तथा ज्ञानादि समाधि की उत्पत्ति होती है।

40. **भक्त-प्रत्याख्यान** – भक्त-प्रत्याख्यान अर्थात् अनशन व्रत रूप तपश्चर्या के द्वारा यह जीव अपने अनेक भावों को कम कर देता है। आहार के त्याग से भावों में विशेष दृढ़ता आ जाती है।

41. **सद्भाव-प्रत्याख्यान** – प्रवृत्ति मात्र के परित्याग का नाम सद्भाव-प्रत्याख्यान है। सद्भाव के प्रत्याख्यान करने से अनिवृत्ति-शुक्र-ध्यान के चतुर्थ भेद की प्राप्ति होती है। जिस स्थान से इस जीवात्मा का फिर पतन नहीं होता, उसको अनिवृत्ति कहते हैं। अनिवृत्ति को प्राप्त हुआ अनगार वेदनीय, आयु, नाम और गोत्र, इन चार अघाति-कर्मों का क्षय कर देता है। तदनन्तर सिद्ध, बुद्ध और मुक्त होकर सर्व दुःखों का नाश करता हुआ परम शान्ति को प्राप्त हो जाता है।

42. **प्रतिरूपता** – प्रतिरूपता से लघु भाव-लघुता की प्राप्ति होती है। फिर लघुता को प्राप्त हुआ जीव अप्रमत्त प्रकट और प्रशस्त चिह्नों को धारण करता हुआ विशुद्ध सम्यक्त्वी और सत्य-समिति वाला होकर सर्व प्राणी, भूत जीव और सत्त्वों में विश्वस्त, अल्प प्रतिलेखना वाला और *जितेन्द्रिय* तथा विपुल तप और समिति से

युक्त होता है अर्थात् *महाजितेन्द्रिय* और विपुल तपस्वी होता है।

43. **वैयावृत्य** – स्थविरादि मुनियों की यथोचित सेवा का नाम वैयावृत्य है। इस वैयावृत्य अर्थात् निःस्वार्थ सेवा-भक्ति से यह जीव किसी समय तीर्थंकर नाम-गोत्र-कर्म का उपार्जन कर लेता है।

44. **सर्वगुण-सम्पूर्णता** – सम्यक्-दर्शन, सम्यक्-ज्ञान और सम्यक्-चरित्र से सम्पन्न होना सर्वगुण-सम्पन्नता है। सर्वगुण सम्पन्नता से इस जीव को अपुनरावृत्तिपद की प्राप्ति होती है और अपुनरावृत्ति पद को प्राप्त हुआ जीव शारीरिक और मानसिक सर्व प्रकार दुःखों से मुक्त हो जाता है।

45. **वीतरागता** – वीतरागता से स्नेहानुबन्ध तथा तृष्णानुबन्ध का व्यवच्छेद हो जाता है। फिर प्रिय और अप्रिय शब्द, स्पर्श, रूप, रस और गन्ध तथा सचित्र, अचित्र और मिश्र द्रव्यों में उसको वैराग्य उत्पन्न हो जाता है।

46. **क्षांति** – क्षमा से जीव परिषहों को जीतता है और क्षमावान् पुरुष का कोई शत्रु भी नहीं रहता।

47. **मुक्ति** – मुक्ति (निर्लोभता) से इस जीव को अकिंचन (परिग्रह-रहित) भाव की प्राप्ति होती है। द्रव्य शून्य होने से उसको किसी प्रकार की चिंता नहीं रहती, जैसे कि धन के लोभी पुरुषों को रहती है।

48. **आर्जव** – आर्जवता का सम्पादन करने वाला जीव काया, भाव और भाषा से सरल होता है। उसकी कोई भी चेष्टा कपटयुक्त नहीं होती। ऐसा ही मनुष्य धर्म का आराधक होता है तथा शुद्ध अध्यवसायी होने के कारण उसको जन्मान्तर में भी धर्म की प्राप्ति होती है।

49. **मार्दव** – मार्दव से जीव को अनुत्सुकता की प्राप्ति होती है। अनुत्सुकता से मृदुता को प्राप्त करके वह जीव जाति, कुल, रूप, तप, ज्ञान, ऐश्वर्य और लाभ, इन आठ प्रकार के मदस्थानों का नाश कर देता है।

50. **भाव-सत्य** – भाव-सत्य से भाव की शुद्धि होती है। भावों की शुद्धि हो जाने पर अरिहन्त देव के प्रतिपादन किए हुए धर्म की आराधना में यह जीव प्रवृत्त हो जाता है और उक्त धर्म की आराधना इस जीव को परलोक में भी धर्म की प्राप्ति करा देती है।

51. **करण-सत्य** – करण-सत्य से जीव सत्य क्रिया करने की शक्ति प्राप्त करता है। करण-सत्य में प्रवृत्त हुआ जीव जैसे कहता है, वैसे ही करता भी है।

52. **योग-सत्य** – मन, वचन और काया की प्रवृत्ति का नाम योग है। सत्य-योग अर्थात् मन, वचन और काया की सत्य प्रवृत्ति से योगों की शुद्धि होती है तथा मन, वचन और शरीर के व्यापार शुद्ध हो जाते हैं।

53. **मनोगुप्तता** – मनोगुप्ति से चित्त की एकाग्रता होती है और एकाग्र मन वाला जीव संयम का आराधक होता है।

54. **वाग्गुप्तता** – वचनगुप्ति से जीव को निर्विकार भाव की प्राप्ति होती है और निर्विकारी जीव वचन से गुप्त होने के अतिरिक्त अध्यात्म योग के साधन से भी युक्त होता है।

55. **कायगुप्तता** – कायगुप्ति से जीव संवर को प्राप्त करता है और संवर के द्वारा कायगुप्ति वाला जीव सर्व प्रकार के पाप-श्रवों का निरोध कर देता है।

56. **मनः समाधारण** – मन की समाधारणा से एकाग्रता की प्राप्ति होती है। एकाग्रता को प्राप्त करके यह जीव ज्ञान के पर्यायों को प्राप्त करता है। ज्ञान के पर्यायों को प्राप्त करने के अनन्तर सम्यक्त्व की शुद्धि तथा मिथ्यात्व का विनाश करता है।

57. **वाक्-समाधारण** – वाक्-समाधारण से अथवा वचन योग का सम्यक् व्यापार करने से दर्शन के पर्यायों की विशुद्धि हो जाती है। इससे जीव का सम्यक्त्व निर्मल हो जाता है। इससे सुलभ बुद्धत्व की प्राप्ति हो जाती है और उसका दुर्लभ बोधिपन विनष्ट हो जाता है।

58. **काय-समाधारण** – संयम-योग में शरीर को स्थापन करना काय-समाधारण है। काय-समाधारणा से जीव चारित्र के पर्यायों की विशुद्धि करता है। चारित्र-पर्यायों के विशुद्ध होने से यथाख्यात चारित्र की विशुद्धि हो जाती है। तदनन्तर चारों अघाति-कर्मों का क्षय करके यह जीवात्मा मोक्ष को प्राप्त हो जाती है।

59. **ज्ञान-सम्पन्नता** – ज्ञान-सम्पन्न आत्मा सर्व पदार्थों के रहस्य को जान लेती है तथा संसाररूपी महा-जंगल में खो नहीं जाती। जैसे डोर के साथ गिरी सुई खो नहीं जाती, उसी प्रकार श्रुतज्ञान से युक्त जीव भी संसार में विनाश को प्राप्त नहीं होता वरन् ज्ञान, विनय, तप और चारित्र योग को प्राप्त कर लेता है।

60. **दर्शन-सम्पन्नता** – दर्शन-सम्पन्न जीव क्षायिक दर्शन को प्राप्त करता है जो कि संसार के हेतु मिथ्यात्व का सर्वथा उच्छेद कर देने वाला है। फिर उत्तर काल में उसके दर्शन का प्रकाश बोलता नहीं बल्कि उस दर्शन के प्रकाश से युक्त हुआ जीव अपने अनुत्तर ज्ञान-दर्शन से आत्म-संयोजन करता है तथा सम्यक् प्रकार से भावित करता हुआ विचरण करता है।

61. **चारित्र-सम्पन्नता** – चारित्र-सम्पन्नता से इस जीव को शैलेशी भाव की प्राप्ति होती है। शैलेशी भाव-प्रतिपन्न जीव चारों अघाति कर्मों को क्षय कर देता है। तदनन्तर वह मुक्त होकर परम शान्ति को प्राप्त करता हुआ सर्व प्रकार के दुःखों का अन्त कर देता है।

62. **श्रोत्र-इन्द्रिय का निग्रह** – श्रोत्र-इन्द्रिय के निग्रह से प्रिय और अप्रिय शब्दों में राग-द्वेष का निग्रह हो जाता है। फिर तन्निमित्तिक कर्मों का बन्ध नहीं होता, और पूर्व में बांधे हुए कर्मों की निर्जरा हो जाती है।

63. **चक्षु-इन्द्रिय का निग्रह** – चक्षु-इन्द्रिय के निग्रह से प्रिय और अप्रिय रूप में राग-द्वेष का निग्रह हो जाता है। फिर राग-द्वेष निमित्तिक कर्मों का बन्ध नहीं होता, पूर्व-बद्ध कर्मों की निर्जरा अर्थात् क्षय हो जाता है।

64. **घ्राण-इन्द्रिय का निग्रह** – घ्राण-इन्द्रिय के निग्रह से सुगन्ध और दुर्गन्ध विषयक राग-द्वेष के भाव उत्पन्न नहीं होते। उस राग-द्वेष के निमित्त से जो कर्म-बन्ध होना था, वह नहीं होता तथा पूर्व संचित कर्मों का विनाश हो जाता है।

65. **जिह्वा-इन्द्रिय का निग्रह** – जिह्वा-इन्द्रिय के निग्रह से जीव अच्छे-बुरे रसों में राग-द्वेष का निग्रह करता है और तन्निमित्त कर्म को नहीं बांधता, किन्तु पूर्व संचित का भी विनाश कर देता है।

66. **स्पर्श-इन्द्रिय का निग्रह** – स्पर्श-इन्द्रिय के निग्रह से मनोज्ञ और अमनोज्ञ स्पर्श में राग-द्वेष के भाव उत्पन्न नहीं होते। उनके न होने से कर्म का बन्ध भी नहीं होता और पूर्व संचित कर्मों की निर्जरा भी हो जाती है।

67. **क्रोध पर विजय** – क्रोध पर विजय करने से जीव को क्षमा-गुण की प्राप्ति होती है। ऐसा क्षमायुक्त पुरुष क्रोध वेदनीय-क्रोध-जन्य कर्मों का बन्ध नहीं करता और पूर्व-बद्ध कर्मों की निर्जरा कर देता है।

68. **मान-विजय** – मान-विजय से इस जीव को मार्दव-मृदुता गुण की प्राप्ति होती है। फिर मार्दव-गुण-संयुक्त जीव मान वेदनीय-मानजनित-कर्मों का बन्ध नहीं करता तथा पूर्व-बद्ध कर्मों का क्षय कर देता है।

69. **माया-विजय** – माया की विजय से जो जीव आर्जव (सरलता) को धारण कर लेता है, वह उक्त कर्म का बन्ध नहीं करता अपितु पूर्व में बांधे हुए कर्मों का भी क्षय कर देता है।

70. **लोभ-विजय** – लोभ की विजय में सन्तोष-गुण की प्राप्ति होती है। सन्तोषान्वित

जीव लोभ वेदनीय कर्म का बन्ध नहीं करता तथा पूर्व-बद्ध कर्मों की भी निर्जरा कर देता है।

71. **राग, द्वेष और मिथ्या-दर्शन पर विजय** – राग, द्वेष और मिथ्या-दर्शन पर विजय प्राप्त कर लेने से यह जीव ज्ञान, दर्शन और चारित्र की आराधना में उद्यत हो जाता है। तदनन्तर वह विभिन्न कर्मों की प्रकृतियों का क्षय करके सर्वोत्कृष्ट केवलज्ञान और केवलदर्शन को प्राप्त कर लेता है।

72. **शैलेशी** – केवलज्ञान के अनन्तर यह आत्मा अपने अवशिष्ट आयु कर्म को भोगकर, जब अन्तर्मुहूर्त – दो घड़ी – प्रमाण आयु शेष रह जाती है, तब योगों (मन, वचन और काया के व्यापारों) का निरोध करती हुई सूक्ष्म क्रिया अतिपाति तृतीय शुक्ल पाद का ध्यान करके प्रथम मनोयोग का निरोध करती है। फिर वचन और काया योग का निरोध करती है। तदनन्तर श्वासोच्छ्वास क्रिया का निरोध करके, पाँच ह्रस्व अक्षरों के उच्चारण जितने काल में वह अनगार, समुच्छिन्न क्रिया अनिवृत्ति नामक शुक्ल ध्यान का चिंतन करती हुई वेदनीय, आयु, नाम और गोत्र इन चार अघाति-कर्मांशों का एक ही काल में क्षय कर देती है। अर्थात् सर्वथा क्रिया-रहित होकर परम निर्वाण पद को प्राप्त हो जाती है।

73. **अकर्मता** – तदनन्तर औदारिक, तेजस और कार्मण शरीर को त्यागकर ऋजुश्रेणी को प्राप्त हुआ अव्याहत गति तथा एक समय की ऊँची अविग्रह गति से यह जीव मोक्ष में जाकर ज्ञानोपयोग से सिद्ध हो जाता है तथा सर्व प्रकार के दुःखों का अन्त कर देता है।

चार अंगों की दुर्लभता

संसार में इस जीव को मनुष्यत्व, श्रुति धर्म का श्रवण, श्रद्धा और संयम में पुरुषार्थ इन चार अंगों की प्राप्ति का होना बहुत कठिन है।[60] इस संसार में पृथक्-पृथक् जीव ने नाना प्रकार के कर्मों के आचरण द्वारा नाना प्रकार के गोत्र और जातियों में जन्म-धारण करके इस विश्व को भर दिया है। ये जीव अपने-अपने शुभाशुभ कर्मों के अनुसार कभी देवलोकों में, कभी नरकों में और असुर-समूह में जाते हैं। किसी समय यह जीव क्षत्रिय बनता है और किसी समय चांडाल और पुक्कस बन जाता है तथा कभी कीट, पतंग, कुंथु और पिपीलिका आदि की योनि में उत्पन्न होता है। संसार में दुष्ट कर्म करने वाले प्राणी नाना प्रकार की योनियों में भ्रमण करते हुए भी निवृत्त नहीं होते। कर्मों के क्षय से और अनुक्रम से किसी समय शुद्धि को प्राप्त होकर ये जीव मनुष्य जन्म को धारण करते हैं।[61] मनुष्य

60. *उत्तरा०*, 3-1.

61. वही,. 3-7.

जन्म के प्राप्त होने पर भी धर्म की श्रुति फिर भी दुर्लभ है जिसको कि सुनकर तप, क्षमा और दया के भाव को ये जीव धारण करते हैं। कदाचित् धर्म-श्रवण को प्राप्त करके भी फिर श्रद्धा का प्राप्त होना और भी दुर्लभ है। न्याय-मार्ग को सुनकर भी बहुत से जीव फिर भी भ्रष्ट हो जाते हैं।

सरल की ही शुद्धि होती है और शुद्ध हृदय में ही धर्म ठहर सकता है। मनुष्य के अनुपम काम-भोगों को आयुपर्यन्त भोग करके यह जीव पूर्व की तरह विशुद्ध सद्धर्म में निष्कलंक बोधि को प्राप्त कर लेता है। चारों अंगों को दुर्लभ समझकर संयम को ग्रहण करके तप के द्वारा जिसने कर्मों के अवशिष्ट अंश को दूर कर दिया है, वह पुण्यशाली जीव शाश्वत् सद गति को प्राप्त हो जाता है।[62]

प्रमाद

भगवान महावीर का कहना है कि चूंकि यह जीवन चिरस्थायी नहीं है, इसलिए तू प्रमाद मत कर।[63] जो मनुष्य धन को पाप-कर्मों से इकट्ठा करके और अमृत के समान जानकर उसे ग्रहण करते हैं, वे विषय रूप पाश में फँसकर तथा अन्य जीवों से बैर-भाव को बांधकर नरक में उत्पन्न होते हैं। लोग इस लोक तथा परलोक में अपने किए हुए कर्मों को भोगे बिना छुटकारा नहीं पाते। प्रमादी पुरुष को इस लोक तथा परलोक में धन भी पाप-कर्मजन्य फल-भोग से सुरक्षित नहीं रख सकता। कुशाग्रबुद्धि पुरुष के समान किसी पर भी विश्वास न करके प्रमाद-रहित होकर विचरण करना चाहिए।

विवेक की शीघ्र प्राप्ति नहीं हो सकती इसलिए जीव को धर्मानुष्ठान में लग जाना चाहिए और समभाव से लोकस्थ प्राणी-वर्ग का विचार तथा आत्मा की रक्षा करता हुआ महर्षि-साधु सदा अप्रसन्न रहकर संसार में विचरे। बुद्धि को मंद करने वाले और लोभनीय (लुभाने वाले) स्पर्शों में साधु अपने मन को न लगाए एवं क्रोध न करे, मान में न आए, माया-कपट सेवन न करे और लोभ को भी त्याग दे। प्रवादी (परमतावलम्बी), जो अशुद्ध और अहंकारी है, राग और द्वेष तथा पूर्ण-रूप ऐहिक विषय-वासनाओं में हमेशा पड़े हुए हैं। इस प्रकार जानकर उनसे घृणा करता हुआ साधु जब तक शरीर का भेद नहीं हुआ, तब तक ज्ञान आदि गुणों की ही अभिलाषा करता रहे।[64]

अकाम और सकाम मृत्यु

भगवान् महावीर ने मरण के समय, दो स्थान वर्णन किए हैं[65] –

---

62. *उत्तरा०*, 3.
63. वही, 4-1.
64. वही, 4, 10-13.
65. वही, 5, 1-32.

1. अकाम मृत्यु, और
2. सकाम मृत्यु।

मूर्खों का अकाम मरण तो अनेक बार होता है किन्तु पण्डितों का सकाम मरण तो उत्कर्ष से एक ही बार होता है। मूर्ख काम-वासनाओं में आसक्त होने से अपने हित का कुछ भी विचार न करता हुआ हिंसा आदि क्रूर कर्मों में प्रवृत्त हो जाता है। जो पुरुष काम-भोगों में आसक्त है, वह नरक को जाता है। परन्तु वह कहता है कि परलोक तो मैंने देखा नहीं और यह कामभोगादि विषयक जो रति आनन्द है, वह चक्षुदृष्ट अर्थात् अनुभव-सिद्ध है। कामभोग तो इस समय पर हस्तगत है और जो आगामी काल में – भविष्यत् काल – में मिलने वाले हैं, वे संदिग्ध हैं। कौन जानता है कि परलोक है अथवा नहीं! तो फिर हाथ में आए हुए इनको क्यों छोड़ना चाहिए? एक मूर्ख – अज्ञानी जीव – हिंसा करता है, झूठ बोलता है, छल-कपट करता है, चुगली करता है और धूर्तता करता है तथा मदिरा और मांस खाता है। वह उक्त कर्मों को श्रेष्ठ समझकर करता है। वह व्यक्ति, जो धन और स्त्रियों के प्रति आसक्ति रखता है, अपने विचार और कर्मों द्वारा पाप संचित करता है। दुष्ट पुरुष, जो क्रूर कार्य करते हैं, अत्यन्त वेदना को प्राप्त होते हैं। मृत्यु के आ जाने पर भय से मूर्ख बहुत त्रास पाता है तथा शोक-संताप को प्राप्त होता हुआ अकाम मृत्यु से मरता है। कुछ गृहस्थों का तो कुछ साधुओं की अपेक्षा संयम अच्छा है; फिर भी गृहस्थों से साधुओं का संयम श्रेष्ठ माना गया है। श्रद्धावान् व्यक्ति को गृहस्थों से सम्बन्धित आचार के नियमों का पालन करना चाहिए। उसे व्रत की अवहेलना नहीं करनी चाहिए। वे साधु अथवा गृहस्थ, जो कि संयम और तप के अभ्यास से कषायों से रहित हो गए हैं, स्वर्गादि स्थानों को अवश्य प्राप्त कर लेते हैं। चारित्रयुक्त और बहुश्रुत व्यक्ति मृत्यु के आ जाने पर कभी त्रास को प्राप्त नहीं होते। मेधावी व बुद्धिमान व्यक्ति क्षमा के द्वारा दया-धर्म को बढ़ाकर मृत्यु के समय शान्त तथा भूत आत्मा से अपनी आत्मा को प्रसन्न रखेगा। तदनन्तर श्रद्धावान पुरुष मृत्यु समय के प्राप्त होने पर अपने गुरुजनों के समीप रोमांचकारी मृत्यु को दूर करके अनशन के द्वारा अपने शरीर के भेद की इच्छा करे। काल के समाप्त होने पर संलेखना आदि के द्वारा शरीर का अंत करता हुआ साधु मृत्यु के तीन प्रकारों में से किसी एक के द्वारा सकाम मृत्यु को प्राप्त करे।[66]

विनय धर्म

यदि बुद्धिमान् व्यक्ति की कोई ताड़ना करे, तो भी वह क्रोध न कर क्षमा का सेवन करे। वह क्षुद्रजनों का संसर्ग और उनसे हास्य-क्रीड़ादि का अपराध न करे। अध्ययन करने के पश्चात् शिष्य को एकाग्र होकर गहन चिंतन रखना चाहिए। यदि क्रोध से वशीभूत होकर

---

66. *आचा॰*, 1, 7-8.

असत्य भाषण किया गया हो, तो गुरुजनों के पूछने पर उसे कतई नहीं छिपाए। उसे बिना पूछे अनावश्यक नहीं बोलना चाहिए। पूछे जाने पर झूठ कभी नहीं बोलना चाहिए। यदि आत्मा का परिष्कार हो जाता है, तो मनुष्य को सुख मिलेगा। शारीरिक दण्डों और बन्धनों के द्वारा औरों से प्रताड़ित होने की अपेक्षा संयम और तप के द्वारा स्वयं ही आत्मा को परिष्कृत करना उत्तम है।[67] वह लोगों के समक्ष अथवा एकान्त में मन, वचन और शरीर से आचार्यों के प्रतिकूल आचरण कभी न करे। आचार्यों के द्वारा पूछने पर शिष्य मौनधारण न करे और गुरुओं की प्रसन्नता तथा मोक्ष की अभिलाषा रखता हुआ सदा सविनय उनके समीप ही रहे। गुरु के बुलाने पर बुद्धिमान् शिष्य आसन को तत्काल छोड़कर यत्न व विनम्रता के साथ गुरुओं के वचन को सुने।[68] वह अपने गुरु से आसन पर बैठे हुए प्रश्न न पूछे। एक उत्तम शिष्य सदैव अपने गुरु के प्रति सद्विचार रखे और यह मानता रहे कि उसका गुरु उससे अपने पुत्र या भ्राता जैसा व्यवहार करता है। वह आचार्य के क्रोध को वर्धित न करे, न ही स्वयं क्रोधावेश से उत्तेजित हो। वह तत्त्ववेत्ताओं का घातक और उनके छिद्रों को देखने वाला भी न हो। आचार्य को कुपित हुआ जानकर विनीत शिष्य प्रतीतिकारक वचनों से उन्हें प्रसन्न करे और उनकी क्रोध-रूपी अग्नि-ज्वाला को शीतल वचनों से शान्त करे तथा दोनों हाथ जोड़कर कहे कि मैं फिर आगे से ऐसा कभी न करूंगा। विनयवान शिष्य गुरुओं के उपदेश के अनुसार ही सदा कार्यों को करता रहे। जब तत्त्ववेत्ता पूज्य आचार्य शिष्य पर प्रसन्न हो जाता है तो वह उसे प्रसन्नतापूर्वक बहुत विस्तार वाला अर्थ श्रुत का लाभ प्रदान करता है। इस कारण शिष्य को अपने सम्यक् कार्यों से गुरु के हृदय को भी प्रसन्न रखना चाहिए।[69]

अहंकार, क्रोध, प्रमाद, रोग और आलस्य विद्या-ग्रहण में प्रतिबन्धक हैं। इनके होने पर विद्यार्थी गुरु से शास्त्राभ्यास नहीं कर सकता। भगवान् महावीर ने शिक्षा-शील के लिए आठ बातों का होना आवश्यक माना है – (1) हास्य न करने वाला, (2) इन्द्रियों का दमन करने वाला, (3) दूसरों के मर्म को न कहने वाला, (4) शुद्ध आचार वाला, (5) खण्डित आचार से रहित, (6) अलोलुप, रसों में मूर्छित न रहने वाला, (7) क्रोध-रहित, और (8) सत्य बोलने वाला।[70]

अज्ञानी और विचारशील व्यक्तियों के कर्म – जो व्यक्ति सत्य के प्रति अज्ञानी हैं, उनको दुःख भोगना पड़ता है। विचारशील पुरुष को सांसारिक राग-द्वेष तथा जन्म-मरण

---

67. *उत्तरा०*, 1, 16.
68. *उत्तरा०*, 1.21.
69. *उत्तरा०*, 1, 47.
70. वही, 11, 4-5.

के बन्धन पर विचार कर सत्य की खोज करनी चाहिए। उसे ही अपने कर्मों के फलों को भोगना पड़ेगा, कोई अन्य उसे किसी तरह से भी बाँट नहीं सकता।[71]

पांडित्य मात्र से ही मुक्ति प्राप्त नहीं होगी। अपने पाप-कर्मों के द्वारा रसातल की ओर जाने पर भी मूर्ख अपने आप को चतुर समझते हैं। अज्ञानी जीव इस अनन्त संसार में जन्म-मरण के बड़े लम्बे चक्र में पड़े हुए हैं। इसलिए उनकी सारी दिशाओं को अवलोकन करता हुआ मुमुक्षु सदा प्रमाद-रहित होकर इस संसार में चले-विचरे। मोक्ष-सुख को जन्म-मरण-उत्पत्ति-विनाश से रहित और सर्वोच्च-सर्वश्रेष्ठ समझकर मुमुक्षु पुरुष विषय-सुख की किसी समय और किसी दशा में भी अभिलाषा न करे। इस शरीर का पालन-पोषण भी केवल कर्मों के क्षय के लिए ही करे। कर्म के हेतु को जानकर अपनी मृत्यु के इंतजार में वह विचरे।[72]

केवल अज्ञानी व्यक्ति ही हिंसा करता है, झूठ बोलता है, मार्ग में लूटता है, वस्तु की चोरी करता है तथा अन्यों से छल-कपट करता है।[73] इस प्रकार के जघन्य आचरण उसे नरक में ले जाते हैं। वे व्यक्ति, जो नाना प्रकार के भले आचरणों के अनुसरण से व्रतशील गृहस्थ हो जाते हैं, अपने कर्मों के अनुसार फल को प्राप्त करते हैं। सदाचारी व्यक्ति प्रसन्नता के साथ देवलोक को जाता है। जिसने विषय-भोगों को नहीं त्यागा, उसे अपनी आत्मा का सच्चा सुख प्राप्त नहीं हो सकता। उसे इधर-उधर बार-बार भटकना पड़ेगा यद्यपि उसे ठीक मार्ग बतलाया गया है। अज्ञानी व्यक्ति को नरक में जाना पड़ेगा और सदाचारी का जन्म देवलोक में होगा।

सर्वोच्च साधु, जो माया से मुक्त होते हैं और सम्यक् ज्ञान और दर्शन को धारण करते हैं, सब लोगों की भलाई, कल्याण तथा अंतिम मुक्ति के बारे में सोचते हैं।

किसी व्यक्ति को सन्तुष्ट करना कठिन है। जैसे-जैसे लाभ होता जाता है, वैसे-वैसे लोभ की मात्रा में अधिकता होती जाती है। तृष्णा की कभी तृप्ति नहीं होती। इसलिए आत्मा को सन्तुष्ट करने की इच्छा रखने वाले मुमुक्षु को ज्ञान का आराधन करना चाहिए। ज्ञान-शक्ति ही आत्मा को सर्वथा सन्तुष्ट कर सकती है। विषयासक्ति में सबसे प्रधान स्त्री और उससे संसर्ग है। मनुष्य को ऐसे संसर्ग को त्याग देना चाहिए जो चंचल-चित्त हैं तथा जो पुरुषों को मोहित करके फिर उनसे दासों के समान क्रीड़ा करवाती हैं।[74]

---

71. *उत्तरा॰*, 1, 47.
72. वही, 11, 4-5.
73. वही, 6, 3, *सूत्र॰*, 1, 9, 5.
74. *उत्तरा॰*, 8, 17-18.

सांसारिक कामभोगों से निःस्पृहता

पापमय विचारों से कर्म की उत्पत्ति होती है और कर्म के प्रभाव से ही चित्र और संभूत अलग हुए थे।[75] सर्व गीत विलाप रूप हैं, सर्व नाटक विडम्बना रूप हैं, सर्व प्रकार के भूषण भार-रूप हैं और सर्व कामभोग दुःख के देने वाले हैं।[76] जो कामभोगादि विषय अज्ञानियों को प्रिय लगते हैं, वास्तव में वे समस्त दुःख के मूल हैं। उनसे साधु पुरुषों को सुख नहीं मिलता क्योंकि वे विषय-भोगों की परवाह नहीं करते। वे तो शील गुणों में ही अनुरक्त रहते हैं।[77] इस अशाश्वत् जीवन में पुण्य को न करने वाला जीव मृत्यु के मुख में पहुँचा हुआ सोच करता है तथा धर्म का पालन न करने वाला परलोक में फिर सोच करता है। निश्चय की मृत्यु अन्त समय में इस जीव को परलोक में पहुँचा देती है। उस समय उसके माता-पिता और भार्या भी काल के समय कुछ आयु का अंश देकर उसको बचा नहीं सकते।[78] उसके दुःख को ज्ञानिजन कुछ नहीं कर सकते तथा न मित्र-वर्ग, न पुत्र और न ही भ्राता आदि बांट सकते हैं,। वह अकेला स्वयमेव उस दुःख का अनुभव करता है क्योंकि कर्त्ता के पीछे ही कर्म जाता है। यह जीवन प्रमाद-रहित होकर मृत्यु के समीप चला जा रहा है और मनुष्य के वर्ण को जरा (मृत्यु) हरण कर रही है।[79] काल का अतिक्रम हो रहा है। रात्रियाँ शीघ्रता से जा रही हैं। पुरुषों के भोग नित्य नहीं हैं अपितु लोग अपनी इच्छा के अनुसार पुरुष को छोड़ जाते हैं; जैसेकि फल-रहित वृक्ष को पक्षी छोड़ जाते हैं। यदि तू काम-भोगों को छोड़ने में असमर्थ है तो आर्य कर्म कर और धर्म में स्थित होकर सर्व प्रजा पर अनुकम्पा करने वाला हो।[80] क्षण मात्र सुख है, बहुत कालपर्यन्त दुःख है, प्रकाम अत्यधिक दुःख है, बहुत ही थोड़ा सुख है। ये कामभोग संसार-मोक्ष के प्रतिकूल और निश्चय ही सारे अनर्थों की खान हैं।[81] अमूर्त होने के कारण यह आत्मा इन्द्रियों से ग्रहण नहीं किया जा सकता और अमूर्त होने से ही यह नित्य है तथा अध्यात्म हेतु मिथ्यात्वादि निश्चय ही बन्ध है और बन्ध ही संसार का हेतु है। धर्म को न जानते हुए अज्ञानतावश लोग पाप कर्म करते थे। धर्म को समझने के कारण वे अब विषय भोगों के प्रलोभन में नहीं आ सकते। मनुष्य मृत्यु से भयभीत हो जाता है।

---

75. *उत्तरा०*, 13, 8.
76. वही, 13-16.
77. वही, 17.
78. वही, 21-23.
79. वही, 26.
80. *उत्तरा०*, 31-32.
81. *उत्तरा०*, 14-13.

जिसने ज्ञान प्राप्त कर लिया है, वह मृत्यु को मित्र समझता है।[82] धर्म में श्रद्धा रखने से कामादि का राग दूर हो जाता है।[83] संसार को बढ़ाने वाले इन कामभोगों का परित्याग कर तुमको संयम-मार्ग में यत्न से चलना चाहिए।[84] धर्म को सम्यक् (भली प्रकार से) जानकर प्रधान कामभोगों को छोड़कर तीर्थंकरादि द्वारा प्रतिपादित किए हुए घोर तप का व्यक्ति को अनुसरण करना चाहिए।[85]

प्रमाद के कारण

सम्पूर्ण ज्ञान के प्रकाश से, अज्ञान और मोह के सम्पूर्ण त्याग से तथा राग और द्वेष के सम्पूर्ण क्षय से यह जीव एकान्त सुख-रूप मोक्ष को प्राप्त कर लेता है।[86] गुरु और वृद्ध-जनों की सेवा करना, मूर्खों के संग को छोड़ना और धैर्यपूर्वक एकान्त में स्वाध्याय तथा सूत्रार्थ का भली प्रकार चिन्तन करना चाहिए।[87] समाधि की इच्छा रखने वाला तपस्वी साधु मितप्रमाण-युक्त और एषणीय आहार की इच्छा करे। वह निपुणार्थ बुद्धि वाले साथी और स्त्री, पशु तथा नपुंसक आदि से रहित एकान्त स्थान की इच्छा करे।[88] यदि गुणों से अधिक अथवा समान निपुण सहायक न मिले तो अकेला ही पापानुष्ठान का परित्याग करता हुआ और काम-भोगादि में आसक्त न होता हुआ विचरे।[89] राग और द्वेष दोनों कर्म के बीज हैं। कर्म मोह से उत्पन्न होता है। फिर कर्म जन्म और मरण का मूल है तथा जन्म और मृत्यु दुःख के हेतु कहे जाते हैं।[90] जिसको मोह नहीं, उसने दुःख का नाश कर दिया; जिसको तृष्णा नहीं, उसने मोह का अन्त कर दिया। जिसने लोभ का परित्याग कर दिया, उसने तृष्णा का क्षय कर डाला और जो अकिंचन है, उसने लोभ का विनाश कर दिया।[91] रसों का अत्यंत सेवन नहीं करना चाहिए। कारण यह है कि रस प्रायः मनुष्यों को दीप्त करते हैं और दीप्त जीवों को मानादि विषय दुःख देते हैं।[92] जैसे उत्तम औषधियों से पराजित हुई व्याधि पुनः आक्रमण नहीं करती, उसी प्रकार एकान्त और शुद्ध

82. *उत्तरा०*, 19, 20, 21, 23, 24, 25, 27.
83. वही, 28.
84. वही, 47.
85. वही, 49-50.
86. *उत्तरा०*, 32, 2.
87. वही, 3.
88. वही, 4.
89. वही, 5.
90. *उत्तरा०*, 7.
91. *उत्तरा०*, 32, 8.
92. वही, 10.

बस्ती में रहने वाले अल्पाहारी और इन्द्रियों का दमन करने वाले पुरुषों के चित्त को यह राग-रूप शत्रु घर्षित नहीं कर सकता।[93]

तपस्वी साधु स्त्रियों के रूप, लावण्य, विलास, हास्य, प्रिय भाषण, इंगित और कटाक्षपूर्वक अवलोकन, इत्यादि बातों को चित्त में स्थापन करके अहो! यह कैसी सुन्दरी है, इस प्रकार के अध्यवसाय को धारण न करे।[94] ब्रह्मचर्य-व्रत में सदा अनुरक्त रहने वालों का ध्यान-योग्य परम हित इसी में है कि वे स्त्रीजन का अवलोकन, उससे किसी प्रकार की प्रार्थना, उनका चिन्तन और कीर्तन न करें।[95] मन, वचन और काया से गुप्त रहने वाले जिस परम संयमी साधु को वेष-भूषा से युक्त देवांगनाएँ भी क्षुभित नहीं कर सकतीं अर्थात् संयम से गिरा नहीं सकतीं, ऐसे साधु को भी एकान्तवास ही परम हितकारी है।[96] मोक्ष की अभिलाषा रखने वाले संसार-भीरु और धर्म में स्थित रहने वाले पुरुषों को भी इस लोक में इतना दुस्तर (कठिन) और कोई काम नहीं, जितना कि निर्विवेकीजनों के मन को हरने वाली स्त्रियों का त्याग करना कठिन है।[97] स्त्रियों के संग का परित्याग करने पर अन्य द्रव्यादिक पदार्थों को छोड़ना कोई दुस्तर नहीं।[98] काम की निरन्तर अभिलाषा से दुःख की उत्पत्ति होती है तथा देवों सहित सर्वलोक में जितने भी शारीरिक और मानसिक दुःख हैं, वीतरागी पुरुष उसका भी अंत कर देता है।[99] समाधि की इच्छा वाला तपस्वी-श्रमण इन्द्रियों के जो मनोज्ञ विषय हैं, उनमें रागभाव कदापि न करे और जो अमनोज्ञ विषय हैं, उनसे मन से भी द्वेष न करे।[100]

रूप में अत्यन्त आसक्ति रखने वाला जीव अकाल में ही विनाश को प्राप्त हो जाता है।[101] जो जीव अमनोज्ञ रूप के विषय में सदैव द्वेष करता है, वह उसी क्षण में दुःख को प्राप्त हो जाता है और वह जीव अपने ही दोष से दुःखी होता है।[102] उसमें रूप का कोई भी दोष नहीं है। जो मनोहर रूप में अनुरक्त होता है तथा असुन्दर रूप से प्रद्वेष

---

93. *उत्तरा*, 12.
94. वही, 14.
95. वही, 15.
96. वही, 16.
97. वही, 17.
98. वही, 18.
99. वही, 19.
100. वही, 21.
101. *उत्तरा*, 24.
102. वही, 25.

करता है, वह अज्ञानी दुःख समूह को प्राप्त होता है।[103] रूप की आशा के वश हुआ अज्ञानी जीव, जंगम और स्थावर प्राणियों की नाना प्रकार से हिंसा करता है, उनको परिताप देता है तथा अपना ही प्रयोजन सिद्ध करने वाला रागी जीव नाना प्रकार से उन जीवों को पीड़ा पहुँचाता है।[104] रूप के विषय में अतृप्त और परिग्रह में अत्यन्त आसक्त रहने वाला पुरुष कभी सन्तोष को प्राप्त नहीं होता। फिर असन्तोष के दोष से दुःखी हुआ वह पर-पदार्थ का लोभी बनकर चोरी भी करने लगता है।[105] तृष्णा के वशीभूत हुआ, चोरी करने वाला तथा रूप परिग्रह में अतृप्त पुरुष माया और मृषावाद की वृद्धि करता है, परन्तु फिर भी वह दुःख से छुटकारा नहीं पाता।[106] रूप के विषय में विरक्त मनुष्य शोक से रहित होता हुआ दुःख समूह की परंपरा से संसार में रहता हुआ भी दुःखों में लिप्त नहीं होता।[107] काम-गुणों में आसक्त जीव क्रोध, मान, माया, लोभ, जुगुप्सा, अरति, रति, हास्य, भय, शोक, पुरुषवेद, स्त्रीवेद और नपुंसकवेद तथा नाना प्रकार के हर्ष-विषाद आदि भावों और इस प्रकार के नानाविध रूपों को प्राप्त होता है। इसके अतिरिक्त क्रोधादि से उत्पन्न होने वाले अन्य नरकादि संतापों को भी प्राप्त होता है तथा इसी कारण से करुणा योग्य, अत्यंत दीन, लज्जालु और अप्रीति का भाजन बन जाता है।[108] समाप्त कर दिए हैं सर्व कर्त्तव्य जिसने, ऐसी वीतराग आत्मा ज्ञानावरणीय, दर्शनावरणीय और अन्तराय, इन तीनों कर्मों का एक ही समय में क्षय कर देती है।[109] तदनन्तर वह जीवात्मा सब कुछ जानती है, सब कुछ देखती है तथा मोह और अन्तराय से सर्वथा रहित हो जाती है। फिर आस्रवों से रहित, ध्यान और समाधि से युक्त होकर परम विशुद्ध दशा को प्राप्त होती हुई आयु तथा नाम कर्म के समाप्त होने पर मोक्षपद को प्राप्त हो जाती है।[110] अनादि काल से उत्पन्न हुए सर्व प्रकार के दुःखों से छूटने के इस मार्ग को सम्यक् रूप से अंगीकार करके जीव अत्यन्त सुखी होते हैं।[111]

पाप और दुष्ट-कर्म

कर्मबन्ध के तीन कारण हैं, जिनसे पाप-कर्म किया जाता है –

103. *उत्तरा*., 32, 26.
104. वही, 27.
105. वही, 29.
106. वही, 30.
107. वही, 34.
108. वही, 102-3.
109. वही, 108.
110. वही, 109.
111. वही, 110.

(1) किसी प्राणी को मारने के लिए स्वयं उस पर आक्रमण करना,

(2) नौकर आदि को भेजकर प्राणी का घात कराना, एवं

(3) प्राणी को घात करने के लिए मन से अनुज्ञा देना।[112]

मायामय-अनुष्ठान-आसक्त पुरुष चाहे बहुश्रुत हों, धार्मिक हों, ब्राह्मण हों, चाहे भिक्षुक हों, वे कर्म के द्वारा अत्यन्त पीड़ित किए जाते हैं।[113] जो मनुष्य संसार में अथवा मनुष्य भव में आसक्त हैं, विषय-भोग में मूर्च्छित हैं और हिंसा आदि पापों से निवृत्त नहीं हैं, वे मोह को प्राप्त होते हैं।[114] जो हिंसा आदि पापों से निवृत्त तथा कषायों को दूर करने वाले और आसक्ति से रहित हैं, एवं क्रोध, मान, माया और लोभ को त्यागकर मन-वचन और काय से प्राणियों का घात नहीं करते हैं, वे सब पापों से रहित पुरुष मुक्त जीव के समान ही शान्त होते हैं।[115] व्यक्ति को मन-वचन व काय से जीव-हिंसा नहीं करनी चाहिए, यदि वह आध्यात्मिक कल्याण और पापों से मुक्ति चाहता है।[116] पापी अपनी त्रुटि को स्वीकार नहीं करता। उल्टे वह उस पर फूला नहीं समाता। फिर भी व्यभिचारियों को कड़ा दण्ड मिलता है। इन्द्रिय-सुखों में लिप्त पुरुष को बारम्बार दुःख झेलना पड़ता है।

वे पुरुष जो अपने सुख के लिए दूसरों का नाश करते हैं, वे दुष्ट हैं। हरी दूब तथा अङ्कुर आदि भी जीव हैं और वे जीव वृक्षों के शाखा, पत्र आदि में अलग-अलग रहते हैं। इन जीवों को जो अपने सुख के लिए छेदन करता है, वह बहुत प्राणियों का विनाश करता है।[117] जो पुरुष अपने सुख के लिए बीज का नाश करता है, वह उस बीज के द्वारा होने वाले अङ्कुर तथा शाखा, पत्र, पुष्प, फल, आदि की वृद्धि का भी नाश करता है। ऐसे लोग जो अपने सुख के लिए बीज को नष्ट करते हैं, पापी हैं। उन्हें उसका फल भोगना होगा।[118] जो पुरुष अपना घर तथा धन-धान्य आदि छोड़कर दूसरे के भोजन के लिए दीन होकर भाट की तरह उसकी प्रशंसा करता है, वह चावल के दानों में आसक्त उस शुक की तरह है जो पेट भरने में ही आसक्त रहता है। वह शीघ्र ही नाश को प्राप्त

---

112. *सूत्र.*, 1, 1, 3, 26.
113. वही, 2, 1, 7.
114. वही, 2, 1, 10.
115. वही, 2, 1, 12.
116. वही, 21.
117. वही, 1, 7-8.
118. वही, 1, 7, 9.

होगा।[119] जो पुरुष अन्न, पान तथा वस्त्र आदि के लोभ से दाता पुरुष से खुशामदी बातें करता है, उसका व्यक्तित्व भूसे के समान संयम रूपी सार से रहित है।[120]

दुष्ट-जन राग, द्वेष तथा अन्य विकृत भावनाओं से कर्म के बन्धन में बंध अनेक पाप करते हैं। असंयमी पुरुष मन-वचन और काय से तथा काय की शक्ति न होने पर मन-वचन से इस लोक और परलोक दोनों के लिए स्वयं प्राणियों का घात करते हैं और दूसरे के द्वारा भी कराते हैं।[121] जीव-हिंसा करने वाला हिंसक कार्य करता है तथा इस प्रकार के अन्य दुष्ट कार्यों में फँस जाता है।[122] पाप कर्मों से अन्त में दुःख उठाना पड़ता है। मुक्ति पाने योग्य पुरुष सब प्रकार के बन्धनों को काटकर एवं पाप-कर्म को दूर करके अपने कर्मों को काट डालता है[123] तथा सम्यक् ज्ञान, दर्शन और चारित्र को ग्रहण करता हुआ वह मोक्ष की चेष्टा करता है।[124]

जीव निम्नलिखित विभिन्न कर्मों में लिप्त रहकर पाप कार्य करते हैं – स्वयं के हित के लिए पाप करना, बिना हित के पाप करना, ठहरकर पाप करना, घटना के द्वारा, त्रुटि व दृष्टि से, मिथ्या भाषण से, उसको प्राप्त करके जो स्वतः नहीं दी जाती, दंभ, अहंकार, लोभ, धोखा, अपने मित्रों के साथ बुरे व्यवहार से और धार्मिक जीवन से सम्बन्धित कार्यों से पाप करना।[125]

नरक

पापियों को नरक में इस लोक की अपेक्षा अनन्त गुणा अधिक उष्णता और शीत अनुभव करना पड़ता है।[126] इनको खंगों, भल्लियों और पट्टिशों से वेदन, विदारण और सूक्ष्म खण्ड के रूप में किया जाता है।[127] उन्हें भयंकर दुःख उठाने पड़ते हैं। जो अज्ञ जीव प्राणियों की हिंसा करने में बड़े ढीठ हैं और अति-धृष्टता के साथ बहुत प्राणियों की हिंसा करते हैं, वे नरक को प्राप्त होते हैं।[128] वे वैतरणी नदी को पार करते हैं जिसकी धारा के

119. *सूत्र॰*, 1, 7, 25.
120. *सूत्र॰*, 7, 26.
121. *सूत्र॰*, 1, 8, 6.
122. वही, 8, 7.
123. वही, 8, 10.
124. वही, 8, 11.
125. वही, 2, 2, 4.
126. *उत्तरा॰*, 48-49.
127. वही, 56.
128. *सूत्र॰*, 1, 5, 1, 5.

लगने से नारकीय जीवों के अंग कट जाते हैं।[129] उनको शूल और त्रिशूलों से बेधा जाता है।[130] इनको वैतरणी नदी के कलम्बु का फूल के समान अति तप्त लाल बालुका में तथा मुर्मुराग्नि में इधर-उधर फेरते हैं और पकाते हैं।[131] उन्हें महान् तापवाला तथा घने अन्धकार से पूर्ण असूर्य नामक नरक में आना पड़ता है जिसमें सूर्य नहीं रहता।[132] यहाँ पर भी चारों दिशाओं में आग जलती रहती है जिसमें उन्हें तपाया जाता है।[133] नारकीय जीवों के हाथ-पैर बाँधकर उन्हें काठ की तरह कुठार के द्वारा काटा जाता है। उनके रक्त को निकालकर उसे गर्म कड़ाह में डालकर उसी रक्त में उन्हें पकाया जाता है।[134] उन्हें नरक की आग में जलाकर भस्म नहीं किया जाता है किन्तु इस लोक में अपने किए हुए पाप के कारण नरक की पीड़ा उन्हें भोगनी पड़ती है।[135] इनकी नासिका, ओंठ और दोनों कान तीक्ष्ण उस्तरे से काट लिए जाते हैं। उनकी जीभ को एक बीत्ता बाहर खींचकर उसमें तीक्ष्ण शूल चुभोकर पीड़ा दी जाती है।[136] इन्हें रक्त और पीब से भरी हुई कुंभी में डालकर पकाया जाता है तथा प्यासे होने पर उन्हें सीसा और तांबा गलाकर पिलाया जाता है।[137] नरक में वैतालिक नाम का एक अति-विस्तृत शिलाका नामक पर्वत है जहाँ पापियों को बड़ा कष्ट दिया जाता है।[138] दिन और रात इन्हें दुःख दिया जाता है। भयंकर नरक में जहाँ कष्ट देने के अनेक हथियार हैं, वे जोर की आवाज़ से रोदन करते हैं।

नरक अन्दर से गोल, बाहर से वर्गाकार तथा फर्श में तीखी छुरियों से युक्त है। यहाँ हमेशा अंधेरा छाया रहता है। आँगन पर मांस, खून तथा चिकनी चरबी पड़ी हुई होने के कारण यह फिसलन भरा है। ऊबड़-खाबड़ भयावह एवं चलने के अयोग्य है। जिनको इन नरकों में रहना पड़ता है, वे सो नहीं पाते; न ही उन्हें कोई आराम मिलता है। इस प्रकार नारकीय जीवों को भयंकर कष्ट उठाने पड़ते हैं।

संसार का विषादपूर्ण दृष्टिकोण

महावीर संसार का विषादपूर्ण चित्र प्रस्तुत करते हैं। उनके अनुसार आत्मा को जन्म और

129. *सूत्र.*, 5, 1, 8.
130. वही, 5, 1, 9.
131. वही, 1, 5, 10.
132. *सूत्र.*, 5, 1, 11.
133. वही, 5, 1, 12.
134. वही, 5, 1, 15.
135. वही, 5, 1, 16.
136. वही, 5, 1, 22.
137. वही, 5, 1, 25.
138. वही, 5, 2, 17.

मरण और उनके सब सहवर्ती अनुभवों से गुजरना पड़ता है। इन्द्रियाँ और मानसिक शक्तियाँ विभिन्न जीवों के रूप में विभिन्न मात्राओं में प्रकट होती हैं। मोह, राग, द्वेष, आदि के कारण मनुष्य स्वयं को विषादपूर्ण स्थिति में पाता है। विश्व लड़ाई-झगड़ा, मृत्यु, अनाचार और जीवन के दिग्भ्रमित प्रयासों का दृश्य प्रस्तुत करता है, जिसकी अन्तिम परिणति निराशा के रूप में होती है। खाने-पीने, निवास और आराम, स्त्री और धन के लिए मनुष्य अनेक कठिनाइयों में फँस जाता है जो आत्मा को एक पाप से दूसरे पाप में ढकेलते रहते हैं। स्पर्श, रसना, ज्ञान, चक्षु और कारण इन्द्रियों के विषय-भोगों के राग के परिणाम-स्वरूप जीवों को अनेक कष्ट उठाने पड़ते हैं, और दुःख से कोई मुक्ति प्राप्त नहीं होती। इन विषय-भोगों का मार्ग जन्म, बीमारी, पतन और मृत्यु का मार्ग है। संसार की क्लेशपूर्ण स्थिति को देखकर मनुष्य मुक्ति और मोक्ष का प्रयत्न करता है।

वास्तविक ब्राह्मण

जो स्वजनादि में आसक्त नहीं होता, दीक्षित होने पर खेद नहीं करता और आर्य-वचनों में रमण करता है, वह ब्राह्मण है।[139] राग-द्वेष और भय से जो रहित है, वह ब्राह्मण है।[140] जो तपस्वी, कृश और इन्द्रियों का दमन करने वाला है, जिसके शरीर में मांस और रुधिर कम हो गया है तथा व्रतशील और निर्वाण (परम शान्ति) को जिसने प्राप्त किया है, वह ब्राह्मण है।[141] जो त्रस और स्थावर प्राणियों को संक्षेप व विस्तार से मन, वचन और काय से भली-भाँति जानकर उनकी हिंसा नहीं करता, वह ब्राह्मण है।[142] क्रोध, लोभ, हास्य और भय से भी जो झूठ नहीं बोलता, वह ब्राह्मण है।[143] जितने भी संचित अथवा असंचित, अल्प अथवा पदार्थ हैं, उनको जो बिना दिए ग्रहण नहीं करता, वह ब्राह्मण है।[144] वह जो देव, मनुष्य और तिर्यक् सम्बन्धी राग को मन, वचन और शरीर से सेवन नहीं करता, वह ब्राह्मण है।[145] जो काम-भोगों से अलिप्त है, वह ब्राह्मण है।[146] जो लोलुपता से रहित अनगार और अकिंचन हो तथा गृहस्थों में आसक्ति न रखने वाला है, वह ब्राह्मण है।[147] जो पूर्व संयोग तथा ज्ञाति और बन्धुजनों के सम्बन्ध को छोड़ने के अनन्तर फिर कामभोगों

139. *उत्तरा०*, 25, 20.
140. वही, 25, 21.
141. वही, 25, 22.
142. वही, 25, 23.
143. वही, 25, 24.
144. वही, 25-25.
145. वही, 25-26.
146. वही, 25, 27.
147. वही, 25, 28.

में आसक्त नहीं होता, वह ब्राह्मण है।[148] केवल सिर मुंडाने से कोई श्रमण नहीं बन सकता, केवल ओंकार मात्र कहने से ब्राह्मण नहीं हो सकता और जंगल में रहने मात्र से कोई मुनि तथा कुशा आदि के वस्त्र धारण कर लेने से कोई तपस्वी नहीं हो सकता।[149] समभाव से श्रमण, ब्रह्मचर्य से ब्राह्मण, ज्ञान से मुनि और तप से तपस्वी होता है।[150] ब्राह्मण, क्षत्रिय, वैश्य और शूद्र अपने कर्मों से होते हैं।[151] कर्मों के बन्धन से मुक्त होने पर ब्राह्मण होता है।[152] इन गुणों से युक्त जो द्विजेन्द्र हैं, वे ही स्वात्मा को और पर को संसार-समुद्र से पार करने में समर्थ हैं।[153]

विनय

जो गुरु के आदेश पर उसके समीप आता है, उसके कार्य को करने तथा उसके इंगित और आकार को भली प्रकार जानने वाला हो, वह शिष्य विनयवान कहा जाता है।[154] वह जो अपने हित को चाहता है, उसे अपनी आत्मा को विनय धर्म के अनुष्ठान में स्थापन करना चाहिए।[155] उसकी मोक्ष विषयिणी अभिलाषा उसे हर एक स्थिति और स्थान में आदर का पात्र बना देती है।[156] उसे महत्त्वपूर्ण ज्ञान प्राप्त करना चाहिए तथा निरर्थक से दूर रहने का प्रयास करना चाहिए। गुरुजनों के समीप वह सदा शान्त रहे तथा बिना विचार किए नहीं बोले।[157] उसे झूठ नहीं बोलना चाहिए तथा अधिक नहीं बोलना चाहिए।[158] खरकुटी में, घरों में, घरों की संधियों में और राजमार्ग में अकेला साधु अकेली स्त्री के साथ न खड़ा हो और न उसके साथ भाषण करे।[159] वह समय पर भिक्षादि के लिए जाए और समय पर वापिस आ जाए तथा असमय को त्यागकर नियत समय पर प्रतिलेखनादि क्रियाओं का आचरण करे।[160] वह पंक्ति-जीमनवार में जाकर खड़ा न हो

148. *उत्तरा॰*, 25, 29.
149. वही, 25, 31.
150. वही, 25, 32.
151. वही, 25, 33.
152. वही, 25, 34.
153. *उत्तरा॰*, 25, 35.
154. *उत्तरा॰*, 1, 2.
155. वही, 1, 6.
156. वही, 1, 7.
157. वही, 1, 8.
158. वही, 1, 9.
159. वही, 1, 26.
160. वही, 1, 31.

बल्कि गृहस्थ का दिया हुआ एषणीय-शुद्ध आहार ग्रहण करे और साधु के वेष से गवेषणा करके शास्त्रोक्त काल में प्रमाणपूर्वक आहारण करे।[161] यदि पहले घर में किसी अन्य भिक्षु ने प्रवेश किया हुआ हो तो साधु उस भिक्षु के न तो अति दूर में और न अति समीप में तथा न उसके नेत्रों के सामने खड़ा हो और उसको उल्लंघन करके भी घर में न जाए।

परिषह

भगवान् महावीर ने 22 परिषह बतलाए हैं। जिनको साधु सुन करके, जान करके, परिचित हो करके, उनके रसमर्थ्य को जीत करके, भिक्षाचरी में घूमते हुए उनका स्पर्श होने पर भी संयम मार्ग से पतित न होए। ये 22 परिषह हैं – क्षुधा, तृषा, शीत, उष्ण, दंशमशक, अवस्त्र, अरति, स्त्री, चर्या, नैषेधिकी, शय्या, आक्रोश, वध, याचना, अलाभ, रोग, तृणस्पर्श, प्रस्वेद, सत्कार-पुरस्कार, प्रज्ञा, अज्ञान और दर्शन। क्षुधा के शरीर में अत्यन्त व्याप्त होने पर भी तपस्वी साधु अपने संयम में बलवान रहे अर्थात् क्षुधा को सहन करे किन्तु क्षुधा की निवृत्ति के लिए फलादि को स्वयं न छेदे और न दूसरों से छिदवाए तथा उनको स्वयं न पकाए और न दूसरों से पकवाए। यदि उसका शरीर कृश भी हो गया है तो भी अन्न और पानी के प्रमाण का जानने वाला साधु दृढ़ता से संयम-मार्ग में विचरण करे। अत्यन्त तृषायुक्त होने पर भी उसकी शान्ति के लिए संयमशील साधु संचित जल का कभी व्यवहार न करे बल्कि गृहस्थों के घरों में अनायास प्राप्त हुए प्रासुक जल से ही उस तृषा को शान्त करने का प्रयत्न करे। गर्मी के कारण लोगों के आगमन से रहित मार्ग में अति तृषा से आकुल और परिशुष्क मुख हुआ भी साधु अदीन मन से पिपासा के इस परिषह-कष्ट को सहन करे। ग्रामानुग्राम विचरते हुए यदि कहीं पर उसे शीत का कष्ट उत्पन्न हो तो वह स्वाध्याय के समय का उल्लघंन करके स्थानान्तर में जहाँ पर जाने से शीत की बाधा न हो सके, जाने का प्रयत्न न करे बल्कि शीत के परिषह को ही सहन करे। मेरे पास शीत से रक्षा करने वाला स्थान नहीं है और शीत से शरीर की रक्षा करने योग्य वस्त्र आदि भी नहीं है तो सिर में अग्नि का ही सेवन करूं, इस प्रकार का चिन्तन भिक्षु कदापि न करे। उष्णता के कारण शरीर में उत्पन्न होने वाले परिताप की निवृत्ति के लिए वह बाह्य साधनों की चिन्ता न करे, बल्कि उसे सहन करे।

दंशमशक आदि जन्तुओं के स्पर्श होने पर भी महामुनि समभाव रहे। रुधिर और माँस को खाते हुए मच्छर-डांस, मक्खी आदि विषैले जन्तुओं को भी साधु न हटाए। उनके काट जाने पर भी उनको किसी प्रकार का त्रास न दे। मन से भी उन पर किसी प्रकार का द्वेष न करे तथा उनके प्राणों का विघात न करे। वस्त्रों के सर्व प्रकार से जीर्ण हो जाने पर मैं वस्त्र-रहित हो जाऊंगा, अथवा वस्त्रों से युक्त हो जाऊंगा, इस प्रकार का भी

161. *उत्तरा०*, 1, 32.

साधु कभी चिन्तन न करे। ग्राम-प्रति-ग्राम में विचरते हुए अकिंचन् साधु को यदि कोई चिन्ता उत्पन्न हो तो वह उस चिन्ताजन्य परिषह को समतापूर्वक सहन करे। चिन्ता की ओर पीठ करके, हिंसादि दोषों से रहित होकर आत्मा का रक्षक और धर्म में रमण करने वाला, आरम्भ से रहित और कषायों से उपशान्त होकर विवेकशील मुनि संयम मार्ग में विचरे। लोक में पुरुषों का स्त्रियों के साथ जो संसर्ग है, उस स्त्री-संसर्ग को जिस संयमी पुरुष ने ज्ञानपूर्वक परित्याग कर दिया है, उसकी साधुता सफल है।

साधु किसी प्रकार का परिग्रह का संचय न करे और न किसी प्रकार के घर-बार को रखे। वह श्मशाम में, शून्य घर में या वृक्ष के मूल में किसी प्रकार की भी कुचेष्टा को न करता हुआ राग-द्वेष से रहित अकेला ही बैठे और किसी प्रकार से भी अन्य जीवों को त्रास न दे। साधु जो तपस्या करता है तथा संयम में दृढ़ है, उस पर भले व बुरे उपाश्रय का प्रभाव नहीं पड़ता है। यदि कोई पुरुष साधु की निन्दा करे, तो साधु उसके ऊपर क्रोध न करे। कठोर शब्द कहने वाले व्यक्ति के ऊपर किसी प्रकार का मानसिक द्वेष न करे, बल्कि अपने समता भाव में स्थित रहकर आत्म-कल्याण की ओर ही ध्यान रखे। यदि कोई मूर्ख पुरुष साधु को दंडादि से भी ताड़न करे, तो साधु वाणी से तो क्या मन से भी उस मारने वाले का अनिष्ट चिन्तन न करे। गृहस्थों के घरों में भोजन तैयार हो जाने पर साधु भिक्षा के लिए जाए; परन्तु वहाँ से आहार के मिलने अथवा न मिलने पर विवेकी पुरुष मन में किसी प्रकार हर्ष अथवा शोक न करे। आज मुझे आहार नहीं मिला संभव है कल मिल जाए, जो साधु इस प्रकार से विचार करता है, उसको अलाभ परिषह कष्ट नहीं देता।

यदि साधु को बीमार होने पर वेदना होती है तो प्रसन्नता से अपनी बुद्धि को स्थिर कर धैर्यपूर्वक सहन करना चाहिए। उसे तो अपनी आत्मा के कल्याण का ही सोचना चाहिए। यदि वस्त्र-रहित साधु तृणों पर सोता है तो उसके शरीर को पीड़ा होगी। इसके उपरांत भी वह वस्त्रों का प्रयोग नहीं करेगा। बुद्धिमान साधु सुख की इच्छा न करे। कर्मों की निर्जरा को देखने वाला साधु मल परिषह को शान्तिपूर्वक भोगे और जब तक प्रधान आर्य धर्म है और जब तक शरीर का भेद है, तब तक शरीर में प्रस्वेद को धारण करे। किसी अन्य मतानुयायी साधु की राजा आदि प्रतिष्ठित व्यक्ति के द्वारा अभिवादन, नमस्कार, अभ्युत्थान आने पर सामने उठकर खड़े होना, निमंत्रण-भोजन आदि के लिए घर बुलाना और अन्य सेवा-शुश्रुषा आदि रूप प्रतिष्ठा को देखकर संयमशील साधु उसकी कभी स्पर्धा न करे, अर्थात् इस प्रकार के सत्कार की कभी इच्छा न करे।[162]

भिक्षु को जानना चाहिए कि कौन सा आहार स्वीकार करना चाहिए और जीवन-निर्वाह

162. *उत्तरा०*, 2, 1, 44.

हेतु ही केवल भिक्षा मांगना चाहिए। जो शरीर के चिह्नों को समझाते हैं और जो आने वाले परिवर्तनों को जानते हैं, वे साधु नहीं कहे जा सकते।

वृक्ष का पत्र – जैसे समय आने पर वृक्ष का पत्र पीला होने पर गिर पड़ता है, इसी प्रकार मनुष्यों का जीवन भी है।[163] अतः इस प्रकार इस स्वल्प स्थिति वाले जीवन में, जिसमें कि विघ्न भी बहुत हैं, पूर्व काल में संचित की हुई कर्मरज को दूर करना चाहिए। निश्चय ही मनुष्य-जन्म अत्यन्त दुर्लभ है और चिर काल से प्राणियों का कर्म-विपाक प्रमाद है। यह प्रमादी जीवन अपने किए हुए शुभाशुभ कर्मों के द्वारा पृथ्वी आदि काय-स्थिति में अथवा जन्म-मरण रूप संसार में परिभ्रमण करता है। मनुष्य-जन्म के मिलने पर भी आर्य देश का मिलना फिर भी कठिन है। मनुष्य-जन्म में, आर्य देश के मिलने पर भी, सम्पूर्ण पाँचों इन्द्रियों का मिलना निश्चय ही दुर्लभ है। वह जीव सम्पूर्ण पंचेन्द्रियत्व को प्राप्त भी कर ले, तो भी उत्तम धर्म की श्रुति अत्यन्त दुर्लभ है। उत्तम धर्म श्रुति के मिलने पर तत्त्व की श्रद्धा फिर भी दुर्लभ है। धर्म में श्रद्धा न होने पर मनुष्य के लिए उसका पालन करना आवश्यक है क्योंकि समयोपरान्त उसका शरीर जीर्ण होता जाता है, काले केश सफेद हो जाते हैं और यौवनावस्था में जो श्रोत्र, आँख, घ्राण, जिह्वा और स्पर्श इन्द्रियों में बल था, वह भी क्षीण हो जाता है। उसका सभी बल क्षीण होता जाता है। इस कारण उसे मित्र, बन्धु, भार्या और संचित किए हुए धन-समूह का परित्याग कर देना चाहिए। केवलज्ञानी और सिद्ध भिक्षु को स्वयं पर नियंत्रण करने पर अन्य को भी शान्ति का मार्ग दिखाना चाहिए।

विनीत भिक्षु

बिना विचार किए बोलने वाला, मित्र के साथ द्रोह करने वाला, अहंकारी, लोभी, इन्द्रियों के अधीन रहने वाला, संविभाग न करने वाला और अप्रीति रखने वाला, अविनीत कहलाता है। गुरुजनों से अपना आसन नीचे रखने वाला, चपलता से रहित, छल से रहित और कौतूहल से रहित व्यक्ति विनीत कहे जाते हैं। विनीत पुरुष किसी का थोड़ा सा भी तिरस्कार नहीं करता व मित्र की मित्रता का पालन करता है और श्रुत को प्राप्त करके गर्व नहीं करता। पर-पुरुषों पर दोषारोपण नहीं करता, मित्रों पर कोप नहीं करता और अप्रिय मित्र का भी एकान्त में गुणानुवाद ही करता है। जीव-हिंसा को त्याग करने वाला, बुद्धिमान, ग्रहण किए हुए संयम-भार को निर्वाह करने वाला, अकार्य करने से लज्जा करने वाला और इन्द्रिय तथा मन वश में करने वाला सुविनीत कहा जाता है।[164]

वह जो धर्म का अनुसरण भिक्षु होने हेतु करता है, उसे अन्य भिक्षुओं की संगति में

163. *उत्तरा०*, 10.

164. *उत्तरा०*, 11, 9, 13.

रहना चाहिए। दर्शनादि से युक्त, माया से रहित होकर क्रियानुष्ठान करने वाला, निदान और संस्तव से रहित तथा विषयों की कामना न कर मोक्ष की इच्छा रखने वाला तथा अज्ञात कुल से भिक्षा लेने वाला और अप्रतिबद्ध विहारी होना चाहिए। उसे राग से रहित और सदनुष्ठानपूर्वक विचरने वाला, असंयम से निवृत्त, सिद्धांत का वेत्ता, आत्मरक्षक, बुद्धिमान और परिषहों को जीतकर सर्व-प्राणियों को अपने समान देखने वाला तथा किसी वस्तु पर भी मोहित नहीं होने वाला होना चाहिए। आक्रोश, वध, आदि परिषहों को अपने किए हुए कर्मों का फल जानकर जो धैर्य-युक्त होकर सहन करता है, वह सदनुष्ठानयुक्त मुनि नित्य ही आत्म-गुप्त होकर देश में विचरता है एवं हर्ष-विषाद से रहित होकर सम्पूर्ण परिषहों को सहन करता है। वह शय्या और आसन की अप्राप्ति, शीत और ऊष्ण तथा नानाविध दंश और मशक परिषहों के प्राप्त होने पर हर्ष और विषाद को प्राप्त नहीं होता वरन् शान्तिपूर्वक सम्पूर्ण परिषहों को सहन कर लेता है। वह सत्कार और पूजा की इच्छा नहीं रखता, वन्दना और प्रशंसा को नहीं चाहता। वह संयत, सव्रती, तपस्वी और ज्ञानादि के साथ आत्मा की गवेषणा करने वाला होता है। एक भिक्षु संयमी, मोहनीय कर्म के बन्धन और कौतूहल से मुक्त होता है। वह विभिन्न विद्याओं जैसे छिन्न-विद्या, स्वर-विद्या, भूकंप-विद्या, अंतरिक्ष-विद्या, स्वप्न-विद्या, लक्षण-विद्या, दण्ड-विद्या और वास्तु-विद्या तथा विभिन्न वस्तुओं, जैसे मंत्र, मूल, नाना प्रकार की चिंता, वमन, विरेचन, धूम, नेत्रौषधि, आदि का प्रयोग स्वयं के लिए नहीं करता। शय्या, आसन, पानी, भोजन तथा नाना प्रकार के खाद्य और स्वादिष्ट पदार्थ, आदि गृहस्थों के द्वारा न दिए जाने पर भी क्रोध नहीं करता। वह लोक में होने वाले नाना प्रकार के वादों का जानकार, ज्ञान से युक्त, संयम के अनुगत, कोविदात्मा, प्रज्ञावान और सर्वप्रकार के परिषहों को जीतकर सभी प्राणियों को अपने समान देखने वाला, उपशान्तात्मा तथा अविघ्नकारी होता है। वह अशिल्पजीवी, गृह से रहित, मित्र और शत्रु से रहित, जितेन्द्रिय, सर्व प्रकार के बन्धनों से मुक्त, अल्प कषाय वाला, स्वल्प और लघु भोजन करने वाला, गृह-हीन तथा अकेला विचरण करने वाला होता है।[165]

ब्रह्मचर्य के दश समाधि-स्थान

भगवान् महावीर ने ब्रह्मचर्य के दश समाधि-स्थान प्रतिपादित किए हैं, जिनको भिक्षु सुनकर और हृदय में विचार कर धारण करे जिससे कि ब्रह्मचारी संयम-बहुल, संवर-बहुल, समाधि-बहुल और मन, वचन, कायगुप्ति-युक्त होकर सदा अप्रमत्त होकर विचरे –

(1) उसे स्त्री, पशु और नपुंसक से रहित शय्या और आसन आदि का सेवन करने वाला होना चाहिए। स्त्री, पशु और नपुंसक से संसक्त शयनासन का सेवन करने से ब्रह्मचर्य में शंका, वितृष्णा और संदेह उत्पन्न हो जाता है, अथवा इससे संयम

165. *उत्तरा॰*, 15.

का भेद और उन्माद की प्राप्ति हो जाती है। दीर्घकालिक रोग और आतंक का आक्रमण हो जाता है और केवलि-प्रणीत धर्म से वह पतित हो जाता है।

(2) वह स्त्रियों की चर्चा नहीं करे।

(3) वह स्त्रियों के साथ एक आसन पर न बैठे।

(4) वह स्त्रियों के सौन्दर्य का अवलोकन और चिंतन न करे।

(5) वह परदों या भित्ति की आड़ से ताक-झांक न करे। न ही स्त्रियों के गीतों, हास्य या क्रंदन या विलाप का श्रवण करे।

(6) वह पूर्व में स्त्रियों से की गई रति और क्रीड़ा का स्मरण न करे।

(7) जिस आहार से इन्द्रियाँ प्रदीप्त होती हों और कामाग्नि प्रचण्ड होती हो, उसे न करे।

(8) वह प्रमाण से अधिक पानी पीने वाला और भोजन करने वाला न हो।

(9) वह आभूषण पहनने तथा श्रृंगार करने वाला न हो।

(10) वह रूप, रस, गंध और स्पर्श को भोगने वाला न हो।[166]

पाप श्रमण

पाप श्रमण वह है जो आचार्य और उपाध्याय द्वारा श्रुत और विनय से शिक्षित किया होने पर भी उन्हीं की निन्दा करता है। वह आचार्य और उपाध्याय की भली प्रकार से सेवा नहीं करता और न उनकी पूजा करता है। वह संयमी न होने पर भी स्वयं को संयमी मानने वाला होता है। वह जीवों को हिंसा पहुँचाता है और अतिशीघ्र व लापरवाही से चलता है। वह छल करने वाला, बिना विचारे बोलने वाला, अहंकारी, लोभी, इन्द्रियों को वश में न रखने वाला और समत्व बुद्धि न रखने तथा प्रीति न करने वाला होता है। वह विवाद को उदीप्त करने वाला, सदाचार से रहित और आत्म-प्रज्ञा की हानि करने वाला होता है। वह अपने आसन पर स्थिरतापूर्वक नहीं बैठता और आसन पर बैठने पर भी वह तपश्चर्या नहीं करता। वह सूर्य के अस्त होने तक निरन्तर आहार करता है, और सद्प्रेरणा देने वाले पर क्रुद्ध होकर आक्षेप करता है। वह आचार्य का परित्याग करने वाला, पर-पाखंड का सेवन करने वाला तथा छः मास के अनन्तर ही गण का परिवर्तन करने वाला होता है। वह भिक्षाटन की अपेक्षा अपने सम्बन्धियों के घरों में जाकर वहाँ भोजन करता है और निमित्त से शुभाशुभ बतलाकर व्यवहार करता है। जो साधु उक्त दोषों को त्याग देता है,

166. *उत्तरा०*, 16.

वह मुनियों की कोटि में गिना जाता है और लोक में अमृत के समान पूजनीय हो जाता है तथा इस प्रकार वह दोनों लोकों को आराधन कर लेता है।[167]

भिक्षु के कर्त्तव्य

एक भिक्षु का कर्त्तव्य है कि वह महामोह, महाक्लेश तथा महाभय को उत्पन्न करने वाले स्वजनादि के संग को छोड़कर प्रव्रज्या रूपी धर्म में अभिरुचि कर तदनुसार व्रतशील और परिषहों को सहन करने वाला बने।[168] वह अहिंसा, सत्य, अस्तेय, ब्रह्मचर्य और अपरिग्रह रूपी पाँच महाव्रतों को ग्रहण करके जिनेन्द्र देव के उपदेश का पालन करते हुए धर्म का आचरण करे।[169] ऐसा भिक्षु सर्वभूतों पर अनुकम्पा करने वाला, क्षांत, संयमी, ब्रह्मचारी, समाधि-युक्त और इन्द्रियों को वश में रखने वाला हो व सर्व प्रकार के सावद्य व्यापार को छोड़ता हुआ धर्म का आचरण करे।[170] वह संयम-मार्ग में विचरता हुआ सर्वत्र उपेक्षा भाव से ही रहे, प्रिय और अप्रिय सबको सहन करे, सर्व-पदार्थों व सर्व-स्थानों में अभिरुचि न रखे और स्तुति एवं निंदा से दूर रहे।[171] अनेक प्रकार के दुर्जय परिषहों के उपस्थित हो जाने पर वह व्यथित नहीं हो।[172] वह शीत, उष्ण, दंश, मशक, तृणादि स्पर्श तथा नाना प्रकार के भयंकर रोग, जो देह को स्पर्श करते हैं, को सहन करता हुआ और पूर्वकृत कर्मरज को क्षय करता हुआ विचरे।[173] वह प्रशंसा से प्रसन्न नहीं हो तथा निंदा से द्वेषी न होकर केवल सरल मार्ग को ग्रहण करे।[174] वह रागादि से निवृत्त हो अपनी आत्मा का हितकारी बन सर्वज्ञ कल्याण का प्रयत्न करे।[175] वह विविक्त, वसती, उपाश्रय आदि, का सेवन करता हुआ वहाँ पर उपस्थित होने वाले परिषहों को काया द्वारा सहन करे।[176]

समितियाँ और गुप्तियाँ

पाँच समितियाँ तथा तीन गुप्तियाँ मिलकर धर्म की आठ मूल अवधारणाएँ हैं। पाँच समितियाँ निम्नलिखित हैं –

---

167. *उत्तरा॰*, 17.
168. वही, 21, 11.
169. वही, 21, 12.
170. *उत्तरा॰*, 21, 13.
171. वही, 15.
172. वही, 16-17.
173. वही, 18.
174. वही, 20.
175. वही, 21.
176. *उत्तरा॰*, 22.

1. *ईर्या समिति,*
2. *भाषा समिति* – भाषण-विधि,
3. *एषणा समिति* – निर्दोष आहारादि का विधिपूर्वक ग्रहण करना,
4. *आदान समिति* – वस्त्र, पात्र, आदि उपकरणों के ग्रहण और निक्षेप में यत्नों से काम लेना, और
5. *उच्चार समिति* – मल-मूत्रादि त्याज्य पदार्थों में भी यत्नों से परामुख न होना।

तीन गुप्तियाँ हैं –

1. *मनोगुप्ति* – मन को वश में रखना,
2. *वचनगुप्ति* – वाणी पर काबू रखना, और
3. *कायगुप्ति* – शरीर-संयम रखना।

गमन करते समय आलम्बन, काल, मार्ग और यतना – इन चार कारणों का अनुसरण करना ईर्या समिति है। ईर्या के उक्त कारणों में से आलंबन ज्ञान, दर्शन और चरित्र हैं। काल, दिवस हैं; और उत्पथ व त्याग, मार्ग हैं। द्रव्य, क्षेत्र, काल और भाव से यतना के चार प्रकार हैं। *द्रव्य से* – आँखों से देखकर चले। *क्षेत्र से* – चार हाथ प्रमाण देखे। *काल से* – जब तक चलता रहे। *भाव से* – उपयोग-पूर्वक गमन करे। जब चले तो शब्द, रूप रस, गंध और स्पर्श आदि इन्द्रियों के विषयों को छोड़कर चले तथा मार्ग में चलता हुआ पाँच प्रकार के स्वाध्याय – वाचना, पृच्छना, परिवर्तना, धर्म-कथा और अनुप्रेक्षा का परित्याग करे।

भाषा समिति की रक्षा के लिए क्रोध, मान, माया और लोभ में तथा हास्य, भय, मुखरता और विकथा में उपयुक्तता होनी चाहिए। वह यथासमय परिमित और असावद्य भाषा को बोले। एषणा समिति का अर्थ है – उपयोगपूर्वक विचार करना। जिस प्रकार भिक्षा के अन्वेषण, ग्रहण और भक्षण में एषणा समिति की आवश्यकता है, उसी प्रकार उपधि – उपकरण और शय्या – उपाश्रय और तृणसंस्तारकादि के विषय में भी एषणा समिति को व्यवहार में लाना चाहिए। संयमशील यति प्रथम एषणा में आहार के उद्गम और उत्पादन स्थलों, दूसरी एषणा में शंकितादि दोषों तथा तीसरी एषणा में पिण्ड – शय्या, वस्त्र और पात्र-आदि की शुद्धि करे। वह आदन-निक्षेप समिति का प्रयोग में आने वाले उपकरणों के ग्रहण अथवा स्थापन का भी विधिवत् पालन करे। संयमी साधु आँखों से देखकर दोनों प्रकार की उपाधि का प्रमार्जन करे तथा उसके ग्रहण और निक्षेप में सदा समिति वाला होए। मल विष्ठा, मूत्र, मुख का मल, नासिका का मल, शरीर का मल तथा और भी इसी

प्रकार के पदार्थों को विधि में फेंके। ऐसी भूमि या स्थान, जो निर्जन हो, और जहाँ लोग न आते हों, जहाँ पर जीवों का घात न हो अथवा जहाँ आत्म-संयम में बाधा न हो, जहाँ भूमि सम हो, तृण पत्रादि से आच्छन्न और मध्य में पोली न हो, वहाँ उक्त मलादि पदार्थों का विवेकपूर्वक त्याग करे।

सत्या, असत्या, सत्यामृषा अथवा असत्यामृषा – ऐसी चार प्रकार की मनोगुप्ति और वचन-गुप्ति हैं। संयमशील मुनि संरम्भ, समारम्भ और आरंभ में प्रवृत्त हुए मन और वचन को निवृत्त करे व उसकी प्रवृत्ति को रोके। ऊंचे स्थानों में बैठने, शयन करने, ऊर्ध्व भूमि अथवा गर्त आदि के लांघने, सामान्य रूप से गमन करने तथा इन्द्रियों को शब्दादि विषयों के साथ जोड़ने आदि में संयम रखे। प्रयत्नशील यति संरम्भ, समारम्भ और आरम्भ में प्रवृत्त हुई काया को निवृत्त करे। समितियाँ चारित्र की प्रवृत्ति के लिए हैं तथा तीनों गुप्तियाँ शुभ और अशुभ सर्व प्रकार के अर्थों से निवृत्ति के लिए हैं।[177]

दिन और रात्रि के विभिन्न पहरों में भिक्षु का समाचारी आचरण

भिक्षुओं के सम्यक् आचरण के लिए निम्नलिखित समाचारी आचरण की आवश्यकता है। प्रस्थान के समय आवश्यिका और प्रवेश के समय नैषेधिकी, अपने वरिष्ठों से जिज्ञासा-शमन या मार्गदर्शन के समय – आपृच्छना और अन्यों के कार्यार्थ प्रश्न पूछना – प्रतिपृच्छना की आवश्यकता होती है। अपनी वस्तुओं को अन्य भिक्षुओं को प्रदान करना – छंदना, अपने या किसी अन्य के द्वारा किसी की इच्छा की पूर्ति करवाना – इच्छाकार, कृत-पापों के कारण आत्म-निन्दा – मिथ्याकार, प्रदत्त वचन की परिपूर्ति – तथाकार, गुरु एवं वरिष्ठ-जन की अभिवन्दना – अभ्युत्थान एवं गुरु के प्रति आत्यंतिक समर्पण – उपसम्पद् समाचारी है। वस्तुतः गुरुजनों की पूजा को उद्यत रहना अभ्युत्थान और ज्ञानादि की शिक्षा के लिए उनके पास रहना उपसम्पदा है।

दिन के प्रथम चतुर्थ भाग में सूर्य के उदय होने पर भाण्डोपकरण (मुखवस्तिका से लेकर पात्र आदि सब उपकरण) की प्रतिलेखना (चक्षुओं द्वारा देखकर फिर रजो-हरण आदि से प्रमार्जन करना) करके – तदनन्तर गुरु को वन्दना करके पूछे कि हे भगवान्! इस समय मैं क्या करूं? गुरु जिस कार्य के लिए आदेश दे, वह उसी में प्रवृत्त हो जाए। बुद्धिमान भिक्षु दिन के चार विभाग कर ले। उन चारों ही विभागों में स्वाध्याय आदि उत्तम गुणों की आराधना करे। प्रथम प्रहर (पौरुषी) में वह स्वाध्याय करे, दूसरे में ध्यान, तीसरे में भिक्षाचारी और चौथे पहर में फिर स्वाध्याय करे। सात अहोरात्र में एक अंगुल की वृद्धि होती है; एक पक्ष में दो अंगुल और एक मास में चार अंगुल प्रमाण दिन बढ़ता है। इसी प्रकार हानि के विषय में समझ लेना चाहिए, अर्थात् एक, दो और चार अंगुल

177. *उत्तरा०*, 24.

की कमी होती है। बुद्धिमान भिक्षु रात्रि के भी चार विभाग करके उसमें यथाक्रम आवश्यक कृत्यों का अनुष्ठान करे। रात्रि की प्रथम प्रहर में स्वाध्याय करे, दूसरी में ध्यान, तीसरी में निद्रा को मुक्त करे और चौथी में फिर स्वाध्याय करे। चतुर्थ भाग के अवशेष रह जाने पर उसी नक्षत्र के अनुसार समय को ठीक देखकर मुनि निज क्रियाओं में प्रवृत्ति कर ले।

दिन के प्रथम प्रहर के प्रथम चतुर्थ भाग में, भांडोपकरण की प्रतिलेखना करके, फिर गुरुजनों को वन्दना करके दुःखों से मुक्त कराने वाले स्वाध्याय को करे। पौरुषी के चतुर्थ भाग में गुरु की वन्दना करके काल के अप्रतिक्रम पर माजनों (पात्रादि) की प्रतिलेखना करे। मुखवस्तिका की प्रतिलेखना करके फिर गोच्छक की प्रतिलेखना करे; फिर अंगुलियों से गोच्छक को ग्रहण करके वस्त्रों की प्रतिलेखना करे। जब वस्त्र की प्रतिलेखना करनी हो, तब वस्त्र को ऊँचा रखे, उसको दृढ़ता से पकड़े और शीघ्रता न करे तथा दृष्टि को प्रतिलेखना में रखे; द्वितीय विधि में एकांत में वस्त्र को फाड़ दे (प्रस्फोटना करे) तथा फिर भी जीव वस्त्र से अलग न होए, तब उस जीव को हाथ में लेकर किसी एकान्त स्थान में रख दे (प्रमार्जना)। वस्त्र को चखे नहीं, मरोड़े नहीं, भित्ति आदि से लगाए नहीं किन्तु नैरन्तर्य उपयुक्तता से प्रतिलेखना करे। उसको लम्बाई में छः बार तथा चौड़ाई में नौ बार समेटना चाहिए और तदनन्तर कोई जीव होवे तो हाथों से पृथक् कर देना चाहिए। इस कार्य को करने में उसे प्रमाद नहीं करना चाहिए – वस्त्र के किनारों को पकड़ने में, समेटने में, फाड़ने में, किसी अन्य वस्त्र पर डालने में और वेदिका पर बैठने में। उस वस्त्र को एक किनारे से या ढिलाई से नहीं पकड़ना चाहिए। प्रतिलेखना के समय साधु न तो किसी से अधिक संभाषण करे, और न ही लोक-विषयक कथा को कहे, और किसी का प्रत्याख्यान भी न कराए, तथा स्वयं पढ़े और अन्य को पढ़ाए भी नहीं। अप्रमत्त भाव से प्रतिलेखना करने वाला साधु पृथ्वीकाय, जलकाय, तेजस्काय, वायुकाय, वनस्पतिकाय और त्रसकाय जीवों का संरक्षक होता है।

तृतीय पौरुषी के आ जाने पर षट् कारणों में से किसी एक कारण के उत्पन्न होने पर साधु को आहार-पानी की गवेषणा करनी चाहिए – क्षुधा-वेदना की शान्ति के लिए, गुरुजनों की सेवा के लिए, ईर्या समिति के वास्ते और संयम तथा प्राणों की रक्षा के वास्ते एवं छठे धर्म-चिन्तन के वास्ते। रोग के होने पर, उपसर्ग के आ जाने पर, ब्रह्मचर्य की रक्षा में तितिक्षा के सहने पर, प्राणियों की दया के लिए, तप के वास्ते और शरीर व्यवच्छेदनार्थ अनशन व्रत के लिए साधु को आहारादि की गवेषणा नहीं करनी चाहिए।

चौथी पौरुषी के आ जाने पर भिक्षु अपने पात्रादि उपकरणों (भाजनों) की प्रतिलेखना करके उन्हें अलग रख दे; तदनन्तर सर्व भावों के प्रकाश करने वाले स्वाध्याय में प्रवृत्त हो जाए। चतुर्थ पहर की पौरुषी के चतुर्थ भाग में स्वाध्याय के अनन्तर गुरु की वन्दना

करके और काल को प्रतिक्रम करके फिर वसती की प्रतिलेखना करे। इसके पश्चात् वह प्रश्रवण भूमि (मूत्र-त्याग) और उच्चार भूमि (पुरीण-त्याग) की प्रतिलेखना करे। दिन में लगे हुए ज्ञान-दर्शन और चारित्र विषयक अतिचारों की अनुक्रम से चिन्तन करे। कायोत्सर्ग को समाप्त कर, तदनन्तर गुरु की वन्दना करके, दिन-सम्बन्धी अतिचारों की अनुक्रम से आलोचना करे। बाद में प्रतिक्रमण सूत्र का पाठ करके और पापों को क्षय करके, उसे अपने गुरु की वन्दना करनी चाहिए। कायोत्सर्ग को पूरा करके उसे स्तुति-मंगल का पाठ करना चाहिए। प्रथम पौरुषी की रात्रि, चतुर्थ पौरुषी तथा पौरुषी के चतुर्थ भाग में भिक्षु को इसी प्रकार का आचरण करना चाहिए। तदनन्तर ज्ञान, दर्शन और चारित्र, तप और वीर्य में लगे हुए अतिचारों की अनुक्रम से चिन्तन करे। कायोत्सर्ग को पार कर तदनन्तर गुरु की वन्दना करके अनुक्रम से रात्रि-सम्बन्धी अतिचारों की आलोचना करे। इसके पश्चात् कायोत्सर्ग को पार कर तदनन्तर गुरु की वन्दना करके फिर तप को अंगीकार कर सिद्धों का संस्तव करे।[178]

चारित्र विधि

जीवन के विभिन्न क्षेत्रों में आत्म-नियंत्रण रखने वाला भिक्षु संसार में परिभ्रमण नहीं करता। उसे दण्ड, गर्व और शल्यों से परित्याग करने वाला होना चाहिए। मन, वाणी और शरीर के अशुभ कार्यों के अनुसार दण्ड तीन प्रकार के होते हैं। इसी प्रकार गर्व भी तीन प्रकार का होता है – ऋद्धि गर्व, रस गर्व और ऐश्वर्य गर्व। तीन शल्य – मायाशल्य, निदानशल्य और मिथ्यात्वशल्य हैं। संकटों को सहन कर एक भिक्षु विकथा, कषाय, संज्ञा और आर्त्त तथा रौद्र ध्यान का सदैव के लिए परित्याग कर देता है। वह पाँच व्रतों, पाँच समितियों, इन्द्रियों के पाँच विषयों और पाँच क्रियाओं के विषय में स्पष्ट चिंतन करता है। वह 6 लेश्याओं, 6 कषायों और षट् प्रकार के आहार क्रियाओं में सदैव उपयोग रखता है। वह सात पिंडावग्रह-प्रतिमाओं के पालन में और सात भय-स्थानों को दूर करने में सदैव प्रयत्नरत रहता है।

भिक्षु आठ मद के स्थानों के त्याग में, नौ ब्रह्मचर्य की गुप्तियों के पालन में तथा दस प्रकार के यति-धर्म के आराधन में संलग्न रहता है। आठ मद स्थान हैं – (1) जाति मद, (2) कुल मद, (3) रूप मद, (4) बल मद, (5) लाभ मद, (6) श्रुत मद, (7) ऐश्वर्य मद और (8) तपो मद। श्रावकों की ग्यारह और भिक्षुओं की बारह प्रतिमाओं के विषय में भिक्षु सदैव उपयोग रखता है। तेरह प्रकार के क्रिया-स्थानों में, चौदह प्रकार के भूत-समुदायों में और पन्द्रह प्रकार के दण्ड-विधानों, सोलह गाथाओं, 18 ब्रह्मचर्य के भेदों, 19 ज्ञाता-अध्ययनों (नाया) और बीस असमाधि स्थानों में सदैव संचेतना रखता है। वह इक्कीस

178. *उत्तरा*०, 26.

प्रकार के दोषों को त्यागने और बाईस प्रकार के परिषहों को सहन करने में सदैव उद्यत रहता है। *सूत्र कृतांग* के 23 अध्ययनों के स्वाध्याय में और 24 प्रकार के देवों के विषय में वह सदा यत्न रखता है। वह पच्चीस प्रकार की भावनाओं में तथा दशाश्रुत, व्यवहार और बृहत्कल्प के 26 उद्देश्यों में यत्न रखता है। वह अनगार साधु के 27 गुणों, प्रकल्प के 28 प्रवचनों, 29 प्रकार के पापश्रुतों और तीस प्रकार के मोह-स्थानों में पूर्णतया विवेक से काम लेता है। वह सिद्धों के 31 अतिशय रूप-गुणों में, 32 योग-संग्रहों में तथा 33 प्रकार की आशातनाओं में यत्न रखता है। इस प्रकार जो भिक्षु उक्त चारित्र-विधि का अनुसरण करता है, वह इस संसार से शीघ्र ही छूट जाता है अर्थात् मोक्ष को प्राप्त हो जाता है।[179]

अनगार (गृह-विहीन) भिक्षु

पत्नी को छोड़कर भिक्षु को उन राग-द्वेषों को जानना और त्यागना चाहिए जो मनुष्यों को बन्धन में बांधते हैं। संयत साधु को हिंसा, अस्तेय, मैथुन और लोभ से दूर रहना चाहिए। उसको सुन्दर निवास-स्थान में न रहकर खुशी से श्मशान, त्यागे हुए मकान या वृक्ष के नीचे एकान्त में रहना चाहिए। संयमशील साधु को उस स्थान में रहना चाहिए जहाँ भीड़ न हो, जहाँ स्त्रियाँ नहीं रहती हों। उसको मकान बनाने की क्रिया से दूर रहना चाहिए। जीवों के प्रति दया होकर न तो उसे स्वयं खाना बनाना चाहिए तथा न अन्य से भी खाना बनवाना चाहिए क्योंकि इससे जल, अनाज, लकड़ी, आदि में रहने वाले जीव नष्ट हो जाते हैं। भिक्षु को आग नहीं जलानी चाहिए। उसको अपने मन में सोने और चाँदी की इच्छा नहीं करनी चाहिए। उसको खरीद और बिक्री में व्यस्त नहीं रहना चाहिए। उसे अपना आहार भिक्षा द्वारा लेना चाहिए, खरीदना नहीं चाहिए। उसे आंशिक आहार ही ग्रहण करना चाहिए और भिक्षा-काल में संतुष्ट रहना चाहिए, चाहे उसे आहार मिले या नहीं। भिक्षु को खाना स्वाद हेतु नहीं, किन्तु जीवन-निर्वाह हेतु लेना चाहिए। उसे केवल सत्य वस्तुओं पर ही ध्यान करना चाहिए। पाप नहीं करना चाहिए और न सम्पत्ति का संग्रह करना चाहिए। शरीर की चिंता किए बिना उसे अन्तिम समय तक भ्रमण करना चाहिए। ऐसा साधु ही कर्मों को क्षय कर तथा बन्धनों से मुक्त होकर केवलज्ञान व मोक्ष प्राप्त करता है।[180]

आहार भिक्षा

भिक्षु या भिक्षुणी को भिक्षा के लिए जाते हुए औषधियों को बिना जाने-पहचाने आहार के रूप में स्वीकार नहीं करना चाहिए।[181] केवल उन्हीं को स्वीकार करना चाहिए जो शुद्ध

179. *उत्तरा०*, 31.
180. वही, 21.
181. *आचा०*, 335.

और स्वीकृत हों। उसे उस भोजन को भी नहीं लेना चाहिए जो कि ब्राह्मणों, अतिथियों, भिखारियों, आदि के लिए बनाया गया हो।[182] उसे उस भोजन को भी नहीं लेना चाहिए जो दाता का नहीं हो।[183] भिक्षु और भिक्षुणी उच्च कुलों से आहार ग्रहण कर सकते हैं। उसे किसी भी प्रकार के आमोद-प्रमोद, भोज और उत्सवों में उपस्थित नहीं होना चाहिए।[184] ऐसा आहार भी उसे ग्रहण नहीं करना चाहिए जिसमें थोड़ा भी संदेह हो। यदि साधु या साध्वी को यह पता लग जाए कि अभी दुधारू गायों को दुहा जा रहा है तथा अशनादि आहार अभी तैयार किया जा रहा है और अभी तक उसमें से किसी दूसरे को दिया नहीं गया है, तो ऐसा जानकर आहार प्राप्ति की दृष्टि से न तो उपाश्रय से निकले और न ही उस गृहस्थ के घर में प्रवेश करे।[185]

भिक्षु या भिक्षुणी भिक्षा के निमित्त दिया हुआ, कूटा हुआ अनाज तथा जिसमें बहुत-सा तुष हो, ग्रहण नहीं करना चाहिए।[186] उसे जीवाधिष्ठित पदार्थ, नमक या अशुद्ध सामूहिक नमक को ग्रहण नहीं करना चाहिए। अग्नि पर रखे हुए आहार को अपवित्र जानकर उसे ग्रहण नहीं करना चाहिए।[187] यदि यह जाने कि अशनादि चतुर्विध आहार गृहस्थ के यहाँ भीत, स्तंभ, मंच, घर के अन्य ऊपरी भाग, महल-प्रासाद, आदि की छत या अन्य इस प्रकार के किसी ऊंचे स्थान पर रखा हुआ है, तो इस प्रकार के ऊंचे स्थान से उतार कर दिया गया अशनादि चतुर्विध आहार अप्रासुक एवं अनेषणीय जानकर साधु ग्रहण न करें।[188] गृहस्थ के घर में आहारार्थ प्रविष्ठ साधु या साध्वी को यह ज्ञात हो कि वहाँ अशनादि चतुर्विध आहार मिट्टी के बर्तन में रखा हुआ है तो इस प्रकार के आहार प्राप्त होने पर भी ग्रहण न करें।[189] उसे पृथ्वीकाय, वायुकाय और अग्निकाय पर रखे हुए आहार को भी ग्रहण नहीं करना चाहिए क्योंकि ऐसा आहार भी अप्रासुक और अनेषणीय है।[190] यदि आहार वनस्पति और त्रसकाय पर रखा हुआ हो, तो उसे ग्रहण नहीं करना चाहिए।[191] उसे गृहस्थ के घर के ऐसे पानी को नहीं लेना चाहिए जो किसी वस्तु

---

182. *आचा॰*, 332.
183. वही, 331.
184. वही, 335.
185. *आचा॰*, 349.
186. वही, 326.
187. *आचा॰*, 363.
188. वही, 365.
189. वही, 366.
190. वही, 368.
191. वही, 368.

का तत्काल धोया हुआ हो।[192] उसे आम्रफल, अंबाउक, कपित्थ, बिजौरे, द्राक्षा, दाड़िम, खजूर, नारियल, करीर, बेर, आँवले, इमली तथा अन्य फलों के पानी को ग्रहण नहीं करना चाहिए।[193] वह कमलकन्द, पलाशकन्द, सरसों की बाल तथा इस प्रकार के कच्चे कन्द को अप्रासुक जान मिलने पर भी ग्रहण न करे।[194] यदि वह यह जाने कि पिप्पली या मिर्च, अदरक तथा इसी प्रकार का अन्य कोई पदार्थ या चूर्ण, जो कच्चा और अशस्त्र-परिणत है, तो उसे अप्रासुक समझकर ग्रहण न करे।[195] इसी प्रकार छिद्रयुक्त ईख को अप्रासुक और अनेषणीय समझ कर मिलने पर भी उपयोग में न ले। यदि उसे ज्ञात हो जाए कि किसी अतिथि के लिए मांस या मत्स्य भूना जा रहा है, तो इसे देखकर वह पास में जाकर याचना न करे।[196] उसे उस निवास-स्थान को धार्मिक आसनों के लिए प्रयोग नहीं करना चाहिए जहाँ गृहस्थ रहता है और जिसका प्रयोग कर्मकार, शिशु व पशु खान-पान में करते हैं। आहार-प्राप्ति के जाते समय उसे पथिक-गृहों, उद्यान-गृहों, गृहस्थों के घरों या परिव्राजकों के मठों में (जहाँ अन्य संन्यासी-गण प्रायः आया करते हैं) में नहीं ठहरना चाहिए। उसे उन आवासों को धार्मिक कार्यों के लिए प्रयोग नहीं करना चाहिए जहाँ गृहस्थ और उसकी पत्नी यौन-सुखों की चर्चा करते हैं। उसे उस रहवास को धार्मिक आसनों के लिए प्रयोग नहीं करना चाहिए जो सामान्य क्रीड़ा-स्थल है। भिक्षु को प्रशंसा और उलाहना देकर गृहस्थ की ओर अंगुली से संकेत कर मांगना नहीं चाहिए।

वाणी के लक्षण

साधु या साध्वी प्रवचन में संयमित व सुविचारित ऐसी भाषा का प्रयोग करें जो व्याकरण की दृष्टि से शुद्ध व जिसका वह पूर्ण जानकार हो।[197] उसकी वाणी क्रोध, अभिमान, छल-कपट, लोभ और कठोरता से दूर हो।[198] रोग-पीड़ितों को वह क्लेशकारी शब्दों से सम्बोधित न करे। शिष्ट और मधुर भाषा का प्रयोग करे।[199] प्रवचन के समय निम्न सावधानियाँ अपेक्षित हैं –

1. क्रोध, मान, माया ओर लोभ का परित्याग कर बोले,

---

192. *आचा॰*, 371.
193. वही, 372.
194. *आचा॰*, 375.
195. वही, 376.
196. *आचा॰*, 398.
197. *आचा॰*, 521.
198. वही, 520.
199. वही, 523.

2. प्रासंगिक विषय या व्यक्ति के अनुरूप विचार व चिन्तन कर बोले,
3. पहले उस विषय का पूरा निश्चयात्मक ज्ञान कर ले, तब बोले,
4. विचारपूर्वक या पूर्णतया सुन व समझकर बोले,
5. जल्दी-जल्दी या अस्पष्ट शब्दों में न बोले,
6. विवेकपूर्वक बोले,
7. वाणी भाषा की व्याकरण-सम्मतता का ध्यान् रखे, तथा
8. संयत वाणी व परिमित शब्दों का प्रयोग करे।

ईर्या

जब साधु या साध्वी को पता हो कि ग्राम व नगर में स्वाध्याय करने के लिए विशाल भूमि नहीं है, तो उसे शरद ऋतु में उस स्थान में नहीं रहना चाहिए।[200] उसे ग्रामानुग्राम विहार करना चाहिए। जब वह यात्रा पर हो तो उसे उस मार्ग को नहीं चुनना चाहिए जो अटवी की ओर जाए।[201] यदि रास्ते में जलमार्ग हो तो उसे नाव से पार करना चाहिए। उसे ऐसी नौका पर नहीं बैठना चाहिए जो नदी के किनारे या नदी पर चलाते समय डोलती है। नौका पर न तो छोरों और न मध्य भाग पर बैठे।[202] नौका में छिद्र से पानी आते हुए उसको डूबते देखकर नाविक के पास जाकर उसे सूचित न करें।[203] जल में डूबते समय वह अपने हाथों से दूसरों के हाथ-पैर तथा अन्य अंगों का स्पर्श न करें।[204] वह जल में डुबकी भी नहीं लगाएं ताकि उसके कानों, आँखों, नासिका या मुंह में जल का प्रवेश न हो सके।[205] यदि वह जल में बहते हुए दुर्बलता का अनुभव करें तो आंशिक या पूर्ण रूप में वस्त्रों का परित्याग कर दें तथा शरीरादि से भी ममत्त्व छोड़ दें। उन पर किसी प्रकार की आसक्ति न रखें।[206] वह जल से भीगे हुए शरीर को एक या अधिक हाथ से छूने, सहलाने, पोंछने, पालिश करने, उबटन की तरह मैल उतारने आदि का उपक्रम न करें, व शरीर को धूप में थोड़ा या अधिक गरम भी न करें।[207] जब विहार करते हुए जंघा तक

200. *आचा.*, 465.
201. *आचा.*, 473.
202. वही, 476.
203. वही, 482.
204. वही, 487.
205. वही, 488.
206. *आचा.*, 489.
207. वही, 491.

का पानी आता हो तो वह सिर से पैर तक अमार्जन करें।[208] एक पैर को जल में और एक पैर को स्थल में रखकर यत्नपूर्वक जंघा से तरणीय जल को पार करें।[209] जंघा प्रमाण जल में चलते हुए शारीरिक सुख व सन्तोष के लिए गहरे और विस्तृत जल में प्रवेश न करें।[210] विहार करते हुए मार्ग में यदि धान का ढेर, बैलगाड़ियाँ, सैनिक पड़ाव, आदि हों तो वह उस मार्ग से न जाए।[211] आचार्य और उपाध्याय के साथ विहार करने वाले अपने हाथ-पैर तथा शरीर से उनके शरीर का स्पर्श न करें।[212]

वस्त्र-याचना

यदि साधु या साध्वी के पास वस्त्र नहीं हैं, तो वही उनकी याचना कर सकता है। यदि वह यह जान जाए कि गृहस्थ ने साधु के निमित्त से उसे खरीदा है, धोया है, रंगा है, घिसकर साफ किया है, चिकना या मुलायम बनाया है, संस्कारित किया है, धूप, इत्र आदि से सुवासित किया है, तो मिलने पर भी उसे ग्रहण नहीं करें।[213] उसे नाना प्रकार के रोएंदार, रेशमी मलयज, आदि बहुमूल्य और सुन्दर वस्त्र भी ग्रहण नहीं करना चाहिए।[214] वह प्राणियों के अण्डों व मकड़ी के जालों से युक्त वस्त्रों को ग्रहण न करें।

साधु वस्त्र लेने से पूर्व भली-भांति देखभाल करके ले।[215] यदि वह दूसरे साधु से कुछ समय के लिए वस्त्र उधार ले लेता है तो लौटाने पर वस्त्र का मूल स्वामी उसे न तो स्वीकार करे और न वापिस लेकर किसी अन्य को दे। न ही वह उस वस्त्र के बदले दूसरा कोई चीर ले।[216] वह सुन्दर वर्ण वाले वस्त्रों को निवर्ण न करे तथा विवर्ण (असुन्दर) वस्त्रों को सुन्दर वर्ण वाले न करें।[217] चोरी से डरकर विहार-मार्ग बदलने तथा चोरों द्वारा वस्त्र लूटे जाने पर उनसे दीनतापूर्वक पुनः लेने की याचना करना निषेध है।[218] वह वस्त्रों को धोकर, रंगकर या चमकीले व उज्ज्वल बनाकर न पहने। ऐसे वस्त्रों को वह ग्रहण कर सकता है जो टिकाऊ, सादे तथा साधु के लिए उपयुक्त हों।

---

208. *आचा॰*, 493.
209. वही, 494.
210. वही, 495.
211. वही, 600.
212. वही, 506.
213. वही, 556.
214. वही, 550.
215. *आचा॰*, 568.
216. वही, 583.
217. वही, 585.
218. वही, 584.

पात्र-याचना

साधुओं व साध्वियों को गृहस्थ द्वारा लाए गए पात्र को स्वीकार नहीं करना चाहिए। उन्हें बहुमूल्य पात्रों या बहुमूल्य वस्तुओं से युक्त पात्रों को ग्रहण नहीं करना चाहिए।[219] गृहस्थ या उसकी पत्नी द्वारा प्रदत्त पात्र को भली-भांति जाँचकर स्वीकार करना चाहिए। वे उस पात्र की भी याचना कर सकते हैं जिसका प्रयोग पहले किसी ने या कई लोगों ने किया हो। गृहस्थ के घर में आहार-पानी के लिए प्रवेश करने से पूर्व ही अपने पात्र को भली-भांति देखें। उसमें कोई प्राणी हो तो उसे निकालकर एकांत में छोड़ दे और धूल पोंछकर झाड़ दे।

मल-मूत्र विसर्जन

वे अपने मल-मूत्र से भरे हुए पात्रों को फटी हुई, ऊबड़-खाबड़, कीचड़ व गड्ढे वाली उस भूमि में खाली करें जहाँ जीव-जन्तु न हो। वे ऐसे स्थण्डिल को जानें कि जहाँ पर गृहस्थ या उसके पुत्रों द्वारा शाली, वीहि (धान), मूंग, उडद, तिल, कुलत्थ, जौ और ज्वार, आदि बोए हुए हैं, बोए जा रहे हैं या बोए जाएँगे। ऐसे स्थण्डिल में मल-मूत्रादि का विसर्जन न करें।[220] कूड़े के ढेर पर मलोत्सर्ग करने से जीवोत्पत्ति होने की संभावना है। वह ऐसे स्थण्डिल पर मल-मूत्र विसर्जन न करें जहाँ भोजन पकाने के चूल्हे आदि सामान रखे हों, जहाँ पर फांसी पर लटकाने के स्थान हों, और जहाँ बगीचा, वनखण्ड, देवकुल, प्याऊ, चौराहा, नगर-द्वार, लकड़ियाँ जलाकर कोयले बनाने का या मुर्दे जलाने के स्थान,[221] नदी-तट पर बने तीर्थ-स्थान, पवित्र जल-प्रवाह वाले स्थान, जल-सिंचन करने के मार्ग,[222] मिट्टी की नई खानें, नई गोचर भूमि, चरागाह,[223] शाक के खेत हों, मल-मूत्र विसर्जित न करें। संयमशील साधु या साध्वी स्वपात्रक (स्वभाजन) लेकर एकांत स्थान में चला जाए जहाँ पर न कोई आता जाता हो और न कोई देखता हो, ऐसे बगीचे या उपाश्रय में उचित भूमि पर बैठकर[224] साधु या साध्वी यत्नपूर्वक मल-मूत्र विसर्जन करे।

अन्य विविध अनुदेश

साधु अपनी निर्दोषिता के कारण पवित्र होता है। वह अपने मन, वचन और काय को प्रभावित करने का कष्ट नहीं करता है। प्रलोभित करने वाले सुखों का ध्यान नहीं देता और

219. *आचा॰*, 592.
220. वही, 655 (657-58, 654)
221. वही, 661-62.
222. वही, 663.
223. *आचा॰*, 664.
224. वही, 667.

विभ्रम को दूर करने का प्रयत्न करता है। सर्वोच्च धर्म को जानकर उसे अपने धार्मिक कर्त्तव्यों को करना चाहिए। उसे आसक्ति से मुक्त होना चाहिए और तप करने में सच्चा होना चाहिए।

भिक्षाटन एक कठिन कार्य है। भिक्षाटन में स्वयंप्रेरित प्रदत्त वस्तु के अतिरिक्त अन्य वस्तु न लें। हालांकि इससे कुछ निर्बल मनोबल वाले व्यक्ति, जो अपनी शुचिता सुरक्षित रखने में असमर्थ हैं, वेदना अनुभव करेंगे। कुछ मूर्ख पवित्र साधु को गुप्तचर समझकर बांध देते हैं और उसका अनादर करते हैं। कुछ निम्न लोग, जो अन्यायपूर्ण जीवन व्यतीत करते हैं और राग और द्वेष से प्रेरित हैं, साधु को नुकसान पहुँचाते हैं।

कुछ ऐसे मार्मिक संबंध होते हैं जिनको साधु आसानी से जीत नहीं सकते। साधु को आसक्ति त्यागना चाहिए क्योंकि प्रत्येक आसक्ति पाप का कारण होती है। संयमी साधु को इस संसार में अनेक आसक्तियों और प्रलोभनों का सामना करना पड़ता है किन्तु कमजोर बैलों की भांति उसे कठोर भारी वजन के सामने घुटने टिकाने वाला नहीं होना चाहिए। उसे उन बन्धनों को तोड़ना चाहिए जो उसे उसके गृह से बांधती हैं। उसे अपने आत्म-कल्याण के लिए भ्रमण करना चाहिए। समझदार और पूर्ण संयमी साधु को सब कठिनाइयों को सहन करना चाहिए और जब तक उसे पूर्ण मुक्ति प्राप्त नहीं हो, तब तक घूमते रहना चाहिए। बौद्धों का कहना है कि सुख की वस्तुएँ सुख से उत्पन्न होती हैं। ठीक समय पर जो पुरुषार्थ करते हैं उन्हें पश्चात्ताप का अनुभव नहीं होता। जो वीर बन्धन से छुटकारा पाते हैं, वे अपने जीवन की इच्छा नहीं करते। साधु को पुरुषार्थ के द्वारा उस निर्वाण को प्राप्त करना चाहिए जिसमें अनन्त शान्ति निहित रहती है।

दुर्गति से बचने के लिए योग्य साधु को स्त्रियों के साथ संभोग नहीं करना चाहिए। जो स्त्रियों से संभोग रखते हैं, उनका ध्यान नहीं लगता। जब साधु धर्म की अवहेलना करता है, मूर्खतावश स्त्रियों की ओर मोहित होता है और भावावेग में डूब जाता है। बाद में वे उसे गाली देती हैं और उसके मस्तक पर पदाघात करती हैं। उसे नारियों की याचनाओं की ओर ध्यान न देकर उनकी मैत्री और संगत से दूर रहना चाहिए। उनसे प्राप्त सुख अपयश का प्रदाता है। साधु को स्त्रियों से दूर रहना चाहिए। चतुर और विद्वान् साधु, जिसकी आत्मा पवित्र है, अन्यों के लिए काम करने से अलग रहेगा। वह सब कठिनाइयों का सामना अपनी शक्ति से करेगा।

गुणवान साधु को कभी दुष्टों की संगत नहीं करनी चाहिए। गृहस्थ के मकान में कतिपय विवशतापूर्ण अपवादों को छोड़ उसे नहीं ठहरना चाहिए। उसे समझदार और पवित्र गुरु की आज्ञा माननी और सेवा करनी चाहिए। यदि वह पीटा भी जाए तो क्रूर नहीं होना चाहिए और धैर्यपूर्वक उसे सब कुछ सहन करना चाहिए।

सच्चे साधु को नहीं कहना चाहिए कि यह धार्मिक है और यह अधार्मिक। उसे अपनी आत्मा की रक्षा करनी चाहिए तथा अपनी इन्द्रियों पर नियंत्रण कर संसार-चक्र से मुक्ति का प्रयास करना चाहिए। पापों से मुक्त होकर वह धर्म को प्रतिपादित कर सकता है। उसे परमानन्द प्राप्त करने का प्रयत्न करना चाहिए।

यदि साधना-हीन साधु विकृत आहार पर जीवित रहकर मिथ्या अहंकार से लिपटा होता है और साधुत्व को जीविकोपार्जन का साधन मानता है, तो वह बार-बार क्लेश का भागी होगा। यदि श्रेष्ठ साधु, जो उच्च विचारों, उच्च प्रज्ञा और पवित्र आत्मा का धनी है तो उसे अपनी प्रतिभा, पवित्रता, जन्म और अच्छे जीवन के अहंकार में लिप्त नहीं रहना चाहिए। यदि साधु ने आत्म-नियंत्रण के प्रति अरुचि, विषय-वस्तुओं के सुख के प्रति आसक्ति पर विजय पा ली है तो उसे सदैव स्मरण रखना चाहिए कि "मानव का आवागमन उसके कर्मों पर ही आधारित है।" पवित्रात्मा लोकापवाद एवं पाप से मुक्त ही रहते हैं। इस कारण सब बुराइयों, झिझक एवं आसक्ति का त्याग कर साधु को धर्मोपदेश देते रहना चाहिए।

सदाचरण को दृष्टिगत करते हुए बुद्धिमान साधु को अपने गुरु का सान्निध्य नहीं छोड़ना चाहिए। साधु जो आसन, शैय्या, बैठक तथा क्रियाओं में यतियों के नियमों को पालन करता है, समितियों और गुप्तियों से पूर्ण परिचित है, उसे आचरण के प्रत्येक पहलू को स्पष्ट करते रहना चाहिए। उसे मधुर स्वरों व ध्वनियों से प्रभावित नहीं होना चाहिए। उसे आत्म-संयम को सुरक्षित रखना चाहिए। एक नव-दीक्षित, जिसे धार्मिक-विधानों का पूर्ण ज्ञान या अभ्यास नहीं है, वह सदाचरण एवं सद्गुण युक्त अधिकारियों से धीरे-धीरे सीख लेगा। साधु सत्य के श्रवण से सुविचार प्राप्त कर चतुर गुरु हो जाता है। परम सुख की अभीप्सा और तप द्वारा वह पूर्ण मुक्ति प्राप्त कर लेता है। ऐसा गुणी मानव न तो सत्य को छिपाता और न ही झुठलाता है; न ही वह यश की इच्छा रखता है। वास्तव में साधु को स्याद्वाद् के प्रतिपादन में ईमानदार और निडर होना चाहिए। साधु को योग्य शब्दों का प्रयोग करना चाहिए और उसे निष्पक्ष और चतुर होना चाहिए। उसे जैन धर्म के अनुसार शुद्ध भाषण देना चाहिए और आगम को पूर्णता से सीखना चाहिए। उसका उद्देश्य धर्म को सिखाना होना चाहिए। उसे अनर्थक तथा अधिक नहीं बोलना चाहिए। उसे सत्य को प्रकाश में लाने से न तो रोकना और न ही छिपाना चाहिए।

ऐसा संन्यासी, जो न कर्म करता है और न मारता है, जो क्रोध, अहंकार, धोखा और लालच से मुक्त है, जो शान्त और सुखी है, ऐसी कभी इच्छा नहीं करता कि इस संसार को छोड़ने पर वह परमात्मा या केवली बन जाएगा। एक साधु पाप-युक्त कारण से उत्पन्न कर्मों को नहीं करता और न ही वह ऐसा किसी अन्य से करवाता है। उस गृहस्थ का

भोजन व पेय ग्रहण नहीं करना चाहिए, यदि वह जानता है कि वह उसे या किसी समानधर्मी को प्रसन्न करने के लिए है। उसे यथासमय भोजन, विश्राम एवं शयन करना चाहिए। उसे किसी प्रकार के खान-पान के उद्देश्य से धर्मोपदेश नहीं करना चाहिए, वरन् उसे मात्र कर्म-क्षय के निमित्त बिना थके धर्म-प्रचार करना चाहिए। ऐसा साधु धर्म की खोज करता है, उसे जानता है और मुक्ति प्राप्त करने हेतु प्रयत्न करता है। वह कर्मों को त्यागता है, सांसारिक मोह व आसक्ति से मुक्त है। वह समितियों को धारण करता है, चतुर, गुणवान और मुक्त है, जीवन-चालन के निमित्त मात्र सादा भोजन करता है, संसार सागर को पार करने की कामना रखता है और सामान्य और विशेष गुणों से अलग नहीं होता।

साधु पाँच मुख्य पापों जैसे जीवों के वध आदि से दूर रहता है। वह ब्रश से अपने दाँतों को साफ नहीं करता तथा सुगन्ध, वमनकारी और अंजन जैसी वस्तुओं का उपभोग नहीं करता। ऐसा साधु न कर्म करता है और न मारता है। वह क्रोध, मान, छद्म और लोभ से दूर रहता है। वह शान्त और सुखी होता है। वह संयमी, पापों का परित्यागी, सचेत और प्रबुद्ध होता है।

कुप्रशिक्षित श्रमण कर्मों को आत्मा का बन्धन नहीं मानता, जबकि समझदार मुनि पूर्ण मुक्ति हेतु प्रयत्न करता रहता है। वह जैन तीर्थंकरों द्वारा बताए हुए मार्ग का अनुसरण करता है और जब तक पूर्ण-मुक्ति प्राप्त न हो, विहार करता रहता है।

ज्ञानियों के उपदेशों से जिस साधु ने धार्मिक-पूर्णता प्राप्त कर ली है और मनसा-वाचा-कर्मणा उसमें सुदृढ़ रहकर जिसने भवसागर से मुक्ति की पात्रता अर्जित कर ली है, उसे धर्मोपदेश देना चाहिए।

यदि रुग्णतावश साधु दूसरों के घर विहार पर जाने में निर्बलतावश विवश है तो वह गृहस्थ द्वारा लाए भोजन को ग्रहण कर सकता है। मठों के लिए निर्धारित नियमों का पालन करने पर वह शांत, पापमुक्त एवं इन्द्रिय-जन्य वासनाओं से मुक्त रहता है। ग्राम या नगर में प्रवेश करते समय उसे तृण की याचना करनी चाहिए। तृण-प्राप्ति कर उसे उसके साथ किसी एकान्त स्थल पर जाना चाहिए और निरीक्षण के उपरांत उसे स्वच्छ बनाना चाहिए। एक नग्न का चिन्तन होना चाहिए –

> "मैं तृण की चुभन, शीत, उष्णता, मधुमक्खियों का तथा मच्छरों का देश तथा किसी भी प्रकार के पीड़ा.दायक अनुभवों को सह सकता हूँ किंतु इस मार्ग को नहीं छोड़ सकता।"

शरीर व मन से सम्बन्धित दो बाधाओं को धर्म के परिज्ञान से पारकर एक प्रबुद्ध व्यक्ति कर्म के बन्धन से छुटकारा पा सकता है। वासनाओं का दमन व सादे भोजन का सेवन

करते हुए, उसे सारी कठिनाइयों को झेलना चाहिए। यदि एक साधु भीतरी और बाहरी रूप में अनासक्त हो जाए तो उसे पूर्ण पवित्रता हेतु प्रयास करना चाहिए। यदि रेंगने वाले प्राणी उसका मांस खा रहे हों या रक्त चूस रहे हों, तो भी उसे न तो उन्हें मारना चाहिए और न ही घावों को सहलाना चाहिए। यदि प्राणी शरीर को नष्ट भी कर दें तो भी उसे अपने आसन से हिलना-डुलना नहीं चाहिए। एक सम्यक्-नियंत्रित साधु को सारी एषणाओं का कायिक, मानसिक एवं वाचिक रूप से त्याग कर देना चाहिए। उसे घास-फूस पर नहीं, किन्तु खाली भूमि को जाँच उस पर सोना चाहिए। आहार व आराम के अभाव में उसे कष्ट सहना चाहिए। यदि वह कमजोर हो जाता है, उसे शान्ति के लिए प्रयत्न करना चाहिए। उसे सुस्त विचारों का नहीं होना चाहिए। उसे जमीन पर विहार करना चाहिए। उसे अपने शरीर के सम्यक् व्यायाम के लिए सब अंगों को फैलाना चाहिए। जब वह सोने से थक जाए, तो उसे चलना चाहिए, और जब वह खड़े-खड़े थक जाए, तो उसे बैठ जाना चाहिए।

5

महावीर का युग

महावीर का युग भारतीय इतिहास में एक क्रांतिकारी एवं रचनात्मक काल माना जा सकता है। विभिन्न क्षेत्रों में जैसे धर्म, राजनीति, समाज, अर्थ, कला और साहित्य में महत्त्वपूर्ण उपलब्धियाँ प्राप्त हुईं। इस समय मगध के नेतृत्व में भारत का एकीकरण देखा जाता है और बौद्ध धर्म, जैन धर्म तथा अन्य नास्तिक मतों का बहुत प्रचार हुआ है। एक सामाजिक संहिता लोगों के अनुसरण करने के लिए बनाई गई। उद्योग और व्यापार की उन्नति के कारण चारों ओर समृद्धि थी। इस समय नगरीयकरण की पुनरावृत्ति भी हुई। संभवतः लिपि का आविष्कार हुआ और मुद्रा का प्रयोग आरम्भ हुआ।

भगवान् महावीर के समकालीन धर्मनायक और समकालीन पंथ

भगवान् महावीर स्वामी का युग (छठी सदी ई॰पू॰) सुधारवादी प्रवृत्तियों के लिए न केवल भारतवर्ष बल्कि समस्त प्राचीन विश्व में महत्त्वपूर्ण माना जाता है। यह मानव-जाति के लिए जागृति का युग है। इतिहास की भौतिकतावादी व्याख्या मानव-चेतना में इस परिवर्तन का कारण सामाजिक वातावरण में हुए परिवर्तन को बतलाती है। आदर्श इतिहास-लेखन यहाँ भावना का खुलापन या स्वायत्त द्वन्द्वात्मक पद्धति द्वारा विचार की उन्नति रखता है। इस समय सहसा समकालीन और सुनिश्चित स्वतंत्र सभ्यताओं के केन्द्रों पर धार्मिक आन्दोलन शुरू हुए। कन्फ्यूशियस और लाओत्से ने चीन में धार्मिक-चेतना जागृत की। यहूदियों ने बेबीलोनिया में बन्दी-स्थिति में रहकर भी जेहोवा के प्रति दृढ़ आस्था का विकास किया और साफिस्टों ने यूनान में जीवन की समस्याओं का समाधान खोजना शुरू किया।

भारतवर्ष में भी यह युग स्वतंत्र विचारों का था जिनमें नए धार्मिक आन्दोलनों का उत्थान और पुराने धर्मों में सुधारवादी परिवर्तन हुए। बौद्धों के *सामञ्ञफल सुत्त* और *दीर्घनिकाय* के *ब्रह्मजाल-सूत्र,* तरेसठ श्रमण-सम्प्रदायों का उल्लेख करते हैं। जैनों के

सूत्रकृतांग, भगवती सूत्र, आदि सूत्र ग्रन्थों में अनेक नास्तिक दार्शनिक सम्प्रदायों का उल्लेख है। इन सम्प्रदायों की संख्या के बारे में ये कथन अतिरंजित प्रतीत होते हैं। प्राचीन समय में इस प्रकार की प्रवृत्ति प्रचलित थी। हमें ऐसा नहीं मानना चाहिए कि वे स्वतन्त्र धार्मिक पंथ या सम्प्रदाय थे क्योंकि इनमें सिद्धांतों और व्यवहार के मामलों में बहुत साधारण अन्तर था। आज यह सिद्ध करना संभव नहीं है कि इन सब सम्प्रदायों की उत्पत्ति एक ही समय हुई थी। कुछ की उत्पत्ति महावीर स्वामी से पर्याप्त पूर्व में हो चुकी थी।

इन मतों की उत्पत्ति

इन तपस्वी एवं प्रबुद्ध आन्दोलनों की उत्पत्ति के बारे में विद्वानों के विभिन्न विचार हैं। टी॰डब्लू॰ रीज डेविड्स[1] के अनुसार इन धार्मिक परिव्राजक संन्यासियों का उत्थान बौद्धिक आन्दोलन के परिणामस्वरूप बौद्ध धर्म की उत्पत्ति के पहले हुआ। यह बहुत कुछ सामान्य आन्दोलन तो था किन्तु पुरोहित-आन्दोलन नहीं था।

इस आन्दोलन को सामान्य आन्दोलन मानना उचित नहीं है। वस्तुतः इसकी उत्पत्ति न तो ब्राह्मणवादी सुधारों, न क्षत्रियों के विद्रोह से और न ही मध्यम वर्ग के प्रयत्नों का परिणाम थी। वह वर्गहीन और जातिहीन आन्दोलन था और इसका विशेष सामाजिक वर्गों के दृष्टिकोण और हित से कोई सम्बन्ध नहीं था।

मैक्समूलर,[2] जी॰ ब्यूलर,[3] एच॰ कर्न[4] और एच॰ याकोबी[5] का कहना है कि इस युग के बौद्ध, जैन तथा अन्य नास्तिक पंथों का आदर्श ब्राह्मणवादी संन्यासी थे। यह भी सुझाव दिया जाता है कि वैदिक कर्मकाण्ड की विरोधी-प्रवृत्ति के रूप में ये शक्तिशाली हो रहे थे। जी॰सी॰ पाण्डे[6] ने यह बतलाने का प्रयत्न किया है कि स्वयं वेदों में कर्मकाण्ड-विरोधी प्रवृत्ति तपस्या के प्रभाव के कारण है जो वेदों से पूर्व से चली आ रही थी। कुछ पंथ, जैसे जैन धर्म और आजीवक, इस पूर्व-वैदिक विचारधारा की निरंतरता को प्रकट करते हैं।

इन धार्मिक आन्दोलनों के उत्थान के एक नहीं, किन्तु अनेक कारण रहे। यह युग लगातार रक्तरंजित युद्धों का था जिन्होंने लोगों को शान्ति के लिए आतुर बना दिया था। अतिशय आर्थिक समृद्धि ने कुछ को भौतिक जीवन से दुःखी बना दिया था। जटिल जाति-

1. *रि॰बु॰इ॰*, पृ॰ 111.
2. *हिब्बर लेक्चर्स,* पृ॰ 351.
3. *से॰बु॰ई॰*, 2, पृ॰ 191-92.
4. *मैनुअल आफ इण्डियन बुद्धिज्म.*
5. *से॰बु॰ई॰*, पृ॰ 24.
6. *स्टडीज़ इन दी ओरिजिन ऑफ बुद्धिज्म,* पृ॰ 317.

व्यवस्था के कारण भी सामाजिक असन्तोष था। लोगों का ध्यान परस्पर-विरोधी सम्प्रदायों और मतों के झगड़ों से आध्यात्मिक शान्ति की ओर भी जाने लगा था।

श्रमण और ब्राह्मण मत

इस युग के मतों को अनेक वर्गों में विभाजित किया जाता है जिनमें मुख्य दो हैं – 1. श्रमण मत और 2. ब्राह्मण मत।

इन दोनों में मुख्य भेद निम्नलिखित हैं –

1. ब्राह्मण मत-मतांतरों का लोकपरक जीवन के प्रति दृष्टिकोण इतना अनुकरणीय नहीं था क्योंकि सामाजिक कर्त्तव्यों का पूरा पालन करने के पश्चात् ही वे संन्यास पर बल देते थे। इसके विपरीत श्रमण सम्प्रदायों में अनेक अनुयायी सांसारिक मोह से मुक्त होने के लिए अनासक्ति का जीवन बिताते थे।
2. ब्राह्मण धर्म के मतवादों में केवल ब्राह्मण या द्विज ही परिव्राजक हो सकता था किन्तु श्रमण मतवादों में सब जातियों के लोगों को बिना किसी सामाजिक भेद-भाव के मठ में प्रवेश दिया जा सकता था।
3. धर्म-ग्रन्थों की मान्यता के बारे में मतभेद था। श्रमण वेदों की सत्ता का विरोध करते हैं।
4. कट्टरवादी ब्राह्मण सम्प्रदाय नारियों को संन्यास की अनुमति नहीं देते किन्तु वे नास्तिक संन्यासी-संघों में शामिल की जाती थीं।
5. ब्राह्मण पंथ कर्म-काण्डों पर जोर देते थे किन्तु श्रमण पंथों के अनुयायी नैतिक नियमों का अनुसरण करते थे।

महावीर के श्रमण पंथों के कुछ समकालीन धार्मिक नायक पूरण कश्यप, पकुध काच्चायन, अजित केशकम्बल, संजय बेलाट्ठिपुत्र, मक्खलि गोशाल, बुद्ध, आदि थे। जैन और बौद्ध ग्रंथों पर आधारित इनका निम्नलिखित विवरण संक्षिप्त और एकांगी होने से सही चित्र प्रस्तुत नहीं करता।

पूरण कश्यप

बौद्ध और जैन विवरण से यह स्पष्ट है कि पूरण कश्यप एक प्राचीन, अनुभवी और सम्माननीय आचार्य थे। यद्यपि उनकी तिथि निश्चित नहीं है किन्तु संदर्भों के आधार पर उनका छठी सदी ई॰पू॰ में होना सिद्ध होता है। वह मगध के राजा अजातशत्रु के समकालीन थे। वे धार्मिक संघ के मुखिया थे और एक शाखा (तित्थकरों) के संस्थापक थे। अनेक शिष्य उनका अनुसरण करते थे और समस्त देश में उनका सम्मान किया जाता

था। उनके नाम से ऐसा ज्ञात होता है कि उनका जन्म ब्राह्मण कुल में हुआ था। पूरण (पूर्ण) नाम से पता चलता है कि वह पूर्ण जागरूक तथा ज्ञान में परिपूर्ण थे।

पूरण कश्यप अक्रियावाद के सिद्धांत के समर्थक माने जाते हैं। ऐसा कहा जाता है कि एक बार अजातशत्रु पूरण कश्यप के पास गया। उसने पूरण कश्यप को अपने विचार समझाए। उसका मन्तव्य था कि अगर कोई कुछ करे या कराए, काटे या कटाए, कष्ट दे या दिलाए, शोक करे या कराए, किसी को दुःख हो या कोई दे, डर लगे या डराये, प्राणियों को मार डाले, चोरी करे, घर में सेंध लगाए, डाका डाले, एक होकर मकान में धावा बोल दे, बटमारी करे, परदारगमन करे या असत्य बोले, तो भी उसे पाप नहीं लगता। यदि कोई दान करे या करवाए, यज्ञ करे या करवाए, तो भी उससे कोई पुण्य नहीं लगता। दान, धर्म, संयम और सत्य-भाषण से पुण्य की प्राप्ति नहीं होती।[7] इस प्रकार का विश्लेषण अक्रियावाद का सिद्धांत कहलाता है। इसके अनुसार मानव अनुत्तरदायी कर्त्ता है। उसके कार्य से पाप व पुण्य नहीं मिलता। दूसरे शब्दों में, यह सिद्धांत अनैतिक है क्योंकि मनुष्य जो कुछ चाहे, बिना पाप-पुण्य के विचार से कर सकता है।

सूत्रकृतांग[8] में एक समानान्तर उद्धरण मिलता है जिसमें स्पष्ट रूप से अक्रियावाद का उल्लेख है। शीलांक इसे अकारकवाद के नाम से पुकारता है और सांख्य दर्शन से इसकी पूरण कश्यप और अकारकवाद के विचार में, यद्यपि साम्य संगीति बिठाता है जो संभव तो है, किन्तु निश्चित नहीं है।

आत्मा का निष्क्रिय होने का सिद्धांत

बी॰एम॰ बरुआ[9] का मानना है, कश्यप इस सिद्धांत का प्रतिपादक है कि आत्मा निष्क्रिय है और किसी क्रिया का उस पर प्रभाव नहीं पड़ सकता। यह अच्छे और बुरे से परे था। इस विचार को अनेक पूर्ववर्ती वैदिक विचारकों ने भी प्रतिपादित किया था। जब हम करते हैं व करवाते हैं, तो आत्मा न तो करती है, न करवाती है। चाहे हम अच्छा व बुरा करें, इसका आत्मा पर कुछ भी प्रभाव नहीं पड़ता।

अहेतुवाद का सिद्धांत

कश्यप अहेतुवाद के सिद्धांत का प्रवर्तक कहा जाता है। बुद्ध के शब्दों में इस प्रकार कहा जाता है कि हेतु और पच्चय (प्रत्यय) का नहीं होना पूरण कश्यप द्वारा उपकरण के रूप

---

7. *रि॰बु॰इ॰*, पृ॰ 69-70.
8. *सूत्र॰*, 1, 1, 1, 13.
9. *ब॰हि॰प्री॰इं॰फि॰*, पृ॰ 279.

में मनुष्य को दूषित या पवित्र करने में[10] स्वीकार नहीं किया जाता। अभय का कहना है कि कश्यप ज्ञान और दर्शन के लिए अक्रिया को स्वीकार करता है।[11] बी॰एम॰ बरुआ इस प्रकार के विचार को अधिच्चसमुप्पाद के नीचे रखता है और *ब्रह्मजाल सुत्त* में अहेतुवाद से उसका संबंध मिलता है।[12] जी॰सी॰ पाण्डे[13] इस विचार से सहमत नहीं हैं कि पूरण कश्यप अधिच्चसमुप्पाद के सिद्धांत को मानता था। घटनाओं का आत्मा से कोई सम्बन्ध नहीं होता, और फिर भी दैवकृत से इनकी उत्पत्ति नहीं हो सकती।

ज्ञान-दर्शन का सिद्धांत

अंगुत्तर निकाय[14] उद्धरण में दो लोकायतिक ब्राह्मणों का कहना है कि पूरण कश्यप के सिद्धांत के अनुसार केवल अनियत मन ही परिमित विश्व को समझ सकता है किन्तु निगंठ नातपुत्त के सिद्धांत के अनुसार परिमित विश्व का संदर्भ परिमित ज्ञान हो सकता है। पूरण-कश्यप का वर्णन इस प्रकार से किया गया है "जिसके पास हमेशा ज्ञान-दर्शन है, चलते और ठहरते आदि के समय वह अनियत ज्ञान से परिमित विश्व को देखता है। अन्य उद्धरण में बुद्ध को कश्यप अन्य नास्तिक आचार्यों के साथ एक ऐसी दैविक शक्ति से सम्पन्न बतलाया गया है जो एक विशेष मृतक व्यक्ति के पुनर्जन्म के रूप में प्रगट हुई थी।"

मानव के छः वर्गों में विभाजित होने का सिद्धांत

अंगुत्तर निकाय[15] के उद्धरण में आनन्द मक्खलि गोशाल का मानव के छः वर्गों में विभाजित होने का सिद्धांत (छलामि जातिय) जैसे कण्हाभिजाति (कृष्ण वर्ग मानव), निलाभि जाति (नील वर्ण मानव) आदि। ए॰एल॰ बाथम[16] ने यह सिद्ध करने का प्रयत्न किया है कि दीर्घ अनुभव वाले इस नास्तिक नायक ने प्रवृत्ति वाले नियतिवाद (totalistic) के सिद्धांत का प्रतिपादन किया। युवक आचार्य मक्खलि गोशाल के सम्पर्क में आया जिसके सिद्धांत उस जैसे थे किन्तु जनता को अधिक प्रभावित करते थे। अपना ग्रहण जानकर उसने नए आचार्य की उच्चता को स्वीकार किया और मानव का छः समूहों में

---

10. *सं॰*, 3, पृ॰ 69.
11. वही, 5, पृ॰ 69.
12. *ब॰हि॰प्री॰इं॰फि॰*, पृ॰ 278-79.
13. पाण्डे जी॰सी॰; *स्टडीज़ इन दी ओरिजिन्स ऑफ बुद्धिज्म*, पृ॰ 345.
14. *अंगु॰*, 4, पृ॰ 428.
15. वही, पृ॰ 383-84.
16. *हिस्ट्री एण्ड डॉक्ट्रिन्स ऑफ दी आजीवक्स*, पृ॰ 90.

वर्गीकरण मान लिया। उसने मक्खलि गोशाल और उसके पूर्वजों नंद, बच्च और किस संकिच्च को सर्वोच्च कोटि में रख दिया।

पकुध कच्चायन (ककुद कात्यायन)

पकुध कच्चायन बुद्ध का समकालीन अग्रणी था। वह किसी धार्मिक संगठन का नेता और अपने समय के लोगों द्वारा सम्मानित था। बुद्ध घोष का कहना है कि पकुध उसका व्यक्तिगत नाम था और कात्यायन उसका गोत्र था। पकुध पद का पारम्परिक अर्थ क्रोधित होता है। इसका दूसरा नाम ककुध या कक्कुध है जिसका अर्थ एक ही होता है। ककुध का मूल और ठीक रूप से अर्थ वह व्यक्ति है जिसके पीछे कूबड़ हो। बी॰एम॰ बरुआ[17] कात्यायन का सम्बन्ध कबन्धी कात्यायन से जोड़ते हैं जो *प्रश्नोपनिषद्* के ऋषि पिप्पलाद के शिष्यों में से एक था। यह सुझाव पटुता-पूर्ण तो है किन्तु इसके प्रतिपादन के लिए प्रत्यायक प्रमाण की कमी है।

चूंकि पकुध कच्चायन ने हमारे लिए अपना विवरण नहीं छोड़ा है, अतः उसके सिद्धांतों की जानकारी के लिए हमें *प्रश्नोपनिषद्, सामञ्ञफल सुत्त* और *सूत्र कृतांग* पर निर्भर रहना पड़ता है। *प्रश्नोपनिषद्* में पिप्पलाद ने कात्यायन के प्रश्न के उत्तर में कहा था कि वस्तुओं की मूल में प्राण रहता है। बुद्धघोष का कहना है कि कात्यायन कभी ठंडे जल को स्पर्श नहीं करता था।[18]

सात पदार्थों का सिद्धांत

बौद्धों के *सामञ्ञफल सुत्त*[19] में कात्यायन का दर्शन सप्त पदार्थों (सत्तकार्यवाद) के नाम से वर्णित किया गया है। इसके अनुसार निम्न सात पदार्थ बनाए या बनवाए हुए अथवा किए या करवाए हुए नहीं हैं। वे तो बन्ध्य (उनमें कुछ पैदा नहीं होता) है। वे पहाड़ की चोटी और स्तंभ की तरह अचल हैं। वे न हिलते हैं और न बदलते हैं। एक दूसरे को नहीं सताते और एक दूसरे को सुख-दुःख उत्पन्न करने में वे असमर्थ हैं। वे सात क्या हैं? चार पदार्थ हैं – पृथ्वी, अप्, तेज और वायु; अन्य तीन हैं – सुख, दुःख एवं जीव इन्हें मारने वाला, मरवाने वाला, सुनने वाला, सुनाने वाला, जानने वाला अथवा इनक वर्णन करने वाला कोई भी नहीं है। कोई व्यक्ति यदि तीक्ष्ण शस्त्र से किसी का सिर का डालता है तो वह उसके प्राण नहीं लेता। इतना ही समझना चाहिए कि सात पदार्थों के बीच के अवकाश में शस्त्र घुस गया है।[20] कात्यायन ने सात प्राथमिक पदार्थों को स्थाय

17. *ब॰हि॰प्री॰इं॰फि॰*, पृ॰ 227.
18. *सुमंगल-विलासिनी*, I, पृ॰ 144.
19. *दीघ॰*, I, पृ॰ 57.
20. *डाइ॰*, I, पृ॰ 74.

और नित्य रूप में स्वीकार किया जो न तो उत्पन्न हुए और न उत्पन्न कराए गए। यह सत्तकार्यवाद एक उदाहरण प्रस्तुत करता है जिसे बौद्ध सस्सतवाद के नाम से पुकारते हैं। इसका पदार्थों का बहुत्ववादी सिद्धांत वैशेषिक दर्शन की याद दिलाता है। इसकी आत्मा और पदार्थ की अन्योन्याश्रित क्रिया की अस्वीकृति सुख और दुःख से आत्मा की पृथक्ता के प्रतिपादक सांख्य दर्शन का स्मरण कराते हैं।

आत्म-षष्ठवाद का सिद्धांत

सूत्र कृतांग[21] सुख और दुःख को छोड़कर षष्ठवाद के सिद्धांत को प्रस्तुत करता है और उनके स्थान पर या तो जोड़ता है या खाली रखता है। शीलांक इस आत्मा के सिद्धांत को आत्म-षष्ठवाद का नाम देता है जो बहुत कुछ पकुध के सिद्धांतों से मिलता-जुलता है। यह थोड़ा बहुत भिन्न भी है क्योंकि यह आकाश (ether or space) के अस्तित्व को स्पष्ट मानता है और सुख और दुःख का विचार छोड़ देता है। शीलांक आत्म-षष्ठवाद का सिद्धांत *भगवद्गीता* के सिद्धांत तथा सांख्य के सिद्धान्त से एकीकरण करता है और इनके अतिरिक्त कुछ शैव सिद्धांतों के साथ भी। इसमें कोई संदेह नहीं कि इनके मध्य किसी न किसी प्रकार का ऐतिहासिक संबंध रहा है।

क्रिया और आत्मा के बारे में विचार

कश्यप के समान कात्यायन ने दृश्य की अपेक्षा कर्म की वास्तविकता से इंकार किया और कहा कि आत्मा परिवर्तन से अप्रभावित है और इसलिए अच्छाई और बुराई से ऊपर है। संभव है कि यह सिद्धांत संसार के अस्तित्व के सिद्धांत के विरोध में प्रतिपादित किया गया हो जिसके अधीन आत्मा को दुःख का भागी होना पड़ता है। गोशाल ने संसार की व्यवस्था को स्वीकार किया और इसका एक नया समाधान दिया। ब्राह्मण होने के कारण कश्यप और कात्यायन उपनिषद् की विचारधारा से परिचित थे और इस कारण संभव है, वास्तविक अस्तित्व की समस्या को अस्वीकृत करते थे।

सततवाद और अक्रियावाद के सिद्धांत

सूत्र कृतांग के उद्धरण से स्पष्ट पता चलता है कि कात्यायन ने गोतमक की इस मान्यता को अपनाया कि अवस्तु से अवस्तु उत्पन्न होती है (eleatic postulate)।[22] *सूत्र कृतांग* और *सामञ्ञफल सुत्त* दोनों के उद्धरणों से पता चलता है कि सततवाद (eternalium) पद महावीर और बुद्ध ने कात्यायन के सिद्धांत के लिए यथावत् प्रयोग किया। महावीर के अणिकवाद (अनेकवाद) के रूप में भी इसे परिभाषित किया जा सकता है।[23]

---

21. *सूत्र*, I, 1.1., 15-16.
22. *सूत्र*, 11-12.
23. *स्थाना*, 4; *दीघ*, 1, 13-17.

महावीर और बुद्ध कात्यायन के सिद्धांत को अक्रियावाद का सिद्धांत मानते थे। यदि तत्त्वों का सतत अस्तित्व है और अपने स्वभाव के कारण अपरिवर्तनीय हैं, यदि वे सुख और दुःख उनमें से प्रत्येक में अन्तर्निहित होने के कारण यंत्रवत् संयुक्त और पृथक् होते हैं, यदि चेतन क्रियाशील नहीं है तो भला और बुरा, ज्ञान और अज्ञान आदि के मध्य विचार व भेद का आधार ही नहीं है। इससे यह अनुमान लगाया जाता है कि वास्तव में वध करना व सुनना व शिक्षा जैसा कोई कार्य नहीं है। वैश्विक दृष्टि से संभव यह है कि वध करने का अर्थ कुछ नहीं किन्तु अंगीय संयोजन के तत्त्व का अन्य तत्त्व से अलग होना है।

कात्यायन और एम्पेडोकल्स (Empedocles) की तुलना

बी॰एम॰ बरुआ[24] कात्यायन और एम्पेडोकल्स की तुलना करते हुए कात्यायन को भारत का एम्पेडोकल्स की संज्ञा देते हैं। दोनों का मत था कि पौरुषेय तत्त्व एक दूसरे से गुणात्मकता में भिन्न नहीं होता जैसे एम्पेडोकल्स, उचित या अनुचित, एक एलिएटिक (eleatic) कहलाता है, उसी प्रकार कात्यायन को एक सततवादी से भारतीय एलिएटिक (eleatic) की संज्ञा दी जा सकती है। दोनों के इस दृष्टिकोण में अंतर होना असंभव है। दोनों पुरुष को अपरिवर्तनीय तत्त्वों का अणिक मानते हैं। दोनों के अनुसार सब वस्तुओं के चार मूल तत्त्व होते हैं जो अपने स्वभाव में स्थायी होते हैं, यानी उन्हें गुणात्मक परिवर्तन का बोध नहीं होता। जैसे एम्पेडोकल्स परिवर्तन का कुछ आधार व कारण बताता है, उसी प्रकार कात्यायन सुख और दुःख को परिवर्तन के दो सिद्धांत मानता है। अन्त में वे स्वीकार करने में एक हैं कि जैव शरीर में विवर होते हैं और वे शून्य को भी मना करते हैं। दोनों विचारकों के मध्य केवल एक बिन्दु पर अन्तर है। एम्पेडोकल्स के मामले में यह ज्ञात नहीं कि उसने अस्तित्व की योजना में आत्मा के विचार के लिए कोई स्थान छोड़ा हो; कात्यायन के मामले में यह निश्चय है कि उसने किया।

अजित केशकम्बल

अजित केशकम्बल भारतीय भौतिकवाद का ऐतिहासिक संस्थापक माना जाता है। वह अपने समय के लोगों से बहुत सम्मानित था। वह केशकम्बलिन के नाम से पुकारा जाता था क्योंकि वह मनुष्य के केशों का बना कम्बल पहनता था। अजित केशकम्बल के दार्शनिक और धार्मिक विचार *सामञ्ञफल सुत्त*[25] से जाने जाते हैं। उसके दर्शन के दो पक्ष हैं – नकारात्मक और निश्चयात्मक।

नकारात्मक और निश्चयात्मक पक्ष

अजित केशकम्बल उच्छेदवादी थे। यह महत्त्वपूर्ण है कि उसके निरुपाधि दृढ़ कथन सब

24. *ब॰हि॰प्री॰इं॰फि॰*, पृ॰ 284-85.
25. *सामाञ्ञ॰*, (दीघ॰, I, नं॰ 2), 23.

नकारात्मक रूप में हैं। उसके अनुसार दान, यज्ञ और होम में कोई तथ्य नहीं है। श्रेष्ठ और कनिष्ठ कर्मों का फल और परिणाम नहीं होता। कोई भी इहलोक से परलोक को नहीं जाता है। माता-पिता की सेवा करने से कोई फल नहीं मिलता। कोई परलोक नहीं होता। कोई भी संन्यासी व ब्राह्मण नहीं है, जिसने सम्यक् मार्ग का अनुसरण करके केवल ज्ञान प्राप्त किया हो, और जिसने ज्ञान के परिणाम स्वरूप इहलोक और परलोक का अनुभव किया हो और उसकी घोषणा कर सका हो।

मृत्यु के पश्चात् व्यक्तित्व का कोई अस्तित्व नहीं रहता। मनुष्य चार भूतों का बना हुआ है। जब वह मरता है, तब उसके अन्दर की पृथ्वी-धातु पृथ्वी में, आपो-धातु जल में, तेजो धातु तेज में और वायु-धातु वायु में जा मिलती है तथा इन्द्रियाँ आकाश में चली जाती हैं। यह सिद्धांत मूर्खों का है जो मृत्यु के बाद अस्तित्व की चर्चा करते हैं। शरीर के भेद के पश्चात् विद्वानों और मूर्खों का उच्छेद होता है, वे नष्ट होते हैं। मृत्यु अनन्तर उनका कुछ भी शेष नहीं रहता।[26] अजित अपने सिद्धांत के नकारात्मक पक्ष में एपिक्युरस (Epicurus) से साम्य रखता है तथा अपने विचारों के निश्चयात्मक दृष्टिकोण में एपिक्युरियन (Epicurian) की अपेक्षा स्टोइक (Stoic) की तरफ़ अधिक झुका जान पड़ता है। उसका मुख्य बिन्दु है कि कुछ नहीं, केवल मूर्त्त ही वास्तविक है।[27]

तम्‌जीव-तम् सरीरवाद का सिद्धांत

महावीर और बुद्ध ने अजित के तम्‌जीव-तम् सरीरवाद के सिद्धांत का वर्णन किया है जो आत्मा के शरीर से भिन्नता सिद्धांत से अलग है। (अञ्ञम जीव – अञ्ञम सरीरवाद)। अजित ब्राह्मण धर्म के कट्टर सिद्धांतों का इतना विरोधी नहीं था जितना कात्यायन और अन्य के खिलाफ या जिन्होंने शरीर और आत्मा के मध्य और पदार्थ भावना के बीच भेदभाव कर दिया था। संक्षिप्त में उन्होंने आत्मा की सत्ता के स्वतंत्र अस्तित्व को मूर्त्त वस्तु व पदार्थ से स्वतन्त्र माना। इस प्रकार एक अर्थ में स्टोइक (Stoic) के समान उसके मूर्त्त का साम्य मानसिकता से और दूसरे अर्थ में उसने नहीं किया। उसका उद्देश्य शरीर का साम्य से करना नहीं था, प्रत्यय के रूप में वह स्थापित करना चाहता था कि अनुभव का वास्तविक तथ्य हमेशा पूर्ण जीवन होता है, एक ऐसा पूर्ण जिसे समझने वाला मस्तिष्क विभिन्न पक्षों में देख सकता है।[28] इस प्रकार कात्यायन ने पुरुष के तत्त्वों के मध्य भेद बतलाया है किन्तु अजित के अनुसार वह ठीक नहीं है। यह भेद तो केवल हमारे मस्तिष्क का है। ऐसा भेद एक जीवित व्यक्ति को पूर्ण मानने पर नहीं होगा।

---

26. *ब॰हि॰प्री॰इं॰फि॰*, पृ॰ 293.
27. *वेदांत सार*, पृ॰ 32.
28. पूर्वोक्त.

अजित के विचार का अनुसरण पायासि ने किया और उसे अधिक ज्ञानगम्य बनाया गया। आत्मा शरीर से भिन्न सत्ता नहीं है। हम आत्मा को शरीर से अलग नहीं कर सकते जैसा कि वह जो म्यान से तलवार निकालकर कहता है, "यह तलवार है और वह म्यान है।"[29] हम यह नहीं कह सकते हैं कि यह आत्मा और वह शरीर है। अजित और पायासि ने इस आधार पर मूर्त्तता की दृष्टि से देखा कि बिना पदार्थ के रूप में अस्तित्व नहीं होता।

अजित के आत्म-सिद्धांत से नैतिक परिणाम

महावीर के अनुसार अजित ने भविष्य जीवन को नकारकर मनुष्यों को मारना, जलाना, नष्ट करना[30] और जीवन के सब सुखों को भोगना सिखाया। सत्य इससे बिल्कुल विपरीत जान पड़ता है। उसने हमें जीवन में विश्वास करना सिखाया, न कि मृत्यु में और जीवित व्यक्ति का पूरा सम्मान करना बताया, न कि मरने के पश्चात् उनका आदर करना। अन्य जैन उद्धरण में हमें बताया जाता है कि अजित अक्रियावादी था क्योंकि वह अनस्तित्व के सिद्धांत को मानता था। शीलांक और सायण-माधव के विचारों का अध्ययन हमें इस विश्वास की ओर ले जाता है कि अजित के सिद्धांतों की नींव याज्ञवल्क्य के इस कथन में डाली गई कि बुद्धिमत्ता का सार पाँच तत्त्वों से निकलकर मृत्यु के समय लुप्त हो जाता है।[31]

संजय बेलट्ठिपुत्र

संजय बेलट्ठिपुत्र छठी सदी ई॰पू॰ के धार्मिक आचार्यों में एक था। जैसा कि *सामञ्ञफल सुत्त* से स्पष्ट है कि वह एक पर्यटक था और राजगृह में धार्मिक संघ और एक विचारधारा का संस्थापक था। उसकी पहचान सारिपुत्र और मोगल्लान के आचार्य परिव्राजक संजय से की जाती है, जैसा कि *विनय महावग्ग* और *धम्मपद* से पता चलता है। इस प्रकार की पहचान संभव है क्योंकि परिव्राजक संजय संशयवादी के रूप में जाना जाता है। इसके उपरांत भी हम निश्चित रूप से नहीं कह सकते क्योंकि संजय परिव्राजक नाम पूर्व बौद्ध-ग्रंथ *सामञ्ञफल सुत्त* में संजय बेलट्ठिपुत्र के साथ नहीं पाया जाता।

संजय बेलट्ठिपुत्र अपने अभिमत के लिए प्रसिद्ध था जो एक तरफ संशयवाद और दूसरी तरफ ज्ञान की प्राचीन आलोचना-पद्धति का मिश्रण करता था जैसा कि यूनानी दर्शन में सोफिस्ट्स (sophists) करते थे। उनके धार्मिक दृष्टिकोण से उनके शिष्य अज्ञानवादी (agnostics), संशयवादी (sceptics), या (eel-Wrigglers) थे और उनके नैतिक आचरण के दृष्टिकोण से वे मित्र या अच्छी प्रकृति वाले थे।

29. *से॰बु॰ई॰*, 45, पृ॰ 340-41; 3, 358-36.
30. उक्त, पृ॰ 341.
31. *ब॰हि॰प्री॰इं॰फि॰*, पृ॰ 296.

जैन विवरण

जैन अज्ञानवाद के सिद्धांत का उल्लेख करते हैं जिसके संजय बेलट्ठिपुत्र मुख्य प्रवर्तक माने जाते हैं। शीलांक का कहना है कि "शाब्दिक अर्थ में अज्ञानवादी (agnostics) वे हैं जिनमें अनभिज्ञता है या वे अनभिज्ञता में गुजरते हैं। वे सोचते हैं कि यही अच्छा (कुशल) है। हम जागृत हैं कि हम सत्य से परिचित नहीं हैं तथा पदार्थ (matter) हमारे ज्ञान से सम्बन्धित नहीं हैं। वास्तव में हम संभ्रांति से परे नहीं पहुँच पाए हैं; संभ्रांति जो अंधत्व है और मस्तिष्क का विभ्रम है।"

कुछ सबको देखने वाली आत्मा के अस्तित्व को मानते हैं जबकि अन्य इसका विरोध करते हैं। कुछ आत्मा को सर्वव्यापी कहते हैं; अन्य का मत है कि शरीर इस प्रकार की सत्ता है, जो सर्वव्यापी नहीं हो सकती। कुछ का अनुमान है कि आत्मा आकार में अंगुल के बराबर है जबकि अन्य का कहना है कि यह चावल के दाने के बराबर है। कुछ आत्मा को पदार्थ के रूप में मानते हैं जबकि अन्य का मत है कि यह अमूर्त्त है। कुछ का कहना है कि हृदय आत्मा का स्थान है जबकि कुछ अन्य यह कहकर उसका विरोध करते हैं कि ललाट ही उसका ठीक स्थान है।

इन दार्शनिकों में किस प्रकार समझौता हो सकता है? ऐसी परस्पर विरोधी भूलों का परिणाम अनेक नैतिक आघातों के रूप में हो सकता है।[32] हमारे लिए अनभिज्ञता इन भूलों से अधिक उच्च है।

बौद्धों का विवरण

सामञ्ञफल सुत्त[33] के अनुसार संजय का सिद्धांत न तो स्वीकृति का और न अस्वीकृति का है। उसने न तो परलोक के अस्तित्व के सिद्धांत को स्वीकार किया, और न उसे अस्वीकार किया है। क्या व्यक्ति संयोग के द्वारा पैदा होता है या उसे भले व बुरे कार्य का फल मिलता है या मनुष्य जिसने सत्य को प्राप्त किया, मृत्यु के पश्चात् भी जीवित रहता है? इन सब प्रश्नों का वह यही एक उत्तर देता है।

इस मत के अनुयायी का वर्णन *ब्रह्मजाल सुत्त*[34] में अमराविक्खेपिक के रूप में किया गया है, जो जब प्रश्न पूछा जाता है, असंदिग्ध उत्तर देगा और सर्प की गति से चलेगा। बी॰एम॰ बरुआ[35] का सोचना है कि *अंगुत्तर निकाय* में उल्लेखित अविरुद्धक संजय का

---

32. *सूत्र॰*, पृ॰ 451-52.
33. *सामञ्ञ॰*, 32.
34. *ब्रह्म॰*, 37.
35. *ब॰हि॰प्री॰इं॰फि॰*, पृ॰ 327.

अनुयायी था। वह दार्शनिक सिद्धांत के अनुसार अमराविक्खेपिक कहलाता था और नैतिक आचरण के कारण अविरुद्धक।

भारतीय दर्शन के इतिहास में संजय का स्थान

यह तथ्य है कि संजय के विरोधियों ने उसके विचारों को कठोर जाँच के लिए बाध्य किया; तात्पर्य यह है कि वे आसानी से खारिज नहीं किए जा सकते। उसके बहुत से अनुयायी थे, यह तथ्य इस बात को सिद्ध करता है कि उनकी शिक्षाओं में कुछ सत्य था जो अनेक विचारशील लोगों को आकर्षित करता था। उसने उन बड़े प्रश्नों पर अपने निर्णयों को एक तरफ रख दिया जिन पर निश्चित उत्तर सदैव ही विचारणीय विषय रहेगा। उसने दार्शनिकों का ध्यान व्यर्थ की पूछताछ से हटाया और परमार्थ की ओर लगाया जिससे मानसिक संतुलन की प्राप्ति और रक्षा होती है।

संजय महावीर का सच्चा पूर्ववर्ती माना जा सकता है जिसने स्याद्वाद के सिद्धांत को प्रतिपादित किया और बुद्ध का भी, जिसने विभाज्यवाद (खोज की समीक्षात्मक-पद्धति) को प्रस्तुत किया। महावीर और बुद्ध दोनों सहमत हैं कि सृष्टि-विज्ञान (cosmology), सत्ता-मीमांसा (ontology), धर्म-दर्शन (theology), और परलोक-विद्या (eschatology) से सम्बन्धित अनेक प्रश्न ऐसे हैं, जिनके बारे में अन्तिम रूप से कुछ भी नहीं कहा जा सकता।

मक्खलि गोशाल

महावीर का समकालीन आजीविक सम्प्रदाय का नेता मक्खलि गोशाल था जिसके पहले नन्द, वच्छ और किस संकिच्च हुए थे।[36] उसका जन्म सावत्थि के समीप सरवण में हुआ था। उसके पिता का नाम मंख, यानी तस्वीरों का लेन-देन करने वाला था। आरंभ में गोशाल अपने पिता का धंधा करता था और इस कारण यह नाम दिया गया।[37] चूंकि इसका गोशाला में जन्म हुआ बताया जाता है, वह गोशाल के नाम से पुकारा जाने लगा। बौद्ध ग्रंथों में इसका नाम बोला जाता है – "मक्खलि" जिसका अर्थ है जो मिट्टी में चलता है। सच्चा नाम मस्करिन् जान पड़ता है, जिसका जैन प्राकृत रूप मंखलि है और पालि रूप मक्खलि है। यह नाम परिव्राजकों की शाखा या सोफिस्टों को बतलाता है – जिनका नाम ऐसा इस कारण नहीं पड़ा क्योंकि वे बांस का ध्वज ले जाते थे किन्तु वे स्वतंत्र इच्छा को अस्वीकार करते थे।

गोशाल और महावीर के संबंध

जब गोशाल बड़ा हुआ, उसने अपना घर अज्ञात कारणों से छोड़ दिया और बेघरबार

36. होर्नले के अनुसार किस और नन्द संभवतः मक्खलि के समकालीन थे।
37. *भग.*, 15.1; *उवा.*, पृ. 1.

पर्यटक हो गया। उसने चौबीस वर्ष यति के समान बिताये। पणियभूमि में महावीर से मिलने के पश्चात् उसने छः साल उनके साथ बिताये। संभव है इस संगति के कारण जैन और आजीविक सिद्धांत और क्रिया में कुछ साम्य मिलता है। *भगवती सूत्र* के विवरण से पता चलता है कि गोशाल महावीर का शिष्य हो गया। इस विवरण के विपरीत एच॰ याकोबी और बी॰एम॰ बरुआ का विचार है कि महावीर कुछ समय के लिए गोशाल का शिष्य हो गया। आयु में गोशाल महावीर से बहुत बड़ा था और उसके पहले कुछ समय के लिए आचार्य माना जाता था। बाद में सैद्धांतिक मतभेद के कारण गोशाल महावीर से अलग हो गया और श्रावस्ती चला गया जहाँ सोलह वर्ष तक आजीविक पंथ के नेता के रूप में बिताये। बीच के दो वर्षों के अंतराल में उसने कुमारगाम की यात्रा की, छः मास तपस्या की तथा श्रावस्ती को अंतिम रूप से प्रधान कार्यालय बनाने के पूर्व उसने कई पर्याप्त पर्यटन किए।

उसका प्रचार का कार्य

यह संभव नहीं था कि गोशाल लगातार सोलह वर्ष श्रावस्ती में ही रहे। अपने दो बड़े विरोधी महावीर और बुद्ध की तरह उसने गंगा घाटी के नगरों और ग्रामों में एक स्थान से दूसरे स्थान प्रचार करते और अनुयायियों को एकत्रित करते हुए यात्रा की। ऐसा प्रमाण है कि आजीवक, संन्यासी और श्रावक दोनों इस समय अधिक संख्या में थे। उसका मिशन आजीवक साधुओं और उनके अनुयायियों को मिलाकर एक करना, उनके सिद्धांतों की एक व्यवस्था करना तथा कूट अलौकिक शक्तियों द्वारा लोगों को अपना अनुयायी बनाना था। उसे अपने मत के लिए अधिक सहयोग श्रावस्ती में मिला। मगध के राजा बिम्बिसार की अपेक्षा कोसल के राजा पसेनदि (प्रसेनजित्) का इस मत के प्रति अधिक झुकाव था।

आजीवक वाङ्मय और गोशाल की मृत्यु

जब गोशाल ने अपना प्रधान कार्यालय श्रावस्ती में एक कुम्हार नारी हालहला की कर्मशाला में बनाया तो उसके चारों ओर बहुत शिष्य थे। इस समय छः दिशाचर उसके पास आए जिनके साथ विचार-विमर्श के पश्चात् आजीवक ग्रंथों का संकलन किया। आजीवक ग्रंथों नें दश पुव्व हैं, अर्थात् आठ महानिमित्त और दो मग्ग हैं; जैसाकि जैनियों के चौदह पूर्व हैं। इन ग्रंर्थों की भाषा अर्द्ध-मागधी से मिलती-जुलती है जिसके कुछ रूढ़िगत उद्धरण जैन और बौद्ध साहित्य में मिलते हैं।

छः दिशाचर के आने के पश्चात् महावीर ने गोशाल को अभिदर्शित कर दिया, जिसके परिणाम-स्वरूप दोनों मतों में सम्बन्ध बिगड़ गए। इसके पश्चात् गोशाल को कम्पनोन्माद हो गया और वह मर गया। महावीर के सोलह वर्ष पहले गोशाल की मृत्यु हो गई।

बौद्ध और जैन साहित्य में आजीवक संदर्भों के तुलनात्मक अध्ययन से गोशाल के सिद्धांतों का हम संतोषप्रद चित्र बना सकते हैं। इन सिद्धांतों पर विचार करते हुए हमें इस बात का ध्यान रखना चाहिए कि दोनों गोशाल और महावीर कुछ समय के लिए साथ-साथ रहे तथा आजीवक और जैन के ग्रंथों की उत्पत्ति कुछ सामान्य साधन-स्रोतों से हुई।

रूपान्तरण (पौट्‌ट-परिहार-वाद) का सिद्धांत

गोशाल पौट्‌ट-परिहार-वाद के द्वारा परिवर्तन के सिद्धांत, या इससे भी अच्छा स्वाभाविक परिणाम-वाद सिद्धांत का प्रवर्तक था जो वनस्पति-जगत् के सामान्य पुरावर्तन पर आधारित था।[38] वह इस परिणाम पर पहुँचा कि जैसे तिल के बीज पूर्ण नष्ट होने पर अन्तर्हित शक्ति से फिर से जीवित हो जाते हैं या होंगे, ऐसे सब जीवित प्राणी पुनर्जीवित होने में सक्षम हैं।

परिभ्रमण (संसार-शुद्धि) के द्वारा शुद्धिकरण का सिद्धांत

उपर्युक्त सिद्धांत के मूल विचार परिभ्रमण में शुद्धिकरण की प्रक्रिया अंतर्हित है।[39] बौद्ध शब्दावली में शुद्धि का अर्थ है – दुखः का अन्त (दुक्खस्संत) और परिभ्रमण का मतलब है आत्मा के अनुभव की एक अवस्था से दूसरी अवस्था। परिभ्रमण द्वारा शुद्धि के सिद्धांत के अनुसार एक प्राणी के दुःख का अंत अनेक जन्मों में निश्चित काल के लिए परिभ्रमण करने से होता है। चौरासी लाख (84,00,000) काल तक ज्ञानी और मूर्ख दोनों परिभ्रमण करके दुःख का अन्त करेंगे। ज्ञानी और मूर्ख दोनों ही कर्म से छुटकारा नहीं पा सकते। इसमें वृद्धि या कमी नहीं हो सकती। प्रत्येक वस्तु नियत होती है जैसे डोरी की गेंद जब खोली जाती है, तब इतनी फैल जाती है कि उसको समेटा नहीं जा सकता। ऐसे ही ज्ञानी और मूर्ख दोनों समान रूप से निश्चित काल के लिए योनियों में परिभ्रमण करते दुःख का अंत करते हैं।

भाग्य, जात और प्रकृति (नियति-संगति-भाव परिणाता)

गोशाल रूपान्तरण द्वारा पूर्णता के सिद्धांत के लिए तीन से कम का स्पष्टीकरण नहीं देते – भाग्य या नियति, वर्ग व जात और प्रकृति।[40]

कट्टर नियतिवादी गोशाल ने नियति को ब्रह्माण्ड के लिए अभिप्रेरक तत्त्व और समस्त तात्त्विक परिवर्तन का एकमात्र अभिकर्त्ता निरूपित किया।[41] मनुष्य का भाग्य पूर्व-निश्चित

38. *भग॰*, 15.1.
39. *दीघ॰*, 1, पृ॰ 54; *मज्झि॰*, 1, पृ॰ 31; *जा॰* 5, पृ॰ 228.
40. *दीघ॰*, 1, 53.
41. *उवा॰*, 6-7.

है, मानव प्रयत्न करके भी इसमें कोई परिवर्तन नहीं कर सकता और मुक्ति को अनेक रूपान्तरण के द्वारा प्राप्त किया जा सकता था। सुख और दुःख आत्माओं के स्वयं द्वारा नहीं और न अन्य द्वारा किन्तु भाग्य से होते हैं। पुरुषार्थ परिश्रम ऊर्जा या शक्ति जैसी कोई वस्तु नहीं होती, सब वस्तुएँ नियति द्वारा सुनिश्चित रहती हैं। *सामञ्ञफल सुत्त* गोशाल के सिद्धांतों का विवरण देता है, जिसमें हमें प्रयत्न व पुरुषार्थ की उपयोगिता की व्यर्थता ज्ञात होती है।

कुछ विशेष परिस्थिति को प्राप्त करना तथा विशेष स्वरूप प्राप्त करना, समस्त वस्तुओं, सब जीवों, समस्त प्राणियों व उनके विभिन्न प्रकारों के तद्तद विशेषताओं पर निर्भर है। अंशतः यह उस वर्ग में उसकी स्थिति या उसके विशेष गुण-धर्म, उसकी कुछ निश्चित भौतिक विशेषताओं, वंशगत निश्चित विशेष स्वभाव, निश्चित शक्तियों का विकास, आदि के अनुसार होता है। उदाहरण के लिए अग्नि गर्म होती है, बर्फ ठण्डा, जल पिघला हुआ, पत्थर कठोर, कांटा तेज, मयूर चित्रित, चन्दन के वृक्ष में सुगंध, हाथी के बच्चे को यदि हरे जंगल में वनस्पतियों में पत्ते मिलते हैं, तो कमजोर होता है तथा कौआ पकते हुए आम से दूर रहता है, इत्यादि।[42]

बुद्धघोष, गोशाल के "प्रकृति" प्रत्यय को प्रत्येक प्राणी के विशेष स्वभाव के रूप में समझता है।[43] संसार की उत्पत्ति और विकास उसमें अंतर्निहित शक्ति व ऊर्जा से होता है। यह संभव है कि उसने प्रकृति में वस्तुओं के विभिन्न रूपों, विशेषताओं, स्वभाव और व्यवहार की विविधताओं की व्याख्या खोजने का उपक्रम किया। उसने प्रकृति को स्वतः विकास की प्रक्रिया के रूप में देखा। प्राकृतिक प्रक्रिया के दो स्वरूप हैं – प्रशम, प्रवृत्ति तथा दूसरी निवृत्ति। अधिक यथार्थ में उसने प्रकृति को विशेष शक्तियों या जीवित द्रव्य की विशेषताओं को इसके अतिरिक्त प्राणि प्रकार (specie) और प्रजाति में विद्यमान सामान्यता से भिन्न देखा।[44]

कम्म (कर्म) पर विचार

कम्म के बारे में गोशाल के विचार विशेष हैं। *सामञ्ञफल सुत्त* के उद्धरणों में जो वर्गीकरण मिलते हैं, वे दुर्बोध हैं। बुद्धघोष भी उस पर कम प्रकाश डालता है। इससे यह प्रकट होता है कि एक बार उपार्जन करने पर कम्म वंशानुक्रमण वैयक्तिक इच्छा से स्वतंत्र और तर्क से अपने ढंग से काम करता हुआ माना जाता है। अभी के दिये हुए वक्तव्य से ऐसा प्रतीत होता है कि कर्म किसी भी तरह से सम्बन्धित आकस्मिक सुख-

42. *बुद्धचरित*, 9, 47, 52; *शीलांक सूत्र टीका*, पृ॰ 3; *सर्वदर्शन संग्रह*, पृ॰7.
43. *सुमंगल विलासिनी*, 1, 161.
44. *ब॰हि॰प्रो॰इं॰फि॰*, पृ॰ 312.

दुःख से माना जाता है। तब कैसे यह नियति-संगति-भाव की त्रयी से सम्बन्धित माना जाए? चूंकि व्यक्तिगत स्फुरण का निषेध किया जाता है, इस कारण नियति को मुक्ति प्राप्त करने के पहले कर्म का कारण माना जाता है। संक्षेप में गोशाल मनुष्य को कर्म की शक्ति व नियति के बंधन, जिस पर उसका अपना कोई नियंत्रण नहीं होता, में बंधकर जन्म-मरण के चक्र में फंसा रहता है।

मानवता का षडांगी वर्गीकरण

मानसिक आधार पर गोशाल द्वारा किये गए छः मानसिक अभिजातियों में वर्गीकरण निम्नलिखित है[45] – कृष्ण में वे सम्मिलित हैं, जो वध और क्रूरता से जीवित रहते हैं जैसे शिकारी, चोर, मछुआरे आदि; नील में वे भिक्षु हैं जो चोर जैसे रहते हैं; संभवतः लोहित सब प्रकार के जैन साधुओं के लिए प्रयोग होता है; हरित (हलिद्द) आजीवकों की ओर संकेत करते हुए ज्ञात होते हैं; शुक्ल का संबंध दोनों लिंगों के आजीवक संन्यासियों से हैं; और सर्वोच्च परम् शुक्ल का केवल तीन नामों से संबंध है जैसे नंदिवच्च, किस सांकिच्च और मक्खलि गोशाल। अभिजातियाँ जैनियों की लेश्याओं से बहुत कुछ मिलती-जुलती हैं, और यह संभव है कि गोशाल और महावीर दोनों ने सामान्य साधन-स्रोत से प्राप्त किया हो। इस सिद्धांत को प्रतिपादित कर गोशाल इस पर जोर देना चाहता था कि मानव का सर्वोच्च आध्यात्मिक प्रयास मन को मूल शुद्ध में अर्थात् वर्ण-हीन एवं परम् शुक्ल रूप में लाना तथा सब दूषित अशुद्धियों को दूर करना है।

विकास की आठ अवस्थाओं का सिद्धांत (अट्ठ पुरिस-भूमियो)

गोशाल ने प्रतिपादित किया कि विकास की आठ अवस्थाएँ हैं जिनके द्वारा प्रत्येक मनुष्य जिन् होने के लिए पूर्ण ज्ञान प्राप्त करता है।[46] प्रथम अवस्था शैशव अवस्था है जो मनुष्य के जन्म होने से शुरू होती है। शैशव अवस्था के पश्चात् क्रीड़ा-काल आता है और इसके पश्चात् तीसरी अवस्था में वह चलने का प्रयत्न करता है। इसके पश्चात् वह काल आता है जब बच्चा चलने के योग्य होता है। जब वह थोड़ा बड़ा होता है, वह आचार्य के पास अध्ययन हेतु भेजा जाता है। समयोपरांत वह संसार को त्याग देता है और शीघ्र या धीरे-धीरे वह सब सीख लेता है, जो उसका आचार्य जानता है। बाद में ऐसा समय भी आता है, जब वह मानता है कि जो कुछ उसके आचार्य ने पढ़ाया है, वह वास्तव में कुछ नहीं था। धर्म-शास्त्रों में आश्रम का सिद्धांत व्यक्ति के क्रमिक विकास पर आधारित था, लेकिन यह विकास के जैन सिद्धांत के रूप में शिक्षा में प्रयोग हेतु बनाया गया था।

---

45. *दीघ०*, 1; *अंगु०*, 3, पृ० 383-84; *सुमंगल विलासिनी*, 1, पृ० 162; *मज्झि*, 1, पृ० 36.
46. *डाइ०*, 2, पृ० 52; *उवा०*, 2, पृ० 24; *जा०*, 4, पृ० 496-97.

तपस्या

आजीवकों की तपस्या के बारे में भी हमें जानकारी मिलती है। *भगवती सूत्र* का कहना है कि वे उदुम्बर, वट, बेर, संतरा और पिलंख, आदि फलों और कन्दमूल का सेवन नहीं करते थे। *स्थाणांग सूत्र*[47] का कहना है कि आजीवक चार प्रकार के तप करते थे – कठोर तप, भयंकर तप, घी और स्वादिष्ट वस्तुओं का त्याग, तथा रुचिकर और अरुचिकर भोजन से परहेज। वे चार प्रकार के ब्रह्मचर्य का पालन करते थे –

1. तपस्सिता (तपस्विता),
2. लूखचरिया (संन्यास),
3. जेगुच्चित, और
4. पवित्तिता (पवित्रता)।

औपपातिक सूत्र[48] में आजीविक साधुओं द्वारा आहार-भिक्षा की व्यवस्था का वर्णन किया गया है। इनमें से कुछ प्रत्येक, दूसरे, तीसरे, चौथे, पाँचवें, छठे और हर सातवें घर में याचना करते थे। सात ऐसे थे जो कमल डंठल को आहार के रूप में कुछ सीमाओं के अंतर्गत स्वीकार करते थे; कुछ प्रत्येक घर में याचना करते थे, किन्तु विद्युत की चमक होती थी, तो आहार को स्वीकार नहीं करते थे। कुछ ऐसे संन्यासी थे जो मिट्टी के बड़े बर्तन में प्रवेश कर तपस्या करते थे।

नैतिक आचार

बौद्ध और जैन दोनों ही आजीवकों को अनैतिक मानते थे और व्यवहार में उन्हें अनैतिक मानकर बुराई करते थे। जैन ग्रंथों के प्रमाण पर ए॰एफ॰आर॰ हार्नली गोशाल[49] पर ढोंगी और असंयमी होने का दोष लगाता है।

इसके विपरीत बी॰एम॰ बरुआ[50] इन आरोपों को केवल साम्प्रदायिक मानते हैं। उसके अनुसार गोशाल का परिणामवाद का सिद्धांत नियतिवाद के पंथ की सहायता से विश्व में नैतिक सरकार का कानून स्थापित करना चाहता है। जहाँ कोई मरा नहीं है, जहाँ कुछ भी संयोगवश नहीं होता है और जहाँ वह सब जो है और वह सब जो होता और अनुभव होता है, बिना परिवर्तन के निश्चित है, जैसाकि प्रकृति द्वारा पूर्व निर्धारित है।

आजीवक सिखाता है कि मनुष्य का भाग्य कुछ मामलों में पूर्व-निश्चित है और अस्तित्व-क्रम में सबसे ऊँचा खड़ा होता है, उसकी स्वतंत्रता मात्र नाम के लिए व प्राकृतिक

47. *स्थाना॰*, 4, 2, 310.
48. *औप॰*, 41.
49. *इं॰आर॰ई॰*, पृ॰ 263-65.
50. *ब॰हि॰प्री॰इं॰फि॰, ज॰डि॰ल॰*, 2, 12-13.

विधि के अनुसार है, कानून के अनुसार आचार करने के उच्च मानवीय कर्त्तव्य करें और इस ढंग से कार्य और व्यवहार करे जो दूसरे के अधिकारों को अतिचार न करे, उसकी स्वतंत्रता का अधिक से अधिक उपयोग करे, समझदार और विवेकी हो, जीवन में शुद्ध हो, प्राणियों का वध न करे, सांसारिक परिग्रह से स्वतंत्र हो, जीवन की आवश्यकताओं को कम से कम रखे और सर्वोच्च और सर्वश्रेष्ठ उस जिनत्व हेतु प्रयास करे जो मानव स्वयं में विद्यमान है।

नियतिवाद का मत, जो परिणामवाद का तार्किक परिणाम है, भारत के लोकप्रिय विश्वास की पुष्टि करता है। क्रिया से पुरस्कार और दण्ड दोनों मिलते हैं, तथा स्वर्ग और नरक परिणाम से जो इस जीवन के पश्चात् परभव में पुण्य और पाप के स्वाभाविक परिणाम हैं।[51]

आजीवक सिद्धांत बनाम निर्ग्रन्थ

धार्मिक-क्रियाओं के अतिरिक्त आजीवक और निर्ग्रन्थों के बीच इच्छा और आत्मा के स्वभाव के बारे में भेद है। बुद्धघोष सूचित करता है कि गोशाल आत्मा को रूपी जैसा मानता है, वहीं महावीर इसे अरूपी मानते हैं। दोनों के सिद्धांतों में महत्त्वपूर्ण समानताएँ हैं, जैसे सब्बे सत्ता सब्बे पाणा . . . . . भूता . . . . . . जीवा, पशुओं का एकेन्द्रिय, द्वीन्द्रिय आदि रूपों में विभाजन आदि। केवल ज्ञान में विश्वास भी दोनों में समान था। महावीर और गोशाल दोनों साधुओं की नग्नता की क्रिया पर जोर देते थे।

बुद्ध

बौद्ध-धर्म के संस्थापक गौतम बुद्ध महावीर के अवर समकालीन थे। हमारे पास उनके जीवन और शिक्षाओं की प्रामाणिक सामग्री नहीं है। *सुत्तनिपात* में दो कविताएँ और शुरू के कुछ सुत्त हमको कुछ सामग्री प्रदान करते हैं, किन्तु विस्तार के लिए, तुलनात्मक दृष्टि से, बाद के उन ग्रंथों पर निर्भर रहना पड़ता है जिन्होंने प्राचीन अनुश्रुतियों को सुरक्षित रखा है।

प्रारंभिक जीवन

सिद्धार्थ अर्थात् गौतम का जन्म 563 ई॰पू॰ लुम्बिनी वन में, जिसकी पहचान नेपाल की सीमा पर स्थित रुमिनदेई से की जाती है, हुआ था। उनके पिता शुद्धोधन शाक्य कुल के कपिलवस्तु के राजा थे। उनकी माता माया उनके जन्म के सात दिन पश्चात् मर गई थी, और उनका पालन-पोषण उसकी माता की बहन महाप्रजापति गौतमी द्वारा किया गया था। जब वे बड़े हुए तो उनका यशोधरा से विवाह हुआ और उनके राहुल नाम का पुत्र हुआ।

51. *ब॰हि॰प्री॰इं॰फि॰*, पृ॰ 317-18.

बाद के पाठ के अनुसार संन्यास का विचार उनके मस्तिष्क में लोगों को विभिन्न स्थिति में देखकर आया जैसे जन्म, जरा, रोग, मृत्यु, दुःख और अपवित्रता। पूर्व ग्रंथों में जैसे *सुत्तनिपात* में कहा गया है कि संसार के दुःखों को देखकर उन्होंने 29 वर्ष की अवस्था में संन्यासी का जीवन अपनाया।

अनेक ग्रामों में भ्रमण करते गौतम अन्त में वैशाली पहुँचे जहां वह आलार कालाम गुरु के आश्रम में ठहरे। वहाँ वे उनके शिष्य हो गए और उनसे सांख्य दर्शन सीखा। चूंकि वे संतुष्ट नहीं हुए, वह आलार के आश्रम को छोड़कर राजगृहवासी उद्रक रामपुत्र के शिष्य बने। जब वे उद्रक से भी संतुष्ट नहीं हुए तो उन्होंने उनको भी छोड़ा और पाँच ब्राह्मण साधुओं के साथ घोर तप करने लगे। जब ब्राह्मण साथियों ने भी उन्हें छोड़ दिया तब उन्हें तप करने में निस्सारता दिखी। उन्होंने मात्र उतना ही भोजन लेने का निश्चय किया जिससे उनका शरीर जीवित रहे।

उद्रक के आश्रम को छोड़कर गौतम उरुवेला नामक स्थान पहुँचे, जहाँ उन्होंने पीपल के वृक्ष के नीचे बैठकर ध्यान लगाया। सात सप्ताह पश्चात् उन्हें केवलज्ञान प्राप्त हुआ। वे इस प्रकार बुद्ध हुए। अन्तर्दृष्टि और ज्ञान प्राप्त होने पर वे जन्म-पुनर्जन्म से मुक्त हुए। उनका ध्यान फिर से पाँच ब्राह्मण साथियों की ओर गया जो बनारस के समीप इस समय ऋषिपत्तन में ठहरे हुए थे। वे उनके पास पहुँचे और उनको पहला उपदेश दिया जो बौद्ध साहित्य में धर्म-चक्र-प्रवर्तन कहलाता है।

प्रचारक का जीवन

इन पाँचों ब्राह्मणों के साथ बुद्ध बनारस आए जहाँ एक धनी श्रेष्ठी के पुत्र यश और अन्य को बौद्ध-धर्मावलम्बी बनाया। बनारस से वे राजगृह की ओर बढ़े, जहाँ उन्होंने दूसरा, तीसरा और चौथा वर्षावास किया। इस समय मगध में अनेक ब्राह्मण, ब्राह्मणेतर आचार्य और परिव्राजक साधु रहते थे। बुद्ध ने अपना अधिक समय और शक्ति का प्रयोग उनके सिद्धांतों की आलोचना करने और अपने मत की श्रेष्ठता को समझाने के लिए किया। उन्होंने अनेक लोगों को अपने मत से परिवर्तन किया जिनमें प्रमुख हैं संजय बेलट्ठिपुत्र के शिष्य सारिपुत्र और मौद्गल्यायन, ब्राह्मण संन्यासी जटिल, उपालि, गृहपति और अभय राजकुमार, जो निगंठ नातपुत्त के पक्के अनुयायी थे, अनाथ पिण्डिक जिसके पास अतुल धन-सम्पत्ति थी; राजा बिम्बिसार और अजातशत्रु और उपरांत राजा मुंड। बुद्ध ने राजगृह के अतिरिक्त गया, उरुवेला, नालंदा और पाटलिपुत्र की भी यात्रा की।

बौद्ध मत कोशल (श्रावस्ती) में भी पनपा जहाँ बुद्ध ने अंतिम 21 वर्ष बिताये। अनाथ पिंडिक द्वारा भारी मूल्य चुकाकर क्रय किये गए जेतवन में स्थित विहार उन्हें अतीव प्रिय था। राजा प्रसेनजित् (प्रसेनदि) उनके साथ सत्संग करता था। उनकी रानी मल्लिका व

उसकी दो बहनें – सोमा और सकुला ने उनका शिष्यत्व ग्रहण किया। उनकी एक प्रभावी शिष्या विशाखा थी। उसके लिए पुब्बाराम विहार निर्मित किया था।

बुद्ध कपिलवस्तु भी गया और उन्होंने अपने परिवार के सदस्यों, पुत्र राहुल और विमाता महा-प्रजापति गौतमी को बौद्ध-धर्म में परिवर्तित किया। उन्होंने पाँचवाँ वर्षावास वैशाली में बिताया जहाँ प्रसिद्ध वेश्या अंबपाली उनकी भक्त हो गई और उसने अपना आम्र-कुंज संघ को सुपुर्द कर दिया। बुद्ध ने नवां चातुर्मास कौशाम्बी में किया, जहाँ उदयन की रानी सोमवती उनकी अनुयायी हो गई। उन्होंने बारहवाँ वर्षावास बिताने के लिए दूर का स्थान वेरंजा (मथुरा के समीप) चुना और अवन्ति में बौद्ध-धर्म प्रचार हेतु अपने शिष्य महाकच्चायन को नियुक्त किया। उन्होंने प्रद्योत तथा अन्य को बौद्ध धर्मावलंबी बनाया। उन्होंने अपनी अन्तिम यात्रा मल्कों की राजधानी कुसिनारा में की, जहाँ उन्हें घातक बीमारी के परिणामस्वरूप शरीर त्यागना पड़ा। उन्हें अस्सी वर्ष की अवस्था में परिनिर्वाण प्राप्त हुआ।

उपदेश व शिक्षाएँ

महात्मा बुद्ध की शिक्षाओं के ज्ञान की जानकारी का सबसे प्रारंभिक साधन पालि पिटक है जिसमें पाँच निकाय – *दीघ, मज्झिम, संयुत्त, अंगुत्तर* और *खुद्दक* हैं। चूंकि समय-समय पर बाद की पीढ़ियों द्वारा इसमें बहुत परिवर्तन और जोड़े गए, इसको समरूप नहीं कहा जा सकता और न निश्चित रूप से यह कहना संभव है कि ये बुद्ध के वास्तविक मूल सिद्धांत हैं।

बौद्ध-धर्म, जैन-धर्म के समान, मूल में तत्त्व मीमांसीय या धार्मिक पद्धति न होकर एक नैतिक संहिता था। बुद्ध ने अपने अनुयायियों को सत्य तक पहुँचने के लिए व्यावहारिक उपायों पर चलने का आदेश दिया। अज्ञान, तृष्णा, आसक्ति को दूर करने के लिए उन्होंने निम्न चार आर्य सत्यों को प्रतिपादित किया –

1. जगत् पूर्ण रूप से दुःख का कारण है (दुःख)
2. तृष्णा और आसक्ति दुःख समुदाय का कारण है (दुःख समुदाय),
3. दुःख-समुदाय का निरोध तृष्णा आदि को नष्ट करने से होता है (दुःख-निरोध)।
4. इसका मार्ग (दुःख-निरोध गामिनी-प्रतिपद्) प्रसिद्ध अष्टांग योग है जिसके अंतर्गत (1) सम्यक् दृष्टि, (2) सम्यक् संकल्प, (3) सम्यक् वचन, (4) सम्यक् कर्म, (5) सम्यक् जीवन, (6) सम्यक् ज्ञान, (7) सम्यक् स्मृति और (8) सम्यक् समाधि आते हैं। प्रथम जीव के इनके अनुसरण से शारीरिक और मानसिक संयम (शील व चित्त) तथा प्रज्ञा का विकास होता है।

अष्टांग मार्ग का प्रतिपादन बुद्ध का प्रथम उपदेश है। यह मध्यम मार्ग (मध्यम प्रतिपद्) भी जाना जाता है क्योंकि यह जीवन की दो चरम सीमाओं – एक अत्यधिक तपस्या का विधान और दूसरा अत्यधिक शारीरिक सुख से दूरी बनाए रखता है। उन्होंने बीच का मार्ग अपनाया। यह मार्ग भिक्षु को साधारण सुख भोगने की अनुमति देता है जिससे खाने, कपड़े और रहवास की अनिवार्यताओं की पूर्ति हो सके, किन्तु अपने लक्ष्य की प्राप्ति से विमुखता न हो।

बुद्ध के द्वारा दूसरा उपदेश दिया गया जो उसके सिद्धांतों का मूल अंग, जो मनुष्य को सार्थक बनाते हैं – अनात्मता, अनित्यता और अवांछनीय दुःख हैं। वह जो आत्मा और वस्तु को अंगों के अस्तित्व में नहीं मानता है, वह व्यक्ति के रूप में नहीं होता और इस कारण उसमें तथा उसके चारों ओर वस्तुओं में अस्तित्व नहीं रहता। संसार में ऐसी कोई वस्तु नहीं है जो उसे सुखी व दुःखी बनाती है और इस कारण वह स्वतंत्र (विमुक्त) और अर्हत् (पूर्ण) है।

ब्राह्मण-सम्प्रदायों के संन्यासी

ब्राह्मण संन्यासी संभवतः दो भागों में विभाजित किए जाते थे – पहले वनों में चले जाने वाले वानप्रस्थिन् और बाद में संन्यास की अवस्था; और दूसरे तावस, गेरुय या परिव्राजक आदि। जातक, बहुत संभवतः वानप्रस्थियों और संन्यासियों के जीवन का चित्रण करते हैं, लेकिन इनको पृथक् करने वाली कोई सीमा-रेखा नहीं है। बाद के केवल धर्म-सूत्र-साहित्य में जीवन की दोनों अवस्थाओं में स्पष्ट अंतर बताया जाता है। अब प्रश्न है कि कहाँ तक जातकों का विवरण धर्म-सूत्रों के वर्णन से मेल खाता है। *बौधायन धर्म-सूत्र* के अनुसार व्यक्ति ब्रह्मचर्य या वानप्रस्थ से संन्यासी हो सकता था।[52] *वशिष्ठ* एवं *आपस्तंब धर्म-सूत्रों* में विकल्प को स्वीकार किया गया है कि व्यक्ति ब्रह्मचारी से तुरन्त परिव्राजक हो सकता था तथा गृहस्थ से भी।[53] इस प्रकार ब्राह्मण-स्रोत बौद्ध-विवरण का पक्ष लेते हैं।

तावस

तावस वन में रहते थे जहाँ वेध्यान, यज्ञ-कर्म, आत्म-तप और ग्रंथों के पठन में व्यस्त रहते थे। वे अपनी जीविका के लिए कन्दमूल और फल एकत्रित करते थे और भिक्षा के लिए गाँवों में जाते थे। संन्यास जीवन में यात्रा करते हुए महावीर एक बार सन्निवेस में आश्रम में ठहरे।[54] मार्ग में दूसरा आश्रम कनकखल उत्तर पाँचाल में आया जहाँ पाँच सौ

52. *बौ॰ध॰सू॰*, 2, 10; 2-6; *से॰बु॰ई॰*, 14, 273.

53. *बौ॰ध॰सू॰*, 2, 153; *से॰बु॰ई॰*, 14, 40, 46.

54. *आव॰नि॰*, 463.

साधु ठहरे हुए थे।[55] अन्य आश्रम का पोयणपुर के नाम से आलेख हुआ है, जहाँ वक्कल चीरि का जन्म हुआ था।[56]

ओवाइय सूत्र[57] वानप्रस्थ तपस्वियों के उन निम्न वर्गों का उल्लेख करते हैं जो गंगा नदी के किनारे रहते थे। यह संभव है कि कुछ वर्ग महावीर के बाद के हों किन्तु निश्चित रूप में हम कुछ निर्णायक कहने की स्थिति में नहीं हैं –

होत्तिय – वे यज्ञ करते थे।

कोत्तिय – वे खुली जमीन पर सोते थे।

पोत्तिय – वे विशेष प्रकार के वस्त्र पहनते थे।

जण्णइ – वे यज्ञ करते थे।

सड्ढई – वे भक्ति वर्ग के साधु होते थे।

थालइ – वे अपने साथ सब ले जाते थे।

हुम्बउट्ठ – वे अपने साथ जल के बर्तन ले जाते थे।

दन्तुक्खलिव – वे फलों पर रहते थे और अपने दांतों का प्रयोग खरल जैसा करते थे।

उम्मज्जक – वे केवल एक बार डुबकी लगाकर स्नान करते थे।

सम्मजक – वे बिना डुबकी लगाये स्नान करते थे।

निमज्जक – वे केवल कुछ समय के लिए जल में रहते थे।

सम्पक्खाल – वे अपने अंगों को रगड़ते थे और मिट्टी से साफ करते थे।

दक्खिणकूलग – वे गंगा के दक्षिण किनारे रहते थे।

उत्तरकूलग – वे गंगा के उत्तर किनारे रहते थे।

संखधमग – वे लोगों को दूर रखने के लिए शंख बजाते थे।

कुलधमग – भोजन लेते समय वे नदी के किनारे लोगों को दूर करने के लिए शंख बजाते थे।

मियलुद्धय – वे पशुओं को मारते थे।

हत्थितावस – वे प्रति वर्ष बाणों से हाथी मारते थे और बहुत महीनों तक उसके मांस पर रहते थे। जितने लम्बे समय तक हाथी का मांस चलता था, वे उस पर निर्भर रहते

55. *आव॰चू॰*, पृ॰ 278.
56. वही, पृ॰ 457.
57. *ओवा॰*, पृ॰ 170, *निर्या॰*, पृ॰ 39

थे। उनका दावा था कि वे वर्ष में केवल हाथी को मारकर एक पाप करते थे जिसका प्रति-सन्तुलन पुण्य से होता था। इस अवधि में अन्य जीवों को नहीं मारते थे।[58]

उड्डंडय – वे अपने हाथों में डंडा उठाये घूमते थे। उनका बोड़िय और ससरख्ख संन्यासियों के साथ उल्लेख हुआ है। वे नग्न घूमते थे और अंजुलि का आहार-पात्र के रूप में प्रयोग करते थे।[59]

दिसापोक्खी – वे चारों ओर पानी छिड़क कर पवित्रीकरण करते थे और बाद में फल-फूल एकत्रित करते थे। *भगवती सूत्र*[60] में हस्तिनापुर के राजर्षि शिव का उल्लेख मिलता है जो गंगा के किनारे दिसापोक्खियों के गण में शामिल हुआ। वह छट्ठम (छः दिन का उपवास) करता था, और जिस दिन वह पारणा करता था, वह पूर्व दिशा में जल छिड़कता था। वह पूर्व दिशा के स्वामी सोम की आराधना करता था और कन्द, पत्तियाँ, फूल, फल, बीज और हरी सब्ज़ी एकत्रित करता था। इसके पश्चात् वह अपनी कुटिया की ओर लौटता था, वेदिका को साफ करता था और गंगा में स्नान करता था। वह घार और मिट्टी से दूसरी वेदिका बनाता था और लकड़ी के टुकड़ों से आग जलाता था। वह कर्मकाण्डी उपकरणों को एक तरफ रखता था और मधु, घी और चावल से आग में आहुति देता था। इसके बाद चरु तैयार करता था, विस्सदेव और अतिथियों की पूजा करता था और बाद में भोजन ग्रहण करता था। इसके पश्चात् शिव छट्ठम का फिर से उपवास करता था और यम की आराधना के लिए दक्षिण, वरुण की आराधना हेतु पश्चिम और अन्ततः वेसमरण की आराधना के लिए उत्तर की ओर जाता था। सोमिल वाराणसी का एक अन्य संन्यासी था जो उनके गण का था और चार दिशाओं का पुजारी था।[61] राजा प्रसन्नचन्द भी उसी गण का था जिसमें वह अपनी रानी और उपचारिका के साथ शामिल हुआ।[62]

वकवासी – वे छाल के वस्त्र पहनते थे।

अम्बुवासी – वे जल में रहते थे।

बिलवासी – वे गुहाओं में रहते थे।

58. *भगवती*, 2, 9, 418; *औप*, 38; *सूत्र*, 2, 1, 52.
59. *आव॰चू॰*, पृ॰ 169.
60. *भगवती*, 2, 9.
61. *निर्या*, 3, पृ॰ 39.
62. *आव॰चू॰*, पृ॰ 457.

जलवासी – वे जल में पड़े रहते थे।

वेलवासी – वे समुद्र के किनारे रहते थे।

रुक्खमूलिअ – वे वृक्षों के नीचे रहते थे।

अम्बुभक्खी – वे केवल जल पीकर रहते थे।

वाउभक्खी[63] – वे हवा में श्वास लेकर रहते थे।

सेवालमक्खी[64] – वे मांस खाकर रहते थे।

तावस वानप्रस्थ आश्रम के नियमों का अनुसरण करते थे। अन्य साधुओं के समान वे विचरण भी करते थे। हम तीन साधु कोडिन्न, दिन्न और सेवालि का नाम सुनते हैं; प्रत्येक के साथ पाँच-सौ शिष्य थे। वे कन्दमूल, पत्ते व मांस खाकर जीवित रहते थे। वे सब अट्ठावय की यात्रा हेतु रवाना हुए थे।[65]

परिव्राजक व गेरुय समन

परिव्राजक एक अलग और भिन्न भ्रमण करने वाले साधुओं का समूह था। टी॰डब्ल्यू॰ रीज डेविड्स[66] के अनुसार ये भ्रमणशील साधु आचार्य होते थे, जो वर्ष के आठ व नौ महीने भ्रमण में बिताते थे। वे प्रायः सभागृह में ठहरते थे जहाँ दार्शनिक और धार्मिक प्रश्नों पर गूढ़ विवेचन होता था। इसके अतिरिक्त वे एक द्वार से दूसरे द्वार तक भिक्षा द्वारा एकत्रित किए हुए आहार पर जीवित रहते थे। बी॰एम॰ बरुआ[67] उल्लेख करते हैं कि वे विचरित ब्राह्मण विश्व के विभिन्न हिस्सों में रहने वाले लोगों की भाषा और रीति-रिवाजों को सीखने की स्थिति में थे। सभ्यता के उन प्रारंभिक युगों में जब न मुद्रण मशीन थी और न एक देश से दूसरे देश के लिए आवागमन के साधन थे; ज्ञान के तत्त्वों को एकत्रित व प्रचारित करने के वैज्ञानिक प्रयोजन के लिए ऐसी यात्राओं के सिवा दूसरा कोई साधन नहीं था।

परिव्राजक ब्राह्मण बड़े ज्ञानी आचार्य होते थे। इसी कारण उनका सम्मान किया जाता था। *वशिष्ठ धर्म-सूत्र* में कहा गया है कि परिव्राजक को अपने सिर का मुण्डन करना चाहिए, वस्त्र व चर्म के एक ही टुकड़े या गायों द्वारा उन्मूलित घास से अपने शरीर को

---

63. *रामायण*, 3, 11-13 में एक मंडकर्णि वायुभक्षी साधु का उल्लेख है।
64. *ललित विस्तर*, पृ॰ 248.
65. *उत्तरा॰टी॰*, 10, 154.
66. *रि॰बु॰इं॰*, पृ॰ 161.
67. *ब॰हि॰प्री॰इं॰फि॰*, पृ॰ 350.

ढंकना चाहिए और खाली जमीन पर सोना चाहिए।[68] परिव्राजक मठों (अवसहों) की व्यवस्था करते थे और अपने सिद्धांतों का प्रचार करने हेतु एक स्थान से दूसरे स्थान को जाते थे। *ओवाइय* से हमें पता चलता है कि वे चार वेदों, इतिहास, निघंटु, षष्ठ वेदांग और छः उपांगों में पारंगत थे। वे दान-धर्म, पवित्रता (सोधम्म) और तीर्थ-स्थानों पर स्नान का प्रचार करते थे। उनके अनुसार जो कोई अपवित्र होता था, उस पर मिट्टी लगाने से और जल से धोने पर पवित्र हो जाता था। उन्हें विश्वास था कि वे स्वयमेव पवित्र थे और स्नान करने पर स्वर्ग प्राप्त कर सकते थे। वे गाड़ी या डोली में कभी यात्रा नहीं करते थे, झील या नदी में स्नान के लिए प्रवेश नहीं करते थे, घोड़े व हाथी की सवारी कभी नहीं करते थे, न ही नृत्यकार व भाट के प्रदर्शन को देखने जाते थे, न कभी हरी सब्ज़ी को दबाते व रगड़ते थे, न ही नारी, भोजन, देश, राजा और चोरों सम्बन्धी बातों में फंसते थे। लकड़ी या मिट्टी के बर्तन को छोड़कर कोई कीमती बर्तन नहीं रखते, एक जोड़ी गेरुए वस्त्रों को छोड़कर अन्य विभिन्न रंगों के वस्त्रों को नहीं पहनते, केवल तांबे की अंगूठी को छोड़कर अन्य कोई आभूषण नहीं पहनते, केवल फूल के कुण्डल को छोड़कर माला नहीं पहनते, गंगा की मिट्टी को छोड़कर किसी सुगंधित वस्तु से शरीर को नहीं रगड़ते और केवल एक मागध प्रस्थ (मगध में प्रचलित एक माप) परिपूर्ण जल पीने के लिए प्रयोग करते थे। हमें *भगवती सूत्र*[69] से गद्दभालि के शिष्य कच्चायन गोत्र के परिव्राजक साधु अज्जखण्ड के बारे में पता चलता है। वह सावत्थी में रह रहा था। एक बार वह अपनी कर्मकाण्डी वस्तुएँ त्रिदण्ड, कुण्डी (जल का बर्तन), कंचणिया (फुल्लिका), करोड़िया (मिट्टी का कटोरा), भिसिया (आसन), केसरिया (सफाई करने की पिच्छी), चणालिया (बर्तन), अकुसय (पोथी), अंगूठी (पवित्तय), और कलाचिका (बाजूबन्द) व ध्वज युक्त होहर जूते और रंगे वस्त्र पहनकर महावीर से मिलने आगे बढ़ा। वह वैदिक साहित्य में पारंगत था।

प्रारंभिक बौद्ध ग्रंथों[70] में हमें प्रायः अनेक परिव्राजकों (घुम्मकड़ों) का उल्लेख मिलता है जो बुद्ध के समकालीन थे; जैसे पोट्ठपाद, दीघनख, सकुल उदायि, अम्नभार, वरघर, पोटालिय या पोटलिपुत्र, उग्गहमान, बेखहनस्स, कच्चान, मागण्डिय, सन्दक, उत्तिय, तीन वच्छगोत्तस, सभिय और पिलोतिक वच्छायन। इन परिव्राजक साधुओं के अतिरिक्त हमें बुद्ध के समय के अनेक ब्राह्मण आचार्यों का पता चलता है; जैसे – पोक्खरसाति (पुण्करसादि), सोनदण्ड (शौनदन्त या शोनक), कूटदन्त, लोहिच्छ, कंकि (चंकि), तरुक्ख

---

68. *व॰ध॰सू॰*, 11-6, 11.
69. *भगवती॰*, 2, 1.
70. *दीघ॰*, 1, 178; *मज्झि॰*, 1, 359, 481, 489, 491, 501, 513; 2, 1, 22, 29, 40; 3, 207; *अंगु॰*, 2, 30, 1; 2, 185, 1.

(तारुक्ष्य), जानुस्योनि (जातश्रुति), तोदेय्यस, तोदेय्यपुत्र या सुभ, कापठिक भारद्वाज, वासेट्ठ, अस्सलायन, मोग्गल्लान, पारासरिय, वस्सकार, आदि।[71]

इनमें से अधिकतर धार्मिक आचार्य मगध के थे। राजगृह उनकी क्रियाओं का केन्द्र था। प्रसिद्ध परिव्राजक संजय ढाई-सौ शिष्यों के साथ इस स्थान पर रहता था जिनमें सारिपुत्त और मोग्गल्लान अग्रणी थे। सारिपुत्र इस धर्म को स्वीकार करने में पहला था और उसके पश्चात् मोग्गलान।[72] इन दोनों मित्रों ने अपने आचार्य संजय को बुद्ध के दर्शन हेतु उकसाया किन्तु समझाने में असफल होने पर उसे त्याग दिया। संजय के सब साथियों के साथ वे बुद्ध के पास गये।[73] सकुल उदय भी राजगृह में रह रहा था। पोटलिपुत्र और दीघनख ने इस स्थान को अपना प्रधान केन्द्र बनाया। मोलियसिवक और सभिय बुद्ध से इस स्थान पर मिले। *अंगुत्तर निकाय*[74] के अनुसार अन्नभार, सरभ और अन्य सप्पिनिया नदी के किनारे परिव्राजकाराम में ठहरे हुए थे। अनुगार और वरधर मोरनिवाप परिव्राजकाराम, राजगृह में ठहरे हुए थे जहाँ अनेक रमणीय स्थल जैसे वेलुवन, घिज्झकूट गिरि, मोरनिवाप सप्पनिया नदी के किनारे परिव्राजकाराम, तपोदाराम, जीवक का आम्रवन, सितवन, मद्दकुच्चि, आदि थे। यहाँ अनेक परिव्राजक रहते थे। इन्होंने राजगृह को भ्रमणकारी साधुओं का ठहरने का प्रसिद्ध स्थान बना लिया था।

नेरंजरा नदी के किनारे उरुवेल एक अन्य रमणीय और सुन्दर आश्रम था। नालंदा में पवाहिक का आम्रवन, चम्पा में घग्गर पोक्खरणी, वैशाली के समीप महावन, श्रावस्ती में मल्लिकाराम और अन्य महत्त्वपूर्ण स्थल इस समय परिव्राजकों के लिए थे। वच्छगोत्र वैशाली के पुण्डरीक परिव्राजकाराम में ठहरते थे। जम्बुखादक नालकगाम (मगध) और उक्कवेल (वज्जि) जाकर सारिपुत्र से मिलता रहा यह जान पड़ता है।[75] उग्धमान के अधीन सात सौ परिव्राजक थे। ब्राह्मण साधुओं के नेता गणसत्था कहलाते थे।[76]

इनके अतिरिक्त अन्य परिव्राजक भी थे[77] –

चरक – ऐसा कहा जाता है कि वे संग में चलते हुए और खाते हुए आहार मांगते

71. *दीघ०*, 87; 3, 127, 224, 234; *मज्झि०*, 1, 16, 174-75.
72. *मव०*, 1.23, 1.
73. वही, 23, 2-10.
74. *अंगु०*, 2, 20, 29, 176.
75. *मज्झि०*, 2, 22-29.
76. *जा०*, 2, 72.
77. *अनु०*, 20; *नाया०टी०*, 15.

थे। वे शुद्ध आहार लेते थे और लंगोटी पहनते थे। ऐसा कहा जाता है कि वे कपिल मुनि के प्रत्यक्ष वंशज थे।[78]

चिरिक – वे सड़क के किनारे से चींथड़े उठाते थे।[79]

चमखंडिअ – वे चर्म वस्त्र पहनते थे और उनकी धार्मिक वस्तुएँ चमड़े की बनी होती थीं।

भिक्कहुंड– आहार के द्वारा जो प्राप्त होता था, इसके अतिरिक्त वे कुछ नहीं खाते थे और गाय का दूध आदि कुछ नहीं लेते थे। वे बौद्ध भिक्षुओं के तुल्य माने जाते थे।

पंडुरंग या पंडरग – ये शैव संन्यासी थे जो शरीर पर राख रमाते थे। *निशीथ चूर्णि* के अनुसार गोशाल के शिष्य पंडरभिक्खु कहलाते थे। अनुयोग-द्वार चूर्णि उनकी पहचान (ससरक्ख) भिक्खु से करते हैं।

इसके अतिरिक्त अन्य परिव्राजक भी हैं।

संख – ये सांख्य-पद्धति का अनुसरण करते थे।

जोइ – ये योग-पद्धति का पालन करते थे।

कविल – ये नास्तिक सांख्य-पद्धति को मानते थे और कपिल को अपना गुरु मानते थे।

भिउच्च – ये भृगु के शिष्य थे।

हंस – ये कन्दराओं, सड़कों, आश्रमों, चैत्यों, उद्यानों और ग्राम में केवल भिक्षा के लिए प्रवेश करते थे।

परमहंस – ये नदी के किनारों और सरिताओं के संगम पर रहते थे, तथा मृत्यु के पहले वस्त्रों का त्याग करते थे।

बहूदग – ये ग्राम में एक रात और नगर में पाँच रात रहते थे।

कुडिव्वय – ये अपने मकान में रहते थे तथा लालच, माया और अहंकार पर विजय पाना अपना उद्देश्य समझते थे।

कण्ह परिव्वायग – ये नारायण को पूजते थे।

---

78. *पण्ण.टी.*, 2, 20, पृ. 405; *आचा.*, पृ. 265.

79. *दीघ.*, 1, पृ. 166 ऐसे साधुओं का उल्लेख करता है।

जटिल – कुछ ब्राह्मण संन्यासी केशों को जटा रूप में बांधने के कारण जटिल कहलाते थे।[80] ये साधु वनों में बड़े समूह में रहते थे। ये तप करते थे, आग जलाते थे और यज्ञ करते थे। ये अग्गिका जटिलका कहलाते थे।

उरुवेला, जो बुद्ध का सम्बोधि का स्थल था, वैदिक धर्म का उस समय बड़ा केन्द्र था। नेरंजर नदी के किनारों पर तीन कस्सप भ्राताओं के सानिध्य में तीन बस्तियाँ थीं – उरुवेला कस्सप, नादि कस्सप और गय कस्सप; प्रत्येक में क्रमश; 500, 300 और 200 जटिल साधु रहते थे।[81] वे मगध के ब्राह्मण परिवार में जन्मे थे, और अंग और मगध के लोगों में सम्मानित थे।[82] बहुत संभव है कि वे नैष्ठिक ब्रह्मचारी थे। ऐसा कहा जाता है कि उरुवेला कस्सप में प्रतिवर्ष एक बड़ा यज्ञ होता था जिसमें पड़ोसी लोग पर्याप्त खान-पान का सामान साथ लेकर उपस्थित होते थे।[83] अष्टकों के अवसर पर कड़ी बर्फीली सर्दी में वे नेरंजर नदी में बार-बार डुबकी लेते और निकलते थे। उनको ऐसा विश्वास था कि इस प्रकार नहाने से वे पवित्र होते थे।[84]

इन तीन भाइयों ने अपने अधीन अनेक अनुयायियों को एकत्रित कर रखा था और इनकी तीन बस्तियाँ थीं। बस्तियों का निर्माण यह प्रकट करता है कि उनमें संघठित जीवन का विकास शुरू हो गया था। यद्यपि बी॰एम॰ बरुआ इसको संघठित जीवन नहीं मानते। जटिलों में तीन भिन्न समूह अवश्य थे, तथा प्रत्येक समूह में कड़ी घरेलू थी, संघठनात्मक नहीं।[85] ये ब्राह्मण साधु जो वैदिक कर्मकाण्ड करते थे और जिनका लोगों में सम्मान था, उनको बौद्ध धर्म में परिवर्तन करना महात्मा बुद्ध का मुख्य उद्देश्य था। उन्होंने सोचा कि इन लौकिक साधुओं पर जादू का प्रभाव होगा। *महावग्ग* के अनुसार एक हजार जटिल साधुओं ने अपने नेताओं के साथ संघ में प्रवेश किया और महात्मा बुद्ध उनका हृदय-परिवर्तन करने में सफल हो गए।[86]

लोकायत

दीघ निकाय में लोकायतों का संदर्भ है। लोकायत सिद्धांत में पारंगत ब्राह्मण का बुद्ध को

---

80. *डि॰पा॰प्रॉ॰ने॰*, 1, 931; *अट्ठकथा*, 74.
81. *से॰बु॰ई॰*, 13, 118; *जा॰*, 6, 219-20.
82. *मव॰*, 16.
83. *से॰बु॰ई॰*, 13, पृ॰ 124.
84. वही, पृ॰ 130.
85. *गया और बोध गया*, जिल्द 1, पृ॰ 99.
86. *मव॰*, 1, 20, 17-24.

अनेक प्रश्न पूछते हुए उल्लेख किया गया है।[87] एक जातक उद्धरण में लोकायत सिद्धांत का संदर्भ मिलता है।[88] इस मत के आचार्य और विद्यार्थी दोनों लोकायतिक नाम से प्रसिद्ध हैं। इस शाखा के नाम की पहचान तत्त्वों का सिद्धांत है जो मुख्य कारण के रूप में हैं (भूतवाद और उच्छेवाद)।

अन्य शाखाएँ और वाद

सूत्र कृतांग[89] में महावीर के समकालीन चार नास्तिक वादों का उल्लेख हुआ है –

1. क्रियावाद,
2. अक्रियावाद,
3. विनयवाद और
4. अज्ञानवाद।

इन चार वादों के 363 मत हैं – क्रियावाद के 180, अक्रियावाद के 84, अज्ञानवाद के 67 और विनयवाद के 32 हैं।

क्रियावाद – क्रियावादी आत्मा के साथ क्रिया का समवाय-संबंध मानते हैं। उनका सिद्धांत है कि कर्त्ता के बिना पुण्य-पाप आदि क्रियाएँ नहीं होतीं। वे जीव आदि नव पदार्थों को एकान्त अस्ति रूप में मानते हैं।

अक्रियावाद – अक्रियावादी आत्मा आदि के अस्तित्व को नहीं मानते क्योंकि उनके अनुसार प्रत्येक वस्तु का अस्तित्व क्षणिक है। उत्पन्न होते ही विनाश होने से कोई भी पदार्थ स्थिर नहीं है। बिना लगातार अस्तित्व के क्रिया संभव नहीं है। स्वयं अस्तित्व ही इसका कारण और प्रभाव है। ये बौद्धों से मिलते-जुलते हैं जो क्षणिकवाद के सिद्धांत को मानते हैं। अक्रियावादी को "विरुद्ध" भी कहते हैं क्योंकि वे अन्य नास्तिकों से भिन्न सिद्धांत मानते हैं।

अज्ञानवाद – अज्ञानवादी मुक्ति प्राप्त करने के लिए ज्ञान के महत्त्व या आवश्यकता को नहीं मानते क्योंकि इसमें विरोधाभासी कथन है।

विनयवाद – *अंगुत्तर निकाय*[90] में विनयवादियों या वैनायिकों का अविरुद्धक के रूप में उल्लेख मिलता है। वे चिह्न, समारोह के बाह्य नियम और ग्रंथों को नहीं मानते किन्तु वे मुक्ति के लिए विनय को सर्वोच्च गुरु मानते हैं। इस मत के प्रवर्तक आठ प्रकार के

87. *सं; डि॰पा॰प्रॉ॰ने॰*, 2, 787.
88. *जा॰*, 6, 286.
89. *सूत्र॰*, 1, 12, 1.
90. *अंगु॰*, 3, पृ॰ 276.

वर्गों का बराबर का सम्मान करते हैं – जैसे सुर, राजा, यति, ज्ञाति, स्थविर, कनिष्ठ, माता और पिता। इन सबके प्रति मन, वचन और काया से देश और काल के अनुसार उचित दान देकर विनय करते थे। वसायण एक विनयवादी साधु था जो हाथ उठाकर तब पाणामा पवज्जा कर रहा था जब महावीर और गोशाल कुम्मगाम पहुँचे।[91]

इनके अतिरिक्त कुछ अन्य मतों के नाम भी जैन साहित्य में मिलते हैं।

अत्तुक्कोसिय – ये उस वर्ग के साधु हैं जो स्वयं अहंकारी हैं।

भूइकम्मिय – ये बुखार व अन्य पीड़ित लोगों को भस्मी देंते हैं।

भुज्जो भुज्जों कोय कारक – ये अच्छा भाग्य प्राप्त करने हेतु शुभ स्नान करवाते हैं। ये आभिओगिय भी कहलाते हैं।

चंडिदेवग – ये कर्मकाण्डीय उपकरण हेतु सिक्कक रखते थे।

दगसोयरिय – दगसोयरियों का अनुयायी सुइवादी भी जाना जाता था। यदि वह किसी से छू जाता तो 64 बार शरीर को साफ करके स्नान करता था। यह कहा जाता है कि वगसोयरिय साधु मथुरा में नारायण कोट्ठू में रहता था। गाय का गोबर ग्रहण कर तीन दिन के उपवास को तोड़ने का बहाना किया। वह कभी इत्थि (स्त्री) शब्द नहीं बोला और मौन रहा। लोग उसकी प्रथा से इतने प्रभावित हुए कि उसे वस्त्र, खाना और पानी दिया। मलयगिरि के अनुसार ये साधु सांख्य मत के अनुयायी थे।

धम्मचिंतक – ये धार्मिक ग्रंथों का अध्ययन करते थे और याज्ञवल्क्य और अन्य ऋषियों द्वारा रचित धर्म-संहिताओं पर विचार करते और अनुसरण करते थे।

गियरइ – ये अपने आप को गीतों और स्नेह के सुखों की ओर अर्पित करते थे।

गोआम – ये अपनी आजीविका युवा बैल को गले में कौड़ियों से चित्रित कर, पैरों को छूकर आदि चालाकियों से चलाते थे और लोगों का मन बहलाव करते थे। ये साधु चावल खाकर रहते थे।

गोव्वइअ – ये गऊ जैसा व्यवहार करते थे और गोजातीय व्यवहार के पक्ष में गऊ का वहाँ अनुसरण करते थे जहाँ वह जाती, चरती, जल पीती, घर लौटती और सोती। ये घास और पत्ते खाकर रहते थे।

कम्मार भिक्खु – ये मूर्तियों के साथ जुलूस निकालते थे।

कुच्चिय – ये मूंछ और दाढ़ी बढ़ाते थे।

91. *आव॰, नि॰,* 494.

पर परिवाइय – ये अन्य साधुओं की बुराई करते थे।

पिंडोलग – ये बहुत गंदे रहते थे और उनका शरीर जुओं का घर था। उससे दुर्गन्ध निकलती थी।

ससरक्ख – ये जादू-टोना आदि करने में माहिर थे और वर्षा ऋतु के लिए बालू इकट्ठी करते थे। ये नग्न चलते थे और अपने अंजलि को आहार के कटोरे के लिए प्रयोग करते थे।

वणिमगो – ये खाने के लालची होते थे तथा शाक्य आदि के भक्त बतलाकर आहार मांगते थे। वे अपने आपको दयनीय स्थिति में बतलाते थे और दाताओं का ध्यान हटाने के लिए मधुर शब्द बोलते थे।

वारिभद्रक – वे जल और मांस पर रहते थे और पैरों को धोने और साफ करने में व्यस्त रहते थे।

वारिखल – वे बर्तन को मिट्टी से बारह बार साफ करते थे।

दार्शनिक विचारधारा की समकालीन शाखाएँ (बौद्ध स्रोतों से)

दीघ निकाय के ब्रह्मजाल सुत्त में समकालीन दार्शनिक विचारधारा को 62 शाखाओं में विभाजित किया गया है। इनका अस्तित्व छठी सदी ई॰पू॰ में था। सस्सतवाद की चार शाखाओं का कहना है कि आत्मा और संसार दोनों अमर हैं। पहली तीन शाखाओं का मानना है कि भूत की स्मृतियों के परिणामस्वरूप आत्मा और शरीर का हमेशा अस्तित्व है। चौथी शाखा का यह विचार स्मृति के परिणामस्वरूप नहीं, किन्तु तार्किक आधार पर है।

एकच्च सस्सतिकाओं की चार शाखाएँ प्रसिद्ध थीं। पहली शाखा को विश्वास था कि ब्रह्म अमर था किन्तु व्यक्तिगत आत्माएँ नहीं। दूसरी शाखा की मान्यता थी कि पतित आत्माएँ अमर नहीं हैं किन्तु अपतित आत्माएँ अमर हैं। तीसरी शाखा दूसरी शाखा के समान विश्वास करती थी किन्तु पहले में देवताओं की व्यभिचारिता मानसिक होती है, किन्तु बाद की शाखा में व्यभिचारिता शारीरिक होती है। चौथी शाखा का मानना है कि आत्मा अमर है किन्तु शरीर नहीं। अन्तानन्तिकाओ की पहली चार शाखाओं का मानना है कि संसार परिमित है, दूसरी का कहना है कि यह अनन्त है, तीसरी के अनुसार एक तरफ अनन्त किन्तु ऊपर और नीचे परिमित और चौथी की दृष्टि से तो यह न परिमित है और न ही अनन्त है।

अमराविक्खेपिकाओ की चार शाखाएँ किसी भी प्रश्न का निरुपाधि उत्तर नहीं देती

हैं किन्तु संदिग्ध और अनेकार्थक उत्तरों द्वारा उनको टालती हैं। ऐसे उत्तरों द्वारा वे दृष्टिकोण में भिन्नता प्रकट करते हैं।

अधिच्च समुप्पन्निकाओ का मानना है कि आत्मा और संसार बिना कारण के अस्तित्व में आये। पहला इस परिणाम पर पूर्व-जन्मों को याद करके पहुँचा और दूसरा तर्कपूर्ण विवेक से।

उद्धमाधतनिकाओ की 32 शाखाओं को विश्वास था कि मृत्यु के पश्चात् आत्मा अनेक योनियों में यथा चेतन व अचेतन, पतन होते हुए और पतन नहीं होते हुए, न चेतन और न अचेतन, रूप, परिमित, चेतना के विभिन्न स्वरूपों में, और आत्मा के सुख में जाती है।

उच्छेदवादियों का मानता है कि मृत्यु के पश्चात् आत्मा नष्ट हो जाती है और उसकी पहचान शरीर, शरीर के सार, मस्तिष्क, अपरिमित स्थान, अपरिमित चेतना या अबद्धता और विचारों के परे से की जाती है।

निर्वाणियों या दिट्ठधम्मनिब्बानवादियों को विश्वास था कि आत्मा इस दुष्ट संसार में इन्द्रियों के सब सुखों द्वारा या ध्यान की प्रत्येक अवस्था द्वारा पूर्ण मुक्ति प्राप्त करने में सक्षम है।

वैदिक देवकुल और धार्मिक क्रियाएँ

महावीर के समय विभिन्न धार्मिक मतों और क्रियाओं के उत्थान होने पर भी लोग वैदिक देवकुल एवं धार्मिक क्रियाओं को नहीं भूले थे। वैदिक कर्मकाण्ड यथार्थ ढंग से प्रायः लोगों के द्वारा किए जाते थे। यद्यपि उनकी संख्या धीरे-धीरे कम हो रही थी, किन्तु वे सदा के लिए लुप्त नहीं हुए।

जैन और बौद्ध साहित्यिक स्रोत ब्राह्मण धर्म और क्रियाओं पर कुछ प्रकाश डालते हैं। युग के सोत्थिय और ब्राह्मण महासाल वैदिक धर्म के संरक्षक थे। वे अधिकतर याज्ञिक थे। ब्राह्मण महासाल कभी अपने लिए यज्ञ करते थे और कभी राजाओं के लिए किये गये यज्ञों में पुरोहित पद पर नियुक्त होते थे। मगध का ब्राह्मण कूटदंत[92], सावत्थि का ब्राह्मण उग्गत शरीर[93] और कौशल का राजा पसेनदि[94] के द्वारा महायज्ञों की तैयारी करने के वर्णन यज्ञों पर महत्त्वपूर्ण प्रकाश डालते हैं। बलि दिये जाने वाले पशुओं में गाय, बैल, बधिया पशु, बकरी, भेड़, आदि मुख्य थे। यज्ञों में बलि चढ़ाये जाने वाले पशुओं की संख्या कभी-कभी 500 या 700 तक बढ़ जाती थी।

---

92. *दीघ०*, 1, 127.
93. *अंगु०*, 4, 41.
94. *सं०*, 1, 76.

अश्वमेध, परिसमेध, सम्मपस और वाजपेय[95] यज्ञों के संदर्भ साहित्य में मिलते हैं। यज्ञ शान और शौकत से किये जाते थे और पड़ोसी स्थानों के लोग देखने हेतु एकत्रित होते थे। इनके साथ बड़े भोज, बलि, गायों, बिस्तर, वस्त्र, रथ, फर्श तथा अनाज से भरे स्थलों की भी व्यवस्था की जाती थी।

ब्राह्मण आचार्य के रूप में विभिन्न वैदिक शाखाओं का प्रतिनिधित्व करते थे; जैसे तित्तिरिय, (तैत्तिरिय), छन्दोक (छान्दोग्य) और छन्दावस, आदि।[96] वे इन्द्र, सोम, वरुण, ईशान, प्रजापति, ब्रह्मा, महिद्धि, यम, आदि को आमंत्रित करते थे और उनकी पूजा करते थे।[97]

लोकप्रिय देवता

महावीर स्वामी के समय धर्म की नई विचारधारा के प्रचलन के कारण प्राचीन देवों के कार्यों में परिवर्तन आ गया और नए देव उत्पन्न हो गये। इस समय स्थानीय पूजा-विधि से सम्पर्क न केवल पूजा की नई वस्तुओं का उत्तरदायी है, किन्तु प्राचीन पूजा की नई पौराणिक कथाओं को भी इस समय के साहित्य में सम्मिलित किया गया। न केवल ब्राह्मण अपितु बौद्ध और जैन साहित्य से भी हमें छठी सदी में पूजे जाने वाले लोकप्रिय देवताओं का पता चलता है।

इन्द्र

ऐसा प्रतीत होता है कि सब प्राचीन लोकप्रिय वैदिक देवताओं में इन्द्र मुख्य था। *कल्पसूत्र*[98] में यह वर्णन किया गया है कि इन्द्र स्वर्ग में विभिन्न देवताओं, आठ मुख्य रानियों, तीन सभाओं, सात सेनाओं, सात सेनापतियों और अंगरक्षकों के साथ दैवी-सुख भोग रहा था। प्राचीन समय में अन्य सब महों के मध्य इन्द्रमह मुख्य था। इन्द्र समारोह बड़ी शान और शौकत से मनाया जाता था। बौद्ध साहित्य में वह विभिन्न नाम जैसे सक्क, वासव, मधवा, आदि से उल्लेखित है। वह भले लोगों की सहायता और पापियों को दण्ड देने वाले हैं, इस प्रकार का वर्णन किया गया है।[99] वह भव्य तावतिन्स स्वर्ग के सुधम्मा, वैजयन्त और मिस्सकसार नामक स्थान में रहता है।[100]

---

95. सं॰, 1, 76.
96. *दीघ॰*, 1, पृ॰ 237.
97. वही, पृ॰ 244.
98. *कल्प॰*, 1, 13.
99. *जा॰*, नं॰ 540.
100. *बु॰कि॰से॰*, 1, 284-307; *जा॰*, 2, 312.

ब्रह्मा

ब्राह्मण काल में प्रजापति का उच्च स्थान था। वह सृष्टि-कर्त्ता के रूप में देखा जाता था। छठी सदी ई॰पू॰ में वह ब्रह्मा पुकारा जाता था। बौद्ध निकायों में लोकप्रिय धर्म का यह व्यक्तिगत ब्रह्मा चित्रित, उपहास और आलोचना का पात्र माना गया है। उसकी सार्वभौमिकता मान्य नहीं की गई और बहुत से ब्रह्मा विभिन्न नामों से जैसे –सनतकुमार, सहंपति आदि भी पूजा का विषय बने।[101]

अग्नि

अग्निहोत्र के महत्त्व के कारण ब्राह्मण धर्म में अग्नि का बड़ा स्थान रहा। गृह-सूत्र और धर्म-सूत्र अनेक यज्ञों को निर्धारित करते हैं जिनके लिए अग्नि की आवश्यकता होती है। यज्ञों में इसके प्रयोग के कारण इसे उच्च स्थान दिया है। बौद्ध-लेखकों[102] ने अग्नि का संबंध यज्ञ से होने का कारण संभवतः अग्नि-पूजा का उपहास किया है जिसमें प्राणियों का वध होता है।

सूर्य

वैदिक काल में सूर्य का महत्त्वपूर्ण स्थान था, जबकि चन्द्रमा का गौण। बौद्ध-साहित्य से पता चलता है कि दोनों लोकप्रिय देवता थे क्योंकि वे अधिक-से-अधिक लोगों द्वारा पूजे जाते थे।[103]

देवी-पूजा

इस काल में सिरि और सिरिमा भाग्य और विधाता की लोकप्रिय देवियाँ थीं। *कल्पसूत्र*[104] में भी इसका संदर्भ मिलता है। बौद्ध-साहित्य में सिरि शक्र की पुत्री मानी जाती है जबकि सिरिमा धृतराष्ट्र की।[105] अमूर्त देवताओं, जिनकी पूजा होती थी,[106] में कुछ वैदिक थे और अन्य नये जोड़ दिये गये। सद्धा (श्रद्धा) वैदिक देवता है लेकिन आसा और हिरि अवैदिक।

अज्जा और कोट्टकिरिया दुर्गा देवी के दो भिन्न रूप रहे, जो चण्डिया के नाम से भी पुकारी जाती हैं। *आचारांग* में चण्डिया की पूजा के साथ बकरों, भैंसों और मनुष्यों की

---

101. *मवं॰*, 1, 5, 4, *दीघ॰*, 1244; *सं॰*, 1.219.1.281, 191-1, 298; *अंग*, 2, 21.
102. *सु॰नि॰*, 3, 7-21. (Author, this term is not fount in abb. list.)
103. *थेरी गाथा*, 87; *जा॰*, 474; *वि॰*, 1.263.
104. *से॰बु॰ई॰*, 22, 232.
105. *जा॰*, 3, 262.
106. वही, 392.

बलि का उल्लेख निम्न श्रेणी के देवताओं को प्रसन्न करने के संदर्भ में हुआ है।[107] प्रशान्त देवी दुर्गा अज्जा कहलाती थी। जब वह बैल पर सवार होती है, तो वह कोट्ट किरिया कहलाती है।

लोकपाल

चार कोणों में चार लोकपाल (चतुमहाराजिका देवा) हैं[108] – घतरट्ठ महाराज, विरुल्हक महाराज, विसपक्ख महाराज और वेस्सवण महाराज। वे क्रमशः पूर्व, दक्षिण, पश्चिम और उत्तर के स्वामी हैं।[109]

यक्ष-पूजा

ब्राह्मण, जैन और बौद्ध साहित्यिक स्रोतों से हमें प्राचीन समय में यक्ष-पूजा का पता चलता है। वैदिक साहित्य में यक्ष अलौकिक (आधिदैविक) प्राणी या भूत जैसा स्वरूप वाला दिखता है। छठी सदी ई॰पू॰ में यक्षों या जक्खों की पूजा बहुत लोकप्रिय हो गई और प्रत्येक नगर में यक्ष को चैत्य समर्पित होता था। यक्ष कभी-कभी सांसारिक कामनाओं को पूरी करते थे, विशेषकर संतति और धन, जबकि कुछ यक्षों का संबंध ब्रह्माण्डीय कार्यों से था; अन्य क्रूर समझे जाते थे जो मनुष्य के उग्र रूप को धारण करते थे।

वाराणसी का यक्ष गण्डितिनदुर्ग तिन्दुग उद्यान में मातंग नाम के महान् ऋषि की देखभाल करता था।[110] बीहेलग दूसरा यक्ष था। जब महावीर स्वामी ध्यान मुद्रा में लीन होते थे, तब वह उनका सम्मान करता था।[111] मंगदत्त,[112] सुभद्द[113] और भद्दा[114] को यक्ष की पूजा से संतान उत्पन्न हुई। यक्ष बीमारियों को भी ठीक कर देते थे। पूर्णभद्र और मणिभद्र दोनों यक्ष अधिक लोकप्रिय थे जिनको भोग दिया जाता था। कुछ यक्ष लोगों को कष्ट देते थे। उनको मारकर ही संतुष्ट होते थे। हम सुलपाणि जक्ख का नाम सुनते हैं जो उसके चैत्य में ठहरने वाले लोगों को मार देता था।[115] यक्षों के संबंध में अन्य

---

107. *आचा॰*, पृ॰ 61.
108. *मवं॰*, 1.6.20; *मज्झि॰*, 2, 194.
109. *दीघ॰*, 2, 220-21.
110. *उत्तरा॰*, 12 और *टी॰*, पृ॰ 173.
111. *आव॰नि॰*, 487.
112. *जा॰*, 1, 509.
113. *आव॰चू॰*, 2, पृ॰ 193.
114. *नाया॰*, 2, पृ॰ 49 व आगे।
115. *निशी॰चू॰*, 2, पृ॰ 709.

आश्चर्यजनक विश्वास भी प्रचलित था कि वे स्त्रियों के साथ संभोग करते थे। गण्डितिनदुर्ग राजकुमारी भद्दा के साथ संभोग करता हुआ बताया गया है।[116]

यक्षों के समान वाणमंत्रियों या यक्षिणियों का भी प्राचीन भारतीय जीवन में महत्त्वपूर्ण योगदान रहा। वाणमंत्री सलेज्जा ने महावीर[117] का सम्मान किया जबकि कटपूतना उसको कष्ट देती थी।[118] विभिन्न भोजों और समारोहों का यक्षों के उपलक्ष्य में आयोजन किया जाता था। मथुरा[119] का लोकप्रिय देवता भंडीरजक्ख था जिसका स्थल भंडीरवन था जो बड़ी संख्या में तीर्थ-यात्रियों को आकर्षित करता था।

यक्ष का स्थल प्रायः चैत्य होता था, जिसका संदर्भ बाड़ा के लिए होता था। इसमें उद्यान और चैत्य होते थे। महावीर, बुद्ध और अन्य धार्मिक संन्यासी इन चैत्यों में ठहरते व आराम करते थे। उवासगदसाओ से हमें पता चलता है कि महावीर ने चम्पा के पूर्णभद्र चैत्य, वणिजग्राम का द्विपलास का चैत्य, वाराणसी का कोष्ठक, आलभी का उद्यान संखवन, काम्पिल्यपुर का सह-सामवन, पोलासपुर का साहस्राम्र वन और राजगृह के चैत्य गुनसिल और कुष्ठक की यात्रा की।

बौद्ध साहित्य में यक्षों के नगरों और निर्जन स्थलों के उल्लेख मिलते हैं। इनके नगर यक्ष-नगर के नाम से जाने जाते थे जो प्रायः द्वीपों, घने जंगलों और रेगिस्तानों में स्थित थे। एक जातक कहानी तम्बपण्ण दीप[120] में सिरिसवत्थु नामक यक्खनगर का उल्लेख करती है और दूसरी वन में होने का।[121] कुछ यक्ष निर्जन स्थलों पर एकाकी रहते थे।[122] ऐसे तीस से अधिक व्यक्तिगत यक्ष नाम से जाने जाते थे।[123] यक्खसु चिलोम का निर्जन स्थल गया के समीप था।[124] *संयुक्त निकाय* और *सुत्त निपात* में उसे बुद्ध के संग उपदेश देते हुए बतलाया गया है।[125] यक्ष इन्द्रकूट ने राजगृह की पहाड़ी में इन्द्रकूट नाम का

---

116. *गण्डतिन्दु जा०*, नं० 520.
117. *आव०चू०*, पृ० 294.
118. *जा०*, 5, 510.
119. *आव०चू०*, पृ० 281.
120. *जा०*, 2, 127; 1, 240.
121. वही, 1, 399.
122. *सं०*, 1, 207.
123. *डि०पा०प्रॉ०ने०.*
124. *सं०* 1, 207; *के०से०*, 1, 264; *सु०नि०*, 2.5.
125. वही.

अपना स्थल बनाया।[126] यक्ष मणिमाल के लिए मणिमाल नाम का चैत्य था।[127] अजकपाल पाटलिपुत्र में अजकलापक चैत्य में रहता था।[128]

नाग-पूजा

नाग-पूजा अनार्य उत्पत्ति प्रतीत होती है। इसकी पूजा का विकास मोहन-जोदड़ो की सभ्यता के समय से खोजा जा सकता है, जैसा कि दो मोहरों से यह स्पष्ट है जिसमें एक यौगिक मुद्रा की आकृति के सामने प्रणत-भाव से अंकित है। ऐसा ज्ञात होता है कि यह पूजा आर्यों द्वारा अंशतः अनार्य देवताओं का ब्राह्मण मत में घुल-मिल जाने से तथा अंशतः दंश से सुरक्षा के कारण अपनाई गई।

जैन[129] और बौद्ध साहित्य[130] में नाग पूजा के अनेक संदर्भ यक्ष-पूजा के समान मिलते हैं। इन धर्मों में नाग की स्थिति अधीनस्थ मानी गई। पार्श्वनाथ का विशेष चिह्न सर्प है। यह कहा जाता है कि बुद्ध को मुचिलिन्द और एलापत्र नागों की श्रद्धा प्राप्त हुई। बुद्ध ने भिक्षुओं को नागों के राज-परिवारों का सम्मान करने के लिए समझाया जिससे कि वे सर्प दंश से बच सकें और घने जंगल से ढंके हुए क्षेत्रों में नाग-पूजा के लिए प्रेरणा दे सकें। मगध मूलतः एक अनार्य भूमि थी, अतः बहुत प्रारंभिक समय से नाग-पूजा का केन्द्र रही। *महाभारत* में राजगृह के नाग मंदिर और नाग-मूर्तियों का उल्लेख हुआ है। बौद्ध साहित्य से ज्ञात होता है कि नागों को दूध, चावल, मछली, मांस, शराब, आदि उपहार देकर पूजा जाता था।[131] गृह्य-सूत्र के अनुसार उन्हें तला हुआ अनाज, बाजरी का तला हुआ सुत्त और मिश्रित आटा उपहार दिया जाता था।[132]

वृक्ष-पूजा

वृक्ष-पूजा एक अनार्य धार्मिक विधा है, जिसकी जानकारी सिन्धु घाटी सभ्यता की मोहरों से स्पष्ट है। इनसे पता चलता है कि पीपल वृक्ष की पूजा लोगों में दो प्रकार से होती थी – प्राकृतिक रूप में और वृक्ष की आत्मा के रूप में। आर्य मत में अनार्य जनपदों के घुल-मिल जाने से उनका पूजा-विधान शनैः शनैः ब्राह्मण धर्म में घुल-मिल गया।

---

126. *सं॰* 1, 206; *के॰से॰*, 1, 262.
127. *सु॰नि॰*, 1, 208; *के॰से॰*, 1, 266.
128. *उदान॰*, 1.7.
129. *नाया॰*.
130. *जा॰*, 1, 498; 149.
131. वही, 498.
132. *से॰बु॰ई॰*, 29, पृ॰ 128-29, 201-02, 328-30.

महावीर के समय वृक्ष-पूजा बहुत प्रचलित जान पड़ती है। पेड़ कुछ देवी-शक्तियों के सहवास समझे जाते थे। लोगों द्वारा पूजा संतान, सम्मान, धन, आदि की इच्छा-पूर्ति के लिए की जाती थी। कभी-कभी वे अशुभ शक्तियाँ, जैसे प्रेतों, का सहवास मानी जाती थीं और लोग उनकी पूजा डर के कारण करते थे। इससे दुर्दम्य शक्तियाँ उनको नुकसान नहीं पहुँचा सकती थीं। वृक्ष-पूजा अधिक लोकप्रिय हो गई, जब पेड़ों का प्रयोग साधुओं के चिह्न तथा अपने समय की लोकप्रिय प्रथा के रूप में प्रचलित हो गया। बोधि वृक्ष, उदाहरण के लिए बौद्धों के लिए एक ऐसा ही वृक्ष था।

विविध देवता

खगोलीय देवताओं के अतिरिक्त लोग विभिन्न पशुओं और पक्षियों की पूजा करते थे, जैसे हाथी, घोड़ा, बैल, गाय, कुत्ता और कौआ।[133] बौद्ध साहित्य[134] में बताया गया है कि वृषभ का सामान्य रूप में सम्मान किया जाता था तथा मृत्यु के अवसर पर कभी-कभी उसकी पूजा की जाती थी। बैल को सम्मानित करने की प्रथा का कारण यह था कि कृषि के लिए उनकी आवश्यकता पड़ती थी।

नदी और पवित्र नाले भी पूजे जाने लगे और उनके तटों पर तीर्थ और पवित्र-स्थल स्थापित किए गए। तीर्थ-यात्री वहाँ एकत्रित होने लगे। लोग इन पवित्र-स्थलों की इसलिए भी यात्रा करने लगे क्योंकि उन्हें यात्रा की सब सुविधाएँ प्राप्त रहती थीं।

पिशाचों के त्रास ने लोगों को कर्मकाण्ड करने के लिए बाध्य कर दिया। जादू, टोना और मंत्रों का प्रयोग अदृश्य शक्तियों को शान्त करने तथा अवांछित घटनाओं को नियंत्रित करने हेतु किया जाने लगा। लोगों के पैशाचिकी में पारंगत होने के अनेक कथन मिलते हैं जो ऐसी शक्तियों को नियंत्रित करने की विद्याओं तथा साथ में तांत्रिक क्रियाओं में दक्ष होते थे। वे अनेक कर्मकाण्डों, जादू और परिरक्षी साधनों से पीड़ितों को ठीक करते थे।[135] *बृहत्कल्प*[136] भाष्य में कुत्तियावण नामक दुकान का संदर्भ है जहाँ सब कुछ जीवित और अजीवित सामग्री मिलती थी। ऐसा कहा जाता है कि चण्ड प्रद्योत के समय उज्जैन में ऐसी सात दुकानें थीं।

छठी सदी ई॰पू॰ में प्राचीन वैदिक धर्म और उसकी क्रियाओं में शनैः-शनैः परिवर्तन हुआ और कुछ नए धर्मों का उदय हुआ। यद्यपि इन नए धर्मों का अंतिम रूप स्पष्ट नहीं

---

133. *इण्डिया एज़ डिस्क्राइब्ड इन अर्ली टेक्सट्स ऑफ बुद्धिज्म एण्ड जैनिज्म,* पृ॰ 197-98.
134. *जा॰*, 2, 225; 4, 326.
135. *उत्तरा॰टी॰*, 1, पृ॰ 5; *आव॰टी॰*, पृ॰ 399.
136. *बृह॰भा॰*, 3, 4214; *आव॰टी॰*, पृ॰ 413.

दिखता था किन्तु इसका आरंभ इस युग में ब्राह्मण धर्म से संबंधित आस्तिक वैष्णव और शैव मतों में देखा जाता है। ये दोनों आस्तिक सम्प्रदाय दो देवता, विष्णु और शिव, में केन्द्रित हो गये और दोनों ने भक्ति पर जोर दिया।

वैष्णव धर्म के विकास में प्रथम कदम वासुदेव कृष्ण का वैदिक देवता विष्णु के एकीकरण से है, जिसका मूल में अर्थ सूर्य से है। ई॰पू॰ के आठवीं या सातवीं शताब्दी के *छांदोग्य उपनिषद्* में इसका संदर्भ है। इसके पश्चात् वासुदेव-कृष्ण-विष्णु की पहचान ऋषि नारायण से की गई जैसा कि बौद्यायन धर्म-सूत्र से स्पष्ट है। वैष्णव धर्म की पहली उत्पत्ति मथुरा क्षेत्र के यादव-सात्वत-वृष्णि-जन में हुई।

शिव की पूजा संभवतः पहले से चली आ रही है। पूर्व वैदिक काल में वह अनार्यों में प्रचलित थी। यह इस बात से स्पष्ट है कि कुछ विद्वानों ने सिंधु घाटी सभ्यता की कुछ मोहरों की आकृतियों की पहचान शिव से की है। वह वैदिक देव रुद्र हो सकता है। *श्वेताश्वतर उपनिषद्* में उल्लेखित शिव वैदिक देवों से ऊपर महादेव के रूप में चित्रित हुए हैं।

इस समय स्वर्ग और नरक के विश्वास अधिक प्रचलित थे। यह भी कहा जाता था कि जो भले कार्य करते हैं, वे स्वर्ग में जाते हैं, तथा जो बुरे कर्म करते हैं, वे नरक में जाते हैं।

राजनीतिक इतिहास तथा संस्थाएं

भगवान् महावीर के समय उत्तर भारत में किसी एक अधिपति शासक का साम्राज्य नहीं था, अपितु सम्पूर्ण प्रदेश विभिन्न छोटे-छोटे राज्यों में विभाजित था। राजनीतिक दृष्टि से यह युग भारतवर्ष के इतिहास में अत्यन्त महत्त्वपूर्ण था, क्योंकि इस काल में मानव-समुदाय ने कबीलाई जीवन को त्यागकर व्यवस्थित राजनीतिक इकाई के रूप में राज्य की स्थापना कर, अधिनायक राज्य की स्थापना के प्रयास आरम्भ कर दिए थे। विभिन्न भारतीय अनुश्रुतियों में साम्राज्य स्थापना, चक्रवर्ती पद की लोकप्रियता तथा चक्रवर्ती सम्राटों के उल्लेख उपलब्ध हैं, परन्तु ऐतिहासिक युग के नाम से प्रसिद्ध महावीर के काल में "षोडस महाजनपदों" के विवरण भारत के राजनीति इतिहास की दृष्टि से महत्त्वपूर्ण हैं। इन राज्यों में राजतंत्रीय एवं गणतंत्रीय जनपदों की निश्चित राज्य-सीमाएँ, व्यवस्थित शासन-तंत्र, शक्ति-संचय और साम्राज्य-स्थापना, आदि के उल्लेखों से राजनीति के विभिन्न आयाम ज्ञातव्य हैं। इस युग में गणतंत्रात्मक राज्यों के ह्रास की प्रक्रिया का आरम्भ हो चुका था और अन्ततः राजतंत्रात्मक राज्यों – मगध, कोसल, वत्स और अवन्ति की प्रतिद्वंद्विता में मगध ने प्रसिद्ध जैन शासक श्रेणिक (सेनिय-बिम्बसार) और उसके आत्मज कूणिक (अजातशत्रु) के शासनान्तर्गत विशाल साम्राज्य के गौरव का उपभोग किया।

जैन, बौद्ध एवं ब्राह्मण ग्रंथों में इस काल के राज्यों की सूचियाँ उपलब्ध हैं, जिनमें पारस्परिक समानताओं के साथ-साथ महत्त्वपूर्ण अन्तर भी है; इसका कारण विभिन्न समय में विभिन्न लेखकों द्वारा उनके ज्ञान एवं सभी के अनुरूप प्रादेशिक आकर्षण के अभिभूत होकर विभिन्न सूचियों को उल्लेखित करना माना जाता है। जैन ग्रंथ *भगवती सूत्र* के नाम से विख्यात "व्याख्या-प्रज्ञप्ति" में षोड़स महाजनपदों[137] के नाम – अंग, बंग (वंग), मगह (मगध), मलय, मालव (क), अच्छ, वच्छ (वत्स), कौछ (कच्छ), पाढ्य (पाण्ड्य अथवा पौण्ड्र), लाढ़ (लाट अथवा राढ़), बज्जि (वज्जि), मौलि (मल्ल), कासी (काशी), कोसल, अवाह तथा सम्भुत्तर (सम्होत्तर) का उल्लेख है।

बौद्ध ग्रंथों[138] में प्रसंगवश इस युग के महाजनपदों के उल्लेख प्राप्य हैं, जिनका अस्तित्व छठी शताब्दी ई॰पू॰ से मान्य है। *अंगुत्तर निकाय* में षोड़स महाजनपदों के नाम – कासी (काशी), कोसल, अंग, मगध, वज्जि, मल्ल, चैतिय (चैदि), वंस (वत्स), कुरु, पंचाल, मच्छ, (मत्स्य), सूरसेन, अस्सक (अश्मक), अवन्ति, गंधार तथा कम्बोज का विवरण है। *दीघ निकाय* के जनवसभ सुत्तन्त्र में कुछ युगल नामों – कासी-कोसल, वज्जि-मल्ल, चैदि-वत्स, कुरु-पंचाल तथा मत्स्य-शूरसेन का राज्यों के रूप में उल्लेख है, जिसका राजनीतिक दृष्टि से महत्त्व है। चुल्लनिद्देस में कलिंग का अतिरिक्त उल्लेख है तथा गंधार के स्थान पर यौन राज्य का विवरण है। महावस्तु में *अंगुत्तर निकाय* में वर्णित षोड़स महाजनपदों के नाम उपलब्ध हैं, परन्तु गंधार और कम्बोज के स्थान पर शिवि और दशार्ण का उल्लेख है।

ब्राह्मण साहित्य में भी इनमें से कुछ राज्यों और राजवंशों का विवरण उपलब्ध है। जैन *भगवती सूत्र* में उल्लेखित महाजनपदों में से – अंग, मगध, वत्स, वज्जि, कासी एवं कोसल का विवरण *अंगुत्तर निकाय* में भी प्राप्त है तथा *भगवती सूत्र* के मालव की अभिन्नता *अंगुत्तर निकाय* के अवन्ति से मानने में अधिक मतभेद नहीं है। इसी प्रकार *भगवती* में उल्लेखित मौली जनपद को मल्ल का अपभ्रंश रूप माना जा सकता है, परन्तु इसमें वर्णित अन्य राज्यों का अस्तित्व परवर्ती तथा सुदूर पूर्व एवं सुदूर दक्षिण भारतवर्ष की जानकारी से सम्बद्ध है। ई॰जे॰ थामस[139] का विश्वास है कि *भगवती सूत्र* के लिपिक का आवास-स्थल दक्षिण भारत में कहीं था तथा इस ग्रंथ में उल्लेखित राज्य सूची बौद्ध-ग्रंथ *अंगुत्तर निकाय* से परवर्ती है।

---

137. *सय॰* 15; उद्देस्सय 1 (हार्नले, *उवा॰*, 2, परिशिष्ट)।

138. *अंगु॰*, 1/213, 4/252, 256, 260, *महावस्तु*, 1/34; 213; *विनय॰*, 2/146;

139. *हिस्ट्री ऑफ बुद्धिस्ट थॉट*, पृष्ठ 6.

जैन एवं बौद्ध दोनों परम्पराओं से महावीर के समकालीन महाजनपदों में राजतंत्रात्मक राज्यों के साथ गणतंत्र राज्यों का अस्तित्व भी ज्ञात होता है। पाणिनि की *अष्टाध्यायी* नामक व्याकरण में (पांचवीं शताब्दी ई॰पू॰) गणतंत्र-राज्यों को संघ अथवा गण तथा राजतंत्र-राज्यों को जनपद सम्बोधित किया गया है। *बौधायन धर्मसूत्र* में सुराष्ट्र, अवन्ति, मगध, अंग, पुण्ड्र एवं वंग राज्यों के उल्लेख उपलब्ध हैं। भगवान् महावीर को अपने मामा एवं वज्जी संघ के प्रमुख चेटक तथा वैवाहिक सम्बन्धों के कारण तत्कालीन विभिन्न शासकों में अत्यन्त आदर प्राप्त था। इनमें से कुछ शासकों के प्रति जैन-ग्रंथों में प्रेमपूर्ण विवरण उपलब्ध है। अतएव महावीर- युगीन निम्नलिखित शक्तिशाली एवं महत्त्वपूर्ण महाजनपदों के राजनीतिक इतिहास का सर्वेक्षण उपादेय होगा।

अंग

जैन प्रज्ञापना में आर्यों के प्रथम समूह के अन्तर्गत अंग और वंग को माना गया है। अंग जनपद के अन्तर्गत आधुनिक बिहार के भागलपुर एवं मुंगेर जिलों का भू-भाग था। जैन अनुश्रुति से अंग के शासक का नाम दर्धिवाहन विदित होता है,[140] जिसकी पुत्री चन्दना अथवा चन्द्रबाला भगवान् महावीर की प्रथम महिला-शिष्य थी। एक अन्य अनुश्रुति के अनुसार[141] श्रेणिक (बिम्बसार) ने अंग देश को जीतकर अपने आत्मज कूणिक (अजातशत्रु) को वहां का शासक नियुक्त किया। चन्दना को महावीर-शासन में गौरवपूर्ण स्थान प्राप्त है। उसने भगवान् के केवली होने के पश्चात् जैन प्रव्रज्या ली थी तथा महावीर द्वारा प्रतिष्ठित चतुर्विद संघ में साध्वियों की वह प्रधान थी।

किसी समय अंग राज्य अत्यन्त शक्तिशाली था। राजगृह को अंग राज्य का नगर कहा[142] गया। *ऐतरेय ब्राह्मण* (81/22) में अंग राज्य के वैभव की प्रशंसा की गई है। ऐसा प्रतीत होता है कि मगध भी किसी समय अंग राज्य में सम्मिलित था तथा इसकी सीमा समुद्र तक विस्तृत थी।

अंग की राजधानी चम्पा थी जो चम्पा (चांदन) नदी और गंगा के संगम पर बसी हुई उत्तर भारत के प्रमुख नगरों में से एक थी। ए॰ कनिंघम का विचार है कि भागलपुर के निकट अवस्थित दो ग्राम – चम्पानगर एवं चम्पापुर ही प्राचीन चम्पा[143] के स्मृति-अवशेष हैं। भगवान् महावीर के समय अंग की राजधानी चम्पा समृद्ध एवं सुन्दर नगर था, जिसका

---

140. *हरिवंश,* 32/43; *इंडियन कल्चर,* 2, पृष्ठ 682; *उवास॰,* 1/2/10.
141. *आव॰चू॰,* पृष्ठ 205, पाद टिप्पणी; *उत्तरा॰* 2, 9, पृष्ठ 132.
142. *विधुर पण्डित जातक,* संख्या 545.
143. *भगवती॰,* 300; *दीघ॰,* 1/3.

विवरण उवाइय[144] में उपलब्ध है। चम्पा की गणना प्रमुख दस राजधानियों में की जाती थी। चम्पा एक महत्त्वपूर्ण व्यापारिक केन्द्र भी था, जहाँ से व्यापारी मिथिला, अहिच्छत्रा, पिथुण्ड, आदि दूरस्थ नगरों की यात्रा करते थे। *महापरिनिब्बान सुत्त* के अनुसार गौतम बुद्ध की मृत्यु के समय चम्पा को भारत की श्रेष्ठ छः नगरियों में से माना जाता था। ऐश्वर्य, वाणिज्य और व्यापारियों द्वारा सुवर्ण-भूमि तक नौकाओं द्वारा वस्तुओं के आयात-निर्यात करने के कारण इस नगर का विशिष्ट महत्त्व था।[145] अंग के अन्य उल्लेखनीय नगर अस्सपुर (अश्वपुर) एवं भद्दीय (भद्रिका) थे।[146]

काशी

जातकों एवं *महावग्ग* के अनुसार काशी समकालीन जनपदों में अधिक शक्तिशाली[147] तथा आक्रामक थी। काशी के राजा ब्रह्मदत्त ने कोसल राज्य दीधति को परास्त करके अधिकृत कर लिया था तथा उसके पुत्र को लौटा लिया। जातक कथाओं में काशी की समृद्धि और तीन सौ योजन विस्तृत राज्य-क्षेत्र का वर्णन है। संभव, सरभंग और भूरिदत्त जातकों[148] में वाराणसी नगर का विस्तार 12 योजन बताया है। भगवान् महावीर के 250 वर्ष पूर्व निर्वाण प्राप्त तेईसवें तीर्थंकर पार्श्वनाथ बनारस के शासक अश्वसेन के पुत्र थे। ब्रहात्तजातक के अनुसार काशीराज ने कोसल को विजित कर वहां के शासक को बन्दी बना लिया था। कौशाम्बी और कुणाल जातकों से भी कोसल ब्रह्मदत्तों के अधीन काशी राज्य का अंग ज्ञात होता है। सोननन्द जातक के अनुसार काशी के शासक मनोज ने कोसल, अंग और मगध के शासकों को अधीन किया था। पड़ोसियों से काशी के शत्रुतापूर्ण संबंध होने के कारण एक बार सात पड़ोसी राज्यों ने एक साथ मिलकर काशी को घेर लिया था।[149] महावीर के कुछ वर्षों पूर्व काशी जनपद को कोसल ने विजित कर लिया था, यद्यपि कूणिक के विरुद्ध वज्जि संघ के प्रमुख चेटक के पक्ष में युद्ध करने वाले अठ्ठारह गण राजाओं में काशी और कोसल का भी उल्लेख है। कुछ जातक कथाओं में समकालीन नगरों में काशी जनपद की राजधानी बनारस की श्रेष्ठता और उल्लेखनीय व्यापारिक केन्द्र के रूप में विवरण उपलब्ध हैं। भद्दसाल एवं धौनसाख जातकों ने काशी के ब्रह्मदत्त शासकों को महत्त्वाकांक्षी वर्णित किया है। *महावग्ग* (10। 2। 3) और

144. *जी०ई०बी०*, पृ० 6; *जा०*, 539.
145. *जा०*, 539, 6, पृ० 34.
146. वही.
147. *जा०*, 1/262, 3/115; *विनय०*, 2/13 गुत्तिल जातक में वाराणसी को भारत का सर्वश्रेष्ठ नगर कहा गया है।
148. *विनय०*, 2/293, 5/112; *जा०*, 1/262, 2/403, 3/13, 168.
149. *जा०*, 23 एवं 181.

विनयपिटक (1। 342) में काशी राज्य के शासक ब्रह्मदत्त को महद्धनो, महाभोगो, महद्बलो, महावाहनो, महाविजितो, आदि बताया गया है। इन विवरणों से काशी की सम्प्रभुता प्रकट होती है, यद्यपि महावीर के समय यह मगध के अधीनस्थ था।

कोसल

भगवान् महावीर के जीवन-काल में कोसल उत्तर भारत के शक्तिशाली राज्य के रूप में प्रतिष्ठित था। आधुनिक अवध के नाम से विख्यात प्रदेश कोसल जनपद के अन्तर्गत था। कोसल की राज्य सीमा सम्भवतः पूर्व में सदानीरा नदी (गण्डक), पश्चिम में पंचाल, दक्षिण में सर्पिका या स्यन्दिका (सई) नदी और उत्तर में नेपाल की पहाड़ियों तक थी। कोसल के प्रधान नगरों में अयोध्या (अयोज्झा), साकेत और सावत्थी (श्रावस्ती) तथा लघु बस्तियों में सेतव्य और उक्कत्थ का विशेष महत्त्व था। साकेत और श्रावस्ती की गणना भारत के छः बड़े नगरों में की जाती थी। प्रायः अयोध्या को ही साकेत कहा जाता है, किन्तु महावीर युग में दोनों नगरों का अलग-अलग अस्तित्व था। घट जातक के अनुसार अयोध्या के राजाओं में कालसेन भी था और नन्दिया मिग जातक के अनुसार कोसल का शासक साकेत में निवास करता था, परन्तु महाकोसल, सब्बमित्त प्रसेनजित्, आदि की राजधानी श्रावस्ती ज्ञात होती है। इससे प्रतीत होता है कि कोसल की आरंभिक राजधानी अयोध्या रही। तत्पश्चात् साकेत को राजधानी का गौरव मिला तथा महावीर के समय श्रावस्ती को।

ब्राह्मण एवं बौद्ध साहित्य से कोसल शासकों के नाम हिरण्यनाभ, प्रसेनजित् एवं शुद्धोदन विदित होते हैं। पौराणिक परम्परा के अनुसार हिरण्यनाभ महावीर-युगीन शासक प्रसेनजित् का पूर्वज था, जिसकी किसी अन्य स्रोत से पुष्टि नहीं होती है। कोसल का प्रथम शक्तिशाली शासक कंस था, जिसने काशी को जीतकर कोसल का भाग बनाया। महाकोसल के पुत्र प्रसेनजित् की इस युग के महत्त्वपूर्ण शासकों में गणना की जाती थी। इसके अधीनस्थ कोसल एक शक्तिशाली राज्य बन गया। पसेनदि (प्रसेनजित्) आयु में गौतम बुद्ध के बराबर था।[150] प्रसेनजित् ने सर्वप्रथम काशी को कोसल राज्य में सम्मिलित किया। कपिलवस्तु के शाक्य केसपुत्त के कालाम और अन्य पड़ोसी राज्य भी संभवतः कोसल की प्रभुता स्वीकार करते थे, जिसकी पुष्टि अग्गण सुत्तन्त[151] और भद्दसाल जातक[152] के भूमिका भाग से होती है। मगधराज श्रेणिक (बिम्बसार) से प्रसेनजित् के मृदु

---

150. *मज्झि.*, 2/124/भगवापि आसीटिको अहमपि आसीटिको तथा भगवापि कोसलको अहम् कोसलको – *ए.इं.हि.टे.*, पृ. 173.

151. *दीघ.*, 3, 83.

152. *आचा.*, 4/145.

संबंध थे। उसने अपनी बहन का विवाह बिम्बसार से करके दहेज में एक लाख की आय वाला प्रदेश काशी दे दिया था, परन्तु कूणिक (अजातशत्रु) से प्रसेनजित् का संघर्ष हुआ।[153] जैन-ग्रंथों के अनुसार अजातशत्रु ने शक्तिशाली गण-राजाओं के संघ को परास्त किया था, जिसमें काशी और कोसल[154] के भी शासक थे। बौद्ध अनुश्रुति के अनुसार बिम्बसार की मृत्यु के बाद प्रसेनजित् ने काशी मगध से हस्तगत कर लिया, फलतः अजातशत्रु से युद्ध हुआ और अन्ततः अपनी पुत्री वाजिरा का विवाह अजातशत्रु से करके प्रसेनजित् ने काशी पुनः दान में दे दिया। प्रसेनजित् की मृत्यु भी उसके मंत्री दीघ चारायण और पुत्र विडुडभ (विरुद्धक) के षड्यंत्र के[155] कारण पलायन स्थिति में राजगृह के प्रवेश-द्वार पर हुई थी। विडुडभ अपनी माता वासभक खत्तिया और अपने अपमान के कारण प्रसेजित् से नाराज था।[156] विडुडभ ही संभवतः अन्तिम शासक था, जिसकी मृत्यु शाक्यों पर आक्रमण के बाद अचिरावती नदी की बाढ़ में बह जाने से हुई।[157] तत्पश्चात् कोसल मगध साम्राज्य में सम्मिलित कर लिया गया होगा, यद्यपि विडुडभ के उत्तराधिकारी के नाम कुलक, सुरभ, सुमित्र आदि विदित हुए हैं, किन्तु उनके बारे में कोई विशिष्ट जानकारी नहीं मिली है।

वज्जि

वज्जि संघ की राज्य-सीमा गंगा नदी के उत्तर में नेपाल की पहाड़ियों तक विस्तृत थी। संभवतः इसकी पश्चिमी सीमा पर गण्डक नदी और पूर्व में कोसी नदी थी। भगवान् महावीर के समय यहाँ गणतंत्रात्मक शासन-पद्धति थी। वज्जि गणतंत्र की संघीय व्यवस्था में सम्मिलित कबीलों की जाति, कुल, आदि के सम्बन्ध में अधिक जानकारी उपलब्ध नहीं है। वज्जियों की न्याय समिति की अष्टकुल (अट्ठकुलक) संज्ञा होने से विद्वान्-गण[158] इस गणतंत्र के अंतर्गत आठ कुलों के संघ की कल्पना करते हैं, जिनमें प्राचीन विदेह, लिच्छवि, ज्ञातृक और वृज्जि महत्त्वपूर्ण थे तथा शेष उग्र, भोग, इक्ष्वाकु और कौरव थे, जो ज्ञातृक एवं लिच्छवियों की प्रजा होने से इनके संथागार के ही सदस्य रहे होंगे।[159] *अंगुत्तर निकाय*[160] में उग्रों को वैशाली से सम्बद्ध किया गया है, जो वज्जि संघ की राजधानी थी।

---

153. *सं*., 1/68; *जातक*, 2/403; *मज्झि*., 2/101, 2/110.
154. *भगवती*., पृ. 300.
155. *सं*., 2/86; 1/68; *भद्दसाल जातक*।
156. *मज्झि*., 2/124.
157. *ध.प., अट्ठकथा*, 1/135.
158. *सी.ए.जी.*, पृ. 512-13; *रि.बु.इ.* पृ. 25; *जी.ई.बी.*, पृ. 12.
159. *से.बु.ई.*, 45, पृ. 339, *उवा*., 2, पृ. 138, पाद-टिप्पणी।
160. *अंगु*., 1/26, 3/49, 4/208.

एकपण्ण जातक में वैशाली नगरी तीन दीवारों से घिरा हुआ वर्णित है। इसके तीन विशाल राज-द्वारों और तीन बुर्जों का भी उल्लेख है।

वज्जि संघ की न्याय समिति को अष्टकुल सम्बोधित किए जाने से यह विश्वास करना कठिन है कि उसमें उपर्युक्त आठ कुलों के प्रतिनिधि सदस्य थे। योगेन्द्र मिश्र[161] का विचार है कि मिथिला के विदेह वज्जि गणतंत्र के भागीदार नहीं थे तथा वज्जि कोई कुल नहीं था, अपितु छः कुलों के संघ की संज्ञा थी, जिनके राज्य क्षेत्र वज्जि संघ के अन्तर्गत शासित थे। इस संघ की राजधानी वैशाली थी, जिसकी पहचान मुजफ्फरपुर जिले के बसाढ़ ग्राम से की जाती है। ज्ञातृक कुल के प्रधान तीर्थंकर महावीर के पिता सिद्धार्थ थे। ज्ञातृकों के केन्द्र कुण्डलपुर अथवा कुण्डलग्राम और कौल्लाग थे, जोकि वैशाली की उपबस्तियां मानी जाती हैं। इसी कारण महावीर को "वेसलिये" भी कहा गया है।[162] महापरिनिब्बान सुत्तन्त में काटिग्राम में नादिकों (ज्ञातृकों) के निवास का उल्लेख है। वज्जि संघ के अन्य कुलों यथा उग्र, भोग, कौरव, इक्ष्वाकु के केन्द्रों में हाथीगाम भोगनगर[163] आदि ज्ञात होते हैं; सम्भवतः वज्जि संघ के ये सदस्य वैशाली के उपनगरों तथा ग्रामों में रहते थे।

लिच्छवियों के कोसलराज प्रसेनजित् एवं पड़ोसी मल्लों में मैत्रीपूर्ण सम्बन्ध थे। *कल्पसूत्र*[164] से विदित होता है कि लिच्छवियों ने 9 मल्लकियों और काशी-कोसल के 18 गण राजाओं के साथ मित्र-संघ गठित किया था। इस संघ का प्रमुख निरयावली सूत्र के अनुसार चेटक था, जिसकी बहन त्रिशला या विदेह-दत्ता भगवान् महावीर की माता थी। चेटक की पुत्री चेल्लना अथवा वैदेही का जैन-परम्परा के अनुसार मगधराज श्रेणिक (बिम्बसार) से विवाह हुआ। वज्जि संघ की शत्रुता मगध से अनवरत रही। वैशाली की एक सेना ने बिम्बसार के जीवन-काल में मगध पर आक्रमण किया था, परन्तु उपर्युक्त वैवाहिक सम्बन्ध के द्वारा वैशाली और बिम्बसार के सम्बन्ध शांति एवं मैत्रीपूर्ण हो गए थे, परन्तु अजातशत्रु के राज्य-काल में वैशाली का शक्तिशाली वज्जि संघ उसके आक्रमण से छिन्न-भिन्न हो गया।

मल्ल

भगवान् महावीर के समय मल्ल लोग संघ में संगठित थे। इसके प्रत्येक सदस्य को राजा कहा जाता था, यद्यपि मूल रूप में ये भी राजतंत्रात्मक शासनाधीन थे। *कल्पसूत्र* के

161. *एन अर्ली हिस्ट्री ऑफ वैशाली*, पृष्ठ 122.
162. हार्नले : *उवा॰*, 2, पृष्ठ 4 टिप्पणी।
163. *पो॰हि॰एं॰इं॰*, पृष्ठ 121.
164. *से॰बु॰ई॰*, 22, पृष्ठ 266.

अनुसार मल्लों के सात कुल थे जो विभिन्न क्षेत्रों में शासनरत थे। इनमें से दो मल्ल-कुल प्रसिद्ध थे, जो दो प्रसिद्ध मल्ल नगर – पावा एवं कुसीनारा केन्द्रों से शासन कर रहे थे। इनके शासन-क्षेत्र की विभाजक ककुत्था (ककुस्था) नदी थी। कुसीनारा की पहचान छोटी गंडक नदी के किनारे अवस्थित कसिया ग्राम से की जाती है, जो गोरखपुर के पूर्व में 56 कि॰मी॰ दूरी पर है। कसिया से 19 कि॰मी॰ उत्तर-पूर्व में स्थित पडरोना ग्राम से पावा की अभिन्नता मानी जाती है;[165] यद्यपि कसिया से दक्षिण-पूर्व में स्थित फाजिलपुर से भी पावा की पहचान की गई है, जिसे मान्य करना कठिन है।

संगीति सुत्तन्त[166] में पावा के मल्लों के सभागृह को उब्भटक कहा गया है। मल्लों के अन्य नगरों में पावा और जम्बुग्राम के बीच स्थित भोगनगर, कुसीनारा एवं अनोमा नदी के बीच स्थित अनुपिया और उरुवेलकप्प के उल्लेख मिले हैं। मल्लों और लिच्छवियों के पारस्परिक सम्बन्ध आरम्भ में शत्रुतापूर्ण थे, परन्तु अजातशत्रु की साम्राज्यवादी नीति के भय से अन्ततः मैत्रीपूर्ण हो गए थे। मल्लों ने वज्जि संघ के साथ सामूहिक सुरक्षार्थ अजातशत्रु के आक्रमण के समय मैत्री की थी, यद्यपि *भद्दसाल जातक*[167] में वज्जियों से मल्लों के शत्रुतापूर्ण सम्बन्धों का ज्ञान होता है।

मल्लों में भगवान् महावीर और गौतम बुद्ध के बहुसंख्यक अनुयायी थे। भगवान् महावीर के परिनिर्वाण महोत्सव को पावा के मल्लों ने बड़े उत्साह से मनाया था।[168] गौतम बुद्ध के परिनिर्वाण के समय कुसीनारा के मल्लों से अस्थियों पर स्तूप निर्मित करने हेतु पावा के मल्लों ने भी भस्मावशेष प्राप्त किए थे, जिससे पावा और कुसीनारा के मल्लों की स्वतंत्र शासन-व्यवस्था का ज्ञान होता है। भगवान् महावीर के निर्वाण के कुछ वर्षों पश्चात् ही मल्ल प्रदेश पर कूणिक (अजातशुत्र) ने अधिकार कर इस गणराज्य के अस्तित्व को समाप्त कर दिया।[169] मल्लों की सहिष्णुता के कारण ही महावीर और बुद्ध दोनों महान् विभूतियों को ये प्रिय थे।

चेदि (चेति)

भारत के प्राचीनतम कबीलों में चेदि भी एक था। इसकी दो शाखाओं द्वारा दो राज्य स्थापित हुए – प्रथम, नेपाल के पर्वतीय प्रदेश में तथा द्वितीय, बुन्देलखण्ड में।[170] महावीर

165. *सी॰ए॰जी॰*, पृष्ठ 498 एवं 127.
166. *डि॰पी॰प्री॰ने॰*, 2, पृष्ठ 194.
167 *से॰बु॰ई॰*, 22, पृष्ठ 266.
168. *जा॰*, 465.
169. *का॰ले॰*, 1, पृष्ठ 79.
170. वही, 1, पृष्ठ 52.

युग में चेदि की राजधानी सोत्थिवटीनगर की पहचान *महाभारत* में उल्लेखित चेदियों की राजधानी शुक्ति अथवा शुक्तिमती से की जाती है। चेदि जनपद के अन्य प्रमुख नगरों में सहजाति और त्रिपुरी थे। इनमें सहजाति गंगा नदी से सम्बद्ध व्यापारिक पथ पर स्थित था।[171] वैदब्भ जातक[172] से विदित होता है कि काशी से चेदि जाने वाला मार्ग असुरक्षित था। *महाभारत* एवं कुछ जातक-कथाओं से चेदि पर शासन करने वाले राजाओं के नाम ज्ञात होते हैं, जिनकी पुष्टि किसी अन्य स्रोत से नहीं होती। भगवान् महावीर के जीवन-काल में चेदि स्वतंत्र एवं महत्त्वपूर्ण राज्य था, परन्तु इसके इतिहास के सम्बन्ध में हमें कोई प्रामाणिक जानकारी उपलब्ध नहीं है।

वत्स

गंगा नदी के दक्षिण का प्रदेश वत्स राज्य के अन्तर्गत शासित था, जिसकी राजधानी कौशाम्बी को यमुना के किनारे अवस्थित कोसम से पहचाना जाता है। महावीर के समय वत्स का शासक शतानीक का पुत्र उदयन था। पौराणिक परंपरा के अनुसार उदयन का राजवंश भारत कुल था, परन्तु उसके पूर्वगामी शासकों के सम्बन्ध में भिन्न उल्लेख भी उपलब्ध हैं। उदयन का पिता शतानीक द्वितीय था। बौद्ध-साहित्य[173] में उदयन के पिता का नाम परन्तप और जैन-साहित्य में सयाणीय उल्लेखित है। उदयन की माता चेटक की पुत्री विदेह राजकुमारी थी, फलतः उसे वैदेहीपुत्र[174] भी कहा गया है। दधि वाहन के शासन-काल में शतानीक ने अंग देश की राजधानी चम्पा पर आक्रमण किया था।[175] शतानीक शक्तिशाली और महत्त्वाकांक्षी शासक था। उसका विवाह वज्जि संघ के प्रमुख चेटक की पुत्री से हुआ था, फलतः वत्स के सम्बन्ध वैशाली से मैत्रीपूर्ण बने रहे।

वत्सराज उदयन एवं अवन्तिराज प्रद्योत महासेन के सम्बन्ध में एक कथानक प्रसिद्ध रहा है, जिसके अनुसार दोनों शासकों के सम्बन्ध शत्रुतापूर्ण थे। प्रद्योत ने छलपूर्वक उदयन को कैद कर उसे अपनी पुत्री वासवदत्ता को वीणावादन की शिक्षा देने के लिए विवश किया। इसी बीच उदयन ने वासवदत्ता से प्रेम-सम्बन्ध स्थापित करके उसका हरण कर विवाह कर लिया।[176] फलतः दोनों शासकों के पारस्परिक सम्बन्ध मैत्रीपूर्ण हो गए।

---

171. *रि०बु०इं०*, पृष्ठ 103.
172. *सं०*, 4 / 110 / 13.
173. *विनय०*, 2 / 127, 4 / 198, *मज्झि०*, 2 / 97; *जा०*, 3 / 157.
174. *स्वप्नवासवदत्ता*, 6 / 129.
175. *ज०ए०सो०बं०*, 1914, पृष्ठ 321.
176. *ध०प० टीका*, 21 / 23, *मेघदूत*, 2 / 30.

प्रियदर्शिका के कथानक के अनुसार उदयन ने कलिंग विजित कर अपने श्वसुर दृढ़वर्मन को अंग की राजगद्दी पर आसीन किया। भग्ग गण वत्स के अधीन था।[177]

उदयन का बोधि नामक पुत्र था, परन्तु उदयन के पश्चात् उसको उत्तराधिकार में वत्स राज्य पर अधिकार मिला या नहीं, विदित नहीं होता; यद्यपि वह भग्गों की राजधानी सुंसुमारगिरि का युवराज ज्ञात होता है।[178]

मगध

महावीर युगीन मगध महाजनपद में आधुनिक दक्षिण बिहार के पटना और गया जिलों का क्षेत्र था, जिसकी सीमा सम्भवतः उत्तर में गंगा से दक्षिण में छोटा नागपुर के पठार के जंगली प्रदेश तक तथा पूर्व में अंग से लेकर पश्चिम में सोन नदी तक रही होगी। अंग और मगध के बीच विभाजक रेखा चम्पा नहीं थी, परन्तु महावीर के जीवन-काल में ही मगध की प्रभुता और राज्य-क्षेत्र का विस्तार हुआ। श्रेणिक बिम्बसार ने अपने पुत्र कूणिक अजातशत्रु को अंग का शासक नियुक्त किया था। महावीर के समकालीन मगध के शासक बिम्बसार और उसके उत्तराधिकारी अजातशत्रु के शासन-काल में मगध की सत्ता और शक्ति उत्तर भारत में सर्वाधिक विस्तृत थी। जैन-परम्परा में मगधराज श्रेणिक बिम्बसार को अत्यन्त आदर प्राप्त है। बिम्बसार के उत्थान में सैनिक शक्ति के अतिरिक्त वैवाहिक सम्बन्धों ने भी योगदान दिया था। उसे कोसल के शासक प्रसेनजित् की बहन और वैशाली के प्रमुख चेटक की पुत्री ब्याही गई थी, फलतः उसके प्रभाव-क्षेत्र का विस्तार हुआ।

बिम्बसार के पुत्र अजातशत्रु ने अपने पैतृक राज्य में से खोये हुए काशी प्रदेश को प्रसेनजित् से पुनः हस्तगत कर लिया तथा सोलह वर्ष तक भयंकर युद्ध के पश्चात् वैशाली के वज्जि संघ को छिन्न-भिन्न करके उसने वैशाली को मगध का अंग बना लिया था। प्रसेनजित् एवं उसके उत्तराधिकारी विडुडभ की मृत्यु के पश्चात् अजातशत्रु ने सम्भवतः कोसल को भी मगध साम्राज्य में समाविष्ट कर लिया था। अपने पिता के 300 योजन राज्य-क्षेत्र को उसने 500 योजन विस्तृत कर लिया था, यद्यपि अवन्तिराज प्रद्योत से अजातशत्रु की प्रतिद्वन्द्विता बनी रही।

जैन स्रोतों[179] से राजगृह के आरंभिक शासकों में समुद्र विजय और उसके पुत्र गय के नाम ज्ञात हुए हैं, परन्तु पौराणिक परम्परा के अनुसार बृहंद्रथ राजवंश के पतन के पश्चात् बिम्बसार का मगध के शासक के रूप में उल्लेख मिलता है। पुराणों में उसके

177. *जा॰*, 353.

178. *जा॰*, 3/157.

179. *से॰बु॰ई॰*, 45, पृष्ठ 86.

राजवंश को शिशुनाग सम्बोधित किया गया है, परन्तु विश्वसनीय बौद्ध साक्ष्यों से हर्चकवंश ज्ञात होता है। महावंश के अनुसार बिम्बसार को 15 वर्ष की आयु में ही उसके पिता भट्टीय ने मगध के राजसिंहासन पर बिठाया था। इससे उसका पिता सैनिक अधिकारी प्रकट होता है। डी॰आर॰ भण्डारकर का विचार है कि बिम्बसार वज्जियों का सेनापति रहा होगा, जो राजा बन बैठा। जैन परम्परा में बिम्बसार को सैनिय अथवा श्रेणिक कहा गया है; सम्भवतः राजतिलक के पूर्व वह सैनिक अधिकारी रहा होगा। महावीर युग के शक्तिशाली शासकों में श्रेणिक बिम्बसार की गणना की जाती है, जिसे सम्भवतः उसके पिता ने अपने सैनिक अधिकारी के पद का लाभ उठाकर पौराणिक बृहद्रथ राजवंश के उत्तराधिकारी के अभाव में सिंहासनारूढ़ कर दिया होगा।

बिम्बसार को राजनैतिक शक्ति के रूप में प्रतिष्ठित होने के लिए वैवाहिक सम्बन्धों ने अधिक योगदान दिया था। उसकी एक रानी कोसलराज प्रसेनजित् की बहन थी, जिसको दहेज में एक लाख की आय वाला कासी जनपद प्राप्त हुआ था। बिम्बसार की द्वितीय रानी वैशाली के प्रधान चेटक की पुत्री चेलना थी। तृतीय रानी वैदेही वासवी विदेह जनपद की तथा चतुर्थ रानी खेमा मद्र देश की राजकुमारी वर्णित की गई हैं।

बिम्बसार ने वैवाहिक सम्बन्धों से मैत्री अर्जित कर पड़ोसी देश अंग को अधिकृत कर लिया तथा अपने पुत्र कूणिक अजातशत्रु को चम्पा का शासक नियुक्त किया। जैन-स्रोतों से ज्ञात होता है कि अवन्ति के शासक चण्डप्रद्योत ने बिम्बसार के जीवन-काल में राजगृह पर आक्रमण किया था, परन्तु राजकुमार अभय[180] की बुद्धिमत्ता से प्रद्योत को असफल होना पड़ा। बौद्ध-स्रोतों से बिम्बसार के संबंध प्रद्योत से मित्रतापूर्ण प्रतीत होते हैं, क्योंकि उसने अपने राजवैद्य जीवक को प्रद्योत की चिकित्सा करने के लिए उज्जयिनी भेजा था। गांधार के शासन पुष्करसारिन् से भी बिम्बसार के मित्रतापूर्ण संबंध थे।[181] एक बौद्ध कथानक के अनुसार अजातशत्रु ने बिम्बसार की हत्या कर सिंहासन हस्तगत कर लिया था, परन्तु जैन-परम्परा अजातशत्रु को पितृ-हत्या का दोषी नहीं मानती, यद्यपि राजगद्दी प्राप्त करने की लालसा में बिम्बसार को कैद कर शासन हस्तगत कर लेने की घटना की पुष्टि तो जैन-स्रोतों से भी होती है। अजातशत्रु के हाथ में खड्ग देखकर बिम्बसार के द्वारा स्वयं विष ले लेने से मृत्यु को प्राप्त होने की घटना जैन-ग्रंथों में वर्णित है।

कूणिक अजातशत्रु के सत्ता हथिया लेने के पश्चात् प्रसेनजित् ने काशी छीन लिया। इस पर अजातशत्रु ने प्रसेनजित् पर आक्रमण कर दिया और अंततः प्रसेनजित् ने अपनी पुत्री वाजिरा का विवाह अजातशत्रु से करके उसे काशी पुनः सौंप दिया। जैन-ग्रंथों से

---

180. *ए॰भं॰ओ॰रि॰इं॰*, 1920-21, पृष्ठ 3.
181. *रि॰बु॰इं॰*, पृष्ठ 15.

ज्ञात होता है कि कूणिक ने पूर्वी भारत के शक्तिशाली शत्रुओं के संगठन को भयंकर एवं लम्बा युद्ध करके समाप्त कर दिया था, जिसका नेता वैशाली का प्रधान चेटक था। इस छत्तीस गण-राज्यीय संगठन को नौ मल्लकी, नौ लिच्छवि तथा काशी-कोसल के अट्ठारह गण-राजाओं ने उसके आक्रमण से रक्षा हेतु बनाया था।[182] कूणिक ने वैशाली के वज्जि संघ को परास्त कर राज्य अधिकृत कर लिया। इस दीर्घ एवं नरसंहारी युद्ध के कारणों का विभिन्न ग्रंथों में भिन्न-भिन्न विवरण है।

बौद्ध-ग्रंथों में वर्णित अनुश्रुति के अनुसार गंगा नदी के निकट की खान से निकलने वाले रत्नों का बराबर विभाजन लिच्छवियों और मगध में होना था; परन्तु लिच्छवि-गण सम्पूर्ण आय का उपभोग कर रहा था। अजातशत्रु द्वारा आधी आय मांगने पर भी लिच्छवियों ने नहीं दी, फलतः उसने वैशाली पर आक्रमण कर दिया।

जैन-ग्रंथों[183] से युद्ध का कारण सचेनक (श्रेयनाक) हाथी और देवदिन्न नामक अठारह लड़ियों वाले मुक्ताहार को हस्तगत करने की अजातशत्रु की लालसा थी। अनुश्रुति के अनुसार महाराज बिम्बसार ने अपने पुत्र हल्ल और बेहल्ल को सचेनक हाथी और अमूल्य मुक्ताहार प्रदान किया था, जिसे कूणिक-अजातशत्रु की रानी पद्मावती ईर्ष्या-वश प्राप्त करना चाहती थी। अजातशत्रु द्वारा छीने जाने के भय से दोनों भाई अपने मामा वैशाली के प्रधान चेटक के पास चले गए। जब चेटक ने सचेनक हाथी और मुक्ताहार सहित शरणागतों को वापस करने से इन्कार कर दिया तो अजातशत्रु ने वैशाली पर आक्रमण कर दिया।[184]

चेटक ने वैशाली की शक्तिशाली सेनाओं के अतिरिक्त मित्र-राज्य – मल्ल, काशी और कोसल के गणराजाओं की शक्तिशाली रण-वाहिनी को भी सहायतार्थ आमंत्रित किया। यह युद्ध करीब 16 वर्ष तक चलता रहा, परन्तु अन्ततः अजातशत्रु भेद की नीति से अपने अमात्य वस्सकार (वर्षाकार) की कूटनीति द्वारा विजयी रहा। बौद्ध अनुश्रुति के अनुसार वर्तमान पाटलिपुत्र को युद्ध में सुविधाओं हेतु अजातशत्रु ने बसाया था। जैन ग्रन्थों में नरहिंसा और विभिन्न प्रकार के शस्त्रों से लड़े जाने वाले युद्ध की व्यूह-रचना – महाशिला-कण्टक, रथमूसल, आदि का अतिरंजित विवरण है। वैशाली अधिकृत कर लिए जाने से अजातशत्रु की साम्राज्य-शक्ति बढ़ गई और उत्तर भारत की श्रेष्ठ सैनिक शक्ति के रूप में मगध राज्य की प्रतिष्ठा हो गई। अवन्ति के शासक चण्डप्रद्योत से अजातशत्रु की प्रतिद्वन्द्विता थी। प्रद्योत के भय से अजातशत्रु ने मगध की राजधानी राजगृह की किले-

---

182. *भगवती॰*, 300.

183. *उवा॰*, 2, परिशिष्ट, पृ॰ 7; बी॰सी॰ला॰, *सम जैन केनोनिकल सूत्राज़ (निरया॰)*, पृ॰ 87.

184. *आव॰*, पृष्ठ 684.

बन्दी करवाई थी,[185] जिसके प्राचीर के अवशेष राजगीर में उपलब्ध हैं। चण्डप्रद्योत और अजातशत्रु में कोई युद्ध हुआ हो, ऐसी जानकारी किसी भी स्रोत से नहीं मिलती, यद्यपि पारस्परिक वैमनस्य-परम्परा का ज्ञान होता है, क्योंकि प्रद्योत के उत्तराधिकारी पालक ने अजातशत्रु के उत्तराधिकारी उदायि की एक षड्यंत्र द्वारा हत्या करवा दी थी।

कुरु

कुरु की पहचान वर्तमान कुरुक्षेत्र अथवा पूर्वमध्ययुगीन थानेश्वर से की जाती है। *महासुतसोम जातक*[186] से कुरु जनपद का विस्तार तीन सौ योजन ज्ञात होता है। कुरु की राजधानी दिल्ली के निकट इन्द्रप्रस्थ थी, जिसका विस्तार सात योजन था तथा इस जनपद की प्राचीन राजधानी और प्रमुख नगर हस्तिनापुर था। अन्य महत्त्वपूर्ण कुरु राज्य की बस्तियों में – थुल्लकोट्टहित, कम्मास्सदम्म, कण्डी एवं वारणावत, आदि का उल्लेख मिला है।

जातक कथाओं में[187] कुरु राज्य के कुछ राजाओं और राजकुमारों – धनंजय, कौरव्य एवं सुतसोम का उल्लेख है, यद्यपि इनकी ऐतिहासिकता की किसी अन्य स्रोत से पुष्टि नहीं होती। *उत्तराध्ययन सूत्र* से ज्ञात होता है कि कुरु देश के इशुकार नगर में राजा इशुकार राज्य करता था।[188] संभवतः कुरु प्रदेश विभिन्न छोटे-छोटे राज्यों में विभाजित था, जिनमें महावीर के समय इन्द्रप्रस्थ और इशुकार महत्त्वपूर्ण थे। कुरु देश के एक शासक ने रट्ठपाल की यात्रा करके बौद्ध धर्म स्वीकार किया था।

पांचाल

पांचाल जनपद के अन्तर्गत वर्तमान बदायूं, फरुखाबाद और उनसे लगे हुए उत्तर प्रदेश के कुछ जिलों का भाग समाविष्ट था। आरम्भिक समय में पांचाल जनपद दो भागों – उत्तर पांचाल और दक्षिण पांचाल में विभाजित था। उत्तर पांचाल की राजधानी अहिच्छत्रा थी, जिसकी पहचान बरेली जिलान्तर्गत वर्तमान रामनगर से की जाती है तथा दक्षिण पांचाल की राजधानी काम्पिल्य थी, जिसकी पहचान फरुखाबाद जिलान्तर्गत वर्तमान कम्पिल से की जाती है।

प्रवाहण जैवलि की मृत्यु के पश्चात् से पांचाल जनपद का इतिहास अन्धकारपूर्ण है। *महा-उम्मग्ग जातक*[189] में पांचाल के महान् शासक चुलनि ब्रह्मदत्त का विवरण है,

185. *मज्झि.*, 37.
186. *जा.*, 537.
187. *जा.*, 276, 413, 515 एवं 545.
188. *से.बु.ई.*, 45, पृष्ठ 62.
189. *जा.*, 546.

जिसकी पुष्टि *उत्तराध्ययन सूत्र*,[190] *स्वप्नवासवदत्ता*[191] एवं *रामायण*[192] से होती है। *उत्तराध्ययन सूत्र* में ब्रह्मदत्त का उल्लेख चक्रवर्ती राजा के रूप में है, यद्यपि कथानक अतिरंजित है।

उत्तराध्ययन सूत्र में काम्पिल्य के शासक संजय का विवरण है, जिसने राज्य त्याग कर जैन प्रव्रज्या ग्रहण कर ली थी।[193] संजय की तिथि और इतिहास अज्ञात है। सम्भवतः महावीर युग में पांचाल भी एक संघ-राज्य था तथा संघ-शासक के नेतागण राजा बिरुद धारण करते थे। इस प्रकार के राजा बिरुद-धारियों में से एक राजा का दोहित्र विशाख पंचालीपुत्र था, जो गौतम बुद्ध का अनुयायी था।

मत्स्य

मत्स्य (मच्छ) जनपद के अन्तर्गत वर्तमान राजस्थान के जयपुर एवं अलवर जिले के क्षेत्र थे। मत्स्य की राजधानी विराट नगर थी, जिसकी पहचान आधुनिक बैराट से की जाती है। मत्स्य का एक अन्य महत्त्वपूर्ण नगर उपप्लव्य था जहां पाण्डव-बन्धु अपना अज्ञातवास व्यतीत करने को विराट नगर से स्थानांतरित हुए थे। *महाभारत*[194] में चेदि एवं मत्स्य के शासक सहज का उल्लेख है। महावीर के समय मत्स्य जनपद का राजनीतिक महत्त्व नहीं था और पालि साहित्य में मत्स्यों का उल्लेख शूरसेनों के साथ किया गया है।

शूरसेन

मथुरा के आसपास का प्रदेश शूरसेन के नाम से विख्यात था। इस जनपद की राजधानी मथुरा ही थी। *महाभारत* एवं पुराणों से मथुरा के शासक यदुवंशी थे, यद्यपि यादवों की कई शाखाएँ – वीतिहोत्र, सात्वत, अन्धक, वृष्णि, आदि थीं। महावीर के जीवन-काल में मथुरा के शासक का नाम अवन्तिपुत्र ज्ञात होता है।[195] बौद्ध मतावलम्बियों में अवन्तिपुत्र का विशेष महत्त्व है, क्योंकि उसने बौद्ध धर्म को शूरसेन क्षेत्र में प्रचारित किया। मथुरा जैनधर्मावलम्बियों का भी अत्यन्त महत्त्वपूर्ण केन्द्र था। जैन अनुश्रुति के अनुसार भगवान् महावीर अज्ज मंग और अज्ज रक्खिय ने मथुरा प्रवास किया था। गौतम बुद्ध के जन्म के समय मथुरा के शासक का नाम सुबाहु विदित होता है।[196]

---

190. *से॰बु॰ई॰*, 45, पृष्ठ 57-61.
191. पंचम अंक।
192. *रामायण*, 1/32.
193. *से॰बु॰ई॰*, 45, पृष्ठ 80-82.
194. *महाभारत*, 5/74/16, 6/47/69, 6/52/9.
195. *मज्झि॰*, 2/87.
196. ललितविस्तर (मिश्रा द्वारा संपादित), पृष्ठ 24.

अवन्ति

अवन्ति जनपद के अन्तर्गत वर्तमान मध्य मालवा, निमाड़ तथा मध्यप्रदेश का आसपास का सम्बद्ध प्रदेश सम्मिलित था। हैहयों की एक शाखा अवन्ति के कारण इस प्रदेश की अवन्ति संज्ञा हुई। वीतिहोत्र एवं अवन्ति के पश्चात् यह महाजनपद दो भागों में विभाजित हो गया था। दक्षिणापथ की राजधानी माहिष्मती और उत्तरी भाग की राजधानी उज्जयिनी थी। दक्षिण भाग का शासक महावीर के समकालीन वैस्सभु (विश्वभू) था,[197] जोकि समकालीन भरत कुल के सात शासकों में से एक था। उत्तरी भाग के शासन केन्द्र उज्जयिनी में अमात्य पुलिक (पुणिक) ने अन्तिम वीतिहोत्र शासक की हत्या कर अपने पुत्र प्रद्योत का क्षत्रियों के समक्ष राज्यारोहण कर[198] प्रद्योत राजवंश को प्रतिष्ठित किया।

प्रद्योत महावीर के समकालीन उज्जयिनी का शासक था। इसे महासेन और चण्डप्रद्योत के नाम से भी उल्लेखित किया गया है। यह श्रेष्ठ योद्धा था,[199] जिसने पुराणों में कई शासकों को अधीनस्थ करके गौरव प्रदान किया है। परन्तु उन शासकों के नाम नहीं दिए हैं। प्रद्योत अपने पड़ोसी शासक वत्सराज उदयन का राज्य हड़पना चाहता था। एक षड्यंत्र द्वारा उदयन को प्रद्योत ने कैद कर लिया था, परन्तु अन्ततः उसकी पुत्री वासवदत्ता से उदयन का गान्धर्व-विवाह[200] हो जाने से दोनों के सम्बन्ध मैत्रीपूर्ण हो गए। प्रद्योत गांधार के शासक पुष्करसारिन् से अप्रसन्न था, जिसके कारण पुष्करसारिन् ने बिम्बसार के पास मैत्री हेतु पत्र-सहित राजदूत भेजा था।[201] मथुरा के शूरसेन शासक अवन्तिपुत्र से भी प्रद्योत के मैत्रीपूर्ण सम्बन्ध थे। संभवतः वह अवन्ति की राजकुमारी का पुत्र होगा। मगध के शासक श्रेणिक बिम्बसार से प्रद्योत के सौहार्दपूर्ण संबंध थे। अपने राजवैद्य जीवक को बिम्बसार ने प्रद्योत के रोग निदान हेतु भेजा था। जैन अनुश्रुति के अनुसार प्रद्योत ने बिम्बसार के जीवन-काल में ही राजगृह पर आक्रमण किया था, परन्तु राजकुमार अभय के चातुर्य के कारण उसे पलायन करना पड़ा था।[202] कूणिक अजातशत्रु से प्रद्योत के संबंध शत्रुतापूर्ण थे क्योंकि दोनों की नीति आक्रामक एवं साम्राज्यवादी थी। अजातशत्रु ने प्रद्योत के आक्रमण के भय से राजगृह का दुर्गीकरण करवाया था।[203] प्रद्योत

197. *दीघ.*, 2/236; महागोविन्द सुत्तन्त में भी "वेस्सभु" का उल्लेख है।
198. *मत्स्य.*, पृष्ठ 272, 5/37/303.
199. *मव.*, 8/1/23.
200. *रि.बु.ई.*, पृष्ठ 15; *रि.पो.हि.ए.इं.*, पृष्ठ 147 एवं 204.
201. *डि.पा.प्रॉ.ने.*, 1/128.
202. *मज्झि.*, 3/7.
203. "जं रयणिं सिद्धिगओ अरहा तित्थंकरो महावीरो।
तं रयणिमवन्तिए, अभिसित्तो पालओ राया।।"
— *तित्थोगाली पइन्नय*, 620

के अनुज कुमारसेन की महाकाल मंदिर में नरमाँस विक्रय बंद करवाने के प्रयत्न में हत्या कर दी गई थी। परवर्ती अनुश्रुति के अनुसार प्रद्योत के उत्तराधिकारी पालक का राज्याभिषेक भगवान् महावीर के निर्वाण-महोत्सव के दिन हुआ था।

सिन्धु-सोवीर

सिन्धु नदी की घाटी का निचला भाग सिन्धु-सोवीर के नाम से जाना जाता था। "सिन्धु" के अंतर्गत सिन्धु नदी का पश्चिमी निचला भाग और "सोवीर" के अन्तर्गत सिन्धु नदी का मुल्तान तक का पूर्वी निचला भाग माना जाता है। इस जनपद की राजधानी "वीतभय"[204] और महावीर का समकालीन शासक उदायन था, जो जिन्-धर्म का अनुयायी बना। कुछ समय बाद ही अपनी बहन के पुत्र केशीकुमार को राजगद्दी प्रदान कर उदायन ने महावीर की शरण जाकर प्रव्रज्या ग्रहण कर ली थी।[205] बौद्ध परम्परा में रोरुक के शासक उद्रायण का विवरण है, जिसने बौद्ध धर्म स्वीकार किया था।

अस्सक (अश्वक)

प्राचीन बौद्ध साहित्य में अस्सक (अश्वक) की षोड़स महाजनपदों के अंतर्गत गणना की गई है। इसकी राजधानी पोतन अथवा पोतलि बताई गई है। *महाभारत* (1/177) में इसे पौदन्य कहा है। बौद्ध साहित्य[206] में अस्सक महाजनपद को दक्षिणापथ में स्थित बताया है, जो गोदावरी नदी का प्रदेश अथवा महाराष्ट्र क्षेत्र से पहचाना जाता है। *वायु पुराण* (88/177-78) के अनुसार अश्वक राज्य की स्थापना इक्ष्वाकुओं ने की थी। *बौद्ध महागोविन्द सुत्तन्त* में अस्सक के राजा ब्रह्मदत्त का उल्लेख है। इसके समकालीन अन्य शासकों में कलिंग का राजा सत्तभु, अवन्ति का राजा वेस्सभु, सोवीर का राजा भरत, विदेह का राजा रेणु, अंग और काशी का राजा धतरट्ठ थे। सोननन्द जातक में अस्सक को अवन्ति से संबोधित कहा गया है। चुल्ल कलिंग जातक में अस्सक के राजा अरुण और मंत्री नन्दिसेन का विवरण है जिसने कलिंग के राजा को विजित किया था। महावीर युग के अस्सक महाजनपद के इतिहास पर पर्याप्त जानकारी अनुपलब्ध है, केवल अस्सक के राजा के एक पुत्र राजकुमार सुजात का उल्लेख है। अस्सक जातक में पोटलि नगर को काशी राज्य के अंतर्गत उल्लेखित किया गया है।

गंधार (गांधार)

प्राचीन गांधार जनपद के अंतर्गत पाकिस्तान के वर्तमान पेशावर एवं रावलपिण्डी जिले

---

204. *पो॰हि॰एं॰इं॰*, पृ॰ 507 एवं 6/9.
205. *भगवती॰*, 13/6.
206. *डाइ॰*, 3, पृ॰ 270; *सुत्तनिपात*, 977; *जा॰*, 301.

का भू-भाग था तथा राजधानी तक्षशिला एक प्रसिद्ध शिक्षा-केन्द्र था। प्राचीन भारत के विख्यात शिक्षा-केन्द्र तक्षशिला में भारत के सुदूर प्रदेशों से विद्यार्थी एवं राजकुमार विद्याध्ययन को आते थे। कोसल के राजा प्रसेनजित् ने लिच्छवि राजकुमार महालि और कुसीनारा के मल्ल राजकुमार के साथ तक्षशिला में शिक्षा प्राप्त की थी।[207] तक्षशिला तत्कालीन व्यापारिक केन्द्रों में प्रसिद्ध था तथा बनारस से इसकी दूरी दो हजार योजन थी।[208]

पुराणों में गंधार के राजाओं को द्रुह्यु का वंशज कहा गया है।[209] जैन परम्परानुसार गंधार का शासक नग्नजित् विदेह के राजा निमि, पांचाल के दुर्मुख, विदर्भ के भीम तथा कलिंग के करकण्डु का समकालीन था।[210] इसने भगवान् पार्श्वनाथ का जिन-धर्म (जिण) स्वीकार किया था। पार्श्वनाथ की तिथि लगभग 777 ई॰पू॰ मानी जाती है। अतएव नग्नजित् का समय पार्श्वनाथ एवं महावीर के मध्य मानना होगा। महावीर के समकालीन गंधार का शासक पुक्कुसाति (पुष्करसारि) था, जिसे उज्जयिनी के राजा प्रद्योत ने परास्त किया था तथा इसके भय से उसने मगधराज बिम्बसार से मैत्री करने हेतु उपहार-सहित एक राजदूत राजगृह भेजा था।[211] पुष्करसारिन् को पंजाब के किसी क्षेत्र में बसे पाण्डवों से भी भय था, जो आक्रामक नीति अपनाये थे।

गंधार राज्य पर ईरान के अखामनी शासकों ने अनवरत आक्रमण करके उसे अपने साम्राज्य के अन्तर्गत हिन्दू प्रांत बना लिया। स्ट्रेबो[212] के अनुसार अखामनी सम्राट् साइरस (ई॰पू॰ 550 से 530) ने भारत को विजित करने हेतु गेड्रो (गंधार) एक सेना भेजी थी, परन्तु केवल सात व्यक्ति ही जीवित लौटे। एरीयन के अनुसार गंधार के निकट का प्रदेश कोफेन (काबुल) साइरस ने जीत लिया था।[213] इसे अपनी पूर्वी विजय में ड्रोंजियाना (सीस्थान), सत्तगीडिया (गजनी और गिल्जई या हजारा), गाण्डोरिटस (गंधार) को अधिकृत करने का श्रेय दिया जाता है। थीसियस के अनुसार साइरस की मृत्यु भी किसी भारतीय के हाथों युद्ध में लगी चोट से हुई थी। इस युद्ध में भारतीय सैनिक डरबाइक की ओर से लड़ रहे थे। एक्सनाफन का कथन है कि साइरस ने बेक्ट्रिया व भारत के लोगों को अधीन कर अपना मार्ग हिन्द महासागर तक खोल लिया तथा किसी भारतीय शासक से

207. *ध॰प॰, अट्ठकथा,* 1/337-38.
208. *जा॰*, 406; *तेलपत्त जातक,* संख्या 96; *सुसीम जातक,* संख्या 163.
209. *मत्स्य॰*, 48/6; *वायु॰*, 99/9.
210. *से॰बु॰ई॰*, 45, पृ॰ 87.
211. *रि॰बु॰इं॰*, पृ॰ 28; *डि॰पी॰प्री॰ने॰*, भाग 2, पृ॰ 215; *एसेज़ आन गुणाद्य,* पृ॰ 176.
212. एच॰ एण्ड एफ॰, स्ट्रेबो, 3, पृ॰ 74.
213. Chinnock;Arrians *Anabasis*, p. 399.

वह कर लेकर लौट गया था। प्लिनी के अनुसार साइरस ने घोरबंद और पंजपीर के संगम पर बसे कापिशी पर विजय प्राप्त की थी, जिसकी पुष्टि एरीयन के विवरण से भी होती है। साइरस के पौत्र द्वारा (डेरियस) प्रथम (ई॰पू॰ 522 से 486 तक) के बहिस्तान शिलालेख[214] (ई॰पू॰ 520) में अखामनी साम्राज्य के उल्लेखित 23 प्रान्तों में हिन्दु (सिन्धु) प्रान्त का उल्लेख नहीं है, परन्तु गांधारवासियों को अपने अधीनस्थ वर्णित किया है। पर्सिपोलीस व नक्शेरुस्तभ के अभिलेखों (518 ई॰पू॰) में गन्धार व उत्तरी पंजाब के क्षेत्रों का हिन्दु प्रान्त उल्लेखित है, जिसकी पुष्टि हमदन के स्वर्ण एवं रजत-पत्र लेखों से होती है। हैरोडोटस[215] के अनुसार डेरियस का गंधार सातवां और भारत बीसवां प्रान्त (सैट्रपी) था, जहां से सम्पूर्ण साम्राज्य की आय का एक तिहाई भाग आता था। पुष्करसारि के जीवन-काल में गंधार स्वतंत्र राज्य था, यद्यपि उसे पड़ोसियों के आक्रमणों का सदैव भय था। सम्भवतः पुष्करसारि ने ईरान के सम्राट साइरस को भेंट दी हो, परन्तु गंधार की स्वतंत्रता अक्षुण्ण नहीं रह सकी। साइरस का उत्तराधिकारी कैम्बीसस (ई॰पू॰ 530-522) दुर्बल था। पुष्करसारि की मृत्यु के पश्चात् सायरस[216] ने महावीर के निर्वाण के पहले ही गंधार को विजित कर अन्य सीमांत भारतीय क्षेत्रों सहित अपने साम्राज्य में सम्मिलित कर लिया होगा।

एरियन के अनुसार सिन्ध के पश्चिमी क्षेत्र से काबुल नदी तक के प्रदेश में बसी भारतीय जातियां ऐस्टेसीनियन और ऐस्सेसीनियन ईरान के अधीन थीं। ये सायरस की प्रशंसा करते थे तथा उसे अपना सम्राट बताते थे।

काम्बोज

उत्तरापथ के राज्यों में काम्बोज की गणना की गई है। इसका उल्लेख सामान्यतः गंधार के साथ ही हुआ है।[217] इसे उत्तरापत में ही माना जाता था।[218] काम्बोज के अन्तर्गत रजोरी (प्राचीन राजपुर) के आसपास के प्रदेश सहित पश्चिमोत्तर सीमा प्रान्त के हजारा जिले का क्षेत्र था। सम्भवतः पश्चिम में काफरीस्तान तक काम्बोज जनपद का विस्तार था। द्वारका, राजपुर और नन्दीनगर काम्बोज के महत्त्वपूर्ण नगर थे, इनमें द्वारका को आरंभिक राजधानी माना जाता है। महावीर के समय सम्भवतः राजपुर को राजधानी का गौरव प्राप्त

---

214. *के॰हि॰इ॰*, 1, पृ॰ 334; *आ॰स॰इं॰ए॰रि॰*, 34, पृ॰ 1-2; आमस्टेड, *हिस्ट्री ऑफ पर्शियन इम्पायर*, पृ॰ 145.
215. *द एज आफ इम्पीरियल युनिटी*
216. *इ॰ए॰रि॰*, 34, पृ॰ 1-2.
217. *महाभारत*, 12 / 207 / 43; *अंगु* 1 / 213; 4 / 252, 256, 261.
218. *महाभारत*, 12 / 207 / 43; *राजतरंगिणी* 4 / 163-65.

था।[219] वैदिक युग में काम्बोज के किसी शासक का उल्लेख प्राप्त नहीं है। *महाभारत*[220] में काम्बोज के दो शासकों – चन्द्रवर्मन एवं सुदक्षिण का सन्दर्भ है, यद्यपि उनकी तिथि और इतिहास का ज्ञान नहीं होता। परवर्ती युग में राजतंत्र के स्थान पर काम्बोज में संघ राज्य की स्थापना हो गई थी। द्वारका प्रसिद्ध व्यापारिक केन्द्र था, जो उत्तरापथ के नगरों से सड़क द्वारा संबंधित है। *महाभारत*[221] में "कम्बोजानाञ्च ये गणः" और कौटिल्य के *अर्थशास्त्र*[222] में कम्बोजों को "शास्त्रोपजीविन्" बताया है।

विभिन्न गणराज्य

षोड़स महाजनपदों के अतिरिक्त महावीर के समय स्वतंत्र एवं अर्धस्वतंत्र गणराज्यों के उल्लेख मिले हैं, जिनकी शासन-व्यवस्था कबीलागत थी। इनमें कपिलवस्तु के शाक्य, रामग्राम एवं देवदह के कौलिय, सुंसमारगिरि के भग्ग (भर्ग), अल्लकप्प के बुलि, केसपुत्त के कालाम और पिप्पलिवन के मोरिय का विवरण बौद्ध साहित्य में उपलब्ध है।[223]

शाक्य गणराज्य का विस्तार उत्तर में हिमालय, पूर्व में रोहिणी नदी और पश्चिम एवं दक्षिण में राप्ति नदी तक था। शाक्य गणतंत्र की राजधानी कपिलवस्तु थी, जिसकी पहचान नेपाल की तराई में रुम्मदेई (लुम्बिनी वन) के निकट तिलोरकोट पर बिखरे अवशेषों से की जाती है। इनका दूसरा महत्त्वपूर्ण नगर देवदह का एक भाग था, जोकि कौलियों से इन्हें हिस्से में मिला था। गौतम बुद्ध के पिता शुद्धोदन भी शाक्य राजा थे, जो कभी शाक्यों के महाराज चुने गये थे। कौलियों से शाक्यों का सदैव रोहिणी के जल बंटवारे को लेकर वैमनस्य रहता था। दोनों गणतंत्रों के मैत्रीपूर्ण सम्बन्ध हेतु शुद्धोदन ने दो कौलिय राजकन्याओं से विवाह किया था। शाक्यगण अपने निकटवर्ती कोसल की प्रभुता मानता था। गौतम बुद्ध ने एक बार मध्यस्थ बनकर कौलियों एवं शाक्यों के जल-विवाद को निपटाया था। प्रसेनजित् के पुत्र विड्डुभ ने शाक्यों का संहार किया था, जिसकी बौद्ध-साहित्य में निन्दा की गई है।

रामग्राम के कौलिय शाक्यों के पूर्वी पड़ोसी थे, जिनकी सीमा रोहिणी नदी थी। दोनों ही गणतंत्रों में सिंचाई हेतु रोहिणी नदी के पानी का उपयोग करने की संधि थी। ए॰ कनिंघम[224] ने कौलिय गणराज्य का विस्तार कोहान और औमी (अनोमा) नदी के बीच

---

219. *महा॰*, 7 / 4 / 5; वाटर्स : युवानच्वांग, 1, पृ॰ 284.
220. *महा॰*, 1 / 67 / 32; 2 / 4 / 22, 5 / 165; 1 / 3; 7 / 90 / 59 आदि।
221. *डि॰पा॰प्रॉ॰ने॰*, 1 / 526.
222. *महा॰*, 7 / 89 / 38.
223. *रि॰बु॰इं॰*, पृ॰ 1.
224. *सी॰ए॰जी॰*, पृ॰ 477-49.

माना है। अनोमा के एक ओर कौलिय और मल्ल तथा दूसरी ओर मोरियों की सीमा-रेखा बनाती थी।

भगों का उल्लेख *ऐतरेय ब्राह्मण*[225] में है, जिनसे सुंसुमारगिरि के भग्गगण की अभिन्नता मानी जाती है। पाणिनि की अष्टाध्यायी[226] में भी भर्ग का उल्लेख है। वत्सराज उदयन के अधीनस्थ भग्ग थे तथा छोनशाखा जातक से[227] उसके राजकुमार बोधि सुंसुमारगिरि का युवराज ज्ञात होता है, जिसने वहां कौकनद नामक राजमहल निर्मित करवाया था। गौतम बुद्ध ने बोधि के अनुरोध पर सुंसुमारगिरि में वर्षावास किया था।

बुलियों और कालामों के सम्बन्ध में अधिक जानकारी उपलब्ध नहीं है। धम्मपद टीका में बुलिगण के राज्य को अल्लकप्प कहा है, जिसका विस्तार दस योजन मात्र था। अल्लकप्प वेठादीप से अधिक दूर नहीं था। वैठादीप बौद्ध धर्म के आरम्भिक समय में ब्राह्मणों का प्रसिद्ध केन्द्र था।

केसपुत्त कालाम गणतंत्र से गौतम बुद्ध के शिक्षक दार्शनिक आलार संबंधित थे[228] जिन्होंने सम्बोधि के पूर्व गौतम बुद्ध को शिक्षा प्रदान की थी। कालामों का अधिराज कोसलराज प्रसेनजित् था क्योंकि महावीर के समय केसपुत्त पर कोसलराज का शासन ज्ञात होता है।[229] बौद्ध अनुश्रुति में पिप्पलिवन के मौरेय शाक्य कबीले की ही शाखा माने जाते हैं। मोर पालने के कारण इनको मौरेय कहे जाने की कथा परवर्ती बौद्ध ग्रंथों में है। युवान च्वांग[230] द्वारा उल्लेखित न्याग्रोध वन से मौरेयों की राजधानी पिप्पलिवन को अभिन्न माना जाता है। फाहियान ने यहाँ के एम्बर स्तूप का वर्णन करते हुए, इस स्थान को कुशीनगर में 12 योजन (54 मील) पश्चिम में बताया है।[231]

राजनीतिक संस्थाएँ

भगवान् महावीर के काल में राजनीतिक संस्थाओं, राजा, मंत्रीपरिषद्, गणतंत्र-शासन, आदि विभिन्न पक्षों में विकास एवं परिवर्तन ज्ञात होता है। कबीलागत जीवन के स्थान पर व्यवस्थित जनपद-राज्य के रूप में विभिन्न राज्यों के अस्तित्व के कारण पूर्वयुगों से

---

225. *ऐत्तरेय ब्राह्मण*, 8 / 28.
226. *पा॰*, 4 / 1 / 2 / 177.
227. *जा॰*, 353.
228. *बुद्धचरित*, 14 / 5.
229. *अंगु॰*, 1 / 188; *निपात*, 3 / 65.
230. वाटर्स : युवानच्वांग, 2, पृ॰ 23-24.
231. वाटर्स 1, पृष्ठ 141; लेगिः फाहियान, पृ॰ 79.

यह समय क्रांतिकारी विकास-प्रक्रिया और परिवर्तित राजनीतिक मान्यताओं का युग विदित होता है; जिसका चरम विकास सार्वभौमिक मगध साम्राज्य की स्थापना के रूप में अस्तित्व में आया। इस काल में मगध, वत्स, कोसल और अवन्ति शक्तिशाली महाजनपदों के रूप में विकसित हुए, जिनकी शक्ति और साम्राज्य विस्तार की नीति ने पारस्परिक संघर्ष और एकतंत्रात्मक उबल शासन प्रबन्ध की प्रक्रिया को विकसित किया। राजा की स्थिति एवं कार्यों में भी निरंकुश वृत्ति और श्रेष्ठता की भावना ने स्थान ग्रहण कर लिया। वैदिक युग में लोकप्रिय सभा-समिति का स्थान इस समय मंत्री-परिषद् ने ले लिया था। आय के विभिन्न स्रोतों के विस्तार के कारण राज्य का राजस्व बढ़ने लगा। राजकीय कार्यों की दुरूहता के कारण विभिन्न अधिकारियों की नियुक्ति और कार्य-विभाजन भी आवश्यक हो गया था, फलतः इस युग की राजनीतिक संस्थाओं एवं पदाधिकारियों में पूर्ववर्ती युग से परिवर्तन दृष्टिगोचर होता है। भगवान् महावीर के समय के राज्यों को मोटे रूप से शासन-पद्धति की दृष्टि से नृपतंत्र और गणतंत्र में विभाजित किया जा सकता है।

नृप तंत्रात्मक शासन

राजा और राजपद

प्राचीन भारत में राजा के पद की अनिवार्यता को जनहितकारी प्रशासन हेतु स्वीकार किया गया था। राजा को मनुष्यों का प्रमुख समझा जाता था।[232] सामान्यतः राजतंत्रात्मक राज्यों के शासक क्षत्रिय जाति के थे, यद्यपि इस युग के कुछ राजाओं (मगध, अवन्ति, आदि) के वंशों (जाति) के बारे में मतभेद है। राजा निरंकुश होता था, परन्तु दसराजधम्म का पालन करना उसका अनिवार्य कर्त्तव्य समझा जाता था। नैतिक जीवन, त्याग, सत्य, सहिष्णुता, आत्मबल, क्षमा, शक्तिशाली, निर्भय, दया, धैर्य, न्याय, आदि गुणों का आगार होना श्रेष्ठ राजा हेतु अपेक्षित था।[233] राजा के ये गुण मानव धर्म के निर्वाह हेतु भी आवश्यक थे। इनको जैन एवं बौद्ध धर्म ने राजा के सद्‌गुणों के रूप में प्रतिपादित किया था। प्रजा के रोग, शोक और विपत्ति का कारण भी राजा ही समझा जाता था। किसान के हल से बैल को चोट लग जाने पर वह राजा को ही दोष देता है तथा दुष्ट गाय से मारे जाने वाला ग्वाला भी इस कष्ट हेतु राजा को ही दोषी बतलाता है।[234] मेंढक भी भूखे कौओं द्वारा काटे जाने पर राजा को दोष देता है।[235] जातक कथाओं के इन उल्लेखों से राजा का व्रत-परिपालकत्व का महत्त्व प्रकट होता है। सामान्यतः यह विश्वास था कि

232. राजा मुखम् मनुष्यानम् *सु॰नि॰*, पृ॰ 107; म॰ व॰, VI-35/8.
233. *पी॰एस॰ओ॰बी॰*, पृ॰ 100.
234. *जातक*, तृतीय भाग, पृ॰ 111.
235. वही, पंचम भाग, पृ॰ 101-07.

धर्म और सदाचार से ही सुख-प्राप्ति होती है तथा इनकी वृद्धि तभी सम्भव है जब राजा स्वयं इनका आदर्श बने। राजा को प्रजा का सेवक समझा जाता था।[236] जातकों[237] में प्रजा द्वारा अत्याचारी राजाओं के वध की कथाएं सुरक्षित हैं। *महाभारत* में स्पष्ट रूप से अत्याचारी शासक के वध की अनुमति दी गई है।[238] राज्यशास्त्र के परवर्ती ग्रन्थों में अत्याचारी राजाओं के वध का विवरण है। राजा वेण को ऋषियों ने मार डाला था तथा प्रजा के द्वारा नहुष, सुदास, सुमुख और निमि का वध हुआ था। वैदिक युग में दुष्टर्तु, दीर्घश्रवस्, सिंधुसित, आदि को पदच्युत करने के उल्लेख उपलब्ध हैं। महावीर के समय राजपद की महत्ता में अत्यधिक अभिवृद्धि हो चुकी थी तथा प्रजा के द्वारा राजा का वध करने अथवा उसे पदच्युत कर देने के अधिकार की सार्थकता विदित नहीं होती।

जैन-परम्परा के अनुसार[239] राजा कूणिक अजातशत्रु में राजपद के अनुरूप सभी गुण थे तथा उसका प्रजा आदर करती थी। अजातशत्रु को शुद्ध क्षत्रिय कुल में उत्पन्न, विधिपूर्वक अभिषिक्त और उदार बताते हुए श्रेष्ठ सेनापति, शांति एवं सुव्यवस्था का संस्थापक और जनपदों का रक्षक माना गया है। अजातशत्रु को राजमहलों, शयनकक्षों, सभागृहों और साज-सज्जापूर्ण बहुसंख्यक वाहनों का स्वामी तथा उसके कोष को सोना, चांदी और रत्नों से पूरित वर्णित किया गया है। इसकी प्रजा भोजन-सामग्री की विपुलता के कारण सुखी थी। अजातशत्रु को बहुसंख्यक दास-दासियां, गायों, भैंसों, बैलों, भेड़ों का स्वामी वर्णित करते हुए उसे कोष, अन्न-संग्रह और युद्ध-सामग्री के परिपूर्ण संग्रह का स्वामी भी बताया गया है। यह विवरण तत्कालीन राजतंत्रात्मक वैभव को व्यक्त करता है।

इस युग के असहिष्णु एवं निर्दयी शासकों के भी उल्लेख उपलब्ध हैं, जो अपनी निरंकुश और अत्याचारी प्रवृत्ति से प्रजा को भारी करों, दण्डों, आतंक और लूटमार के द्वारा प्रताड़ित करते थे। राजा के शराबी, निर्दयी,[240] भ्रष्टाचारी,[241] झूठे और अन्यायी[242] होने के विवरणों से तत्कालीन राजतंत्र के दोष ज्ञात होते हैं। इस प्रकार के शासकों की प्रजा द्वारा हत्या अथवा सिंहासन च्युत करने के भी उल्लेख मिलते हैं। *पदकुसलमाणव जातक*[243] में वर्णित कथा को अनुश्रुति मात्र मानना सम्भव नहीं है। इसमें सुरक्षित तथ्यों के अनुसार

236. *बो०ध०सू०*, 1 / 10 / 6.
237. सच्चकिंर जातक तथा पदकुसल-मानव जातक।
238. *महा०*, 13 / 86 / 35-36.
239. *उवा०*, 6.
240. *खण्टिवाड़ी जातक*, 2 / 391.
241. *भक्त जातक*, 2 / 169.
242. *चैतिय जातक*, 3 / 454.
243. *पदकुसलमानव-जातक*, 3 / 501.

एक युवा ब्राह्मण ने सिद्धि द्वारा धनकोष ढूंढा था, जिसे राजा ने चोरी के द्वारा हड़प लिया, फलतः पुरोहित ने एकत्रित प्रजाजनों के समक्ष राजा को चोर कहकर सम्बोधित किया और उसे मार डालने का परामर्श दिया ताकि प्रजा उसके भावी अत्याचारों से सुरक्षित हो सके। इसी प्रकार राजा को सिंहासन च्युत कर देने का एक उल्लेख *सच्चकिर जातक*[244] में उपलब्ध है। इसके अनुसार क्षत्रियों, ब्राह्मणों और अन्य नागरिकों ने राजा को नगर से निकाल कर उसके स्थान पर एक ब्राह्मण को राजा के पद पर प्रतिष्ठित कर दिया था।

एक अनुश्रुति के अनुसार अवन्ति के शासक पालक को असहिष्णुतापूर्ण कार्यों के कारण उज्जयिनी के निगम के अध्यक्ष के नेतृत्व में राजधानी के निवासियों ने राजगद्दी से हटा दिया था और गोपाल को कारागृह से मुक्त कर राजगद्दी पर प्रतिष्ठित कर दिया था,[245] यद्यपि इस घटना की किसी अन्य समकालीन स्रोत से पुष्टि नहीं होती है।

इस युग में राज्य-विस्तार की प्रतिद्वन्द्विता में परस्पर युद्ध और वैमनस्य तथा अन्तःकलह के महाजनपदों से सम्बन्धित उल्लेख उपलब्ध हैं। इस अस्थिर वातावरण में बाह्य आक्रमण एवं आंतरिक शत्रुओं से प्रजा की सुरक्षा करना राजा का प्रथम दायित्व हो चुका था। प्रजा भी सुसंगठित प्रशासन, सेना के व्यय और न्याय-व्यवस्था के बदले राजा को विभिन्न प्रकार के कर देती थी। सभ्यता के विकास एवं विस्तार के कारण भी राजा के कार्यों में विस्तार हुआ। कृषि-भूमि के विकास, नगर-नियोजन, व्यापार एवं उद्योग धन्धों के प्रोत्साहन, आदि के कार्य जनहित में करना राजा का कर्त्तव्य माना गया।

राजा की मृत्यु के समय राजकुमार के अवयस्क होने पर राज-व्यवस्था एक प्रशासक मंडल के अधीन रहती थी, परन्तु इसकी अध्यक्षा राजमाता होती थी। वाराणसी के राजा के संन्यासी हो जाने पर प्रजा ने रानी से ही शासन-व्यवस्था का भार वहन करने का अनुरोध किया था।[246] वत्सराज उदयन को चण्डप्रद्योत द्वारा बन्दी बना लिए जाने पर कौशाम्बी से शासन-संचालन उसकी माता ने ही किया था।[247]

जातक कथाओं से ज्ञात होता है कि राजपद सामान्यतः अनुवांशिक ही समझा जाता था तथा पिता की मृत्यु के पश्चात् राजपद का उत्तराधिकारी राजा का ज्येष्ठ पुत्र ही होता था। द्वितीय पुत्र को उपराजा के रूप में प्रान्तीय शासक नियुक्त किया जाता था। राजा की अग्रमहिषी के ही पुत्रों में से ज्येष्ठ पुत्र को राजसिंहासन का वैध उत्तराधिकारी मान्य किया जाता था। अग्रमहिषी का पद भी राजा की सजातीय और क्षत्रिय कुलज पत्नी को

---

244. *सच्चड़्कीर जातक*, 1/326.
245. *ज०बि०ओ०रि०सो०*, व्हा०-1, भाग 1, 1915.
246. *जातक चतुर्थ भाग*, पृ० 105.
247. *प्रतिज्ञायौगंधरायण*, अंक-1.

ही देने की परम्परा थी। पुत्र नहीं होने की स्थिति में राजकुमारी (पुत्री) का पति भी राजा का वैध उत्तराधिकारी मान लिया जाता था। जैन अनुश्रुतियों में दो प्रकार के राजा – सावेक्ख और निरवेक्ख का उल्लेख है। प्रथम प्रकार के युवराज को अपने पिता के जीवन-काल में ही राजगद्दी पर प्रतिष्ठित कर दिया जाता था ताकि राजा की मृत्यु के पश्चात् उत्तराधिकारी हेतु गृहयुद्ध और आंतरिक विग्रह न हो सके। द्वितीय प्रकार में युवराज को राजा की मृत्यु के पश्चात् राजगद्दी पर प्रतिष्ठित किया जाता था।[248] यदि कोई शासक निःसंतान मर जाता, तो मंत्रिपरिषद् ही उसके उत्तराधिकारी का चयन करती थी। इस युग में ऐसे भी उदाहरण उपलब्ध हैं जबकि राजा के उत्तराधिकारी का प्रश्न उसके पुत्रों की महत्त्वाकांक्षाओं और पारस्परिक ईर्ष्या के कारण विवादपूर्ण हो गया। श्रेणिक बिम्बसार के पुत्र कूणिक अजातशत्रु ने पिता को कारागृह में डालकर राजगद्दी हथिया ली थी, जबकि बिम्बसार ने उसकी सत्ता-लिप्सा की पूर्ति हेतु राजपद के अधिकांश अधिकार पहले ही दे दिये थे। इस युग में पुत्र के अभाव में पुत्री को उत्तराधिकार देने की स्वीकृति थी,[249] परन्तु स्वाभाविक दुर्बलताओं के कारण स्त्रियों को भली-भांति राजकाज के संचालन में असमर्थ समझा जाता था।[250]

राज्याभिषेक की प्रविधि वेदों और पुराणों के वर्णनानुरूप ही जातकों से भी विदित होती है। सामान्यतः पुरोहित ही राजा का पवित्र जल के द्वारा अभिषेक करता था। राज्याभिषेक की प्रक्रिया मूल रूप से धार्मिक थी, जिसके अन्तर्गत पुरोहित भावी राजा के लिए देवताओं की शुभाकांक्षाएं और आशीर्वाद प्राप्त करता था। इन धार्मिक-प्रक्रियाओं से राजा की स्वच्छंदता को धर्म एवं धार्मिक-कर्मों के माध्यम से पुरोहित के प्रति आश्रित बताकर रोकना था। पौरोहित्य की श्रेष्ठता को व्यक्त करने की अभिषेक अनिवार्य-प्रविधि प्रतीत होती है। इससे मंत्रिपरिषद् में पुरोहित के महत्त्व का आभास होता है। जातक कथाओं में पुरोहित को सव्वाथक मंत्री अर्थात् सर्वाधिकार प्राप्त मंत्री का नाम दिया गया है।

राजा का निवास-स्थान नगर दुर्ग में सुरक्षित राजमहल था, जहां वह अपनी राजसभा के साथ दैनिक कार्य सम्पादित करता था। *पंचगुरु जातक*[251] में राजा के वैभवपूर्ण सभागृह में बहुमूल्य रत्नों से जड़ित स्वर्ण के सिंहासन, सिंहासन पर श्वेत छत्र, विभिन्न प्रकार की सुसज्जित वेशभूषा में मंत्रियों, राजाधिकारियों, ब्राह्मणों, गृहपतियों से घिरा हुआ,

---

248. *व्य॰भा॰,* 2/327.
249. *महा॰,* 12/32,33.
250. *जातक,* 1, पृ॰ 185.
251. *जा॰,* 1/470.

नृत्यांगनाओं के चातुर्यपूर्ण नृत्य, संगीत और वाद्ययंत्रों के मध्य राजसभा में आह्लादित विराजित होने, आदि का विवरण है।

जैन आगम साहित्य[252] में राजमहलों के अतिरंजित विवरण उपलब्ध हैं। इन्हें सात मंजिले तथा गुम्बजों और छत्रों से सज्जित विभिन्न अलंकरणों युक्त स्तम्भों वाला वर्णित किया गया है। इनमें राजमहलों को गगनचुम्बी, विशाल तथा पताकाओं, छत्रों, मालाओं, ध्वजों, आदि से अलंकृत बताया गया है। राजमहल के गुम्बजों और फर्श को नाना प्रकार के बहुमूल्य रत्नों से जड़ा हुआ वर्णित किया है। राजमहलों में बने रनिवास[253] का राजकुल और राज्य की आंतरिक और बाह्य राजनीति में महत्त्वपूर्ण स्थान था। राजा स्वतंत्रतापूर्वक अपने रनिवास को सुन्दर रानियों और बालाओं के द्वारा भरा रखता था और इसमें उस पर जातीय अथवा संस्था का प्रतिबन्ध भी नहीं था, यद्यपि पट्टमहिषी के पद की मान्यता विशिष्ट और महत्त्वपूर्ण थी। राजमहल में स्थित रनिवास की सम्पन्नता से राजा को अनेक खतरे भी थे, अतः रक्षकों की नियुक्तियों में विश्वस्तों और वृद्धों को ही स्थान दिया जाता था। जैन साहित्य में विभिन्न प्रकार के रक्षकों के विवरण उपलब्ध हैं, जिन्हें राजमहल के आंतरिक भागों में नियुक्त किया जाता था।

राज परिवार के अन्य सदस्य

इस समय राजा के ज्येष्ठ पुत्र को विद्याध्ययन पूर्ण करने के पश्चात् राजकार्य में हिस्सा लेने हेतु उपराजा के पद पर प्रतिष्ठित किया जाता था।[254] राजकुमारों का कम आयु के होने पर राजा के भाइयों में से बड़े को उपराजा नियुक्त करने की भी परम्परा थी।[255] शोभा-यात्रा के समय राजा के पीछे उपराजा भी हाथी पर बैठता था।[256] उस स्थान पर पुरोहित भी विराजित होता था। सायंकाल में उपराजा को राजा के विभिन्न कार्य सम्पादित करने होते थे। प्राचीन साहित्य में कई उल्लेख मिलते हैं, जिनके आधार पर उपराजा की महत्त्वाकांक्षाओं और शक्तिशाली हो जाने से उत्पन्न संकटों का सामना भी राजा को करना होता था। कभी-कभी राजा को उसके विरुद्ध अनुशासन की कठोर कार्यवाही के द्वारा स्वयं की तथा प्रजा की सुरक्षा के उपाय करने पड़ते थे। श्रेणिक बिम्बसार ने अंग जीतने के पश्चात् अपने पुत्र कूणिक अजातशत्रु को वहां का शासक नियुक्त कर दिया था, जिससे वह राजकार्यों में दक्ष तो हुआ, पर महत्त्वाकांक्षी भी हो गया। सामान्यतः राजा के जीवन-

---

252. *नाया॰*, 1, पृ॰ 22; *उत्तरा॰* 13, पृ॰ 189.
253. वही, 16, पृ॰ 185.
254. *जा॰*, 1/259, 3/127-407.
255. *जा॰*, 1/133, 2/367.
256. वही, 2/374.

काल में ही उसके उत्तराधिकारी को राजकार्यों के भार के द्वारा शासन-व्यवस्था में निपुण किया जाता था ताकि राजा बनने के पश्चात् राज्य की सुव्यवस्था में वह सक्षम हो सके।

उपराजा के अतिरिक्त सेनापति के पद पर भी राज-परिवार का ही सदस्य नियुक्त करना अच्छा समझा जाता था। *देवधम्म जातक*[257] से विदित होता है कि राजा ने अपने अनुज को उपराजा और सौतेले भाई को सेनापति नियुक्त किया था। सामान्यतः सेनापति का पद सैनिक गुणों से युक्त और कुलीन व्यक्ति को ही दिया जाता था। कभी-कभी सेनापति षड्यंत्र द्वारा राजा को पदच्युत कर देते थे। बिम्बसार के पिता भट्टीय और प्रद्योत के पिता पुणिक ने अपने पुत्रों को राजा बनाने हेतु अपने राजा की हत्या की थी। प्रसेनजित् को पदच्युत कर षड्यंत्रपूर्वक उसके पुत्र विडुडभ को कोसल की गद्दी पर आरूढ़ करने का कार्य सेनापति दीघकारायण ने ही किया था।

मंत्रिपरिषद्

वैदिक यज्ञों का प्रचार घटने से धीरे-धीरे रत्निन-वर्ग का भी अंत हो गया तथा रत्नियों का स्थान इस युग में मंत्रिपरिषद् ने ले लिया था, जिसके सदस्य मंत्री, सचिव, अमात्य, आदि नामों से सम्बोधित किये जाते थे। मंत्रियों की संख्या राज्य के विस्तार और कार्य के अनुसार निश्चित होती थी। इस काल में मंत्रिपरिषद् में सामान्यतः पाँच मंत्री होते थे। राजा की मंत्रिपरिषद् में "रज्जुगाहक अमाच्च" (सर्वेयर) को महत्त्वपूर्ण स्थान प्राप्त था। अट्ठधम्मानुसासक अमाच्च राजा को सांसारिक और धार्मिक कार्यों में मार्गदर्शन एवं परामर्श देता था। सेनापति युद्ध से सम्बन्धित मंत्री भी था। विनिच्चयामच्च (न्यायिक मंत्री) न केवल न्यायिक कार्य करता था बल्कि विधि और नैतिकता के मामलों में भी राजा को परामर्श देता था। राज्य की आंतरिक एवं बाह्य नीति पर मंत्रिपरिषद् का प्रभाव राजा की योग्यता पर आधारित था। दुर्बल शासक की नीति-निर्धारण में मंत्रिपरिषद् का अधिक प्रभाव रहता था। उत्तराधिकार के प्रश्न पर मंत्रिपरिषद् के अधिकार असीमित थे और कभी-कभी भावी शासक का निर्वाचन भी मंत्रिपरिषद् करती थी। *पातंजलि जातक* से ज्ञात होता है कि मंत्रियों ने पतंजलि को बुद्धिहीन होने से युवराज नहीं बनने दिया था। *घट जातक* से विदित होता है कि रुग्ण राजा ने अपना उत्तराधिकारी चयन करने का भार मंत्रिपरिषद् पर ही छोड़ दिया था।[258] कोसल के शासक प्रसेनजित् के स्थान पर उसके पुत्र विडुडभ को शासक घोषित करके उसका राज्यारोहण कर देने का कार्य सेनापति दीर्घकारायण ने षड्यंत्रपूर्वक कर दिया था, एतदर्थ इस शक्तिशाली शासक को श्रावस्ती से अपने

---

257. *जा०*, 1/333, 2/367.

258. *जा०*, 3/170.

जामातृ अजातशत्रु के पास राजगृह (राजगिह) भागना पड़ा था।[259] नगर-द्वार बंद होने से वह ठण्ड से ठिठुर कर वहीं मर गया था। शक्तिशाली शासकों का मंत्रियों पर पूर्ण नियंत्रण ज्ञात होता है। बिम्बसार ने बुरा परामर्श देने पर कुछ मंत्रियों को पदच्युत कर दिया था तथा उत्तम सेवा-कार्य करने वाले मंत्रियों को पदोन्नत भी किया था।[260] कूणिक अजातशत्रु ने अपने अमात्य वस्सकार को सार्वजनिक रूप से अपमानित करके पदच्युत कर दिया था,[261] यद्यपि यह निष्कासन वज्जि संघ की एकता भंग करने के षड्यंत्र का अंग था। कोसल का शासक प्रसेनजित् अपने दो मंत्रियों – मृगधर और श्रीवृष के परामर्श से ही महत्त्वपूर्ण योजनाएँ कार्यान्वित करता था।[262] जातक कथाओं में भी मंत्रियों के उल्लेख हैं।

केन्द्रीय शासन के पीठासन अधिकारीगण

राजा के केन्द्रीय-शासन के केन्द्र (राजधानी) में प्रशासन हेतु संगठित सचिवालय का क्रमिक विस्तार वैदिक युग से इस युग तक ज्ञातव्य है। लेखन-कला के प्रचार के कारण लिखित प्रक्रियाओं का आधिक्य, विशाल राज्यों की स्थापना, सरकार के कार्यों में विस्तार और वैभिन्य, साम्राज्य-स्थापना, नानाविध पारस्परिक संघर्ष और सत्ता-विस्तार के युद्ध, आदि से केन्द्रीय शासन-कार्य के व्यवस्थित संचालन हेतु विभिन्न पीठासन अधिकारियों की नियुक्तियाँ अनिवार्य हो गई थीं। बिम्बसार एवं अजातशत्रु, प्रसेनजित्, शतानीक एवं उदयन, चण्डप्रद्योत, आदि शक्तिशाली राजाओं ने सबल केन्द्रीय सत्ता को संगठित करने एवं शासन-कार्य के संचालन हेतु विभिन्न अधिकारियों की नियुक्तियाँ की थीं।

इस युग की शासन-सत्ता के महत्त्वपूर्ण अधिकारियों की संज्ञा "महामात्र" थी, जिनकी तीन श्रेणियाँ थीं। इनमें कार्यपालिका से सम्बद्ध महामात्रगण – सब्बात्थक, न्यायपालिका के कार्यकारी – वोहारिक तथा सैनिक अधिकारी सेनानायक कहलाते थे। जातक कथाओं से और भी कुछ अधिकारियों का ज्ञान होता है।

राजा के यज्ञ भाग एवं धार्मिक कर्मकाण्डों को सम्पादित करवाने का भार पुरोहित नामक अधिकारी का था। राजकीय यज्ञों, जादू-टोना, संस्कारों, आदि के कारण पुरोहित का पद महत्त्वपूर्ण हो चुका था। राजा की दुर्भाग्य से सुरक्षा तथा कठिन दुर्गों की विजय-सक्षमता प्राप्ति हेतु पुरोहित नाना प्रकार के धार्मिक संस्कार, यज्ञ, आदि करवाते थे। राजा के कोष की सुरक्षा तथा कभी-कभी न्यायिक अधिकारी का कार्य भी पुरोहित करते थे।

---

259. *ध॰प॰, अट्ठकथा,* 4 / 3.
260. *चु॰व॰,* 5 / 1.
261. *डाइ॰,* 2, पृ॰ 78.
262. *उवा॰,* 2, परिशिष्ट, पृ॰ 56.

राजा की सम्पत्ति में वृद्धि के महत्त्वपूर्ण कार्य करने वाले अधिकारियों का एक वर्ग ज्ञात होता है। इनमें रज्जुगाहक[263] सर्वेक्षण, और दोणमापक[264] नापतौल का अधिकारी था। बलिपटिग्गाहक, निग्गाहक और बलिसाधक का कार्य करों को वसूल करना था, जो कभी-कभी प्रजा पर भारी कर लादकर एकत्रित करते थे।[265] राजमहल से संबंधित उच्च अधिकारी राजभोग्ग[266] था, इसकी नियुक्ति और वेतन का भुगतान राजा करता था। यह राजा के प्रति ही उत्तरदायी था।

राजा के रथ को हांकने वाला अधिकारी सारथी[267] और उसके निजी-धन को रखने वाला अधिकारी हेरास्ञिक[268] तथा सर्वोच्च पदाधिकारी भण्डागारिक[269] कहा जाता था। नगर-द्वार की सुरक्षा और रात्रि को चौकसी रखने वाला अधिकारी दौवारिक[270] था। वह रात्रि को नगर के प्रवेश-द्वारों को बंद करवाने के लिए उत्तरदायी था। नगर के लुटेरों, अपराधियों, आदि को बंदी बनाकर अभियोजन करवाने का कार्य नगरगुट्टिक[271] करता था। चौरघाटक[272] राजा के अधीनस्थ चोरों के अभियोजन का कार्य सम्पादित करने वाला प्रमुख अधिकारी था।

प्रान्तीय और ग्राम्य प्रशासन

साम्राज्य के अधीनस्थ शासक माण्डलिक राजा कहलाते थे, यद्यपि आंतरिक प्रशासन में ये स्वाधीन थे। प्रान्तीय प्रशासन में कुमार अथवा उपराजा को अत्यधिक स्वतंत्रता प्राप्त थी। बिम्बसार के कूणिक अजातशत्रु को चम्पा का प्रान्तीय शासक नियुक्त किया था। नगर और जनपद प्रशासन में राजा की सार्वभौमिकता के प्रतीक उसके अधिकारीगण थे। वैदिक युग के ग्रामीण की तरह शक्ति-सम्पन्न कोई जनपदीय अधिकारी नहीं था; फिर भी ग्राम-भोजक[273] को प्रशासन के कुछ अधिकार और आदर प्राप्त थे। वह ग्राम में राजकीय करों

---

263. *जा॰*, 4 / 179.
264. वही, 2 / 378.
265. *फ॰स॰ऑ॰न॰बु॰*, पृ॰ 378.
266. राजभग्ग के कार्यों के सम्बन्ध में *सुतविभंग, निस्सग्गिय* (10 / 2 / 1) में जानकारी उपलब्ध है।
267. *जा॰*, 2 / 377.
268. वही, 3 / 193.
269. *जा॰*, IV.43
270. *जा॰*, 2 / 379.
271. वही, 3 / 59.
272. वही, 4 / 41; 3 / 176.
273. *जा॰*, 1 / 354; 1 / 483 और 4 / 115.

को एकत्रित करता और ग्राम के न्यायिक अधिकारी का कर्त्तव्य सम्पादित करता था, यद्यपि पारस्परिक समझौतों अथवा दोषियों पर आर्थिक दण्ड आरोपित करने के लिए उसे सीमित अधिकार ही प्राप्त थे। ग्राम-भोजक पशु-हिंसा और मदिरा-विक्रय पर ग्राम में निश्चित दिनों के लिए प्रतिबन्ध घोषित कर सकता था।

जातक कथाओं से विदित होता है कि ग्रामों में ही आवश्यकतानुरूप उद्योग-धंधे प्रचलित थे;[274] यद्यपि इसके लिए किसी नियमित संस्था का अस्तित्व ज्ञान नहीं होता है। बिम्बसार ने शासन-सम्बन्धी व्यवस्था के लिए ग्राम के प्रधानों को एकत्रित कर विचार-विमर्श किया था।[275] ग्राम-प्रधान का पद अनुवांशिक था तथा साधारणतः यह ब्राह्मणेतर जाति का ही होता था। क्षत्रिय के अतिरिक्त वैश्य भी इस पद को प्राप्त कर लेते थे। यदि प्रधान असंयमित अथवा त्रुटिपूर्ण कार्य करता तो ग्राम के वरिष्ठ लोग मिलकर प्रधान को उसकी त्रुटि से अवगत करवाते अथवा पदच्युत कर देते थे।[276] जातकों में इसका वर्णन प्रायः ग्राम के राजा के अनुरूप ही हुआ है। मुखिया को ग्राम-वृद्धों का परामर्श मानना अनिवार्य था।

राजा में सत्ता का केन्द्रीकरण होने से स्थानीय शासन की परम्पराएं दुर्बल होने लगीं और स्वायत्त संस्थाओं के अधिकार भी न्यूनतर होने लगे। *विनयपिटक*[277] से ज्ञात होता है कि मगध साम्राज्य में ग्राम-भोजकों पर राजा का प्रत्यक्ष नियंत्रण था। मगधराज बिम्बसार के राज्य में अस्सी हजार ग्राम थे और उसने समस्त ग्रामिकों (ग्राम-प्रधानों) को सांसारिक वस्तुओं के सम्बन्ध में निर्देश दिये थे। ग्रामिकों का मुख्य कर्त्तव्य ग्राम की रक्षा करना था। वह ग्राम के पहरेदारों का नायक था। कुलावक और खरस्सज जातक से ज्ञात होता है कि इस समय ग्राम्य-जीवन अधिक संकटपूर्ण था। यह राजकीय करों को उगाता था और राजा की सेवा के बदले सम्भवतः उसे करमुक्त भूमि मिलती थी। कुणाल जातक से ज्ञात होता है कि ग्राम-व्यवस्था ग्राम-निवासी स्वयं ही कर लेते थे।

न्यायिक प्रशासन

उत्तर वैदिक साहित्य में उल्लेखित 'मध्यमसी' शब्द वादी-प्रतिवादी के मध्य समझौता करवाने वाले की संज्ञा प्रतीत होती है। न्यायिक प्रशासन का मुख्याधिपति राजा ही था तथा अपराधियों को उचित दण्ड देना उसका मूल कर्त्तव्य था। राज्य में शांति के समय तो राजा का मुख्य कार्य न्याय-प्रदान करना और सुव्यवस्था ही माना जाता था।

---

274. *कुणाल जातक.*
275. *मव.*, 5/1.
276. *पणिय जा.*
277. *मव.*, 5/2.

बृहदारण्यक उपनिषद् से ज्ञात होता है कि धार्मिक ग्रन्थों के अनुसार विधि-नियम का पालन राजा का श्रेष्ठ कार्य था। *राजोवाद जातक* से ज्ञात होता है कि राजा अभियोगों और वादों पर निर्णय देते थे। कानून भंग करने वाले अपराधियों को प्रदत्त दण्ड में राजा के निर्णय और वचन को अंतिम न्यायालयीन निर्णय के रूप में मान्य किया जाता था। राजा में कानून निहित होने का विश्वास जन-जन में था।[278] छोटे नगरों और ग्रामों के अपराधियों के प्रकरण राजा के निर्णय तक अपील रूप में ही आ पाते थे। लघु व्यवहार में स्थानीय राज-अधिकारी ही अपराधियों को दण्ड दे देते थे। मृत्युदण्ड, अंग-भंग, आदि गम्भीर दण्डों के प्रकरण राजा के निर्णयार्थ जाते होंगे। अपराधी के उत्तरदायित्व के बारे में सन्देह होने पर उसे छोड़ दिया जाता था।

राजा का न्याय-मंत्री (विनिच्छयामच्च), पुरोहित और सेनापति न्यायिक प्रकरणों में राजा को परामर्श देते थे और कभी-कभी ये अधिकारी-गण अपने प्रभाव से न्यायिक निर्णयों को भी प्रभावित करते थे। विनिच्छयामच्च का महत्त्वपूर्ण कार्य न्याय प्रदान करना था। अपराधी को दोषमुक्त घोषित करने में इसका निर्णय अंतिम था, परन्तु अन्यथा परिस्थितियों में वह प्रकरण वोहारिकों[279] को सन्दर्भित कर देता था। विनिच्छयामच्च न्यायिक-निर्णयों के अतिरिक्त कानून और नैतिकता के सम्बन्ध में राजा को परामर्श भी देता था। ग्रामों में ग्राम-भोजक नामक अधिकारी को न्यायिक अधिकार भी प्राप्त थे, जिनका उपयोग वह अपने अधिकार-क्षेत्र के ग्रामों में करता था। बिम्बसार के न्याय-प्रशासन में दण्ड-संहिता और दण्ड-प्रक्रिया कठोर थी। उसके कारागृह और कठोर दण्ड के उल्लेख उपलब्ध हैं।[280] गणतंत्रों की न्याय व्यवस्था भिन्न और महत्त्वपूर्ण थी।

सैनिक संगठन

महाजनपदों एवं अन्य राज्यों में पारस्परिक सीमांत संघर्ष सदैव होते रहते थे तथा साम्राज्यवादी मगध, कोसल, वत्स, अवन्ति, आदि की सत्ता-लिप्सा के कारण इस समय के सैनिक-संगठन में दृढ़ता और नियमबद्धता होने के उल्लेख उपलब्ध हैं। इस कारण राज्य के विभागों में सैनिक-प्रशासन का महत्त्व उत्तरोतर सुरक्षा के कारण बढ़ता गया। सेना के चार विभाग – रथ (रह), गज (गय), अश्व (हय) एवं पदाति (पायत्त) थे।

प्राचीन भारत में रथों का आवागमन हेतु विशेष महत्त्व था। इसमें एकाधिक घोड़े खींचने हेतु जोते जाते थे। सारथी का कार्य निपुणतापूर्वक करने वालों की जाति कालान्तर

278. *जा॰*, 2/2.

279. वोहारिक (व्यवहारिक) का उल्लेख जातकों में नहीं है, परन्तु *महावग्ग* (1/40/3) और *चुल्लवग्ग* (6/4/9) में उपलब्ध है। यह न्याय-प्रशासन में महत्त्वपूर्ण पद था।

280. *विनय॰*, 7/3/5.

में सूत के नाम से विख्यात हो गई थी। राजकीय पदाधिकारियों में राजा के सारथी को सम्मान प्राप्त था और राजा की सवारी हेतु प्रयुक्त रथ की विशेष संज्ञा रहती थी। अवन्तिराज प्रद्योत के रथ का नाम अग्गिभीरु (अग्नि से सुरक्षित) था और इसकी गणना उसके प्रसिद्ध चार रत्नों में की जाती थी।[281] यातायात के अतिरिक्त युद्धों में भी रथों की अलग कमान होती थी।

हाथियों का सैनिक महत्त्व तो था ही, परन्तु राजकीय और धार्मिक शोभा-यात्रा, आखेट, आदि में भी हाथी का उपयोग बहुत प्रचलित था। हाथियों की संख्या से राज्य की सैनिक-शक्ति का आकलन किया जाता था। राजा-गण हाथियों की संख्या बढ़ाने में संलग्न रहते थे। राजा के हेतु प्रयुक्त हाथियों की विशेष संज्ञा थी। बिम्बसार के सेचनक हाथी[282] को हल्ल-विहल्ल से प्राप्त करने हेतु कूणिक अजातशत्रु ने वैशाली के वज्जि संघ पर भयंकर आक्रमण किये थे। *भगवती सूत्र* में अजातशत्रु के दो हाथी उदायिन और भुतानन्द के नामोल्लेख हैं।[283] प्रद्योत के प्रसिद्ध चार रत्नों में नलगिरि नामक हाथी भी एक था।[284] कौशाम्बी के राजा उदयन को प्रद्योत की कैद में भाग कर उज्जयिनी से कौशाम्बी ले जाने हेतु उसके प्रसिद्ध हाथी भद्रावती[285] का उपयोग किया गया था। उदयन हाथियों को पकड़ने की कला में पारंगत था तथा उसके इस शौक का ही लाभ उठाकर प्रद्योत ने उसे षड्यंत्र द्वारा कैद कर लिया था।[286] बौद्ध ग्रंथों में देवदत्त द्वारा श्रमण गौतम बुद्ध की हत्या हेतु राजगृह के मनुष्य-घातक नलगिरि[287] नामक हाथी को महावत द्वारा बुद्ध पर छुड़वाने का उल्लेख है।

सेना के तृतीय भाग अश्वाराहियों का भी युद्ध में विशेष महत्त्व था। सवारी हेतु घोड़ों का उपयोग बहुप्रचलित था। नियमित सेना में पदातियों के पश्चात् बड़ी संख्या घुड़सेना की ही होती थी। सेना का चतुर्थ किन्तु मुख्य भाग पदाति सेना का रहता था। सम्पूर्ण सेना का सर्वोच्च अधिकारी सेनापति होता था, यद्यपि युद्ध के समय राजा स्वयं भी सेनापतित्व करते थे।

जन-धन की बर्बादी के कारण सामान्य लोग युद्ध को बुरा समझते थे। नृपति भी पहले साम, दाम, दण्ड और भेद के उपयोग में असफल होने के पश्चात् ही युद्ध की घोषणा

281. *आव॰चू॰*, 2, पृ॰ 160.
282. वही, 2, पृ॰ 170 – पाद-टिप्पणी।
283. *भग॰*, 7/9.
284. *आव॰चू॰*, 2, पृ॰ 160.
285. वही, पृ॰ 161 – पाद-टिप्पणी।
286. वही, पृ॰ 161.
287. *चु॰व॰*, संघभेदक खंधक प्रकरण।

करते थे। दो राज्यों में युद्धारम्भ के पूर्व दूत के द्वारा आक्रामक शासक अपनी मांगें आक्रांता के समक्ष संदेश के रूप में प्रस्तुत करता था। कूणिक अजातशत्रु ने चेटक के पास युद्ध के पहले तीन बार दूत भेजे थे और अन्ततः दूत ने भाले की नोक पर कूणिक के पत्र को पीठिका पर बायां पैर रखकर चेटक के सुपुर्द किया था।[288] तत्पश्चात् ही उस युग का यह भयंकर युद्ध आरम्भ हुआ था।

इस युग में युद्ध-कला उन्नतावस्था में थी। शत्रु को परास्त करने हेतु विभिन्न प्रकार के शस्त्र, व्यूह-रचनाएं और नीति का उपयोग किया जाता था। जैन-ग्रन्थों से मगध की सेनाओं की साज-सज्जा और युद्ध-नीति पर पर्याप्त प्रकाश पड़ता है। *निरयावलि* में चेटक के सगड व्यूह और कूणिक के गरुड़ व्यूह का विवरण है।[289] कूणिक अजातशत्रु ने वैशाली के वज्जि संघ को परास्त करने हेतु नवीन शस्त्रों से युक्त दो प्रकार के युद्ध – महाशिला-कण्टक और रथमूसल का आविष्कार किया था। महाशिलाकण्टक के द्वारा पत्थर के बड़े-बड़े टुकड़े शत्रु सेना पर बरसाये जाते थे तथा रथमूसल में रथचक्रों पर अतिरिक्त धुरे लगाकर उनके द्वारा शत्रुओं को कुचला और नष्ट किया जाता था।[290] कूणिक अजातशत्रु के द्वारा प्रयुक्त महाशिलाकण्टक और रथमूसल युद्धों की भयंकरता का विवरण जैन-ग्रन्थों में है। आजीविक मंखली गोशाल ने आठ-चरमों में महाशिलाकण्टक युद्ध की भी गणना की है।

युद्ध में शत्रु के नगर अथवा दुर्ग की घेरेबन्दी करना सामान्य प्रक्रिया थी और कभी-कभी घेरा दीर्घावधि तक भी चलता था। अजातशत्रु के वज्जि संघ की राजधानी को वर्षों तक घेरे रखा गया था,[291] जिसकी अवधि 16 वर्ष मानी जाती है। वैशाली के नगर-द्वार को षड्यंत्र द्वारा खोले जाने पर ही उसका पतन हुआ। अजातशत्रु की राजधानी राजगृह, उत्तर भारत का श्रेष्ठ दुर्ग था और इसका नवीन दुर्गीकरण उसने स्वयं ही प्राचीरों और बुर्जों के निर्माण द्वारा किया था। चण्डप्रद्योत ने अपनी राजधानी उज्जयिनी का अद्वितीय दुर्गीकरण करवाया था। उसने नगर के चारों ओर मिट्टी की मोटी चारदीवारी के अतिरिक्त शिप्रा नदी के जल से परिपूर्ण रहनेवाली गहरी परिवा भी बनवाई थी। अजातशत्रु ने वज्जि संघ को विजित करने हेतु पाटली ग्राम के नाम से गंगा के तट पर दुर्ग बनवाया था, जिसकी पहचान पाटलिपुत्र से की जाती है। पाटली ग्राम-दुर्ग का निर्माण उसके दो अमात्यों – सुनीध और वस्सकार की देख-रेख में वैशाली पर भावी आक्रमण के दृष्टिकोण से ही करवाया गया था क्योंकि राजगृह अधिक दूर और यातायात की दृष्टि से

288. *निर्या॰*, 1.
289. वही, पृ॰ 28.
290. *उवा॰*, 2, परिशिष्ट, पृ॰ 59-60; *भग॰* 299 — पाद-टिप्पणी।
291. *आव॰चू॰*, 2, पृ॰ 173.

असुविधाजनक था। सुरक्षा की दृष्टि से राजगृह और आक्रमण की दृष्टि से पाटली ग्राम का दुर्ग-विन्यास अजातशत्रु की श्रेष्ठ युद्धनीति का परिचायक है।

युद्ध सम्बन्धी मामलों में कूटनीति और राजनीति का आश्रय लेना सामान्य रूप से प्रचलित था। भेद और दुर्नीति भी युद्ध में सही मानी जाती थी। जैन अनुश्रुति के अनुसार प्रद्योत के द्वारा राजगृह पर आक्रमण कर देने की स्थिति में राजकुमार अभय द्वारा उसके शिविर में स्वर्ण मुद्राएं गड़वाकर प्रद्योत को अपने ही सैनिक अधिकारियों की वफादारी के प्रति शंकालु बना दिया गया था, एतदर्थ बिना युद्ध किये ही वह भाग खड़ा हुआ।[292] युद्ध-कला में गुप्तचरों का आश्रय लेना भी महत्त्वपूर्ण समझा जाने लगा था। राज-शासन में नियमित गुप्तचर विभाग की स्थापना का ज्ञान भी होता है। गुप्तचर सेवा द्वारा शत्रु में फूट डलाना, उनकी सामरिक क्षमताएं जानना, षड्यंत्र करना, आदि सुरक्षा व्यवस्था के अंग माने जाते थे। वैशाली के लिच्छवियों की एकता भंग करने हेतु अजातशत्रु के अमात्य वस्सकार ने सफल षड्यंत्र का संचालन किया था, जिसके कारण ही अभेद्य वज्जि संघ जर्जर हो गया था।

कर प्रणाली

इस काल की कर प्रणाली के सम्बन्ध में उपलब्ध जानकारी स्वल्प है। यद्यपि जातक कथाओं में इस काल की सांस्कृतिक स्थिति पर प्रकाश अवश्य पड़ता है, परन्तु राजकीय प्रत्यक्ष और अप्रत्यक्ष करों के सम्बन्ध में इनसे प्राप्त जानकारी न्यूनतम है। इनसे ज्ञात होता है कि प्रजा हितकारी राजा विधिक करारोपण ही करता था, जबकि अत्याचारी गैर कानूनी और अत्यधिक करों का भार प्रजा पर डालकर उन्हें उत्पीड़ित करता था। करारोपण करने वाले अधिकारियों के भय से लोग जंगल में भाग जाते थे।[293] जंगल से प्राप्त उपजों, दैनिक उपयोग की वस्तुओं, बलात् उपहार प्राप्ति, आदि को बुरा समझा जाता था। उत्तरवैदिक वाङ्मय में "भागधुक" (राजा का भाग वसूल करने वाला) और 'समाहर्ता' के उल्लेख व्यवस्थित कर प्रणाली के परिचायक हैं।

करों के अतिरिक्त राजा को कुछ विशेषाधिकार प्राप्त थे, जिनके माध्यम से वह अपने कोष को समृद्ध बनाता था। लावारिस सम्पत्ति का स्वामी राजा माना जाता था।[294] यदि कोई मृतक उत्तराधिकारी नहीं छोड़ता तो उसकी सम्पत्ति भी राजा की मानी जाती थी। संसार त्यागकर जाने वाले मुमुक्षु की भौतिक सम्पत्ति का स्वामी भी राजा ही होता था।[295]

---

292. *आव॰चू॰*, पृ॰ 159.
293. *जा॰*, 4, पृ॰ 399; पृ॰ 88-99 और 101; 2 पृ॰ 17 आदि।
294. वही, 3,299.
295. वही, 4,485.

राजा के राज्यारोहण, धार्मिक कार्य, जन्म दिन, आदि पर प्राप्त उपहारों तथा अन्य राज्य के व्यापारियों द्वारा प्रदत्त उपहारों से भी राजा को आय होती थी।

राज्य की आय का स्रोत कृषक और पशुपालक थे। कृषक अपनी उपज का एक भाग राजा को देते थे। पशुपालक कर के रूप में राजा को गाय, बैल और घोड़े देते थे। राज्य की आय के इस स्रोत का अंश निश्चित था। प्रजा से "भाग" के अतिरिक्त युद्ध में विजित शत्रुओं अथवा सामंतों से भी राजा कर प्राप्त करता था। वाणिज्य-व्यवसाय और खदानों से भी राज्य को निश्चित आय होने लगी थी। खदानों का खनन भी राज्य स्वयं करता था। वज्जि संघ और कूणिक अजातशत्रु के पारस्परिक संघर्ष के कारणों में खदान से प्राप्त आय का बंटवारा भी एक था। राजा संकट के समय अतिरिक्त करारोपण कर सकता था।[296] कृषि-भूमि पर उपज का निश्चित अंश बटोरने हेतु "बलिपति गाहक" नामक अधिकारी उपस्थित रहते थे।[297]

परिस्थिति के अनुसार नियमित कर में पूरी अथवा अंशतः छूट देने के बारे में भी न्यायसंगत व्यवस्था प्रचलित थी। बेकार भूमि को कृषि योग्य बनाने पर कर में आंशिक छूट दी जाती थी। गूंगे, बहरे, अंधे और अन्य अपाहिजों को कर से मुक्ति प्राप्त थी। गुरुकुल में विद्याध्ययन करने वाले छात्रों तथा संन्यासियों पर राज्य करारोपण नहीं कर सकता था। निर्धन विधवाएं और अनाथ स्त्रियां भी कर-मुक्त रखी जाती थीं। विद्वान् ब्राह्मणों को विद्या-दान के कार्य में संलग्न होने पर कर से मुक्ति दे दी जाती थी। ब्राह्मणों को कर-मुक्ति प्राप्त करने का विशेष अधिकार नहीं रह गया था। अच्छे वेतन और उच्च पदों पर नियुक्त तथा वाणिज्य, कृषि और पशुपालन में लगे ब्राह्मणों से कर वसूल किया जाता था।[298] प्रकृति-जन्य विपदाओं से ग्रस्त लोगों को कर से छूट भी दी जाती थी।

भूमि-कर अनाज के रूप में ही वसूल किया जाता था। जातकों में कर एकत्र करने वाले कर्मचारी को "द्रोणमापक" अभिधान दिया गया है, जिसका तात्पर्य है "द्रोण के परिमाण से अनाज नापने वाला।" जातकों[299] में ऐसे धर्मभीरु और राजकीय कर देने में तत्पर लोगों के विवरण भी उपलब्ध हैं, जो खेत से एक मुट्ठी धान की बाली तोड़ लेने पर पछतावा करते थे, क्योंकि उसमें राजा का अंश भी निहित रहता था। भूमि-कर नहीं देने पर ही राजा भूमि-स्वामी को उसकी भूमि से अलग कर सकता था अन्यथा भूस्वामित्व व्यक्ति में निहित था। व्यक्ति राजा की अनुमति के बिना अपनी भूमि अथवा उद्यान दान

---

296. *महा०*, 12 / 88, 7 / 18.
297. *जा०*, भाग 2, पृ० 378.
298. *महा०*, 12 / 76 / 4-7.
299. *जा०*, भाग 2, पृ० 378 एवं 22.

अथवा बन्धक कर सकते थे। अम्बपाली और अनाथपिण्डक ने बौद्ध संघ को विस्तृत भूमि दान दी थी। मगध के एक ब्राह्मण द्वारा अपनी भूमि दूसरे को देने का उल्लेख[300] भी भूमि पर व्यक्ति के स्वामित्व का परिचायक है।

नदियों को पार करने हेतु राजकीय नौकाएं भी निश्चित शुल्क पर उपलब्ध थीं। राज्य की ओर से कृषि और पशुपालन भी किया जाता था, जो राज्य की आय के साधन थे। अपराधियों पर किये जाने वाले जुर्माने से भी राज्य को आय होती थी। राजकीय आय का व्यय राज-परिवार, सेना और लोकहितकारी कार्यों पर किया जाता था। राज-परिवार पर होने वाले व्यय को परवर्ती ग्रन्थों में नियमित और निश्चित किया गया है। राज-परिवार और सेना पर राजकीय आय का बहुत बड़ा भाग खर्च हो जाता था, परन्तु श्रमण-धर्मों के प्रभावात्मक सिद्धान्तों के कारण जन-कल्याण पर भी व्यय की सीमा में अभिवृद्धि होने लगी थी।

गणतांत्रिक शासन पद्धति और उनके संविधान

भगवान् महावीर के युग में नृपतंत्रात्मक शासन-पद्धति के अतिरिक्त सबल गणतांत्रिक शासन-पद्धति भी लोकप्रिय थी। इन लोकतांत्रिक राज्यों की संज्ञा गण अथवा संघ थी और इस संज्ञा से नृपतंत्रात्मक राज्यों से इनकी भिन्नता व्यक्त की जाती थी। बौद्ध ग्रन्थों में लिच्छवि, मल्ल, बुली, भग्ग, कालाम, शाक्य, विदेह, ज्ञातृक, मौरिय, कोलिय, आदि गणतंत्रों के उल्लेख हैं। *आचारांग सूत्र* में श्रमण-श्रमणियों को राजा-रहित, युवराज-शासित, दो राजा वाले और गणतंत्र राज्यों में प्रवास नहीं करने का विधान है।[301] इससे महावीरयुगीन शासन-पद्धतियों पर प्रकाश पड़ता है। एक बौद्ध ग्रन्थ[302] से गणाधीन और राजाधीन राज्यों का मध्यदेश में अस्तित्व ज्ञात होता है। इन गणराज्यों को आधुनिक अर्थ में लोकतंत्रात्मक राज्य नहीं कहा जा सकता क्योंकि इनके प्रत्येक नागरिक को मताधिकार प्राप्त नहीं था, अपितु निश्चित परिवारों को ही ये विशेषाधिकार प्राप्त थे। प्राचीन यूनान और इटली में स्पार्टा, रोम और कार्थेज की तरह इनमें भी सत्ता व्यक्ति-विशेष में निहित नहीं थी, अपितु किसी वर्ग-विशेष अथवा कुछ व्यक्तियों के समूह को शासन-सत्ता के समस्त अधिकार प्राप्त थे। पुराणों की वंशावली से स्पष्ट है कि महावीर के समसामयिक गणतंत्र राज्य – मद्र, कुरु, पांचाल, शिवि और विदेह में पहले नृपतंत्र ही प्रचलित था। पंजाब और सिन्धु घाटी में वृक, दामणि, पार्श्व और काम्बोज गणतंत्र थे।

---

300. *जा.*, भाग 4, पृ. 281.
301. *आचा.*, 2/3/1/101.
302. देव केचिद्देशा गणाधीनाः केचिद्राजाधीनाः। – *अवदान शतक*, 2, पृ. 103.

त्रिगर्त-षष्ठ गणतंत्रों का राज्य-संघ पंजाब में था। द्वारिका (काठियावाड़) में अंधक-वृष्णियों का राज्य भी गणतंत्र था।

इन गणतंत्र राज्यों के संविधान और प्रशासन व्यवस्था से सम्बन्धित पूर्ण जानकारी विदित नहीं है। आरम्भिक और विश्वसनीय ग्रन्थों में विभिन्न गणतंत्र राज्यों के नाम और स्वल्प जानकारी उपलब्ध है। बौद्ध ग्रन्थों से प्राप्त जानकारी का अन्य ठोस प्रमाणों के समर्थन के अभाव में विश्वास करना पूर्ण संगत नहीं है। सामान्यतः इन गणतंत्रों के संविधान और शासन-पद्धति में समानताएं थीं, परन्तु आवश्यकता और प्रचलित रीति-रिवाजों के कारण कुछ वैभिन्य भी ज्ञातव्य है।

राज्य-नीति के निर्देशक तत्त्व

कूणिक अजातशत्रु के अमात्य कूटनीतिज्ञ वस्सकार ने अपने स्वामी की ओर से गौतम-बुद्ध से वैशाली के वज्जिसंघ (लिच्छवि, विदेह, ज्ञातृक, आदि) को परास्त करने के सम्बन्ध में मंतव्य पूछा तो आनन्द को सम्बोधित करते हुए शास्ता ने लिच्छवियों के सात अपरिहानीय धम्म अर्थात् गणतंत्र के नीति निर्देशक तत्त्व की प्रशंसा की थी, जिनके पालन से ही वज्जि अजेय थे। सम्भवतः तत्कालीन गणतंत्र राज्यों में ये नीति निर्देशक तत्त्व लोकप्रिय रहे होंगे। *महापरिनिर्वाण सूक्त* से[303] वज्जियों की नीति के निर्देशक निम्नांकित सात अपरिहानीय नियमों का ज्ञात होता है, जिनके पालन करते रहने से वज्जियों की अभिवृद्धि होने और अभिहानि नहीं होने की गौतमबुद्ध ने घोषणा की थी –

1. वज्जियों की सभाएं नियमित और पूर्ण उपस्थिति युक्त होती हैं।
2. वज्जि-लोग अप्रज्ञप्त (अनियमित अथवा अवैधानिक) को प्रज्ञप्त नहीं करते और न प्रज्ञप्त का उच्छेद करते हैं।
3. वज्जि लोग वृद्धों (महल्लकों) का आदर करते हैं, गुरुवार करते हैं, उन्हें मानते हैं, और पूजते हैं।
4. वज्जि संघ की किसी स्त्री अथवा कन्या के साथ कोई वज्जि बलात्कार अथवा बलात् विवाह नहीं करता है।
5. वज्जि लोग एकमत से परिषद् में बैठते हैं, एकमत से उत्थान करते हैं, एक होकर करणीय कर्म करते हैं। वे सन्निपात (भेरी) के बजते ही तत्काल एकत्रित हो जाते हैं।

---

303. *से॰बु॰ई॰*, 11, पृ॰ 3-4; *दीघ महापरिनिव्वाण सुत्त*, 3/2/16.

6. वज्जि लोग समस्त धर्मनायकों (अर्हतों) की धार्मिक सुरक्षा रखते हैं, ताकि भविष्य में उनके यहाँ अर्हत् आते रहें तथा जो हैं, वे सुख-शांति से विचरण करते रहें।
7. वज्जि लोग अपने नगर के बाहर और भीतर के चैत्यों का आदर करते हैं तथा उनकी मर्यादाओं का उल्लंघन नहीं करते।

नागरिकता

गणतंत्र के हर निवासी को नागरिक के अधिकार प्राप्त नहीं थे, अपितु कुलीन क्षत्रियों तक ही सीमित थे और इसी वर्ग का शासन-व्यवस्था में प्रभाव था। कारीगरों, कृषकों, सेवकों और दासों को इस कुलीन वर्ग के समान अधिकार प्राप्त नहीं थे। रोहिणी नदी का पानी सिंचाई के उपयोगार्थ गणतंत्र और शाक्य गणतंत्र के किसानों में हुए मतभेद की जानकारी उन्होंने अपने-अपने राजकीय अधिकारियों को दी थी और अधिकारियों ने अपने गण राजाओं को। शाक्य गणतंत्र ने जल के सिंचाई हेतु चल रहे विवादों के निराकरण हेतु पड़ोसी गणतंत्र कोलिय पर आक्रमण करने का निश्चय किया था, परन्तु गौतमबुद्ध की मध्यस्थता से युद्ध रुक सका था। इससे स्पष्ट है कि राज्य की सत्ता से गणतंत्र के प्रत्येक निवासी का सम्बन्ध नहीं था और न ही युद्ध और शान्ति के समान महत्त्वपूर्ण प्रश्न के निपटारे में सम्पूर्ण जनमत का परामर्श लिया जाता था। अपितु थोड़े से शाक्य और कोलिय राजाओं के हाथ में जन-जीवन से घनिष्ठ सम्बन्ध रखने वाले प्रश्न निर्णीत होते थे। गणतंत्र के बाहर के निवासी को संघ क्षेत्र में स्थायी रूप से बस जाने पर नागरिक-अधिकार प्रदान किये जाते थे। विदेह देश के शरणार्थी खण्ड को वैशाली में न केवल बस जाने की अनुमति दी गई थी, बल्कि उसे कालान्तर में सेनापति और गण-प्रमुख भी चुना गया था।[304] कूणिक अजातशत्रु के षड्यंत्री अमात्य वस्सकार ने भी वज्जि संघ में महत्त्वपूर्ण प्रशासनिक पद प्राप्त कर लिया था। इस उल्लेख से स्पष्ट है कि बाह्य निवासी को नागरिकता प्रदान किये जाने के पश्चात् योग्यता और राजनीतिक जीवन के माध्यम से उत्थान करने के अवसर भी संघ में प्राप्त थे। एथेन्स, स्पार्टा, रोम, आदि प्राचीन यूरोपीय राज्यों में भी नागरिकता के अधिकार सीमित कुलों को ही प्राप्त थे।

प्रशासिका

प्रत्येक गणतंत्र राज्य की सर्वोच्च प्रशासनिक समिति होती थी, जिसकी सदस्य संख्या राज्यक्षेत्र के अनुसार भिन्न-भिन्न थी। शाक्य गणतंत्र की साधारण सभा की सदस्य संख्या 500 थी और प्रत्येक सदस्य की संज्ञा "राजा" थी। वैशाली के लिच्छवियों की प्रशासिका के सदस्य 7,707 राजा थे। जातक कथाओं से लिच्छवि गणतंत्र के राजाओं की संख्या,[305]

304. *इं.हि.क्वा.*, 23, पृ. 59.

305. *इकपन्न जा.*, संख्या 149.

सदस्यों के वाद-विवाद के अधिकार,[306] आदि पर पर्याप्त प्रकाश पड़ता है। *भद्दसाल जातक*[307] से ज्ञात होता है कि वैशाली के निकट की पुष्करणी नदी के जल से लिच्छवि राजाओं का अभिषेक होता था तथा इसके जल की पवित्रता की रक्षा हेतु प्रहरी नियुक्त थे। वैशाली की जनसंख्या लगभग 1,68,000 थी।[308] लिच्छवि गणतंत्र के 7,707 सदस्य सम्भवतः गणतन्त्र के मूल संस्थापकों के वंशज थे।

के॰पी॰ जायसवाल[309] का विश्वास है कि *इकपन्न जातक* में लिच्छवियों के उल्लेखित 7,707 राजाओं का तात्पर्य है कि लिच्छविगण की सत्ता 7,707 गण-सदस्यों में निहित थी और सभी गण प्रशासन में प्रत्यक्ष भाग लेते थे। इस गणतंत्र में राजा, उपराजा, सेनापति और भण्डागारिक थे। जातक में उल्लेखित लिच्छविगण के राजाओं की विशाल संख्या से तात्पर्य है कि इस गण की संस्थापना में भाग लेने वाले 7,707 क्षत्रिय परिवारों का शासक-वर्ग था और उनके परिवार प्रमुख को कार्यपालिक पद के अधिकार प्राप्त थे। इस जातक के उल्लेख से प्रकट होता है कि वैशाली में 7,707 राजा निवास करते थे और इतनी ही संख्या उनके उपराजाओं, सेनापतियों और भण्डागारिकों की भी थी। जायसवाल के दृष्टिकोण के अनुसार राजाओं, उपराजाओं, सेनापतियों और भण्डागारिकों के द्वारा गण की कार्यपरिषद् का गठन स्वीकार करना काल्पनिक और तथ्यहीन होगा। जातक के उल्लेख का तात्पर्य राजा, उपराजा, सेनापति, आदि के क्रमिक वर्ग से है न कि इस विशाल संख्या युक्त किसी एक प्रशासनिक समिति से।

रमेशचन्द्र मजूमदार[310] का विचार है कि यह 7,707 की संख्या परम्परागत मात्र है, यद्यपि इस विशाल संख्या से प्रतीत होता है कि लिच्छवियों के गणतंत्र की सभा के सदस्यों की संख्या पर्याप्त थी। इनका विश्वास है कि राजा, उपराजा, सेनापति और भण्डागारिक की भी इतनी ही संख्या उल्लेखित करने से प्रतीत होता है कि प्रत्येक राजा के अन्तर्गत प्रशासन हेतु इन अधिकारियों का वर्ग नियुक्त था अर्थात् लिच्छवि गणतंत्र की कई छोटी-छोटी प्रशासनिक इकाइयां थीं, जो प्रशासन में स्वावलम्बी रही होंगी। लिच्छवि गणराज्य के शासन-संचालन हेतु सर्वसत्ता-सम्पन्न एक परिषद् थी, जिसके सदस्य इन विभिन्न इकाइयों के प्रधान राजा-गण थे तथा वे अपने इस अधिकारी वर्ग के साथ साधारण सभा की बैठक में सम्मिलित होते होंगे। ग्रीस के एथेंस नगर के प्रशासन हेतु प्रचलित

---

306. *चुल्लकलिंग जा॰*, संख्या 301.
307. *जा॰*, 4, 148.
308. *जा॰*, 1, पृ॰ 271.0
309. *हिन्दू पोलिटी*, पृ॰ 48.
310. *कॉरपोरेट लाइफ इन एंशियण्ट इंडिया*, पृ॰ 92-94.

संविधान से वैशाली प्रशासन की निकटता व्यक्त करने के प्रयास भी हुए हैं, परन्तु लिच्छवियों की गणतन्त्रीय-प्रशासन-व्यवस्था विशिष्ट एवं अधिक जनतंत्रात्मक थी।

डी॰आर॰ भण्डारकर[311] लिच्छवि गणतंत्र को छोटे-छोटे 7,707 राज्यों का संघ मानते हैं क्योंकि लिच्छविगण की सदस्य संख्या विशाल ज्ञात होती है। इससे प्रतीत होता है कि प्रत्येक प्रशासनिक इकाई को पर्याप्त स्वतंत्रता प्राप्त थी। किसी व्यक्ति को जलाने, निकालने और हत्या करने की शक्ति गण में निहित थी, जिससे विभिन्न प्रशासनिक इकाइयों का अस्तित्व प्रकट होता है। भण्डारकर का विचार है कि लिच्छविगण विभिन्न कबीलों के प्रधानों का संघ था तथा ये प्रधानगण छोटे-छोटे राज्यों के स्वामी थे। इन्हें अपने-अपने क्षेत्र में सीमित अधिकार प्राप्त थे तथा संघ को गणहित के कार्यों में सर्वोच्च और स्वतंत्र नियंत्रण के पूर्ण अधिकार प्राप्त थे। डी॰आर॰ भण्डारकर का विचार है कि जर्मन साम्राज्य में विभिन्न जर्मन राज्यों की स्थिति, पारस्परिक सम्बन्ध और अधिकारों के विभाजन के समान ही लिच्छवि संघ और उससे सम्बद्ध विभिन्न प्रशासनिक इकाइयों का अस्तित्व अनुमानित किया जा सकता है।

ए॰एस॰ अल्तेकर[312] ने भी लिच्छवि संघ हेतु जातक कथा में वर्णित 7,707 राजा और इतनी ही संख्या में उपराजा, सेनापति और भण्डागारिकों को समझाने का प्रयास किया है। उनका विचार है कि आर्यों के द्वारा इस प्रदेश में राज्य की स्थापना के समय सम्भवतः इतनी संख्या में ही आर्य-कुलों ने राज्य की स्थापना में परिश्रम किया था, एतदर्थ वे राज्य की निश्चित भूमि पर जमींदार के समान शासन करते थे। ये सभी आर्य-कुल क्षत्रिय थे, अतः राजन् संज्ञा से सम्बोधित किये जाते थे। इन आर्य-परिवारों के मुखिया वंशानुगत रूप से गण-सभा के सदस्य थे और उनके भावी उत्तराधिकारी उपराजा अथवा युवराज कहलाते थे। ये राजागण राजधानी वैशाली में रहते होंगे, फलतः राजस्व और उपज एकत्रित करने हेतु ये प्रशासनिक इकाई में भण्डागारिक नियुक्त करते होंगे तथा स्वयं युद्ध भूमि जाने से बचने हेतु अथवा सैनिक कार्यों हेतु अपने प्रतिनिधि की नियुक्ति करते रहे होंगे, जो सेनापति कहलाता था।

यू॰एन॰ घोषाल[313] का विश्वास है कि जातक कथा में वर्णित अनुश्रुति परवर्ती होने के कारण यह अतिरंजित विवरण है। प्राचीन सन्दर्भों से स्पष्ट है कि लिच्छवियों का संविधान गणतन्त्रात्मक अथवा संघात्मक था, अतएव इस अतिरंजित संख्या पर विश्वास करना समीचीन नहीं है, यद्यपि जातकों में सुरक्षित परम्परा प्राचीन है।

---

311. *का॰ले॰*, 1918, पृ॰ 155-56.
312. *स्टेट एण्ड गवर्नमेण्ट इन एंशियण्ट इंडिया*, पृ॰ 115.
313. *इं॰हि॰क्वा॰*, 20, पृ॰ 334 – पाद-टिप्पणी एवं 21, पृ॰ 1 – पाद-टिप्पणी।

यह अत्यंत महत्त्वपूर्ण है कि वैशाली की शासन-सत्ता 7707 राजाओं के हाथ में थी तथा शेष पुरोहित, व्यापारी, ब्राह्मण, दास-दासियां, आदि को मताधिकार अथवा सत्ता में भागीदारी प्राप्त नहीं थी। इतनी ही संख्या में राजा के अतिरिक्त उपराजा, सेनापति और भण्डागारिक होने की पुष्टि अन्य स्रोत से नहीं होती है। वैदिक-काल में लोकप्रिय समिति में बहुसंख्यक सदस्य होने के उल्लेख उपलब्ध हैं, परन्तु जातकों की इस विशाल राजा, उपराजा, आदि की संख्या को विश्वस्त मानना कठिन है यद्यपि लिच्छवि गणतंत्र की शासन-व्यवस्था एक बड़े वर्ग विशेष में निहित थी।

प्राचीन रोम, एथेंस, स्पार्टा, कार्थेज, मध्ययुगीन वेनिस, संयुक्त नीदरलैण्ड और पोलैण्ड की शासन-व्यवस्था भी वर्ग विशेष में निहित थी, परन्तु इन्हें लोकतंत्रात्मक राज्य माना जाता है। यूनान और इटली के प्राचीन प्रजातंत्र राज्यों में मतदान का अधिकार बहुत छोटे से अल्पसंख्यक समुदाय में सीमित था तथा यह वर्ग बहुसंख्यक नागरिकों और दासों पर शासन करता था। मध्ययुगीन वेनिस में मताधिकार थोड़े से कुलीन वर्ग में निहित रह गया था। संयुक्त नीदरलैण्ड के सात राज्यों का शासक निर्वाचित "स्टैथोल्डर" होता था, किन्तु उसे निर्वाचित करने का अधिकार सीमित लोगों को ही था। लिच्छवि के समान मल्ल, शाक्य, कोलिय, इत्यादि गणतंत्रों में भी शासनाधिकार एक बड़े वर्ग के हाथों में था। एथेंस के संविधान के अनुसार यहां के दस कबीलों के 42,000 नागरिकों को केवल 500 सदस्य निर्वाचित करने का अधिकार था, जिनमें ही शासन-सत्ता निहित थी। सम्भवतः लिच्छविगण के राजाओं को राजधानी में रहकर अपनी शासन-इकाई में प्रशासन उपराजा, सेनापति, भण्डागारिक, आदि अधिकारीगण की नियुक्ति द्वारा संचालित करना होता था। उन्नीसवीं शताब्दी में जर्मनी के विभिन्न छोटे-छोटे राज्यों के संगठन से संस्थापित जर्मन साम्राज्य के निर्वाचित सम्राट की सेना युद्ध, शांति, परराष्ट्र नीति, इत्यादि से सम्बन्धित अधिकारों के समान लिच्छविगण की शासन व्यवस्था की तुलना करने के प्रयत्न भी किये गये हैं। यदि यह मान भी लिया जाए कि लिच्छविगण की विभिन्न सहभागी शासन-इकाइयों की राज्य-सीमा और सेना अलग-अलग थी, तो भी लिच्छवियों के किसी एक सम्राट के निर्वाचन का ज्ञान नहीं होता, जिसमें सेना, युद्ध, शांति, वित्त, आदि के असीमित अधिकार निहित हों। इसी प्रकार जर्मन साम्राज्य में सम्मिलित विभिन्न राज्यों के अर्ध-स्वतंत्र राजागण और राजधानियाँ अलग-अलग थीं, जबकि लिच्छवियों में ऐसा नहीं था। बौद्ध ग्रन्थों से ज्ञात होता है कि पश्चिम में गोरखपुर से पूर्व में दरभंगा तक तथा उत्तर में हिमालय से दक्षिण में गंगा नदी तक तत्कालीन गण-राज्यों का विस्तार था। ये गणतंत्र राज्य ग्रीस के नगर-राज्यों से बड़े नहीं थे। स्पार्टा का विस्तार 3,360 वर्गमील और एथेंस का 1,060 वर्गमील था।

रमेशचन्द्र मजूमदार ने अपने आरम्भिक मत के समर्थन में नवीन प्रकाश सहित

लिच्छवियों के संविधान पर एक शोध-निबन्ध प्रकाशित किया है।[314] ये लिच्छवि गणतंत्र की शासन-व्यवस्था में लोकतंत्रात्मक परम्पराओं की समानता प्राचीन एथेंस के प्रजातंत्र राज्य से करते हैं। मूल सर्वास्तिवाद से सम्बद्ध "विनय" की एक नवीन प्रति के प्रकाश में आ जाने से लिच्छवियों के सम्बन्ध में नूतन सामग्री मिली है। इससे ज्ञात होता है कि वैशाली आवास-गृहों की दृष्टि से तीन भागों में विभक्त था, जिनमें उच्च, मध्यम और निम्न वर्गीय लोग निवास करते थे। इससे यह भी जानकारी मिलती है कि वैशाली की शासन-सत्ता कुलीन लोगों के ही हाथों में नहीं थी, अपितु दूसरे राज्य का निवासी वैशाली में बसकर गणतंत्र के उच्च पद पर निर्वाचित भी होते थे, जिससे वज्जि संघ की परिषद् की लोकप्रियता स्पष्ट है। "विनय" की इस नवीन प्रति से प्रतीत होता है कि वज्जि संघ की परिषद् में जनसाधारण को भी प्रतिनिधित्व प्राप्त था। गण-शासन के समस्त पदों को निर्वाचन द्वारा भरा जाता था। सेनापति का पद गणतंत्रों में सर्वाधिक महत्त्वपूर्ण था तथा वज्जि संघ में सेनापति के निर्वाचित होने के उल्लेख उपलब्ध हैं। बाह्य आक्रमण से सुरक्षा हेतु लिच्छवियों ने मल्लों और विदेहों से मिलकर वज्जि संघ का गठन किया था।

वज्जि संघ की परिषद् की सदस्यता का विशेषाधिकार प्राप्त करने की प्रविधि अज्ञात है। यहां के मतदाताओं की सूची निर्धारित करने की परम्परा भी ज्ञात नहीं होती। परिषद् के बैठक-स्थल को "संथागार" कहा जाता था। परिषद् में विभिन्न सदस्यों का निर्देश करने हेतु "वार्य", "गृह्य", "व्रपक्ष्य" शब्दों का उपयोग किया जाता था; जो सत्ता-प्राप्ति हेतु प्रतिद्वन्द्विता और दलबंदी करते रहते थे। सत्ता-प्राप्ति के इस संघर्ष के कारण वैयाकरणों ने सत्ताकांक्षी दलों को द्वन्द्व और उनकी स्पर्धा करने वालों को हेतु व्युत्क्रम शब्दों द्वारा सम्बोधित किया है। दौड़-धूप करने वाले, गुटबंदी में निपुण और भाषण-पटु अधिकार-प्राप्ति में सफल सिद्ध होते थे।[315] जातकों में शाक्यों के संथागार का वर्णन है, जहां एकत्रित होकर वे संधि, युद्ध, विपत्ति, आदि महत्त्वपूर्ण विषयों पर विचार-विमर्श करते थे। शाक्य राज्य के छोटे-छोटे कस्बों और ग्रामों में भी पंचायतों के समान संगठन था, जिसके संथागार का उल्लेख बौद्ध ग्रंथों में उपलब्ध है। चतुमा ग्राम के संथागार का उल्लेख *मज्झिम निकाय*[316] में है। ये संथागार केवल शासन-कार्य करने के ही स्थल नहीं थे बल्कि इनमें बीच-बीच में सामाजिक और धार्मिक विषयों पर गोष्ठियां भी आयोजित होती थीं। कुशीनरा के मल्लों ने अपने संथागार में ही एकत्रित होकर गौतम बुद्ध के अंत्येष्टि संस्कार के विषय पर विचार किया था। मल्लों और लिच्छवियों द्वारा अपने नवनिर्मित संथागारों में उपदेश करवा कर उनका उद्घाटन गौतम बुद्ध से करवाने के उल्लेख भी उपलब्ध हैं।

---

314. *इं॰हि॰क्वा॰*, 27, पृ॰ 327 – पाद-टिप्पणी।

315. *महा॰*, 12 / 81 / 8-9.

316. *मज्झि॰*, 1, पृ॰ 457.

बौद्ध-ग्रंथों से ज्ञात होता है कि गणतंत्रों की केन्द्रीय समितियाँ परराष्ट्र-नीति पर पूर्ण अधिकार रखती थीं, अन्य राज्यों के आगंतुक राजदूतों से भेंटकर उनके प्रस्तावों पर विचार करती थीं और संधि-विग्रह के प्रश्नों का निपटारा करती थीं। गणतंत्रों की मंत्रणा गुप्त नहीं रह पाना, इनका प्रमुख दोष माना गया है। गणतंत्र राज्यों की शासन-व्यवस्था पर केन्द्रीय समिति का पूरा नियंत्रण था। अंधकवृष्णि-संघ के प्रधान श्रीकृष्ण ने अपने को ज्ञाति (समिति) का दास और आलोचकों के कटु वचनों को सहन करने वाला कहा है।[317] संधि-विग्रह के समान महत्त्वपूर्ण विषयों पर मंत्रणा को गुप्त रखने की दृष्टि से केन्द्रीय समिति में विचार करने के स्थान पर निर्णयार्थ गण-मुख्यों पर छोड़ देने का परामर्श भी दिया गया है।[318] *महाभारत* के शांतिपर्व के 107वें अध्याय में आदर्श गणतंत्र का वर्णन उपलब्ध है।

परिषद् के संचालन और वाद-विवाद के नियंत्रण हेतु प्रयुक्त नियम समसामयिक "बौद्ध संघ" के समान ही रहे होंगे। बौद्ध संघ के नियमों का आदर्श "संघ" अथवा "गण" राज्य ही माने जाते हैं। बौद्ध संघ में गणपूर्ति[319] के लिए 20 सदस्यों की उपस्थिति आवश्यक थी। इसी प्रकार दलबन्दी और सत्ता-प्राप्ति के होड़ वाले गणतंत्रों में भी गणपूर्ति (कोरम) का प्रावधान अवश्य रहा होगा। पाणिनि के अनुसार जिस सभासद के आने से गणपूर्ति हो जाती थी, उसको "गणतिथ" अथवा "संघतिथ" संज्ञा दी जाती थी। गणपूर्ति हेतु आवश्यक कार्यवाही करने वाले अधिकारी को बौद्ध संघ में "गणपूरक" कहा जाता था।[320] सदस्यों के बैठने की व्यवस्था करने वाले अधिकारी की संज्ञा "आसन प्रज्ञापक"[321] थी। संभवतः गण-प्रमुख मंच पर बैठते थे और शेष राजागण सामने बैठते थे। गण-मुख्य ही परिषद् के अधिवेशन का अध्यक्ष होता था, जो वाद-विवाद को निष्पक्षतापूर्वक नियंत्रित और नियमित करता था। पहले प्रस्तावक औपचारिक रूप से प्रस्ताव उपस्थित करता था, तत्पश्चात् प्रस्ताव पर वाद-विवाद होता और तीन वाचन के पश्चात् उसे पारित किया जाता था। मतभेद होने पर गुप्त मतदान (गुह्य) भी होता था तथा मतदान की व्यवस्था करने वाला प्रभारी अधिकारी "शलाकाग्रहापक"[322] कहलाता था। कपिलवस्तु को कोसल नरेश की सेना द्वारा घेर लिये जाने पर मतदान द्वारा शाक्यों ने आत्म-समर्पण का निर्णय लिया था। कान में अपना मत प्रकट करने की भी परम्परा प्रचलित थी, जिसे

317. *महाभारत*, 12/81/5.
318. वही, 12/107/24.
319. *मव॰*, 9/4/1; 5/13/12, 8/24/7; 9/3/2.
320. *मव॰*, 3/3/6.
321. *चु॰व॰*, 12/2/7.
322. वही, 14/26, *विनय॰*, 2, 3/5.

"सकर्णजपक" तथा प्रकट रूप से मतदान किये जाने पर उसे "विवतक"[323] कहा जाता है। मत की संज्ञा "छंद" थी। परिषद् की कार्यवाही लिपिबद्ध करने और एक बार निर्णीत विषय पर निश्चित अवधि के पश्चात् ही पुनर्विचार कर सकने के प्रावधान[324] भी गणराज़्यों में रहे होंगे। सामान्यतः गूढ़ और महत्त्वपूर्ण विषय उपसमिति के निपटारे हेतु संदर्भित किये जाते थे।[325]

बौद्ध ग्रंथों से विदित होता है कि गणराज्यों की परिषदें परराष्ट्र नीति, विदेशी राजदूतों से भेंट और उनके प्रस्तावों पर विचार-विमर्श तथा युद्ध और शांति के नाजुक मामले निर्णीत करती थीं।[326] सामान्यतः परिषद् कार्यकारिणी पर नियंत्रण रखती थी, यद्यपि इस संबंध में प्रत्यक्ष जानकारी अनुपलब्ध है। गणराज्य की सेवा हेतु अधिकारियों की नियुक्ति परिषद् ही करती थी। सत्ता पर अधिकार हेतु परिषद् में दलबन्दी और प्रतिद्वंद्विता भी होती थी। धार्मिक और राजनीतिक कार्यों के अतिरिक्त गणराज्यों के "संथागार" व्यापार, कृषि, सिंचाई, आदि के मामलों को निपटाने में भी प्रयुक्त होते थे।

कार्यकारिणी

गणराज्य के आकार और परम्परा के अनुसार कार्यकारिणी की सदस्य संख्या निश्चित रहती थी। मल्ल गणतंत्र की कार्य-समिति में चार सदस्य थे। *जैन कल्पसूत्र*[327] में "नवगण रायाणो" का उल्लेख है, जिसका तात्पर्य ज्ञातव्य है। वज्जि-संघ की कार्य-समिति में 18 सदस्य थे[328] तथा इनमें लिच्छवियों के 9 सदस्य थे। जैन-ग्रंथ *अतगदसओ* में दस दशाणों के प्रमुख समुद्रविजय[329] तथा बलभद्र और उसके चार सहायकों का उल्लेख है। *महावग्ग* में चार, पाँच, दस और बीस सदस्यों के वग्गों वाले संघों का उल्लेख किया गया है; संभवतः वग्ग गणराज्य की कार्यकारिणी अथवा मंत्रिमण्डल की संज्ञा थी।

राजा, उपराजा, सेनापति और भण्डागारिक संभवतः कार्यकारिणी के चार सदस्य थे। कार्यकारिणी और परिषद् दोनों का माध्यस्थ राजा रहता था। इसका कार्य प्रशासन की देखभाल करने के अतिरिक्त पारस्परिक संघर्ष और वैमनस्यों को दूर कर आन्तरिक सुशासन और शान्ति कायम रखना भी था। सेनापति गणराज्य की सेना का प्रमुख था।

323. *चु॰व॰,* 4/14/24.
324. *दीघ॰,* 2, पृ॰ 220.
325. *चु॰व॰,* 12/2/8.
326. *जा॰,* 4, पृ॰ 145.
327. *से॰बु॰ई॰,* 12, पृ॰ 266.
328. *से॰बु॰ई॰,*
329. समुद्रविजयपमोखाणं दसण्हुं दसार्णाणं।

भण्डागारिक राजकीय भण्डारों की व्यवस्था करता था। एक अधिकारी गुप्तचरों के विवरणों को सुनने और पड़ोसियों के छिद्रादि पर आँख रखता था।[330] राजकीय कोष की व्यवस्था करने का दायित्व एक अन्य मंत्री का था, जो राज्य के धन का विनियोजन और ऋण की वसूली करता था। न्याय-व्यवस्था की देखभाल हेतु अलग मंत्री होगा, जो न्यायालयों की अपील सुनता होगा। गणराज्य के अधिकारियों के पद अनुवांशिक भी हो गए थे। गण-नेता के लिये प्रज्ञा, पौरुष, उत्साह, अनुभव, शास्त्र और गण परम्परा का ज्ञान, आदि गुणों का होना आवश्यक माना जाता था।[331] गणराज्य की कार्यकारिणी के मंत्री अथवा सदस्य-गणों की संज्ञा "राजा" थी। इन मंत्रियों के अधीन विभिन्न श्रेणी के अधिकारीगण कार्यरत थे। शाक्य, कोलिय, आदि गणराज्यों के अधीनस्थ अधिकारी सीधे विभागाध्यक्ष से संबंध रखते थे।

गणतंत्रों की कार्यकारिणी के ये सदस्यगण श्रेष्ठ सैनिक और निष्कलंक नेता थे तथा संकट के समय गण को उचित एवं लाभदायक मार्ग-दर्शन देते थे। ये लोग राजनीतिज्ञ, अनुभवी, कर्मठ, सक्रिय, दृढ़निश्चयी, धर्म के ज्ञाता और गणराज्य के रीति-रिवाजों और परम्पराओं को जानते थे। लिच्छवि-गण का प्रधान चेटक काशी और कोसल के अट्ठारह गण-राजाओं का प्रभावशाली नेता था।[332] महावीर की माता त्रिशला चेटक की बहन थी तथा महावीर के पिता सिद्धार्थ स्वयं वैशाली के निकटवर्ती कुण्डल ग्राम के ज्ञातृक गणराज्य के प्रधान थे। खण्ड और तत्पश्चात् उसका पुत्र सिंह वैशाली के सेनापति निर्वाचित हुए थे।[333] शाक्य गणराज्य का गण-मुख्य राजा ही कहलाता था। गौतम बुद्ध के पिता शुद्धोदन[334] और एक बार भद्दीय भी शाक्यों के गण प्रमुख रह चुके थे।

संयुक्त-संघ

बौद्ध ग्रंथों से ज्ञात होता है कि वैशाली के लिच्छवियों ने विदेहों के साथ संधि करके संघ गठित कर लिया था, जिसकी संज्ञा वज्जि संघ थी। जैन स्रोतों से ज्ञात होता है कि लिच्छवियों ने मल्लों के साथ मिलकर संघ बनाया था, जिसकी कार्यकारिणी के 18 सदस्यों में 9 लिच्छवियों के और 9 मल्लों[335] के प्रतिनिधि थे। संयुक्त-संघ की कार्यकारिणी के सदस्य "गण-राजा" कहलाते थे। संघ के संगठन से विदित होता है कि प्रत्येक इकाई

330. *महाभारत*, 12/107/19.
331. वही, 12/107/20-21.
332. *निरया., सम जैन केनानिकल सूत्राज़*, पृ. 87.
333. *इं.हि.क्वा.*, 23, पृ. 60.
334. *दीघ.*, 2, पृ. 52.
335. *से.बु.ई.*, 22, पृ. 166.

गणराज्य का मताधिकार, शर्तें और प्रतिष्ठा समान रहती थीं। मल्लगण की शक्ति उल्लेखनीय नहीं थी, फिर भी लिच्छवि-गण के साथ संघ बनाने पर कार्यकारिणी में दोनों गणराज्यों के 9-9 सदस्य थे। यह संघ साम्राज्यवादी राज्यों यथा मगध और कोसल के विरुद्ध सुरक्षार्थ बनाया गया था।

न्याय-व्यवस्था

गणराज्यों की न्याय-व्यवस्था उदार और नागरिक अधिकारों की रक्षा से परिपूर्ण थी। अपराधी को दण्डित तब तक नहीं किया जा सकता था, जब तक कि वह समस्य न्यायालयों की शृंगार द्वारा दोषी नहीं मान लिया जाता।

अट्ठकथा से वैशाली के लिच्छवियों में प्रचलित न्याय-प्रशासन पर पर्याप्त प्रकाश पड़ता है। अपराधी को सर्वप्रथम "विनिच्चय महामात्र" के न्यायालय में अनुसंधानार्थ प्रस्तुत किया जाता था। यदि यह प्राथमिक न्यायालय अपराधी को निर्दोष पाता, तो मुक्त घोषित कर देता था। परन्तु अपराधी के दोष सिद्ध होने पर उसे दण्डित नहीं कर सकता था, अपितु अपने से उच्च न्यायालय "सुत्ताधर" को संदर्भित कर देता था। यदि द्वितीय न्यायालय भी अपराधी को दोषी पाता था, तो अपराधी अनुसंधानार्थ क्रमशः तीन उच्च न्यायाधिकरणों – अष्टकुलक, सेनापति और उपराजा के न्यायालयों को संदर्भित किये जाते थे। ये सभी न्यायालय अपराधी को निर्दोष समझते, तो मुक्त कर सकते थे; परन्तु दण्ड देने का अधिकार इन्हें प्राप्त नहीं था। निम्न छः न्यायालयों द्वारा अपराधी का दोष सिद्ध हो जाने पर दंड हेतु उसे राजा के न्यायालय में प्रस्तुत किया जाता था। दण्ड देने का अधिकार लिच्छविगण में राजा को ही था, जो परम्पराओं और धर्म-ग्रंथों के प्रावधानों के अनुसार निर्णय करता था। इस प्रकार अपराधी को अपना पक्ष रखने के पर्याप्त अवसर प्राप्त थे तथा क्रमशः सात न्यायालयों के द्वारा दोष सिद्ध होने पर ही वह दण्डित किया जा सकता था।

यू॰एन॰ घोषाल[337] ने अट्ठकथा[338] में वर्णित लिच्छवि-गण की न्याय-व्यवस्था की प्रामाणिकता को संदेहास्पद माना है। उनका विचार है कि यह ग्रन्थ वज्जि-गण के समाप्त होने की आठ शताब्दियों पश्चात् का है। इसमें सुरक्षित अनुश्रुति को यथावत् स्वीकार करना कठिन है। अट्ठकथा में वर्णित लिच्छवियों की न्याय-व्यवस्था के समान न्याय-प्रशासन और वैयक्तिक-स्वतंत्रता अन्यत्र अज्ञात है। अतएव इस विवरण की सत्यता स्वतः शंकास्पद है। यदि लिच्छवियों की इस न्याय-व्यवस्था को स्वीकार कर भी लिया जाए तो भी यह मानना समीचीन नहीं है कि गणराज्य में अपने न्यायाधिकारियों की ईमानदारी और

336. *ज॰ए॰सो॰बं॰*, 1938, 7, पृ॰ 996 – पाद-टिप्पणी।

337. *इं॰हि॰क्वा॰*, XX पृ॰ 331, XXI, 1.

338. *जा॰*, 5. 290.

न्याय-निर्णय पर गण-शासन को विश्वास नहीं था। निष्कर्षतः यह स्वीकार करना अनुचित नहीं होगा कि लिच्छवि-गण की न्याय-व्यवस्था को निष्पक्ष और उदार रखने के पर्याप्त प्रयास किये गये थे।

महावीर के समकालीन गणतंत्रों में मुख्य न्यायाधिपति के अधिकार किस संस्था में निहित थे, इसका ज्ञान नहीं होता। संभवतः राजतंत्र में न्याय-संबंधी जो अधिकार राजा को प्राप्त थे, वही गण-प्रमुख के रहे होंगे। यह स्वीकार करना भी अशक्य नहीं होगा कि गणतंत्र की कार्यपालिका का न्याय-सम्बन्धी मंत्री अथवा सदस्य को सर्वोच्च न्यायाधीश के अधिकार प्राप्त हों। यह भी असंभव प्रतीत नहीं होता कि गणराज्यों की न्याय-व्यवस्था स्वतंत्र हो तथा उसके प्रशासन हेतु मुख्य न्यायाधिपति के अधिकार-युक्त किसी विशेष न्याय-अधिकारी का अस्तित्व रहा हो। नृपतंत्रात्मक शासन-व्यवस्था में प्रचलित निम्न न्यायालयों के समान गणतंत्रों में भी न्यायालयों की व्यवस्था प्रचलित रही होगी।

सामाजिक दशा

महावीर स्वामी का युग अनेक सामाजिक परिवर्तनों के कारण महत्त्वपूर्ण है। इस युग के धार्मिक सुधारकों ने जन्म के आधार पर जाति प्रथा का विरोध किया और ब्राह्मणों की श्रेष्ठता को नहीं माना। जैन-धर्म और बौद्ध-धर्म के प्रभाव के कारण इस युग में संन्यास आश्रम वानप्रस्थ से बिल्कुल अलग हो गया। पुरुषों और नारियों के लिये विवाह शनैः शनैः आवश्यक हो गया। यद्यपि समाज संयुक्त परिवार पर आधारित था, साम्पत्तिक अधिकारों का विकास शुरू हुआ। गोत्र और प्रवर अस्तित्व में आ गये। नियोग की प्राचीन प्रथा समाज में नवीन विचारधारा के उत्थान के कारण लुप्त होने लगी। नारियों को उच्च स्थान मिला हुआ था। अहिंसा के सिद्धांत के प्रसार के कारण लोग शाकाहारी भोजन पसन्द करने लगे।

चार वर्ण

ब्राह्मण, क्षत्रिय, वैश्य और शूद्र – जो उत्तर-वैदिक काल में बहुत कुछ जन्म पर आधारित थे, शनैः-शनैः कट्टर और दृढ़ हो गये। ब्राह्मणों का प्रभाव बौद्धिक और राजनैतिक क्षेत्र में कम हो गया और उनका स्थान क्षत्रियों ने ले लिया जो रक्त की पवित्रता के महत्त्व के कारण अन्य वर्गों से सर्वोच्च समझने लगे। परिणामस्वरूप जाति-सूचियों में इनका उल्लेख पहले मिलता है। इस युग में शूद्रों की दशा दयनीय हो गई। इस कारण अनेक नेताओं ने इनके उत्थान की आवाज उठाई। मिश्रित जातियाँ संगठनों से निकलीं, जैसे श्रेणियों के लोग विभिन्न उद्योग-धन्धे और शिल्प करते थे। वर्ण संकर जातियों की उत्पत्ति से भी ऐसी जातियों की उत्पत्ति हुई।

जातीय उच्चता की भावना का इस युग में अधिक जोर था। ब्राह्मण और क्षत्रिय अन्य जातियों से अपने को बड़ा समझते थे। यह बड़प्पन की भावना उसी जाति के निश्चित समूहों में अधिक प्रचलित थी क्योंकि वे अपने को अन्य से अधिक उच्च समझते थे। उदीच्य ब्राह्मण, जो अपनी उत्पत्ति पर गर्व करते थे, अपने को अन्य ब्राह्मणों से उच्च समझते थे। शाक्य क्षत्रिय भी अपने आपको अन्य क्षत्रियों से उच्च समझते थे।

महावीर और बुद्ध दोनों पैतृक जाति प्रथा के विचार का विरोध करते थे। उन्होंने हमेशा इस बात पर जोर दिया कि किसी की जाति का निर्णय उसके कार्य से होना चाहिए न कि परिवार की जाति से, जिसका वह है। यह मानना गलत है कि जातीय भेदभाव इस समय सदा के लिए समाप्त हो गये थे। इसमें संदेह नहीं कि दोनों मठ-व्यवस्था में जातीय भेदभाव दूर करने में सफल हो गये, किन्तु समाज से स्थायी रूप से उसे मिटाने में असफल हुए।

क्षत्रिय

महावीर के समय पूर्व देशों के क्षत्रियों में राजा, सामन्त, मंत्री, सेनापति तथा अन्य अधिकारी आते थे। जैन सूत्रों में और पालि बौद्ध ग्रंथों में जातीय व्यवस्था में इनका नाम पहला मिलता है। यह भी विश्वास किया जाता है कि किसी भी तीर्थंकर का जन्म क्षत्रिय को छोड़कर किसी अन्य वर्ण में नहीं होता। एक आख्यान के अनुसार जन्म से पूर्व महावीर ब्राह्मणी देवानन्दा के गर्भाशय से क्षत्रियाणी त्रिशला के यहाँ ले जाया गया।

क्षत्रियों की अपने समय की बौद्धिक प्रवृत्तियों में अधिक रुचि थी। जातकों से स्पष्ट है कि वे वेदों और ज्ञान की अन्य शाखाओं के अध्ययन में अधिक समय देते थे। अनेक राजकुमार सोलह वर्ष की अवस्था में उच्च शिक्षा हेतु तक्षशिला जाया करते थे। आध्यात्मिक क्षेत्र में भी इस समय के क्षत्रिय किसी वर्ण से पीछे नहीं थे। मुक्ति का सिद्धांत महावीर और बुद्ध, जो क्षत्रिय थे, द्वारा प्रतिपादित किया गया। क्षत्रियों की उच्चता एक आख्यान से स्पष्ट है जिसमें बुद्ध ने पुनर्जन्म में ब्राह्मण न होकर क्षत्रिय होने का निर्णय लिया। बुद्ध के उपदेशों में एक अम्बट्ठ ने संवाद में बुद्ध की उच्चता मानी।

कुछ ऐसे निश्चित कारण भी थे जिनसे क्षत्रियों में उच्च भावना उत्पन्न हो गई। उन्हें राज्य करने का सबसे बड़ा अधिकार मिला हुआ था जिसके लिए अन्य दावा नहीं कर सकते थे। यह स्वाभाविक है कि सत्ताधारी वर्ग को शक्ति, प्रतिष्ठा और आदर मिला हुआ था। राज्य का मुखिया लोगों में सर्वश्रेष्ठ जाना जाता था। विचारधारा की दो नई शाखाओं बौद्ध धर्म और जैन धर्म के नेताओं का जन्म भी क्षत्रिय जाति में हुआ। यह स्वाभाविक था उस वर्ण के सदस्यों, जिनसे महावीर और बुद्ध निकले, में उच्चता की भावना जागृत हुई। चूंकि क्षत्रिय और ब्राह्मण दोनों ने एक ही प्रकार की शिक्षा एक ही आचार्य से प्राप्त की,

बौद्धिक क्षेत्र में क्षत्रियों में हीन भावना होने का कोई कारण जान नहीं पड़ता। कुछ बौद्ध ग्रंथों से पता चलता है कि क्षत्रिय अपने धन्धों को कड़ाई से न करके वे कुम्हार, पिरक, बुनकर, सरकंडा, कर्मकार, रसोइया और माली के काम भी करते थे। हम शाक्य और कोलिय जातियों के क्षत्रियों के खेतों में अन्य जाति के क्षत्रियों को कृषि करते हुए पाते हैं।

ब्राह्मण

इस काल में ब्राह्मण मौटे तौर पर दो भागों में विभाजित किये जा सकते हैं –

1. सच्चे ब्राह्मण और
2. सांसारिक ब्राह्मण।

सच्चे ब्राह्मण में सम्मिलित थे – संन्यासी, वैदिक आचार्य और पुरोहित। वस्तुतः सच्चा ब्राह्मण नैतिक आचार पर जोर देता था। दो युवकों के एक विवाद में कि, ब्राह्मण जन्म से होता है या कर्म से, बुद्ध ने अपना निर्णय कर्म के पक्ष में दिया। महावीर स्वयं अपने को माहण[339] या महामाहण[340] से पुकारता था।

सच्चे ब्राह्मणों के सामान्य कर्त्तव्य थे – वेदाध्ययन, अध्यापन, पौरोहित्य, दान ग्रहण करना, आदि। जातकों से हमें ब्राह्मणों के द्वारा संसार को त्यागने का पता चलता है और वन में या तो प्रारंभिक अवस्था में[341] या क्रम से ब्रह्मचर्य और गार्हस्थ्य[342] को क्रम से बिताकर। ब्राह्मणों का वेदों में पारंगत होने का वर्णन किया गया है। वे ज्ञान की विभिन्न शाखाओं जैसे निघंटु, व्याकरण और लोकायत[343] में दक्ष होते थे। सुणेत्त[344] सेल[345] और अन्य[346] ब्राह्मणों के पास अपार ज्ञान था और वे अनेक विद्यार्थियों को शिक्षा देते थे, जिनमें से कुछ विश्व-विख्यात आचार्य के रूप में जाने जाते रहे।

यज्ञों को सम्पादित करने की ब्राह्मणों में सामान्य प्रथा थी। अपनी यात्रा में महावीर ने वर्षा ऋतु चम्पा[347] के एक ब्राह्मण की यज्ञशाला में रहकर बिताई। ब्राह्मण यज्ञ करते थे और ऐसा मानते थे कि देवता उनके उपहार को स्वीकार करने के इच्छुक हैं। यज्ञों के अवसर पर वे दान लिया करते थे। सोमदत्त जातक में यह बतलाया गया है कि राजा

339. *सूत्र*., 9.1.
340. *उवा*., 7.
341. *जा*., I, 333, 361, 373, 450, II, 131, 232, 262, 145, आदि।
342. वही, 2, 85, 394, 411; II, 147, 352.
343. *दीघ*., I, II, 120; *अंगु;* III, 223.
344. *अंगु*., III, 371.
345. *सु*.*नि*., III, 7 (8) *जा*., VI, 32.
346. *आव*.*चू*., पृ० 320.
347. *उत्तरा*., 25.

ने ब्राह्मण को सोलह गाय, आभूषण और एक ग्राम दिया। जैन-धर्म और बौद्ध धर्म के प्रचार से यज्ञ-पूजा शनैःशनैः समाप्त हो गई। यह कहा जाता है कि जब विजय घोष यज्ञ सम्पादित करने में व्यस्त था, एक भिक्षु जयघोष भिक्षा हेतु उसके समीप आया और सच्चे यज्ञ का वास्तविक अर्थ क्या होता था,[348] यह बतलाकर उन्हें अपने धर्म में प्रवृत्त कर लिया।

दूसरी श्रेणी के सांसारिक ब्राह्मण अपने पैतृक धन्धे अध्यापन और पौरोहित्य से ही नहीं चिपके रहे अपितु सामाजिक और आर्थिक आवश्यकताओं के दबाव के कारण अन्य धन्धों को भी करने लगे। आपस्तम्ब और गौतम के अनुसार कठिनाई के समय व्यापार और कृषि भी उनके द्वारा किए जाते थे। बौद्ध साहित्य से ज्ञात होता है कि ब्राह्मण साधारणतया किसान, शिल्पी, वणिक, सैनिक, प्रशासक, आदि भी होते थे। *दश ब्राह्मण जातक*[349] में पाया जाता है कि उन दिनों ब्राह्मण नियमों के विरुद्ध कैसे दश प्रकार के धन्धे वैद्य, व्रात्य, कर-अधिकारी, वणिक्, कृषक, शकुनों के अर्थ बताने वाले पुरोहित, आरक्षक, शिकारी, आदि का कार्य करते थे। यह बढ़ा-चढ़ाकर वर्णन किया गया है किन्तु अन्य जातकों में भी ब्राह्मणों के वैद्य,[350] खेती,[351] व्यापारी,[352] सामान को लेकर फेरी लगाने वाला,[353] बढ़ई,[354] ग्वाला,[355] कमान चलाने वाला[356] और शिकारी[357] होने के संदर्भ आए हैं।

ब्राह्मण अन्य व्यवसाय भी[358] करने लगे थे। वे स्वप्नों[359] के बारे में बतलाते थे, भाग्य को बतलाते थे, भूत और भविष्य को बतलाते थे, शरीर के चिह्नों से चरित्र बतलाते थे[360] और तलवारों से भाग्य को पढ़ते थे।[361] उनमें से कुछ दानवों को पूजते थे तथा जादू-

348. *उत्तरा॰*, 25.
349. *जा॰*, नं॰ 495.
350. *जा॰*, II, 213; VI, 181.
351. वही, II, 165; III, 162-63; जा॰, V, 68.
352. वही, IV, 15-21; V.22.471.
353. वही, II, 15.
354. वही, IV, 207.
355. *जा॰*, III, 401.
356. *जा॰*, III, 219; V, 127.
357. *जा॰*, II, 200; VI, 182, 170.
358. वही, I, 343; IV, 334; VI, 330.
359. वही, I, 272; IV, 79, 335; V, 211.
360. वही, 21, 250; V, 458.
361. वही, I, 455.

टोना भी करते थे। वे मंत्र जपते थे जैसे वेदेब्भ मंत्र,[362] पठविजय मंत्र और[363] चिंतामणि विज्जा।[364] कुछ भूत-पलीत को निकालने का कार्य करते थे।[365] इन संदर्भों तथा ब्रह्मजाल सुत्त से पता चलता है कि ब्राह्मण जीवन के सब क्षेत्रों में पाये जाते थे और उनमें से कुछ गलत कार्य जैसे शिकार, बढ़ई और रथ चलाने का कार्य करते थे।

जातक साहित्य में ब्राह्मणों का चित्र, ब्राह्मण साहित्य में दिये हुए से भिन्न है। विशेषकर जातक साहित्यों में वह अंधकारमय ही है। ब्राह्मण लालची, बेशर्म और अनैतिक चित्रित किये गये हैं। ब्राह्मणों की बेशर्मी की जानकारी *जुन्ह जातक*[366] से मिलती है तथा *सिगाल जातक*[367] से पता चलता है कि वे लालची थे। *संभव जातक*[368] में स्पष्ट है कि उनका नैतिक स्तर बिल्कुल उच्च नहीं था।

दूसरी तरफ ब्राह्मण साहित्य से बहुत स्पष्ट है कि ब्राह्मणों को विशेष अधिकार मिले हुए थे। कुछ निश्चित अपराधों के लिये अन्य वर्गों की अपेक्षा इन्हें कम दण्ड मिलता था। वे करों से मुक्त थे। पाये हुए गुप्त धन के विषय में अन्य वर्णों की अपेक्षा ब्राह्मणों को अधिक छूट दी गई थी। वास्तव में ये अधिकार केवल विद्वान् ब्राह्मणों को ही दिये हुए थे, सबको नहीं। जातकों के अनेक उद्धरणों से प्रमाणित है कि एक अपराधी चाहे कोई भी हो, दंडित किया जाता था। एक ब्राह्मण के दंडित होने का भी उल्लेख मिलता है।

वैश्य

वैश्य अब सजातीय नहीं रहे क्योंकि वे विभिन्न उद्योग-व्यवसाय करते थे। उन्हें गृहपति, कौटुम्बिक, श्रेष्ठि, आदि के नामों से पुकारा जाता था। वे समृद्ध और उच्च मध्यम वर्ग के थे जिनके पास भूमि और पशु थे। जैन ग्रंथ अनेक गृहपतियों या गाहावई का उल्लेख करते हैं जो जैन-धर्म के अनुयायी थे। उनमें से एक आनंद था जो वाणिय ग्राम की समृद्ध भूमि का मालिक था। उसके पास बहुत से पशु, हल और गाड़ियाँ थीं।[369] पारासर अन्य गृहपति था जो खेती में समृद्ध था, इस कारण "किसिपारासर" जाना जाता था। उसके पास छः सौ हल थे।[370] कुइयण्ण नाम के अन्य गृहपति का वर्णन मिलता है जो अनन्त गायों का स्वामी था।[371]

362. *जा॰*, 1, 253.
363. वही, II, 243.
364. वही, III, 504.
365. वही, III, 511.
366. वही, III, 456.
367. वही, I, 113.
368. वही, V, 515.
369. *उवा॰*
370. *उत्तरा॰टी॰*, 2, पृ॰ 45.
371. *आव॰चू॰*, पृ॰ 44.

परिवार के मुखिया के लिए कुटुम्बिक शब्द का प्रयोग किया जाता था[372] किन्तु इस काल में वह केवल वैश्य जाति के लिए होता था। उसे हम नगरों और ग्रामों में पाते हैं। नगरों में वणिक के रूप में अनाज का धंधा करते,[373] व्यापार करते,[374] धन उधार देते[375] और गाँवों में समृद्ध कृषक जैसे[376] कुछ कुटुम्बिक बहुत धनी नागरिक रूप में मिलते थे।[377]

सेठी वैश्य जाति के सबसे समृद्ध-कुलीन वर्ग होते थे। वे सम्माननीय वणिक् रूप में मिलते हैं, जिनका अपनी जाति के सदस्यों में बड़ा सम्मान था। वे राजाओं और व्यापारियों की विभिन्न सेवाएँ करते थे। जातकों से पता चलता है कि कुछ को राज्य-दरबार में अधिकारिक स्थान प्राप्त था। नन्द का राजगृह के प्रभावशाली सेठी के रूप में उल्लेख मिलता है।[378] अनाथपिंडक ने बौद्ध भिक्षुओं के रहवास हेतु बहुत धन खर्च कर दिया था। वे प्रायः उदार थे और अपने धन का बहुत कुछ अंश दान में देते थे। उनके पुत्र क्षत्रिय और ब्राह्मण युवकों के साथ शिक्षा पाते थे और अध्यापक को बहुत कुछ मानदेय देते थे।[379]

शूद्र

"शूद्र" शब्द अनेक जातियों को सूचित करता है। समकालीन जैन और बौद्ध साहित्य में शूद्र जाति का विशेष उल्लेख नहीं पाते हैं। उस समय में रहने वाले वर्ग के लोगों के धंधों और प्रतिष्ठा से स्पष्ट हो जाता है कि वे शूद्रों को छोड़कर अन्य नहीं हो सकते। महावीर और बुद्ध दोनों ने गरीबों की सामान्य दशा ठीक करने हेतु बहुत प्रयत्न किये।

शिल्पियों का विकास विभिन्न जातियों में हो रहा था, और वे सब अपने विभिन्न धंधों में व्यस्त थे। कुम्हार,[380] दन्तकार,[381] लुहार,[382] बढ़ई,[383] आदि विभिन्न पैतृक परिवार थे और उनकी अपनी बस्तियाँ थीं।

उस समय अनेक असंगठित, अस्थायी और घुमक्कड़ जातियाँ थीं जो अपनी

372. *जा॰*, II, 267.
373. वही.
374. वही, IV, 370.
375. वही, II, 388.
376. *जातक॰*, II, 267.
377. वही, IV, 370.
378. *नाया*, 13, पृ॰ 141.
379. *जा॰*, IV, 38.
380. *मज्झि॰*, II, 18, 46; III, 118; *जा॰*, 74; III, 376.
381. *सु॰नि॰*, I, 5; *दीघ*, 33.
382. *दीघ॰*, I, 78; *मज्झि॰*, II, 18; I, 320.
383. *जा॰*, II, 18, 405; IV, 344.

आजीविका लोगों का मन बहलाकर कमाती थीं, जैसे नृत्यकार और गायक,[384] लंघनटक,[385] बादक,[386] मायाकार,[387] आहितुण्डिक,[388] कोंडदमक,[389] संगीतकार (गंधब्ब),[390] भेरियावादक,[391] और शंखघमक[392]। पदावली जैसे भेरिवादक कुल,[393] संखवादक कुल,[394] नाटक कुल,[395] और गंधब्बकुल[396] से ज्ञात होता है उन्होंने अपनी अलग जातियाँ बना ली थीं।

इन लोगों के समान स्तर किन्तु इनसे अधिक स्थायी जीवन बिताने वाले थे गोपालक, पशुपालक, तिण्णहारक, कट्ठहारक और वनकम्मिक, जिनका वर्णन *मज्झिम-निकाय*[397] और *कुणाल जातकों*[398] में हुआ है। वे संभवतः अलग से जीवन बिताते थे, अपने गाँवों में सब एकत्रित होते हुए, नगरों और शहरों से दूर जहाँ वे अपनी आजीविका हेतु उत्पन्न की हुई वस्तुओं को बेचने जाते थे।

हीन जातियाँ

कुछ निश्चित वर्ण जातीय उत्पत्ति या निम्न धंधों के करने के कारण समाज के उच्च्व लोगों द्वारा निम्न देखे जाते हैं। चांडाल, वेण, निषाद, रथकार और पुल्कस हीन जातियाँ ज्ञात होती हैं।

इन हीन जातियों में चाण्डालों की स्थिति सबसे अधिक खराब थी। चाण्डाल को देखकर दुःख और आश्चर्य प्रकट किया जाता था। उनकी तुलना शृंगाल से की जाती थी,[399] जो सबसे निम्न कोटि का पशु माना जाता था।[400] अस्पृश्यता के अतिरिक्त उसका दर्शन भी

384. *जा॰*, II, 167; III, 61, 507.
385. वही, I, 430.
386. वही, II, 142.
387. वही, IV, 495.
388. वही, I, 370; II, 267, 429, III, 348.
389. वही, IV, 389.
390. वही, II, 244.
391. वही, I, 283.
392. *जा॰*, I, 284.
393. वही, I, 283.
394. वही, I, 284.
395. वही, II, 167.
396. वही, II, 248.
397. *मज्झि;* I, 79.
398. *जा॰*, V, 417.
399. *जा॰*, II, 6.
400. वही, 4, 397.

निषिद्ध था। किसी श्रेष्ठि की पुत्री ने चाण्डाल को देखने पर चक्षुओं तक को जल से साफ किया। चाण्डाल द्वारा देखा हुआ भोजन भी अपवित्र माना जाता था। सोलह हजार ब्राह्मण चाण्डाल का भोजन लेने के कारण जाति से बहिष्कृत कर दिये गये। एक ब्राह्मण ने तो इस अपराध पर आत्म-हत्या तक कर ली। किसी संन्यासी ने चाण्डाल को उससे दूर नीचे चलने को बाध्य किया, जिससे उसकी छाया संन्यासी पर न पड़ सके। यहाँ तक कि चाण्डाल को स्पर्श करने वाली वायु भी अपवित्र मानी जाने लगी। चांडाल नगरों और ग्रामों के बाहर बसते थे। उनकी बोली भिन्न थी, और जातीय भिन्नता भी प्रकट होती थी। वे प्रायः मुर्दों के ले जाने में लगाये जाते थे तथा राजा द्वारा मृत्यु-दण्ड दिये जाने वाले अपराधियों को मारने वाले होते थे।

हमें कुछ ऐसे चाण्डाल भी मिलते हैं जिनका समाज में सम्मान किया गया। हरिकेशबल चाण्डाल कुल में पैदा होकर उच्च गुणों वाला भिक्षु हो गया। उसने अपनी इन्द्रियों को जीत लिया था और वह विहार, आहार, वचन, आदि के नियमों का पालन करता था। वह स्वयं पर संयम रखता था और हमेशा कर्त्तव्य पर ध्यान रखता था। वह अपने विचारों, भाषा और काया की पापों से रक्षा करता था।

चाण्डाल के साथ पुक्कस, निषाद और अन्त्यण भी थे। निषाद प्रायः शिकारी और जंगली थे। पुक्कस फूल तोड़ने का कार्य करते थे और शिकार पर साधारणतया निर्भर रहते थे। कभी-कभी ये महलों तथा भवनों की सफाई का कार्य भी करते थे। अन्य हीन जातियाँ जैसे बढ़ई, बुनकर, नाई, आदि के उल्लेख भी इस काल में मिलते हैं।

मिश्रित जातियाँ

इस काल में मिश्रित जातियों की अधिक वृद्धि हुई। इनका उल्लेख धर्मशास्त्रों में मिलता है। इन मिश्रित जातियों का विकास न केवल अनुलोम विवाहों के परिणामस्वरूप (उच्च वर्ण के पुरुष का निम्न वर्ण की कन्या के साथ विवाह करना) बल्कि प्रतिलोम विवाहों (निम्न वर्ण के पुरुष का विवाह उच्च वर्ण की कन्या से) के कारण हुआ। विभिन्न उद्योग-धंधों के कारण भी मिश्रित जातियों का उद्‌भव हुआ।

चार वर्णों से अनेकानेक जातियों तथा उपजातियों का उद्‌भव हुआ, जिनमें कुछ के नाम इस प्रकार हैं – अम्बष्ठ, आयोगव, सूत और करण। *सूत्र कृतांग*[401] के उद्धरण में निम्न वर्गों के नाम इस प्रकार मिलते हैं – जैसे उग्र, भग्ग, ऐक्ष्वाकव, लिच्छवि और सेनापति। जैन-ग्रंथों के अन्य उद्धरणों से भी नाम जोड़े जा सकते हैं जैसे राजकुमार,

401. *से॰बु॰ई॰*, XLV, पृ॰ 339.
402. *से॰बु॰ई॰*, XLV, पृ॰ 71.
403. वही, पृ॰ 321.
404. *डाइ॰*, II, पृ॰ 288.

कलाकार[402] और क्षत्रिय।[403] नाग भी देश की जनसंख्या का एक अंश माना जाता था।[404] अनेक नगरों के नाम भी जातियों व उद्योग-धंधों के नाम से थे जैसे उत्तर क्षत्रिय कुण्डपुर (क्षत्रिय), दक्षिण ब्राह्मण-कुण्डपुर (ब्राह्मण), नातिक (ज्ञाति या ज्ञातृक), भोग नगर (भोग) और वाणिज्य ग्राम (वाणिज्य का ग्राम)।

दास प्रथा

इस काल में दास प्रथा समाज में बहुत प्रचलित थी। दासों तथा दासियों को सब प्रकार के गृह-कार्यों को करने में लगाया जाता था। न केवल राजा और समृद्ध लोग किन्तु साधारण परिवार भी दास रख सकते थे। यह प्रथा केवल शहरों तक ही सीमित नहीं थीं किन्तु गाँवों में भी बहुत प्रचलित थी। यह विशिष्ट वर्ण तक सीमित नहीं थी अपितु क्षत्रिय, ब्राह्मण और समाज के उच्च स्तर के अन्य लोगों को भी दास बना दिया गया था।[405] यह कहा जाता है कि पूरणकस्सप और अजित केशकम्बली अपने पूर्वभव में दास थे।[406]

दासों की विभिन्न श्रेणियाँ होती थीं। दासी-माता से उत्पन्न सन्तान दास मानी जाती थी। दासों को खरीदना और बेचने का उल्लेख जैन, बौद्ध और धर्मशास्त्र साहित्य में मिलता है। *नन्द जातक*[407] के अनुसार सात सौ पल एक दास को खरीदने में काफी थे। *सत्रुभक्त जातक*[408] से पता चलता है कि सौ कार्षापण नौ दास रखने हेतु आवश्यकता से अधिक थे।

नर दास की शारीरिक क्षमता और नारी दासी की सुन्दरता को अधिक कीमत के लिए आंका जाता था। दास उपहार में भी दिए जाते थे। *दीघ निकाय* और *अंगुत्तर*[409] *निकाय* का कहना है कि बुद्ध ने भिक्षु को नर व नारी दास को उपहार में स्वीकार करने के लिए मना कर दिया था। जातक के अनुसार एक ब्राह्मण ने राजा से सौ दासी लड़कियों को अन्य आवश्यक वस्तुओं के साथ उपहार में मांगीं और उनको पूरा कर दिया गया।[410]

युद्ध-बन्दी, जो पूर्ण अधीन बना दिये गये थे, वे दूसरों को अपने स्वामियों द्वारा या तो बेच दिये गये या उपहार में दे दिये गये। महावीर की पहली नारी-शिष्या इसी प्रकार की दासी थी।[411] कुछ लोग अपने ऋण को चुकाने हेतु दास हो गये। एक विधवा को, जिसने

---

405. यू.एन. घोषाल : *स्टडीज़ इन इंडियन हिस्ट्री एण्ड कल्चर,* पृ. 461-67.
406. बंद्योपाध्याय, एन.सी. : *इकोनोमिक लाइफ एण्ड प्रोग्रेस इन एंशियंट इण्डिया,* पृ. 297.
407. *जा.*, VI, नं. 39.
408. वही, नं. 402.
409. *दीघ.*, I, 64; *अंगु.*, II, 209.
410. *जा.*, IV, 99.
411. *आव.चू.*, पृ. 318.

दो पलि तेल दुकानदार से उधार खरीदा था, को ऋण नहीं चुकाने पर दासी-कन्या के रूप में उसकी सेवा करनी पड़ी।[412] अकाल के समय खाने की कमी के कारण भी दास बनाये गये।[413] विधुर पंडित जातक में उन लोगों का उल्लेख हुआ है जो मुख्यतः डर के कारण दास हुए हैं।[414] कुछ को अपने अपराधों के दण्ड के लिए दासता के हेतु दोषी ठहराना पड़ा।[415]

दास के कार्य का स्वरूप उसकी योग्यता पर निर्भर होता था। साथ में स्वामी की सामाजिक और आर्थिक प्रतिष्ठा भी उसकी योग्यता पर निर्भर थी। यदि स्वामी समृद्ध होता था तो योग्य दास कोषाध्यक्ष, भण्डारी और निजी सचिव भी रखे जाते थे।[416] *नन्द जातक*[417] से ज्ञात होता है कि स्वामी अपने दास में विश्वास रखता था और अपने कोष सम्बन्धी सब जानकारी देता था। *नानच्छंद जातक*[418] में ब्राह्मण स्वामी राजा से वरदान मांगने के बारे में दास-कन्या पन्ना से राय लेते पाया गया है।

दासों को योग्य नौकरियाँ देने के उपरांत भी इसमें संदेह नहीं कि इनमें से अधिकतर दास साधारण घरेलू कार्यों के लिये लगाये जाते थे। यू॰एन॰ घोषाल ठीक ही कहता है, "दास साधारणतया खाना बनाने, पानी लाने, चावल को सुखाने और पीसने, खाना ले जाने और खेत का ध्यान रखने, आहार देने, निवृत्त होने पर स्वामी की सेवा करने, तश्तरियों और प्यालियों को साफ करने, उगालदान को लाने ओर खाने के समय पंखा चलाने, आंगन और अस्तबल को साफ करने और अन्य ऐसे कार्य में लगाया जाता था।[419]

जहाँ तक दासों के साथ व्यवहार का सम्बन्ध है, यह स्वामी के स्वभाव पर निर्भर था। इस विषय पर परस्पर विरोधी कथन हैं। प्रायः स्वामी अपने दासों को बहुत तंग करते थे किन्तु कुछ मामलों में वे उनके प्रति दया भी दिखाते थे। दास अपने गलत कार्यों और भूलों के लिए दण्डित किये जाते थे। कभी-कभी स्वामियों द्वारा उच्छृंखल होने पर उनके साथ भद्दा व्यवहार किया जाता था। *अंगुत्तर निकाय*[420] में कहा गया है कि दण्ड के भय

412. *पिंङ;* (319).
413. *व्य॰भा॰*, 2, 207; *महा॰ नि॰*, पृ॰ 28.
414. *जा॰*, नं॰ 545.
415. वही, I, 200.
416. *फ॰स॰ऑ॰न॰बु॰*, पृ॰ 311.
417. *जा॰*, नं॰ 39.
418. वही, नं॰ 289.
419. *स्टडीज़ इन एंशियंट हिस्ट्री एण्ड कल्चर*, पृ॰ 463.
420. *अंगु॰*, II, 207-8.

के कारण दासों के चेहरों पर आँसू आ जाते थे। जातक[421] से ज्ञात होता है कि उच्च कोषाध्यक्ष की पुत्री अपने दासों और नौकरों को गालियाँ देती थीं और पीटा करती थीं। *नाम सिद्धि जातक*[422] के अनुसार दास-कन्या धनपाली को उसका स्वामी पीटा करता था। वह दूसरों के लिये काम करने हेतु किराये पर भेजी जाती थी। दासों को बुरी तरह से पीटा जाता था, और स्वामी उनको जंजीरों से बांध देते थे।

दासों की स्थिति को सुधारने के लिये कोई विशेष प्रयत्न नहीं किया गया। यहाँ तक कि महात्मा बुद्ध जैसे महान् सुधारक ने किसी दास को अपने संघ में प्रवेश देने का साहस नहीं किया। लिच्छवि नारी-दासियों से उत्पन्न पुत्रों को स्वतंत्र नर मानने को तैयार नहीं थे। वासवखत्तिया शाक्य कुल की सदस्या के रूप में मान्य नहीं की गई क्योंकि वह राजकुमार महानाम की दास-कन्या नागमुण्डता की पुत्री थी।[423]

कुछ उदाहरण भी सिद्ध करने को मिलते हैं कि दासों को अपने स्वामी से अच्छा व्यवहार मिलता था। उन्हें अपने स्वामी के पुत्रों के साथ पढ़ना, लिखना और हस्तशिल्प सीखने के अवसर मिलते थे। कटाहक अपने स्वामी के पुत्र की संगति में बड़ा हुआ, उसके साथ ही शिक्षा प्राप्त की, दो व तीन शिल्पहस्त सीखे और अपने स्वामी का भंडारी नियुक्त किया गया।[424] कभी-कभी स्वामी की पुत्रियों का दासों के साथ प्रेम हो जाता था। *कटाहक जातक*[425] और *कलण्डुक जातक*[426] में कुछ प्रतिष्ठित परिवारों की कन्याओं का विवाह दासों के साथ हुआ और वे सहपलायन कर गये।

दासों के मुक्त होने के कुछ उपाय भी समाज में प्रचलित थे। युद्ध-बंदी दास मुक्त हो सकते थे, यदि परास्त दल बाद में फिर शक्ति प्राप्त कर लेते और शत्रु पर विजय प्राप्त कर लेते। दास संन्यास को स्वीकार करने पर या स्वामी की इच्छा पर या मुक्ति के लिए उन्हें परिक्रय देकर मुक्त हो सकते थे।

आश्रम व्यवस्था

महावीर और बुद्ध के समय के पहले तीन प्रसिद्ध आश्रम ब्रह्मचर्य, गृहस्थ और वानप्रस्थ के अस्तित्व की जानकारी *छान्दोग्योपनिषद्* और *बृहदारण्यकोपनिषद्* से होती है। वास्तव में आश्रमों की संख्या तीन नहीं, चार थी। उनके नाम और क्रम में अन्तर मिलता है।

421. *जा०*, I, 295.
422. वही, नं० 97.
423. *इकोनोमिक लाइफ़ एण्ड प्रोग्रेस इन एंशियंट इंडिया*, पृ० 297.
424. *जा०*, I, 451.
425. *जा०*, नं० 135.
426. वही, 127.

चारों आश्रम अपने विशेष नामों से *जाबालोपनिषद्* में उल्लेखित मिलते हैं। पूर्व धर्मशास्त्रों के समय से ये चार आश्रम अपनी-अपनी अवस्थाओं के साथ विदित थे। आपस्तम्ब *धर्म सूत्र*[427] में आश्रमों (*चत्वार आश्रमा गार्हस्थ्यमाचार्य कुल वानप्रस्थमिति*) के बारे में उल्लेख है। इनमें मौन का उल्लेख संन्यास के लिए है। आपस्तम्ब ने चार आश्रमों में गृहस्थ की महत्ता दृष्टिगत रखते हुए उसे प्रथम स्थान दिया है। *गौतम धर्म सूत्र*[428] के चार आश्रमों में ब्रह्मचारी, गृहस्थ, भिक्षु एवं वैखानस के नाम उल्लेख करते हुए वैखानस के पूर्व भिक्षु को स्थान दिया गया है। *वशिष्ठ धर्म सूत्र*[429] में चार आश्रम गिनाये हैं, – ब्रह्मचर्य, गृहस्थ, वानप्रस्थ एवं परिव्राजक। बौद्ध साहित्य[430] से जीवन की चारों अवस्थाओं की जानकारी मिलती है।

मानव-जीवन की प्रथम अवस्था ब्रह्मचर्य है जिसमें वह गुरु के घर में रहकर अध्ययन करता है; दूसरी अवस्था में वह विवाह करता है और गृहस्थ हो जाता है; पूर्वजों का ऋण पुत्रों को उत्पन्न कर चुकाता है तथा देवताओं का ऋण यज्ञों को सम्पादित कर चुकाता है। जब वह देखता है कि उसके बाल पक गये हैं और उसके शरीर पर झुर्रियाँ दिखाई दे रही हैं तो वह वन की राह ले लेता है अर्थात् वानप्रस्थ हो जाता है। तीसरी अवस्था में जीवन का शेष भाग जंगल में बिताकर वह संन्यासी हो जाता है।

यह विश्वास किया जाता है कि आश्रम व्यवस्था इस प्रकार से बनाई गई है कि व्यक्ति भलीभांति से अपने जीवन के अस्तित्व के लिए चार पुरुषार्थ धर्म, अर्थ, काम और मोक्ष प्राप्त कर सके। ब्रह्मचर्य अवस्था में वह इच्छा और भाव को नियन्त्रण कर धर्म प्राप्त करता है। गृहस्थ आश्रम में वह विवाह करता है, गृहस्थ होता है, संसार के सुखों को चखता है, जीवन को भोगता है, पुत्र पैदा करता है, अपने पुत्रों, अपने मित्र, सम्बन्धी और पड़ोसियों के प्रति प्रेम करता है और परिवार का संस्थापक होकर योग्य नागरिक होता है। इस समय वह अर्थ और काम प्राप्त करता है। वानप्रस्थ में वह जीवन की बड़ी समस्याओं पर विचार करने हेतु वन की राह लेता है। वह त्याग, तपस्या और अहिंसा का जीवन बिताता है। संन्यास अवस्था में मनुष्य मुख्यतः अपनी इन्द्रियों पर संयम रखकर मोक्ष प्राप्त करने का प्रयत्न करता है जो उसके जीवन का मुख्य लक्ष्य माना जाता है।

इस आश्रम-व्यवस्था का सम्बन्ध तीन ऋणों के सिद्धांत से भी था – ऋषि ऋण, पितृ ऋण एवं देव ऋण। आश्रम-व्यवस्था द्वारा इन ऋणों से मुक्त होने का प्रयत्न किया गया था। ब्रह्मचर्य आश्रम में विधिवत् वेदों का अध्ययन करके ऋषि ऋण चुकाया जा सकता

---

427. *आप॰ध॰सू॰*, II, 921-1.
428. *गौ॰ध॰सू॰*, 2.
429. *व॰ध॰सू॰*, VII, 1-2.
430. *अभिधम्मपदिपिका*, 409; *धम्मपद*, 135.

था तथा धर्मानुसार पुत्र उत्पन्न करके गृहस्थाश्रम में पितृ ऋण से मुक्ति प्राप्त की जा सकती थी। वानप्रस्थ अवस्था में अपनी शक्ति के अनुसार यज्ञ करके देव ऋण से मुक्ति प्राप्त करना सहज माना गया था।

रिज डेविड्स[431] का मत है कि आश्रम-व्यवस्था की उत्पत्ति बौद्ध धर्म के प्रारंभ होने के पश्चात् व बौद्ध धर्म के प्रभाव के कारण हिन्दू धर्म में स्वीकृत की गई, समीचीन नहीं है। बौद्ध धर्म के पूर्व भी इनकी व्यवस्था विद्यमान थी क्योंकि ऐसा विभिन्न उल्लेखों से ज्ञात होता है। यह संभव है कि दोनों अंतिम आश्रमों में भिन्नता और अंतिम आश्रम का विकास यति सिद्धांतों के कारण तथा जैन धर्म और बौद्ध धर्म के प्रभाव के कारण हो।

पहली अवस्था को छोड़कर चारों अवस्थाओं को थोपने का कभी प्रयत्न नहीं किया गया। व्यक्ति का सब अवस्थाओं में प्रवेश होना आवश्यक नहीं था। यह व्यवस्था कभी राज्य आदेश, देश निकाला व दण्ड द्वारा या स्वेच्छा से थोपी नहीं गई। आश्रम धर्म का लोगों के जीवन पर प्रभाव साधारण था। यदि सब लोगों पर शक्ति से चारों अवस्थाएँ थोपी जातीं तो इसके परिणाम भयंकर निकलते। ऐसा प्रतीत होता है कि यह केवल उच्च वर्गों जैसे ब्राह्मणों तक ही सीमित थी किन्तु बन्धन के रूप में आवश्यक नहीं थी।

पारिवारिक जीवन

इस समय संयुक्त परिवार व्यवस्था बहुत प्रचलित थी, जिसमें पिता, माता, छोटे भाई और बहन तथा पुत्र होते थे। परिवार के विभिन्न सदस्यों के मध्य सौहार्दपूर्ण और स्नेहपूर्ण सम्बन्ध थे। पिता परिवार का मुखिया होता था तथा वह सब सदस्यों द्वारा सम्मानित किया जाता था। उसकी पत्नी गृहकार्य करती थी, परिवार के सदस्यों का ध्यान रखती थी और अपने स्वामी के प्रति स्वामिभक्त थी। माता का भी सब आदर करते थे। हम राजा पूसनन्दि का नाम सुनते हैं जो अपनी माता के प्रति अधिक भक्त था।[432] माता अपने पुत्रों को बहुत स्नेह करती थी। जब राजकुमार मेघकुमार ने साधु के जीवन को स्वीकार करने का निर्णय किया, तो उसकी माता अचेतन हो गई और काष्ठवत जमीन पर गिर गई। उस पर पानी छिड़का गया, पंखे से हवा की गई और उसके मित्रों द्वारा शान्त की गई। उसकी आँखों में आँसू भर आये और बहुत ही करुण शब्दों का प्रयोग करते हुए उसने अपने पुत्र को सांसारिक सुखों को नहीं त्यागने को समझाया।[433]

ऐसे भी उदाहरण हैं जिनसे पता चलता है कि परिवार के एक सदस्य और दूसरे के मध्य सौहार्द नहीं था। बहू और सास एक दूसरे के अत्याचारों से छुटकारा पाने के

431. *रि॰बु॰इ॰;* पृ॰ 113.

432. *ज॰ला॰एं॰इ॰डि॰जै॰के॰;* पृ॰ 147.

433. *नाया॰,* I, पृ॰ 25; *उत्तरा,* 19.

लिए संघ में शरण लेती थीं। एक बहू ने अपनी सास को मारने का षड्यंत्र किया। एक बार चार बहुओं ने अपनी सास को घर के बाहर निकाल दिया। हमारे पास ऐसा एक मामला है कि एक पुत्र ने इस आधार पर विवाह करने से मना किया कि वधुएँ प्रायः अपने सास-श्वसुरों के प्रति अल्प सम्मान करती हैं और उन पर अत्याचार भी करती हैं।[434]

सम्पत्ति के अधिकारों का विचार का अस्तित्व भी परिवार वृत्त में आ गया था। इसका कारण यह था कि व्यापार और वाणिज्य की उन्नति अधिक होने लगी और उद्योगों की संख्या अधिक बढ़ने लगी। परिवार के सदस्यों ने स्वतंत्रता से अपनी आजीविका कमाना शुरू कर दिया। कुछ धर्म सूत्रों के लेखकों ने पुत्र की स्वअर्जित सम्पत्ति को मानना शुरू कर दिया। गौतम के अनुसार यदि भाइयों में एक वैद्य है तो उसे अन्य भाइयों को अपनी आय नहीं देनी चाहिए। स्मृति लेखक विष्णु ने इसको कुछ स्पष्ट कर दिया कि यदि वैद्य ने अपना ज्ञान परिवार की सम्पत्ति की सहायता से प्राप्त किया है; तो उसको अपनी आय परिवार को भी देनी चाहिए।

पहले पिता के पास असाधारण सत्ता प्राप्त थी। एक समय था जब पुत्र का विक्रय और उपहार पिता के अधिकार के बाहर नहीं था। इस काल में इन प्रवृत्तियों पर नियंत्रण लगा। यह शास्त्रों के द्वारा मना करने से हुआ या पिता का पुत्र पर भी कितना अधिकार है, इस विचार में परिवर्तन आने से हुआ। वानप्रस्थ व्यवस्था के आरंभ से संयुक्त परिवार प्रणाली का विघटन शुरू हुआ। वानप्रस्थी होने से पहले पिता को अपने पुत्रों में अपनी सम्पत्ति का विभाजन करना पड़ता था। कभी-कभी उसे अपनी इच्छा के प्रतिकूल पुत्रों में सम्पत्ति को बांटना पड़ता था। पुत्र ने पिता की इच्छाओं के विरुद्ध सम्पत्ति में अपना वैध भाग मांगना शुरू कर दिया। कुछ धर्म-सूत्रों के अनुसार यदि कोई पुत्र पिता को बंटवारे के लिए बाध्य कर दे तो उसे श्राद्ध करने के लिये आमंत्रित नहीं करना चाहिए। इससे यह पता चलता है कि ऐसी प्रक्रिया समाज द्वारा अस्वीकृत थी, किन्तु पुत्र को कानूनी अधिकार प्राप्त थे और न्यायालय द्वारा उनको लागू करवा सकते थे। गौतम का कहना है कि पुत्रों को जन्म से अधिकार प्राप्त थे। आपस्तंब का कहना है कि पुत्र का उत्तराधिकार से सम्बन्ध तोड़ा नहीं जा सकता है।

विवाह

छठी सदी ई॰पू॰ में विवाह सबके लिए प्रायः वांछनीय और आवश्यक माना गया। कुछ ऐसे विशेष मामले हैं जहाँ नर और नारी दोनों ने धर्म के प्रभाव के कारण संसार को त्यागकर अविवाहित जीवन बिताने के बारे में सोचा।

---

434. *द पोजीशन ऑफ वीमेन इन हिन्दू सिविलाइजेशन,* पृ॰ 107-8.

विवाह के प्रकार

जैन और बौद्ध स्रोतों से पता चलता है कि इस काल में ब्राह्म, प्राजापत्य, आसुर, गांधर्व और राक्षस सामान्य विवाह थे। धर्म-सूत्रों में उल्लेखित विवाह आठ प्रकार के हैं – ब्राह्म, देव, आर्ष, प्राजापत्य, आसुर, गांधर्व, राक्षस और पैशाच। ब्राह्म और प्राजापत्य सबसे अधिक लोकप्रिय थे। ये दोनों प्रकारों के विवाह माता-पिता द्वारा तय किये जाते थे। विवाह समारोह[435] के लिए शुभ दिन निश्चित किये जाते थे और दूल्हे की बारात वधू के घर निश्चित दिन पहुँचती थी। दुल्हन दूल्हे के घर गाड़ी में अनुरक्षकों की देखभाल में ले जायी जाती थी।[436]

आसुर विवाह के अन्तर्गत पति कन्या के बदले में उसके पिता को यथाशक्ति धन देकर प्राप्त करता था। यह विवाह भी समाज में प्रचलित था। तेयलिपुत्र मंत्री स्वर्णकार की पुत्री के साथ विवाह करना चाहता था।[437] व्यापारी ने, अपनी उपेक्षित पत्नी को त्यागकर, अधिक धन द्वारा दूसरी कन्या से विवाह कर लिया।[438] एक लुटेरे ने, जिसके पास पर्याप्त धन था, आवश्यक धन दिया और एक लड़की से शादी कर ली।[439] बौद्ध-साहित्य से ज्ञात होता है कि इसीदासी नामक भिक्षुणी के पिता ने कन्या के विवाह में विक्रय-मूल्य लिया था।

गांधर्व विवाह या प्रणय विवाह इस समय के सामंतों में लोकप्रिय था। इस प्रकार के विवाह में कन्या और वर बिना अभिभावकों के ज्ञान के एक दूसरे के प्रेम में पड़कर एक-दूसरे को पसन्द कर लेते थे और बिना कर्मकाण्ड व समारोह के विवाहित हो जाते थे। उदयन का वासवदत्ता के साथ विवाह प्रचलित उदाहरण है। हम पुण्डवद्धण के राजा सीहरह के बारे में सुनते हैं जिसने एक कन्या के साथ गांधर्व विवाह किया।[440] कुछ जातक कहानियाँ[441] इस प्रकार के विवाह का उल्लेख करती हैं। *बौधायन धर्म-सूत्र*[442] में इस विवाह का समर्थन किया गया है। ऐसे प्रेम-बन्धनों की प्रशंसा करनी चाहिए क्योंकि इनमें एक दूसरे के प्रति आकर्षण तो है।

लोग कभी-कभी राक्षक प्रकार के विवाह करते थे। विवाह होने वाली कन्या को बलपूर्वक ले जाना इस प्रकार के विवाह की मुख्य विशेषता थी। उड़ाने और अपहरण के बहुत से उदाहरण हैं, यथा उदयन की नौकरानी सुवर्णगुलिका का अपहरण राजा पज्जोय

435. *दीघ*०, I; *जा*०, I, 258.
436. *जा*०, I, 258.
437. *नाया*०, 14, पृ० 148.
438. *उत्तरा*०*टी*०, 4, पृ० 97.
439. *उत्तरा*० *चू*०, पृ० 110.
440. *बृह*०*भा*०*टी*०, पृ० 57.
441. *नाया*०, 16, पृ० 186.
442. *जा*०, V, 425-26; *जा*०, I, 297.

ने किया, सप्पिणि का कण्ड ने, कमलामेला का सागरचन्द ने और चेलना का राजा श्रेणिक ने अपहरण किया। जैन-ग्रंथों में अमरकंक के राजा पौमनाव द्वारा दोवई के अपहरण का उल्लेख है। जातकों में इस विवाह का उल्लेख बार-बार हुआ है और बहुत पहले यह लड़ाकू वर्ग में बहुत लोकप्रिय रही।

इस काल में बौद्ध और जैन ग्रंथ पैशाच, आर्ष और दैव विवाहों का उल्लेख नहीं करते हैं जो निश्चित ब्राह्मणिक साहित्यिक स्रोतों से ही जाने जाते हैं। इस विवाह में कन्या का छल-कपट से बलात् हरण कर लिया जाता था और अचेत और मत्त कन्या के साथ वर द्वारा मैथुन किया जाता था। जैन और बौद्ध इसको बिल्कुल विवाह नहीं मानते थे। जब यज्ञ कराने वाला अपनी पुत्री को विवाह में किसी पुरोहित को अर्पित कर देता था, तो वह दैव-विवाह कहलाता था। जैनियों और बौद्धों में इस प्रकार का विवाह नहीं होता था और इन्होंने इसे ब्राह्म और प्राजापत्य प्रकारों की श्रेणी में रखा था। आर्ष-विवाह में वधू का पिता अपने जमाता से विवाह के समय एक गाय और एक बैल प्राप्त करता था। चूंकि इसे आसुर विवाह का रूप समझा गया, इसका संभवतः उल्लेख नहीं किया गया।

सबसे रोचक प्रकार का ज्ञात स्वयंवर विवाह मूल में क्षत्रिय वर्ग तक सीमित था जिसमें राजकुमारी एकत्रित हुए वरों में स्वेच्छा से अपना पति चुनती थी। क्रीड़ा प्रतियोगिताओं या स्पर्धाओं का आयोजन किया जाता था जिसमें आगुंतक वर युद्ध के हथियारों द्वारा अपनी कुशलता का परिचय देते थे। इस प्रकार के विवाह के अनेक उदाहरण हैं। *नायाधम्मकहा*[443] दोवइ के स्वयंवर का उल्लेख करती है जिसमें विभिन्न मुख्य राजा और राजकुमार उपस्थित थे। *उत्तराध्ययन टीका*[444] में राजकुमारी निव्वुइ के स्वयंवर विवाह का संदर्भ है।

जाति और गोत्र

इस काल में विवाह निश्चित करने के लिए जाति और कुल महत्त्वपूर्ण कारण हो गये जिससे रक्त की पवित्रता रखी जा सके। ब्राह्मण, सेठी, जन-जातियाँ, कोषाध्यक्ष और अन्य का अपनी जातियों के समान प्रतिष्ठित सदस्यों के साथ विवाह करने का उल्लेख मिलता है। जैन और बौद्धों के धर्मशास्त्रों से भी इसकी पुष्टि होती है जिनके अनुसार वधू एक ही जाति की होनी चाहिए। प्रायः सजातीय विवाह प्रचलित था और जातियों के अन्तर्मिश्रण पर नियंत्रण थोप दिये गये।

वैदिक युग में, गोत्र का अर्थ "गोशाला" या "गायों का झुण्ड" था; किन्तु इस काल में इसका प्रयोग कुल या वंश परम्परा के रूप में किया जाने लगा। उसके अनुसार पौत्र

443. *नाया.*, 16, पृ. 179-182.

444. *उत्तरा.टीका.*, I, 3, पृ. 59.

तथा प्रपौत्र गोत्र के सदस्य होते थे। जब राजा प्रसेनजित् ने अंगुलिमाल के माता-पिता का गोत्र पूछा तो उसने उत्तर दिया कि उसका पिता गार्ग्य गोत्र का था और माता मैत्रायणि गोत्र की थी।[445] गोत्र के आधार पर विवाह निश्चित करने पर विभिन्न राय है। कुछ धर्मशास्त्रकार (गौतम और बौधायन) इस प्रश्न पर मौन हैं किन्तु अन्य सगोत्र विवाह को अवैध मानते हैं। *कच्छप जातक* के एक पद के अनुसार प्रायः विवाह बन्धन से जुड़े कुल भिन्न गोत्रों के होते थे।[446]

इस समय भाइयों का बहनों के साथ विवाह करने के कुछ उदाहरण भी मिलते हैं। बौद्ध साहित्य का कहना है कि शाक्य अपने वंश को चलाने हेतु अपनी बहनों के साथ विवाह करते थे।[447] कौटुम्बिक विवाह लिच्छवियों में प्रचलित थे।[448] सम्बन्धी की पुत्री के साथ विवाह बहुत होता था। बम्भदत्त ने अपने मामा की लड़की से विवाह किया।[449] जातक कहानियों में काशी और शिवि राजकुमारों का अपने मामा की पुत्रियों के साथ विवाह करने के संदर्भ मिलते हैं।[450] कोसल राजा प्रसेनजित् की बहन का विवाह बिम्बिसार के साथ हुआ और उसकी पुत्री वाजिरा का विवाह बिम्बिसार के पुत्र अजातशत्रु के साथ हुआ।[451] ज्येष्ठा का महावीर के बड़े भाई नन्दिवर्धन के साथ विवाह भी इसी श्रेणी में आता है। ऐसे विवाह राजकीय परिवारों तक ही सीमित नहीं थे, किन्तु जैसा कि अनेक लोकप्रिय कथाओं से विदित है कि ये विवाह सामान्य लोगों में भी प्रचलित थे। कुछ धर्म-सूत्र मामी की लड़की के साथ विवाह करने के रीति-रिवाज का उल्लेख करते हैं; किन्तु यह प्रथा दक्षिण में सीमित थी।[452]

वैशाली के लिच्छवियों में विवाह दो प्रकार के कानूनों से होता था। उनमें से एक लिच्छवि कन्या का बाहर वाले के साथ विवाह करने को मना करता था।[453] इस कानून का इतनी कठोरता से पालन किया गया कि सिंह की पुत्री[454] का मगध के राजा बिम्बिसार के साथ गुप्त विवाह से लिच्छवि और मगध के लोगों के मध्य भयंकर युद्ध हुआ और उसमें लिच्छवियों की हार हुई। उन्होंने राजा के पुत्रों से प्रतिफल (वैर निर्यातन) की प्रतिज्ञा की।

445. *मज्झि॰*, II, 102.
446. *मज्झि॰*, II, 102.
447. *डाइ*, II, 115; *जा॰*, V, 413 (नं॰ 536).
448. *इं॰हि॰क्वा॰*, II, पृ॰ 563.
449. *उत्तरा॰टी॰*, पृ॰ 189.
450. *जा॰*, I, पृ॰ 457; *जा॰*, II, 327 और *जा॰* VI, 486.
451. वही, II, 237, 403-4; IV, 342-43.
452. *बौ॰ध॰सू॰*, I, 19-26.
453. *द लाइफ आफ द बुद्ध*, पृ॰ 62; *इं॰हि॰क्वा॰*, XXIII, पृ॰ 58.
454. वही, पृ॰ 59 (*इं॰हि॰क्वा॰*)।

वे इसके प्रति इतने पक्के थे कि इस संकल्प को लिख दिया गया और संदूक में मोहर लगाकर रख दिया गया।[455]

दूसरा कानून स्त्री-रत्न (सर्वश्रेष्ठ) के सम्बन्ध में था।[456] इस कानून के अनुसार स्त्री को अपने हेतु विवाह की अनुमति नहीं दी जाती थी किन्तु उसके पालन-पोषण करने वाले समाज को सुशोभित करने और उसके मन-बहलाव के लिए उसे नागरशोभिनी पुकारा जाता था। वह एक राष्ट्रीय कोष मानी जाती थी। यह कोष एक व्यक्ति के अधीन नहीं रहता था, चाहे वह स्थिति और समृद्धि में कितना ही बड़ा क्यों न हो। वह सारे गण का होता था। इस समय उदाहरण के लिये अम्बपाली सर्वश्रेष्ठ कन्या थी, और इसलिए वह नगर-शोभिनी बनाई गई थी।

अन्तर्जातीय विवाह

अन्तर्जातीय विवाह-व्यवस्था सामान्य प्रथा नहीं थी। उच्च वर्गों के लोग ही केवल उसका पालन करते थे, किन्तु सदा पालन नहीं करते थे। जब उच्च वर्ण के वर का विवाह नीचे के वर्ण की कन्या के साथ होता था, तो वह अनुलोम विवाह कहलाता था और उच्च वर्ण की कन्या के साथ निम्न वर्ण के पुरुष का विवाह प्रतिलोम विवाह कहा जाता था। हमें जातक से ज्ञात होता है कि एक राजा ने दुकानदार की एक सुन्दर कन्या सुजाता को बेर बेचते देखा और उससे प्रेम हो गया[457] और उसने उसको रानी बना लिया। एक जातक[458] में सेनापति अहिपारक का एक व्यापारी की पुत्री उम्मदंती के साथ विवाह का वर्णन है।

विवाह के लिए आयु

इसमें कोई सन्देह ज्ञात नहीं होता कि वधू का विवाह करते समय स्वाभाविक आयु सोलह वर्ष होती थी। वर अपने साथी से बड़ा होता था और यह माना जाता था कि वर कम-से-कम अठारह और बीस वर्ष का होना चाहिए। *थेरी गाथा*[459] में उल्लेखित है कि इसिदासी अपने पूर्व जन्म में सोलह वर्ष की आयु में विवाहित हुई थी। विशाखा और कुंडकेशा संघ में प्रवेश करते समय सोलह वर्ष की थीं, जब उनके विवाह के बारे में विचार किया जा रहा था। *धम्मपद टीका*[460] में सोलह वर्ष की कन्याओं का अपने पति के साथ मिलन की आतुरता का वर्णन हुआ है। जातकों में स्पष्ट बताया गया है कि इस आयु

455. *इं॰हि॰क्वा॰*, XXIII, पृ॰ 159.
456. वही.
457. *जा॰*, III, 81.
458. वही॰, V, 211.
459. *थेरी गाथा*, 445.
460. *कामेंटरी आन द धम्मपद*, 120.

की कन्याएँ विवाह के लिए परिपक्व मानी जाती थीं और उनमें विरला सौंदर्य और प्रमाद होता था।[461]

इस काल में रचित गृहसूत्र उल्लेख करते हैं कि चतुर्थी कर्म क्रिया विवाह के चार दिनों के उपरान्त सम्पादित होती थी। विवाह के चार दिनों के बाद के संभोग से स्पष्ट प्रकट होता है कि उन दिनों युवा कन्याओं का विवाह सम्पादित होता था। कभी-कभी विवाह की क्रियाओं के बीच कन्या का मासिक धर्म प्रकट हो जाता था। इससे यह भी सिद्ध होता है कि विवाह के समय लड़कियाँ जवान हो चुकी रहती थीं।

पुनर्विवाह और तलाक

जहाँ तक पुरुष का सम्बन्ध है, उसे अपनी पत्नी की मृत्यु के पश्चात् पुनिर्विवाह की अनुमति थी। विधवा के पुनर्विवाह के सम्बन्ध में प्रमाण परस्पर विरोधी हैं। अनुमति और मनाही दोनों के मामले मिलते हैं। कुछ ब्राह्मण स्रोत आदर्श दृष्टिकोण लेकर विधवा विवाह की मनाही करते हैं। पुरोहित वर्ग और समाज के उच्च वर्ग द्वारा उनके नियमों का पालन किया जाता था, किन्तु साधारण लोग प्रायः स्थानीय रीति-रिवाजों का अनुसरण करते थे। ऐसा प्रतीत होता है कि समाज के उच्च वर्ग के बहुत कम लोग विधवा के पुनर्विवाह का मार्ग अपनाते थे। बच्चा नहीं होने वाली विधवाओं का पुनर्विवाह करना आसान था। लेकिन जिनके ऊपर पुत्रों और पुत्रियों की देखभाल करने का बोझ था उनका पुनर्विवाह करना आसान नहीं था। "पुनर्भू" शब्द उस विधवा के लिए प्रयुक्त होता है जिसने पुनर्विवाह किया है।[462] ब्राह्मण लेखकों का विचार है कि प्रायः विधवा का पुनर्विवाह मरे हुए पति के परिवार के सदस्य तक सीमित होना चाहिए। इसका कारण बहुत पहले समय से नियोग प्रथा का लोकप्रिय होना है।

बौद्ध साहित्यिक साधनों से ऐसा प्रतीत होता है कि बौद्धों में ऐसा कोई नियंत्रण नहीं था। संभवतः मध्यदेश के लोगों की अपेक्षा देश के पूर्व भाग के लोगों द्वारा उदार नियमों का पालन होता था जहाँ विधवाओं को अपने नये पतियों को चुनने में अधिक स्वतंत्रता थी। *नन्द जातक*[463] में एक पति भयभीत है कि उसकी मृत्यु के पश्चात् उसकी पत्नी पुनर्विवाह कर लेगी और ऐसी परिस्थिति में उसके पुत्र को कुछ भी सम्पत्ति प्राप्त न हो सकेगी। *सुसिमा जातक*[464] में राजा के पुरोहित के द्वारा विधवा रानी के साथ विवाह का वर्णन है। *अगुंत्तर निकाय*[465] में एक नारी मृत्यु-शय्या पर पड़े अपने पति से यह प्रतिज्ञा

461. *जा॰*, III, 93; *जा॰*, I, 456.

462. *व॰ध॰सू॰*, XVII, 20.

463. *जा॰*, नं॰ 39.

464. *जा॰*, III; नं॰ पृ॰ 237.

465. *अंगु॰*, III, 295.

करती है कि वह उसकी मृत्यु के पश्चात् पुनर्विवाह नहीं करेगी।

विधवापन के अतिरिक्त नारी को पुनर्विवाह की समस्या का तब भी सामना करना पड़ता था जब उसका पति या तो संन्यासी हो जाता था या विदेश चला जाता और लौटता नहीं था। चूंकि जैन-धर्म और बौद्ध-धर्म जैसे नए धार्मिक संन्यासी आंदोलनों के उत्थान के कारण अधिक संख्या में युवकों ने युवावस्था में अपनी किशोर पत्नियों को त्यागकर संसार को छोड़ दिया। हमें जातकों[466] से पता चलता है कि कुछ स्त्रियाँ अपने पुरुषों का अनुसरण करतीं तथा अन्य स्त्रियाँ जिनकी यौवन के सुखों के लिए इच्छाएँ और वासनाएँ अभी तक तृप्त नहीं हुई थीं, पुनर्विवाह कर दाम्पत्य जीवन फिर से शुरू करती थीं। कुछ जातकों में पुरुषों को अपने विचार इस प्रकार व्यक्त करते बतलाया गया है कि जिनके परिणामस्वरूप उनके संसार त्यागने पर उनकी पत्नियों ने नये पुरुषों को चुन लिया है। इस समय के कुछ ब्राह्मण साहित्यिक ग्रंथों[467] में भी उल्लेख मिलता है कि यदि पुरुष संन्यासी हो गया हो या विदेश चला गया और वापिस नहीं आया तो पत्नी निश्चित समय में विवाह करने को स्वतंत्र है।

पति व पत्नी को कुछ निश्चित आधार पर त्याग कर समाज में विवाह प्रचलित था। वसिष्ठ के अनुसार पति के प्रव्रजित, क्लीव अथवा पतित होने पर स्त्री पुनर्विवाह कर सकती थी। बौद्ध जातकों में भी ऐसे उल्लेख मिलते हैं। ऐसा प्रतीत होता है कि समाज के निम्न वर्ग में तलाक द्वारा विवाह सामान्य था, किन्तु उच्च वर्गों में यह कुछ मामलों में ही किया जाता था। *मज्झिमनिकाय* के पियजातिक सुत्त में ऐसा कथन मिलता है कि स्त्री के सम्बन्धी जो उसके पुरुष को पसन्द नहीं करते थे, उसको उससे अलग करने का तय किया और अन्य व्यक्ति के साथ विवाह कर दिया।[468] एक जातक में मद्र की राजकुमारी फुसति की कथा है जो कुशावती के कुरूप पुरुष कंस (बोधिसत्व) से छुटकारा पाना और अन्य राजकुमार से विवाह करना चाहती थी जो उसकी इच्छा के अनुसार सुन्दर था।[469]

परिवार और स्थानीय परम्पराओं ने इस रीति-रिवाज को नियंत्रण करने में महत्त्वपूर्ण भूमिका निभाई। एक जातक कहानी से पता चलता है कि अपने पति के प्रति गहरे प्रेम की कमी होने पर भी, पत्नी ने अपने तलाक के अधिकार का प्रयोग नहीं किया किन्तु कठिन दशा में रहना पसंद किया।[470] यह कहा जाता है कि एक ब्राह्मण को पूछा गया

---

466. *चुल्लसुत्त सोम जा॰*, नं॰ 525; और *वेसंतर जा॰*, नं॰ 547.
467. *व॰ध॰सू॰*, XVII, 78-80.
468. *मज्झि॰*, II, 109.
469. *जा॰*, नं॰ 531 (*कु॰स॰जा॰*)।
470. वही, IV, 35.

कि व्यभिचारी पत्नी को रखेगा या छोड़ेगा, उसने उसे छोड़ने एवं पुनर्विवाह के विरुद्ध अपने विचार व्यक्त किये।[471]

बहुविवाह और एक-पत्नीत्व

प्रायः अधिकतर लोग एक-पत्नीत्व का पालन करते थे, किन्तु समाज के धनी और शासक वर्ग में बहुविवाह प्रचलित था। राजा और राजकुमार भीड़-भरे अतःपुर को रखना अपना अधिकार समझते थे। जातकों में अधिकांश राजकुमारों द्वारा बहुस्त्री का वर्णन किया गया है।[472] बिम्बिसार, प्रसेनजित्, उदयन और अजातशत्रु जैसे राजा बहुस्त्रीक थे। राजगृह का धनी गृहपति महासयग की तेरह पत्नियाँ थीं।[473] *रट्ठपाल-सुत्त* में वर्णन है कि ब्राह्मण गृहपति के पुत्र रट्ठपाल की अनेक पत्नियाँ थीं।[474] *अंगुत्तर निकाय* में समृद्ध और सुखी गृहपति चार आकर्षित पत्नियों द्वारा राह देखता हुआ वर्णन किया गया है।[475] *थेरी गाथा* से ज्ञात होता है कि इसिदासी का अपने पूर्व-जन्म में वणिक् पुत्र के साथ विवाह हुआ जिसके पहले से ही अन्य पत्नी थी।[476] *पारस्कर गृह्यसूत्र* का कथन है कि ब्राह्मण की तीन पत्नियाँ, क्षत्रिय की दो और वैश्य की एक पत्नी होनी चाहिए; शूद्र भी एक पत्नी रख सकते थे।[477]

वेश्याएँ

इस युग में वेश्याएँ विशेषकर राजगृह, चम्पा, वैशाली, मिथिला, साकेत और श्रावस्ती नगरों की एक विशेषता हो गई। लोग समृद्ध हो गये और विभिन्न प्रकार से मन बहलाने लगे। चूंकि वेश्याएँ ललित कलाओं जैसे गान, नृत्य, वादन और संगीत की संरक्षक थीं, उनका इस काल के समाज में सम्माननीय स्थान था। राजकीय नगरों में उनकी उपस्थिति नागरिकों को भौतिक सुखों को देने वाली होती थी। उनको विशेषकर सम्मान के साथ प्रतिष्ठित किया जाता था। वे उत्सव के अवसरों पर राजमहलों में अपनी कला-प्रतिभा को सर्वश्रेष्ठ प्रदर्शित करने हेतु प्रकट होती थीं।

राजगृह की सालवती और वैशाली की अम्बपाली अपने युग की प्रसिद्ध नर्तकियाँ थीं। जब अम्बपाली को वैशाली की वेश्या के रूप में प्रतिष्ठित किया गया, उसका उदाहरण ग्रहण कर सालवती को राजगृह की वेश्या प्रतिष्ठित कर दिया गया।[478] दोनों न केवल

471. *जा॰*, III, 351.
472. *चुल्लसुत्त सोम जातक* (*जा॰*, V, 178); *सुरुचि जातक* (*जा॰*, V, 316)।
473. *उवा॰*, पृ॰ 152.
474. *मज्झि॰*, II, 63.
475. *अंगु॰*.
476. *थेरी गाथा*, 446.
477. *पा॰गृ॰सू॰*, I, 4, 8-11.
478. *मव॰*, VIII, 1.2.

अत्यंत आकर्षक थीं, अपितु गीत, नृत्य और संगीत में पारंगत भी थीं। यह तथ्य है कि बुद्ध ने अम्बपाली द्वारा भेजा हुआ निमंत्रण स्वीकार कर लिया और भिक्षु संघ[479] के साथ उसके निवास को गया और उसने अम्बपाली उपवन को भिक्षु संघ को दान में दिया।[480] वेश्या का कोई कम स्थान नहीं था। जिस प्रकार अम्बपाली बुद्ध के दर्शन हेतु अनेक शानदार वाहनों के साथ[481] कोटिगाम गयी, यह प्रकट होता है कि उसकी धन-दौलत वास्तव में राजकीय थी। वह नगर की शान व गौरव (नगर शोभिनी) मानी जाती थी। मगध का राजा बिम्बिसार उसके सौन्दर्य पर इतना मोहित था कि जब मगध और वैशाली के मध्य भयंकर युद्ध हो रहा था, तब भी वह अपने जीवन को जोखिम में डालकर उसके यहाँ चला गया। वह कुछ समय के लिए उसके साथ रुका। वह अम्बपाली ही थी जिसने बिम्बिसार के पुत्र अभय को जन्म दिया। जीवक जैसे महान् वैद्य ने राजगृह की वेश्या[482] सालवती[483] से जन्म लिया। इससे ज्ञात होता है कि वेश्याओं से कुछ पुत्र प्रसिद्धि की ओर बढ़ सकते थे और उस स्थान को प्राप्त कर सकते थे जिसकी समाज में प्रतिष्ठा होती थी।

जातक हमें सामी,[484] सुलसा,[485] कालि[486] और अन्य नर्तकियों[487] के बारे में जानकारी देते हैं। तक्कारिय जातक में कालि का वर्णन किया गया है कि उसमें सामाजिक भद्रता और आत्म-सम्मान के गुण थे। *सुलसा जातक* में सुलसा को दुर्लभ बुद्धिमती और साहसी नारी के रूप में निरूपित किया गया है। दूसरी तरफ *विनय पिटक* द्वारा दी जाने वाली सूचना प्रामाणिक प्रतीत होती है और हम पचास से सौ तक चाँदी के कार्षापण सिक्के उसका प्रतिदिन वेतन स्वीकार कर सकते थे। अम्बपाली का प्रति रात्रि पचास कहापण वेतन का वर्णन मिलता है। सालवती सौ कहापण वसूल करती हुई बताई जाती है।[488] वेश्याओं के चरित्र का भद्दा पक्ष भी रहा। प्रायः वे धन के लिए अपने तन को बेचती थीं जिसके कारण नर और नारी दोनों से वे हीन दृष्टि से देखी जाती थीं। उनका धंधा नीच

---

479. *मव*., VI, 302.
480. वही, VI, 305.
481. वही, VI, 30.1.
482. *द लाइफ़ ऑफ बुद्ध*, पृ॰ 64.
483. *म॰व*., VIII, 1.4.
484. *कणवेर जा*., (नं॰ 318).
485. *सुलसा जा*., (नं॰ 419).
486. *जा*., IV, 248 (नं॰ 481, *तक्कारिया जा*॰).
487. *अट्ठान जा*., (नं॰ 425).
488. *म॰व*., VIII, 1, 1.1.3.

कर्म[489] वर्णित किया जाता है। नीच-घर, गणिका-घर[490] और निम्न नामी[491] (दुरत्थि कुम्भ दासी) जैसे शब्दों से पता चलता है कि वेश्या का धंधा सम्मानित नहीं माना जाता था।

खान-पान

साहित्य और पुरातत्त्व दोनों साधनों से पता चलता है कि चावल, गेहूँ और दालें इस काल की आहार-व्यवस्था में बाद में जोड़े गये। चावल बहुत लोकप्रिय था। मुख्य प्रकार के चावल थे[492] – सालि, तंदुल, हायन, षष्टिक और निवार जो इस क्षेत्र में उत्पन्न होते ज्ञात होते हैं। उच्च कोटि के चावल को समाज के समृद्ध लोग खाते थे जबकि हल्का निम्न स्तर के लोग खाते थे।[493]

पका हुआ चावल भत्त व भक्त[494] कहलाता था, और पाणिनि ने इसे ओदन[495] नाम दिया। यह साधारणतया सूप (दाल) और सब्जियों[496] के साथ खाया जाता था। पाणिनि से पता चलता है कि माँस, सूप, सब्जियाँ, गुड़, घी, आदि भात में मिलाये जाते थे।[497] बुद्ध द्वारा खीर की बहुत प्रशंसा की गई और उसने भिक्षुओं को इसे सबेरे कलेवा के रूप में लेने की सिफारिश की।[498] इसके साथ मधु मिलाया जाता था। यवागु (चावल-बाजरी, दलिया) एक सामान्य द्रव खाद्य था।

इस समय सत्तू[499] भी खाया जाता था। कुम्मास या कुल्माष गरीबों का एक मोटा खाना था।[500] स्वीट केक (मीठा पिंड) जो अब पुवा जाना जाता है, अनुकूल मिठाई थी। *इल्लिस जातक* के अनुसार यह चावल, दूध, खाण्ड, घी और मधु से बनाया जाता था। पिट्ठखज्जक (खाणा) अन्य मिठाई थी, जिसे सब पसन्द करते थे। सारिपुत्त को यह पसन्द था किन्तु इसे नहीं खाने का व्रत लिया क्योंकि यह उसे लालची बना देता था।[501]

489. *जा॰*, III, 60.
490. वही, III, 61; IV, 249.
491. वही, IV, 228.
492. *मज्झि॰*, I, 57; III, 90; *जा॰*, I, 429, 484; 110, 130, 378; IV, 276; VI, 367; *आ॰गृ॰सू॰*, I, 17.2; *सा॰गृ॰सू॰*, I, 24, 3; 1, 28, 6; *पा॰*, III, 1.28; III, 3.48; V, 1-90; V, 2.2.
493. *जा॰*, I, 486; III.
494. वही, IV, 43.
495. *पा॰*, IV, पृ॰ 67.
496. *जा॰*, I, 1.372.
497. *पा॰*, VI, 128.
498. *मव॰*, VI, 24-25.
499. *सत्तु भस्त जा॰*, (नं॰ 402).
500. *कुम्मास पिंड जा॰*, (नं॰ 415).
501. *जा॰*, I, 31, *विसवंत जा॰*, (नं॰ 69).

पलल (आधुनिक तिल-कुट) स्वादिष्ट मिठाई थी जिसका उल्लेख पाणिनि ने किया है।[502] इसे तिल और खाण्ड या गुड़ का बूरा मिलाकर बनाया जाता था। पिष्टक, जिसे अब पिथा जाना जाता है, चावल के लेप से बनाया जाता था।[503]

दूध और दूध की सामग्री जैसे दही, मक्खन और घी अधिकतर खाये जाते थे।[504] सब्जियाँ जैसे कद्दू, लौकी, करेला, ककड़ी व खीरा और फल जैसे आम और जम्बू लोगों के आहार में शामिल थे।[505]

इस काल में अधिकतर लोग शाकाहारी नहीं थे। यह विभिन्न पुरातत्त्वीय स्थलों में हड्डियों की खोज से सिद्ध होता है। उनको माँस और मछली अधिक पसन्द थी। कसाई भी थे, जो कसाई-घरों में विभिन्न जानवरों को मारकर तथा उनके माँस को लोगों को प्रदान कर अपनी आजीविका चलाते थे।[506] बकरा, सुअर, भेड़ और खरगोश के माँस का अधिक प्रयोग होता था। समाज के कुछ वर्गों में तथा विशेष अवसरों पर गाय और बैलों का वध किया जाता था किन्तु गाय का सम्मान होने से उसका वध न करने तथा कृषि-कर्म में उपयोगी होने से बैल के प्राण न लेने की प्रवृत्ति जोर पकड़ रही थी। जातक कथाएँ कबूतर,[507] हंस,[508] सारस,[509] मयूर,[510] कौआ,[511] और मुर्गा[512] के माँस का उल्लेख करतीं हैं। अधिकतर लोग मछली का आहार पसन्द करते थे। माँस और मछलियाँ गाड़ियों में नगरों और शहरों में ले जाई जाती थीं जहाँ वे खुले बाजार में बेची जाती थीं।[513]

माँस और मछली राजकीय रसोई में भोजन के महत्त्वपूर्ण अंश थे[514]। त्यौहार के दिनों और विवाह के अवसरों पर माँस और मछली की अधिक खपत होती थी। जातकों से भी

502. *पा०,* VI, 2.128.
503. वही, IV, 3, 147.
504. *अंगु०,* II, 95.
505. *जा०,* V, 37; *पा०,* 1.42; VIII, 4.5; IV, 165.
506. *मज्झि०,* I, 364; II, 193; के०से०, II, 170-71; के०से० II, 171; जी०से०, I, 229; के०से०, II, 171.
507. *रोमक जा०,* नं० 227.
508. *पुन्नंदि जा०,* नं० 214.
509. वही.
510. वही.
511. वही.
512. *जा०,* II, 412.
513. *माँस जा०,* नं० 315.
514. वही, I, 242.

हमें ज्ञात होता है कि ब्राह्मण माँस और मछली पसन्द करते थे। यज्ञों[515] और श्राद्ध[516] के अवसरों पर माँसाहारी आहार होता था। अतिथि को भी माँस परोसा जाता था जिससे कि उसके आदर करने का पुण्य फल प्राप्त हो सके।[517] ऐसा प्रतीत होता है कि माँस खाने का रीति-रिवाज इतना सामान्य था कि भिक्षुओं के अलावा बुद्ध ने भी उसे प्रतिबन्धित नहीं किया। जो उसके केवल आहार में ही ग्रहण कर सकते थे। *महा-परिनिब्बान सुत्तंत* में स्वयं बुद्ध को सुअर का माँस (सुकर मद्दव) को खाते वर्णन किया जाता है[518] और जातक कथा में घर में उन्हें पके हुए माँस को मजे से खाते हुए बताया गया है।[519]

इस काल में माँस खाने की अधिक प्रचलित प्रथा ने महावीर के मन में एक स्वाभाविक प्रतिक्रिया उत्पन्न कर दी जिससे प्राणी-मात्र के प्रति दया के सिद्धांत का प्रचार करना शुरू हुआ। पशु-जीवन की सुरक्षा के लिए उसने भिक्षुओं और श्रावकों को माँस खाने से दूर रहने की शिक्षा दी।

मद्य-पान

इस युग में मद्य-पान काफी सामान्य था। सुरा और मेरय (मैरेय) के मादक पेय पदार्थ के रूप में संदर्भ मिलते हैं।[520] राजा, राजकुमार, सामंत, सैनिक और सेठी शराब पीते थे। धार्मिक लोग तथा सब जातियों के ब्रह्मचारी पीने से परहेज करते थे। जैन सूत्र जैन-भिक्षुओं को उन उत्सवों में जाने से मना करते हैं जिनमें भिक्षु पीते थे।[521] विनय[522] के नियमों के अनुसार छोटे भिक्षु को तेज शराब तथा मादक द्रव्यों को नहीं लेना चाहिए और यही नियम बड़े भिक्षुओं पर लागू होता था। आपस्तंब,[523] गौतम,[524] और विष्णु धर्म[525] सूत्रों से पता चलता है कि ब्राह्मणों को शराब का सेवन करने की अनुमति नहीं थी।

जैन और बौद्ध साहित्यिक स्रोतों से ज्ञात होता है कि उत्सवों के अवसरों पर लोग

---

515. *माँस जा.*, III, 421.
516. वही, I, 166 (नं. 18).
517. *आप.ध.सू.*, II, 3-7, 4.
518. *दीघ.*, II, 127; *उदान.*, III, 5.
519. *जा.*, II, 262.
520. *चु.*, XII, 13; *अंगु.*, II, 53; II; IV; 5, 246; *इति वुत्तक*, 74; *पा.* II, 4. 56; VI, 2.10.
521. *से.बु.ई.*, 22, पृ. 94-95.
522. *से.बु.ई.*, 13, 211, 215.
523. *आप.ध.सू.*, I, 5.17.21.
524. *गौ.ध.सू.*, II, 26.
525. *व.ध.सू.*, XXII, 84.

भोज, सुरापान और आनन्द करते थे।[526] सुरानक्खत का उत्सव होता था जिसमें असीमित सुरा का प्रयोग, भोज और नृत्य होता था।[527] कई बार अन्त में झगड़ा होता था जिसमें लोग सिर, पैर और हाथ तोड़ देते थे।[528]

सुरा बड़ी मात्रा में बनाई जाती थी और प्रयोग में लाई जाती थी। सुराघर (पाणागार : कप्पसाला) में अनेक प्रकार की शराब बेची जाती थी। जातक कथाओं से हमें पता चलता है कि सुराघरों के समूह थे जहाँ द्रव (तिकर) बर्तनों में रखी जाती थी और बेची जाती थी।[529] सुराघरों के मालिक नौकर रखते थे जो उन्हें सहायता देते थे।[530] प्रायः सुराघरों की व्यवस्था सेठी करते थे जो कुलीन वैश्य होते थे। उनके पास बहुत सम्पत्ति होती थी। कुछ लोग अपनी पत्नियों के साथ सुराघरों में पीने के लिए जाया करते थे।[531]

वस्त्र और आभूषण

प्राचीन साहित्य में कपड़े के लिए सामान्य वस्त्र और वसन के अतिरिक्त चीर, चेल और चीवर का प्रयोग इस युग में होने लगा। कपड़ों को बनाने के लिए विभिन्न प्रकार के धागों का प्रयोग किया जाता था।[532] उनमें से कुछ का उल्लेख जंगिय व जांघक, भंग, साजिव, पोत्तग, खोमिय और तूल (तूलकद) के रूप में मिलता है। यह कहा गया कि भिक्षु व भिक्षुणी उपर्युक्त उल्लेखित वस्त्रों को भिक्षा में मांग सकते हैं।[533] यद्यपि कपास (कार्पास) का सामग्री के रूप में प्रायः प्रयोग किया जाता था, रेशम (कौशेय), क्षौम और और्ण की भी मांग थी।

लोगों के वस्त्रों में अन्तरवासक (नीचे के वस्त्र), उत्तरासंग (ऊपर के वस्त्र) और उष्णीष (साफा या सिर का वस्त्र) होते थे। *विनय ग्रंथों* में[534] धोती पहनने के अनेक प्रकारों का उल्लेख है – हस्तिसौंडिक (हाथी की सूंड), तालंवृतक (पंखे के रूप का), मत्स्यवालक (मछली की पूंछ जैसा), चतुष्कर्णक (चतुर्थ कोण वाला) और शतवल्लिक (सौ पुटी)। इन्हीं ग्रंथों में बुनने के भी संदर्भ आते हैं। कपड़े को कायबन्ध (मेखला) से कमर में बांधा जाता

526. *से.बु.ई.*, XXII, पृ. 94-95.

527. *जा.*, I, 362, 489.

528. वही, IV, 115-16.

529. वही, I, 251-52 (नं. 47, 78).

530. वही.

531. *जा.*, IV, 114.

532. *आचा.*, II, 5; I, 361, 368.

533. *बृह.*, (2.24) और स्थाना., (5.446) तूलकड के स्थान तिरिडप उल्लेख करते हैं जो तिरिड़ वृक्ष की छाल से बनता था।

534. *चुव.*, V, 4, 29.

था। *विनय ग्रंथों*[535] में विभिन्न मेखलाओं का उल्लेख मिलता है – कलाबुह (अनेक बंधकों से बनी हुई व जोड़ी हुई), देड्डुभक (जल के नाग के सिर जैसा बना हुआ), मुरज (वे जिन पर मनके हों) या मद्दविन (जिन के आभूषण लटक रहे हों)। पुरुष और स्त्री दोनों आधुनिक कुर्ता जैसा कंचुक नाम का वस्त्र पहनते थे।[536] नारियाँ साड़ी पहनती थीं जिनको सट्ट-साट्टक कहते थे।[537] समाज की उच्च वर्ग की नारियाँ रंगीन वस्त्र पहनती थीं तथा विधवाएँ सफेद पहनती थीं।

जैन साधु को तीन पोषाक पहनने की अनुमति दी गई थी। दो वस्त्र (क्षौभिक), नीचे के वस्त्र (ओमचेल) और एक ऊनी (और्णिक) ऊपर का वस्त्र।[538] बुद्ध ने भी तीन पोशाक की अनुमति दी; द्विपदीय कमर का कपड़ा (संघात), ऊपर की पोषाक (उत्तरासंग) और एक नीचे का वस्त्र (अन्तरवासक)।[539]

जैन[540] और बौद्ध[541] दोनों स्रोतों से यह स्पष्ट है कि कपड़ों का सिलना तथा टांके का लगाना फैशन बन गया था। सुई-धागा, कैंचियों, आदि के संदर्भ मिलते हैं।[542] भिक्षुओं को अपने कपड़ों को सिलने की अनुमति थी।

लोग जूते भी पहनते थे। विनय-ग्रंथों में विभिन्न प्रकार के जूतों का उल्लेख है जैसे एक, दो, तीन व इनसे भी अधिक फीतों के; सिंह, चीता, बघेरा, हिरण, मगरमच्छ, बिल्ली, गिलहरी और उल्लू की चमड़ी से बने हुए जूते, भेड़ों और बकरियों के सीगों से निकले हुए जूते, सर्पों की पूछों से आभूषित तथा मयूर के पंखों से चारों ओर से सिला हुआ; बूट, जूते और चप्पल विभिन्न रंगों के जैसे नीला, अरुण, पीला, भूरा, काला और केसरिया। कभी-कभी जूते सुवर्ण, चांदी, मोती, वैदूर्य, स्फटिक, तांबा, ग्लास, टिन, सीसा और पीतल से सजाये जाते थे। गरीब लोग लकड़ी के जूते, पनई, ताड़ और खजूर के पत्तों से बने जूते या विभिन्न प्रकार की घास के जूते पहनते थे। ऊन के भी जूते बनाये जाते थे। *बृहत्तकल्प भाष्य*[543] जैन साधुओं के लिए जूतों के प्रयोग का, विशेषकर विहार करते समय,

---

535. *चुव०*, V, 29.2.
536. वही.
537. *जा०*, नं० (431); III, 196.
538. *आचा०*, 7.4, 208.
539. *म०व०*, VIII, 13, 4.5.
540. *सूत्र०*, 4.2.12; *आचा०*, II, 5.1.364.
541. *चुव०*, V, 11-1, 2, 3, 5, 6, 7; *मव०*, VII, 1.5, VII, 12, 2, VIII, 21,1; *जा०*,नं० 387, 2, पृ० 178-79.
542. *विनय०*, II, 14.
543. *बृह०*, I, 2883; 3.3847.

उल्लेख करते हैं और बीमार अवस्था में एक सोल (एगपुड़) जूते, पुड़ग या खल्लक जूते पैर को ढंकने के लिए, वागुरा जूते अंगूठे और पाँव को ढंकने के लिए, कोसग जूते अंगूठों को ढंकने हेतु, खपुस जूते एड़ी (गुल्फ) को ढंकने तथा अर्धजंघिका और जंघिका जूते आधी व पूरा को क्रमशः ढंकने के लिए होते थे।

पुरुषों और स्त्रियों के वस्त्रों और आभूषणों में इतना विशेष अंतर नहीं था। आभूषण जो पुरुषों और स्त्रियों के अंगों को सजाते थे, बहुमूल्य होते थे, और विभिन्न प्रकार और नमूनों के होते थे। सिर से लेकर पैर तक शरीर के प्रत्येक हिस्से के लिए सोने, चाँदी, मोती, रत्न और मणि के आभूषण होते थे। *विनय-ग्रंथों*[544] से हमें पता चलता है कि पहले भिक्षु भी बाली, कर्णपट, गर्दन के लिए मनकों का धागा, मनकों की मेखलाएँ, कड़े, हार, भुजबन्ध और अंगूठियाँ पहनते थे। केवल नारियों द्वारा पहने जाने वाले आभूषणों के जो उल्लेख मिलते हैं, उनमें मेखला और पायल हैं। जातक[545] भी बालियों और गर्दन के लिए हार का उल्लेख करते हैं। पाणिनि अंगुलिय[546] (अंगूठी), कर्णिक[547] (कुंडल), ललाटिक[548] (ललाट का आभूषण) और ग्रैवेयक[549] (हार) का उल्लेख करता है। इस समय के विलासीय आभूषण हैं – कर्णपालि, विभिन्न रूप की कंठियाँ, हार, कड़े, कुण्डल और विभिन्न धातुओं से बनी अंगूठियाँ। इसी प्रकार मिट्टी के आभूषण, कीमती पाषाण, ग्लास, हाथी-दाँत, हड्डी और ताँबे के आभूषण थे, जो उत्तर भारत में विभिन्न स्थलों से प्राप्त हुए हैं।

विनय-ग्रंथ में श्रृंगार की वस्तुओं के विस्तार से संदर्भ मिलते हैं। बालों को तेल लगाकर मसला जाता था और बाद में कंघे से बांछे जाते थे। इत्र, तेल, मालाएँ और मरहम का प्रयोग किया जाता था और मुख को मरहम से मसला जाता था; बाद में रंगा भी जाता था। शरीर को भी रंगा जाता था और पैरों को बलुआ पत्थर, कंकड़ और सामुद्रिक फेने से रगड़ा जाता था। लम्बे केश रखना फैशन था। दाढ़ी को व्यक्तिगत रुचि के अनुसार नीली, लाल, हरे रंगों से रंगा जाता था। नाखूनों को रंगा जाता था और नेरनी (नेलकटर) से काटा जाता था। दँतवन का प्रयोग दाँतों को साफ करने के लिए होता था। उत्खनन में कुछ निकलने वाली श्रृंगारिक वस्तुएँ थीं – ताँबे की अंजन-शलाका, अस्थि-निर्मित

---

544. *चुव०*, V, 2.1.
545. *जा०*, VI, 590.
546. *पा०*, VI 2.96.
547. वही, VI, 3.65.
548. वही.
549. वही.

बालों की पिन, हाथी-दाँत के कंघे, मृत्तिका-निर्मित मैलखोर (फ्रेश रबर) और नख-काटने वाला उपकरण।

जब स्नान किया जाता था, तो लोग अपने शरीर, जांघ, भुजा, छाती और पीठ को लकड़ी के स्तंभ व दीवार से साफ किया करते थे। हाथ जैसे शक्ल के लकड़ी के उपकरण व मनकों की डोरी से शरीर को रगड़ा जाता था। विशेष कुंड व ताल के उल्लेख मिलते हैं। ईंट, पत्थर व लकड़ी से उनका आंगन होता था तथा दीवार और सीढ़ियाँ भी उनकी ही होती थीं। पानी के बासीपन को रोकने के लिए, पाइप द्वारा नल से उसे निकाला जाता था। गर्म-स्नान कमरों की व्यवस्था थी जिनमें चिमनी और अंगीठी होती और छत चमड़े से ढंकी होती थी। स्नान करने वाले अपने मुख पर खुशबूदार मिट्‌टी लगाते थे और चौंकी पर बैठकर स्नान करते थे। गर्म-स्नान के पश्चात् कोठरियों का प्रयोग ठण्डे कमरों के लिए किया जाता था।[550] *ब्रह्मजाल सुत्त* में वस्त्र और शृंगार व्यवस्था की मदों के नाम भी मिलते हैं।[551] इन मदों में पाणिनि दर्पण, अंजन, माला, इत्र, जूते और अमला का उल्लेख है।[552]

साज (फर्नीचर) और बर्तन

इस समय सभ्यता की उन्नति ने कुछ निश्चित सहूलियतें जैसे फर्नीचर और बर्तन ला दिये जिससे जीवन आसान और घर सुखमय हो गया। *विनय-ग्रंथ*[553] फर्नीचर और बर्तनों की लम्बी सूची देते हैं। विभिन्न प्रकार की कुर्सियाँ थीं – आयाताकार, गद्‌दादार, बाँसतल, तृणतल, भुजा कुर्सी और राज्य कुर्सी, सोफा भुजा सहित व बिना भुजा के। विभिन्न प्रकार के पलंग थे जिनके पाये पशुओं के चरणों से उत्कीर्ण थे। कुछ पलंगों में आगे और पीछे की तरफ झूलने की व्यवस्था के साथ टेक भी होती थी। बिस्तरों में रुई के गद्‌दे तथा मनुष्य के शरीर के आधे नाप के तकिए होते थे जिन पर फूल बिछे हुए होते थे। तकियों में ऊन, रुई, छाल, आदि भरे होते थे। कुर्सियों तथा पलंगों में रुई भरे हुए गद्‌दों का प्रयोग होता था। गरीब लोगों के लिए घास की बनी हुई चटाई तथा बाँस की फटी हुई पट्‌टियों की खटिया होती थी।

शरीर को आराम देने के लिए लोग बड़ी और चौड़ी वस्तुओं का प्रयोग करते थे, जैसे चौड़े गद्‌दे, सोफा, अनेक रंगों की सूती वस्त्रों की चादरें, ऊनी सफेद गलीचे या जिन पर फूल अंकित होते थे, रूई की चादरें जिन पर पशुओं की आकृतियाँ अंकित होती थीं, फर्श स्वर्ज व रेशम से बुनी हुई, नर्तकी के नृत्य से चित्रित विशाल ऊनी फर्श, पलंग ऊपर

550. *चुव*., V, 14.

551. जी.पी. मजुमदार, *टोइलेट, इण्ड-कल्चर,* पृ. I, 651.

552. *पा*., V, 2.6; 9-9, VI, 3.65; IV, 4.53-54; V, 1, 110; V, 1.14.

553. *चु.व.*, खण्धक 16.

से कपड़े से ढका हुआ व दोनों किनारे पटल के गद्दे। वहाँ हस्तिशाला और अश्व-शाला व वाहन-शाला भी थीं। भेड़, बकरी और खरगोश के चर्म का प्रयोग फर्श के लिए किया जाने लगा और सिंह, चीता व तेंदुआ, बारहसिंगा जैसे उच्च कोटि के चर्म का प्रयोग बिछाने या काटकर पलंग और कुर्सियों में अन्दर और बाहर लगाने के लिए किया जाता था। हमें छत्र, मच्छरदानी, जल छानने की छन्नी, मच्छर उड़ाने के पंखे, फूल-स्तंभ, और बैलों की पूंछों, मयूरों के पंखों या छाल और घास से बनाये गये चँवर की जानकारी मिलती है।

कीमती बर्तनों, जैसे विभिन्न प्रकार के गिलास, कटोरे, वैदूर्य, स्फटिक, स्वर्ण, चाँदी, तांबा, टिन, शीशा या पीतल के बने हुए बर्तनों का प्रयोग होता था। कुछ चित्रित या कुछ हीरे जड़े बर्तन भी होते थे। कटोरों के आधार वृत्ताकार तथा सोने व चाँदी के बने होते थे। पुरातत्त्वीय उत्खनन से सिद्ध होता है कि मिट्टी के बर्तनों का इस समय अधिक मात्रा में प्रयोग होता था। सबसे शानदार उत्तरी ओपदार काले भाण्ड (एन॰बी॰पी॰) थे, जो अपने सौंदर्य और टिकाऊपन के कारण इस समय का सर्वश्रेष्ठ भाण्ड माना जाता था। इस भाण्ड के कटोरे और तश्तरियाँ अधिक संख्या में मिले हैं।

समारोह और खेल

लोग अनेक समारोहों में सम्मिलित होकर मन बहलाते थे जो उस समय के सामाजिक जीवन की नियमित विशेषता थी। जातकों से पता चलता है कि ये समाज विशेष समूह के रूप में होते थे जहाँ पुरुष, स्त्रियाँ और बच्चे मिलकर एकत्रित होते थे और विभिन्न प्रकार के प्रदर्शन और अभिनय देखते थे; जैसे नृत्य और संगीत, हाथी, घोड़ों और भेड़ों का द्वन्द्व-युद्ध, डंडों से संघर्ष तथा कुश्ती।[554] *जैन सूत्रों* से ज्ञात होता है कि इन मन-बहलाव समारोह की विशेषताएँ भोज, मद्यपान और काम-क्रीड़ाएँ थीं।[555]

यद्यपि इस समय की हर्षोल्लास की सभाएँ प्रायः लौकिक होती थीं, इनमें से कुछ निःसन्देह धार्मिक स्वरूप लिए होती थीं। इन उत्सवों के केन्द्र कस्बे और नगर होते थे जहाँ लोग पड़ोसी गाँवों से अपना मन बहलाने हेतु एकत्रित होते थे। त्यौहार के अवसर पर शान और शौकत प्रदर्शित करते हुए नगर सजाये जाते थे। साधारणतया ये स्वयं राजाओं द्वारा आयोजित किये जाते थे जो हाथी पर नगर के चारों ओर शान्त जुलूस में जाते थे। त्यौहारों का सौंदर्य निशादीप्त सजावट में था जब लोग सुन्दर और रंगीन वस्त्रों में प्रसन्नता और मन बहलाने के लिए घर से बाहर निकलते थे। कुछ त्यौहारों के अवसर

---

554. *प्री बुद्धिस्ट इंडिया,* पृ॰ 355.

555. *से॰बु॰ई॰,* 22, पृ॰ 94-95.

पर लोगों को छुट्टियाँ दी जाती थीं। कुछ त्यौहार सात दिनों में समाप्त होते थे जबकि कुछ त्यौहार एक महीने तक चलते थे।

चातुर्मास्य प्राचीन मौसमी त्यौहार थे। *आपस्तम्ब गृह सूत्र*[556] का कहना है कि तीन चातुर्मास्य त्यौहार हैं जो प्रत्येक चार मास के अंतराल में मनाये जाते थे। इनसे वसंत, वर्षा और शिशिर इन तीन ऋतुओं के आगमन का संकेत प्राप्त होता था। वे फाल्गुन, आषाढ़ और कार्तिक मास के शुक्ल पक्ष में मनाये जाते थे।

जैन और बौद्ध ग्रंथ अनेक त्यौहारों का उल्लेख करते हैं। कार्तिक मास का चातुर्मास्य त्यौहार कौमुदी या कत्तिका जाना जाता था। कौमुदी महोत्सव के दिन नर और नारी सूर्य के डूबने पर घर के बाहर निकलते थे और समस्त राज उच्छृंखलता से आमोद-प्रमोद में बिताते थे।[557] *दीघ निकाय*[558] के *सामञ्ञफल सुत्त* में मगध के राजा अजातशत्रु को कौमुदी रात को अपने महल की छत पर अपने मंत्रियों से घिरा हुआ वर्णन किया गया है। *संजीव जातक*[559] से ज्ञात होता है कि अजातशत्रु मगधराज के समय राजगृह कत्तिका त्यौहार के दिनों में इतनी शान से सजाया गया कि वह सचमुच देवताओं का नगर सा दिखता था।

मद्यपान को समर्पित सुरा-नक्खत त्यौहार से ज्ञात होता है कि मद्यपान का इतना प्रचलन था कि लोगों ने इस लोकप्रिय रीति-रिवाज के सम्मान में त्यौहारों का आयोजन करना आवश्यक समझा। *सिगाल जातक*[560] में राजगृह के मद्यपान त्यौहार का उल्लेख पाया जाता है। अन्य जातक से वाराणसी[561] में मद्यपान त्यौहार होने की जानकारी मिलती है। इस अवसर पर असीमित मद्यपान और नृत्य का आनन्द लिया जाता था। यहाँ तक कि कुछ साधु-लोग भी, जिनके लिए मद्यपान कट्टरतापूर्वक निषिद्ध था, कभी-कभी बहक जाते थे। नारियाँ भी बड़ी संख्या में बहुत मद्यपान करतीं, नृत्य करतीं और गाती थीं।

संखडि (पालि में संखति)[562] या भोज्ज इस समय अन्य विशेष त्यौहार था। संखडि ऐसा पुकारा जाता था क्योंकि इस समय बहुत संख्या में पशु मारे जाते थे[563] और उनका

---

556. *लाइफ़ इन नार्थ-ईस्टर्न इण्डिया इन प्री हिस्टॉरिक टाइम्स*, पृ॰ 83.
557. *ज॰ला॰ए॰इं॰डि॰जे॰के॰*, पृ॰ 238.
558. *दीघ॰*, I, पृ॰ 47; *से॰बु॰ई॰*, II, पृ॰ 66.
559. *जा॰*, I, नं॰ 150, 499.
560. *जा॰*, I, नं॰ 389.
561. वही, नं॰ 362.
562. *मज्झि॰*, I, पृ॰ 448.
563. *बृह॰*, I, 31.40.

मांस अतिथियों को परोसा जाता था। यह कहा गया था कि भिक्षु और भिक्षुणियों को त्यौहार में सम्मिलित नहीं होना चाहिए यदि वे जान जाएं कि उनको विशेषकर मांस या मछली या मांस व मछली के सेके हुए टुकड़े परोसे जायेंगे।[564]

हत्थिमंगल (हाथी का त्यौहार) शानदार ढंग से हाथी के खेलों को प्रदर्शित करने हेतु मनाया जाता था। *सुसीम जातक*[565] राजकीय आंगन में होने वाले वार्षिक त्यौहार का वर्णन करता है। राजा का जो पुरोहित त्यौहार सम्पन्न करवाता था, उससे तीनों वेदों और हस्त्यायुर्वेक (हत्थिसुत्तम्) के ज्ञान की अपेक्षा की जाती थी। यह त्यौहार सामंतों और राजकीय प्रतिष्ठा से सम्बन्धित लोगों के मन-बहलाव हेतु मनाया जाता था।

शालंजिका इस समय का एक लोकप्रिय त्यौहार था। पर्याप्त संख्या में लोग निश्चित दिनों शाल-उपवनों में एकत्रित होते थे, शाल-फलों को तोड़ते थे, क्रीड़ा करते और हँसी-मजाक में समय बिताते थे। *अवदानशतक*[566] इस त्यौहार का लेखाचित्रीय विवरण देता है – "एक बार महात्मा बुद्ध श्रावस्ती में अनाथपिंडिक के जेतवन उद्यान में ठहरे थे। इसी समय श्रावस्ती में शालमंजिका नाम का त्यौहार मनाया जा रहा था। हजारों लोग वहां एकत्रित हुए और शाल-पुष्पों को एकत्रित करके उन्होंने क्रीड़ा की, हँसी-मजाक किया और इधर-उधर घूमे। *निदान-कथा*[567] में कपिलवस्तु और देवहद के मध्य स्थित लुम्बिनी-वन में शालमंजिका के त्यौहार के मनाने का वर्णन है। समस्त लुम्बिनी-वन बहुवर्णी लताओं के जंगल के समान था। किसी शक्तिशाली राजा का भली-भांति से सजा हुआ राजभोज था। रानी को इसे देखकर शाल-वन में क्रीड़ा करने की इच्छा हुई; एक सेवक ने भी रानी के साथ जंगल में प्रवेश किया। जब वह शुभ साल वृक्ष के निकट आयी तो उसने उसकी शाखा को पकड़ना चाहा। शाखा भाप के द्वारा गरम किये गये सरकंडे के समान नीचे होती हुई उसके हाथ में आ गई। उसने हाथ फैलाकर शाखा को पकड़ लिया। बाद में उसे प्रसव-पीड़ा होने लगी। पाणिनि के अनुसार यह त्यौहार पूर्वी लोगों में विशेष था।[568]

राजगृह के लोग त्यौहार के बड़े शौकीन थे। *विनयपिटक* में राजगृह में ऊँचे स्थल पर मनाया जाने वाले त्यौहार का वर्णन गिरिज्जसमज्ज के रूप में किया गया है। चूंकि यह पहाड़ी की चोटी पर होता था, इस कारण संभवतः यह धार्मिक स्थल हुआ। *विसुद्धि मग्ग*[569] से हमें ज्ञात होता है कि राजगृह में एक त्यौहार था जिसमें पाँच सौ कुमारियाँ

564. *आचा.*, II, 1.4.245.

565. *जा.*, II, 46.

566. *अवदान शतक*, पृ. 21.

567. रिज डेविड्स : *बुद्धिस्ट बर्थ-स्टोरीज*, लंदन, 1880 जिल्द, 1, पृ. 66.

568. *पा.*, VI, 2.74; III, 3, 109; II, 2, 17.

569. *पी.टी.एस.*, पृ. 403.

वहाँ महाकस्सप को खाद्य पिंड (टिक्की) देती थीं जिसे वह ग्रहण करता था। राजगृह में नक्खत्तकिलम (नक्षत्रों का स्थान) नाम का त्यौहार होता था जिसमें धनी-जन भाग लेते थे। यह त्यौहार सप्ताह तक चलता था।[570] छण और सब्बर्त्तिवारो महत्त्वपूर्ण त्यौहार थे जिसमें वैशाली के लिच्छवि समस्त रात्रि हँसी-मजाक में बिताते थे।[571]

हल चलाने का त्यौहार भी होता था जिसका वर्णन *काम जातक*[572] में हुआ है। यह कहा जाता है कि उस दिन राजा हल चलाता था। बहुत संभव है कि वर्षा की शुरुआत में पहला हल चलाना पवित्र दिन समझा जाता था और त्यौहार के रूप में मनाया जाता था। कुछ अन्य छोटे देवताओं जैसे स्कन्द, रुद्र और मुकुन्द देवताओं के सम्मान में भी महत्त्वपूर्ण त्यौहार मनाये जाते थे। ऐसे त्यौहार भी थे जो भूतों, यक्षों और नागों को शान्त करने के लिए मनाये जाते थे। चैत्या के सम्मान में भी त्यौहार थे। वृक्षों, गायों, कूपों, तालों, कुण्डों, सरिताओं, झीलों, सागरों और खानों को पूजने के लिए भी त्यौहार थे।[573]

कुछ घरेलू समारोह भी बड़ी प्रसन्नता से मनाये जाते थे। अवाह नामक त्यौहार विवाह के पहले मनाया जाता था; तब पान-पत्ते, आदि परोसे जाते थे। "विवाह" पाणि-ग्रहण संस्कार होता था;[574] "आहेन," वधू का दूल्हे के गृह प्रवेश करते समय मनाया जाता था। जब वह अपने पिता के घर लौटती, तो "पहेन" मनाया जाता था। मरे हुए व्यक्ति या यक्ष के सम्मान में "हिंगोल" मनाया जाता था। "पिंडनिगर" में पूर्वजों को खाना दिया जाता था। सम्मेलन व गोष्ठ एक सामाजिक समारोह होता था जिसमें सम्बन्धी और मित्र एकत्रित होते थे।[575] जैन अनुश्रुतियों के अनुसार बिम्बिसार ने पहले-पहल इस समारोह को प्रचलित किया।

त्यौहारों में सम्मिलित होने के अतिरिक्त लोग विभिन्न ढंग से मन बहलाते थे। वे गान और नृत्य में बहुत रुचि लेते थे। कौशाम्बी का राजा उदयन एक बड़ा संगीतकार था जो अपने संगीत से दौड़ते हुए पागल हाथी पर नियंत्रण कर सकता था। अवन्ति के राजा प्रद्योत ने उसे राजकुमारी वासवदत्ता को संगीत सिखाने के लिए कहा।[576] सक्क के पंचशिख नाम के दरबारी संगीतकार ने अपने संगीत से बुद्ध को प्रसन्न कर दिया

570. *विमानवत्थु कॉमेंटरी*, पृ॰ 63.
571. डब्लू॰डब्लू॰ रॉकहिल : *द लाइफ़ ऑफ दी बुद्ध*, पृ॰ 63.
572. *जा॰*, नं॰ 467.
573. *से॰बु॰ई॰*, XXII, पृ॰ 92.
574. *कुस जातक*, नं॰ 531.
575. *निशी॰चू॰*, 8, पृ॰ 502; *आचा॰*, II, 1, 3, 245; *आव॰चू॰*, II, पृ॰ 172.
576. *आव॰चू॰*, II, पृ॰ 161.

था।[577] ऐसा प्रतीत होता है कि गायन और नृत्य का आजीवकों की धार्मिक-क्रियाओं में महत्त्वपूर्ण योगदान था। आजीवकों के मग्ग नाम के दो ग्रंथ अभयदेव द्वारा गायन और नृत्य को बतलाते थे।[578] संभव है आजीवक अपनी आजीविय सभा में धार्मिक गायन और संगीत के लिए मिलकर एकत्रित होते थे। विचरित नृत्यकार और संगीतज्ञ[579] अपनी योग्यता को प्रदर्शित करके लोगों को प्रसन्न करते थे। उनका मन बहलाने के लिए ढोलची और शंख-वादक थे।[580]

धार्मिक प्रचारकों और विद्धान् दार्शनिकों[581] के समूह निश्चित रूप से लोगों के हृदयों को शान्त करते थे और मस्तिष्क की प्यास बुझाते थे। इसके अतिरिक्त नाटक भी बहुत लोकप्रिय थे और मन बहलाने का वे एक महत्त्वपूर्ण साधन थे। चित्रकला[582] और कसीदा[583] न केवल आमदनी के साधन थे, अपितु लोगों का मन भी बहलाने के साधन थे। मानव और पशु की मिट्‌टी की मूर्तियों का निर्माण भी बच्चों के मन बहलाने का एक साधन था। जादूगरों[584] और सपेरों[585] (अहिगुंठिक) के कार्य उन्हें विशेष प्रसन्नता देते थे। जितने समय तक त्यौहार चलते, युवाओं को नगर-शोभिनियों की संगति का आनन्द मिलता।[586]

विभिन्न फूलों और फलों के उपवन और उद्यान ऐसे स्थल थे जहाँ लोग आमोद-प्रमोद हेतु जाया करते थे। अनेक सुन्दर तालों[587] के अस्तित्व और नदियों के सामीप्य लोगों में तैरने और नौकानयन में रुचि व आदत को उत्पन्न करते थे। जहाँ जंगल थे, वहाँ वे पशुओं और चिड़ियों का शिकार करने में विशेष आनन्द लेते थे। रथों की दौड़, धनुर्विद्या में स्पर्धा, कुश्ती, काक और मयूर में सघर्ष, और भैंसों, बैलों, घोड़ों और हाथियों[588] के द्वन्द-युद्ध लोगों के महत्त्वपूर्ण आमोद-प्रमोद थे।

---

577. *दीघ॰*, II, 263.
578. *भगवती*, 659.
579. *फ॰स॰ओ॰न॰बु॰*, पृ॰ 286.
580. वही, पृ॰ 197.
581. *इकोनोमिक लाइफ एण्ड प्रोग्रेस इन एन्शियंट इंडिया*, पृ॰ 241.
582. *अंगु॰*, III, पृ॰ 76.
583. *पी॰बी॰आई॰*, पृ॰ 31-41.
584. *फ॰स॰ऑ॰न॰बु॰*, पृ॰ 294-96.
585. वही, पृ॰ 296.
586. *ज॰ए॰सो॰बं॰*, XVII, पृ॰ 267.
587. *वैशाली एक्सकेवेशन्स*, 1950, पृ॰ 1.
588. *आचा॰*, II, II, पृ॰ 392; *दीघ॰*, I, पृ॰ 6.

आर्थिक दशा

महावीर स्वामी के काल ने आर्थिक इतिहास में युगान्तर निर्मित किया। पहली बार भली-भांति से संगठित राज्य अस्तित्व में आये जिससे शान्ति और व्यवस्था की स्थापना हुई। परिणामस्वरूप कृषि, उद्योग और व्यापार में चारों तरफ से उन्नति हुई। विभिन्न कार्यों के लिए लोहे के अधिक प्रयोग से अधिक समृद्धि हुई और अतिरिक्त धन की प्राप्ति हुई। अनेक नई कलाएँ एवं शिल्प अस्तित्व में आए और वे स्थानीय और पैतृक हो गये। व्यापार और उद्योग दोनों श्रेणियों में संगठित हो गये। सिक्के का चलन शुरू हुआ जिससे व्यापार और वाणिज्य में आसानी हो गई। व्यापारी बहुत समृद्ध हो गये और अनेक नगर और शहर अस्तित्व में आए। निर्वाह और रहने की दशा के अच्छे साधनों के कारण जनसंख्या की वृद्धि लगातार होने लगी।

ग्राम अर्थव्यवस्था

ग्राम अर्थव्यवस्था का केन्द्र होता था जो सौ गृहों और कुलों का एक समुदाय था। यह दीवार या परकोटे से घिरा होता था जिसमें द्वार होते थे।[589] परकोटे के पीछे ग्राम की कृष्य भूमि व ग्राम-क्षेत्र होता था जो पशु-पक्षियों आदि बाधाओं के विरुद्ध बाड़ा बनाकर[590] और चौकीदार[591] से रक्षित किया जाता था। यह भूमि विभिन्न क्षेत्रों में विभाजित थी जो सहायक सिंचाई[592] हेतु खुदी हुई खाइयों से कटा हुआ था। प्रायः ये क्षेत्र इतने अधिक छोटे होते थे कि उनके मालिकों और परिवारों द्वारा आवश्यकता पड़ने पर स्वयं काश्त या ठेके पर या मजदूरों के माध्यम से खेती के लिए प्रयुक्त नहीं हो सकते थे।[593]

विशाल भूमि-क्षेत्र भी विद्यमान रहे। हम 1000 करिस (संभवतः एक करिस = 1 एकड़) से भी अधिक की जागीर के बारे में पढ़ते हैं, जिन पर ब्राह्मण खेती करते थे।[594] सुत्तों में यह उल्लेख है कि ब्राह्मण काशी भारद्वाज ने 500 हलों से खेती के लिए किराये के लोगों (भतिकों)[595] को हलों और बैलों को चलाने हेतु रखा।[596]

इस समय की ग्रामीण अर्थव्यवस्था भूमि-स्वामियों के ग्राम-समुदायों पर आधारित थी। समुदाय के विरुद्ध स्वाम्याधिकार नहीं था। हमें किसी समुदाय के सदस्य अंशधारी द्वारा

589. *जा.*, I, 239; II, 76, 135; III, 9; IV, 370.
590. वही, I, 215.
591. वही, II, 110; IV, 277.
592. *धप.*, 80-145; *थेर.*, 19; *जा.*, V, 167; I, 336, V, 412.
593. *जा.*, I, 277; III, 162, III, 167.
594. *जा.*, III, 293; IV, 276.
595. *सं.*, I, 4; I, 171; *जा.*, III, 293.
596. *जा.*, II, 165; 300.

ग्राम-क्षेत्र का अपना अंश किसी अन्य को बेचने या गिरवी रखने का उदाहरण नहीं मिलता; ग्राम-परिषद् की राय के बिना ऐसा करना उसके लिए असंभव था। किसी भी व्यक्ति को वसीयत का अधिकार नहीं था। यहाँ तक कि वह अपने परिवार के अंशों को भी निश्चित नहीं कर सकता था। किसी भी व्यक्ति को सामान्य चारागाह या वन के अंश में खरीद या वसीयत द्वारा प्रदान करने का अधिकार नहीं था। राजा भूमि-दान नहीं देता था, किन्तु बकाया चुंगी द्वारा सालाना कर के रूप में वसूल करता था।

ग्राम के कृष्य भूमि से लगे हुए पशुओं[597] और बकरों[598] के चारागाह[599] होते थे। राजा[600] व साधारण वर्ग[601] के लोग प्रायः अपने पशुओं को ग्वालों या गोपालकों के सुपुर्द करते थे जिनका कर्त्तव्य रात को पशुओं को बाड़े में रखना या उनको गिनकर उनके मालिकों तक पहुँचाना होता था। चारागाहों के अतिरिक्त गाँवों के अपने वन होते थे; जैसे राजगृह में राजा बिम्बिसार का वेलुवन, साकेत का अंजनवन व श्रावस्ती का जेतवन।

विभिन्न प्रकार के ग्राम – पालि साहित्य में उल्लेखित ग्राम,[602] गामक,[603] द्वारगाम[604] और पच्चंतगाम[605] जैसे शब्द विभिन्न प्रकार के ग्रामों का संकेत देते हैं। संभवतः ग्राम और गामक क्रमशः साधारण गाँव और पल्ली थे। उनमें अंतर केवल आकार का था। निगम संभवतः, व्यस्त बाजार-ग्राम था, जो शान्त कृषि-ग्राम से भिन्न था। द्वारगाम नगरों के द्वार पर स्थित थे और संभवतः उप-नगर थे; इनमें से अधिकतर ग्राम थे। पच्चंतगाम राज्य की सीमा पर स्थित होता था। सीमांत आक्रमणों के कारण ऐसे ग्रामों की आर्थिक दशा हमेशा अस्थायी रहती थी।

अनेक औद्योगिक ग्राम जिनमें एक ही प्रकार के शिल्पियों की बनावट थी, इस समय अस्तित्व में आये। बढ़इयों,[606] लुहारों,[607] बुनकरों,[608] आदि के ऐसे ग्राम थे। अन्य कुछ ग्रामों

---

597. *जा॰*, III, 149; IV, 326.
598. वही, III, 401.
599. वही, I, 388.
600. वही, I, 240.
601. *जा॰*, I, 194, 399.
602. *दीघ॰*, I, 193, *मज्झि*, I, 189, II, 40; *अंगु॰*, IV, 365; *सुनि*, 1.4.
603. *जा॰*, I, 283, 378; II, 68.
604. III, 33.
605. वही, I, 478; II, 76; 326, 31.
606. *जा॰*, II, 18, 405; IV, 159, 207.
607. वही, III, 281.
608. *पामस ऑफ सिस्टर्स*, पृ॰ 88.

की विशेषता यह थी कि वहाँ पर उसी जाति के लोग बसते थे। कुछ जातीय ग्राम थे; जैसे ब्राह्मणों[609] के नाम पर ब्राह्मण ग्राम, क्षत्रियों[610] के नाम पर क्षत्रिय ग्राम, वैश्यों के नाम पर बनिया ग्राम,[611] चांडालों के नाम पर चांडाल ग्राम[612] और निषाधों के नाम पर नेसाद ग्राम,[613] आरामिक ग्राम[614] और चोरगामक[615] गाँव भी थे। इस प्रकार श्रम की विशेषज्ञता का आर्थिक कारण अलग-अलग ग्रामों में विभिन्न उद्योगों के स्थानीकरण और एक ही उद्योग और जाति के लोगों को समूह में करने के लिए उत्तरदायी था। ऐसे ग्रामों की संख्या कम ही थी। अधिकतर ग्रामों में विभिन्न जातियों के द्वारा उद्योग और व्यापार द्वारा व्यवसाय चलाने वालों की मिश्रित जनसंख्या थी।

इन ग्रामों को दो भागों में विभाजित किया जा सकता है – कृषक ग्राम और औद्योगिक ग्राम। कृषक ग्रामों में लोगों का मुख्य धंधा कृषि था। उद्योगों के विकास और उन्नति के कारण अनेक औद्योगिक नगर अस्तित्व में आये जहाँ शिल्पी अपने शिल्पों हेतु निवास करते थे। ऐसा प्रतीत होता है कि द्वारग्राम, जो नगरों की आवश्यकताओं की पूर्ति करते थे, औद्योगिक नगर थे। ऐसे कथन जैसे द्वारगामवासी, वड्डकी,[616] कुंभकारी,[617] आदि संभवतः ऐसे ग्रामों के संदर्भ हैं। *उवासगदसाओ* से पता चलता है कि पोलासपुर नगर[618] के बाहर 5000 कुंभकारों का एक ग्राम था।

कृषि

प्रणालियाँ

कृषि लोगों की आजीविका का मुख्य साधन था। इस काल में इसकी अधिक उन्नति हुई क्योंकि वैदिक काल की अपेक्षा खेती की विधियाँ अधिक विकसित हो गईं। विस्तृत क्षेत्र खेती के प्रयोग में आने लगा। कृषि-भूमि की सिंचाई के लिए नए प्रयोग चालू हुए।

609. बौद्ध प्रमाणों से अनेक ब्राह्मण ग्रामों का पता चलता है – देखिये – *दीघ*., I, 127; *दीघ*., II, 263; *के.एस*., I, 216; *के.एस*., I, 143; *जा*., II, 293, IV, 276; *मज्झि*., I, 285, 400; *जी.एस*., I, 162; *अंगु*., IV, 340-41.
610. *वैशाली अभिनन्दन ग्रंथ*, पृ. 85-86.
611. वही.
612. *जा*., I, 200, 376, 390, (*महावंश*, (V:41) पाटलीपुत्र के पूर्व में चांडाल ग्राम का उल्लेख करता है)।
613. *जा*., II, 36; IV, 413; VI, 71.
614. *म.व*., VI, 15.4.
615. *जा*., IV, 430.
616. *जा*., IV, 344.
617. वही, 376.
618. *उवा*., VII, 184.

इस युग के साहित्यिक स्रोतों में खेतों को जोतने, बाड़ लगाने, उनमें सिंचाई करने, बीज बोने, घास-पात निकालने, फसल को काटने, पौधों का बंडल बांधने, खलिहान में अन्न और भूसा को अलग करने, अन्न संग्रहालयों में अन्न को भेजने, आदि के संदर्भ मिलते हैं।[619]

खेती के प्रयोजन के लिए बड़े हल काम में आते थे।[620] कुछ स्थानों पर भूमि सौ और हजारों हलों द्वारा जोती जाती थी। गहावई आनन्द पाँच सौ हलों से भूमि की खेती करता था। एक हल से सौ एकड़ भूमि की खेती होती थी।[621] लोहे की हँसिया और कुदाल के प्रयोग से भूमि को जोतना और फसल को काटना सरल हो गया था।

फसलें

इस समय कुछ नए धान्य की खोज हुई जिनका स्पष्टतया नाम वैदिक साहित्य में नहीं मिलता। पालिनिकायों[622] और जातकों[623] में चावल के लिए वीही और तंदुल जैसे शब्दों का प्रयोग हुआ है जो संभवतः इसके विभिन्न रूप थे। जैन साहित्य में कमलशालि,[624] रक्तशालि, महाशान्ति और गंधशालि[625] चावल के विभिन्न प्रकारों के उल्लेख हुए हैं। गोधूम (गेहूं), जौ (यव) और जुवार (कंगु) पैदा किये जाते थे। दालों में चना (कलाय),[626] मूंग (मुग्ग),[627] उर्द (माष),[628] और कुलथी[629] पैदा होते थे। एरंड, तिल, सरसों व राई आदि तेल-बीजों के रूप में प्रसिद्ध थे। तेर और नेवासा के उत्खनन में एन॰बी॰पी॰ (उत्तरी ओपदार काला भाण्ड) स्तर में चावल, गेहूँ और दालें, आदि खाद्यान्नों की खोज सिद्ध करती है कि यहाँ इनकी खेती होती थी।

रेशेवाली फसल में कपास सबसे महत्त्वपूर्ण था।[630] अन्य रेशे वाली फसलों में कोसा (कोस्सेय), ऊन (उण्णिय), क्षोम (खोम) और सन (सण) का उल्लेख किया जा सकता

---

619. *चू॰*, VII, 1.2; *जी॰एस॰*, I, 209, 221; *अंगु॰*, IV, 237-8; *जा॰*, नं॰ 36.
620. *सं॰*, III, 155.
621. *उवा॰*, I, पृ॰ 7.
622. *मज्झि॰*, I, 57; III, 90.
623. *जा॰*, I, 429, 484; II, 110 135378; IV, 276, VI, 367.
624. *उवा॰*, I, पृ॰ 8.
625. *बृद्ध॰*, 2, 3301, 3397.
626. *सु॰नि॰*, III, 10; *जा॰* II, 74.
627. *मज्झि॰*, I, 57, 80; III; 10; *अंगु॰*, IV, 108; *सु॰नि॰*, 10; *जा॰*, I, 429.
628. *मज्झि॰*, I, 57, III, 90; *अंगु॰*, IV, 108.
629. *के॰एस॰*, I. 189.
630. *उत्तरा॰टी॰*, 4, पृ॰ 78.

है। संभवतः नील (गुलिय)[631] और अन्य रासायनिक रंग उत्पन्न किये जाते थे क्योंकि विभिन्न रंगों का उल्लेख उनके अस्तित्व में होने का प्रमाण देता है।

अनेक मिर्च-मसालों का भी उल्लेख किया गया है – अदरक (संगवेर),[632] सोंठ, लौंग (लवंग), हल्दी (हरिद्रा), बेसन, काली मिर्च (मरिय), पिप्पल और राई या सरसों (सरिसवत्थोग)।[633]

ईख (इच्छु) की खेती सामान्य खेती ज्ञात होती है। दशपुर में एक ईख-गृह (इच्छुधर) था।[634] ईख चरखी (महाजन्तः कोल्लुक)[635] का उल्लेख भी मिलता है। ईख को पेरने हेतु जन्तशालाएँ होती थीं।[636] जन्तपिलन ईख, तिल और अन्य वस्तुओं को छानने के लिए विशेष प्रकार की छन्नी थी।[637] पुण्ड्रर्धन गन्ने की खेती के लिए प्रसिद्ध था।[638] तीन प्रकार की ईख का – मच्चंडिका, पुप्पोत्तर और पौमुत्तर का उल्लेख मिलता है।[639] कद्दू की खेती भी होती थी जो विशेषतः संन्यासियों द्वारा प्रयोग में लाई जाती थी।[640]

दशपुर में पान[641] (ताम्बूल) और सुपारी (पूयफलि)[642] भी ज्ञात थे। बैंगन, ककड़ी (खीरा), पालक, आलुग, सिंघाड़ा, प्याज, लहसुन और कद्दू भी पैदा होते थे। कच्छ में पालक और ककड़ी पैदा होते थे।[643] फूलों में सबसे प्रसिद्ध थे – नवमालिका, कोरंटक, बन्धुजीवक, कणार, जाति, मोगर, यूथिका, मल्लिका, वासन्ती, मृगदन्तिका, चम्पक, कुंद, आदि।[644] फलों में आम, अंजीर, केला, खजूर, सेब, नींबू, फणस, अनार, नारियल प्रमुख थे।[645] फलों को सुखाने के लिए कोट्टक नामक सूखा स्थान होता था। लोग जंगल से

---

631. *नाया.*, I, पृ. 1.47.
632. *भगवती*, 8.3; पण्ण., I, 23, 3143-4.
633. *आचा.*, II, 1, 8, 268.
634. *उत्तरा.टी.*, 2, पृ. 23.
635. वही, 19.53; *बृह.भा.टी.*, पृ. 575.
636. *उवा.*, 10.484.
637. *उवा.*, I, पृ. 11; *जम्बू.*, 3, पृ. 193.
638. *तंदुल टी.*, पृ. 2.
639. *नाया.*, 17, पृ. 203.
640. *उत्तरा.टी.*, पृ. 103.
641. *बृह.भा.*, I, 2886.
642. *उवा.*, I, पृ. 9.
643. *पण्ण.*, I, 23, 36.
644. वही, I, 23, 18-9, 26-8, 43; *उत्तरा.*, 36, 96.
645. *पण्ण.*, I, 23, 235.

फलों को एकत्रित करते थे और इस स्थान पर भरते थे। इनको भार-वाहकों या बंडलों आदि में भरकर शहरों में बेचने को ले जाया जाता था। इस काल में केसर (कुंकुम), कपूर, लाख, चन्दन,[646] शहद (मधु), आदि का उल्लेख है।

खड़ी हुई फसल की पशुओं और चिड़ियों से रक्षा हेतु किसानों द्वारा अनेक कदम उठाये गये। उन्होंने खेतों के चारों ओर खाई खोदी, खूंटे लगाये, पाषाण रखे और बाड़ा लगाया।[647] खेतों की देखभाल के लिए बाड़े (बागर) लगाये।[648] धनी कृषक चौकीदार रखते थे जो रात-दिन खेतों की रक्षा करते थे।[649]

खेती को प्राकृतिक आपदाओं जैसे अकाल और बाढ़ से नुकसान होता था।[650] अनेक साहित्यिक ग्रंथों में इनके अनेक संदर्भ मिलते हैं। उत्तरापथ,[651] कोसल[652] और दक्खिणावह[653] देशों में अकाल पड़ने की जानकारी मिलती है। पाटलिपुत्र,[654] कंचनपुर और श्रावस्ती में बाढ़ के कारण बड़ा नुकसान उठाना पड़ा।

तालाब और कुओं से जल को खींचकर खेतों की सिंचाई की व्यवस्था की जाती थी। इनके अवशेष उज्जैन, वैशाली, आदि के पुरातात्त्विक उत्खनन में प्राप्त हुए। उस समय अभियन्ता थे जिन्होंने खेतों में पानी देने के लिए नहरें बनवाईं।[655] शाक्यों और कोलियों ने रोहिणी नदी[656] पर एक बांध बनवाया था जिसका अनुसरण दूसरों ने अन्यत्र किया।

पशुओं जैसे गाय, भैंस, बकरा, भेड़, गधा, ऊँट, सुअरों और कुत्तों पर खेती निर्भर थी। इन पशुओं को अधिकार में रखना लोगों का एक प्रकार से धन माना जाता था। वास्तव में पशु-पालन उनका एक मुख्य धंधा था। चारागाह-भूमि गोचर मानी जाती थी। दिन में पशुओं को गोपालक द्वारा चारागाह-भूमि से बाहर निकाला जाता था जो शाम को लोगों को लौटा दिये जाते थे।

---

646. *पण्ण०*, I, 23, 12-7; *आचा०*, II, 1, 8, 266.
647. *न.या०*, I, पृ० 3.10.
648. *जा०*, I, 143.
649. *जा०*, I, 153, IV, 262, 3.
650. *जा०*, II, 110, III, 52; IV, 277, 149.
651. *अंगु०*, III, 104; *जा०*, II, 367; V, 401; V, 487.
652. *आव०,चू०*, 396.
653. *व्य०भा०*, 10, 557-60.
654. *आव०चू०*, 404.
655. *कल्याण विजय वीर निर्वाण*, पृ० 42 व आगे।
656. *ध०प०*, 80; *थेर०*, 19-877.

उस समय बड़ी गोशालाएँ (गोमंडव) थीं जहाँ गायों, बैल और बछड़ों के झुंड रखे जाते थे। पशु चुराने वाले (कूडग्गाह) प्रायः गोशालाओं में जाते थे और रात को पशुओं को लूट लेते थे।[657] गोपालकों के झुंड में बार-बार लड़ने के संदर्भ मिलते हैं। जंगल में गायों पर प्रायः सिंहों और चीतों द्वारा आक्रमण किये जाते थे और वे मार भी देते थे।[658]

डेरी (दुग्धशाला) उन्नत स्थिति में थी और उसकी उपज के चार पदार्थ (गोरस) जैसे दही, छाछ (मट्ठा), मक्खन और घी प्रचुर थे। लोगों को इसलिए अच्छा पौष्टिक खाना मिलता था। गाय, भैंस, ऊँट, बकरी और भेड़ के दूध के संदर्भ मिलते हैं।[659] खीर घर ऐसा स्थान जाना जाता था जहाँ दुग्ध पदार्थ बहुत मिलते थे।[660] बैल हल को चलाने के कार्य में आते थे। पशुओं का उपयोग चर्म, हड्डियों, दन्त, नाखून और बालों के लिए होता था।[661] बूचड़खानों (कसाईखानों) की जानकारी थी। एक बूचड़खाना, जहाँ पाँच सौ भैंसों का प्रतिदिन वध होता था, का उल्लेख हुआ है।[662]

भेड़ों और बकरियों के झुंड बाड़े (बाड़ग) में रखे जाते थे।[663] ऊन उत्पादन के लिए उनका उपयोग किया जाता था। रयहरण और कम्बल भेड़ की ऊन से बनाये जाते थे।[664] लोग भेड़ को मारा करते थे और उनके मांस को नमक, मिर्च और तेल से बनाकर खाते थे।[665] एक मेमने को चावल व घास खिलाकर पुष्ट करने के बाद अतिथि-सत्कार हेतु मारे जाने का उल्लेख प्राप्त होता है।[666] यह वह समय था जब पशु-विज्ञान के क्षेत्र में पर्याप्त उन्नति हो गई थी।[667]

जंगल-पथ

ग्राम और नगर के समीप जंगल-पथ स्थित थे। अठारह योजन जंगल (अड़वी) का राजगृह (रायगिह) के पास अस्तित्व था।[668] फूलों और फलों सहित अनेक प्रकार के वृक्षों का उल्लेख

---

657. *कुणाल जा*॰, नं॰ 536.
658. *उवा*॰, 2. पृ॰ 14.
659. *आव॰चू*॰, पृ॰ 44.
660. वही, II, पृ॰ 319.
661. *निशी॰, चू*॰ 9, पृ॰ 511.
662. *पिंड*॰, 50.
663. *आव॰चू*॰, II, पृ॰ 169.
664. *उवा*॰, 4, पृ॰ 30.
665. *बृह*॰, 2, 25, *भा*॰, 3, 3914.
666. *सूत्र*॰, II, 6.37.
667. *उत्तरा*॰, 7.1.
668. *निशी॰चू*॰, 19, पृ॰ 1244.

है; जैसे निम्ब, आम्र, जम्बू, शाल, अंकोल, बकुल, पलाश, पुत्रजन, विभितक, शीशम, श्रीपर्णी, अशोक, तिडुक, कपित्थ, मातुलिंग, बिल्व, आमलक, फणस, दाड़िम, अश्वत्थ, उदुम्बर, वट, नन्दि तिलक, शिरीष, सप्तपर्ण, लोध्र, चन्दन, अर्जुन, तालतमाल, आदि।[669]

वृक्षों से लोगों को लकड़ी ईंधन और डोली के लिए प्राप्त होती थी। अनेक प्रकार के बांस, कांटेदार बेलें, घास, औषधि, वनस्पतियाँ और कन्दमूल बहुतायत में मिलते थे। वनकम्म नामक शब्द से उन लोगों के धंधे का उल्लेख मिलता है जो लकड़ी में व्यापार करते और पेड़ों को गिराते थे। इंगालकम्म अन्य धंधा था जिसमें लोग ईंधन से कोयला तैयार करते थे।[670] उस समय लकड़ी एकत्रित करने वाले (कट्ठहारग), पत्ते एकत्रित करने वाले (पत्तहारग) और घास काटने वाले (तणहारग) जंगल में बहुतायत से घूमते हुए पाए जाते थे।[671] जंगलों से अन्य बहुमूल्य पशु-पदार्थ जैसे चर्म, स्नायु, हड्डियाँ, दाँत, कान, खुर, पूँछ, आदि प्राप्त होते हैं। ये बहुमूल्य पशु-पदार्थ चीता, बाघ, सिंह, हाथी, भैंस, जंगली बैल, मगरमच्छ और कछुआ आदि पशुओं से प्राप्त होते थे।

कला, शिल्प, धंधे और उद्योग

इस काल में कला और शिल्प ने बहुत उन्नति की। प्राचीन उद्योग लगातार उन्नति करते गये। एक ही उद्योग की विभिन्न शाखाओं में विशेषज्ञता की प्रवृत्ति बलवती हो उठी थी। नगरीय जीवन के नये सिरे से उद्भव और विकास के लिए और शिल्प आवश्यकताओं की पूर्ति के लिए कुछ नई कलाएँ शुरू हुईं। विशाल साम्राज्यों की स्थापना से सैनिक आवश्यकताओं में वृद्धि तथा धाजु के व्यापक प्रयोग ने अनेक उद्योगों की श्रेष्ठता में अधिक वृद्धि की।

वस्त्र

कृषि के पश्चात् कातना और बुनना महत्त्वपूर्ण व्यवसाय था। बुनकर[672] तन्तु (तन्तुवाय), तन्त,[673] तन्तभाण्ड[674] और तन्तुवायशाला[675] के साहित्यिक संदर्भ प्राप्त होते हैं। बुनना समाज में बहुत लोकप्रिय हो गया था। उस समय अनेक वस्त्र-निर्माण सामग्री थी। लिनन

---

669. *उत्तरा.टी.*, 8, पृ. 125.

670. *पण्ण.*, 1, 23, 12, 35; *राय.*, 3, पृ. 12; *ठा.*, 10.736.

671. *उवा.*, 1, पृ. 11; *व्य.भा.*, 3, 89; *आचा.*, II, 2.303.

672. *से.बु.ई.*, XIII, 28; *दीघ.*, I, 51; *जा.*, IV, 475; *पण्ण.*, 1.37.

673. *जा.*, I, 356.

674. *विनय.*, II, 135.

675. *आव.चू.*, पृ. 282.

(खोमय), कपास (कर्प्पासकम), रेशम (कोस्सेयम), ऊन (कम्बलम्) और सन (साणम) के धागों से विभिन्न प्रकार के वस्त्रों के बुने जाने हेतु काते जाते थे।[676]

काशी के वस्त्र सबसे सुन्दर माने जाते थे।[677] अन्य नगर जैसे श्रावस्ती, कौशाम्बी, राजगृह, चम्पा, वैशाली, कुसिनारा और मिथिला भी घरेलू एवं विदेशी बाजार के लिए उच्च नमूने के बहुत अच्छे वस्त्र बनाते थे।

इन नगरों में बनाये जाने वाले वस्त्र विभिन्न प्रकार के होते थे। तैयार माल में सिले हुए वस्त्र, कम्बल और पर्दे होते थे। कीमती और नाजुक रेशम के कपड़े के गलीचे, कम्बल, गद्दा, खोल और फर्श[678] बनाये जाते थे। राजा लोग स्वर्ण-तार निर्मित साफा पहनते थे।[679] राजकीय हाथियों को भी सोने के वस्त्राभूषणों से सजाया जाता था।[680]

इसके अतिरिक्त धुलने और रंगने का उद्योग था। धोबी अठारह श्रेणियों में एक था और सोडा (सज्जिया खार) धोने के पदार्थों में एक था। रंगशाला (लौण्ड्रीज) के अस्तित्व का उल्लेख भी मिलता है।[681] वस्त्र और तौलिये केसरिया रंग में रंगे जाते थे।[682] लाल रंग (कासाई) में रंगे वस्त्र गर्मी की ऋतु में पहने जाते थे।[683]

बढ़ईगीरी

बढ़ईगीरी, जो इस समय मुख्य धंधों में एक था, ने बड़ी उन्नति की। पाषाण स्थापत्य के उत्थान के पहले, काष्ठ स्थापत्य सामान्य रूप में प्रचलित था। बढ़इयों को भवनों, महल, सभा-भवन और सीढ़ियों का निर्माण करने के लिए रखा जाता था। भवन-निर्माण के अतिरिक्त वे जहाज, नाव और सब प्रकार के वाहन, विभिन्न प्रकार की गाड़ियाँ और रथ और विभिन्न यंत्र बनाते थे। वे भवनों के लिए फर्नीचर जैसे – सीट, कुर्सियाँ, खूंटियाँ, संदूक और खिलौने बनाते थे। विभिन्न पेड़ों की लकड़ी से कुशल शिल्पी काष्ठ-पादुकाएँ (पादलेहणिया)

---

676. *आव॰चू॰*, पृ॰ 282.
677. *म॰व॰*, VIII, 2.; *पेत॰*, III 1.17; *इंडिया एज नोन टू पाणिनि*, पृ॰ 125-26.
678. *जी॰एस॰*, I, 128; 225-26; *अंग॰*, III, 50; III, II; VI, 49-50, 144.
679. *जा॰*, I, 149; II, III, 184; VI, 280.
680. वही, V, 322.
681. वही, IV, 404; V, 258.
682. *व्य॰भा॰*, 10.484.
683. *नाया॰*, I, पृ॰ 7.

बनाते थे[684] तथा वैदूर्य रिष्ट और अंजन जड़ते थे और बाद में बहुमूल्य पाषाणों से सजाये जाते थे।[685] कुल्हाड़ी, बंसूला और अन्य बढ़ई के औजार पर्याप्त प्रचलित थे।[686]

भवन-निर्माण

कस्बों और नगरों के उत्थान से भवन-निर्माण का कार्य अधिक बढ़ गया। भवन-निर्माण के लिए विभिन्न शिल्पियों की सेवाओं की आवश्यकताएँ होती थीं। इनमें वास्तु-शिल्पी अगुआ और आवश्यक था। वह अच्छे स्थलों को अन्तर्ज्ञान द्वारा बतलाने में कुशल था[687] और भवन-निर्माण विज्ञान में प्रवीण था। कारीगरों, जो ईंटों (इट्ठकवड्धाक) और[688] ढेलों के टुकड़ों (गहपतिसिप्पकार)[689] से कार्य करते थे, की भवन-निर्माण करने के लिए आवश्यकता पड़ती थी। काष्ठ-भवन के अतिरिक्त मकान ईंटों और मिट्टी के भी बनते थे। संभवतः ऐसे मकान टिकाऊ होते थे। बहुत संभव है ईंटों और मिट्टी के मकानों में काष्ठ की छत होती थी।

जातकों में पत्थर काटने वाले (पाषाण कोहक)[690] का भी भवन-निर्माण में नाम आता है। मौर्य युग के पहले पाषाण स्थापत्य का कोई भी प्रमाण नहीं है और जातक इस विषयक मौर्य और उत्तर-मौर्य युग का संदर्भ देते माने जा सकते हैं। पूर्व-मौर्ययुग में भवनों की नींव देते पाषाण का प्रयोग किया जाता था किन्तु यह निश्चित आकार से काटा जाता था, इसमें संदेह है।

क्रीड़ा-सभा[691] के निर्माण और सजावट के विवरण से पता चलता है कि भवनों की दीवारें और घर विभिन्न प्रकार के चित्रों से सजे होते थे। ये सजावट बहुत प्रचलित थी। चित्रकार, वास्तु शिल्पी, बढ़ई और पाषाण-कोहक सजावट के कार्य को आखिरी स्पर्श (touch) देता था। मिट्टी और लकड़ी के पलस्तर होने पर वह, संभव है, भित्ति-चित्र बनाता था।

खनन

खनन इस समय एक महत्त्वपूर्ण उद्योग था। खानों से मुख्य प्रकार से खनन से प्राप्त

684. *बृह०भा०*, 613.
685. *बृह०भा०*, 3, 4097.
686. *कल्प०* I, 44.
687. *उत्तरा०*, 19.66.
688. *जा०*, I, 297-98.
689. वही, [illegible], 333.
690. वही, 438.
691. *जा०*, [illegible], 478.

होने वाले लोहा, ताँबा, टिन, शीशा, चाँदी, सोना और हीरा थे।[692] लोहा और अन्य धातु गलन[693] से प्राप्त होते थे। धातुओं के अतिरिक्त अनेक द्रव्य, जैसे नमक (लोण), सोडा (ऊस), पीत हरताल (हरियाल), सिन्दूर, संखिया (मणसिल), पारा (सासग) और सुर्मा (अंजन)[694] आदि थे।

लोहार-खाना

इस काल की अर्थव्यवस्था की विशेषता लोहे का व्यापकता से प्रयोग है। लुहार (कम्मार) का शिल्पियों में महत्त्वपूर्ण स्थान था। साहित्यिक ग्रंथों में हमें लुहार की दुकानों[695] (कम्मारसाला : अग्गिकम्म) का उल्लेख मिलता है। लौह-भट्ठियों (अयकोट्ठ) के संदर्भ भी मिलते हैं और यह कहा जाता है कि वे कच्चे लोहे से भरी हुई होती थीं और आदमी इसको चिमटी (संडसी) से इस्तेमाल करता था; इसके पश्चात् यह बाहर निकाला जाता था और ऐरन (अहिकरणी) पर रखा जाता था।[696] लुहारों के ग्रामों का अस्तित्व (जिसमें एक हजार परिवार थे) से ज्ञात होता है कि यह शिल्प उन्नत दशा में था।[697] उज्जैन, नागदा, ऐरन आदि उत्खननों के उत्तर-ताम्राश्मयुगीन और पूर्व एन॰वी॰पी॰ स्तर से प्राप्त विभिन्न प्रकार की लोहे की वस्तुएँ लोहे की लोकप्रियता सिद्ध करती हैं जिसकी पुष्टि इस काल के साहित्यिक ग्रंथ करते हैं। उज्जैन में लोहे को गलाने के लिए भट्ठी के अस्तित्व का प्रमाण मिला है।[698] साहित्यिक और पुरातात्त्विक दोनों प्रमाणों से यह स्पष्ट है कि लोहे का प्रयोग अनेक तरह से होता था। युद्ध के हथियार और औजार जैसे, छुरा, चाकू, तलवार, बाणाग्र, शूलाग्र, खूंटी और गोखरू बनाये जाते थे। इस समय की सैनिक आवश्यकताओं को देखते हुए युद्ध की सामग्री का उत्पादन एक बड़ा उद्योग था जिसने अधिक संख्या में लुहारों को काम में लगा रखा था। घरेलू काम की वस्तुओं में ब्लेड (फलक), काँटे, कीलें, छेनियाँ, बरमा, कुल्हाड़ी,[699] दीवा (लैम्प), कड़छी, कटोरे और मुद्रिकाएँ थीं। लोहे ने कृषि के क्षेत्र में भी कुदाल, गंडासा, काँटे और हँसिया के रूप में प्रवेश कर लिया था। इस धातु की असीमित कार्यक्षमता से कृषि की बढ़ोतरी और विस्तार, वन-धन का उपयोग तथा खनन-सम्पत्ति का दोहन होने लगा। इसका परिणाम हुआ –

692. *जा॰*, VI, 332-33.
693. *निशी॰*, 5, पृ॰ 412, *पण्ण॰*, I, 15; ठा॰, 4.349.
694. *बृह॰भा॰*, I, 1090.
695. *उत्तरा॰*, 36, 74; *सूत्र॰*, II, 3,61; *पण्ण॰*, I, 15.
696. *व्य॰भा॰*, 10.484.
697. *भगवती*, 16.1.
698. *जा॰*, III, 281.
699. *इंप्रि॰*, पृ॰ 197.

धन और समृद्धि का अधिशेष। लोहे की लोकप्रियता के अनुपात में ताँबे का प्रयोग सीमित हो गया। अब यह आहत और ढलवा सिक्के के बनाने और अंजन शलाकाएँ, कटोरे, मुद्रिकाएँ और मनकों के निर्माण में भी अधिक प्रयुक्त होने लगा।

बहुमूल्य धातुओं के उद्योग

बहुत समृद्धि के कारण बहुमूल्य धातुओं के उद्योग ने बड़ी उन्नति की। सुवर्णकारों और मणिकारों का समृद्ध व्यापार था। कुमारनन्दि का चम्पा का धनी स्वर्णकार के रूप में उल्लेख हुआ है।[700] मुसियदारय तेयलिपुर का अन्य स्वर्णकार था।[701] स्वर्ण पहले खनन धातु के रूप में एकत्रित किया जाता था; इसके पश्चात् वह परिष्कृत किया जाता था और बाद में इसका प्रयोग आभूषण बनाने में होता था। नर और नारियाँ दोनों को आभूषणों का शौक था। बौद्ध, जैन और ब्राह्मण स्रोतों से पता चलता है कि शरीर के विभिन्न अंगों के लिये अनेक प्रकार के सोने और चाँदी के आभूषण बनाये जाते थे। हमें पट्टिका, मुद्दिका (मूंदड़ी), बल्लिका या कुंडल (बाली), केयूर या ग्रैवेयक (हार), स्वर्णमाला या कंचनमाला (सोने की चेन या लॉकेट), पामंग (कानों के टॉपस), ओवत्तिका (कंगन), हत्थरन (बाजुबन्ध), मेखला (करधोना), आदि के संदर्भ प्राप्त होते हैं।[702]

केवल नर और नारी ही नहीं, किन्तु हाथी और घोड़े भी आभूषणों से सजाये जाते थे। हाथी को रत्न और जवाहरात के बने गर्दन के आभूषण और आवरण-वस्त्र पहनाये जाते थे। घोड़ों की कमर छोटे दर्पणों (थासग) और चऊरियों से सजायी जाती थी।[703] मयूरांगचूलिकाओं का गायों के आभूषण के रूप में संदर्भ मिलता है।[704] *संयुत्तनिकाय*[705] और जातकों[706] से जानकारी मिलती है कि हाथी, घोड़े, रथ, आदि स्वर्ण आभूषणों (स्वर्णालंकार), सोने के ध्वज (स्वर्णध्वज), स्वर्ण जाल (हेमजाल-पतिचिहट्टादन), आदि वस्तुओं से सजे हुए होते थे।

राजा और कुलीन सोने की कटोरी का प्रयोग करते थे जिनमें वे खाते और पीते थे। राजाओं द्वारा काम में लाने वाली कुर्सी, पलंग, सिंहासन और राजकीय वाहन सोने से

700. *आव.चू.*, पृ॰ 397.
701. *नाय॰*, 14.
702. *चुव॰* V, 2.1; *मज्झि॰*, III, 243; *जी॰एस॰*, I, 232, 236; *अंगु॰*, III, 16; *जा॰* I, 134; II, 273; III, 153, 377; IV, 60, 493; V, 202, 215, 259, 297, 400, 438; V, 144-45, 217, आदि, *आचा॰* II, 2, I, (*से॰बु॰ई॰*, 22, पृ॰ 123-24; *इंडिया, एज़ नोन टू पाणिनि*).
703. *उवा॰*, 2, पृ॰ 13.
704. *व्य॰*, 2, पृ॰ 13.
705. *जा॰*, III, 145.
706. वही, II, 48, 143, IV, 404; V, 258-59; VI, 39, 487-8, 510.

जड़े जाते थे।[707] स्वर्ण-कलश भी अपरिचित नहीं थे। चाँदी (रजत) का लगातार प्रयोग घरेलू बर्तनों के निर्माण में होता था।[708]

मोती, रत्न तथा अन्य बहुमूल्य पाषाण

जैन साहित्य में हमें अनेक बहुमूल्य पाषाणों के संदर्भ मिलते हैं, जैसे – जवाहरात, मोती, शंख, प्रवाल, माणिक,[709] गोमेदय, रुचक, अंक, स्फटिक (क्वार्ट्स), लोहिताक्ष, मरकत (पन्ना), मसारगल्ल, भुजगमोचक (सर्पिल-धातुक), इन्द्रनील (नीलम या नीलमणि), हंसगर्भ (एक प्रकार का चट्टान स्फटिक), पुलक सौगंधिक (माणिक), चन्द्रप्रभा, वैदूर्य, जलकान्त या चन्द्रकांता (चन्द्र-पाषाण) और सूर्यकांत[710] (सूर्य-पाषाण)। बौद्ध साहित्य में मुक्ता (मोती), मणि (स्फटिक), बेलुरिया (वैदूर्य), भदक (भाग्य-पाषाण), शंख, सिला, पवाल (प्रवाल), लोहितंक (माणिक) और मसारगल के उल्लेख प्राप्त होते हैं।[711] उपर्युक्त रत्न और बहुमूल्य पाषाण आभूषणों के निर्माण में व जड़ाई के काम आते थे।[712] बहुमूल्य पाषाणों को चतुराई से काटना और उनको विभिन्न रूप देने की कला विद्यमान थी। नन्द का रायगिह[713] के धनी जवेरी के रूप में उल्लेख मिलता है। भण्डागार खजाने के रूप में जाना जाता था जहाँ सोलह से अधिक प्रकार के रत्न सुरक्षित रहते थे।[714] हम दस कुशल बंधकों (मूर्तियों) के नाम का उल्लेख भी पाते हैं।[715]

दंत-वाणिज्य

दंत-वाणिज्य भी एक प्रसिद्ध उद्योग-धंधा था। दंतकार शिल्पियों (शिल्प-आर्य) का उल्लेख मिलता है। कुछ नगरों में दन्तकारों के अलग से निवास-स्थल (क्वार्टर) इस उद्योग के केन्द्र बन गये। ये दंतकार विभिन्न रूपों के कंगन, खिलौने और वस्तुएँ बनाते थे।[716] बहुमूल्य नक्काशी, आभूषण, दर्पणों के दस्त, राजकीय रथों के जड़त का कार्य उनके द्वारा

---

707. *नाया॰टी॰*, I, पृ॰ 429.
708. वही.
709. *कल्प॰*, 4.89.
710. *उत्तरा॰*, 36, 75.
711. *अंगु॰*, IV, 255, 258, 262; *अंगु॰*, IV, 199, 203; *उदान॰*, V, 5.
712. हमें मणिकुंडल का उल्लेख मिलता है (*जा॰*, III, 153; IV, 422; VI, 238) मणिवलय (*जा॰*, III, 377), मणिपतिमा (*जा॰*, IV).
713. *नाया॰*, 13, पृ॰ 141.
714. *निशी॰* चू॰, 9, पृ॰ 511.
715. *आव॰टी॰*, 947, पृ॰ 426 व आगे।
716. *जा॰*, II, 197.

किया जाता था।[717] आरी (ककच या खरककच) से मिलता हुआ उपकरण दंतों के टुकड़ों को स्वरूप प्रदान करने को किया जाता था।[718] दंत, वनों के मृत या जीवित हाथियों से प्राप्त किया जाता था।[719] इस उद्योग ने संभव है ऐसे वर्ग के लोगों को जन्म दिया जिनका धंधा वनों से गज-दंतों को एकत्रित करना था।

माल्य-गूंथन और गंधी

माल्यगूंथन और गंधी के कार्य (गंधिय) किये जाते थे क्योंकि फूल अधिक संख्या में पैदा होते थे। माल्य-गूंथक सुन्दर मालाएँ और गुलदस्ते[720] बनाते थे। दैनिक उपभोग की वस्तुओं के अतिरिक्त, इन मालाओं की विशेष आवश्यकता विवाह और त्यौहारों के अवसरों पर होती थी। उस समय अज्जूणय नाम के माल्य-गूंथक, जिसके पास रायगिह में फूलों का बाग (पुप्फाराम) था जहाँ विभिन्न रंग और विभिन्न प्रकार के फूल उत्पन्न किये जाते थे,[721] का उल्लेख मिलता है।

गंधी विभिन्न सामग्री से अनेक प्रकार की गंध बनाते थे। उनकी दुकानें गंधिय-शालाएँ कही जाती थीं जो उस समय लोकप्रिय थीं।[722] *महावग्ग* में चन्दन, तगर, काली अनुसारि, कालिय और भद्रमुक्तक के संदर्भ मिलते हैं जिनका प्रयोग गंध-युक्त मरहम के लिए किया जाता था।[723] निकायों में जड़ों (मूल गंध), सार, फूलों (पप्फगंध), फेगु, तच, पपटि, फल (फलगंध), पत्ते (पत्तगंध) और रस (रस गंध) से गंध उत्पन्न होने के संदर्भ मिलते हैं।[724] फूल जिनसे गंध निकाले जाते थे, वे हैं वस्सिक, मल्लिका, कमल और पियंगु,[725] अगर, तगर और अन्य।

मृद्भाण्ड

साहित्य और पुरातत्त्व स्रोतों से पता चलता है कि मृद्भाण्ड उन्नत दशा में था। इस काल का सबसे महत्त्वपूर्ण मृद्भाण्ड उत्तरी ओपदार कालाभाण्ड (एन॰बी॰पी॰) था। चिकनापन

---

717. *जा॰*, V, 302; IV, 223.
718. वही, I, 321; VI, 261.
719. वही, I, 320-21; II, 197; V, 45, 49.
720. *नाया॰*, 8, पृ॰ 95.
721. *अन्त*, 3, पृ॰ 31.
722. *व्य॰भा॰*, 9.23.
723. *मव॰*, VI, 11.2.
724. *मज्झि॰*, III, 6-7; सं॰ III, 156, 251-52; *जा॰*, सं॰ I, 205-6.
725. *मज्झि॰*, III, 6; सं॰ III, 156, *धम॰*, 54; *जा॰*, VI, 336.

और चमक इस मृद्भाण्ड की विशेषताएँ हैं। इसकी उत्पत्ति गंगा-घाटी के मैदानों में हुई, जहाँ उत्खनन में यह बहुत पाई गई है।

जातकों से पता चलता है कि वहाँ कुम्हारों के ग्राम थे जहाँ विभिन्न प्रकार के कटोरे, बर्तन और भाण्ड बनाये जाते थे।[726] बुनकरों और लुहारों के समान कुम्हार भी जैन-श्रमणों को चाहते थे। ये श्रमण उनकी दुकानों में बहुधा शरण लेते थे। सद्दालपुत्त का उल्लेख पोलासपुर के प्रसिद्ध कुम्हार के रूप में हुआ है जो नगर के बाहर पाँच सौ दुकानों का मालिक था और उसने दुकानों की देखभाल के लिए अनेक नौकर रखे थे।[727] हालाहला श्रावस्ती की एक धनी कुम्हारिणी थी जिसकी दुकान में गोशाल ठहरा करता था।[728]

भाण्डों को बनाने का सामान्य तरीका इस प्रकार था – मिट्टी के पानी से ढेले बनाये जाते थे। उसे राख (चार) और गोबर (करिस) के साथ मिलाते थे। मिश्रण को चक्र पर रखा जाता था जिससे मिश्रण को विभिन्न बर्तनों में ढालने के लिए घुमाया जाता था। गीले बर्तनों को बाद में सुखाया और पकाया जाता था। इन बर्तनों के अतिरिक्त विभिन्न प्रकार के खिलौने बनाये जाते थे।[729] इसकी पुष्टि अनेक स्थलों के पुरातात्त्विक उत्खननों से प्राप्त विभिन्न वस्तुओं की मृण्मूर्तियों से होती है।

रंगना

जैन और बौद्ध स्रोतों से ज्ञात होता है कि रंगना रजक का धंधा था। धोबी और रंगरेज दोनों कपड़े को भली-भाँति धोकर रंगते थे। *विनयपिटक* से हमें सूचना मिलती है कि रंगे कपड़े यथा नीले, हल्के पीले, किरमिजी, भूरे, काले, पीले और गहरे पीले वस्त्र भिक्षु नहीं पहन सकते थे।[730] इससे ज्ञात होता है कि इन रंगों के वस्त्र श्रावकों द्वारा प्रयोग में लाए जाते थे। जातकों में वस्त्रों, गलीचा और पर्दों के सिन्दूरी, नारंगी, पीला और लाल;[731] एवं छत्रों के लाल होने का उल्लेख है।[732] वे श्वेत (सेत), गहरा नीला (नील), भूरा (पिंगल), पीला (हलिद्द), सुनहरी (सुवर्ण), चाँदी का (रजतमय), लाल (रत्त इंदगोप), काला

---

726. *जा॰*, III. 368, 376, 385; V, 291.
727. *उवा॰*, पृ॰ 119.
728. *भगवती*, XV, 539.
729. *जा॰*, V, 6. 12.
730. *मव॰*, VIII, 29.1.
731. *जा॰*, IV, 258; V, 211.
732. *जा॰*, VI, 218.

(काली), मंजिष्ठ[733] (मज्जेट्ठ), आदि रंगों का उल्लेख भी करते हैं। ऐसा माना जा सकता है कि ये रंग वस्त्रों को रंगने के काम में आते थे।

कपड़े रंगने के उल्लेखों से रंग बनाने के उद्योग का अस्तित्व ज्ञात होता है। ये रंग पेड़ों की मूल, स्कन्ध और छाल, पत्तों, फूलों[734] और फलों से तैयार किये जाते थे। कपड़ों[735] पर गहरा रंग देने हेतु रंगों को पहले उबाला जाता था। कपड़ों को रंगने के अलावा नारियों को रंगों की आवश्यकता होती थी जो प्रायः अपने हाथ और पैर रंगती थीं।[736]

गोंद, औषधियाँ और रसायन

गोंद, औषधियों और रसायन के छोटे उद्योग थे, जो उन्नत अवस्था में थे। *महावग्ग* में सात प्रकार के गोंद का उल्लेख मिलता है – हिंगु, हिंगुलक, सिपातिक, तक, तकपत्ति, तकपण्णि और सज्जुलस।[737] औषधियाँ और रसायन विभिन्न मूल,[738] पत्तों[739] और फलों[740] से मिलते थे। खनिज उद्योग के लिए तेजाब भी बनाया जाता था।

शिकारी, मछुआरे व पारदी

बौद्ध और जैन साहित्य से पता चलता है कि लोग अपनी आजीविका भेड़, सूअर और मुर्गी मारकर शिकारी और मछुआरे के रूप में करते थे। इससे प्रकट होता है कि मांस खाना उन दिनों सामान्य था। इसकी पुष्टि विभिन्न पुरातात्त्विक स्थलों से प्राप्त हड्डियों से होती है।

शिकार (मियवह) का संदर्भ *भगवती सूत्र*[741] में मिलता है। नियमित शिकारी (मिगलुद्धय) होते थे जिनका धंधा पशुओं की बन्दी करना या मारना होता था और उनको बेचकर आजीविका कमाना होता था। शिकारी कुत्तों की सहायता से शिकार करने का उल्लेख भी मिलता है।[742] ऐसे शिकारी सोणिय (शौनिक) कहलाते थे। अन्य शिकारी जो

733. *जा॰*, VI, 279.
734. *मव॰*, VIII, 101.
735. वही, VIII, 10.2.
736. *जा॰*, III, 183; VI. 218.
737. *मव॰*, VI, 7.
738. वही, VI, 3.1.
739. वही, VI, 5.1.
740. वही, VI, 6.1.
741. *भगवती*, I. 8.
742. *सूत्र॰*, II. 2.41.

फन्दे की सहायता से जानवरों को बन्दी बनाते थे, वागुरिक कहे जाते थे।[743] शिकारियों का श्रेणि-भेद उनके द्वारा पकड़े या मारे जाने वाले पशु-पक्षियों के अनुसार होता था।[744]

पारदी (सौणिय) धनुष और बाण के साथ तीतर, बटेर, बत्तख, कबूतर, जंगली चिड़िया (कपिंजल)[745] और बन्दर की ओर निशाना करते हुए देखे जा सकते थे। पक्षियों को बिडम्सिय नामक यंत्र, जाल या चिपकने वाले लेप की सहायता से फंसाया जाता था।[746]

मछुआरे, मच्छघाटक और केवट के नाम से जाने जाते थे। ये जाल और मगर-जाल से मछलियों को पकड़ते, साफ करते और मारते थे।[747] मछुआरे नदियों से भी मछलियों को पकड़ते और उन्हें बाजार में बेचते थे। ऐसे मछुआरों की पृथक् से बस्तियाँ होती थीं।[748]

चर्म-उद्योग

उस समय चर्म उद्योग उन्नत अवस्था में था। चम्मकार या पदकार (मोची) अनेक प्रकार के चमड़े के सामान बनाता था, किन्तु जूते बनाना उसका मुख्य धंधा था। सिंह, बाघ, चीता, तेंदुआ, बिल्ली, गिलहरी और उल्लू के चमड़े से जूते बनाये जाते थे।[749] जूते और स्लीपर (सर्पक) नीले, पीले, लाल, भूरे, काले, नारंगी और पीले होते थे।[750] कभी उन पर सोना[751] जड़ा जाता था और विभिन्न धागे[752] मढ़े जाते थे। जूतों के अतिरिक्त मोची चमड़े के मोजे,[753] सौ पड़त की[754] ढाल और चमड़े की छतरी[755] बनाते थे। वह रस्सी, म्यान और फंदा बनाता हुआ भी जान पड़ता है।[756]

---

743. *बृह०भा०*, I. 2766; *व्य०भा०*, 3, पृ० 209.
744. *जा०*, III, 64; *जा०*, II. 153; *जा०*, सं० 33.533; *जा०*, I, 208.
745. *सूत्र०*, II, 2.31.
746. *उत्तरा०*, 19.65.
747. वही, 19, 64.
748. *जा०*, I, 234.
749. *मव०*, V, 2, 4.
750. वही, V, 2. 1-2.
751. *जा०*, IV, 379; VI, 370.
752. वही, VI, 218.
753. वही, V, 45.
754. वही, VI, 454.
755. *जा०*, V, 45.
756. वही, I, 175; II, 153; III, 116; V; 172; V; 47, 106, 375; V, 1.51.

मदिरा-निर्माण

रस-वाणिज्य के धंधे या शराब के व्यापारी का उल्लेख मिलता है। साहित्य में निम्न प्रकार की शराब के संदर्भ मिलते हैं – चन्द्रप्रभा, मनिसिलाका, वरसीधु, वरवारुणि, आसव, मधु, मेरक, रिष्टाभा या जम्बुफलकलिका, दुग्ध-जाति, प्रसन्ना, तल्लक (नेल्लक या मेल्लग), सुताऊ, खर्जूरसार, मृद्‌विकासार, कापिशायन, सुपक्व और इक्षुरस।[757] अधिकतर शराबों के नाम विभिन्न फलों, फूलों और अनाजों के रंगों और निर्माण-विधि पर रखे जाते थे। शराब पीना उन दिनों सामान्य था और बाजार में शराब की दुकानें भी थीं।

व्यापार और वाणिज्य

अधिक उत्पादन के कारण व्यापार और उद्योग की इस समय बहुत उन्नति हुई। अनेक शिल्पों और उद्योगों का विनिर्मित सामान बनाने हेतु उदय हुआ। परिवहन और संचार की सुविधाओं के कारण ठीक प्रकार से उनका विभाजन और उपयोग होने लगा। सिक्कों की शुरुआत से विनिमय की सुविधाओं में वृद्धि हुई।

प्रत्येक ग्राम और नगर में अनेक दुकानों (आपण) सहित बाजार थे। धनुष-बाण, वाहन और अन्य वस्तुओं का दुकानों[758] में बिक्री हेतु प्रदर्शन किया जाता या अन्तरापण[759] में भण्डारण किया जाता था। वस्त्र,[760] फुटकर वस्तुएँ, तेल,[761] हरी सब्जियाँ,[762] अनाज,[763] सुगंधित वस्तुएँ, फूल,[764] स्वर्ण और जवाहरात, आदि वस्तुएँ[765] बाजारों में बेचे जाने वाले मद थे। शराब को बेचने के स्थल पानागार-आपण[766] कहलाते थे। शराब, विष, माँस, छरे और गुलामों का व्यापार उन लोगों के लिए बुरा माना जाता था जो नैतिकता का ध्यान रखते थे।[767] वस्तुओं की कीमत उत्पादक और व्यापारी के मध्य सौदेबाजी, स्पर्द्धा और

---

757. *ज॰ला॰ऍ॰इं॰डि॰जै॰के॰*, पृ॰ 125.
758. *जा॰*, II, 267; IV, 488; V, 29.
759. वही, I, 55, 350; III, 406.
760. वि॰पि॰, IV, 250.
761. वही, IV, 148-49.
762. *जा॰*, I, 411.
763. वही, II, 267.
764. वही, I, 290; IV, 82; 336, वि॰पि॰, III. 343.
765. *जा॰*, IV. 228.
766. *जा॰*, I, 251, 268; IV, 328.
767. *अंगु॰*, III, 208.

प्रथा से निश्चित की जाती थी।[768] फेरीवाले होते थे[769] जो अपनी आजीविका खुदरा व्यापार से चलाते थे। स्थानीय उपज का उपभाग ग्रामों और नगरों में होता था और यदि कोई अधिशेष होता था तो देश के विभिन्न भागों में व्यापारिक-केन्द्रों को भेजा जाता था।

व्यापारिक और औद्योगिक केन्द्र

इस समय के बहुत से व्यापारिक और औद्योगिक केन्द्रों की जानकारी प्राप्त होती है। चम्पा उन दिनों महत्त्वपूर्ण औद्योगिक केन्द्र था। *नायाधम्मकहा*[770] चम्पा के उन सामुद्रिक व्यापारियों का वर्णन करता है, जो अपने डिब्बों को विभिन्न सामान से भरते थे और गहरे सामुद्रिक बन्दरगाहों की ओर बढ़ते थे। जिणपालिय, जिणरक्खिय,[771] पालित[772] और धन[773] प्रसिद्ध व्यापारी थे जो आंतरिक और विदेशी व्यापार करते थे। राजगृह, वैशाली और बनारस समृद्ध, सुखद और बढ़ते हुए व्यापारिक केन्द्र थे जहाँ धनी व्यापारी बसते थे।

उज्जैन व्यापार का अन्य बड़ा केन्द्र था। राजा प्रद्योत के राज्य में उज्जैन में नौ बड़े भंडारों का उल्लेख मिलता है, जहाँ सब प्रकार की वस्तुएँ, जिनमें हीरे भी सम्मिलित थे, मिलते थे।[774] इस स्थान का व्यापारी धनवसु, जो अपने दल के साथ चम्पा के लिए रवाना हुआ था, पर डाकुओं ने आक्रमण किया था।[775] इस स्थान के अचल ने अपनी नौकाओं को वस्तुओं से भर लिया और पारसौल की यात्रा की। उसने वहाँ बहुत धन कमाया और बेण्णायड़ पर लंगर डाला।[776]

मथुरा व्यापार का अन्य केन्द्र था। लोग यहाँ पर व्यापार हेतु निवास करते थे। इस कारण नगर में भूमि पर उत्पादन नहीं होता था।[777] मथुरा से व्यापारी वाणिज्य के लिए दक्षिण को जाते थे।[778] सोपारय का एक अन्य व्यापारिक पण्यशाला का वर्णन मिलता है

---

768. *अंगु॰*, I, III, 205; II, 8424; III, 21.282.
769. *नाया॰*, 8, पृ॰ 97.
770. वही, 9, पृ॰ 121.
771. *उत्तरा॰*, 21, 2.
772. *नाया॰*, 15, पृ॰ 159.
773. *बृह॰भा॰*, 3.4220.
774. *बृह॰भा॰*, 3.4220.
775. *आवनि॰*, 1276.
776. *उत्तरा॰टी॰*, 3, पृ॰ 64.
777. *बृह॰वृ॰*, 1239.
778. *आव॰चू॰*, 472.

जहाँ पाँच सौ व्यापारी बसते थे।[779] इसके पश्चात् सुरट्ठ[780] था जो समुद्र से पाण्डु महुरा से जुड़ा हुआ था।[781] हम व्यापार के लिए बाहवइ पहुँचने वाले अश्व व्यापारियों के बारे में पढ़ते हैं।[782] वसन्तपुर अन्य भण्डार था। चम्पा का पालित नाम का व्यापारी व्यापार के लिए समुद्र किनारे के नगर पिथुंड गया था।[783]

आंतरिक व्यापार की वस्तुएँ

आंतरिक व्यापार में अनेक वस्तुओं का विनिमय होता था। चम्पा के सामुद्रिक व्यापारी अपनी गाड़ियों को चार प्रकार की वस्तुओं यथा गिनने-योग्य (गणिम), तोलने-योग्य (धरिम), नापने-योग्य (मेय) एवं विभाजन-योग्य (परिच्छेजन) से भरते थे।[784] सुवर्ण और हाथी-दाँत उत्तरापथ से दक्षिणापथ बेचने को ले जाये जाते थे। वस्त्र विनिमय की महत्त्वपूर्ण वस्तु थी। मथुरा और विदिशा का वस्त्र केन्द्रों के रूप में उल्लेख मिलता है।[785] गौड़ देश रेशमी वस्त्र-केन्द्रों के लिए प्रसिद्ध था।[786] पूर्व से लाट देश को आने वाले वस्त्र अधिक कीमत पर बेचे जाते थे।[787] तामलित्ति,[788] मलय,[789] काक,[790] तोसली,[791] सिंधु[792]

---

779. *बृह॰भा॰*, 1.2506.
780. *दस॰चू॰*, पृ॰ 40.
781. *आव॰चू॰*, II, 197.
782. वही, पृ॰ 553.
783. *उत्तरा॰*, XXI; *इंडियन कल्चर*, 13, पृ॰ 20 पिथुंड की पहचान खारवेल के अभिलेख के पिथुंड से और टोलेमी के पितुंदा से की जाती है। लेवी पिथुंड को गोदावरी और महानदी के डेल्टाओं में मध्य में स्थित करता है जिसकी स्थिति चिककोले और कलिंगपटम के मध्य में थी। यह नागावती नदी के मार्ग में स्थित था, जिसका नाम लंगुलिय भी था.
784. *नाया॰*, 8, पृ॰ 98.
785. *आव॰टी॰*, (हरि॰), पृ॰ 307.
786. *आचा॰टी॰*, II, 5. पृ॰ 361.
787. *बृह॰भा॰*, वृ॰ 3,3884.
788. *उवा॰*, 7.32.
789. *अनु॰*, 37, पृ॰ 30.
790. *निशी॰चू॰*, 7, पृ॰ 461.
791. वही.
792. *आचा॰चू॰*, पृ॰ 364; *आचा॰टी॰*, II, पृ॰ 361.

और दक्षिणापथ[793] विभिन्न प्रकार की वस्त्र सामग्री के लिए प्रसिद्ध थे। नेपाल ऊनी कंबल के लिए विख्यात था।[794] ऊनी कंबल महाराष्ट्र में अधिक कीमत पर बेचे जाते थे।[795]

नायाधम्मकहा उन विभिन्न प्रकार के वस्त्रों का उल्लेख करता है जो डिब्बों में भरे जाते और बिक्री के लिए ले जाये जाते थे।[796] अन्य महत्त्वपूर्ण वस्तुएँ भी थीं जिनका उन दिनों विनिमय होता था। कालियपिव सुन्दर अश्वों के लिए जाना जाता था और यहाँ चाँदी, सुवर्ण, जवाहरात और हीरों की खानें थीं।[797] कंबोज का नाम घोड़ों के लिए प्रसिद्ध था।[798] उत्तरापथ घोड़ों की अच्छी नस्ल के लिए प्रसिद्ध था।[799] दीलवालिया खच्चर के लिए जाना जाता था।[800] पुण्ड्र काली गायों के लिए,[801] भेरण्ड ईख के लिए[802] तथा महाहिमवन्त चन्दन के लिए जाना जाता था।

व्यापारिक मार्ग और परिवहन

व्यापारिक मार्ग एवं परिवहन ने न केवल देश में महत्त्वपूर्ण नगरों और शहरों को सड़कों और जलमार्गों के जाल से जोड़ा अपितु विदेशों को भी सड़कों और जलमार्गों से जोड़ा। राजगृह, वैशाली, श्रावस्ती, वाराणसी और चम्पा पूर्व भारत के महत्त्वपूर्ण नगर थे। महावीर और बुद्ध यात्रा-वर्णन से हमें नगरों को जोड़ने वाले मार्गों के बारे में पता चलता है। न केवल व्यापारी, अपितु ये नगर भी दूर के स्थानों जैसे गंधार, कंबोज, सिंध और कश्मीर के मार्गों से व्यापारिक लेन-देन करते थे। लड़ाकू लोग और साधु भी इन मार्गों पर चलते थे।

पूर्वी भारत में नगरों और शहरों को मिलाने वाले बहुत से छोटे मार्ग होते थे। इस समय राजगृह मगध की राजधानी थी। वह कपिलवस्तु, श्रावस्ती, मिथिला, चम्पा और कलिंग से पृथक् मार्गों से जुड़ा हुआ था जैसाकि बौद्ध साहित्य से स्पष्ट है। महावीर की मार्ग-सूची से भी ऐसा लगता है कि राजगृह अलग से कुंडग्राम, आलमिया, श्रावस्ती,

---

793. *आचा॰चू॰*, 363.
794. *बृह॰* पृ॰, 3.3824.
795. वही, 3.3914.
796. *नाया॰*, 17, पृ॰ 203.
797. वही, पृ॰ 202.
798. *उत्तरा॰*, 4.11.16.
799. *दस॰चू॰*, 6, पृ॰ 213.
800. *तदुल॰टी॰*, पृ॰ 269.
801. *जीवा॰*, 3, पृ॰ 355.
802. *उत्तरा॰टी॰*, 18.2529.

वैशाली और चम्पा से मिला हुआ था।[803] इसके अतिरिक्त तीन दूरी के मार्ग थे जो राजगृह से दूरी के स्थानों को जाते थे।

राजगृह-पुष्कलावती मार्ग या उत्तरापथ

यह मार्ग राजगृह और पुष्कलावती को जोड़ता था जो उत्तर-पश्चिम भारत में बड़े व्यापारिक केन्द्र थे। तक्षशिला एक अन्तर्राष्ट्रीय व्यापारिक केन्द्र हो गया क्योंकि इस स्थान से भारत ने पश्चिम के साथ व्यापार स्थापित किया। इस मार्ग को पाणिनि[804] ने उत्तरापथ के नाम से उल्लेख किया है और यूनानियों को उत्तरपथ के नाम से इसकी जानकारी थी। यह पाटलिपुत्र, वाराणसी, कौशाम्बी, मथुरा, इन्द्रप्रस्थ और साकल से होकर जाता प्रतीत होता है। पुष्कलावती से यह संभवतया कश्मीर की ओर अलग हो जाता था – उत्तर-पूर्व की ओर और उत्तर-पश्चिम में बैक्ट्रिमा की ओर। केवल इसी मार्ग से लोग पूर्वी भारत के विभिन्न हिस्सों से जैसे राजगृह,[805] वैशाली, मिथिला[806] और वाराणसी से विद्या के प्रसिद्ध केन्द्र तक्षशिला को जाते थे।

राजगृह-प्रतिष्ठान मार्ग

पाणिनि[807] के अनुसार यह मार्ग कान्तारपथ के नाम से जाना जाता था क्योंकि यह आरण्य मार्ग से जाता था। यह कौशाम्बी तक ऊपर मार्ग जैसा था जिससे यह वनसह्वय, वेदिस, गोनद, उज्जयिनी, महिस्सति की ओर जाता था और बाद में पतिट्ठान[808] की ओर। भरुकच्छ की ओर जाने वाले कबीले माहिष्मती तक इस मार्ग की ओर जाते थे जहाँ वे भरुकच्छ से अलग हो जाते थे।

राजगृह-सिंधु क्षेत्र मार्ग

यह मार्ग सिंध से पश्चिम की ओर जाता था। यहाँ के घोड़े, गधे बहुत प्रसिद्ध होते थे। सिंधु सौवीर की राजधानी रोरुक के नाम से पुकारी जाती थी। इस क्षेत्र में अनेक बन्दर थे। मथुरा तक यह मार्ग राजगृह पुष्कलावती पथ था, लेकिन सिंधु क्षेत्र में यह अलग होने के लिए राजस्थान होकर गुजरता था।

---

803. *कल्पसूत्र* पर आधारित.
804. *पा॰*, V, 1.77.
805. *दरिमुख जा॰*, 378; *निग्रोध जा॰*, 445.
806. *सुरुचि जा॰*, 488, *विनिलक जा॰*, 160.
807. अग्रवाल : *इण्डिया एज़ नोन टू पाणिनि॰*, पृ॰ 242.
808. *सु॰नि॰*, V. 1.36.

परिवहन के साधन

सड़कों द्वारा आंतरिक व्यापार के लिए परिवहन के मुख्य साधन थे बैलों द्वारा खींची जाने वाली गाड़ियाँ, घोड़ा-गाड़ियाँ, डोलियाँ और दूर की यात्रा के लिए आनन्द नाम के व्यापारी के पास पाँच सौ गाड़ियाँ थीं और स्थानीय प्रयोग के लिए भी इतनी ही संख्या में थीं। धनी हाथियों पर बैठते थे और साधारण लोग ऊँटों, घोड़ों और गधों का प्रयोग करते थे।

सार्थ

यात्री की स्थानीय कठिनाइयों को ध्यान में रखते हुए व्यापारी दल बनाकर यात्रा करते थे। गाड़ियों और पशुओं को सामान से भरकर ये यात्री लम्बी यात्रा के लिए अपने मुखिया, जो सार्थवाह कहलाता था, के साथ रवाना हो जाता था। वह ठहरने, धर्मशालाओं, मार्ग, पांझ (घाट) और भयंकर स्थानों के बारे में जानकारी रखता था। जातकों[809] से हमें सूचना मिलती है कि दल को जिन पाँच बड़ी कठिनाइयों और भय का सामना करना पड़ता था, वे थे – लुटेरे, जंगली पशु, सूखा, भूत और अकाल। सार्थवाहों के पास सफल यात्रा के लिए पूर्ण और समुचित साज-सज्जा होती थी। रेगिस्तान में यात्रा करना कठिन और साथ में रोचक होता था। जो निर्देशक रेगिस्तान में से दल को ले जाता था, थलनियामक[810] कहा जाता था। सितारों की जानकारी होने के कारण वह दल को ठीक दिशा में ले जाता था। *आवश्यक चूर्णि*[811] से ज्ञात होता है कि जल की कमी के कारण दल को रेगिस्तान में चलने में कठिनाई होती थी। *विजय ग्रंथ*[812] में दल का राजगृह से पश्चिम जाने का उल्लेख है।

नदी परिवहन

स्थानीय मार्ग के अतिरिक्त नदी मार्ग भी थे। बड़ी नदियाँ जैसे गंगा, यमुना, सरयू, शोण, गंडकी, कोसी तथा अन्य आवागमन और परिवहन के लिए प्रयुक्त होती थीं। प्रसिद्ध नदी-बन्दरगाह चम्पा, पाटलिपुत्र, वाराणसी और कौशाम्बी जल-मार्गों से जुड़े हुए थे। ये जल-बन्दरगाह भूमि पर व्यापार केन्द्रों से मिले हुए थे। ये नदी-मार्ग सड़कों की अपेक्षा अधिक सहूलियत, कम कीमत, अधिक सुरक्षित तथा तेज होते थे। इन नदी-मार्गों के कारण आंतरिक व्यापार बहुत होता था। नौ-चालन के लिए जहाज, बड़ी व छोटी नावों का प्रयोग होता था। कभी-कभी भारी वस्तुएँ, जैसे स्तंभ और लट्ठे आदि एक स्थान से दूसरे स्थान को नदी मार्ग से भेजी जाती थीं।

809. *जा०*, I. 99.
810. *जा०*, 107.
811. *आव०चू०*, 553; II. 34.
812. *सुत्त विभंग; से०बु०ई०*, XIII, 15.

सामुद्रिक व्यापार

इस काल के साहित्यिक स्रोतों से यह स्पष्ट है कि भारतीय सामुद्रिक व्यापार द्रुत गति से कर रहे थे। *थेरगाथा* का कहना है कि वणिक् धन पैदा करने हेतु समुद्र में जहाज चलाते थे।[813] जातक कथाएँ अनेक जहाजों के डूबने,[814] विशाल जहाजों,[815] जहाज निर्माण का कार्य[816] और व्यापार हेतु विभिन्न देशों को समुद्री मार्ग से किराये पर ले जाने वाले जहाजों के बारे में जानकारी देती हैं। *नायाधम्मकहा* में सामुद्रिक यात्रा का सुन्दर वर्णन है। चम्पा के अर्हनाग और अन्य व्यापारी अपनी नावों को व्यापारिक माल से लादकर अपनी यात्रा के लिए रवाना हुए। भयंकर बाढ़ से जहाज के डूबने का वर्णन मिलता है।[817] *बौधायन धर्म सूत्र*[818] से ज्ञात होता है कि नौ.चालन उत्तर के ब्राह्मणों के लिए आश्चर्य का था। नौ.चालन से सम्बन्धित विभिन्न पदों का उल्लेख संदेह नहीं छोड़ती कि इस काल में दूर.दूर की यात्रा करने का प्रचलन था।[819]

जातकों से पता चलता है कि वणिक् गंगा के नदी बन्दरगाहों से समुद्र के किनारे पूर्वी स्थानों की ओर गये। *संख जातक* ब्राह्मण संख की यात्रा वाराणसी से सुवर्ण-भूमि (बर्मा और इंडो-चीन प्रायद्वीप) का वर्णन करता है।[820] चम्पा से सुवर्ण-भूमि की सामुद्रिक यात्रा के संदर्भ मिलते हैं। राजकुमार महाजनक ने करीब 350 व्यक्तियों के साथ जहाज में यात्रा की और वहाँ पहुँचा।[821] वैशाली से भी यात्री सुवर्ण-भूमि और अन्य स्थानों को व्यापार के हेतु जाते बताये गये। बालहंस जातक वाराणसी और ताम्बपण्णि दीप के मध्य यात्रा का वर्णन करता है।[822] ऐसा प्रतीत होता है कि वाराणसी, चम्पा और वैशाली के व्यापारी अपने जहाजों में स्थानीय वस्तुओं को ले जाते हुए पूर्वी देशों की सामुद्रिक यात्रा करते थे। यद्यपि वे केवल सुवर्ण-भूमि और ताम्बपण्णि दीप का उल्लेख करते हैं पर यह माना जा सकता है कि व्यापार पूर्व के अनेक द्वीपों के साथ किया जाता था। महानिद्देस से हमें पता चलता है कि भारत का व्यापार पूर्व में कालमुख, सुवण्ण-भूमि,

---

813. *थेर०*, 530.
814. *जा०*, II, III, 127-29; V. 75 *जा०* नं० 196.
815. वही, नं० 446, 539.
816. IV, 159; V. 427.
817. *नाया०*.
818. *बौ०ध०सू०*, I. I. 20.
819. अग्रवाल : *इंडिया एज़ नोन टू पाणिनि*, पृ० 155-56.
820. *जा०*, IV. 15-17.
821. *महाजनक जा०*, (नं० 539).
822. *जा०*, 127-28.

वेसुंग, वेरापथ, तक्कोल, तामलि, ताम्बपण्णि और जावा के साथ होता था। इनमें से पहले दो स्थानों की पहचान अराकान तट और निम्न बर्मा से की जा सकती है। बाद के दो की तुलना टोलेमी की बेसिगैटइ, बरबइ और तक्कल से की जा सकती है।[823] सिल्मन लेवी ने तामलि की पहचान मलय प्रायद्वीप के ताम्रलिंग से की है। अपदान का कहना है कि मलय और चीन के व्यापारियों ने भारत की यांत्रा की थी।[824]

इस समय भारत और पश्चिम देशों में सामुद्रिक व्यापार के पुरातात्त्विक और साहित्यिक प्रमाण मिलते हैं। सम्राट् बूचड़नेजर के महल की छत के नीचे की धरणी भारत के देवदार की लकड़ी से बनी थी और उसके द्वारा बनवाये हुए चन्द्रमा के मन्दिर में सागौन के दो लट्ठों का प्रयोग हुआ था। ये भारत से बेबीलोन को लाये गये थे।[825] *बावेरुजातक*[826] में भारतीय व्यापारियों की बेबीलोन यात्रा का वर्णन है और उससे यह भी पता चलता है कि वे पहली बार समुद्र-मार्ग से वहाँ अपने साथ मयूर ले गये। जे॰कैनेडी[827], जिसने इस विषय पर कार्य किया था, निष्कर्ष निकालता है कि सातवीं और छठी सदी ई॰पू॰ में भारत और बेबीलोन के मध्य सामुद्रिक व्यापार बहुत फला-फूला। भारत के प्राचीन व्यापार पर जेक्सन का मानना है कि *बौद्ध जातक* और कुछ संस्कृत के धर्मशास्त्रों का कहना है कि आठवीं से छठी सदी ई॰पू॰ में भड़ौच और सोपरा के जहाज बेबीलोन से व्यापार करते थे।[828]

सुप्पारक जातक[829] का कहना है कि यात्रियों का दल भृगुकच्छ बंदरगाह से रवाना हुआ और कुशल नाविक के नेतृत्व में छः समुद्रों को पार किया। उल्लेखित समुद्र हैं – खुरमाल, अग्गिमल, दधिमाल, नीलकुसमाल, नलमाल और बलभामुख। इन समुद्रों की पहचान हैं – क्रमशः फारस की खाड़ी, अरब-तट अफ्रीका के उत्तर-पूर्व कोने पर नुबिया, लाल सागर को जोड़ती हुई नहर, भूमध्य सागर और भूमध्य सागर का एक हिस्सा। यदि यह एकीकरण ठीक है तो यह स्थापित किया जा सकता है कि भारतीयों को पश्चिमी समुद्र तट से भूमध्य सागर तक सामुद्रिक मार्ग का ज्ञान था।[830]

---

823. आर॰सी॰ मजूमदार : *सुवर्ण-द्वीप*, पृ॰ 57.
824. *अपदान*, 1, पृ॰ 2.
825. *ए हिस्ट्री ऑफ इंडियन शिपिंग*, पृ॰ 89.
826. *जा॰*, III, 126.
827. *जे॰ए॰एस॰बी॰*, 1898.
828. *ए हिस्ट्री ऑफ इण्डियन शिपिंग*, पृ॰ 90.
829. *जा॰*, IV, 138-143.
830. *ज॰बि॰ओ॰रि॰सो॰*, VI, 195.

दीघनिकाय में भूमि पर जहाजों के चलते-चलते दृष्टिहीन हो जाने के स्पष्ट संदर्भ हैं। कुछ भारतीय वस्तुएँ जैसे चावल, मोर और चन्दन यूनानियों तथा अन्य को पाँचवीं सदी ई॰पू॰ में भारतीय नामों से जानी जाती थीं। इससे अनुमान निकलता है कि ये वस्तुएँ भारत के पश्चिम किनारे से बेबीलोन को सीधी आयात की जाती थीं।[831]

इस समय भारत की ईरान के साथ सम्बन्धों की भी जानकारी है। कहा जाता है कि अयल अपनी नावों को सामान से भरकर उज्जैन से ईरान की यात्रा करता था। वह वहाँ बहुत धन कमाता था और बेप्नायड पर लंगर डालता था। ईरान विभिन्न वस्तुएँ जैसे – शंख, पोप्फल, चन्दन, अगरु मंजिट्ठ, चाँदी, सुवर्ण, हीरा, मुक्ता और प्रवाल भेजा करता था।[832] भारत और ईरान में व्यापारिक सम्बन्ध सामान्य थे क्योंकि छठी या पाँचवीं सदी ई॰पू॰ में गांधार (उत्तरी पंजाब) ईरानी साम्राज्य का अंग हो गया था और भारतीय उनको स्वर्ण में कर देते थे। हेराडोटस, जैरक्सीज (ई॰पू॰ 486-65) की सेना में रुई के वस्त्र पहने भारतीय सेना का उल्लेख है जो धनुष और बाण से सुसज्जित थी।

सिंहली वंशावलियों[833] में राजकुमार विजय के 700 अनुयायियों की बंगाल से लंका की सामुद्रिक यात्रा के वर्णन से पता चलता है कि इस क्षेत्र में नियमित सामुद्रिक व्यापार और वाणिज्य होता था। हम व्यापारियों के पश्चिम में भरुकच्छ से सुवर्ण-भूमि तक भारत के समुद्र तट का चक्कर लगाने और मार्ग में लंका के बन्दरगाह को छूने का वर्णन पढ़ते हैं।[834] यह कहा गया है कि व्यापारी अपने समुद्री मार्ग के बीच सिंहल द्वीप में ठहरते थे।[835]

नियामकों का मुखिया नियामक-जेठक कहलाता था। वह संभवतः जहाज का स्वामी या कप्तान होता था और वह सामुद्रिक-यात्रा करने वाले यात्रियों का नेता भी होता था। जहाज को होशियारी और बिना गलती के चलाना उसका उत्तरदायित्व था।

व्यापारी बहुमूल्य वस्तुओं के साथ अपने देश लौटते। कभी-कभी वे राजकीय-करों का भुगतान करने में जालसाजी करते थे। रायपसेणिय उनका उल्लेख करती है जो अंक-जवाहरात, शंख या हाथी-दाँत आदि का व्यापार नियमित मार्ग की अपेक्षा करों से बचने के लिये सदैव दुर्गम मार्गों को पसंद करते थे।[836] हम बेणायड़ के राजा के बारे में सुनते

---

831. *ए हिस्ट्री ऑफ इंडियन शिपिंग*, पृ॰ 88.
832. *उत्तर॰टी॰*, 3, पृ॰ 64.
833. *दीपवंश॰*, IX, 10-28; *महावंश*, VI.
834. *दी एज ऑफ इम्पीरियल यूनिटी*, पृ॰ 602.
835. *आचा॰टी॰*, 6.3, पृ॰ 223.
836. *राय॰*, 164.

हैं जो धोखा देने वाले व्यापारी की चालाकी का पता लगाता था और उसको पकड़ता था।[837]

भारत से निर्यात की मुख्य वस्तुएँ मसाले, सुगन्धित द्रव्य, शाक-औषधियाँ, रंग, मुक्ता, बहुमूल्य पाषाण जैसे – हीरा, पन्ना, लौह-सामग्री, ताँबा, चन्दन, पशु का चमड़ा, रुई के वस्त्र, रेशमी वस्त्र, हाथी-दाँत और कच्छप का खोल, आदि थीं। आयात की मुख्य वस्तुएँ वस्त्र, खुशबू की चीजें, औषधियाँ, शीशा, टिन, रंग, कीमती पाषाण और प्रवाल थीं।

व्यापार और वाणिज्य के क्षेत्र में उन्नति की जानकारी लोगों की सामान्य आर्थिक दशा से होती है। हमें उन दिनों के धनाढ्य लखपति व्यापारियों के संदर्भ साहित्य में मिलते हैं। उनमें से एक अनाथपिंडिक ने जेतवन उद्यान की समस्त भूमि पर स्वर्ण सिक्का को बिछाकर खरीदा बताया जाता है। वाणिजग्राम का आनन्द, चम्पा का कामदेव, बनारस का सूरदेव, पोलासपुर का सरदलपुत्र और राजगृह का महसतक प्रसिद्ध समृद्ध व्यापारी थे जो महावीर के अनुयायी हो गये। मध्यम वर्ग की समृद्धि की जानकारी उनकी पोषाक, आभूषण, गृह और फर्नीचर से होती है। बहुत गरीबों व कंगालों का वर्ग के रूप में संदर्भ नहीं मिलता। वास्तव में लोग शान्ति और समृद्धि के कारण सुख से रहते थे।

व्यापार और उद्योगों का संगठन

इस समय के आर्थिक जीवन की सबसे बड़ी विशेषता थी कि व्यापार और उद्योग पहले-पहल श्रेणियों में संगठित हुए। ये श्रेणियाँ एक या विभिन्न जातियों के लोगों के समूह थे जो एक ही व्यापार और उद्योग करते थे। ये श्रेणियाँ स्वायत्त संस्थाएँ थीं और उनके सदस्य अपने कार्यों की स्वयं व्यवस्था करते थे। श्रेणी के कार्यों में राज्य का हस्तक्षेप बहुत कम होता था।

ब्राह्मण, बौद्ध व जैन साहित्य में श्रेणियों का उल्लेख मिलता है। *गौतम धर्मसूत्र*[838] कृषकों, व्यापारियों, चरवाहों, महाजनों और शिल्पियों की श्रेणियों का उल्लेख करता है। *जातक*[839] अठारह श्रेणियों का उल्लेख करते हैं, किन्तु यह संस्था एक प्रकार से परम्परागत मानी गई है। इससे श्रेणी संगठन के विस्तार का पता चलता है। इस समय व्यापार और उद्योगों की विभिन्न शाखाएँ थीं जो अठारह से बहुत अधिक हो सकती हैं। बढ़ई, लुहारों, चर्मकारों और रंगरेजों की श्रेणियों का विशेष उल्लेख मिलता है।[840] जैन

837. *उत्तरा॰टी॰*, 3, पूर्वोक्त।

838. *गौ॰ध॰सू॰*, XI.

839. *जा॰*, VI, 22, 427; *जा॰*, I. 267, 214; IV, 43.411.

840. *जा॰* I, 314; III, 28; IV, 411; VI, 22.

साहित्यिक ग्रंथों में स्वर्णकारों,[841] रंगरेजों[842] और धोबियों[843] की श्रेणियों का उल्लेख मिलता है; और शेष के बारे में हम कुछ नहीं जानते।

संगठन और विधान

जातक इन श्रेणियों के संगठन और विधान के बारे में प्रकाश डालते हैं। ये श्रेणियाँ अपने मुखियाओं के अधीन क्रमशः भली-भाँति संगठित थीं। यह मुखिया, अध्यक्ष या एल्डरमैन के समान था। ऐसे शिल्प प्रमुखों में बइढ़किजेट्ठक,[844] मालाकार जेट्ठक[845] तथा कुमार जेट्ठक[846] के नाम विशेष उल्लेखनीय हैं। ये मुखिया राजा के कृपा-पात्र होने के कारण महत्त्वपूर्ण मंत्राी होते थे। *सूची जातक*[847] में राजा के ही एक ऐसे समृद्धशाली कुंभार जेट्ठक के होने का उल्लेख मिलता है।

वणिक्-श्रेणियों के मुखिया सेट्ठि कहलाते थे। समृद्ध होने के कारण समाज में उनका विशेष स्थान था। वणिक् जाति के प्रतिनिधि के रूप में वे राजकीय न्यायालय में जाते थे। ऐसा एक मुखिया अनाथपिंडिक था जो वणिक्-श्रेणियों के संघ का अध्यक्ष होने के कारण महासेट्ठि कहलाता था जिसके नीचे अनुसेट्ठि होते थे।[848] विभिन्न श्रेणियों के संघ का अध्यक्ष भांडागारिक उनके आंतरिक भेद को रोकता था। ऐसा एक भांडागारिक काशी नगर में कार्य कर रहा था।[849] उससे व्यापार और वाणिज्य की जानकारी की अपेक्षा की जाती थी और श्रेणियों के कार्य करने की पद्धति की भी जानकारी की अपेक्षा की जाती थी।

ये श्रेणियाँ क्रमशः धंधे के आधार पर पैतृक जातियों में बदल गईं। साधारण समय में पुत्र अपने पैतृक धंधे को करते थे। इसके अतिरिक्त ये श्रेणियाँ विशेष क्षेत्रों में स्थानीय हो गईं। इनसे श्रम के विशेषीकरण और दक्षता की प्रेरणा मिली। एक ही प्रकार से बसे हुए शिल्पियों के गाँव अस्तित्व में आये। लुहारों, कुम्हारों, सुतारों, नमक-निर्माताओं, आदि के गाँवों के संदर्भ मिलते हैं। नगरों में प्रत्येक श्रेणी के सदस्यों के लिए अलग-अलग मोहल्लों तथा उपनगरों में बसने की व्यवस्था थी।

841. *नाया॰*, पृ॰ 105.
842. वही, पृ॰ 107.
843. *आव॰चू॰*, II, पृ॰ 182.
844. वही, IV, 161; IV, 332.
845. वही, III. 405.
846. वही, 281.
847. वही.
848. *जा॰*, III, 281.
849. वही, IV, 43; II, 12.52.

श्रेणियाँ अपने-अपने कानूनों के कारण स्वायत्त संस्थाएँ होती थीं। श्रेणी का सामूहिक अस्तित्व राज्य द्वारा मान्य था।[850] श्रेणियों का सदस्यों पर बहुत नियंत्रण था।[851] संभवतः सदस्यों के आपसी झगड़ों का समझौता और व्यापार और वाणिज्य की समस्याओं का समाधान श्रेणी के क्षेत्र में आता था। ये पतियों और पत्नियों के झगड़ों का समाधान भी कर सकती थीं।[852] श्रेणी-संगठन बहुत अनुशासित होते थे और इनके संगठन की जानकारी एक जातक कथा से होती है जिसके अनुसार एक ही रात में बढ़इयों के सौ परिवारों ने अपने स्थान बदल दिये।[853]

श्रेणी अपने सदस्यों के हित के लिए कार्य करती थी और इसे राजा के पास जाने का अधिकार था और न्याय की मांग करती थी। एक चित्रकार राजकुमार मल्लदिन्न द्वारा दंडित होने का आदेश दिया गया। चित्रकारों की श्रेणी राजा के पास पहुँची और इस मामले को समझाया और संघ के सदस्य के विरुद्ध जो दण्डादेश दिया है, उसे खंडित करने का आदेश दिया। राजा ने प्रसन्नता के साथ इस दण्ड को देश-निकाला में परिवर्तन कर दिया।[854] हम धोबियों की श्रेणी को न्याय की मांग के लिए राजा के पास पहुँचते सुनते हैं।[855]

इनमें से कुछ श्रेणियाँ संभवतः बैंकों का भी कार्य करती थीं। राजगृह, श्रावस्ती, वैशाली और अन्य नगरों में जहाँ अधिक व्यापार और वाणिज्य होता था, श्रेष्ठियों की एक श्रेणी बैंकों का कार्य करती आ रही थी। वह अन्यों से ब्याज पर धन लेती थी और व्यापार में लगाती थी और छोटे व्यापारियों को ब्याज पर उधार देती थी।

इनमें से कुछ श्रेणियाँ सिक्के चलाती थीं। सबसे प्राचीन सिक्के आहत मुद्राएँ सातवीं या छठी सदी ई॰पूर्व में आरंभ हुए। यह संभव है कि इनमें से कुछ छठी शताब्दी ई॰पू॰ में इन श्रेणियों द्वारा चालू किये गये क्योंकि ऐसा ज्ञात होता है कि सिक्कों को बनाने व चलाने में राज्य का एकाधिकार नहीं था। नेगम सिक्कों के प्रमाण के प्रकाश में प्रायः निश्चित है कि तक्षशिला की वणिज श्रेणियाँ सिक्के चलाती थीं।[856]

इन श्रेणियों के सदस्य कभी-कभी साझेदारी में कार्य करते थे। कुछ जातक जैसे

---

850. *जा॰*, III. 281.
851. *जा॰*, I, 267; IV, 411.
852. *गौ॰ध॰सू॰*, XI, 22-23.
853. *मज्झि॰*, I, 286.
854. *नाया॰*, 8. पृ॰ 107.
855. *आव॰चू॰*, II, पृ॰ 182.
856. ए॰कनिंघम : *कॉइन्स ऑफ एंशियंट इंडिया*।

कूटवाणिज जातक,[857] *बावेरुजातक*[858] और *महावणिज जातक*[859] में व्यापार के लिए वणिकों का साझेद री में सम्मिलित होने का वर्णन है। इससे छोटे व्यापारियों का बड़ी मात्रा में व्यापार करना संभव हो जाता था। इस प्रकार की समझ जेट्ठक के अधीन कार्य करने वाले सार्थवाह को बहुत लाभप्रद थी।[860] श्रावस्ती के व्यापारी साझेदार हो गये और विशाल व्यापारी दल के साथ पश्चिम में गये। इसी प्रकार का मामला राजगृह, वैशाली, पाटलिपुत्र और अन्य व्यापारिक केन्द्रों के व्यापारियों के साथ होता था। साझेदार अपनी आय को बराबरी या निवेश के अनुपात में या आपस में सहमत हो बांटते थे।

श्रेणियों और राज्य के मध्य सम्बन्धों के स्वरूप की ठीक जानकारी नहीं है। राजा श्रेणियों के नियमों को मानता था और पारस्परिक हितों के बारे में श्रेणियों से परामर्श करता था। राजकीय न्यायालय या मंत्री परिषद् में संभवतः श्रेणी का स्थायी प्रतिनिधि होता था। *उरुग जातक*[861] से पता चलता है कि दो श्रेणी के नेता कोसल महामात्रों में सम्मिलित थे। एक जातक में एक लुहार राजबल्लभ पुकारा गया है जिससे पता चलता है कि उसका राजकीय न्यायालय से घनिष्ठ संबंध था। कुछ कथाओं में राजा द्वारा निश्चित अवसरों पर सब श्रेणियों को बुलाने का वर्णन मिलता है। संभवतः कुछ सेट्ठि वणिक् समुदाय के प्रतिनिधि के रूप में राजा के दरबार में जाते थे। यही बात श्रेणियों के मुखियाओं के बारे में भी थी।

सिक्के

इस काल की सबसे बड़ी विशेषता वस्तु-विनिमय के लिए नियमित सिक्कों का चालू होना था। प्राचीन विनिमय-व्यवस्था और गायों व अनाज के स्थान पर सिक्कों में उनकी कीमत आंकी जाने लगी। नियमित मुद्रा-प्रणाली के पहले स्वर्ण और अन्य धातुओं के निश्चित वजन के टुकड़े होते थे। इस अवस्था से सिक्कों के प्रचलन की अवस्था की ओर हम संक्रमण पाते हैं – एक मान्य वजन के धातु के टुकड़े पर सत्ता की छाप से उसकी प्रामाणिकता को मान्यता दी जाती थी।

इस काल के सिक्के आहत सिक्के और सांचे के सिक्के जाने जाते हैं। इन आहत सिक्कों पर अनेक चिह्न एक के बाद दूसरे छेनी के द्वारा अंकित किये जाते थे। कभी-कभी ये चिह्न एक-दूसरे पर अंकित रहते थे और कभी वे अधूरे ही परत पर आते थे। जहाँ

857. *जा॰*, I, पृ॰ 404; II, पृ॰ 181.
858. वही, III, पृ॰ 126.
859. वही, IV, पृ॰ 350.
860. *जा॰*, II, 294.
861. *जा॰*, I, 154.

तक सांचे के सिक्कों का संबंध है, चिह्न पहले से ही सावधानी से रखे जाते थे और अंकित कर दिये जाते थे। बाद में खाली स्थान पर ठप्पा लगा दिया जाता था।

आहत सिक्के चालू करते समय कार्षापण के नाम से जाने जाते थे। इस नाम का उल्लेख त्रिपिटक, जातकों, पाणिनि के *अष्टाध्यायी*, कुछ धर्मशास्त्रों[862] तथा जैन आगम साहित्य[863] में मिलता है।

अनेक आहत सिक्कों के संग्रह समस्त भारतवर्ष में पाये गये हैं। इनमें से कुछ में प्राक्-मौर्य मुद्राएँ पायी जाती हैं।[864] तक्षशिला की दूसरी परत में भीर टीले[865] से आहत सिक्कों के बड़े संग्रह में दो सिक्के एक सिकंदर तथा एक फिलिप का बिल्कुल नए निकले हुए मालूम पड़ते हैं। इनके अतिरिक्त 1055 चाँदी के आहत सिक्के मिले हैं। इस संग्रह के मिलने की परत तथा दो नये निकले यूनानी सिक्कों की स्थिति से पता चलता है कि संग्रह 317 ई॰पू॰ के पहले नहीं गाड़ा गया था। जैसाकि इस संग्रह के कुछ आहत सिक्के प्राचीन, घिसे हुए तथा अस्पष्ट हैं, यह माना जा सकता है कि इनका प्रयोग कम से कम दो सौ वर्ष पहले होता था। पाइल संग्रह[866] में करीब 1245 सिक्के थे। ये सिक्के बहुत प्राचीन समय के हैं। बहुत संभव है कि ये सिक्के मौर्यों के उत्थान के पहले पांचालों के हों। गोलखपुर संग्रह[867] के 108 सिक्के और रामना संग्रह[868] के 48 सिक्कों को जी॰एच॰वाल्स ने पूर्व मौर्य काल का निर्धारित किया है। पतराहा संग्रह[869] के 2876 सिक्कों में से 709 सिक्के और मछुआ टोली[870] संग्रह के एक तिहाई सिक्के प्राक्-मौर्य मुद्रा के अन्तर्गत आते हैं। प्रारम्भिक आहत सिक्के राजगृह से प्राप्त हुए हैं।[871]

विभिन्न संग्रहों से प्राप्त आहत सिक्कों का विश्लेषण करने पर सिक्कों का समय निर्धारित करने में सहायता मिलती है। सामान्य नियम के अनुसार यह माना जाता है कि चौड़े और पतले आहत सिक्के छोटे और मोटे सिक्कों के पहले के हैं। डी॰डी॰ कौशाम्बी

862. *जा॰*, I, 154.

863. *गौ॰ध॰सू॰*, XII, 6-8; 19; *व॰ध॰सू॰*, V, XIX, 21.

864. *उत्तरा॰*, 20, 42, चरणदास चटर्जी का लेख पालि-साहित्य में मुद्रा सामग्री, *बुद्धिस्ट स्टडीज़*, पृ॰ 383.

865. वाल्श, मेमोयिर नं॰ 59, ए॰एस॰आई॰.

866. *जे॰एन॰एस॰आई॰*, II N.S. No. XLVII *आफ जे॰ए॰एस॰बी॰.*

867. *जे॰बी॰ओ॰आर॰एस॰*, 1919, पृ॰ 72.

868. वही, 1939.

869. *ए॰एस॰आई॰*, का मेमोयर, क्र॰ 62, 1940.

870. *जे॰बी॰ओ॰आर॰एस॰*, 1939, पृ॰ 91-117.

871. *इं॰आ॰रि॰*, 1961-62.

ने बतलाया है कि सामान्यतः प्रारंभ के सिक्कों के पृष्ठ भाग में समय के अनुसार चिह्नों की संख्या बढ़ती रही। उनका वजन उसी अनुपात से कम होता जाता रहा।

तीन शर-शीर्ष युक्त षट्कोण का चिह्न गोरखपुर से प्राप्त सिक्कों पर पाया जाता है। इसलिए बहुत संभव है कि षट्कोण चिह्न वाले सिक्के पूर्व मौर्य युग के हों। भीड़ पहाड़ी मुद्रा-संग्रह के सिक्कों पर सूर्य, षड़र चक्र, दो मत्स्य-युक्त जलाशय के ऊपर पहाड़ी तथा पांच तौरीनीशों से घिरे विशेष चिह्न प्राप्त हुए हैं। मौर्य साम्राज्य की स्थापना के पूर्व इन चिह्नों के सिक्के प्रचलित थे। पहाड़ी पर खरगोश और पहाड़ी पर वृषभ चिह्न वाले सिक्के मौर्य साम्राज्य के समय उत्तर-भारत में प्रचलित थे जो बिम्बसार के समकालीन अन्य राजाओं तथा कुछ नंद वंश के शासकों द्वारा चलाये गये प्रतीत होते हैं।

सिक्कों के पूर्व भाग में चिह्नों की संख्या सामान्यतः पांच मिलती है तथा कुछ सिक्कों पर छठा चिह्न जो संभवतः प्रामाणिकता का है, बाद में लगाया गया ज्ञात होता है। भीड़ टीले के संग्रह (1924) के 19 सिक्कों पर छठा चिह्न मिला है। पतराहा संग्रह के एक सिक्के पर भी छठा चिह्न मिलता है। कुछ ऐसे सिक्के भी हैं जिन पर चार चिह्न मिलते हैं। ये विशेषकर पाइल संग्रह के सिक्कों पर देखे जा सकते हैं। आयताकार कार्षापण पर केवल दो चिह्नन मिलते हैं और तीसरा चिह्न बाद में जोड़ा गया। अर्द्धकार्षापण और पादकार्षापण के पृष्ठ भाग पर ये चिह्न स्वाभाविक रूप में कम मिलते हैं। छोटे माषक सिक्कों पर बमुश्किल एक ही चिह्न लगाया गया।

पृष्ठ भाग, जो पूर्व में खाली छोड़ा जाता था, पर अलग-अलग समय पर अनेक चिह्न बिना किसी उद्‌देश्य के अंकित किये गये। बाद के समय के सिक्कों पर विशेष योजना के साथ इन चिह्नों की संख्या कम करते हुए एक या दो कर दी गई थी। संभवतः ये एक समय पर ही अंकित किये गये थे। सामान्यतः पृष्ठ भाग के चिह्न आकार में पूर्व भाग के चिह्नों की अपेक्षा छोटे हैं। कुछ चिह्न वर्गाकार, कुछ चिह्न आयताकार या चौकोर, कुछ बहुकोणीय, कुछ अर्धवृत्ताकार और कुछ वृत्ताकार हैं। सिक्कों पर बार-बार अनेक चिह्नों को अंकित करने से कुछ प्याले के आकार के हो गये। कुछ सिक्के आयताकार रूप में भी मिलते हैं।

प्रायः आहत सिक्के चांदी और तांबे के मिलते हैं। तांबे के सिक्कों की अपेक्षा सोने के सिक्कों की संख्या अधिक है। चांदी और तांबे के समान स्वर्ण कार्षापण भी संभवतः चलाये गये होंगे। इनकी अनुपलब्धि का अर्थ यह नहीं है कि इनका अस्तित्व ही नहीं था।

अधिकतर चांदी के सिक्के 16 माशा (32 रत्ती) के पाये जाते हैं। आहत सिक्कों का औसत वजन करीब 56 ग्रेन है। प्राचीन कोसल में 42 और 43 ग्रेन के आहत सिक्के अधिक संख्या में मिले हैं। इससे यह स्पष्ट है कि प्राचीन कोसल 12 माशा (42 ग्रेन) के वजन

का अनुसरण कर रहा था। प्राचीन समय में गांधार क्षेत्र में चांदी के आहत सिक्के चल रहे थे जिनको आयताकार कार्षापण कहा जाता था। सबसे अधिक वजन का सिक्का 175 ग्रेन का था। यह वजन 100 रत्ती या ईरानी सिक्के सिग्लोई का दूना था।

इस वजन के द्वि-कार्षापण भी पाये जाते हैं। द्वि-कार्षापण चौड़े सिक्के का वजन 79 या 80 ग्रेन है। संभवतः द्वि-कार्षापण 12 माशा वजन के होते थे। त्रिपिटक, जातक और व्याकरण के ग्रन्थों में अर्द्ध-कार्षापण का बार-बार उल्लेख मिलता है। चतुर्थ कार्षापण प्रायः पाद कहे जाते थे। चतुर्माषक, त्रिमाषक, द्विमाषक, माषक, अर्द्ध-माषक और काकणी भी अस्तित्व में थे। दैनिक लेन-देन में छोटे मूल्य के सिक्के चलाये जाते थे।

आहत सिक्कों पर चिह्न

आरंभ के आहत सिक्कों पर पृष्ठ भाग के चिह्न बिना किसी उद्देश्य के मिलते हैं। सिक्का जितना अधिक घिसा हुआ मिलता है, उसके पृष्ठ भाग पर अधिक-से-अधिक चिह्न मिलते हैं। पूर्व भाग में मुख्य चिह्न सोद्देश्य मिलते हैं। उनका निश्चित महत्त्व होता है। सामान्यतः मुख्य चिह्न सूर्य और षट्कोण हैं। बहुत संभव है कि सूर्य चिह्न का पौराणिक महत्त्व हो। सूर्यवंशी शासक अयोध्या और विदेह पर राज्य करते थे, इसलिए ऐसा असंभव नहीं लगता। एक बार जब यह चिह्न प्रचलित हो गया तो बाद के राजवंशों ने अपने राजवंश के सिक्कों पर भी स्वाभाविक रूप से इसे अपना लिया था। यही बात उन सिक्कों के लिए भी है, जिन पर हाथी और बैल के चिह्न मिलते हैं।

संभवतः कुछ चिह्न रूढ़िगत स्थानीय और धार्मिक महत्त्व रखते थे। बैल का संबंध कौशाम्बी के वत्स वंश से हो सकता है। पहाड़ी और जलाशय के चिह्न युक्त विभिन्न सिक्के स्थानों या क्षेत्रों से सम्बन्ध रखते रहे होंगे।

अधिकतर आहत सिक्कों के पूर्व भाग पर पांच चिह्न मिलते हैं जिनका महत्त्व अनुमान से बताया जा सकता है। इन पांच चिह्नों में से दो चिह्न सूर्य और षट्कोण स्थायी हैं जिनका कोई विशेष महत्त्व नहीं भी हो सकता है। दुर्गाप्रसाद ने सुझाव दिया है कि तीसरा चिह्न राजा के परिवर्तन के साथ संभवतः बदलता गया। चौथा चिह्न वर्ष के साथ तथा पांचवां स्थान के साथ बदलता गया। डी॰डी॰ कौशाम्बी के अनुसार इन चिह्नों का संबंध राज्य करने वाले राजा, उसके पिता और उसके दादा से हो सकता है। यह भी संभव है कि इनमें से एक चिह्न का संबंध प्रान्तपति से, दूसरे का टकसालाध्यक्ष और तीसरे का स्थान और क्षेत्र से हो।

डी॰डी॰ कौशाम्बी ने यह भी सुझाव दिया है कि पहाड़ी के चिह्न का संबंध वंश की मूल परम्परा से हो सकता है; जैसे मयूर और पहाड़ी पर हाथी के चिह्न का संबंध मयूर, हाथी

या देवताओं से है जिन्हें इस वंशों ने प्रतीक माना था। जी॰एच॰सी॰ वाल्श ने सुझाव दिया है कि जिन सिक्कों पर हाथी का चिह्न है, वे राजाओं के हो सकते हैं, संघों के नहीं क्योंकि व्यापक रूप से हाथियों का संबंध राज-सत्ता से माना जाता रहा है।

मूल्य विषयक संदर्भ

बौद्ध साहित्य में प्रत्येक वस्तु की कीमतों का उल्लेख है। यहाँ तक कि मरे हुए चूहे की कीमत का भी उल्लेख है। शुल्क, पेंशन, जुर्माना, उधार, एकत्रित खजाना और आमदनी आदि का उल्लेख सिक्कों या उनकी उप-इकाइयों में हुआ है।* अधिकतर मामलों में दी हुई कीमतें चौंकाने वाली व अतिशय-युक्त हैं। केवल कुछ वस्तुओं के बाजारू कीमतों के अनुसार दाम दिये हुए हैं। *विनयपिटक*[872] में बताया गया है कि एक कार्षापण में घी और तेल कितने वजन का आयेगा। एक काकणी और अर्द्धमाषक[873] में मिलने वाले मांस का उल्लेख भी आता है। एक मछली की कीमत सात माषक बताई गई है।[874] शराब का बर्तन एक माषक में मिलता था।[875] यह भी कहा गया है कि एक माषक सामान्य वेतनधारी के लिए माला, इत्र और शराब खरीदने के लिए काफी था।[876]

निम्न स्तर के जानवर सस्ते और उच्च स्तर के पशु कीमती थे। एक अच्छी नस्ल के घोड़े की कीमत एक हजार कहापन थी।[877] एक गधे की कीमत आठ कहापन,[878] बैलों की जोड़ी की कीमत 24 कहापन[879] और एक अच्छे कुत्ते की कीमत एक कहापन, अमानती सामान[880] और मरे हुए चूहे की कीमत एक कहापन थी।[881] जहाँ तक भूमि के मूल्य का संबंध है, 500 कहापन में एक विहार खरीदा जा सकता था।[882] 600 लड़कों के लिए खेल भवन की कीमत स्वैच्छिक परिश्रम करने पर भी एक हजार कहापन[883] अनुमानित

*मूल्य विषयक अधिक विवरण के लिए द्रष्टव्य – *जे॰आर॰ए॰एस॰*, 1901, पृ॰ 882 व आगे।

872. *विनय॰*, 4, 248-50.
873. *जा॰*, 6, 346.
874. वही, 2, 424.
875. वही, 1, 350.
876. वही, 3, 446.
877. वही, 2, 306.
878. वही, 6, 343.
879. *जा॰*, 6, 343.
880. वही, 2, 247.
881. वही, 1, 120.
882. *मज्झि॰*, (क्र॰ 52), 1, 553.
883. *जा॰*, 6, 332.

की गई। यह भी बतलाया गया है कि एक बत्तख एक कार्षापण में[884] खरीदी जा सकती थी। गाय का दाम 50 कार्षापण[885] और कम्बल का 18 रूपक से 1000 रूपक[886] के बीच होता था।

ऐसे अनेक संदर्भ मिलते हैं जिनसे पता चलता है कि बोली के द्वारा कैसे कीमतें निश्चित की जाती थीं।[887] उत्पादक और व्यापारी में वस्तुओं का आदान-प्रदान स्वतंत्र रूप से होता था और कानून के द्वारा कीमतें निश्चित नहीं होती थीं।[888] ऐसी कोई व्यवस्था नहीं थी जो कीमतें निश्चित कर सके और व्यापारियों को चीजें निश्चित कीमत पर बेचने के लिए बाध्य कर सके। अलबत्ता राज्य की ओर से अग्घकारक, अग्धपनक या अग्धापनिक नामक अधिकारी होता था। इसका कार्य राजकीय अंतःपुर के लिए क्रय की जाने वाली वस्तुओं का मूल्य निर्धारण करना होता था किन्तु सार्वजनिक मूल्य-निर्धारण से वह सम्बन्धित नहीं था।[889]

शुल्क और वेतन

कीमतों के समान सामान्यतः शुल्क और वेतन विषयक विवरण भी अतिशयोक्ति भरे मिलते हैं, हालांकि कुछ संदर्भ सही भी प्रतीत होते हैं। *महावग्ग* से पता चलता है कि रात के लिए गणिका की कीमत 50 से 100 कार्षापण थी।[890] गुरु के समस्त पाठ्यक्रम का मानदेय संभवतः एक हजार चांदी के कार्षापण था।[891] एक जातक कथा के अनुसार मजदूर डेढ़ माषक रोज कमाता था।[892] इन संदर्भों से ज्ञात होता है कि मजदूर की आमदनी काफी नहीं होती थी जिससे कि वह सुख का जीवन बिता सके। वह गरीबी और अभाव में रहता था।[893]

---

884. *दस॰चू॰*, पृ॰ 58.
885. *आव॰चू॰*, पृ॰ 117.
886. *बृ॰भा॰*, 3,3890.
887. *जा॰*, 1, 111-13, 185; 2, 289, 424-55; 3, 126.27; 6, 113.
888. *जे॰आर॰ए॰एस॰*, 1901, पृ॰ 874.
889. *जा॰*, 1, 124.
890. *म॰व॰*, 8, 1, पृ॰ 1-3.
891. *जा॰*, 2, 47, 278; 4, 38; 5, 128.
892. वही, 3, 326.
893. *जा॰*, 1, 475; *जा॰*, 3, 446.

ऋण और ब्याज

ऋण ब्याज पर लिया जा सकता था। वाणिज्य ग्राम[894] में आनन्द नाम का उधार देने वाला था। उधार देना ईमानदारी का धंधा समझा जाता था। मुद्रा के विकल्प में ऋण-पत्रों का प्रचलन भी था। यह उल्लेखनीय है कि *गौतम धर्मसूत्र*[895] में उधार देने वाले के द्वारा ब्याज देने की सीमा को निश्चित कर दिया जाता था। यह सीमा 1¼% प्रति माह की और 15% वार्षिक थी। ब्याज मूलधन से किसी भी भांति अधिक नहीं हो सकता था, चाहे लम्बे समय तक कर्ज बिना चुकाये ही रहे।[896]

वजन और नाप

व्यापार और वाणिज्य के क्षेत्र में बहुत उन्नति होने के कारण नाप और वजन भली-भाँति से रखे गये थे। पाणिनि[897] ने आढ़क, अचित, पात्र, द्रोण और प्रस्थ का उल्लेख किया है। *वशिष्ठ धर्मसूत्र*[898] के अनुसार ठीक नाप आवश्यक है और राजा को इसकी व्यवस्था करनी चाहिए। नकली बाट और नाप का प्रयोग अपराध समझे जाते थे। आपस्तम्भ[899] के अनुसार, अगर कोई गलत नाप का उपयोग करता है तो उसे श्राद्ध में नहीं बुलाना चाहिए। बुद्ध कहते हैं कि यदि कोई व्यक्ति कम तौलकर कमाता है, तो वह व्यक्ति झूठा है।[900] *महानारद कस्सपजातक*[901] में तौल-गृह का उल्लेख मिलता है। सेलखड़ी और जेस्पर से निर्मित बाट व बटखरे ऐरण, वैशाली व चिरांद से प्राप्त हुए हैं जो सिद्ध करते हैं कि वस्तुओं को तौलकर बेचा जाता था।

कला और स्थापत्य

महावीर के युग को कला और स्थापत्य का विस्तृत वर्णन देना कुछ कठिन-सा है क्योंकि इसकी काफी सामग्री नहीं मिलती है। यह भी संभव है कि वे नष्ट होने वाली सामग्री जैसे लकड़ी के बने होने के कारण विनष्ट हो गये हों। यह भी संभव लगता है कि इनमें से कुछ अब भी जमीन के नीचे दबे हुए हों। इस युग की उल्लेखनीय विशेषता यह हैं कि इस समय नगरीय जीवन की पुनरावृत्ति हुई और अनेक नगर अस्तित्व में आये जिनके

894. *उवा*., 1 पृ. 6.
895. *गौ.ध.सू.*, 12.26.
896. वही, 12.28.
897. *पाणिनि*, 5, 4.102; 5 1.53.
898. *वशि.ध.सू.*, 2.6.19.
899. *आप.ध.सू.*, 2.6.19.
900. *दीघ.*, 8.3.43, *व्हा.* पृ. 136.
901. *जा.*, *व्ह.* 6, पृ. 119.

अवशेष हमें खुदाई में मिलते हैं। नगरीय जीवन के साथ नई कला और शिल्प शुरू हुए। यह युग में नूतन प्रकार के मृद्भाण्ड, जो उत्तरी ओबदार काले भाण्ड के नाम से जाने जाते हैं, निर्मित किए गए। अनेक साहित्यिक ग्रंथ इस काल की कला और स्थापत्य पर विस्तृत प्रकाश डालते हैं।

स्थापत्य

नगरीय स्थापत्य

महावीर के पहले सिन्धु घाटी सभ्यता के समय कई नगर थे। ऐसे नगरों के अवशेष मोहनजोदड़ो, हड़प्पा, रोपड़, आलमगीरपुर, राजस्थान में सरस्वती की घाटी, लोथल और रंगपुर से प्राप्त हुए हैं। वैदिक साहित्य में ऐसे नगरों, जैसे आसन्दीवन्त,[902] काम्पिल्य,[903] अयोध्या[904] और कौशाम्बी[905] के प्रमाण मिलते हैं। वैदिक साहित्य में पुर का अर्थ प्राकार, किला या दुर्ग होता है। इनका उल्लेख बार-बार वैदिक साहित्य[906] में मिलता है। इन्द्र और अग्नि देवताओं को शत्रुओं के दुर्गों[907] को नष्ट करते हुए बतलाया गया है जिनकी दीवारें लम्बी और चौड़ी हैं और वे मिट्टी, बिना पकी हुई ईंटें और पाषाण से बनी हुई हैं।[908] इनमें रक्षा-प्राकारों के स्तम्भों या खाइयों का *ऋग्वेद* में उल्लेख मिलता है।[909] *शतपथ ब्राह्मण*[910] के एक उद्धरण में पता चलता है कि ब्राह्मण काल में लोगों को खाई की जानकारी थी।

पुरातात्त्विक उत्खननों से पता चलता है कि करीब 1025 ई॰पू॰ कौशाम्बी हड़प्पा के नमूने पर रक्षा के लिए सुसज्जित रूप में विकसित हो गया था। आलमगीरपुर (मेरठ जिला उ॰प्र॰) में हड़प्पन स्थल की खोज ने निश्चित प्रमाण स्थापित कर दिया है कि हड़प्पन संस्कृति ने गंगा-यमुना के दोआब में घुसपैठ कर दी थी। इसी प्रकार कौशाम्बी का दुर्ग हड़प्पा के नमूने पर बना, यह भी स्पष्ट है। ढलाव करते हुए मिट्टी का बना हुआ प्राकार वास्तव में हड़प्पा दुर्ग के नमूने के ही अवशेष हैं। इस प्रकार बचाव के नमूने कुछ समय के लिए

---

902. *वैदिक इण्डेक्स, व्हा॰* 1, पृ॰ 72.
903. *तै॰सं॰*, 7.4; 9; *मैत्रा॰सं॰* 3,3.12; 20.
904. *ऐ॰ब्रा॰*, 7.3, 1.
905. *शत॰ब्रा॰*, 12.2.2; 13; *गोपथ ब्रा॰*, 1.2.24; *शत॰ब्रा॰*, 8.14.
906. *ऋ॰*, 1.53.7, 1.131.4, 3.15.4; *ऐ॰ब्रा॰*, 4.6.23; *शत॰ब्रा॰*, 3.4.4.3, 5.3.3.34.
907. *ऋ॰*, 1.89.2.
908. वही, 2.89.2.
909. वही, 6.47.2, 7.6.5; *वैदिक इण्डेक्स, व्हा॰* 1, पृ॰ 376, 539.
910. *शत॰ब्रा॰* 7.1.1.13.

चलते रहे। करीब 885 ई॰पू॰ में रक्षा की अवधारणा में प्राकार के चारों ओर खाई बनाकर एक क्रान्ति ला दी क्योंकि इस तरह की व्यवस्था हड़प्पा नगर में भी अब तक प्राप्त नहीं हुई थी।[911]

महावीर के समय के साहित्यिक ग्रंथों में भारत के मुख्य नगरों के उल्लेख मिलते हैं। कुछ *आगम ग्रंथ*[912] भारत की दस राजधानी नगरों का उल्लेख करते हैं – रायगीह, चम्पा, मथुरा, वाराणसी, श्रावस्ती, साकेत, काम्पिल्य, कौशाम्बी, मिथिला और हस्तिनापुर। बौद्ध साहित्य[913] से भारत में अधिक बसाहट के नगरों का पता चलता है जिनमें बड़े भवन थे। पाणिनि[914] अपने समय के महत्त्वपूर्ण नगरों का उल्लेख करता है जैसे कापिशी, तक्षशिला, हस्तिनापुर, सांकाश्य और काशी। टी॰डब्ल्यू॰ रिज डेविड्स सातवीं शताब्दी ई॰पू॰ में भारत के मुख्य नगरों की सूची देता है जैसे अयोध्या, बनारस, चम्पा, काम्पिल्य, कौशाम्बी, मथुरा, मिथिला, राजगृह, सौवीर की राजधानी रोरुक, सागल, ससैव, श्रावस्ती, उज्जयिनी और वैशाली।[915]

इन नगरों के अस्तित्व में नगर-नियोजन (नगर मण्डप) और स्थापत्य (वास्तुविद्या) की उन्नति का पता चलता है। इस काल के विभिन्न साहित्यिक स्रोतों से पता चलता है कि एक व्यवस्थित नगर में अनेक भवन थे जो सुरक्षा तथा रहवास और व्यापार की आवश्यकताओं के लिए थे। दुर्ग में खाई, प्राकार व द्वार होते थे। नगरीय स्थापत्य में रहने के भवन, व्यापार के लिए दुकानें (आपण) और गलियाँ, राजकीय भण्डार (कोष्ठागार और भाण्डागार), राज-सभा और अनेक अन्य भवन जैसे शालाएँ (नाटक, नृत्य, संगीत, खेल-कूद, आदि के लिए) होते थे।

जैन आगम साहित्य से ज्ञात होता है कि चम्पानगरी मजबूत बनी हुई थी जिसमें कोई प्रवेश नहीं कर सकता था। पीरखा (फलिहा) ऊपर से चौड़ी होती थी और नीचे खोदी जाती थी और उसके चक्क, गय, मुसुण्डी, गृह, सयग्गहि और जमलकवाड़ होते थे। इसके चारों ओर प्राकार था और वह कविसीस से सुसज्जित था। इसमें अट्टालय, चरिय, द्वार, गोपुर और तोरण होते थे। इनका राजमार्ग व्यवस्थित विभाजित था। इसके द्वार, फलिह और इन्दकिल मजबूत थे जो चतुर कलाकारों द्वारा बनाये गये थे।[916]

---

911. *दी एस्केवेशन ऑफ कौशाम्बी*, पृ॰ 41.
912. *ठाणांग॰*, 10.718; *निशीथ*, सू॰, 9.19.
913. *महापरिनिब्बान सुत्त* (*से॰बु॰ई॰*, XI, पृ॰ 99).
914. *इण्डिया एज़ नोन टु पाणिनि*, पृ॰ 137.
915. *बुद्धिस्ट इण्डिया*, पृ॰ 21.
916. *ओवा॰*, 1; *उत्तरा॰*, 9.1824.

यह कहा जाता है कि महागोविन्द ने राजगृह नगर और उत्तर भारत के अन्य बहुत से नगरों के निर्माण की भी योजना बनाई थी। उसने इनके अन्दर महलों के भी बनाने की योजना बनाई थी।[917] वैशाली नगर तीन प्राकारों से घिरा हुआ था और ये एक-दूसरे से दूरी पर थे। इनमें द्वार और निगरानी[918] बुर्ज थे। इसमें 7707[919] राजाओं के रहने के लिए विभिन्न प्रकार के भवन, चैत्य और महल बने हुए थे। यहाँ पर सुन्दर उद्यान और कमलयुक्त झरने थे। इस नगर का समृद्ध और घनी बसाहट के रूप में वर्णन किया गया है।[920] ज्ञान और समृद्धि में इसकी तुलना शक्र के लोक से की गई है। यहाँ पर अनेक त्यौहार मनाये जाते थे।[921] इस नगर में तीन उपनगर थे।[922] पहले उपनगर में सात हजार मकान थे और उनमें स्वर्ण बुर्ज थे। मध्य उपनगर में 14 हजार मकान और वोदी के बुर्ज थे और अन्तिम उपनगर में 21 हजार मकान और तांबे के बुर्ज थे। ये मकान उच्च, मध्य और निम्न वर्गों की स्थिति के अनुसार उनके अधिकार में थे।[923] जैन अनुश्रुतियों से पता चलता है कि क्षत्रिय, ब्राह्मण और वणिक वैशाली में क्रमशः इन उपनगरों में रहते थे।[924]

छठी सदी ई॰पू॰ में इन कुछ नगरों की पुष्टि पुरातत्त्व के प्रमाण से होती है। छठी शताब्दी ई॰पू॰ में गिरिव्रज[925] या राजगृह[926] नगरों का नियोजन-प्रतिभा को व्यक्त करता है। चारों ओर यह पहाड़ियों से घिरा हुआ है और इसके सुरक्षित प्राकार और दुर्ग यह बतलाते हैं कि उस समय स्थापत्य उच्च स्तर पर पहुँच गया था। ये नगर-प्राकार साइक्लोपियन (जिन्नाती) नमूने के बने हुए हैं। द्वार में बड़े-बड़े पत्थर लगाये गये हैं और दोनों तरफ अर्द्ध-चक्र रूप में बुर्ज हैं जिनके ऊपर निगरानी चौकी है। इन नगरों की यह विशेषता है कि यह दुर्ग रोड़ी, कंकर, आदि से अजातशत्रु के द्वारा बनाया गया था। मूल में मिट्टी की दीवार थी। इस प्रकार के ऊपर का हिस्सा मिट्टी और ईंटों से मजबूत

917. *विमानवत्थु टीका*, पृ॰ 82.
918. *जा॰, व्हा॰*, 1, क्र॰ 149.
919. *जा॰, व्हा॰*, पृ॰ 316 / *महावग्ग* के अनुसार ऐसे 7707 भवन थे।
920. लेफमान; *ललित विरन्तर*, अ, पृ॰ 21.
921. डब्ल्यू॰डब्ल्यू॰ राकहिल : *दी लाइफ़ ऑफ बुद्ध*, पृ॰ 63.
922. वही, पृ॰ 62.
923. वही.
924. *वैशाली एक्सकेवेशन*, 1905, पृ॰ 1.
925. *महाभारत* में गिरिव्रज को वृहद्रथ वंशी जरासंध द्वारा शासित पर्वतों का नगर कहा गया है।
926. नवीन राजगृह की स्थापाना बिम्बसार ने की थी।

किया गया है। इसके साथ खाई है जिसकी चौड़ाई और गहराई अभी निश्चित नहीं की गई है। रोड़ी-कंकर के दुर्ग का प्राकार धीरे-धीरे समय के अनुसार मजबूत कर दिया गया।[927]

वाराणसी के समीप राजघाट[928] में एक चौड़ा मिट्टी का प्राकार, करीब 1000 ई॰पू॰ का, खोज में मिला। यह प्राकार जमीन पर सीधा बनाया गया है और इसकी ऊँचाई करीब 10 मीटर मिलती है। इसका झुकाव नदी की ओर है। कई बार भारी बाढ़ के कारण इसमें दरारें पड़ गई हैं किन्तु छठी शताब्दी ई॰पू॰ में इसका अस्तित्व था। मथुरा में बहुत अधिक नगरीय जनसंख्या थी जिसकी पुष्टि बड़े कटरे के टीले से होती है। इसके अतिरिक्त सर्वेक्षण में दो अन्य मिट्टी के प्राकारों का भी पता चलता है। पहला दीर्घ वृत्ताकार और दूसरा आयताकार है। पहले से यह पता चलता है कि यह एक दुर्ग था।[929] श्रावस्ती के उत्खनन से स्पष्ट है कि छठी शताब्दी ई॰पू॰ में यहाँ बसाहट थी और चौथी शताब्दी ई॰पू॰ में मिट्टी का प्राकार खड़ा किया गया।[930]

ऐरण में[931] एक खाई और मिट्टी का सुरक्षा प्राकार, जो ताम्राश्म काल का था, की खोज हुई। इसका अस्तित्व छठी शताब्दी ई॰ पूर्व तक रहा। उज्जैन के उत्खनन[932] से ज्ञात होता है कि छठी शताब्दी ई॰ पूर्व से लगातार इसकी बसाहट चलती रही। मोटे प्राकार के साथ खाई इस स्थल की बसाहट में देखी जा सकती है जो प्रद्योत काल से मेल खाती है। यह प्राकार, जो दुर्ग का था, मिट्टी का बना था। बाहर के क्षेत्र में जो बसाहट थी, वह सुरक्षित नहीं थी। यह प्राकार करीब दो किलोमीटर क्षेत्र को घेरे हुए था जिसकी चौड़ाई करीब 200 फीट थी और ऊँचाई अधिक-से-अधिक 42 फीट थी। इस क्षेत्र में जो दीवार थी, वह बीच में कहीं-कहीं खुली हुई थी जो द्वार प्रतीत होते हैं। प्राकार पीली और काली मिट्टी का मजबूत बना हुआ था जो अन्दर की ओर झुका हुआ है।

प्राकार पश्चिम में तो घिरा हुआ है किन्तु इसके उत्तर में शिप्रा नदी है और पूर्व में खाई है जो पानी से भरी हुई है और दक्षिण में भी पानी की आड़ है। खाई करीब 80 फीट चौड़ी और 20 फीट गहरी है। जो प्राकार नदी की तरफ है, वह तीन बार बाढ़ के कारण क्षतिग्रस्त हुई लेकिन समय-समय पर उसकी मरम्मत होती रही।

---

927. *इं॰आ॰ – ए रिव्यू*, 1961-62.
928. *इं॰आ॰ – ए रिव्यू*, 1960-61, पृ॰ 37.
929. वही, 1954-55, पृ॰ 15.
930. वही, 1958-59, पृ॰ 47.
931. वही, 1963-64, पृ॰ 15.
932. *इं॰आ॰ – ए रिव्यू*, 1956-57, पृ॰ 20; 1957-58, पृ॰ 32.

भवन स्थापत्य

इस युग के वास्तविक अवशेष बहुत कम मिलते हैं क्योंकि इनके बनाने में जिस पदार्थ का प्रयोग किया गया, वह कच्चा था। इस काल के भवन निर्माण की जानकारी के लिए हमको जैन और बौद्ध साहित्यिक ग्रंथों पर निर्भर होना पड़ता है। इनमें से कुछ अनुश्रुति रूप में और कुछ लौकिक आधार पर निर्भर हैं। इन ग्रंथों में भवनों का वर्णन बहुत बढ़ा-चढ़ाकर किया गया है। किन्तु विवेक से परीक्षण करके और प्रमाणों पर भली-भाँति विचार करके हम स्थापत्य की सामान्य विशेषताओं का पता लगा सकते हैं। ये ग्रंथ अनेक स्थापत्य के नामों और भवनों के विभिन्न प्रकारों का उल्लेख करते हैं जिनसे ज्ञात होता है कि इस विज्ञान की उस समय बहुत उन्नति हो गई थी। उस समय के मुख्य प्रकार के भवन, जैसे राजकीय भवन व धनिक और समृद्ध लोगों के विशाल भवन और साधारण लोगों के मकान तथा गरीबों के झोपड़े और धार्मिक भवन, आदि के प्रमाण मिलते हैं।

साधारण रहवासों से भिन्न महल थे जो प्रासाद और विमान नामों से जाने जाते थे। जैन आगम साहित्य में राजकीय स्थापत्य का उदाहरण *रायपसेनीयसुत्त*[933] में मिलता है। इसके अनुसार चारों ओर सुन्दर कंगूरों से सजा हुआ प्राकार होता था। चारों ओर छत्रियों के साथ खुले द्वार थे। तोरण, स्तंभ और द्वार विभिन्न प्रकार के चित्रों और अभिप्रायों से सजे हुए थे।

प्रेक्षा या रंगशाला सभागृह (पेक्खा, घर-मंडव) में अनेक स्तंभ सहारे के रूप में होते थे जिसकी छत और तोरण-द्वार पर शालभंजिका के चित्र थे। यह अनेक अभिप्रायों और शृंगारिक चित्रों से सजी हुई रहती थी। रंगशाला के मध्य में मंच होता था।[934]

नायाधम्मकहा[935] में रानी के शयन-कक्ष का वर्णन है जिसमें बाहर आंगन था और कक्ष के स्तंभ शालभंजिकाओं से सुसज्जित थे। खिड़कियाँ, सीढ़ियाँ और छत के ऊपर का कमरा चन्द्रशलिका कहलाता था। कमरे की भित्तियाँ चित्रित थीं।

चक्रवर्ती राजा महासुदस्सन के महल के विवरण में कुछ विस्तार से स्थापत्य का वर्णन पाया जाता है। महल की ऊँचाई तीन पुरुष नाप में थी। इसमें चार प्रकार की ईंटें निर्मित थीं। इसमें 84 हजार स्तंभ थे। वह चार रंग के काष्ठ-फलकों, सीढ़ियों, अर्गला, उष्णीष, कमरों, आदि से सुसज्जित था। स्वर्ण, चाँदी, हाथी दाँत और स्फटिक की बनी

---

933. *राय.*, 97.
934. वही, 100, पृ॰ 164.
935. पी॰एल॰ वैद्य का संस्करण, परिच्छेद 208.

हुई शय्याओं, कमरे के दोनों तरफ खजूर के वृक्ष और महल के चारों ओर दोहरी अर्गलाएँ व घण्टियाँ, अनेक कमलताल, सीढ़ियाँ और चबूतरे थे।[936]

जातक महाउमग्ग[937] एक प्रासाद का विस्तृत वर्णन करता है। इसका आकार राजकीय प्रासाद के समान विशाल था। प्रासाद के प्राकार में तोरण-द्वार थे जिनमें से एक नगर की ओर खुलता था। प्रासाद की लम्बी गैलरी के दोनों ओर दीपक रखने के लिए एक सौ ताख थे और स्वतः बंद होने और खुलने वाले कपाट थे। प्रत्येक कमरे में एक बड़ी शय्या और उसके ऊपर सफेद छत्री और पास में सिंहासन रखा हुआ था। प्रासाद का मुख्य सभागृह दस प्रकार के दैवीय अभिप्रायों से सुसज्जित था। सभागृह के पास यहाँ एक आंगन भी था। स्तंभ और प्राकार अनेक चित्रों से चित्रित थे।

नालंदा में लेप नामक एक समृद्ध गृह-स्वामी था। उसके सुन्दर स्नान-गृह का नाम शेषद्रव्या था जिसके सैकड़ों स्तंभ थे।[938] साहित्यिक ग्रंथों में विभिन्न राजकीय प्रासादों के वर्णन से इन महलों के सामान्य स्थापत्य की जानकारी प्राप्त होती है। नगर की राजधानी के मध्य में राजकीय महल बनाया जाता था। उसके साथ अन्य राजकीय भवन भी निर्मित किये जाते थे। प्रासाद चार आंगनों में विभाजित था जिनमें से प्रथम तीन शुरू में आते थे। पहला आंगन, जो द्वार कोट था, उसका खुला मैदान घोड़ों और हाथियों के अस्तबल की ओर जाता था। वह आगे सैनिकों की बैरक की ओर ले जाता था। उसके आगे दूसरे तल-आंगन में एक बड़ा सभागृह था जहाँ राजा जनता से मिलता था। राजकीय प्रासाद के दो भाग तल-मंजिल की ओर ऊपर की मंजिल थे। तल-मंजिल में उद्यान, रसोई, स्नान-गृह, झरने, पानी को फेंकते हुए कुएँ, वापिकाएँ, कमल तलैया, मन्दिर, आदि थे। ऊपर का तल राजकीय परिवार के सदस्यों के लिए था। महल में ऊपर चढ़ने और नीचे उतरने की सीढ़ियाँ थीं। राजा के स्वयं के कक्ष को सीरिगब्भ से जाना जाता था। राजकुमार के लिए अलग से कक्ष था जिसको उपठान के नाम से पुकारा जाता था जो राजा के प्रासाद के पार्श्व में स्थित था। रानियों, राजकुमारियों और अन्य नारियों के कमरे संयुक्त रूप से अन्तःपुर के नाम से जाने जाते थे और उन पर भली-भाँति ध्यान रखा जाता था। प्रासाद के चारों ओर बाहरी दीवार (प्राकार) थी जिसमें तोरण-द्वार और चार अन्य द्वार होते थे। बाहर का दरवाजा वास्तविक महल से कुछ दूरी पर होता था और कभी-कभी अतिथियों का स्वागत बाहर के द्वार पर ही होता था। महल के स्तंभ और प्राकार अनेक अभिप्रायों से सुसज्जित थे।

---

936. *महासुदस्सनसुत्त (दीघ निकाय).*

937. *जा॰*, 4 पृ॰ 431.

938. *से॰बु॰इ॰*, XLV, पृ॰ 420.

प्रासाद में एक या अधिक मंजिलें होती थीं किन्तु तीन-मंजिलें भवन सामान्यतः अधिक थे। कभी-कभी महल की प्रत्येक मंजिल में अनेक कमरे होते थे जो कूटागार कहलाते थे और उसके ऊपर स्तूप के नमूने का कमरा होता था। कूटागार में खिड़की और रोशनदान होते थे जो अन्दर से खींचने पर बन्द हो जाते थे जिनमें बाहर से ताला बन्द किया जाता था।

विभिन्न प्रकार के प्रासाद (कोकनाद, पुष्पक, आदि) विभिन्न रूपों में उल्लिखित मिलते हैं। कुछ प्रासाद केवल एक स्तंभ से बनते थे (एक धनकम्)।[939] ऐसे भवन वृत्ताकार बुर्ज के रूप में होते थे। ऐसे बहुत से स्तंभों वाले महलों की जानकारी प्राप्त होती है।[940] एक जातक में एक हजार स्तंभों वाले महल का उल्लेख है। महल विभिन्न प्राकारों की दीवारों से घिरे हुए थे, जिनमें द्वार थे। मकानों के साथ में बरामदा होता था जो अलिन्दक कहलाता था। ऊपरी प्रासाद तल या महल की ऊपरी मंजिल में छत पर जो शिखर होता था, वह कन्निक कहलाता था। इससे स्थापत्यकला और विज्ञान के विकास का पता चलता है। अनेक मंजिलों के महलों के साथ शिखरों का उल्लेख कुछ कथाओं में मिलता है।

धनी और समृद्ध लोगों के ऊँचे प्रासाद विभिन्न कक्षों, बहुमूल्य भवन और सभा-मण्डप युक्त होते थे। दीवारें और स्तंभ बहुत सजाये जाते थे। मकानों में सब प्रकार के आराम और विलास के साधन थे।

विनयपिटक[941] सामान्य मकानों के बारे में जानकारी देता है जो पाषाण, ईंट और लकड़ी से बने हुए होते थे। छत पाँच प्रकार की चीज़ों – ईंट, पत्थर, सीमेंट, भूसा और पत्तियों से बनाई जाती थी। दीवार और छत पर अन्दर और बाहर से प्लास्टर किया जाता था। सोने का कक्ष श्वेत रंग से पुता होता था। आंगन में काला रंग लगाया जाता था और दीवारों पर चित्र अंकित किये जाते थे; जैसे मानवाकृतियाँ और बेलबूटे, आदि। खिड़कियों के साथ कपाट और पर्दा, सुन्दर द्वार के साथ कुंचिका-छिद्र, छत से ढका हुआ बरामदा तथा आंतरिक बरामदे, सोने के कक्ष और आराम कक्ष, भंडागार, ढक्कन युक्त कूप और चमड़े के बने सायबान की व्यवस्था थी। भवन को बनाने में स्वच्छता व स्वास्थ्य का ध्यान रखा जाता था। कभी-कभी मकान में दो या उससे अधिक मंजिलें होती थीं। बरामदों का रखा जाना फैशन समझा जाता था। बरामदा स्तंभों पर आधारित होता था जिन पर पशुओं के शीर्ष के आकार बने होते थे। सामान्यतया अधिकतर लोग इस समय गन्दी कुटियाओं में रहते थे जो प्रायः घास-पत्तों और मिट्टी से थाप कर बनाई जाती थीं। दीवारें लकड़ी और सरकंडे की बनाई जाती थीं। इसका मतलब यह नहीं है कि लोगों को लकड़ी,

939. *जा॰नं॰*, 121, पृ॰ 451 और 465.

940. *जा॰नं॰*, 465.

941. छठा खंधक.

ईंट और पत्थरों के मकानों की जानकारी नहीं थी। अधिक मजबूती को ध्यान में रखते हुए चौकी, दीवार, द्वार और कुटीरों की नींव लगाते समय लकड़ी का प्रयोग किया जाता था। एक जातक[942] पन्नशाल (थपेड़ी हुई कुटिया) का वर्णन करता है जिसमें अंजीर की लकड़ी का नींव बनाने में प्रयोग होता था। नींव की मजबूती के लिए दीवारें स्पष्टतः सरकंडे की बनाई जाती थीं।

तहखाने और जमीन के नीचे सुरंग होती थी। उल्लेख है कि एक उम्मग या जमीन के नीचे सुरंग को महोसद नाम के व्यक्ति ने शत्रुओं से बचने के लिए बनाया था। इससे पता चलता है कि जमीन की सतह के नीचे के मकान बनाये जाने की इन दिनों जानकारी थी। सुरंग में घुसने के लिए 18 क्यूबिट ऊँचा दरवाजा था। दरवाजे को यांत्रिक विधि से युक्त किया गया था। एक तरफ सुरंग ईंटों से बनी हुई थी जिसके दोनों तरफ प्लास्टर किया हुआ था। उसके ऊपर छत फलक फर्श से ढकी हुई थी जिस पर सीमेंट की लेप और सफेदी की हुई थी।[943] विभिन्न प्रकार के सार्वजनिक भवन भी थे। स्वयंवर सभा-भवन सौ स्तम्भों, जो शालभंजिकाओं[944] से सुसज्जित थे, पर टिका हुआ था। हमें उवठानशाला[945] (सभा-भवन), पोसहशाला[946] (भोज-शाला भवन), कूड़ागारशाला[947] (शिखर-युक्त भवन), पोखरनी (वर्गाकार जलाशय),[948] अट्टणशाला (व्यायाम-कक्ष), मज्जन घर (स्नान-गृह),[949] न्हाण मंडप (स्नान-कक्ष)[950] के संदर्भ भी प्राप्त होते हैं।

धार्मिक स्थापत्य

कुछ साहित्यिक स्रोतों में देवकुलिका या चैत्य का संदर्भ मिलता है, जिनकी पूजा इस समय बहुत प्रचलित थी। चैत्य और देवकुलिका एक प्रकार का पवित्र बाड़ा होता था जिसमें उद्यान या वाटिका होती थी जहाँ माहवीर, बुद्ध और अनेक धार्मिक सम्प्रदायों के साधुगण ठहरते व आराम करते थे। *उवासगदसाहो* से पता चलता है कि महावीर चम्पा के पूर्णभद्र चैत्य, वणिज ग्राम के द्विपलाश चैत्य, वाराणसी के कोष्ठल चैत्य, आलभी के शंखवन उद्यान, काम्पिल्यपुर के सहस्राम्र वन, पोलाशपुर का सहस्राम्र वन, राजगृह का गुणशील और कोष्टक चैत्य में ठहरे थे।

942. *जा॰ सं॰*, 489.
943. *जा॰*, सं॰ 546.
944. *नाया॰*, पृ॰ 179-82.
945. *कल्प॰*, 4.61.
946. *नाया॰*, 1, पृ॰ 19.
947. *राय॰*, 94, पृ॰ 150.
948. वही, 13, पृ॰ 142.
949. *चुल्लवग्ग* में गर्म हवा का स्नान वर्णित है।
950. *कल्प॰*, 4.61.

"महापरिब्बानसुत्त"[951] में बुद्ध धातु-चैत्यों की स्थापना करने के लाभ के बारे में बताते हैं और वे स्वयं वैशाली के चैत्यों जैसे उदेन, गोतम और सत्तम्बक में ठहरे थे। इसके अतिरिक्त *दीघ निकाय* में भी इस बात का प्रमाण है कि बुद्ध भोजनगर के आनन्द चैत्य में रहते थे। *आश्वलायन गृहयसूत्र* में पहली बार चैत्य यज्ञ का उल्लेख मिलता है। इस चैत्य का सम्बन्ध वैदिक चैत्य या यज्ञशाला या किसी अन्य से था, यह विवादास्पद है।

इन चैत्यों में से कुछ का आकार मंदिर जैसा था जिनमें द्वार, सभा-भवन, आदि थे। हमें मनुष्य के हस्त के आकार के देवालय की जानकारी भी मिलती है जो एक ही पाषाण से बना हुआ था।[952] उस समय मूर्तियाँ काष्ठ की बनती थीं। चैत्य से जुड़ा हुआ सभागृह होता था जिसको गोबर से लीपा जाता था। चम्पा के पूर्णभद्र चैत्य के बारे में कहा जाता है कि वह छत्र-ध्वज, घण्टी, वेदिका और मयूर पंख से सजाया जाता था। आंतरिक आंगन गाय के गोबर से लीपा जाता था और दीवारों को सफेद रंग दिया जाता था जिस पर खजूर और चन्दन की लकड़ी के छापे होते थे। वह चन्दन-कलश से सुसज्जित किया जाता था। द्वार पर तोरण खड़े किये जाते थे जिनको चन्दन-घट से सजाया जाता था। आंगन पर पानी छिटका जाता था और मालाएँ टांगी जाती थीं जो पांच रंग के सुगन्धित फूलों जैसे कालागुरु, कुन्दुश्क्क और तुरुक से अलंकृत रहती थीं। अनेक लोग जैसे अभिनेता, नृत्यकार, रस्सी पर चलने वाले, पहलवान, मल्ल, बहरूपिया, भाट, गाथा-गायक और बांसुरीवादक इसकी पूजा के लिए आते थे।[953]

कुछ स्थानों की पुरातत्त्व सामग्री से स्तूपों के स्वरूप के बारे में जानकारी मिलती है। बिहार के चम्पारन जिले के लोरियानन्दन गाँव में मिट्टी की तीन पंक्तियाँ मिली हैं। कनिंघम ने इसकी पहचान समाधि के टीले से की है और ये छठी शताब्दी या इससे पहले की हैं। इन समाधि के टीलों की पुष्टि मध्य में मिले काष्ठ-ध्वज से होती है जो चैत्य-यूप के नाम से जाने जाते हैं। दो टीले सफेद मिट्टी से बनाये गये हैं। टी॰ ब्लाक को वास्तव में सोने की तश्तरी मिली है जिस पर प्राचीन मातृ-देवियों की तर्ज पर धरती-माता अंकित की गई है। ऐसी धरती-माता का अंकन राजगृह से प्राप्त एक आयताकार धातु-पत्र में भी प्राप्त हुआ है।

नेपाल की तराई में कपिलवस्तु से 16 किलोमीटर की दूरी पर पिपरावा, जिला बस्ती स्थान पर एक बहुत प्राचीन स्तूप के अवशेष प्राप्त हुए हैं। स्तूप के आधार का व्यास 116 फीट है और उसकी ऊँचाई वर्तमान में 21.5 फीट है। यह ईंटों से बना था जिनका आकार

951. अध्याय 3, भाग 36-47.

952. *उत्तरा॰टी॰*, 9, पृ॰ 142.

953. *ओवा॰*, 2.

(16"×11"×3") था। इस स्तूप की छत्री सुन्दर चिनाई से बनी है और छत सुन्दर बलुआ पत्थर की बनी हुई है जो एक बड़े पाषाण के टुकड़े को काटकर बनाया गया है। इसके ऊपर ढक्कन शिकंजे से बन्द है जिससे उच्च स्तर की शिल्प-तकनीक की जानकारी मिलती है। अभिलेख के अनुसार बुद्ध के सम्बन्धी शाक्यों द्वारा यह बनवाया गया था और इसमें मूल धातु अवशेष रखे हुए थे। पाषाण-मंजूषा में न केवल कुछ अस्थि के अवशेष रखे गये थे किन्तु कई सौ अन्य कलापूर्ण वस्तुएँ जैसे पुष्प और पत्तियों के आकार के कीमती पत्थरों यथा कार्नेलियन, एमिथिस्ट, पुखराज, तामड़ा, मूंगा, स्फटिक, सीपी, स्वर्ण, आदि द्वारा निर्मित वस्तुएँ आभूषण, आदि भी रखी गयी थीं। उनमें एक वर्गाकार स्वर्ण-पत्ती भी है जिस पर सिंह, सितारे, कलात्मक स्फटिक पत्तियाँ एवं अन्य अलंकरण, स्फटिक त्रिरत्न स्वर्ण-धन चिह्न, चाँदी के तार की सुन्दर कुंडली, स्वर्ण-पत्ती के ऊपर ठप्पित स्वास्तिक व टोराइन चिह्न, छोटे मोती, बेरल, पुखराज व लाल कार्नेलियन के छोटे मनके, चिड़िया व हाथी की छाप, आदि का अंकन है। एक स्वर्ण पन्नी जिस पर धरती-माता अंकित है, लोरिया नन्दनगढ़ से प्राप्त हुई है। एक खड़ी हुइ नारी, जो वस्त्रों से सुसज्जित और बालों में पंखे जैसी सुन्दर वस्तु चिह्न अंकित है, भी प्राप्त हुई। सोने की चौड़ी चकती पर बहुत सुन्दर श्रृंगारिक नमूना पाया जाता है जिस पर चक्राकार पंक्तियाँ हैं। इन पर छः तरंगवत् भुजाएँ केन्द्र के चारों ओर जटिल आवर्त के रूप में पाई जाती हैं और एक ही प्रकार से समस्त क्षेत्र को ढक कर कठिन व्यूह का रूप धारण कर लेती हैं।

अन्य अवशेषों में ढक्कन-युक्त कटोरे हैं। एक वृत्ताकार अवशेष-मंजूषा है, जिसे काटकर स्फटिक के द्वारा पालिश करके उसके ढक्कन को ऊपर से मछली के नमूने से सजाया गया है। बहुत बारीकी से उसको तराशा गया और सुन्दर पालिश की गई। इससे उन कलाकारों की कुशलता की जानकारी प्राप्त होती है जो छठी शताब्दी ई॰पूर्व में रहते थे और दक्षतापूर्वक काम करते थे।

दूसरी शताब्दी ई॰पू॰ के एक अभिलेख के अनुसार मथुरा का जैन स्तूप देवताओं का स्तूप माना जाता है।[954] जो संभवतः ईसा की कई शताब्दियों पूर्व निर्मित किया गया था। 14वीं शताब्दी के लेखक जिनप्रभ सूरि ने अपने तीर्थकल्प* में इस स्तूप के निर्माण और

954. व्ही॰ए॰ स्मिथ : *द जैन स्तूप एंड अदर ऐंटीक्वीटीज़ ऑफ मथुरा*, पृ॰ 12.

* इस ग्रंथ के अनुसार यह स्तूप मूल में स्वर्ण का था जो कीमती पाषाणों से सजा हुआ था तथा यह जैन तीर्थंकर सुपार्श्वनाथ के सम्मान में दो साधु धर्म-रुचि और धर्मघोष की इच्छा से बनवाया गया था। 23वें तीर्थंकर पार्श्वनाथ के समय में यह स्वर्ण स्तूप ईंटों से ढक दिया गया और इसके बाहर पाषाण मन्दिर बनाया गया। इस शरण-स्थल को पार्श्वनाथ के सम्मान में बाणभट्टभ सूरि द्वारा महावीर के निर्वाण के 1300 वर्ष पश्चात् पुनः निर्मित किया गया।

मरम्मत का आख्यान लिखा है जिसका आधार प्राचीन परम्परा है। यह विवरण इसकी पुष्टि करता है कि मूल स्तूप छोटा और पृथ्वी पर एक टीले के रूप में था जो स्वर्ण और रत्न के छोटे स्तूप को ढके हुए था। बाद में इसे ईंटों और पत्थरों के बड़े स्तूप से ढक दिया गया। कुछ विद्वानों के अनुसार मूल स्तूप तीसरी शताब्दी ईस्वी पूर्व का है जब कि अन्य इसकी तिथि छठी शताब्दी ईस्वी पूर्व ले जाते है। यदि मूल स्तूप को छठी शताब्दी ईस्वी पूर्व का माना जाए तो, यह धार्मिक-स्थापत्य का सबसे प्राचीन नमूना होगा।

सामग्री

चूंकि इतने प्राचीन समय के बहुत कम स्तूप के ढांचे सुरक्षित रहे हैं, इस कारण साहित्यिक ग्रंथों से ही इनकी सामग्री के बारे में सूचना मिलती है। साधारण रहवास के निर्माण में काष्ठ का प्रयोग किया जाता था। पक्की और कच्ची ईंटों के संदर्भ पाये जाते हैं। रिज डेविड्स की राय है कि आरंभ में इन रहवासों के ऊपर का ढांचा लकड़ी व ईंटों का होता था।[955] *विनयपिटक* का संकलन महात्मा बुद्ध के परिनिर्वाण के अधिक समय पश्चात् नहीं हुआ था। उसमें उल्लेख मिलता है कि बुद्ध ने अपने शिष्यों को अनुमति दी थी कि वे महलों के सभागृह, आंगन, सीढ़ियों और छत के निर्माण में ईंटों का प्रयोग कर सकते हैं।[956]

इस काल में स्थापत्य के लिए पाषाण का प्रयोग एक विवादास्पद विषय है। साधारणतः विद्वान् विश्वास करते हैं कि ईसा की तीसारी शताब्दी पूर्व भारतीय स्थापत्य में पाषाण का प्रयोग नहीं होता था क्योंकि इस बारे में निश्चित पुरातत्त्वीय प्रमाण नहीं मिलता है। रिज डेविड्स[957] का कहना है कि इतने प्राचीन काल के ग्रंथों में स्तंभों और सीढ़ियों को छोड़कर कहीं पाषाण का उल्लेख नहीं हुआ है। पाषाण के महल का उल्लेख केवल एक बार किया गया है और वह भी स्वर्ग के लिए, जिसका संदर्भ जातक कथा में मिलता है।[958]

यह विचार ठीक नहीं प्रतीत होता है। कुछ पाषाण भवनों के साहित्यिक संदर्भ मिलते हैं जिनको विश्वस्त प्रमाण के रूप में स्वीकार किया जा सकता है कि प्राचीन भारतीय छठी शताब्दी ईस्वी पूर्व भी स्थापत्य के लिए पाषाण का प्रयोग जानते थे। पाषाण के प्रयोग के प्रत्यक्ष संदर्भ जातकों में भी पाये जाते हैं। हम स्तंभों के आधार पर चुनार पत्थर,[959] पीले

---

955. *रि॰बु॰इ॰*, पृ॰ 68.
956. *चुव॰*, 5.2.6; 6.3.11.
957. *रि॰बु॰इ॰*, पृ॰ 68.
958. *जा॰, सं॰*, 545.
959. उक्त, सं॰ 514.

संगमरमर के शीर्ष,[960] पहाड़ी दुर्ग या गिरि दुर्ग[961] हेतु प्रयुक्त पाषाण खण्डों और पाषाण स्तंभों का उल्लेख पाते हैं।[962] "विनय आचार" में बुद्ध अपने शिष्यों को पाषाण के प्रयोग की अनुमति केवल सभा-भवन के आंगन, सीढ़ियाँ और दीवार ही नहीं, अपितु अपने मकानों की छतों के लिए भी देते हैं।[963] यह साहित्यिक प्रमाण छठी शताब्दी ईस्वी पूर्व में पाषाण-भवनों के अस्तित्व को सिद्ध करता है। इसके अतिरिक्त राजगृह के जरासंघ की बैठक की तिथि भी करीब छठी शताब्दी ईस्वी पूर्व की है जिसमें पूरा एक खण्ड बिना चूने के निर्मित किया गया था। इससे भी हमें पुरातात्त्विक प्रमाण मिलता है। इस प्रकार के ढांचे बहुत कम मिलते हैं क्योंकि प्राचीन काल में भवन-निर्माण के लिए सामान्यतः काष्ठ का ही प्रयोग होता था। इस कारण इस युग के पाषाण भवन बहुत कम मिलते हैं। इस काल में प्राचीन भवन-निर्माण की सामग्री जैसे पक्की ईंट का प्रयोग किया गया। ऐसा प्रतीत होता है कि भट्ठे की ईंटों का प्रयोग जन-हितकारी भवनों के लिए किया जाने लगा था। रोपड़[964] में ढाई सौ फीट लम्बी दीवार प्राप्त हुई है जो किसी बड़े भवन की बाड़ हो सकती है। हस्तिनापुर की एक दीवार और उज्जैन में तालाब और कुएँ के अवशेष इसकी पुष्टि करते हैं। चूने और कच्ची ईंटों के ढांचे उपरांत भी बनते रहे और वे नागदा, अतिरंजीखेड़ा, हस्तिनापुर और राजघाट में मिलते हैं। उज्जैन और आवरा में भवन-निर्माण के लिए चूने के साथ एक के पश्चात् दूसरे पत्थर का प्रयोग होता था। बांस और सरकंडा के छोटे मकान चन्द्रकेतुगढ़[965] और मथुरा[966] में मिले हैं। रहवास के क्षेत्रों में मंडलकूप, सोखने वाले बर्तन, ईंटें, मृद्भाण्ड, नाली,[967] आदि के उत्खनन से प्राप्त होने से ज्ञात होता है कि लोग स्वास्थ्य-व्यवस्था को जानते थे और उनमें नागरिक भावना थी।

चित्रकला

हमें उस समय की चित्रकला के नमूने नहीं मिलते हैं क्योंकि काष्ठ और ईंटों की दीवारें, जिनका प्रयोग चित्रकला के लिए होता था, समय बीतने के साथ समाप्त हो गयीं; किन्तु जैनियों और बौद्धों के प्राचीन साहित्य से यह स्पष्ट होता है कि चित्रकला धर्मनिरपेक्ष और धार्मिक कला को व्यक्त करने के लिए महत्त्वपूर्ण साधन मानी जाती थी और उसका प्रयोग

960. उक्त, सं॰ 519.
961. उक्त, सं॰ 516.
962. उक्त, सं॰ 476.
963. *चु॰*, 6.3.11.
964. *इ॰आ॰रि॰*, 1953-54, पृ॰ 6.
965. उक्त, 1959-60, पृ॰ 50.
966. उक्त, 1954-55, पृ॰ 15.
967. उक्त, 1959-60, पृ॰ 60.

सब वर्गों के लोगों में समान रूप से होता था। अनेक अभिप्राय, जैसे आकाशीय जीवन, पौराणिक विश्वास और प्रकृति, को निर्देशित करते हुए चित्रकला में बतलाये गये हैं।

संयुक्त निकाय में अनेक प्रकार के रंगों को बनाने के तरीके का संदर्भ मिलता है। *चुल्लवग्ग* में लेप का उल्लेख है जिस पर रंग चित्रित किये जाते थे। *चुल्लवग्ग* में[968] बुद्ध अपने शिष्यों को भवन-निर्माण और उनकी दीवारों पर चित्र बनाने की शिक्षा देते हैं। कुछ जैन-ग्रंथों में[969] चित्रकार का ब्रश व रंग के साथ उल्लेख मिलता है। पहले वे दीवार की सतह को विभाजित करते थे और बाद में सतह को बनाते थे। कुछ ऐसे भी चित्रकार थे जो अपनी कला में निपुण थे। एक ऐसे ही चित्रकार का उल्लेख मिलता है जो दुपाई, चौपाई और (अपाई) बिना पैर के पूर्ण चित्र बनाते थे, यदि वह उसके अंग का कुछ हिस्सा ही देख लेता था। चित्र दीवारों और पर्दों पर भी खींचे जाते थे।

आकृति-अंकन का बहुत प्रचलन था। *विनयपिटक* के अनुसार आम्रपाली ने विभिन्न देशों से चित्रकारों को आमंत्रित किया और उनको दीवारों पर राजाओं और व्यापारियों की आकृतियों को वैसे ही चित्रित करने को कहा, जैसे उन्होंने उन्हें देखा था। बिम्बसार की चित्रित आकृति को देखकर वह उससे प्रेम करने लगी। इससे हमें यह भी पता चलता है कि परिव्वाइया ने राजकुमारी सुजेट्ठा को फलक पर चित्रित करके श्रेणिक को बतलाया जो उसके प्रेम में फंस गया। इसी प्रकार राजकुमार समरचन्द कमलमाला के प्रतिमा-चित्र को देखकर उससे प्रेम करने लगा।

दर्शक-वीथियों के उल्लेख से पता चलता है कि इस काल में राजा और समृद्ध व्यक्ति चित्रकला को आश्रय देते थे। *विनयपिटक* प्रसेनजित् राजा के विहार-स्थलों के अमुक संदर्भों का उल्लेख करता है जिसमें चित्तागारवद्दनि गृह या दर्शक-वीथियों का उल्लेख है। एक ऐसी चित्रवीथि राजगृह के व्यापारी द्वारा नगर के समीप जंगल में बनवाई गई जिसको काष्ठ (कट्ठकम), मिट्टी (पोत्तकम्म) और लेप वस्त्र, आदि से बनाया गया और वलय (गन्धिम), मूर्तियाँ (वढ़िम) और गुड़ियाओं (पुरिम) आदि से सजाया गया था।[970] हमें यह भी ज्ञात होता है कि राजकुमार मलदिन्न की चित्र-वीथि में विभिन्न हाव-भाव, भू-विलास, यौन-दृश्यों (बिब्बय) के चित्र चित्रित थे।[971] यह भी बताया गया है कि जब दर्शक-दीर्घा की बनावट का काम चल रहा था, तब चित्रकार की कन्या ने मयूर के पंख का नमूना मोजेक से आंगन में बनाया। राजा ने गलत धारणा से उसको स्वाभाविक समझकर

968. *चुव०*, 6, 3.11.

969. *नाया०*, 8, पृ० 106; *उत्तरा०*, 35.4.

970. *नाया०*, 13, पृ० 142.

971. वही, 8, पृ० 106.

ऊपर उठा लिया किन्तु इस प्रकार करने से उसकी अंगुलियों के नाखून मोजेक से कट गये जिससे उसके हाथ में चोट लगी।[972] दुम्मुह का एक अन्य राजा के रूप में उल्लेख मिलता है जिसकी अपनी चित्र-वीथि[973] थी। आकृति-चित्र और भित्ति-चित्र के अतिरिक्त हमें बहुत अधिक प्रचलित लेप्य-चित्र, लेख्य-चित्र, धूली-चित्र, आदि के उल्लेख भी मिलते हैं। लेप्य-चित्र में हमें रेखाओं के द्वारा अंतर्गुफित चित्र मिलते हैं और वस्त्रों पर रंग और बाद की परम्पराओं के पट-चित्र भी मिलते हैं। लेख्य-चित्र से, संभव है, रेखाओं के द्वारा सजावट की जाती थी जैसे बाद की परम्पराओं में आलिम्पन एवं अल्पना आदि होते थे। धूली-चित्र भी इसी प्रकार के हैं किन्तु इसकी सामग्री चावल का सफेद या रंगीन चूर्ण था।

वृक्ष, पहाड़, नदी, समुद्र, भवन, सरीसृप, बर्तन और सोवत्थीय, आदि चित्रित किये जाते थे। *रायपसेनीयसुत्त*[974] में सूर्याभदेव के विमान का वर्णन किया गया है जो अनेक प्रकार की आकृतियों और अभिप्रायों से सुसज्जित था, जैसे (भित्ति-चित्र), फेबुलस पशु (इहामिग्ग), बैल (वृषभ), घोड़े (तुरय), यक्ष, नर, मगर, पक्षी (विहग), सर्प (वालग), किन्नर (चेंतुर), हिरण (रुरु), शरभ (सिंह जैसी आकृति), याक (चमर), हाथी (कुंजर), जंगली बेलचर (वनलया) और कमलबेल (पौमलया), आदि। जैन-ग्रंथों में इन आकृतियों की कुछ सूची मिली है। वैसी ही अन्य जगह भी मिलती है, जैसे भरहुत और साँची की पाषाण-रेलिंग में, जो पूर्व के काष्ठ के चित्रों की अनुकृति थे।

महाउमग्ग[975] प्रासाद के विशाल कक्ष की दीवारों का स्वार्गिक जीवन और पौराणिक विश्वासों के चित्रों व अभिप्रायों की रोचक सूची इस प्रकार निर्देशित की गयी है –

1. *सक्क विलास* – सुधर्मा सभा-भवन में इन्द्र अप्सराओं के साथ नृत्य और संगीत से मनोरंजन करते हुए चित्र;
2. *सुमेरु परिभण्ड* – सुमेरु पहाड़ के चारों ओर बने चबूतरे पर लम्ब रूप मुखों के सुन्दर नमूने;
3. *सागर-महासागर* – छोटी तलैया और बड़े ताल के साथ कमल और अन्य फूलों के साथ अनेक जल-पक्षी और जलचर;
4. *चतु-महाद्वीप* – चार महाद्वीप जो सुमेरु के चार मुख्य स्थलों के सम्मुख स्थित थे।

---

972. *उत्तरा॰टी॰*, पृ॰ 141.
973. *उत्तरा॰टी॰*, पृ॰ 135.
974. *राय॰*, 97.
975. *महाउमग्ग जा॰*, 6, 432.

5. *हिमवन्त* – विशाल हिमालय पहाड़ को कैलाश चोटी के साथ दिखाया गया है। विशेषकर मानसरोवर या अनवतप्त झील व वे चार बड़ी नदियाँ जो चारों दिशाओं में होती हुई दिखाई गई हैं;

6. *अनोतत्त* – यह मानसरोवर के समान आदर्श पवित्र झील है जिसका वर्णन जैन, बौद्ध और ब्राह्मण साहित्य में ब्रह्मा की पवित्र झील के रूप में मिलता है। सप्तर्षि देवतादेव और अन्य दिव्य शक्तियाँ अनोतत्त में स्नान करती हैं। इसमें बुद्ध ने भी स्नान किया, ऐसा बताया गया है;

7. *मनोशिला तल* – लाल पाषाण का बना हुआ महान् सिंहासन जो तलैया के पास स्थित था। यह प्रासाद के सभागृह में राजा के बैठने और आराम के लिए था;

8. *चन्दसूरिय* – चन्द्र और सूर्य के अभिप्राय जो देवताओं या मानवों के रूप में स्वाभाविक रूप में चित्रित किये जाते थे;

9. *चातुम् महाराजिक* – अपने दरबारी सेवकों के साथ चार महाराजिक देवता; जैसे उत्तर में यक्षों का राजा वैश्रवण, पूर्व में गंधर्वों का राजा धृतराष्ट्र और दक्षिण में कुम्भाण्डों का राजा विरुद्धक और पश्चिम में नागों का राजा वीरुपाक्ष।

10. *छाकाम सग्ग* – विषय-सुख के आनन्द के छः स्वर्ग प्रायः सुख और समृद्धि के स्थान माने जाते हैं जो कामावचार देवलोक के रूप में हैं।

इस काल के शैल-चित्र पचमढ़ी के चारों ओर महादेव की पहाड़ियों, सिंघनपुर और कबरा-पहाड़, भोपाल के समीप भीमबेटका, मन्दसौर जिले में मोड़ी, मिर्जापुर में लिखुनिया, कोहबाड़ और मेहररिया, भलदरिया और विजयगढ़ और बांदा जिले में माणिकपुर में शैलाश्रय में पाये जाते हैं। पूर्व-ऐतिहासिक और ऐतिहासिक दोनों कालों के चित्र यहाँ मिले हैं। ऐतिहासिक काल के सांस्कृतिक चित्रों में आदिम शिकारी से सशस्त्र पशु छापामार, शूरवीर, युद्ध-स्थल में धनुर्धारी और तलवार-धारी दिखाये गये हैं। इसके अतिरिक्त लोगों का गृह-जीवन प्रदर्शित किया है, उदाहरणार्थ सितार (हार्प) बजाते हुए मनुष्य, झोपड़ियों के अंदर कन्द को कूटती और अन्न को पीसती हुई स्त्रियाँ, युगल या नृत्य करते हुए, ढोल और द्विनाल बजाते हुए नर-नारी। बन्दर के तमाशे के द्वारा मनोरंजन करते हुए और रीछ को नचाते हुए लोग भी चित्रित हैं। विभिन्न प्रकार के पशु-पक्षी जैसे हंस और मयूर, सूअर और श्वान, आदि भी प्रदर्शित किये गये हैं। पचमढ़ी के समीप महोदव की पहाड़ियों के शैल-चित्रों में हमें बाल संवारते हुए तथा पैरों में लटकी हुई धोती, धनुष और बाण, सीधी तलवार, पत्ते के आकार की छुरी तथा वृत्ताकार ढाल की आकृतियाँ भी मिली हैं। कुछ पौराणिक दृश्य भी हैं। विमान में एक शूरवीर व्यक्ति और पालतू कुत्ते की भाँति

सिंह को रस्सी से बांधे दैत्य का चित्रण हुआ है। एक अन्य चित्र में एक व्यक्ति एक तरफ सिंह या चीते का और दूसरी तरफ जंगली बैल का सामना करते दिखाया गया है। सुरक्षित पशु धीरे-धीरे नीचे चल रहे बताये गये हैं। माणिकपुर के शैल-चित्रों में धनुर्धारी सवार दिखलाये गये हैं और एक व्यक्ति बिना पहिये की गाड़ी पर बैठा है। मौड़ी शैल-चित्र में पुरुष और चारागाह के चित्र चित्रित किये गये हैं।

मूर्तिकला

महावीर के समय से पहले मूर्ति-पूजा का प्रचलन ज्ञात होता है। सिन्धु घाटी सभ्यता से मिट्टी, पाषाण और कांस्य की कई मूर्तियों की जानकारी मिलती है। वैदिक काल में समाज के निम्न तबके में मूर्ति-पूजा का प्रचलन था। हो सकता है कि ऐसा वेदों के अनुयायियों में न रहा हो। उत्तर वैदिक काल में निश्चित रूप से मूर्ति-पूजा का प्रचलन अधिक था।[976] *मैत्रायणी संहिता* में अनेक देवी-देवताओं के नामों का उल्लेख करते हुए कुछ मूर्तियों की विशेषताओं का भी वर्णन किया गया है। करट हस्तिमुख, गणेश का चतुर्मुख पद्मासन और ब्रह्मा इन देवताओं की प्रतिमाओं के शिल्प का पता चलता है। इसी प्रकार *तैत्तरीय आरण्यक* में कुछ देवताओं के लक्षणों का उल्लेख है। जैसे वक्रतुण्डदन्ति (गणेश), महासेनषण्मुख (कार्तिकेय), स्वर्ण-पक्ष गरुड़ और वज्रनख-तीक्ष्णदंष्ट्र नरसिंह। *महानारायण उपनिषद्*[977] इन कुछ देवताओं का और विस्तार से वर्णन करता है। जे॰एन॰ बैनर्जी के अनुसार बहुत से लौकिक देवता वैदिक समाज में मान्य होते थे। यक्ष आदि लोक देवताओं का उत्तर-वैदिक काल में प्रतिमा-विज्ञान स्पष्ट होने लगा था।

मूर्तियों को बनाने में प्रारंभिक सामग्री काष्ठ ज्ञात होती है। *व्यवहार भाष्य* में वरात्तक मुनि का संदर्भ मिलता है जिनकी काष्ठ-मूर्ति बनाई गई थी और उनके पुत्र द्वारा पूज्य थी।[978] हमें लेप, हाथी-दाँत और पाषाण की बनी हुई मूर्तियों की जानकारी भी मिलती है।[979] महावीर के काल में यक्ष-पूजा प्रचलित थी। महावीर और बुद्ध दोनों की इन यक्ष मन्दिरों में ठहरने की जानकारी मिलती है। इन यक्षों की मूर्तियाँ काष्ठ की बनी हुई होती थीं। जैन-अनुश्रुतियों से पता चलता है कि उज्जैन के राजा प्रद्योत ने महावीर स्वामी की जीवन्त मूर्तियाँ उज्जैन, दशपुर और विदिशा में प्रतिष्ठापित[980] कीं। जातक कथाओं में

---

976. बेनर्जी, जे॰एन॰ : *डेवलपमेण्ट ऑफ हिन्दू आइकनोग्राफी*, पृ॰ 576-78.

977. *व्य॰भा॰*, 4, 1, 18.

978. उक्त, 2.11.

979. *बृ॰भा॰*, 2469.

980. *जैन तीर्थ सर्व संग्रह*, पृ॰ 322.

इन्द्र सक्क की मूर्तियों के संदर्भ भी मिलते हैं।[981] एक जातक कथा[982] में ब्रह्मा के समान सुन्दर बालक का संदर्भ मिलता है। इससे इस काल में ब्रह्मा की मूर्ति का पता चलता है। *सिरि कालकन्ति जातक*[983] में कालकन्निदेवी का विवरण मिलता है, जिसका प्रतिमा-विज्ञान परवर्ती काल की देवी काली के भयंकर रूप से मिलता-जुलता था।

सूत्र काल में हमें मूर्तिकला के निश्चित संदर्भ मिलते हैं। इस काल में बहुत से देवी-देवताओं के प्रतिमा-विज्ञान के लक्षण निश्चित कर लिए ज्ञात होते हैं। *बौधायन गृह्यसूत्र* में जेष्ठा का उल्लेख है। *आपस्तम्ब* में ईशान मिदुषी और जयन्त संदर्भ मिलता है। पारस्कर ईशान, मिदुषी व जयन्त, श्री, धनपति, भद्रकाली, क्षेत्रपाल, आदि का उल्लेख करता है। पाणिनि के व्याकरण में मूर्तियों के संदर्भ मिलते हैं।[984] *आश्वलायन गृह्यसूत्र परिशिष्ट*[985] में अनेक वैदिक और पौराणिक देवताओं के प्रतिमा-विज्ञान का वर्णन मिलता है।

मृण्मूर्तियाँ

मृण्मूर्तियों की कला, जो मिट्टी की छोटी मूर्तियों के रूप में जानी जाती हैं, ने प्रतिमा-विज्ञान को पीछे छोड़ दिया है। सबसे प्रारंभिक मातृदेवी की लघु हस्त-निर्मित मूर्तियाँ सिन्धु घाटी सभ्यता के समय (2500 ई॰ पूर्व) की हैं।[986] इनमें मातृदेवी की लघु मूर्तियाँ[987] व पशुओं की छोटी मूर्तियाँ हैं। मातृदेवी की मूर्तियाँ कला की आद्य रूप के नमूनों को कलात्मक रूप में व्यक्त करती हैं। दूसरी तरफ पशु आकृतियाँ हैं जो मिट्टी और कांचली मिट्टी की हैं जो अधिक यथार्थ और पूर्ण निर्मित प्रतीत होती हैं। बैल और चीते की मृण्मूर्तियों में ओज और आकर्षण श्रेष्ठ रूप से देखा जा सकता है। ताम्राश्मयुगीन मृण्मूर्तियों में पुरुष और पशु की आकृतियाँ मृद्भाण्ड बनाने की चकरी और चक्र आदि हैं। पशु-आकृतियों में बैलों की आकृतियाँ अधिक संख्या में मिलती हैं।

महावीर के समय की मृण्मूर्तियों के बारे में हमें पुरातात्त्विक और साहित्यिक साधन-स्रोतों से कुछ जानकारी प्राप्त होती है। *भद्दसाल़ जातक* में राजकुमार को हाथी, घोड़े

---

981. *जा॰*, नं॰, 541.
982. *जा॰*, नं॰ 118.
983. उक्त, नं॰ 382.
984. *इंडिया एज़ नोन टू पाणिनि*, पृ॰ 361-64.
985. अध्याय 1, भाग 6 और अध्याय 2, भाग 5.
986. *जा॰*, नं॰, 465.
987. *बृ॰भा॰*, 4.4915.

और अन्य खिलौने अपने नाना[988] से उपहार में प्राप्त करने के संदर्भ मिलते हैं। हमें मानव की यांत्रिक मूर्ति (जन्त-पदिमा) का उल्लेख भी मिलता है, जो चल सकती, अपनी आँखें खोल और बन्द कर सकती थी। अन्य यांत्रिक खिलौनों का उच्च नमूना यांत्रिक हस्ति (जन्त मयहत्ति) का है जिसको प्रद्योत ने कौशाम्बी के राजा पर विजय करने के लिए बनवाया था।

इस समय की मृण्मूर्तियाँ पहले की संस्कृतियों के समान हस्त-निर्मित थीं किन्तु वे अपने प्रतिमान, सतह-निर्माण, विस्तार एवं निरन्तर परम्परागत विकसित रूप में थीं। पहले की संस्कृतियों के नमूनों की अपेक्षा ये आकृतियाँ अच्छी थीं। घूसर और उत्तरी ओपदार काले भाण्ड, लाल मृद्भाण्ड, मानव और पशु की मृण्मूर्तियाँ इस काल में अधिक संख्या में बनती थीं। पहले की उत्तर-हड़प्पन ताम्राश्मयुगीन संस्कृतियों में मानव-आकृतियाँ अधिक होती थीं। मूर्तियों के लिए पादपीठ का लोप हो गया था।

इस युग की मृण्मूर्तियाँ हस्तिनापुर, मथुरा, अहिच्छत्र, राजघाट, प्रह्लादपुर, सराई मोहन, मेहसोन, श्रावस्ती, सोनपुर, पाटलिपुत्र, चिरान्द, कायथा, बुरर, सुघ और नोह, आदि स्थलों से प्राप्त हुई हैं।[989] ये छेदन, वृत्त और ठप्पों से सजी हुई हैं। इस काल में पुरानी तकनीक में शरीर-रचना और अवयवों के श्रृंगार के साथ वृत्ताकार आकृति में अभिव्यक्तिकरण की प्रक्रिया व्यापक रूप में अधिक प्रौढ़ हो गयी थी। यह भी संभव है कि यह चिपकाने और गोदने की विधाओं का उत्तरकालीन विकास है। इससे परम्परा में नई प्रवृत्ति का चलन हुआ जिसमें कम समय में सुन्दर निर्माण और अन्त में आकृतियों का शीघ्र उत्पादन होता है। आकृतियों पर वृत्तों को अंकित करना आहत सिक्कों से लिया गया है। चक्र और पत्नी चिह्न का ठप्पा देना बाद के युग का विकसित रूप है।

राजघाट में जो नमूने मिलते हैं उनसे पता चलता है कि उत्तरी काल ओपदार भाण्ड और काली धारियों से चित्रित भाण्डों की पालिश की चमक और चित्रकला में साम्य मिलता है। इससे ज्ञात होता है कि कलाकार को कुम्हार की तकनीक से प्रेरणा मिली। पाटलिपुत्र से प्राप्त मृण्मूर्तियाँ मिश्रित तकनीक को प्रदर्शित करने के लिए महत्त्वपूर्ण हैं। इन आकृतियों में आँख, स्तन और प्रजनन अंग स्पष्टतः दिखलाये गये हैं। वृत्त-अंकन तथा बाल और अंगुलियों द्वारा छेदन बतलाई गई हैं। प्रतिरूप के लिए मिश्रित तकनीक का प्रयोग नाग-मूर्तियों, जो सोनपुर से प्राप्त हुई थीं, में भी हुआ है। स्तन और आँखें चिपकवा प्रणाली से बनाये गये हैं। तथा अन्य अंकन वृत्त और छेदन से प्रदर्शित किये गये हैं। मथुरा और मेहसोन से प्राप्त पशु- आकृतियों पर चक्र और पत्ती द्वारा ठप्पे लगाये गये हैं। वृत्तों

---

988. *अव॰चू॰*, 2, पृ॰ 161.

989. *जर्नल ऑफ दी ओरियण्टल इंस्टीट्यूट ऑफ बड़ौदा*, 22, पृ॰ 390.

के साथ ऐसे ही चिह्न हस्तिनापुर से प्राप्त हाथी की मृण्मूर्तियों पर भी देखे जाते हैं। चित्रित मृण्मूर्तियाँ नोह और बक्सर (चरित्रवन) में भी मिली हैं।

मृत्तिका-शिल्प

साहित्यिक और पुरातात्त्विक प्रमाणों से स्पष्ट है कि इस काल में एकाएक मृद्भाण्डों के निर्माण में बढ़ोतरी हुई। *उवासगदसाओ*[990] से यह पता लगता है कि महावीर के श्रावक सद्दालपुत्र की पोलासपुर नगर के बाहर मृद्भाण्डों की पाँच सौ दुकानें थीं, जहाँ लोग अधिक संख्या में क़टोरे, बर्तन, मटके और विभिन्न प्रकार के मर्तबान बनाते थे। राजगृह में भगव नाम का मागध कुम्हार था जिसकी कर्मशाला में बुद्ध ने रात्रि बिताई थी।[991] मक्खलि गोशाल का श्रावस्ती में एक कुम्हारिन हालाहला[992] की कर्मशाला में मुख्यालय था। अलग-अलग स्थानों पर किये गये पुरातात्त्विक उत्खननों से हमें लोगों के द्वारा निर्मित मृद्भाण्डों के बारे में जानकारी मिलती है। यह युग मृद्भाण्ड के नए प्रकार चलाने के लिए महत्त्वपूर्ण था जिनमें सबसे महत्त्वपूर्ण काले मृद्भाण्ड, लाल और काले मृद्भाण्ड, घूसर मृद्भाण्ड और लाल मृद्भाण्ड थे जो लोगों की बढ़ती हुई आवश्यकताओं की पूर्ति करते थे।

समतल और चमक काले ओपदार चमकदार (एन॰बी॰पी॰) मृद्भाण्ड की विशेषताएँ हैं। हम इन्हें भारतीय मृद्भाण्डों का राजकुमार कह सकते हैं। चूंकि यह एक मूल्यवान मृद्भाण्ड था जो कुलीन लोगों के द्वारा प्रयोग में आता था। इसकी प्रशंसा (डीलक्स वेयर) उच्चतम पात्र के रूप में होती थी। यह संश्लिष्ट मृद् द्वारा बनाया जाता और अधिक ताप में तपाया जाता है। इन पर छाया (शेड) के और रंग पुट होते थे। ये रंग स्वर्ण, चाँदी, लाल, सुनहरा, नीला, काला, भूरा और लोहनील, आदि होते थे। इन मृद्भाण्डों से मुख्य बर्तन जैसे मुड़ी हुई तश्तरियाँ, कटोरे, ढक्कन, आदि बनाये जाते थे।

काले चमकीले मृद्भाण्डों की उत्पत्ति सातवीं सदी ई॰पू॰ मगध में हुई प्रतीत होती है जो छठी शताब्दी ई॰पू॰ में गंगा की घाटी में लोकप्रिय हो गई थी। बिहार में अनेक स्थानों से ये मृद्भाण्ड प्राप्त हुए हैं बोधगया, वैशाली, राजगृह, चिरान्द, सोनपुरा, सारनाथ, कौशाम्ब्री, राजघाट और श्रावस्ती में भी ये मृद्भाण्ड अनेक रंगों एवं महीन किन्तु आकर्षक रूप में प्राप्त हुए हैं। तक्षशिला, रोपड़, अतिरंजीखेड़ा, हस्तिनापुर, तामलुक, शिशुपालगढ़ और अमरावती में ये बिहार जैसे सहज प्राप्त नहीं होते हैं फिर भी कम संख्या में और इक्के-दुक्के टुकड़ों के रूप में मिलते हैं। उज्जैन इन मृद्भाण्डों का अलग से केन्द्र था

---

990. *उवा॰*, पृ॰ 119.
991. *ए॰भं॰ओ॰रि॰इ॰*, 1926-27, पृ॰ 165.
992. *भग॰*, 15.

किन्तु यहाँ पर इनकी गुणवत्ता हल्की थी। देश के विभिन्न भागों में मगध का राजनैतिक विस्तार इन मृद्भाण्डों के प्रचार के लिए उत्तरदायी है; लेकिन व्यापार और धर्म भी कम महत्त्व के कारण नहीं रहे हैं।

धातु-वस्तुएँ

पूर्व ऐतिहासिक स्थलों के उत्खनन से प्राप्त विभिन्न धातु की वस्तुएँ इस काल की धातु कला के बारे में हमें जानकारी देती हैं। कुछ वस्तुओं का प्रयोग आभूषणों के लिए घरेलू तथा दूसरे कामों के लिए होता था। विभिन्न धातुएँ जैसे मिट्टी, बहुमूल्य पाषाण, शीशा, हाथी-दाँत, तांबे के विभिन्न प्रकार के आभूषण, जैसे कर्णपालि, विविध प्रकार के ग्रैवेयक, हार, चूड़ियाँ, लटकन, आदि का प्रयोग स्त्रियाँ शृंगार हेतु करती थीं। जो पाषाण और तांबे के कीमती आभूषणों का प्रयोग करने में असमर्थ होती थीं, वे मिट्टी के मनके, चूड़ियाँ और दुपेचा पहनकर ही सन्तुष्ट रहती थीं। समृद्ध वर्ग के लोग अपने आप को बहुमूल्य पाषाण, जैसे शंख, गोमेद, कार्नेलियन और कहरुबा, घीया पत्थर और शीशे के आभूषणों से सजाते थे।

विभिन्न आकार-प्रकार और नमूने के मनके उज्जैन, नागदा, महेश्वर, आवरा, ऐरन, भड़ोच, सोनपुर, आदि स्थानों से विभिन्न आकार जैसे नाल, गोली और त्रिभुजीय रूप में प्राप्त हुए हैं। ये गोमेद, कार्नेलियन, कांचली मिट्टी, सेलखड़ी, शंख, शीशा, लेप, आदि से निर्मित थे। नागदा और सोनपुर में हाथी-दाँत और स्फटिक के बने हुए लटकन क्रम से मिले हैं। आवरा और उज्जैन में खुरदरे मनके प्राप्त हुए हैं जिससे इनको बनाने के स्थानीय उद्योगों के अस्तित्व का पता चलता है। शृंगार की वस्तुओं में तांबे की अंजन-शलाका और हड्डियों की बाल संवारने की पिन और हाथी-दाँत के कंघे, मैलखोर, नखुनी, आदि मिले हैं।

इस काल में लोहे का अधिक प्रयोग इस बात को बतलाता है कि उन्हें लोहे को पिघला कर और पीट कर उपकरण बनाने की तकनीक का ज्ञान था। उज्जैन के उत्खनन इसका प्रमाण हैं। भाला, फरसा, छुरे, नेजा, बाणाग्र, छुरा और छुरी, आदि अस्त्र-शस्त्रों का निर्माण सिद्ध करता है कि पहले की अपेक्षा लोग युद्ध के हथियारों की अधिक जानकारी रखते थे। युद्ध क्षेत्र और घरेलू उपयोग दोनों के लिए कड़ाही, दीपक, खूंटी, चाकू, संघर, आदि लोहे से बनाना शुरू हो गये थे। इसके अतिरिक्त लोहे के उपकरणों के प्रयोग से कृषि के क्षेत्र में एकाएक बड़ी उन्नति हुई जिसके परिणामस्वरूप लोहे के हल, हंसिया व कुदाल, आदि से खेती करना आसान हो गया। औजार जैसे उथला शूल (बरका), बंसूला और छैनी, आदि बनाना शुरू होने के कारण काष्ठ-शिल्प में पर्याप्त वृद्धि हुई थी।

लोहे के अधिक प्रयोग से तांबे का प्रयोग कम हो गया। अब इसका प्रयोग आहत और ठप्पेदार सिक्कों, अंजन-शलाका, खिलौने और मनकों के निर्माण में होने लगा। चाँदी के आहत सिक्कों की खोज से चाँदी के प्रयोग का भी पता चलता है।

हड्डी और पाषाण की वस्तुएँ

विभिन्न पुरातात्त्विक स्थानों से हड्डी से निर्मित अनेक वस्तुएँ उत्खनन से प्राप्त हुई हैं, जैसे नोक कलम और बाणाग्र, आदि। संभव है हड्डी-नोक और बाणाग्र का प्रयोग छोटे पक्षियों के शिकार के लिए किया जाता था। कुछ चमकदार पत्थर की कुल्हाड़ियाँ बिहार में सोनपुर, चिरान्द, वैशाली और ओरियप से; उड़ीसा में जौगड़ और शिशुपालगढ़ से और उत्तर-पश्चिम में तक्षशिला से प्राप्त हुई हैं। इनका उपयोग जंगल को काटने और पड़ोस के नगरीय केन्द्रों को खेती और बसाहट के काम में लाने के लिए किया जाता था।

सिक्कों पर चिह्न

छठी शताब्दी ईस्वी पूर्व के आहत सिक्कों, जैसे कार्षापण, पर अनेक चिह्न क्रमशः विभिन्न पंचों द्वारा पंच किये जाते थे। ये चिह्न कला की दृष्टि से महत्त्वपूर्ण हैं। इसकी जानकारी हमें तक्षशिला के भीड़ टीला संग्रह, पायल के संग्रह, अहौर और गोलकपुर के संग्रह के सिक्कों से होती है। सूर्य, षट्कोण, तालाब में दो मछलियों के विशेष अंकन व उसकी पृष्ठभूमि में पहाड़ी, पाँच तोरीन-युक्त एक विशिष्ट चिह्न, खरगोश, पहाड़ी पर बैल, आदि छठी-पांचवीं शताब्दी ई॰पू॰ में आहत सिक्कों पर अंकित किये गये। सूर्य का चिह्न वृत्त के साथ किरणों द्वारा प्रदर्शित किया गया है। किरणें मोटी, पतली, सीधी और मुड़ी हुई भी हैं। षट्कोण के चिह्न में छः तीर त्रिशूल, तारनी, बाणाग्र भी हैं।

अन्य वस्तुएँ

कुछ अन्य वस्तुएँ भी मिलती हैं जिससे उस समय की कला का पता चलता है। इनमें मोहर, कुम्हार का चक्का, ठप्पा, आरा, मूसली, चक्की, ढक्कन, मोहरें, आदि हड्डियों और मिट्टी से बने हैं। मिट्टी के चरखे से सिद्ध होता है कि उस समय बुनने का प्रचलन था। उज्जैन, हस्तिनापुर और कौशाम्बी के उत्खनन से प्राप्त मंडप-कूपों से ज्ञात होता है कि उनका प्रयोग अनाज भरने और अन्य घरेलू कार्यों के लिए होता था।

शिक्षा, साहित्य और विज्ञान

महावीर का युग शिक्षा, साहित्य और विज्ञान के क्षेत्र में सृजनात्मक काल माना जा सकता है। शिक्षा पहले की अपेक्षा अधिक घनीभूत और यथार्थ हो गई और ज्ञान की विभिन्न

शाखाओं में विशेषज्ञों का आविर्भाव हो गया था। लिपि-कला का उद्भव विद्या के उत्थान और ज्ञान के प्रसार का उत्तम साधन सिद्ध हुआ। पालि एवं प्राकृत भाषाओं का विकास भी उल्लेखनीय रहा। विभिन्न धार्मिक शिक्षकों ने अपने-अपने मतों के साहित्य के विकास और उत्थान में योगदान दिया। इसके परिणामस्वरूप धार्मिक साहित्य का निर्माण प्रचुर मात्रा में हुआ। शिक्षा मौखिक भी दी जाती थी। इस प्रकार की परम्परा को याद करने हेतु सूत्र-साहित्य का सृजन हुआ और यह इस युग की विशेषता बन गया। यह साहित्य मौखिक परम्परा के रूप में बहुत समय तक सुरक्षित रहा और स्वभावतः अन्तर्वेशन के साथ स्थानीय बोलियों के रूप में संकलित कर लिया गया।

शिक्षा

उस समय न तो मुद्रण मशीन थी और न ही प्रभूत संचार-साधन। धार्मिक शिक्षक, जो अपने मतों का प्रचार करने हेतु पैदल भ्रमण करते थे, सामूहिक शिक्षा हेतु महत्त्वपूर्ण माध्यम सिद्ध हुए। सच्ची शिक्षा का अर्थ केवल पुस्तकीय ज्ञान न होकर आत्म-संस्कृति और आत्म-विकास भी होता था। विद्या को आलोक का स्रोत माना जाता था ताकि मनुष्य की शारीरिक, बौद्धिक और आध्यात्मिक शक्तियों का समन्वित विकास हो। शिक्षा उस ज्ञान का प्रतिपादक भी रही जिसके द्वारा मनुष्य शब्दों और उनके अर्थ को समझता और चतुर्विध संसार के जटिल मार्ग में रास्ता खोजता है, ठीक वैसे ही जैसे कि धागे में लगी हुई सुई, ताकि विशुद्ध ज्ञान-युक्त आत्मा कहीं संसार से बद्ध होकर अपना स्वरूप न भूल बैठे। यह माना गया कि यदि कोई ज्ञान, अनुशासन, तप और आचार से सम्बन्धित समस्त निर्धारित कार्य करता है और अपने तथा अन्य विविध मतों में सक्षम है तो वह सर्वत्र हो जायेगा।[993]

शिक्षा के उद्देश्य और आदर्श

चूंकि वह युग अनेक मत-मतान्तरों के उत्थान का था, यह स्वाभाविक था कि विद्यार्थियों में भक्ति और धार्मिक भावना का विकास करना शिक्षा का पहला और मुख्य उद्देश्य हो। संस्कार, व्रत, दैनिक संध्या-पूजन तथा धार्मिक उत्सव विद्यार्थियों में धार्मिक भावना पैदा करते थे। नैतिक भावनाओं के सम्यक् विकास से चरित्र-निर्माण करना शिक्षा का दूसरा उद्देश्य था। चरित्र ज्ञान का अधिक महत्त्व था। चरित्रवान ही विद्वान् माना जाता था। इस समय विद्यार्थी गुरु के प्रत्यक्ष और व्यक्तिगत नियंत्रण में आश्रमों में रहते थे जो उनके बौद्धिक विकास के प्रति ही नहीं अपितु आचरण पर भी ध्यान रखते थे।

व्यक्तित्व का विकास शिक्षा का तीसरा उद्देश्य था। इसके लिए विद्यार्थियों में आत्म-सम्मान, आत्म-विश्वास, आत्म-संयम, विवेक और न्याय की भावना जाग्रत की जाती थी। विद्यार्थियों में आत्म-सम्मान की भावना समाज में उनको उच्च स्थान देकर उत्पन्न की

993. *उत्तरा०*, XXIX, 59.

जाती थी। आत्म-निर्भरता ही आत्म-विश्वास की जननी है। आत्म-संयम के लिए सादा जीवन और अच्छी आदतों पर जोर दिया जाता था। विद्यार्थियों में विवेक और न्याय का विकास धर्म, दर्शन, तर्क, साहित्य, आदि विषयों के अध्ययन से होता था। वाद-ग्रस्तता के उस युग में ऐसा आवश्यक था।

सामाजिक और नागरिक कर्त्तव्यों का पालन करवाना शिक्षा का चौथा उद्देश्य था। अपना अध्ययन समाप्त कर स्नातक केवल अपने ही हित का ध्यान नहीं रखता था अपितु समस्त समाज के लिए कार्य करता था। सामाजिक योग्यता और सुख की वृद्धि शिक्षा का पांचवां उद्देश्य था। इस काल में अनेक उद्योग-धंधे अस्तित्व में आ गये थे और समाज ने श्रम-विभाजन की प्रक्रिया को अपना लिया था। प्रत्येक निगम और परिवार बच्चों को अपने-अपने व्यवसायों में निपुण करते थे। पैतृक परिवारों में अलग-अलग कार्य और उनके विशिष्टीकरण से व्यवसायों और उद्योग-धंधों में स्वाभाविक तौर पर श्रेष्ठता बढ़ी।

प्राचीन राष्ट्रीय संस्कृति का संरक्षण और प्रसार शिक्षा का एक महत्त्वपूर्ण उद्देश्य था। समस्त धार्मिक साहित्य को कंठस्थ करना धार्मिक शिक्षकों का कर्त्तव्य था जिससे कि वे भावी संतति तक ज्ञान का प्रसार कर उन्हें इस रूप में योग्य बना सकें। वे ज्ञान की विभिन्न शाखाओं का संरक्षण ही नहीं करते थे, अपितु अपने योगदान से उसकी सीमाओं में अभिवृद्धि भी कर रहे थे। सांस्कृतिक परम्पराओं को सुरक्षित करने हेतु विशेष उपाय अपनाये गये। त्रिऋण के सिद्धांत को प्रतिपादित किया गया जिसके अनुसार सर्वप्रथम वह देवताओं का ऋणी होता है जो यज्ञों द्वारा चुकाया जा सकता था। धार्मिक परम्पराओं का संरक्षण होता था। दूसरा ऋषिऋण माना गया जिसकी पूर्ति ग्रंथों के अध्ययन और उनकी साहित्यिक और व्यावसायिक परम्पराओं को अविच्छिन्न रखने से हो सकती थी। फलतः साहित्यिक व व्यावसायिक परम्पराओं की रक्षा होती थी। तीसरा पितृऋण माना गया जिसे संतति-उत्पादन और उनके सम्यक् शिक्षण के द्वारा चुकाया जा सकता था। इसके लिए स्वाध्याय और ऋषि-तर्पण जैसी प्रथाएँ भी थीं। स्वाध्याय का अर्थ विद्यार्थी काल में अध्ययन किये हुए पाठों का थोड़ा अंश दोहराना था। ऋषि-तर्पण नित्य संध्या-वन्दना के समय प्राचीन साहित्य-सेवी महर्षियों के प्रति कृतज्ञता ज्ञापित करने के लिए किया जाता था।

शिक्षण विषयक कतिपय सिद्धांत एवं धाराएँ

शिक्षा का उद्देश्य साधारण ज्ञान मात्र करा देना नहीं था, अपितु विभिन्न विषयों में विशेषज्ञ तैयार करना था। विशेष ध्यान इस बात की ओर दिया जाता था कि विद्यार्थियों की स्मृति का भी भली-भाँति विकास किया जाए। शिक्षा की व्यवस्था उन सबके लिए की जाती थी, जो उसके लिए योग्य होते थे। उपनयन संस्कार, जिससे धार्मिक और साहित्यिक शिक्षा का प्रारंभ होता था, नर हो या नारी, अनिवार्य कर दिया गया। शिक्षा एक पवित्र कर्त्तव्य समझा गया जिसे आचार्य को, बिना शुल्क का ध्यान दिये, पूरा करना पड़ता था। निर्धन

व्यक्ति भी शिक्षा ग्रहण कर सके, इसके लिए विद्यार्थियों को शिक्षा की अनुमति ही नहीं थी, बल्कि इसे विद्यार्थी जीवन का एक बड़ा कर्त्तव्य भी माना गया था।

शिक्षा एक कठोर साधना थी। अध्ययन काल में विद्यार्थियों को ब्रह्मचर्य व्रत का पालन करना पड़ता था। किसी विषय में पूर्णज्ञान तथा पारंगतता प्राप्त करने के लिए दीर्घकाल तक लगातार परिश्रम की आवश्यकता थी। धनी और निर्धन सभी को विद्वत्ता प्राप्त करने के लिए कठोर अनुशासन का पालन करना पड़ता था। प्रारंभिक शिक्षा का समय पाँच वर्ष व माध्यमिक का आठ वर्ष निश्चित किया गया था।

इस समय गुरु-कुल प्रणाली शैक्षिक-संगठन की महत्त्वपूर्ण व्यवस्था थी। उपनयन के पश्चात् विद्यार्थी गुरु के नियंत्रण में रहना शुरू कर देता था। गुरु के साथ प्रत्यक्ष व्यक्तिगत और लगातार सम्बन्धों का विद्यार्थियों पर पर्याप्त प्रभाव पड़ता था। यह सामान्य विश्वास कि गुरु-कुल नगरीय जीवन के कोलाहल से दूर जंगलों में स्थापित हो, आंशिक ठीक ही है। अधिकतर गुरु-कुल गाँवों और नगरों में स्थापित थे। जैसाकि बौद्ध साहित्य से ज्ञात है, इस समय के प्रसिद्ध गुरु-कुल राजगृह, चम्पा, वैशाली, नालंदा, श्रावस्ती, आदि स्थानों में स्थित थे।

अध्यापक और छात्र

अध्यापक को समाज में बहुत सम्मान दिया जाता था। वह विद्यार्थी को अज्ञान के अंधकार से दूर कर ज्ञान के प्रकाश की ओर ले जाता था।[994] वह आध्यात्मिक और बौद्धिक पिता समझा जाता था क्योंकि वह नए जीवन का संचार करता था। बिना उसकी सहायता और निर्देशन के शिक्षा संभव नहीं थी।[995] उस काल में वैदिक साहित्य एक पीढ़ी से दूसरी पीढ़ी तक मौखिक पढ़ाया जाता था। इस श्रुति परम्परा में पाठ-पद्धति (स्वरोच्चारण) पर बड़ा ध्यान रखा जाता था, जो ठीक ढंग से योग्य गुरु से ही सीखी जा सकती थी। आध्यात्मिक मुक्ति भी गुरु के ठीक मार्गदर्शन पर ही निर्भर थी। पुस्तकें दुर्लभ तथा बहुमूल्य होती थीं, इस कारण प्रायः विद्यार्थी को गुरु पर ही निर्भर रहना पड़ता था। उद्योग-धंधों में तो बहुत कुछ तकनीकी ज्ञान अध्यापक से ही सीखना पड़ता था।

शिक्षक विभिन्न प्रकार के होते थे जैसे आचार्य, पंडित, श्रोत्रिय, उपाध्याय, अध्यापक, आदि। इन शिक्षकों के लिए किसी प्रकार की शिक्षा आवश्यक नहीं समझी जाती थी। अध्ययन की समाप्ति तक योग्य विद्यार्थियों को अध्यापक का बहुत कुछ अनुभव प्राप्त हो जाता था। वे वाद-विवाद और तर्क-वितर्क में भाग लेते थे, और उन्हें अध्यापन का अवसर भी दिया जाता था।

---

994. *आप०ध०सू०*, 1, 10, 11.
995. वही, 1, 1, 1, 12-17.

अध्यापक उच्च चरित्र वाला आदर्श व्यक्ति होता था और विद्यार्थियों के साथ निष्पक्ष व्यवहार करता था। वह अपने विषय में पारंगत होता था और साथ ही जीवन-पर्यन्त अनवरत स्वाध्याय करता था। *सूत्र कृतांग*[996] में आदर्श शिक्षक का निम्न प्रकार से वर्णन किया गया है – "उसे सत्य को छिपाना व परस्पर विरोध नहीं करना है, अहंकार नहीं दिखाना और अन्य धर्मों के शिक्षकों की बुराई नहीं करनी चाहिए। सब धर्मों का पूर्ण ज्ञान प्राप्त कर उसे सच्चा विद्वान् होना है। उसका जीवन पूर्ण तपस्यामय होना है। उसकी वाणी विशुद्ध होनी चाहिए। *बौधायन*[997] जोर देता है कि शिक्षक को अपने छात्र को पवित्र मन से बिना कुछ छिपाए पढ़ाना चाहिए। अध्यापकों की उदारता और दया का प्रमाण कलाम के आचार और सम्बोधन से निश्चित किया जा सकता है जबकि गौतम (भावी बुद्ध) ने अपनी शिक्षा उसकी देखरेख में पूर्ण की थी :

"सुखी मित्र हम हैं जब तुम जैसे सम्माननीय सह-संन्यासी की ओर दृष्टिपात करते हैं। वह सिद्धांत, जिसको मैं जानता हूँ, तुम भी जानते हो और जिसको तुम जानते हो, उसे मैं भी जानता हूँ। जैसा मैं हूं, वैसे तुम हो, जैसे तुम हो, वैसा मैं हूँ। प्रार्थना करते हैं, श्रीमान्, हमको इस संगति का संयुक्त संरक्षक होने दो।"[998]

अध्यापक छात्र से अपने पुत्र जैसा स्नेह और व्यवहार करता था।[999] यद्यपि अध्यापक की सेवा करके उसे प्रसन्न करना छात्र का कर्त्तव्य माना जाता था, किन्तु उसे सचेत होकर यह ध्यान रखना होता था कि अपने हित के लिए छात्र का शोषण न हो ताकि उसके अध्ययन में बाधा न पहुँचे। गुरु के लिए की गई सेवाएँ शिष्य के स्वयं के नैतिक विकास के लिए होनी चाहिए न कि अध्यापक के लाभार्थ। फिर भी उन दिनों में शिक्षक को छात्र से सहायता लेने की अनुमति थी।

अध्यापक की निश्चित आय नहीं थी। कुछ तो उसे हवन और यज्ञ कार्य सम्पादित करवाने तथा कुछ शिष्यों से अध्ययन काल के उपरांत प्रदत्त स्वैच्छिक गुरु-दक्षिणा के रूप में प्राप्त होती थी। शिक्षक की प्रतिष्ठा उसकी सम्पत्ति के आधार पर न होकर उसकी विद्वत्ता और चरित्र पर निर्भर होती थी।

अध्यापक और शिक्षक के मध्य संबंध संस्थागत न होकर प्रत्यक्ष थे। वे घनिष्ठ और प्रेमपूर्ण थे। बुद्ध के शब्दों में वे, "आपसी सम्मान, विश्वास और जीवन के समागत से थे।"[1000] एक अच्छा शिष्य कभी अपने अध्यापक का अनादर नहीं करता, न उसके साथ

996. *सू॰*, 1.14, 19-27.
997. *बौ॰ध॰सू॰*, 1, 2, 48.
998. *फर्दर डायलॉगस् ऑफ दी बुद्ध*, अरिय परिवेसन सुत्त, पृ॰ 116.
999. *बौ॰ध॰सू॰*, 1, 2.48.
1000. *म॰वं॰*, 1.32.1.

अभद्रता का व्यवहार करता; कभी झूठ नहीं बोलता और हमेशा अच्छे नस्ल के अश्व के समान आदेश का पालन करता था। यदि गुरु शिष्य को क्रोध में देखता तो उसे नम्रता से शान्त करता, हाथ जोड़कर क्षमा मांगता और कभी त्रुटि नहीं करने की प्रतिज्ञा करता। यह बतलाया गया है कि छात्र को शिक्षक के साथ नहीं बैठना चाहिए। न ही सामने और न पीछे बैठना चाहिए। शिष्य को आसन्दी व बिस्तर पर बैठे कभी प्रश्न नहीं पूछना चाहिए, किन्तु हमेशा अपने स्थान से उठकर और समीप आकर, उसे अपना प्रश्न हाथ जोड़कर पूछना चाहिए।[1001]

अनुशासन का पालन नहीं करने वाले छात्र भी होते थे। अध्यापकों द्वारा उन्हें लात और घूंसे पड़ते थे। वे लकड़ी से पीटे जाते और कठोर शब्दों द्वारा सम्बोधित किये जाते थे।[1002] ऐसे विद्यार्थियों की तुलना उन बुरे बैलों से की गई जो उत्साह की कमी के कारण कमजोर हो जाते हैं। ऐसे शिष्य अपने उद्देश्य से भटक कर स्वैच्छिक विचरण भी करने लगते थे। शिक्षक ऐसे विद्यार्थियों से निराश होकर उनको अपने भाग्य पर छोड़कर वन में चले जाते थे।[1003]

उक्त विवेचन का यह आशय नहीं है कि विद्यार्थी अंधा होकर अपने गुरु के गलत आचार का भी पालन करता था। बुद्ध और आपस्तंब दोनों ही शिक्षक के प्रति सम्मान का व्यादेश देते हैं एवं उल्लेख करते हैं कि छात्र द्वारा अपने शिक्षक को उसकी कमजोरियों के प्रति एकान्त में ध्यान दिलाना चाहिए या भ्रम का खंडन करना चाहिए। यदि अध्यापक धर्म की सीमाओं का उल्लंघन करता था तो आज्ञाकारिता के कर्त्तव्य का अन्त माना जाता था।

स्वतंत्र अध्यापक और अन्य संस्थाएँ

चूंकि इस काल में शिक्षा बहुत जटिल और यथार्थ हो गई, विशेषज्ञ स्वतंत्र अध्यापक के रूप में प्रकट होना शुरू हुए। ये सारे देश में फैले हुए थे किन्तु कुछ स्थानों पर अधिक सुविधाएँ प्राप्त होने के कारण इनकी संख्या अधिक होती थी। ऐसे स्थान सामान्यतः राज्यों की राजधानियाँ और प्रसिद्ध तीर्थ-स्थल होते थे। उस समय बनारस में प्रसिद्ध विद्या-केन्द्र थे जहाँ अनेक ख्यात विद्वान् व्यक्तिगत सामर्थ्य के अनुसार शिक्षा देते थे किन्तु औपचारिक रूप में वे महाविद्यालय का रूप धारण नहीं करते थे। यदि विद्यार्थियों की संख्या किसी गुरु के पास अधिक बढ़ जाती थी तो वह या तो किसी सहायक अध्यापक को लगा लेता था या किसी योग्य ज्येष्ठ शिष्य को ही अपने सहायतार्थ अध्यापन के लिए नियुक्त कर लेता था।[1004]

1001. *उत्तरा*., 1, 13 *अफ*, 12, 41, 18.22.
1002. *उत्तरा*., 1.38; 3, 65; *जा*., 2, पृ. 279.
1003. *उत्तरा*., 27.8, 13, 16.
1004. *अनभिरति जा*., II, पृ. 185 और *महाधम्मपाल जा*., 4, पृ. 447.

इन स्वतंत्र अध्यापकों के अतिरिक्त विभिन्न वेदों के अनुयायियों ने ज्ञान के अपने विशिष्ट केन्द्र बना रखे थे, जिन्हें चरण कहते थे। ये चरण विभिन्न केन्द्रों पर अध्यापकों और छात्रों की शिक्षावृत्ति के आधार पर कार्य करते हुए असंगठित संगठन थे और विशिष्ट वैदिक शाखा के ज्ञान को बढ़ावा देते थे। ज्ञान के विभिन्न केन्द्रों पर विद्वानों की परिषदें होती थीं जो शाखाओं के रूप में कार्य करती थीं। अपनी शिक्षा पूर्ण करने पर विद्यार्थियों को अपने ज्ञान की परीक्षा हेतु उपस्थित होना पड़ता था।

शिक्षण-केन्द्र

तक्षशिला इस काल में विद्या का एक बड़ा केन्द्र था। इसमें अनेक प्रसिद्ध शिक्षक थे जिनके पास सैकड़ों विद्यार्थी उच्च अध्ययन के लिए सुदूर स्थानों, जैसे राजगृह, वैशाली, उज्जयिनी और मिथिला, से आया करते थे। ये अध्यापक किसी संगठित संस्था जैसे महाविद्यालय व विश्वविद्यालय के सदस्य नहीं थे अपितु प्रत्येक अध्यापक योग्य विद्यार्थियों को सहयोगी के रूप में नियुक्त कर स्वतंत्र संस्था का रूप धारण कर लेते थे। एक ऐसे ही विश्व-प्रसिद्ध शिक्षक के अधीन एक ऐसी ही संस्था में पाँच सौ विद्यार्थी थे।[1005] *सुतसोम जातक* से पता चलता है कि तक्षशिला के धनुर्विद्या के विद्यालय में देश के विभिन्न भागों के 103 राजकुमार शिक्षा प्राप्त कर रहे थे।[1006] काशी के युवाओं की शिक्षा-दीक्षा प्रायः इसी स्थान पर होती थी।[1007] महावीर के समकालीन राजा प्रसेनजित् की शिक्षा भी यहाँ पर ही हुई थी। बिम्बसार के एक अवैध पुत्र राजकुमार जीवक ने तक्षशिला में औषधि-विज्ञान तथा शल्य-चिकित्सा के अध्ययन में 7 वर्ष व्यतीत किये थे। चूंकि पाणिनि अटक के पास शलातुर के रहने वाले थे, निश्चित ही उनकी शिक्षा भी तक्षशिला में हुई होगी।

सामान्यतः छात्र सोलह वर्ष की आयु में उच्च शिक्षा हेतु तक्षशिला जाया करते थे। विद्यार्थी प्रायः गुरु-गृह में ही ठहरते थे। किन्तु जो काशी के राजकुमार जुण्ह के समान धनी थे, उनके आवास के लिए पृथक् व्यवस्था होती थी।[1008] धनी विद्यार्थी शुल्क के साथ-साथ ठहरने और खाने-पीने का व्यय अध्ययन के प्रारंभ में ही दे देते थे। गरीब विद्यार्थी जो शुल्क देने में असमर्थ थे, दिन में शिक्षक के घर पर काम किया करते थे। उनके लिए रात में विशेष कक्षाएँ लगती थीं।

तक्षशिला के पश्चात् बनारस विद्या का बड़ा केन्द्र था। प्राचीन काल में यहाँ का राजा अजातशत्रु बड़ा दार्शनिक और विद्या का आश्रयदाता था। इस स्थान के बहुत से शिक्षक तक्षशिला के ही छात्र रहे।[1009] ऐसा प्रतीत होता है कि बनारस विद्या के केन्द्र के रूप में

1005. *जा*०, I, 239, 317, 402; III, 18.235, 143, 171.

1006. वही, V, पृ० 407.

1007. *जा*०, सं० 252.

1008. वही, सं० 456.

1009. *जा*०, सं० 150, सं० 80.

तक्षशिला के भूतपूर्व विद्यार्थियों की कृति थी। कुछ समय उपरांत देश-देशान्तर के विद्यार्थी यहाँ आने लगे। कोसिय तथा तित्तिरी जातकों से ज्ञात होता है कि यहाँ के यशस्वी आचार्य तीनों वेदों और अठारह शिल्पों का अध्यापन करते थे। *अंकित जातक* से पता चलता है कि सोलह वर्ष की आयु वाले विद्यार्थी काशी में अध्ययन के लिए उमड़ पड़ते थे। अस्सी करोड़ की सम्पत्ति रखने वाले एक धनी ब्राह्मण के पुत्र की शिक्षा भी बनारस में हुई थी।[1010] अध्यापन के कुछ ऐसे निश्चित विषय थे जिनमें बनारस विशेषज्ञता रखता था। संगीत के विद्यालय का संदर्भ मिलता है जिसका अध्ययन भारत में अद्वितीय था।[1011] बुद्ध ने अपने धर्म का प्रचार सर्वप्रथम यहीं से प्रारम्भ करने का निश्चय किया था क्योंकि काशी पूर्वी भारत में विद्या का एक महत्त्वपूर्ण केन्द्र था। यह कहा जाता है कि शंखपुर का राजकुमार अगड़दत्त अध्ययन के लिए बनारस गया। वह अपने अध्यापक के मकान में ठहरा और पाठ्यक्रम समाप्त कर घर लौटा। श्रावस्ती[1012] का भी शिक्षा के एक अन्य केन्द्र के रूप में उल्लेख मिलता है।[1013]

ऐसा प्रतीत होता है कि वैशाली का निवासी महालि[1014] शिल्प व कलाओं को सीखने के लिए तक्षशिला गया था। अपने अध्ययन को पूर्ण करने पर जब वह घर लौटा तो उसने पाँच सौ लिच्छवियों को शिक्षित किया। इन्होंने अपना पाठ्यक्रम समाप्त कर देश के विभिन्न भागों में अनेक को शिक्षित किया। वैशाली अपने आप में एक विद्या का केन्द्र था।[1015] लिच्छवि धर्म और दर्शन के विचार-विमर्श में इतनी रुचि लेते थे कि उन्होंने एक कूटागार सभा-भवन[1016] बनवाया जहाँ ऐसी चर्चाएँ होती थीं। बुद्ध ने इस स्थान पर अनेक उपदेश दिये थे।

आश्रम विद्या के केन्द्र के रूप में

इस काल की शिक्षा-पद्धति ने कामकाजी व्यक्ति तथा साथ में ऐसे लोग, जिन्होंने सत्य की खोज में संसार को त्याग दिया, पैदा किये। तक्षशिला और बनारस दोनों स्थानों के अनेक भूतपूर्व छात्र वास्तव में त्यागमय जीवन बिताते थे। वे नगरों के व्यस्त जीवन से दूर आश्रमों-वनों और एकांत स्थानों में उच्च दार्शनिक चिंतन और धार्मिक प्रशिक्षण हेतु विद्यालय का कार्य करते थे। इन आध्यात्मिक अध्ययन के विशेष विद्यालयों में पाँच सौ

1010. वही, IV, 237.
1011. वही, सं॰ 243.
1012. *उत्तरा॰टी॰*, 4, पृ॰ 83.
1013. वही, 2, पृ॰ 22.
1014. फोस बोल्स – *धम्मपदम्* (प्राचीन संस्करण), पृ॰ 211.
1015. *चुल्लकालिंग जा॰* नं॰ 301
1016. रीज डेविड्स : *सुमंगलविलासिनी*, पार्ट I, पी॰टी॰सी॰, लंदन, 1886.

संन्यासियों के होने और व्यक्तिगत आश्रम के प्रतिष्ठित व्यक्तित्वों का शिक्षा प्राप्त करने हेतु शिष्य के रूप में एकत्रित होने का संदर्भ मिलता है।[1017] ऐसे आश्रम साधारणतः हिमालय के पर्वतीय क्षेत्रों में स्थापित किये गये थे।[1018] कभी-कभी ये बस्तियों के समीप भी बनाये जाते थे जिससे कि इनमें भर्ती होने का आकर्षण अध्येताओं को प्राप्त हो।

अध्ययन के विषय

भगवती सूत्र[1019] में अध्ययन के लिए जिन अठारह विषयों का उल्लेख है वे थे – छः वेद, छः वेदांग और छः उपांग। *उत्तराध्ययन टीका*[1020] में हमें निम्न सोलह विषय अध्ययन के लिए मिलते हैं – छः वेद, छः वेदांग, मीमांसा, न्याय, पुराण और धर्म शास्त्र। जैन ग्रंथों में बहत्तर कलाओं का बार-बार उल्लेख मिलता है। इस सूची में शिल्पों और पारम्परिक ज्ञान और विज्ञान के नाम हैं। इन कलाओं को तेरह शीर्ष में वर्गीकृत किया जा सकता है –

1. पढ़ना और लिखना, 2. कविता, 3. मूर्तिकला, 4. संगीत, 5. मृत्तिका प्रतिरूपण, 6. जुआ, खेल-कूद और अंतरंग खेल, 7. निजी स्वास्थ्य-विज्ञान श्रृंगार और पाक-शास्त्र, 8. विभिन्न चिह्नों और संकेतों का ज्ञान, 9. शकुन विज्ञान, 10, ज्योतिष, 11. कीमिया, 12. वास्तुकला और 13. युद्ध कला।[1021]

तीन वेद, व्याकरण, दर्शन, विधि और अठारह शिल्प – में विशेषज्ञता के लिए तक्षशिला में मुख्य पाठ्य-विषय थे। इनके अतिरिक्त आयुर्विज्ञान, शल्यकर्म, धनुर्विद्या और अन्य सैनिक कलाएँ, ज्योतिष, फलित ज्योतिष, दिव्य-दर्शन, लेखा-पद्धति, वाणिज्य, कृषि, मंत्र-तंत्र, सर्प-पकड़ना, खजानों को खोजने की कला, संगीत, नृत्य और चित्रकला भी तक्षशिला में अध्ययन के विषय थे। जीवक आयुर्विज्ञान और शल्यकर्म के अध्ययन हेतु तक्षशिला में गया था और बनारस से दो युवक धनुर्विद्या और हस्ति-विद्या हेतु वहाँ गये थे। उज्जयिनी के दो चांडाल लड़के ब्राह्मण युवक का भेष बनाकर कानून सीखने हेतु तक्षशिला गये थे।[1022] विषय को चुनने में जातीय बन्धन नहीं थे। क्षत्रिय, ब्राह्मणों के साथ वेदों का अध्ययन किया करते थे और ब्राह्मण, क्षत्रियों के साथ धनुर्विद्या में विशेषज्ञता प्राप्त करते थे। बनारस का ब्राह्मण राजकीय पुरोहित ने अपने पुत्र को वेदों के अध्ययन की अपेक्षा धनुर्विद्या में विशेषज्ञता प्राप्त करने तक्षशिला भेजा था।[1023] ऐसे ही विषय बनारस

1017. *जा.*,जि. I, 141.
1018. वही; *नि.*, I, 406, 431; III, 143; IV, 74.
1019. *भग.*, 5, 3, 3, 185.
1020. *उत्तरा.*, *टी.*, 3, पृ. 56.
1021. ज.ला.एं.इ.डे.जे.के., पृ. 172-73.
1022. *जा.*, सं. 498.
1023. *जा.*, सं. 522.

और अन्य शिक्षण-केन्द्रों में पढ़ाये जाते थे।

अवकाश

ब्राह्मण साहित्य में एक व्यवस्थित सूची छुट्टियों की दी है।[1024] अनेक कारणों और परिस्थितियों से अध्ययन में बाधा आ जाती थी। इस प्रकार की बाधा का मुख्य कारण मौसम की खराबी, जैसे असामयिक बादल होना, गरज, भारी वर्षा, आंधी, आदि होता था। प्रत्येक मास में चार छुट्टियाँ, एक-एक सप्ताह के अन्तर पर होती थीं।[1025] मास की प्रतिपदा, पूर्णिमा तथा प्रत्येक अष्टमी को अनाध्याय रहता था। बस्ती पर बाहरी आक्रमण, डाकुओं के उत्पात, अतिथियों के आगमन तथा राजा या महापुरुषों के निधन पर अनध्याय हो जाता था।

पाठ्यक्रम का निर्धारण तथा अध्ययन की अवधि

विभिन्न विषयों में पाठ्यक्रम की अवधि निश्चित नहीं थी क्योंकि शिक्षा स्वतंत्र अध्यापकों द्वारा बिना राजकीय नियंत्रण के दी जाती थी। अध्ययन की अवधि और विषय का निर्णय विद्यार्थी की योग्यता, सुविधा और इच्छा पर ही निर्भर था। घर लौटने के उत्कंठित तथा साधारण ज्ञान से सन्तोष कर लेने वाले विद्यार्थी छः वर्ष में या कभी-कभी तीन वर्ष में ही लौट जाते थे। जो विद्यार्थी उच्च शिक्षा चाहते थे, उनको आठ व नो वर्ष में उपनयन होने के पश्चात् 15 व 16 वर्ष बिताने पड़ते थे। प्रायः विद्यार्थी 24 वर्ष की आयु में शिक्षा समाप्त कर सकता था और एक विशेष विषय में पारंगत हो सकता था। विवाह के लिए यह आदर्श अवस्था मानी जाती थी। कुछ व्यक्ति आध्यात्मिक भावनाओं से प्रेरित होकर आजीवन अखण्ड ब्रह्मचर्य व्रत का पालन करते थे तथा अपना सारा समय धर्म और शिक्षा के कार्यों में लगाते थे। इन्हें नैष्ठिक ब्रह्मचारी कहते थे।

नारी शिक्षा

महावीर और बुद्ध द्वारा अपने-अपने संघ में नारियों को प्रवेश की अनुमति देने से इनमें शिक्षा तथा दर्शन के प्रसार में बड़ी सहायता मिलती। इनमें से कुछ शिक्षिकाओं और प्रचारिकाओं के रूप में प्रसिद्ध हुईं। ये धर्म और दर्शन के मनन के लिए ब्रह्मचर्य व्रत का पालन करती थीं। अजिता चंदणा महावीर की पहली शिष्या हुई जिसके अधीन बड़ी संख्या में भिक्षुणियों ने सम्यक् आचार के नियमों का अनुसरण किया और मुक्ति प्राप्त की।[1026] कौशाम्बी के राजा सयाणीय की बहन व सुप्रसिद्ध नारी जयंती अपनी राजकीय पोषाक को त्याग कर कट्टर भिक्षुणी हो गई थी।[1027] कुछ भिक्षुणियाँ आगम ग्रंथों के ज्ञान

1024. *गौ॰ध॰सू॰*, II, 7.

1025. *बौ॰ध॰सू॰*, I, II, वशिष्ठ, विष्णु और बैखानस् मुश्किल से अध्ययन की बाधा में कुछ नया जोड़ते हैं।

1026. *अंत॰*, 8; *कल्प॰*, 5, 135.

1027. *भग॰*, 122.

में पारंगत होकर शिक्षिकाएँ हो गई थीं।

जो नारियाँ बौद्ध संघ में प्रवेश लेती थीं, वे थेरी कहलाती थीं। इनमें सबसे प्रसिद्ध धम्म-दिन्ना थी जिसके कारण उसके पति को मुक्ति प्राप्त हुई। उसने सब कठिन तात्त्विक समस्याओं को आसानी से सुलझा दिया था। बुद्ध की माता की बहन महाप्रजापति, जो पाँच सौ अन्य शाक्य नारियों के साथ संघ में प्रविष्ट हुई थी, धर्म और ज्ञान में किसी भिक्षु से कम नहीं थी। गौतमी ज्ञान और दर्शन में अपनी श्रेष्ठता के लिए जानी जाती थी। सुक्का इतनी सफल वक्ता और प्रचारक थी कि उसके भाषण को सुनने के लिए लोग नगर के बाहर जाने को उमड़ पड़ते थे और उसके भाषण को सुनते थकते नहीं थे।[1028]

जब भारी संख्या में महिलाओं ने उच्च शिक्षा ग्रहण करना शुरू कर दिया तथा विद्या के विकास में महत्त्वपूर्ण योगदान देना आरम्भ कर दिया, तो उनमें से कुछ अध्यापन का कार्य भी अवश्य करने लगी होंगी। आचार्य[1029] और उपाध्याया नारी शिक्षिकाओं की उपाधियाँ बनीं। पाणिनि नारी विद्यार्थियों को छात्री और उनके आवास (होस्टल) को छात्री शाला के रूप में उल्लेख करता है।[1030] ये छात्री शालाएँ संभवतः नारी अध्यापिकाओं के अधीन थे जिन्होंने शिक्षा को अपना ध्येय बना लिया था।

छात्राओं को दो वर्गों में विभाजित किया जाता था – (1) सद्योवधू और (2) ब्रह्मवादिनी। सद्योवधू 15 या 16 की उम्र तक, जब तक उनका विवाह नहीं हो जाता, अध्ययन किया करती थीं। छात्राएँ 16 वर्ष तक अविवाहित रह सकती थीं। बालकों की भांति कन्याओं के भी उपनयन संस्कार होते थे। आठ व नौ वर्षों में वे दैनिक और सामयिक प्रार्थनाओं में निर्धारित धार्मिक मंत्रों को सीखा करती थीं। उन संस्कारों और कर्मकाण्डों हेतु, जिनमें विवाह पश्चात् उनको सक्रिय भाग लेना पड़ता था, पुरुषों के समान नारियाँ नियमित प्रातः और सांध्य प्रार्थनाएँ किया करती थीं। ब्रह्मवादिनी युवतियों का विशेष योग्यता प्राप्त करने का दृष्टिकोण रहता था। वे धर्म और दर्शन की आजीवन छात्राएँ रहा करती थीं।

लेखन-कला

महावीर का युग लेखन-कला के उद्भव के लिए प्रसिद्ध है। जी॰एच॰ ओझा,[1031] आर॰बी॰ पाण्डे[1032] और डी॰आर॰ भण्डारकर[1033] की राय है कि लेखन-कला वैदिक काल के पहले

1028. सी॰ए॰ फालेय का लेख, नवीं ओरियंटल कांग्रेस रिपोर्ट, जि॰ I, पृ॰ 340 आगे; देखिये ए॰एस॰अल्तेकर की पुस्तक एंशियण्ट इंडियन एज्यूकेशन, पृ॰ 464-66.

1029. *इंडिया एज़ नोन टू पाणिनि*, पृ॰ 288.

1030. *पा॰*, VI, 2.86.

1031. *प्राचीन लिपि-माला*, पृ॰ 12.

1032. *इंडियन पेलेयोग्राफी*, पृ॰ 15.

से प्रचलित थी। किन्तु अधिकतर विद्या-प्राच्यविद् इस विचार से सहमत नहीं हैं। चूंकि वैदिक साहित्य में लेखन विषयक निश्चयात्मक प्रमाण नहीं मिलता, अतः इस सम्बन्ध में अंतिम निर्णय पर पहुँचना संभव नहीं है।

लिखने के निश्चित चिह्न छठी सदी ई॰पू॰ से मिलते हैं। पालि त्रिपिटकों में लिखने और उसके प्रयोग में आने वाली सामग्री के अनेक संदर्भ मिलते हैं। पिटक का अर्थ है "पेटिका", जिसमें लिखित दस्तावेज (प्रलेख) रखे जाते रहे हैं। *विनय पिटक* में लेखन-विषयक अनेक उल्लेख प्राप्त होते हैं। "लेखक"[1034] और लेखापति[1035] शब्दों का प्रयोग क्रमशः लेखक और लिखाने के लिए हुआ है। इसके अतिरिक्त अक्षर-लेख, जिसे अक्खरिका कहा जाता था, का उल्लेख भी प्राप्त होता है जिससे स्पष्ट पता चलता है कि लोगों को लेखन का ज्ञान था। घोषित चोर को लिखितक "चोर" पुकारा जाता है जिसका अर्थ था – पंजीकृत चोर।[1036] अक्खर शब्द *अंगुत्तर निकाय,*[1037] *संयुक्त निकाय*[1038] और *धम्मपद*[1039] में मिलता है। लेखनी शब्द का उल्लेख *अंगुत्तर निकाय*[1040] में मिलता है। जातकों में, जिनका संकलन बाद में हुआ, लिखने, लिखने की सामग्री और अनेक प्रकार के प्रलेखों के अनेक संदर्भ मिलते हैं। ये सब प्रमाण सिद्ध करते हैं कि छठी सदी ई॰पू॰ व इससे पहले लोगों को लेखन लिखने सम्बन्धी निश्चित जानकारी थी, किन्तु अभाग्यवश, हम उसका नाम व स्वरूप नहीं जानते।

पाणिनि की *अष्टाध्यायी* में लेखन-कला के अस्तित्व को बताने वाले शब्द लिपि[1041] और लिबि, लिपिकार[1042] (लेखक), यवनानी[1043] (यूनानी लिपि), ग्रन्थ[1044] (पुस्तक) और स्वरित[1045] (लेखन में चिह्न) मिलते हैं।

पहली बार हमें दो लिपियों – ब्राह्मी और खरोष्ठी के प्रमाण मिलते हैं – अशोक

1033. *सर आशुतोष मुकर्जी सिल्वर जुबली वोल्यूम्स,* जि॰, III, पृ॰ 494 आगे.

1034. *लिपि॰*, IV, 8.

1035. वही, II, 110.

1036. वही, 1-2.

1037. *अंगु॰*, I, 72; III, 107.

1038. *सं॰*, II, 267; I.38.

1039. *धम॰*, (तन्हावग्ग, 19).

1040. *अंगु॰*, II, 200.

1041. *पा॰*, 13, 2, 21.

1042. वही.

1043. वही, 4, 1.49.

1044. *पा॰*, 1, 3, 75.

1045. वही, 1, 3, 11.

के तीसरी सदी ई॰पू॰ के अभिलेखों में। इससे यह अनुमान लगाया जा सकता है कि अशोक के अंकित लेखों के पहले से लेखन का लम्बा सिलसिला चला आ रहा था। इन दो सबसे महत्त्वपूर्ण लिपियों ब्राह्मी और खरोष्ठी का उल्लेख जैन और बौद्ध ग्रंथों में मिलता है। जैन सूत्र पन्नवणा, समवायांग (अध्याय XVIII) और भगवती (अध्याय V) में लिपियों के इन नामों के उल्लेख मिलते हैं। पहले दो में अठारह लिपियों की सूची है और अंतिम में केवल एक ब्राह्मी का संदर्भ है।[1046] बौद्ध ग्रंथ *ललित-विस्तार* में 64 लिपियों के नामों का उल्लेख है। भारतीय और विदेशी लिपियों, जिनकी जानकारी भारतीयों को थी, इनकी सूचियों में सम्मिलित किया गया था। इनमें केवल दो ब्राह्मी और खरोष्ठी छठी व पाँचवीं सदी ई॰पू॰ में प्रचलित जान पड़ती हैं। ब्राह्मी बायें से दाहिनी ओर लिखी जाती थी और पूरे भारत में लोकप्रिय थी। जी॰ बुहलर[1047] ने अशोक के अधिकतर अभिलेखों में लिखी जाने वाली लिपि के अक्षरों का नाम ब्राह्मी रखा। वह और उसके अनुयायी जैसे डब्ल्यू जोन्स,[1048] ए॰वेबर और आयजक टेलर[1049] ने प्रतिपादित किया कि ब्राह्मी की उत्पत्ति सेमेटिक अक्षरों से हुई है। ब्राह्मी के देशीय उत्पत्ति होने का सिद्धांत आधुनिक विद्वानों में अधिकतर भारतीयों ने किया है। इनमें से कुछ, जैसे आर॰बी॰ पाण्डे[1050] और डी॰सी॰ सरकार[1051] का विचार है कि ब्राह्मी अक्षर पूर्व ऐतिहासिक सिंधु घाटी की लिपियों से निकले हैं।

खरोष्ठी लिपि दाहिने से बाईं ओर लिखी जाती है। यह उत्तर-पश्चिम भारत में छठी व पाँचवीं सदी ई॰पू॰ में प्रचलित की गयी थी। गांधार में इसका स्थानीय प्रयोग होता था। जी॰ व्यूहलर[1052] ने सुझाव दिया कि इसकी उत्पत्ति अरेमिक अक्षरों से हुई क्योंकि इन दोनों लिपियों के अक्षरों में साम्य है। अखामनी शासन में अरेमिक लिपि का प्रयोग भारत और पड़ोसी देशों में आधिकारिक (सरकारी) और अन्य कार्यों के लिए होता था। खरोष्ठी लिपि क्षत्रपों, विदेशी अधिकारियों और स्थानीय निवासियों में पारस्परिक सम्पर्क का परिणाम था। कतिपय विद्वानों की मान्यता है कि भारतीय प्रारंभ में संभवतः विशुद्ध अरेमिक अक्षरों का प्रयोग करते थे और कालान्तर में उसमें जो परिवर्तन किये गये वे खरोष्ठी लिपि

1046. जैन परम्परा के अनुसार ब्राह्मी लिपि प्रथम तीर्थंकर ऋषभ द्वारा अपनी पुत्री ब्राह्मी को दी गई, जिससे इसका यह नाम पड़ा।

1047. ब्लूहलर, *इंडियन पेलिओग्राफ़ी*, पृ॰ 9-11.

1048. टेलर, *दी अल्फाबेट*, जि॰ II, पृ॰ 304.

1049. वही, जि॰ I, पृ॰ 335-46.

1050. आर॰बी॰पाण्डे, *इंडियन पेलिओग्राफ़ी*, पृ॰ 50.

1051. डी॰सी॰ सरकार, *इंस्क्रिपशन्स ऑफ अशोक*, पृ॰ 25.

1052. ब्यूहलर, *इंडियन पेलिओग्राफ़ी*, पृ॰ 19-20.

में मिलते हैं। दूसरी ओर आर॰बी॰ पाण्डे[1053] खरोष्ठी की उत्पत्ति अरेमिक से होने के सिद्धांत से सहमत नहीं हैं और कहते हैं कि भारतीय प्रतिभा ने इसका आविष्कार किया था।

भाषा

इस युग की सबसे महत्त्वपूर्ण विशेषता यह है कि संस्कृत ने अभिव्यक्तिकरण के एकाधिकार की स्थिति को खो दिया और उसका स्थान प्राकृत भाषाओं ने ले लिया जिनका शीघ्र ही साहित्यिक भाषाओं के रूप में विकास हुआ। इसी काल से महावीर और बुद्ध दोनों ने लोगों में अपने धर्म का प्रचार संस्कृत की अपेक्षा इन प्राकृतों की सहायता से किया। किन्तु निश्चित रूप से सिद्ध नहीं किया जा सकता कि महावीर और बुद्ध दोनों ने अपने सिद्धांतों का प्रचार प्राचीन अर्ध-मागधी बोली में किया क्योंकि उनके सम्प्रदायों द्वारा सुरक्षित आगम ग्रंथ विभिन्न भाषाओं में लिखे गये हैं। यद्यपि मूल आगम ग्रंथ नष्ट हो गये हैं किन्तु सुरक्षित जैन आगमों की भाषा में बहुत परिवर्तन हो गये और उस पर महाराष्ट्री प्राकृत का अधिक प्रभाव दिखाई देता है। जहाँ तक बौद्ध पिटकों का संबंध है, सबसे अधिक सुरक्षित हीनयान शाखा (थेरवाद) का पाली संस्करण है। विशेष प्राकृत बोली, जिससे पालि निकली है, के बारे में विद्वानों में मतभेद है। कुछ उसे मगध में प्रचलित प्राकृत बोली से निकली हुई मानते हैं जबकि कुछ अन्य इसमें और कौशाम्बी व अवन्ति यानी मध्यदेश की बोलियों में साम्य पाते हैं।

विभिन्न सूत्र ग्रंथ (600-400 ई॰पू॰) और पाणिनि की *अष्टाध्यायी* से संस्कृत भाषा की समकालीन स्थिति का पता चलता है। यह भाषा वैदिक भाषा से बहुत भिन्न हो गई। ये सूत्र विशेष शैली में लिखे हुए हैं जिनका सम्बन्ध ब्राह्मण साहित्य के गद्य से जोड़ा जा सकता है जिसमें संधियों का कम प्रयोग करने के लिए लम्बे संयुक्त और प्रत्यय भी मिलते हैं। सूत्रों की भाषा पाणिनि के नमूने से बहुत मिलती-जुलती है। उसमें हमें वैदिक काल से लेकर प्राकृत एवं कबीलाई शब्दों व उनके रूपों का प्रयोग कभी-कभी मिल जाता है। आर्य-जन का मूल भारतीय आदिम-जनों से सम्पर्क के कारण प्राचीन भाषा का सरलीकरण हो रहा था। इन ग्रंथों की भाषा पुरोहितों के द्वारा बोली जाने वाली प्रचलित भाषा थी। इस काल तक संस्कृत आम जनता की भाषा नहीं रही और इसका प्रयोग उच्च शिक्षित वर्ग तक ही सीमित हो गया था।

साहित्य

इस युग में साहित्यिक प्रवृत्ति का साधारणतया प्रस्फुटन हुआ। विभिन्न धर्मों के उत्थान के कारण धार्मिक और दार्शनिक साहित्य का विविधतापूर्वक सृजन होने लगा। इस तरह का समृद्ध साहित्य अधिकतर लुप्त हो गया क्योंकि परंपरा के रूप में वह धार्मिक शिक्षकों

1053. आर॰बी॰पाण्डे, *इंडियन पेलिओग्राफ़ी*, पृ॰ 57-58.

द्वारा मौखिक दिया गया था और लेख-बद्ध नहीं किया गया था, जो फिर भी मौखिक रूप में सुरक्षित रहा, उसने बहुत समय पश्चात् साहित्यिक रूप ले लिया और भाषा और विषय के मामले में इसमें बहुत-सा प्रक्षिप्त समा गया। इस कारण मूल साहित्य का निश्चित और सही चित्र प्रस्तुत करना संभव नहीं रहा। तकनीकी साहित्य भी लिखा गया और उसकी कुछ शाखाओं में उपलब्धियाँ उच्च स्तर की रहीं।

जैन-आगम

मूल रूप में जैन ग्रंथ दो प्रकार के थे – चौदह पूर्व और ग्यारह अंग। महावीर के पूर्व तीर्थंकर पार्श्वनाथ से चौदह पूर्व चले आ रहे हैं। परम्पराओं के अनुसार महावीर के उपदेशों पर आधारित ग्यारह अंग उसके शिष्यों के द्वारा लिखे हुए कहे जाते हैं किन्तु वास्तव में वे एक युग के नहीं हैं। चौदह पूर्व मिलकर बारहवां अंग होता है जो दृष्टिवाद के नाम से पुकारा जाता है। महावीर ने अपने धर्म का अर्ध-मागधी में प्रचार किया, जो कि उसके उपदेशों की भाषा थी। प्रचलित आगमों की भाषा पर महाराष्ट्री प्राकृत का बहुत प्रभाव दिखता है। इसके अतिरिक्त वर्तमान आगम में अनेक परिवर्तन एवं प्रक्षिप्त समाविष्ट हैं। इसके साथ ही कुछ आगम व आगम के भाग लुप्त हो गये। इसी प्रकार एक ही आगम के विभिन्न नाम दिये गए और आगमों की संख्या में भी काफी अन्तर आ गया।

श्वेताम्बर जैनियों के अनुसार आगम साहित्य में ग्यारह अंग, बारह उपांग, दस पैण्ण (प्रकीर्ण), छः छेद सूत्र, नादी और अनुयोग द्वार और चार मूल सूत्र हैं। ग्यारह अंग आगमों का सबसे प्राचीन भाग है। दूसरी तरफ, दिगम्बर परम्परा के अनुसार न केवल दृष्टिवाद किन्तु ग्यारह अंग धीरे-धीरे कालांतर में क्रमशः लुप्त हो गये। वे उपांग, छेद सूत्र, आदि, जो कि वर्तमान श्वेताम्बर आगम में पाये जाते हैं, को मान्यता नहीं देते। सामान्य संख्या के अनुसार इन ग्रंथों की सूची इस प्रकार है –

(1) *ग्यारह अंग* – आचार, *सूत्र कृतांग*, स्थान, समवाय, भगवती, ज्ञाता-धर्म कथाएँ, उपासक दशाएँ, अंतकृद्दशाएँ, अनुत्तरउपपातिक दशाएँ, प्रश्न-व्याकरण, विपाक (दृष्टिवाद) जो अब विलुप्त है।

(2) *बारह उपांग* – अनुपातिक, राजप्रश्नीय, जीवाभिगम, प्रज्ञापना, जम्बू-द्वीपप्रज्ञप्ति, चन्द्रप्रज्ञप्ति, सूर्यप्रज्ञप्ति, निरयावलि (कल्पिक), कल्पावतंसिका, पुष्पिका, पुण्यचूलिका और वृष्णिदशाएँ।

(3) *दस पैण्णाएँ (प्रकीर्ण)* – चतुःशरण, संस्तार, आतुरप्रत्याख्यानम्, भक्तापरिज्ञत, तंडुवैयाली, चंदवीज, देवेन्द्रस्तव, गणिविज, महाप्रत्याख्यान और वीरस्तव।

(4) *छः छेद सूत्र* – निशीथ, महानिशीय, व्यवहार, दशाश्रुतस्कन्ध, बृहत्कल्प और पंचकल्प।

(5) *बिना सामान्य नाम के दो सूत्र* – नन्दी और अनुयोग द्वार।

(6) *चार मूल सूत्र* – *उत्तराध्ययन, आवश्यक, दशवैकालिक* और *पिंडनिर्युक्ति*।[1054]

इन विभिन्न अंगों में केवल *आचारांग, सूत्रकृतांग* और *उत्तराध्ययन* भाषा तथा साहित्य की दृष्टि से आगम का सबसे प्राचीन भाग समाहित किये हुए हैं।[1055] *भगवती सूत्र* के लिए भी कुछ सीमा तक यह सत्य हो सकता है। सामायिक प्रार्थना को बौद्ध धर्म के प्रारंभिक सूत्रों की भांति, आगमों का प्रारंभिक रूप माना जा सकता है किन्तु, दुर्भाग्यवश वे प्रामाणिक नहीं माने जा सकते। आगम के प्राचीन गद्य ग्रंथों में भरपूर पुनरावृत्ति मिलती है, किन्तु कुछ में व्यवस्थित प्रतिपादन भी मिलता है। बारह उपांगों में केवल प्रथम संभवतः प्राचीन सामग्री है, किन्तु शेष अव्यवस्थित, अतिशयोक्तिपूर्ण, रूढ़िबद्ध, वैज्ञानिक और पौराणिक रचनाएँ हैं। पहले दो उपांगों, विशेष रूप में राजप्रश्नीय, प्राचीन परम्पराओं पर आधारित हैं, क्योंकि *दीघ निकाय* में पायास्ति सुत्त या तो अंगीकृत या ग्रहीत किया गया है या उसे ही स्रोत बनाया गया है। पैण्णों, जैसाकि नाम से ज्ञात होता है, अनेक टुकड़ों के रूप में है। उनकी सूची वास्तव में अनिश्चित है। एम॰ विंटरनिद्ज के अनुसार, छेद सूत्रों में केवल बृह्तकल्प व उसके पूरक बउहार और आयारदसाओ को प्राचीन माना जा सकता है।

बौद्ध सिद्धांत-ग्रंथ

ऐसा प्रतीत होता है कि गौतम बुद्ध ने महावीर की भाँति अपने सिद्धांतों का प्रचार प्राचीन अर्धमागधी में किया, किन्तु उसने अपने शिष्यों को आदेश दिया था कि उसके उपदेश लोगों को अपनी बोलियों में कहना चाहिए। हमारे पास निश्चित प्रमाण हैं कि बौद्ध धम्र के सिद्धांतों का संकलन पालि, मागधी और अन्य बोलियों में किया गया। इनमें केवल पालि संस्करण पूर्ण रूप से पाया गया है। शेष में केवल कुछ लघु अंश ही अब तक प्रकाश में आए हैं। बौद्ध पालि सिद्धांत ग्रंथ त्रिपिटक (तीन पिटकों) के रूप में है – *विनय, सुत्त* और *अभिधम्म पिटक*। सिद्धांतों का अन्य विभाजन भी जिन नौ अंगों के रूप में है, ये हैं – केवल गद्य में प्रवचन (सुत्त), गद्य और काव्य में प्रवचन (गव्य), व्याख्याएँ (वैयाकरण),

---

1054. तीन वाचनाओं के समय जैन सूत्रों में महत्त्वपूर्ण परिवर्तन हो गये। पहला प्रयत्न महावीर के निर्वाण के 160 वर्ष पश्चात् (लगभग 307 ई॰पू॰) में पाटलिपुत्र में सभा बुलाकर किया गया और उस धार्मिक ज्ञान, जो नष्ट होने की अवस्था में था, को व्यवस्थित किया गया। यह जैन आगम की पाटलिपुत्र वाचना के नाम से जाना जाता है। आर्य स्कन्दिल की अध्यक्षता में मथुरा में महावीर के निर्वाण के 827 और 840 के उपरांत (यानी 360-373 ई॰) के मध्य आयोजित दूसरी सभा में अनेक अन्य ग्रंथों को व्यवस्थित किया गया। इसे आगमों की मथुरा वाचना कहा जाता है। अंत में वलभी सभा देवर्धिगणिन क्षमाश्रमण की अध्यक्षता में वीर सं॰ 980 = 513 ई॰ में हुई जिसमें जैन आगम पुस्तक रूप में लिखे गये। यह आगमों की वलभी वाचना जानी जाती है।

1055. *एस॰बी॰ई॰*, XXII, पृ॰ XL-XLIII.

गाथाएँ, सूक्तियाँ (उदान), लघु कथन जिनका प्रारंभ ऐसे वाक्यांशों यथा "जैसाकि बुद्ध ने कहा (इतियुत्तक), पूर्व भव की कथाएँ (जातक), चमत्कारिकताएँ (अद्भुतधम्म) और प्रश्नोत्तर के रूप में उपदेश (वेदल्ल)।

विनय पिटक में निम्नलिखित ग्रंथों का समावेश हैः पातिमोक्ख, सुत्तविभेग, खंदक और परिवार। *सुत्तपिटक* में पाँच निकाय संग्रहीत हैंः (1) *दीघ,* (2) *मज्झिम,* (3) *संयुत्त,* (4) *अंगुत्तर,* और (5) *खुद्दक*। *अभिधम्म पिटक* के सात ग्रंथ हैं जो सामान्यः सत्तपकरण कहे जाते हैं। ये परवर्ती तिथि के हैं जिनमें निकायों की अपेक्षा धर्म का अधिक विस्तार से वर्गीकृत प्रतिपादन हुआ है।

बौद्ध सिद्धांत-ग्रंथों का कालक्रम – जैन धर्म के सिद्धांतों की भाँति ही बौद्ध धर्म के सिद्धांतों का संकलन भी एक निश्चित समय पर नहीं हुआ। अशोक के अभिलेखों में ग्रंथों से उद्धरण, दूसरी सदी ई॰पू॰ के अभिलेखों में धार्मिक ग्रंथों में पारंगत-जन होने के संदर्भ तथा भरहुत और साँची के तोरण-द्वारों और वेदिकाओं पर उत्कीर्ण लेखों से पता चलता है कि मौर्य वंश के उत्थान के पूर्व धर्म-विनय पर ग्रंथों का अस्तित्व था। *महावग्ग* और *चुल्लवग्ग,* स्पष्टतः, अशोक के काल के बताये जाते हैं क्योंकि वे तीसरी संगीति के बारे में मौन हैं। *सुत्तविभंग* और *पंचनिकाय,* जिनका संदर्भ *चुल्लवग्ग* में मिलता है, निश्चित ही बहुत बाद के हैं। अभिधम्म का कोई संदर्भ मिलता जो कि सबसे परवर्ती पिटक है। निकायों में पूर्व, कलिंग के दक्षिण, पश्चिम और गोदावरी के दक्षिण के किसी भी स्थान का उल्लेख नहीं है। इस भौगोलिक विवरण से अशोक के बहुत पहले निकायों की विद्यमानता का प्रमाण मिलता है। इसलिए ऐसा प्रतीत होता है कि *विनयपिटक* का बहुत-सा भाग और *सुत्तपिटक* के पहले चार निकायों का संकलन 350 ई॰पू॰ के पहले हुआ था।

विभिन्न दृष्टिकोणों से पालि बौद्ध ग्रंथों के कालक्रम पर विचार कर बी॰सी॰ लाहा कालक्रम के अनुसार उन्हें निम्न समूहों में रखता है[1056] –

1. बौद्ध सिद्धांत के सामान्य कथन जो सब पुस्तकों में एक जैसे शब्दों में विभिन्न परिच्छेदों व पदों में मिलते हैं;
2. कथाएँ, जो एक से शब्दों में दो या अधिक ग्रन्थों में मिलती हैं;
3. *शील पारायण* (बिना भूमिका के सोलह कविताओं का समूह), चार या सोलह कविताओं का अट्ठक समूह, *सिक्खापद;*
4. *दीघ,* खण्ड 1, *मज्झिम, संयुत्त, अंगुत्तर* और *पातिमोक्ख* के प्रथम 152 नियम;

1056. *हिस्ट्री ऑफ़ पाली लिटरेचर,* I, 42.

5. *दीघ*, खण्ड 2-3, *थेर-थेरी गाथा*, 500 *जातक*, *सुत्तविभंग*, *पटिसंभिदामग्ग*, *पुग्गलपमञत्ति* और *विभंग*;
6. *महावग्ग*, *चुलवग्ग*, 227 नियमों के साथ *पतिमोक्ख*, *विमानवत्थु*, *पेतवत्थु*, *धम्मपद*, *कथावत्थु*;
7. *चुल्ल* और *महानिद्देस*, *उदान*, *इतिवुत्तक*, *सुत्त निपात*, *धातु कथा*, *यमक*, *पट्ठान*;
8. *बुद्धवंश*, *चरियापिटक*, *अपदान*;
9. परिवार पाठ; और
10. खुद्दक पाठ।

बुद्ध का समकालीन मगध-निवासी वंगीस एक प्रसिद्ध कवि जान पड़ता है। उसने बुद्ध के सम्मुख अनेक कविताओं का पाठ कर उनकी प्रशंसा प्राप्त की।[1057]

आजीविक सिद्धांत

आजीविकों की दृष्टि उनके धार्मिक ग्रंथों में मिलती है जिनमें उनके सम्प्रदाय के सिद्धांतों का संकलन किया गया है। यह जानकारी हमें बौद्ध और जैन धर्म के पालि और प्राकृत ग्रंथों से मिलती है। आजीविक धर्म में आठ महानिमित्त और दो मार्ग रहे, जिनके कुछ भाग पार्श्वनाथ के समय से प्रचलित पूर्वों पर आधारित थे। दूसरी ओर बी॰एम॰ बरुआ ग्रंथ में उल्लिखित "पूर्व" का अर्थ विशेष जैन अर्थ में न मानकर सामान्य प्राचीन परम्पराओं से लगाते हैं।[1058] उसके विचार को इस बात से बल मिलता है कि आजीविकों के आठ महानिमित्त जैन परम्परा के चौदह लुप्त पूर्वों के नामों से साम्य नहीं रखते हैं। इसके उपरांत यह भी कहा जा सकता है कि आजीविकों के धार्मिक ग्रंथ जैनियों के सबसे प्राचीन ग्रंथों से कुछ समानता रखते हैं।

भगवती सूत्र[1059] में यह वर्णन मिलता है कि सैकड़ों मतों का परीक्षण कर पूर्वों के अष्टांगी महानिमित्त तथा मग्गों (इस प्रकार संख्या में दस) के सार रूप इन दशाचारों को मंखलीपुत्र गोशाल ने संक्षिप्त विचार कर अनुमोदित किया था। महानिमित्त के आठ अंग निम्न हैं:

1. दिव्यम् (दिव्यता से सम्बन्धित),

1057. *सं॰*, I, पृ॰ 185.

1058. *ज॰डि॰ले॰*, 2, पृ॰ 4.

1059. *भग॰*, 15; सू॰ पृ॰ 539, 658-59.

2. औत्पातम् (उत्पाद से सम्बन्धित),
3. आंतरिक्षम् (अंतरिक्ष से सम्बन्धित),
4. भौमम् (पृथ्वी से सम्बन्धित),
5. आंगम् (शरीर से सम्बन्धित),
6. लाक्षणम् (लक्षणों से सम्बन्धित),
7. स्वारम् (स्वर से सम्बन्धित), एवं
8. व्यांजनम् (संकेतों से सम्बन्धित)।

स्थाणांग सूत्रों[1060] में महानिमित्तों की जो सूची मिलती है, उसमें दिव्यम् के स्थान पर सुविणे (स्वप्न) का उल्लेख है, जबकि *उत्तराध्ययन सूत्र*[1061] वैसी ही सूची देता है, और जोड़ता है कि जैन भिक्षु को इन साधनों से पृथक् रहना चाहिए। नृत्य से सम्बन्धित दो मग्गों का टीकाकार अभयदेव ने उल्लेख किया है। ये मग्ग क्रमशः आजीविकों से धार्मिक गीतों और उत्सवी नृत्यों के निर्देश देने वाले ग्रन्थ प्रतीत होते हैं।

वेदांग साहित्य

इस समय का रचित वेदांग साहित्य वैदिक साहित्य का भाग तो नहीं है, यद्यपि उससे गहराई से सम्बन्धित है। यह अपौरुषेय वेद नहीं है किन्तु वेदांग अर्थात् वेद के अंग होने पर भी पौरुषेय है। इन वेदांगों में शिक्षा कल्प व्याकरण, निरुक्त (शब्द-व्युत्पत्ति), छन्द और ज्योतिष सम्मिलित हैं।

वेदांग का संबंध उन छः विषयों से है जिनका उद्देश्य वेदों की व्याख्या, रक्षा और उनका याज्ञिक प्रयोग करना था। ये सूत्र शैली में लिखे गये हैं। सूत्र का अर्थ है – लघु नियम अर्थात् जहां तक हो, न्यूनतम शब्दों में ही किसी विशेष प्रकरण को समझने का संकेत। अनन्त ज्ञान की वृद्धि के साथ मौखिक शिक्षा-पद्धति ने सूत्र-शैली को आवश्यक बना दिया जिससे कि इसे स्मरण रखना आवश्यक हो गया। वैदिक कर्मकाण्ड की सूक्ष्मतम् प्रक्रियाओं के परिपालन ने इस प्रकार के साहित्य के विकास में कुछ सीमा तक योगदान दिया।

कालान्तर में प्रत्येक मौलिक वेदांग की विशिष्ट शाखाओं में विशेष और वैज्ञानिक अध्ययन से सम्बद्ध अनेक विज्ञानों का उदय हुआ। यज्ञ कर्मकाण्ड से भी कुछ विज्ञानों का विकास हुआ। वेदिकाओं के निर्माण के विस्तृत नियमों से रेखागणित और बीजगणित निकले। ज्योतिष और फलित ज्योतिष का विकास यज्ञ और अन्य प्रयोजनों के लिए ठीक

1060. *स्थाना॰*, 8, 608.
1061. *उत्तरा॰*, 15, 7.

समय और ऋतुओं का पता लगाने हेतु हुआ। शरीर-रचना-विज्ञान की नींव यज्ञ के पशुओं के विच्छेदन से हुई। व्याकरण और भाषा-विज्ञान की उत्पत्ति धार्मिक ग्रंथों को सुरक्षित रखने के चिन्तन से ठीक उच्चारण के उपायों को निश्चित करने के लिए हुई।

सूत्र-ग्रंथों के वर्ग

सूत्र साहित्य की पहली शाखा श्रौत कहलाती है। श्रौत-सूत्रों का संबंध कर्मकाण्डों और यज्ञों से है जिनके लिए अनेक पुरोहितों की सेवाओं की भी आवश्यकता पड़ती है। दूसरी शाखा गृह्य-सूत्रों की है जिनका संबंध मनुष्य के घरेलू जीवन से सम्बन्धित विभिन्न पारिवारिक विधानों एवं गर्भाधान से लेकर मृत्यु-पर्यन्त संस्कारों से रहा। तीसरी शाखा धर्मसूत्र की है जिसका सम्बन्ध विभिन्न प्रथागत नियमों और उनके अनुपालन से रहा। वे वर्णों के कर्त्तव्यों और जीवन की अवस्थाओं (आश्रमों) के बारे में जानकारी देते हैं। वे दीवानी और फौजदारी कानूनों की नींव भी डालते हैं। अंतिम शुल्व सूत्र है जो अग्नि-वेदिकाओं के नाम और बनावट तथा यज्ञ के स्थान के बारे में विस्तार से जानकारी देते हैं। इस प्रकार ये भारतीय रेखागणित की सबसे प्राचीन पुस्तकें मानी जा सकती हैं।

मुख्य श्रौत-सूत्रों और कुछ गृह्य-सूत्रों का समय 800 और 400 ई॰ पूर्व के मध्य निश्चित किया गया है। जी॰ बुहलर और जोली ने छठी और चौथी ई॰पू॰ इनका समय रखा है, यद्यपि कुछ अन्य इनका समय इतना प्राचीन नहीं मानते। कोई भी विद्यमान सूत्र छठी ई॰पू॰ से पहले का नहीं है। इसमें कोई संदेह नहीं कि इस वर्ग के कुछ ग्रंथ इससे बहुत पहले विद्यमान रहे।

दार्शनिक साहित्य

छठी सदी ई॰पू॰ में नए दार्शनिक सिद्धांत प्रायः क्रांतिकारी रूप में सामने आये। इन दार्शनिक विचारधाराओं में से कुछ कट्टर सिद्धांत केवल थोड़े समय के लिए रहे, किन्तु कुछ ने किसी प्रकार स्थायित्व प्राप्त कर लिया। महावीर और बुद्ध के अतिरिक्त, इस युग के मुख्य नास्तिक धार्मिक शिक्षक पूर्ण कस्सप, पकुध कच्चायन, मक्खलि गोशाल, अजित केशकम्बलिन और संजय बेलट्ठपुत्र रहे। ये अपने समय के प्रसिद्ध दार्शनिक थे और विभिन्न दार्शनिक विषयों पर उन्होंने स्वतंत्र दृष्टिकोण रखे। इनके ग्रंथ अब प्राप्त नहीं हैं, किन्तु हम उनके विचारों को बौद्ध और जैन साहित्य द्वारा जानते हैं।

भारतीय दर्शन की छः पद्धतियाँ, जो कट्टरता के लिए प्रसिद्ध एवं बौद्ध, जैन और चार्वाकों की नास्तिक पद्धतियों से अलग हैं, आस्तिक दर्शन के रूप में सामने आईं। वे वेदों को मान्यता तो देती हैं किन्तु परस्पर पर्याप्त वैभिन्य रखती हैं। वे हैं –

1. कपिल का सांख्य,

2. पतंजलि का योग,
3. गौतम का न्याय,
4. कणाद का वैशेषिक,
5. जैमिनी का पूर्व मीमांसा, और
6. बादरायण का उत्तर मीमांसा या वेदांत।

इन दार्शनिक-पद्धतियों का प्रारंभ निश्चित ही महावीर के पहले हो गया था, किन्तु वे सूत्र-ग्रंथ, जो इनके निष्कर्ष बताते हैं, की रचना बाद में हुई। इन सूत्रों के कालक्रम के बारे में विद्वानों में बड़ा मतभेद है। विभिन्न सूत्रों की प्रस्तावित तिथि एक हजार वर्ष यानी पांचवीं सदी ई॰पू॰ और पांचवीं सदी ई॰ मध्य रही। सामान्यतः वैशेषिक और न्याय सूत्र सबसे प्राचीन माने जाते हैं और सांख्य सूत्र सबके बाद के।

इस प्रकार ध्यान देना है कि इन दर्शनों के प्रवर्तक उनके निश्चित जन्मदाता नहीं थे। उन्होंने तो सूत्रों को अंतिम रूप दिया जिनमें प्राचीन दार्शनिकों का उल्लेख किया। इन सूत्र-ग्रन्थों में प्रतिपादित मान्यताएं भी एक-दूसरे का खण्डन-मंडन करती हैं जो यह बताती हैं कि सूत्रों के अंतिम संकलन के पूर्व विभिन्न दार्शनिक शाखाएँ अस्तित्व में रही थीं। इस तथ्य को भी ध्यान में रखना है कि वे ग्रंथ, जिनमें इन छः दर्शनों का उल्लेख मिलता है, मूल प्रवर्तकों के बहुत बाद के हैं। यह संभव है कि दर्शन की इन पद्धतियों की उत्पत्ति बहुत पहले हो गई थी किन्तु उनकी सूत्र-शैली में रचना बहुत बाद में हुई।

तकनीकी और वैज्ञानिक साहित्य

इस युग की अन्य महत्त्वपूर्ण विशेषता है कि वैदिक शाखाओं से अलग कल्प, व्याकरण और ज्योतिष शाखाएँ अस्तित्व में आ गईं। ये विषय सामान्य शाखा के छात्रों को वैदिक साहित्य की अतिरिक्त शाखाओं के रूप में नहीं पढ़ाये जाते थे, किन्तु इनमें से प्रत्येक विषय का विशेष शाखा के द्वारा स्वतंत्र विकास हो रहा था। ज्ञान की इन शाखाओं द्वारा स्वतंत्र ग्रंथ लिखे जाते थे।

व्याकरण

पाणिनि का *अष्टाध्यायी* सबसे प्राचीन प्रचलित व्याकरण ग्रन्थ है। लेखक अपने पूर्वज शकटायन और शौनक का उल्लेख करता है किन्तु इसके ग्रंथ उपलब्ध नहीं हैं। इससे पाणिनि के दिनों के पहले व्याकरण के अध्ययन की प्राचीन परम्पराओं का अवश्य पता चलता है। पाणिनि उत्तर-पश्चिम सीमा प्रांत के शालातुर का निवासी था। उनके ग्रंथ में लगभग 4,000 सूत्र हैं, जो *अष्टध्यायी* नाम से आठ अध्यायों में विभाजित हैं। पाणिनि की तिथि निश्चित नहीं है और उसे सातवीं और चौथी सदी ई॰पू॰ के मध्य रखा जाता है।

यह ध्यान देने योग्य है कि जिस विषय पर पाणिनि ने विचार किया है, वह वेदाध्ययन की आवश्यकता को पूरा करने को बाध्य नहीं है किन्तु उसका अपना स्वतंत्र अस्तित्व और चिन्तन है, यद्यपि वेद उसके अध्ययन के बाहर नहीं हैं। यह वेद-विद्या की दास मात्र न होकर अलग से उस संस्कृत भाषा के लिए नियम बनाने वाली विधा थी जिसके विशेष रूप को हम शास्त्रीय संस्कृत नाम से पुकारते हैं।

छन्द-शास्त्र

ब्राह्मण साहित्य में अनेक बिखरे हुए संदर्भ मिलते हैं, किन्तु *शांखायन श्रौत सूत्र, ऋग्वेद प्रातिशाख्य* और *निदान सूत्र,* आदि में एक प्रकार के छंदों को व्यवस्थित ढंग से रखने का प्रयत्न किया गया है। छंदों में सबसे प्राचीन ग्रंथ पिंगल छंदशास्त्र है। उसने छंद-पद्धति को त्रिकों (प्रत्येक तीन अक्षरों के आठ समूहों) की सहायता से अभ्यास शुरू किया। बहुत प्राचीन समय से वेदों में संस्कृत छंदों की प्रत्येक पंक्ति के अक्षर की संख्या एक दूसरे से भिन्न रही। पिंगल की तिथि अनिश्चित है किन्तु उसका समय पहली व दूसरी सदी ई॰पू॰ रखा जा सकता है। पिंगल शास्त्रीय छंदों की परिभाषा देते हुए स्वयं प्राचीन लेखकों, जैसे रात, माण्डव्य, काश्यप व अन्य, का उल्लेख करता है। इससे पता चलता है कि शास्त्रीय छंदों का विकास पिंगल के बहुत पहले से शुरू हो गया था।

नीति-शास्त्र

महावीर के समय भली-भांति संगठित राज्यों के उत्थान से नीतिशास्त्र विज्ञान की उत्पत्ति प्रतीत होती है। *महाभारत* और *अर्थशास्त्र* दोनों नीतिशास्त्र के प्राचीन लेखकों के बारे में और उनके द्वारा प्रतिपादित सिद्धांतों की जानकारी देते हैं। ये दोनों ग्रंथ स्वतंत्र परम्पराओं और स्रोतों का निरूपण करते हैं। कौटिल्य उनके पूर्व के मनु, बृहस्पति, पराशर, उशनस्, भारद्वाज, विशालाक्ष, पिशुन, कौणपदन्त, वातव्याधि आदि 19 शिक्षकों का उल्लेख करते हैं। *महाभारत* कुछ सामान्य नामों के अतिरिक्त पांच अन्य का उल्लेख करता है।

अभाग्यवश इन लेखकों के ग्रंथ लुप्त हो गये हैं। *महाभारत* और *अर्थशास्त्र* उनके द्वारा उद्धृत विचार एवं उनकी विषय-सूची के बारे में जानकारी देते हैं। उनमें से एक उशनस् नामक विद्वान ने विचार प्रस्तुत किया कि राजनीतिशास्त्र अध्ययन करने योग्य विज्ञान था। वे राजतंत्रीय सरकार में विश्वास करते थे। उसने राजकुमार के प्रशिक्षण और आदर्श राजा की योग्यताओं पर विचार करने के लिए पर्याप्त विवरण दिया। उसने कोष, दुर्ग और सेवा से सम्बन्धित कठिनाइयों और आपदाओं पर विस्तृत एवं सापेक्ष विचार किया। इनमें से अधिकतर विचारकों द्वारा मंत्रिपरिषद् के संविधान और कार्यों का विस्तार से वर्णन किया गया और वे एक दूसरे से मंत्रियों की संख्या और उनकी योग्यताओं के बारे में मतभेद रखते थे। विदेश नीति के सिद्धांतों पर भी विचार किया जाता था। भारद्वाज ने

प्रतिपादित किया कि जब कोई उपाय न हो तो शक्तिशाली के सम्मुख समर्पित हो जाना चाहिए। विशालाक्ष ने सुझाव दिया कि अंतिम समय तक लड़ना चाहिए, चाहे इसका अर्थ नाश ही क्यों न हो। वातव्याधि ने षड्गुण्य के सिद्धांत से सहमत न होकर द्वैगुण्य का प्रतिपादन किया। राजस्व और प्रांतीय अधिकारियों पर नियंत्रण जैसे प्रश्नों पर विचार किया गया। इन प्राचीन ग्रंथों में दीवानी और फौजदारी कानून सम्बन्धी महत्त्वपूर्ण परिच्छेद रहे तथा जुर्माना और दण्ड, चोरी, डकैती, दुर्विनियोग, आदि की योजना प्रस्तुत की गई।[1062]

इस प्रकार कौटिल्य के पहले की राजनीतिक विचारधाराएँ निश्चित रूप से सिद्ध करती हैं कि वे एक दूसरे के दृष्टिकोण को यांत्रिक रूप में दोहराने तक ही सीमित नहीं रखते थे किन्तु वे लगातार जानने का प्रयत्न करते थे कि प्राचीन धर्म के क्षेत्र में राज्य को साध्य के रूप में प्राप्त किया जा सके।

गणित, ज्योतिष और फलित ज्योतिष

प्राचीन जैन ग्रंथ गणित, ज्योतिष और नक्षत्र-विज्ञान की उन्नति के अतुल प्रमाण प्रस्तुत करते हैं। यह कहा जाता है कि महावीर गणित और ज्योतिष में पारंगत था।[1063] एक जैन ग्रंथ में गणित का अनुयोग सिद्धांत के चार में से एक का प्रतिपादन किया गया है।[1064] ठाणांग दस प्रकार के संख्या-विज्ञानों का उल्लेख करता है। इनके नाम परिकम्म (मूल सूत्र), ववहार (व्यवहार), रज्जु (रस्सी, रेखागणित), रासि (एक माप-इकाई), कलासावन्न (भिन्न), जावंतावम् (सामान्य समीकरण), वग्ग (वर्ग), घर (लम्बाइ×चौड़ाइ×ऊँचाई), वग्गवग्ग (वर्ग का क्षेत्रफल) तथा विकल्प (वैकल्पिक संयुक्तीकरण) हैं।[1065]

जैन सिद्धांत के पाँचवें और सातवें उपांग का क्रमशः सुरियपण्णत्ति और चन्द्रपण्णत्ति का संबंध ज्योतिष से है। सुरियपण्णत्ति का संबंध जैनियों के विभिन्न ज्योतिष-दृष्टिकोणों – जैसे वर्ष में सूर्य का परिक्रमा-पथ, सूर्य का उदय और अस्त होना, सूर्य की प्रत्येक 184 हस्त में मार्ग गति, सूर्य और चंद्र का प्रकाश, वर्ष की विभिन्न ऋतुओं की छाया का नाप, चन्द्र का नक्षत्रों से संबंध, चन्द्रमा की तिथिपरक घट-बढ़, पांच प्रकार के आकाशीय विद्रोह, सूर्य, चन्द्रमा, ग्रह, नक्षत्र और तारक की गति, चन्द्र-प्रकाश के लक्षण, जम्बू द्वीप में सूर्यों की संख्या आदि का उल्लेख आता है।[1066]

1062. *स्टेट एण्ड गवर्नमेंट इन एंशियण्ट इंडिया,* पृ॰ 8-9.

1063. *कल्प॰,* I, 10.

1064. *दस॰चू॰,* पृ॰ 2.

1065. *ठा॰,* 10, 7/747.

1066. एम॰विंटरनिट्जः *हिस्ट्री ऑफ इंडियन लिटरेचर,* जि॰, 2, पृ॰ 457; *ज॰ए॰सो॰ब॰जि॰,* 49, भाग I, 1880.

जणिपाहुड़[1067] और *चूड़ामणि*[1068] का संबंध फलित ज्योतिष से है। विवाहपड़ल फलित ज्योतिष का एक अन्य ग्रंथ है। धार्मिक-क्रियाओं का समय निश्चित करने के लिए फलित ज्योतिष का ज्ञान आवश्यक माना जाता है।

ऐसा प्रतीत होता है कि आजीविकों के प्राचीन आठ महानिमित्त में फलित ज्योतिष विषय के अनेक खण्ड रहे, क्योंकि आजीविक संन्यासी प्रायः सरण-निर्णय एवं शकुनों के जानकार रहे।[1069] जैन साधु कालय या कालक ने संभवतः आजीविकों से महानिमित्त सीखा था।[1070] *उत्तराध्ययन* द्वारा निषेध किये जाने पर भी वे अष्ठ महानिमित्तों का प्रयोग करते थे। कालक के इस ज्ञान का परिचय श्रवण बेलगोला के एक अभिलेख से मिलता है जिसमें जैन साधु भद्रबाहु ने आठ महानिमित्त को जानकर तथा भूत, वर्तमान और भविष्य को देखकर, पहले से ही उज्जयिनी में बारह वर्ष की आपद (अकाल) की भविष्यवाणी की थी।[1071] जातकों के प्रमाण से पता चलता है कि उस काल के ब्राह्मण शारीरिक मुद्राओं एवं चिह्नों के आधार पर तथा स्वप्नों शकुनों का अध्ययन करके भाग्य बताया करते थे।[1072]

आयुर्विज्ञान

आयुर्वेद विज्ञान (तेगिच्छय या आयुवेय) के प्रवर्तक धन्वन्तरि को माना गया है।[1073] वे अष्टांग आयुर्वेद में पारंगत थे। धन्वन्तरि की तिथि निश्चित नहीं है।[1074]

महावीर के दिनों में, आयुर्वेद विज्ञान उन्नत अवस्था में था। तक्षशिला आयुर्वेद विद्यालय के लिए प्रसिद्ध था। भारत में यह अपने आप में सर्वश्रेष्ठ था। इसी कारण राजकुमार जीवक ने वहाँ आयुर्वेद और शल्यकर्म सीखने में सात वर्ष बिताये।[1075] आयुर्वेद में व्यावहारिक पाठ्यक्रम निघ व द्रव्य विज्ञान सम्मिलित थे। जातकों में तक्षशिला के आयुर्वेद के विद्यार्थियों का उल्लेख मिलता है जो कपाल के अर्बुदों व आंतों की शल्य-क्रिया द्वारा उपचार करते थे।

अपनी शिक्षा पूर्ण करने के पश्चात् मगध लौटने पर जीवक राजकीय वैद्य नियुक्त

1067. *बृह०भा०*, I, 1303.
1068. वही, I, 1313.
1069. *जा०*, I, पृ० 257, *नरवत्त जातक*.
1070. *पंचकल्प चूर्णि*.
1071. *एपिग्राफिया कर्नाटिका*, II, सं० 1.
1072. *फ०स०ओ०न०नी०*, पृ० 229-234.
1073. *निशी०चू०*, 15, पृ० 944; *अयोधर जा०* (सं० 510), I, पृ० 496, 148.
1074. *वि०वा०*, 7, पृ० 4.
1075. *ब्रा० सं०*, 498.

किया गया। वह राजा बिम्बिसार के भगन्दर की शल्य-क्रिया में सफल हुआ। उसने कुष्ठ, घेंघा, दमा, श्वेत कुष्ट और अपस्मार रोगों से पीड़ित भिक्षु रोगियों का भी उपचार किया था। उसने साकेत के एक महाजन की पत्नी के शिरोशूल, बनारस के एक श्रेष्ठी का चर्मरोग और राजा प्रद्योत का पीलिया रोग का उपचार भी किया था।[1076] राजगृह में अकासगोत्त नामक एक अन्य वैद्य था जिसने एक भिक्षु के भगन्दर की शल्य-क्रिया की थी।[1077]

आचारांग निम्न सोलह रोगों का उल्लेख करता है – ग्रन्थि (गण्डी), कुष्ठ (कुट्ठ), राज-यक्ष्मा (रायंशी), अपस्मार (अवमारिय), अंधत्व (काणिय), हस्त व पाद का कड़कपन (झिमिय), हाथ-पैरों का शैथिल्य (कुणिय), कुबड़ (खजिय), पक्षाघात, बधिरत्व (मूय), सूजन (सूणिय), अधिक भूख (गिलासणि), कंपन, हाथी-पांव (सलिवय) और मधुमेह।[1078]

अस्पतालों (तिगिच्छयशालाओं) का बार-बार उल्लेख मिलता है। *नायाधम्मकहा* में लिखा है कि सौ स्तंभों के अस्पताल में अनेक वैद्य और शल्य चिकित्सक थे जो विभिन्न औषधियों और जड़ी-बूटियों से अनेक प्रकार के रोगियों का उपचार करते थे।[1079] राजकीय चिकित्सक होते थे जिनके साथ चिकित्सा-उपकरण का झोला रहता था[1080] और वे रोग के लक्षण के अनुसार विभिन्न उपचार करते थे।

अभियांत्रिक विज्ञान

उस समय अभियांत्रिकी अधिक लोकप्रिय और विकसित जान पड़ता था। नगरों, दुर्गों, भवनों, तड़ागों व नहरों, आदि का निर्माण बिना सुप्रशिक्षण एवं विशिष्ट अध्ययन के असंभव था। भिक्षु, जो आजकल सुलभ और आराम का जीवन बिताते देखे जाते हैं और धर्म और दर्शन के अध्ययन और ध्यान में रहते हैं, उस समय सुन्दर भवनों के निर्माण-कार्य के अधीक्षण से सम्बन्धित भी थे।[1081]

1076. *विनय पिटक*, मूल सर्वास्तिवाद, गिलगिट पांडुलिपि, जिल्द 3, भाग 2, पृ॰ 1-52.
1077. *वि॰पि॰*, I पृ॰ 215.
1078. *आ॰चा॰*, 6, 1, 173.
1079. *नाया॰*, 13, पृ॰ 143.
1080. *बृह॰*, भाग 1, 376; *भा॰*, 5.2.
1081. *चू॰*, 6 (अनुवाद – रीज डेविड्स और (4) ओल्डनबर्ग द्वारा *से॰बु॰ई॰*, 20, पृ॰ 189-90.

ग्रंथ-सूची

मौलिक ग्रंथ

अथर्ववेद, संपा॰ सायण की टीका के साथ एल॰पी॰ पंडित, बंबई, 1895-8।
—— अनु॰एम॰ ब्लूमफील्ड, बंबई, जि॰ 42, ऑक्सफोर्ड, 1897।
अनुउगद्दार, चूर्णि, जिनदास गणि, रतलाम, 1928।
——, *टी॰*,हरिभद्र, रतलाम 1928।
——, *टी॰*,मलधारी हेमचन्द्र, भावनगर, 1939।
अंगुत्तर निकाय, संपादक, आर॰ मोरिस एवं ई॰ हार्डी, पी॰टी॰ एस लंदन 1885-90 अनु॰ एफ॰ एल॰ बुडवर्ड एवं इ॰ एम॰ हारे, *द बुक ऑफ द ग्रेजुएल सेइंग्स*, 5 जिल्द पी॰टी॰एस॰ लंदन, 1932-36, 1 और 2 जिल्द 1931।
अन्तगडड़साओ, टी॰ अभयदेव, सम्पादक, एम॰ सी॰ मोदी, अहमदाबाद, 1932, संपादक पी॰एल॰वैद्य, पूना, 1932।
अपदान, संपादक मेरी ई॰ जिल्ले, पी॰टी॰एस॰ लंदन, 1925-27।
असग का वर्धमान चरित, शोलापुर, 1931।
आउपपासिक, संपा॰ एन॰जी॰ सुरू॰, पूना, 1936।
आचारांग – *निर्युक्ति*, भद्रबाहु।
——, *चूर्णि*, जिनदास गणि, रतलाम, 1941।
——, *टी॰शीलांक*, सूरत, 1935।
——, अनु एच॰ याकोबी, *से॰ बु॰ ई॰*, 22 लंदन।
आपस्तम्ब धर्मसूत्र, संपादक, जी ब्यूह्लर, बंबई संस्कृत सीरीज़, बम्बई, 1892-94।
आपस्तम्ब गृह्यसूत्र, *से॰ बु॰ ई॰*, जिल्द, 30।
आश्वलायन गृह्यसूत्र, संपादक ए॰एफ॰ स्टेज्लर, लिपजिंग, 1864।
आवश्यक निर्युक्ति, भद्रबाहु।
—— *भाष्य*,
—— *चूर्णि*, जिनदासगणि, रतलाम, 1928।
—— *टी॰*,हरिभद्र आगमोदय समिति, बंबई, 1916।
—— *टी॰*,मलयगिरि, आगमोदय समिति, बंबई, 1928।
—— *निर्युक्ति दीपिका*, माणिक्य शेखर, सूरत, 1939।

ओधनिज्जुत्ति टी. द्रोणाचार्य, बम्बई, 1919।

—— *टी.* अभयदेव, द्वितीय संस्करण, सूरत, वि. सं. 1914।

उत्तराध्ययन निर्युक्ति, भद्रबाहु।

—— *चूर्णि,* जिनदासगणि, रतलाम, 1933।

——, अंग्रेज़ी अनु. एच. याकोबी, *से. बु. ई.,* 45 देहली, रिप्रिंट, 1964।

——, संपा. जे. कार्पेण्टर, उप्सल, 1922।

उवासगदसाओ, अंग्रेज़ी अनुवाद ए.एफ.आर. होर्नले, कलकत्ता 1888 संपा. पी.एल. वैद्य पूना, 1930।

ऋग्वेद, संहिता और पद, टी. सायण, संपा. एफ् मैक्समूलर (द्वितीय संस्करण) 1890-2, संहिता और पद, टी. सायण संपा. वैद्य संशोधक मंडल, पूना, 4 जिल्द, 1933 आदि।

ऐतरेय ब्राह्मण, सम्पादक के.एल. अगर्षे, पूना 1896।

——, अनु.ए.बी.कीथ., एच. ओ.एज. जिल्द 25, कैम्ब्रिज, 1920।

कल्पसूत्र, अनु. एच. याकोबी, *से. बु. ई.,* 22, देहली, 1968 दूसरा प्रिन्ट।

काष्ठक संहिता, संपादक वॉन श्रेडर, लिपजिंग, 1900-11।

कुंदकुंद का प्रवचनसार, पुरातन प्रबंध संग्रह, संपा. जिनविजय, मुनि, सिंधी जैन सीरीज, 2 कलकत्ता, 1936।

कौषितकि ब्राह्मण, संपादक ई.बी. कोवेल, कलकत्ता, 1891 अनु. ए.बी. कीथ, एच.ओ.एस. 25, केंब्रिज, 1920।

गुणचन्द्र का महावीर चरित्र, बम्बई, 1929, गुजराती अनुवाद भावसागर, वि.सं. 1994।

गौतम धर्म सूत्र, अनु.*से. बु. ई.,* II

गोपथ ब्राह्मण, संपा. राजेन्द्र मिश्रा एवं विद्या भूषण, कलकत्ता 1872।

छान्दोग्य उपनिषद्, संपादक बोहतलिंगक, लिपजिंग, 1889।

जटासिंह नंदि का वर्धवरागचरित, संपा. ए.एन. उपाध्ये, बंबई 1933।

जातक, संपा, पास बॉल, लंदन 1877-97, अंग्रेज़ी अनुवादक ई.बी. कावेल, 7 जिल्द, केम्ब्रिज, 1895-1913।

जिनप्रभ सूरि का विविध तीर्थकल्प, संपा. मुनिजिनविजय सिंधी जैन सीरीज़, 10, शान्तिनिकेतन, 1934।

जिनपाल उपाध्याय की खरतरगच्छ की बृहद्गुरुवावलि, संपा. मुनि जिनविजय, बम्बई, 1956।

जिनवल्लभ सूरि का संघपट्टक।

जिनसेन और गुणभद्र का महापुराण (आदिपुराण और उत्तर पुराण), इंदौर, वि.सं. 1973-75, हिन्दी अनुवाद सहित भारतीय ज्ञानपीठ, काशी, 1951-54।

जिनसेन सूरि का हरिवंश पुराण, भारतीय ज्ञानपीठ, काशी, 1962, हिन्दी अनुवाद, बम्बई।

जिनहर्ष का वस्तुपाल चरित्र, संपा. मुनि कीर्तिविजय, अहमदाबाद, 1941।

जीवाभिगम, टी. मलयगिरि, बम्बई, 1919।

तैत्तिरीय संहिता, संपा. ए. बेबर, बर्लिन, 1871-72।

तंदुलवेयालिय टी. विजय विमल, देवचन्द लालभाई।

थानांग टी. अभयदेव, अहमदाबाद, 1937।

थेरगाथा, संपा॰ पिश्चल, पी॰टी॰एस॰, लंदन, 1883।

———, अंग्रेज़ी अनु (प्लामस् ऑफ द सिस्टर्स) श्रीमती रीज डेविड्स, पी॰टी॰एस॰, लंदन, 1909।

थेरीगाथा, संपा॰ ओल्डेबर्ग, पी॰टी॰एस॰, लंदन, 1883।

दशवेयालिय निर्युक्ति, भद्रबाहु, *चूर्णि,* जिनदास गणि, रतलाम, 1933, *टी॰*हरिभद्र बम्बई, 1918, इन्ट्रोडक्शन एंड नोट्स डब्ल्यू शुब्रिंग।

देवचन्द्र की राजावलि कथा।

देवसेन का दर्शनसार, संपादक, नाथुराम प्रेमी, बोम्बे, वि॰ सं॰ 1974।

दीपवंश, संपा और अनु॰ एच॰ ओल्डनबर्ग, लंदन, 1879।

दीर्घनिकाय, संपादक, टी॰डब्ल्यू रिज डेविड्स और जे॰ई॰ कार्पेण्टर, 3 जिल्द, पी॰टी॰एस॰,लंदन, 1890, 1903, 1911, अंग्रेज़ी अनुवाद (*डायलॉग्स ऑफ द बुद्ध*) टी॰डब्ल्यू रिज डेविड्स, 3 जिल्द; *से॰ बु॰ ई॰,* लंदन, 1889-1910, 1921, राहुल सांकृत्यायन द्वारा हिन्दी में अनुवादित *दीर्घनिकाय,* महाबोधि सभा सारनाथ, 1936।

दिव्यावदान, संपा॰ ई॰बी॰ कोवेल एवं आर॰ए॰ नेइक, केम्ब्रिज, 1886।

दुर्गदेव का रिष्टसमुच्चय, संपा॰ ए॰एस॰ गोपाणी, सिंधी जैन सीरीज, 21 बम्बई, 1945।

——— अंग्रेज़ी अनु॰ (प्लामस ऑफ द ब्रदर्न) श्रीमती रीज डेविड्स, पी॰टी॰एस॰, लंदन, 1913।

धम्मपद, संपादक राहुल सांकृत्यायन, रंगून, 1937 अंग्रेज़ी अनु॰ एफ॰ मैक्समूलर, *से॰ बु॰ ई॰,* ऑक्सफोर्ड, 1898 संपादक रिज डेविड्स, *से॰ बु॰ ई॰,* लंदन, 1931।

धम्मपद कमेंट्री संपादक एच॰सी॰ नार्मल, 5 जिल्द पी॰टी॰एस॰, लंदन, 1906-15 अंग्रेज़ी अनुवाद (बुद्धिस्ट लीजेंड्स) ई॰डब्ल्युबरलिंगम्, 3 जिल्द केम्ब्रिज, 1921।

धर्मदास की वासुदेवहिंडी, भावनगर, 1930।

नन्दि, देववाचक, चूर्णि, जिनदासगणि, रतलाम, 1928।

नायाधम्मकहा, संपा॰ एन॰बी॰ वैद्य, पूना, 1940 टी॰ अभयदेव, आगमोदय, बम्बई, 1919।

निर्यावलियाओ, टी॰ चन्द्रसूरि, अहमदाबाद, 1938 संपा॰गोपानी और चोक्षी, अहमदाबाद, 1934 संपा॰ पी॰एल॰वैद्य, पूना, 1932।

निद्देस, महानिद्देस संपा॰ एल॰डे॰ज॰ वल्से पौसिजन एवं ई॰जे॰ थॉमस, पी॰टी॰एस॰, लंदन, 1916-17, *चुल्लनिद्देस,* संपा॰ डब्ल्यू स्टेडे, पी॰टी॰एस॰, लंदन, 1918।

निशीथ भाष्य

———, *चूर्णि* जिनदासगणि, संपा॰ विजयप्रेम सूरीश्वर, वि॰सं॰ 1995।

———, *एक अध्ययन,* दलसुख मालवनिया।

नेमिचन्द्र का त्रिलोकसार, बम्बई।

नेमिचन्द्र देवेन्द्र गणिका महावीर चरित, जैन आत्मानंद सभा, भावनगर, 1933।

नेमिदत्त का आराधना कथा कोष, हिन्दी अनुवाद, बंबई, 1915।

पंचविंश ब्राह्मण, संपादक ए॰ वेदान्त बागीश, कलकत्ता 1869-74।

पट्टावली समुच्चय, श्रीचारित्र स्मारक ग्रंथमाला, वीरमगाम, गुजरात, 1933।

पण्हवागरण टी॰ अभयदेव, बम्बई, 1919।

पैण्णदस, बंबई, 1927।

पण्णवणा टी. मलयगिरि, बम्बई, 1918-19।

---, गुजराती अनुवाद, भगवानदास, अहमदाबाद वि.सं. 1991।

प्रभाचन्द्र का प्रभावक चरित, संपा. जिनविजय मुनि, सिंधी जैन सीरीज, 13 अहमदाबाद।

पाणिनि की अष्टाध्यायी, अनु एस.सी. वसु, वाराणसी, 1891-1898।

पारस्कर गृह्यसूत्र, संपा. गोपाल शास्त्री, नेने, बनारस, 1926।

पिण्डनिज्जुति, टी. मलयगिरि, सूरत, 1918।

पूज्यपादका दशममगोदिसंग्रह दण्डी का दशकुमारचरित, संपादक जी. ब्यूह्लर और पी. पैटरसन, बम्बई, 1887, 1891 द्वितीय संस्करण अंग्रेजी अनुवाद ए. डब्ल्यू. राइडर, शिकागो, 1927।

पेतवत्थु, संपा. मिनयेण्ण, पी.टी.एस., लंदन, 1888।

बाण कादम्बरी, संपा. पी. पेटरसन, बम्बई, 1900 अंग्रेज़ी अनुवाद, सी.एम. रीडिंग, लंदन, 1896।

बुद्धचर्या, हिन्दी अनुवाद या त्रिपिटक और अहकथा से चुने हुए अंश राहुल सांकृत्यायन, द्वितीय संस्करण, सारनाथ, 1952।

बृहदारण्यक उपनिषद्, संपादक ओ. बोहतलिंगक, लिपजिंग, 1889।

बृहत्कल्प भाष्य, संघदासगणि *टी.*, मलयगिरि और क्षमाकीर्ति आत्मानंद जैन सभा भावनगर, 1933-38।

बृहत्कल्पसूत्र, हरिषेण का बृहत्कथा कोश।

बौधायन धर्मसूत्र, संपादक डबल्यू. केलेंड, कलकत्ता, 1904-23।

बौधायन गृह्यसूत्र, संपादक आर. शामा शास्त्री, मैसूर, 1920।

भगवद् गीता, संपादक के.एज. अगषे, पूना, 1909 अं.अनु.के.टी.टेलंग, *से. बु. ई.*, 2, संपा. ऑक्सफोर्ड, 1908।

भगवती टी., अभयदेव, आगमोदय, समिति बम्बई, 1921, रतलाम, 1937 संपादक जोज़ेफ़ डेलेड भूमिका सहित, "डे" टेम्पेज टेम्पेलहोप, 37 श्रीत्री ब्रोगी (बेइगी)।

भागवत पुराण, संपादक वी.एल.पंसीकर, बॉम्बे, 1920।

भद्रबाहुचरित।

मज्झिम निकाय, संपा, ट्रेंकनेर और आर. चाल्मर्स, पी.टी.एस., लंदन, 1888-1902 अंग्रेज़ी अनुवाद (*फर्दर डायलॉग्स ऑफ द बुद्ध*) फोर्ड चाल्मर्स, 2 जिल्द, *से. बु. ई.*, लंदन, 1926-27 अनु. हिन्दी में राहुल सांकृत्यायन, महाबोधि सभा, सारनाथ, 1933।

मत्स्य पुराण, अंग्रेज़ी अनुवादक तालुकदार, इलाहाबाद, 1916-17।

महाभारत, अंग्रेज़ी अनुवाद एम.एन. दत्त, कलकत्ता 1905।

महानिशीथ, संपा. डब्लू, शुब्रिंग, बर्लिन, 1918, गुजराती अनुवादक नरसिंह भाई।

महावग्ग, संपा, एन.के. भगत, दो जिल्द, बम्बई, 1944-1952।

महावंश, संपा. और अनु. गीजर, पी.टी.एस., लंदन, 1912।

महावस्तु, संपा. ई. सेनर्ट, पेरिस, 1882-97।

मिलिन्द पन्हो, संपादक वी. ट्रेक्नर, लंदन, 1880 अंग्रेज़ी अनुवादक टी. डब्ल्यू. रिज डेविड्स, *से. बु. ई.*, ऑक्सफोर्ड, 1890-94।

मेघविजय का दिग्विजय महाकाव्य, संपादक, अंबालाल प्रेमचन्द शाह, सिंधी जैन सीरीज़, 14, बम्बई, 1945।

मेरुतुंग का प्रबंध चिंतामणि, अनु॰ हजारीप्रसाद द्विवेदी, सिंधी जैन सीरीज़, 3, बम्बई, 1940।

मैत्रायणी संहिता, संपादक वॉन श्रेडर, लिपजिंग, 1881-86।

यतिवृषभ का तिलोयपण्णति, संपा॰ ए॰एन॰ उपाध्ये और एच॰एल॰ जैन॰,सोलापुर, 1951।

राजशेखर का प्रबंध कोश, संपा॰, जिनविजय, सिंधी जैन सीरीज, 6 शांतिनिकेतन, 1955।

रामायण, अंग्रेजी में अनु॰ एम॰एन॰ दत्त, कलकत्ता, 1890-94।

रायपसेणिय टी॰ अभयदेव, अहमदाबाद, वि॰सं॰ 1994।

———, अंग्रेज़ी अनु॰ एन॰वी॰ वैद्य, अहमदाबाद, 1938।

ललितविस्तार, संपा॰ आर॰ मिश्र कलकत्ता, 1877 संपा॰ एस॰ लेपमंत, हेले, 1902-08।

वराहमिहिर का वराहसंहिता, संपादक एच॰कर्न॰, बी॰आई॰ कलकत्ता, 1865 अनु॰ अंग्रेज़ी, वी॰सुब्रह्मण्य शास्त्री एवं एम॰ रामकृष्ण भट्ट, 2 जिल्द, बेंगलोर, 1947।

वस्तुपाल का नरनारायण नन्द महाकाव्य, संपा॰ सी॰ डी॰ दलाल, बडौदा, 1916।

वसिष्ठ धर्म सूत्र, संपादक ए॰ए॰फ्यूहरर, बम्बई, 1916।

विमलसूरि का पउमचरिउ, संपा॰ एच॰ याकोबी, भावनगर, 1914।

विवागसुय टी॰ अभयदेव, बड़ौदा, वि॰सं॰ 1922।

———, संपा॰ ए॰टी॰ उपाध्ये, बैसगांव, 1935।

वीरसेन और जिनसेन का कसाय-पाहुंड (जयधवल), जिल्द, 1 और 2 मथुरा, 1944।

वेदांतसार, संपादक, कोवेल।

व्यवहार, भाष्य टी॰ मलयगिरि, भावनगर, 1926।

शतपथ ब्राह्मण, संपादक ए॰ बेबर, लंदन, 1885।

———, अनु॰ एग्गेलिंग, *से॰ बु॰ ई॰*, 12, 26 41, 43, 44 (XLI XLIII XLIV XLI), ऑक्सफोर्ड 1882-1900।

शांकायन गृह्यसूत्र, से॰ बु॰ ई॰, जि॰ 29 XXIX।

श्रीमाल पुराण अथवा श्रीमाल माहात्म्य, संपा॰ जटाशंकर लीलाधर और केशवजी और विश्वनाथ, अहमदाबाद, 1899, वि॰सं॰ 1955।

समवायांग सूत्रकृतांग, टी॰ अभयदेव, अहमदाबाद, 1938।

———, *निर्युक्ति* भद्रबाह।

———, *चूर्णि*, जिनदासगणि, रतलाम, 1941।

———, शीलांक आगमोदय समिति, बम्बई, 1917।

संघनिकाय, संपा॰ लेओनप्रीअर, पी॰टी॰एस॰, लंदन 1884-98 इंडेक्सेज, श्रीमती रीज डेविड्स लंदन, 1904, अंग्रेज़ी अनुवाद (बुक ऑफ द किंडर्ड सेइंग्ज और गुपड़ सुत्ताज) श्रीमती रीज डेविड्स एंड ऑफ अल वुडवर्ड, पी॰टी॰एस॰ लंदन, 1917-30।

सर्वदर्शन संग्रह, अनु॰ कोवेल और गोउध।

सुत्तनिपात, संपा॰ डी॰ एंडरसेन और एच॰ स्मिथ, पीटीएस, लंदन, 1913 अंग्रेज़ी अनुवाद वी॰ फाल्सबोल, *से॰ बु॰ ई॰*, ऑक्सफोर्ड, 1898, संपा, राहुल सांकृत्यायन।

सुबन्धु का वासवदत्ता।

सुमंगल विलासिनी, टी॰ दीर्घनिकाय पर संपा॰ टी॰ डब्लू॰ रिज डेविड्स, पी॰टी॰एस॰, लंदन, 1886।

सोमचरित्रगणिका गुजगुण रत्नाकर काव्य, संपा॰ इन्द्रविजय की यशोविजय जैन ग्रंथ माला, जि॰ 24 बनारस, वी॰नि॰सं॰ 2437।

सोमेश्वर का कीर्तिकौमुदी का महाकाव्य, संपा ए॰वी॰ कथवते।

——, अंग्रेज़ी अनुवाद, एच॰याकोबी, *से॰ बु॰ ई॰,* एकस XLV देहली, रिप्रिंट, 1964।

हरिचन्द्र का जीवंधर चम्पू हिन्दी अनुवाद भारतीय ज्ञानपीठ काशी, 1958।

हरिभद्र का घूतख्यान, अनु॰ए॰एन॰ उपाध्ये, सिंधी जैन सीरीज़, 15, बंबई 1944।

हरिभद्र का सम्मरैच्चकहा, संपा॰ एच॰ याकोबी, बिबलिओथिका इंडिका, कलकत्ता 1926।

हरिभद्र का संबोध प्रकरण, जैन ग्रंथ प्रकाशक सभा, अहमदाबाद, वि॰सं॰ 1972।

हेमचन्द्र का द्वयाश्रयमहाकाव्य, संपा॰ ए॰वी॰ कथवते, 2 भाग, बम्बई, 1915।

हेमचन्द्र का परिशिष्ट, पर्वन, संपा, एच॰ याकोबी, कलकत्ता, द्वितीय संस्करण, 1932।

हेमचन्द्र का त्रिषष्टिशलाका पुरुष चरित, अनु॰ जोहनसन, बड़ौदा, 1930।

क्षमाश्रमण, टी॰ हरिभद्र, रतलाम, 1928, टी॰ मलयगिरि, बम्बई, 1921।

सामान्य आधुनिक ग्रंथ

अग्रवाल, वा॰श॰, *इंडिया एज़ नोन टू पाणिनि,* लखनऊ, 1953 इंडियन आर्ट वाराणसी, 1965।

अमृतलाल, मदनलाल, संपादक, *श्री प्रशस्ति संग्रह,* अहमदाबाद, वि॰सं॰ 1993।

अल्तेकर, ए॰एस॰, *स्टेट एंड गवर्नमेंट इन एंशियंट इंडिया,* द्वितीय संस्करण, बनारस, 1955 *द पोजीशन ऑफ वीमेन इन हिन्दू सिविलाईजेशन,* वाराणसी।

——, *एजूकेशन इन एंशियंट इंडिया,* वाराणसी, 1957।

——, *द राष्ट्रकूट्स एण्ड देयर टाइम्स*।

ओझा, जी॰एच॰, *भारतीय लिपिमाला,* अजमेर, 1918।

——, *राजपूताना का इतिहास,* अजमेर, 1937।

——, *उदयपुर राज्य का इतिहास,* अजमेर, वि॰सं॰ 1985।

उपाध्ये, ए॰एन॰, रूपा॰, *महावीर एंड हिज़ टीचिंग्स,* बंबई, 1917।

उपासक, सी॰एस॰, *द हिस्ट्री एंड पालिओग्राफी ऑफ मौर्यन ब्राह्मी स्क्रिप्ट,* वाराणसी, 1960।

एडवर्ड, टॉमस इलिओट एंड डॉसम, *जैनिज्मः द अर्ली फेथ ऑफ अशोक,* लंदन, 1877, सं॰ *हिस्ट्री ऑफ इंडिया एज़ टोल्ड बाइ इट्स ओन् हिस्टोरियन्स,* लंदन, 1906-07।

एलम, जे॰, *कैटलाग ऑफ क्वाइन्स ऑफ एंशियंट इंडिया,* 1936।

कनिंघम, ए॰, *एंशियन्ट ज्योग्रफी ऑफ इंडिया,* कलकत्ता, 1924; आर्क्योलाजिकल सर्वे ऑफ इंडिया रिपोर्ट्स।

——, *क्वाइंस ऑफ एंशियंट इंडिया,* लंदन, 1891।

कर्न,एच॰, *मैनुअल ऑफ इंडियन बुद्धिज्म,* स्ट्रैजबर्ग, 1896।

कल्याणविजय, *श्रमण भगवान् महावीर,* जालौर, वि॰सं॰, 1930।

कामताप्रसाद, संपा॰, *प्रतिमा लेख संग्रह,* आरा॰वि॰सं॰ 1994।

काने,पी॰व्ही॰, *हिस्ट्री ऑफ धर्मशास्त्र,* पूना, 1941।

कांतिसागर, संपा॰, *जैन धातु प्रतिमा लेख संग्रह*, सूरत, 1950 ई॰।

कासलीवाल, कस्तूरचन्द, संपा॰, *प्रशस्ति संग्रह*, ज़यपुर, 1950।

गांधीलालचन्द भगवानदास, *ए कैटलाग ऑफ मैनुस्क्रिपट्स इन द जैन भंडार्स एट पाटन*, जी॰ ओ॰ एस, LXXVI 1937।

गोयलीय अयोध्याप्रसाद, *राजस्थान के जैन वीर*, देहली, 1933।

घोष, ए॰, संपादक, *जैन आर्ट एंड आर्किटेक्चर*, 3 जिल्द, न्यू देहली।

चटर्जी, ए॰के॰, *ए कॉम्प्रिहेंसिव हिस्ट्री ऑफ जैनिज्म*, I एवं II कलकत्ता, 1978-1984।

चंदनमल, *श्री केशरियाजी तीर्थ का इतिहास*, सादड़ी, 1933।

चौधरी, गुलाबचन्द, *जैनिज्म इन नॉर्दर्न इंडिया*, 700-1300 ई॰ अमृतसर, 1954।

——, *जैन साहित्य का बृहद् इतिहास*, I–VI, वाराणसी, 1973।

जयसवाल, काशीप्रसाद, *हिन्दू पोलिटी*, तृतीय संस्करण, बंगलौर, 1955।

जैन, कैलाशचन्द्र, *जैनिज्म इन राजस्थान*, शोलापुर, 1963।

——, *मालवा थ्रू द एजेज़*, देहली, 1972।

——, *एंशियंट सीटीज़ एंड टाउंस ऑफ राजस्थान*, देहली, 1972।

——, *लॉर्ड महावीर एंड हिज़ टाइम्स*, द्वितीय संस्करण, देहली, 1981।

——, *प्रीहिस्ट्री एंड प्रोटोहिस्ट्री ऑफ इंडिया*, न्यू देहली, 1979।

——, *मध्य प्रदेश थ्रू द एजेज़*, I एंड II, न्यू देहली, 1996।

जैन, कस्तूरचन्द, सुमन, *जैन अभिलेख परिशीलन*, जयपुर 1994, आहार क्षेत्र के अभिलेख, आहारजी, 1995।

जैन, छोटेलाल, *जैन बिबलियोग्राफी*, कलकत्ता।

जैन, जगदीशचन्द्र, *जैन लाइफ़ इन एंशियंट इंडिया एज़ डेपिक्टेड इन द जैन कैनन्स;*

——, *प्राकृत साहित्य का इतिहास*, वाराणसी, 1961;

——, *भारत के प्राचीन जैन तीर्थ*, बनारस, 1962।

जैन, जिनेश्वरदास, *अंत्रकोर के पंचमेरु मंदिर, इतिहास के नवीन परिप्रेक्ष्य में*, लखनऊ, 1999।

जैन, ज्योतिप्रसाद, *द जैन सोर्सेस् ऑफ द हिस्ट्री ऑफ एंशियंट इंडिया*, देहली, 1964।

——, *उत्तर प्रदेश और जैन धर्म*, लखनऊ, 1976।जयंतविजय, संपादक, *अर्बुदाचल, प्रदक्षिणा जैन लेख संदोह*, भावनगर, वि॰सं॰ 2005।

जैन, बलभद्र, *भारत के दिगम्बर जैन तीर्थ*, पांच भाग, बम्बई, 1974-1988।

जैन, बूलचन्द, *लॉर्ड महावीर (ए स्टडी इन हिस्टॉरिकल पर्सपेक्टिव)*, बनारस, 1948।

जैन, हीरालाल, *भारतीय संस्कृति में जैन धर्म का योगदान*, जबलपुर, 1962।

जिनविजय मुनि, संपा॰ *जैन पुस्तक प्रशस्ति संग्रह*, सि॰धी॰ जैन सीरीज़, अहमदाबाद, 1943।

जिम्मर, एच, *फिलॉसफीज़ ऑफ इंडिया*।

जोहरापुरकर, वी॰पी॰, *भट्टारक सम्प्रदाय*, शोलापुर, 1958।

टॉड, *एनल्स एंड एंटिक्विटीज ऑफ राजस्थान*, बंबई, 1920।

टोंक, उमरावसिंह, *सम डिस्टिंगुइस्ड जैन्स*, आगरा, 1918।

डे, उपेन्द्रनाथ, *मेडिवल मालवा*, देहली, 1965।

डे, एन॰एल॰, *ज्योग्रफिकल डिक्शनरी ऑफ एंशियंट मेडिवल इंडिया,* लंदन 1926।

डेविड्स, रिज॰, *बुद्धिस्ट इंडिया,* नवा संस्करण, देहली, 1970।

तिवारी, बी॰के॰, *हिस्ट्री ऑफ जैनिज्म इन बिहार,* गुड़गांव, 1996।

तुलसी, *प्रिवैदिक एक्जिसटेंस ऑफ श्रमण ट्रेडिशन*।

थोमस, ई॰जे॰, *हिस्ट्री ऑफ बुद्विस्ट थॉट,* न्यू दिल्ली, 1953।

दत्त, एस॰के॰, *अर्ली बुद्धिस्ट मॉनिथिज्म,* लंदन, 1924।

देव, एस॰बी॰, *हिस्ट्री ऑफ जैन मानिकिज्म,* पूना, 1956।

देवहोति, *हर्ष, ए॰ पोलिटिकल स्टडी,* ओक्सफोर्ड, 1970।

देसाई, दुलीचन्द्र, मोहनलाल, *जैन साहित्य छंद नो संक्षिप्त इतिहास,* बंबई, 1933।

देसाई, पी॰बी॰, *जैनिज्म इन साउथ इंडिया एंड सम जैन एपिग्राफ्स,* शोलापुर, 1957।

दिवाकर, आर॰ आर॰, संपादक, *बिहार थ्रू द एजेज,* कलकत्ता, 1959।

द्विवेदी, एच॰एन॰, *ग्वालियर राज्य के अभिलेख,* ग्वालियर, 1947।

नरसिंह, आचार्य, संपा॰, *एपिग्राफिया कर्नाटका*।

नरसिंहराव, *इंसक्रिपशंस ऑफ श्रवणबेलगोला,* बेंगलोर, 1928।

नागराज, *आगम और त्रिपिटक एक अनुशीलन,* 1969।

नाहटा, अगरचन्द, संपा॰, *ऐतिहासिक जैन काव्य संग्रह,* कलकत्ता वि॰सं॰ 1994।

नाहटा, अगरचन्द और भंवरलाल, संपा, *बीकानेर जैन लेख संग्रह,* कलकत्ता, वी॰नि॰सं॰ 2482।

——, *दादा श्री जिनकुशल सूरि,* कलकत्ता, वि॰सं॰ 1996।

——, *युग प्रधान श्रीजिनचन्द्र सूरि,* कलकत्ता, वि॰सं॰ 1992।

——, *मणिधारी श्री जिनचन्द्र सूरि,* कलकत्ता, 1997।

नाहर, पी॰सी॰, संपादन, *जैन इंसक्रिपशन्स* (अभिलेख I, II, और III कलकत्ता, 1918-19)।

निगम, एस॰एस॰, *मालवांचल के जैन लेख,* उज्जैन, 1995।

पटेल, मणिलाल, अनु॰, *लाइफ ऑफ हेमचन्द्र,* सिंधी जैन सीरीज, अहमदाबाद।

पाण्डे, जी॰सी॰, *स्टडीज़ इन द ऑरिजिंस ऑफ बुद्धिज्म,* इलाहाबाद, 1957।

पाण्डे, आर॰ बी॰, *इंडियन पालिओग्राफी,* बनारस, 1952।

——, *विक्रमादित्य ऑफ उज्जयिनी,* बनारस, 1954।

प्रदीप, शास्त्री, *जिन भारती संग्रह,* जबलपुर।

प्रेमी, नाथुराम, *जैन साहित्य और इतिहास,* बंबई, 1942।

फिक, आर॰, *द सोशल आर्गनाइजेशन इन नार्थ ईस्ट इंडिया इन बुद्धिस्ट टाइम,* अनुवादक, एस॰ के॰ मैत्र, कलकत्ता, 1920।

फोरलोग, जे॰जी॰आर॰, *शॉर्ट स्टडीज़ इन द साइंस ऑफ कम्पेरेटिव रेलिजियन्स,* लंदन, 1997।

फ्लीट, जे॰एफ॰, *कार्पस इंस्क्रिप्शन्स,* जि॰ 3 कलकत्ता 1988।

बंदोपाध्याय, एन॰सी॰, *इकोनॉमिक लाइफ एण्ड प्रोग्रेस इन एंशियंट इंडिया,* कलकत्ता, 1945।

बरुआ, बी॰एम॰, *ए हिस्ट्री ऑफ प्रिबुद्धिस्टिक इंडियन फिलॉसफ़ी,* रिप्रिंट, 1970, देहली, गया और बोध गया, कलकत्ता, 1934।

बशम॰ए॰एल॰, *हिस्ट्री एण्ड डाक्ट्रीन ऑफ द आजिविक्स,* लंदन, 1951।

बेनर्जी, जे॰एन॰, *डेवेलपमेंट ऑफ हिन्दू आइक्नोग्राफी*, कलकत्ता, 1956।

बेनर्जी, एस॰सी॰, *धर्मसूत्राज़ – ए स्टडी इन देयर ऑरिजिन एंड डेवेलपमेंट*, कलकत्ता, 1962।

ब्राउन, नोर्मन, संपादक, *स्टोरी ऑफ कालक*, वाशिंगटन, 1933।

ब्यूहलर, जे॰जी॰, *द इंडियन सेक्ट ऑफ द जैन्स*, लंदन, 1903 ओन द इंडियन ओरिजन ऑफ़ द ब्राह्मी अल्फ़ाबेट।

भंडारकर, डी॰ आर॰, *लेक्चर्स आन द एंशियंट हिस्ट्री ऑफ इंडिया*, (कार माइकल लेक्चर्स, 1918, कलकत्ता, 1919)।

भोगीलाल, जे॰ संडेसरा, *लिट्रेटरी सर्किल ऑफ वस्तुपाल एण्ड इट्स कंट्रिब्यूशन टू संस्कृत लिट्रेचर*, सिं॰ जै॰ सि॰, 33, बंबई।

मजुमदार, आर॰सी॰, संपा॰, *द वैदिक एज*, बम्बई 1988 (5 संस्करण)।

——, संपा॰, *द एज ऑफ इंपीरियल यूनिटी*, बम्बई, 1990 (6 संस्करण)।

——, संपा॰, *द क्लासिकल एज, बंबई*, 1988 (चौथा संस्करण)।

——, संपा॰, *द एज ऑफ इंपीरियल कन्नौज*, बम्बई 1984 (तीसरा संस्करण)।

——, संपा॰, *द स्ट्रगल फॉर एम्पायर*, 1889 (चौथा संस्करण)।

माथुर, जे॰सी॰ एंड मिश्रा योगेन्द्र, संपा, *होमेज टू वैशाली*, 1948।

मार्शल, सर, जोहन, *मोहेनजोदड़ो एंड द इंडस सिविलाइजेशन*, 3 जिल्द, लंदन, 1931।

मित्तल, अमरचन्द, *अर्ली हिस्ट्री ऑफ उड़ीसा*, बनारस, 1962।

मिश्रा, योगेन्द्र, *एन अर्ली हिस्ट्री ऑफ वैशाली*, देहली, 1962।

मुकरजी, राधाकुमुद, *ए हिस्ट्री ऑफ इंडियन शिपिंग*, लंदन, 1912।

——, *एंशियंट इंडियन एजूकेशन*, लंदन, 1951।

——, *हिन्दू सिविलाइजेशन*, लंदन, 1936।

मुखतार, जुगलकिशोर, *जैन साहित्य और इतिहास पर विशद प्रकाश*, देहली, 1956।

——, संपादक, *जैन ग्रंथ प्रशस्ति संग्रह*, I, देहली, 1954।

——, संपादक, *पुरातन जैन वाक्य सूची*, सारवल, 1950।

मेहता, रतिलाल एन॰, *प्री बुद्धिस्ट इंडिया*, बंबई, 1939।

मैक्समूलर, *हिबर्ट लेक्चर्स*।

मैक्रिंडल, *एंशियंट इंडिया एज़ डेस्क्राइब्ड बाई मेगस्थनीज़ एंड एरियन*, लंदन, 1877।

रत्नप्रभविजय, मुनि, *श्रमण भगवान महावीर*, 8 जिल्द अहमदाबाद, 1947, अंग्रेजी।

राइस, संपा॰, *एप्रिग्राफिका कर्नाटका*, बेंगलोर।

——, संपा॰, *इंसक्रिपशन्स एट श्रवणबेलगोला*, बेंगलोर, 1899।

——, संपा॰, *मैसूर और कुर्ग फ्रॉम इंसक्रिपशंस*, लंदन, 1909।

राय चौधरी, एच॰सी॰, *पॉलिटिकल हिस्ट्री ऑफ एंशियंट इंडिया*, कलकत्ता 1953।

राय चौधरी, पी॰सी॰, *जैनिज्म इन बिहार*, पटना, 1956।राव, हनुमंत, *रेलिजियन इन आंध्र*, गन्तूर, 1973।

रेप्सन, ई॰जे॰, संपा॰, *केम्ब्रिज हिस्ट्री ऑफ इंडिया*, द्वितीय संस्करण, देहली, 1962।

रोकहिल, डब्लू॰डब्लू, *द लाइफ ऑफ द बुद्ध*, द्वितीय संस्करण, लंदन, 1884।

ला, बिमलचरण, *इंडिया एज डिस्क्राइब्ड इन अर्ली टैक्सट्स ऑफ बुद्धिज्म एंड जैनिज्म*, लंदन, 1941।

——, *हिस्ट्री ऑफ पालि लिट्रेचर*, 2 जिल्द, लंदन, 1933।

——, *महावीर, हिज़ लाइफ एंड टीचिंगस्*, लंदन, 1937।

——, *ज्योग्रफी ऑफ अर्ली बुद्धिज्म*, लंदन, 1932।

——, *सम जैन केनॉनिकल सूत्राज़*, बम्बई, 1949।

——, *इंडोलॉजिकल स्टडीज़*, I और II, कलकत्ता, 1942।

लुहाड़िया, कमल चन्द, *श्री दिगम्बर जैन महा अतिशय क्षेत्र*, नरायना (राजस्थान)।

लोढ़ा, दौलतसिंह, *प्राग्वाट जाति का इतिहास*, राणी (मारवाड़), 1953।

वाटर्स, *ऑन युवान च्वांगस ट्रेवल्स इन इंडिया*, लंदन, 1804-05।

विजयेन्द्र, *तीर्थंकर महावीर*, बंबई, वि॰सं॰ 2017।

विद्याविजय, संपा॰, *प्राचीन लेख संग्रह*, भावनगर, 1929।

विद्याविजय, मुनिराज, *सूरीश्वर और सम्राट अकबर*, आगरा, वि॰सं॰ 1980।

विंटरनिट्ज, एम, *ए हिस्ट्री ऑफ इंडियन लिट्रेचर*, कलकत्ता, 1933।

विलास, ए॰संघवे, *जैन कम्युनिटीः ए सोशल सर्वे*, बंबई, द्वितीय संस्करण, 1980।

शर्मा, जी॰आर॰, *द एक्सकेवेशन्स एट कौशाम्बी*, इलाहाबाद, 1960।

शर्मा, मथुरालाल, *कोटा राज्य का इतिहास*, कोटा, 1939।

शर्मा, श्रीराम, *द रिलीजियस पॉलिसी ऑफ द मुगल एम्पायर्स*, नई दिल्ली, तीसरा संस्करण, 1988।

शास्त्री, के॰ए॰एन॰, *द पाण्डयन किंगडम*, लंदन, 1929।

शास्त्री, के॰सी॰, *जैन साहित्य का इतिहास*, वाराणसी, 2489।

शास्त्री, परमानंद, *जैन धर्म का प्राचीन इतिहास*, देहली।

——, संपा॰, *जैन ग्रंथ प्रशस्ति संग्रह*, II, देहली, 1963।

शास्त्री, पी॰वी॰ परब्रह्म, *द काकतियाज*, हैदराबाद, 1978।

शाह, सी॰जे॰एल॰, *जैनिज्म इन नॉर्थ इंडिया*, लंदन, 1932।

शाह, यू॰पी॰ और ढाकी, एम॰ए॰, संपा॰, *एस्पेक्ट्स ऑफ जैन आर्ट एण्ड आर्किटेक्चर*।

शाह, त्रिभुवनदास, *एंशियंट इंडिया*, I, II और III बड़ौदा, 1939।

शारदा, एच॰बी॰, *अजमेर हिस्टॉरिकल एंड डिसक्रिपटिव*, अजमेर, 1941।

शीतलाप्रसाद, *मध्यप्रांत, मध्यभारत और राजपूताने के प्राचीन जैन स्मारक*, सूरत, 1926।

श्रीवास्तव, ए॰एल॰, *द सल्तनत ऑफ देहली*, आगरा, 1953।सत्य भक्तः जैन धर्म भीमांसा।

संकालिया, एच॰डी॰, *आरक्यॉलाजी ऑफ गुजरात*, बम्बई, 1941।

सरकार, डी॰सी॰, *इन्सक्रिपशंस ऑफ अशोक*, देहली, 1967।

——, *सेलेक्ट इन्सक्रिपशंस*, जिल्द, कलकत्ता, 1965।

——, *द सकसेसर्स ऑफ द सातवाहनज़ इन द लोवर दक्खन*, कलकत्ता, 1939।

——, *एंशियंट मालवा एंड द विक्रमादित्य ट्रेडिशन*, देहली, 1969।

——, संपा॰, *इंडियन प्रिहिस्ट्री*, पूना, 1964।

सेठ, सी॰बी॰, *द जैनिज्म इन गुजरात 1100-1600 AD*, बम्बई 1953।

सेन, अमूल्य चन्द्र, *स्कूल्स एंड सेक्ट्स इन जैन लिट्रेचर,* कलकत्ता, 1931।

सेलीटोर, बी.ए., *मेडिवल जैनिज्म विद स्पेशल रेफरेंस टू विजयनगर एम्पायर,* बंबई, 1938।

सिंह, एम.एम., *लाइफ इन नॉर्थ-ईस्टर्न इंडिया, प्री.मौर्यन टाइम्स,* 1967।

स्मिथ, वी.ए., *जैन स्तूप एण्ड अदर एंटिक्विटीज फ्रॉम मथुरा,* इलाहाबाद, 1901।

——, *अर्ली हिस्ट्री ऑफ इंडिया,* ऑक्सफोर्ड, 1924।

——, *हिस्ट्री ऑफ इंडिया,* ऑक्सफोर्ड, 1923।

——, *अकबर द ग्रेट मुगल,* द्वितीय संस्करण, देहली, 1958।

हंडीकी, के.के., 1974, *यशस्जिक एंड इंडियन कल्चर,* शोलापुर, 1949।

हस्तीमल, *जैन धर्म का मौलिक इतिहास,* I, जयपुर, 1971।

हीरालाल, संपा., *कैटलॉग ऑफ संस्कृत एंड प्राकृत मैनुस्क्रिपट्स इन सी.पी. एण्ड बरार*।

हीरालाल, हंसलाल, *जैन गोत्र संग्रह,* जामनगर, 1933।

ज्ञानसुन्दरजी, *भगवान पार्श्वनाथ की परम्परा का इतिहास,* फलोधी, 1943।

पत्र, पत्रिकाएँ और रिपोर्ट्स

अध्यात्म – पर्व-पत्रिका, झांसी।

इंडियन ऐंटीक्वेरी।

इंडियन कल्चर।

इंडियन हिस्टॉरिकल क्वार्टर्ली, कलकत्ता।

एनल्स ऑफ भंडारकर ओरियंटल रिसर्च इंस्टीट्यूट, पूना अनेकांत देहली।

एप्रिग्राफिया कर्नाटका।

ऐनुअल प्रोग्रेस रिपोर्ट ऑफ द आर्क्योलॉजिकल डिपार्टमेंट, जम्मू एण्ड कश्मीर।

ऐनुअल रिपोर्ट ऑफ द आर्क्योलाजिकल डिपार्टमेंट, ग्वालियर, स्टेट, ग्वालियर – *एनसाइक्लोपीडिया आफ जैन रेलिजियन एंड एथिक्स*।

ऐनुअल रिपोर्टस् ऑफ आर्क्योलॉजिकल सर्वे ऑफ इंडिया।

ऐनुअल रिपोर्ट ऑफ साउथ इंडियन एपिग्राफी अर्हत वचन।

ऐनुअल रिपोर्ट इंडियन एपीग्राफी।

किलहोर्न लिस्ट।

के.डी. बाजपेयी फेलिशिटेशन वॉल्यूम।

जैन शिलालेख संग्रह, I, बम्बई, 1928, देहली 1971।

जैन जर्नल, महावीर जयंती स्पेशल, कलकत्ता।

जैन सत्य प्रकाश, अहमदाबाद।

जैन साहित्य संशोधक, अहमदाबाद।

जैन सिद्धांत भास्कर (हिन्दी व अंग्रेजी), आरा।

जैनाचार्य श्री आत्मानंद सेंटेनरी कमेमोरेशन वोल्यूम, संपा. मोहनलाल तुलीचन्द देसाई, बम्बई, 1936।

जर्नल ऑफ एशियाटिक सोसायटी ऑफ बंगाल, कलकत्ता।

जर्नल ऑफ द ओरियंटल इंस्टीट्यूट ऑफ बड़ौदा।

जर्नल ऑफ द इंडियन हिस्ट्री।

जर्नल ऑफ द डिपार्टमेंट ऑफ लेटर्स, कलकत्ता यूनिवर्सिटी, कलकत्ता।

जर्नल ऑफ द न्यूमिस्मेटिक सोसायटी ऑफ इंडिया।

जर्नल ऑफ बिहार रिसर्च सोसायटी, पटना।

ट्रावनकोर आर्कियोलॉजिकल सीरीज़ ट्रायल्स, जयपुर स्टेट, हेल्ड अंडर स्पेशल कमीशन फॉर द ट्रायल ऑफ एक्स-मिनिस्टर संघी संघी झूताराम, हिज़ ब्रदर एंड सन्स, 1837।

तुलसी प्रज्ञा, लाडनू।

नागरी प्रचारिणी पत्रिका, बनारस।

न्यूमिस्मेटिक क्रॉनिकल्स।

पीटरसंस रिपोर्टस् इन सर्च ऑफ संस्कृत मैनुस्क्रिपट्स, 1883-84 बम्बई।

प्राकृत विद्या।

प्राग्रेस रिपोर्ट ऑफ द आर्कियोलॉजिकल सर्वे वेस्टर्न सर्किल।

बॉम्बे कर्नाटक इंसक्रिपशंस।

बी॰सी॰ ला॰ वाल्यूम (भारत कौमुदी, इलाहाबाद, 1945)।

भंडारकर लिस्ट आफ इन्सक्रिप्शन्स आफ नार्थन इण्डिया, EI XIX, XXIII।

भारतीय विद्या।

महावीर जयंती स्मारिका।

मेमोयर्स ऑफ दी आर्क्योलॉजिकल सर्वे ऑफ इंडिया।

मैसूर गज़ेटियर।

रिपोर्ट आन द लैंड टेम्पोर्स एंड स्पेशल पावर्स आन सर्टेन ठिकानेदार्स ऑफ द जयपुर स्टेट बाइ सी॰यू॰ विल्स, जयपुर, 1933।

रिपोर्ट आन पंचपाना सिंघन, जयपुर, 1933।

लहर, अजमेर।

ल्यूड़र्स लिस्ट ऑफ ब्राह्मी इंसक्रिपशन्स अप टू 400 ए॰डी॰ इन एप्रिग्राफिया 10।

वियना ओरियंटल जर्नल।

वीरवाणी, जयपुर।

श्री महारावल रजत अभिनंदन ग्रंथ, सं॰ द मेम्बर्स ऑफ द सिल्वर जुबिली कमेमोरेशन वॉल्यूम कमेटी, डूंगरपुर, 1947।

साउथ इंडियन इंसक्रिपशंस।